KB231337

조봉암과 1950년대 (상)

- 조봉암의 사회민주주의와 평화통일론 -

역비한국학연구총서 15

조봉암과 1950년대 (상)

− 조봉암의 사회민주주의와 평화통일론 −

서중석 지음

역사비평사

책을 내면서

1

20세기 어느 시기건 우리 역사는 음울하고 어둡게 느껴지는 면이 있다. 또 어느 시기건 정치나 경제나 정신적으로 위기감을 가져보지 않은 때가 드물다. 엄청난 변화가 있었고 대단한 활력을 보여주기도 했고 발전이라면 큰 발전도 있었지만, 우리가 능동적으로 우리 사회의 변화를 주도해나갔고 창조적으로 우리 사회를 만들어왔다기보다는 끌려다니면서 살아온 때가 더 많았고, 전망이나 목표가 뚜렷하지 않은 채 안개 속을 표류하거나 내던져져 있다는 생각이 들 때도 적지 않았다. 무정신, 자아의 상실 또는 역사 상실증으로 말해지는 정신의 흐리멍텅함, 문화의 천박성은 20세기 한국사회를 계속 따라다녔다.

20세기 어느 시기건 어려움이 많았지만, 1950년대는 1910년대, 일제말기 비슷하게 암울한 시기였다. 1950년대는 전쟁으로부터 시작되었다. 그리고 그 전쟁에서는 바로 몇 년 전 제주도에서 겪은 바와 같이 '도대체 어떻게 그러한 일이 일어날 수 있는가'라고 물을 수밖에 없는 참혹한 집단학살이 일어났다. 그리고 두세 번, 서너 번씩 헤매야 했던 피난살이, 공습과 사역, 수도 없이 많은 부역자들, 빨치산이 있는 곳에 학살과 함께 따라다닌 불바다가 된 마을, 파괴된 도시. 전쟁이 끝난 뒤에도 어려움은 끝이 보이지 않는 듯하였다. 굶주림과 경제난, 끊임없는 멸공북진통일운동·반공방일운동에의 동원, 거리에는 실업자가 넘쳐흘렀고, 구두닦이나 지게꾼이 많았으며, 1950년대 후반 이후 웬만한 집에는 한 입이라도 덜기 위하여 농촌에서 올라온 식모가 있었다.

1950년대는 정치나 경제도 어려움이 많았지만, 정신의 황폐함과 문화의 불모성은 더욱 심각하였다. 서민들은 여전히 순박하였고 인정이 있었지만, 도시를 중심으로 피어난 '악의 꽃'은 인간성을 마멸시키는 듯했다. 1956년 초에 한 언론인은 도시가 생존경쟁의 아수라장으로 변하면서 온갖 부정과 협잡에 서로 시기하고 경계하며 말세기(末世紀)적인 향락과 음울한 허설(虛說) 속에 강절도가 횡행하고 인생을 저주하는 신음소리로 충만하다고 개탄하였지만, 사회정의감이나 연대의식, 이웃사랑이 마비된 듯하였다. 이승만 정권의 부정, 부패, 억압은 이루 말할 수 없었고, 그만큼 사회부조리가 많았는데, 그것에 항의하고 싸우려는 정의감은 찾기 어려웠다. 배웠다는 청년들 상당수가 민족주의를 경멸하고 지금은 국제주의시대라고 외쳤던바, 기개도 없었고 매사에 회의적이고 방관적이었으며 동고(同苦)하기를 싫어하였고 헐리우드 영화나 쫓아다녔다. 한 집 건너 다방, 당구장이 있었고, 밤이고 낮이고 취한 사람들을 어렵지 않게 볼 수 있었다. 20, 30대가 심했지만, '주의'자 붙는 것, 심각하고 엄숙한 문제들은 덮어놓고 기피하였다. 총체적으로 무력증에 시달렸고, 장래가 보이지 않는 실의와 방황의 시대였다. 그러나 표피적으로 드러난 이러한 현상을 지나치게 강조하는 것은 이 시기에 대한 또 하나의 왜곡이 될 수 있다. 이 시기 그러한 현상을 거부하고 벗어나고자 한, 자유와 민주주의, 자주의 민족공동체 형성을 위한 흐름, 혁신 또는 진보 지향의 흐름이 있었음도 되새겨 주목할 필요가 있다.

한국인들 가운데는 1950년대를 되돌아보기가 싫다고 고개를 흔들 사람들이 꽤 있겠지만, 그러나 여러가지로 한국사회의 기본 모형이 형성되었다는 점에서 이 시기는 각별한 의미를 지닌다고 하겠다. 정신의 메마름, 문화의 경시 속에 물신숭배 풍조가 미만하고 어떻게든 무슨 짓을 하든 잘살기만 하면 된다는 사고가 두드러지게 나타나는 것이 꼭 이 시기부터라고 볼 수는 없지만, 그러한 경향이 이 시기에 많이 보이는 것은 부정하기 어렵다.

무작정 상경과 판자촌으로 상징되는 도시화와 농촌의 피폐화, 정신적 고향의 상실 또한 1960, 70년대에 더욱 심각하게 나타나지만, 전쟁 종결에 즈음해서부터 쉽게 볼 수 있는 현상이었다. 전쟁터를 다니며 미군 물자를 접해본 젊은이들은 가난에 찌든 농촌에 더이상 머물러 있으려고 하지 않았다. 농고를 나온 학생들도 도시로 눈을 돌렸다. 그러면서 갑자기 인구과잉의 도시가 만들어지기 시작하였다. 애당초부터 도시의 계획화란 생각하기어려웠고, 도시에 온 사람들은 뜨내기처럼 여기저기로 떠돌아다녔다. 그러한 상황에서 유서 깊은 도시조차도 전통과 문화, 주위환경이 살아숨쉬는곳이 되지 못한 채 땜질의 생활터가 되었다. 삶은 정신적 안주와 거리가멀었고, 공간은 그저 살기 위해서 존재하였다.

한국경제의 기본패턴도 1960, 70년대가 훨씬 중요한 의미를 갖는다 하더라도 1950년대에 이미 나타나고 있었다. 1950년대의 경제를 매판경제 또는관료경제라고도 부르거니와, 모든 큰 사업은 관과 결탁하지 않으면 이루어지지 않았다. 근면과 성실이란 통하지 않았고, 경제의 기본 요소인 합리성도 크게 구부러져 있었다. 정경유착 아래 한국형 재벌이 출현하였고, 경제가 재벌 중심으로 운영되는 단초도 1950년대에 만들어졌다. 농업과 공업의유기성이 절연된 것도, 저곡가·저임금의 패턴이 마련된 것도 일단은 1950년대였다. 분단에 이어 전쟁이 가속화하였지만, 한국경제의 외부의존성도심화되었다. 서민은 하루 넘기기도 힘든데 특권층이 발호하고 외제 사치품이 범람하였다.

1950년대의 산물로서 그 이후 한국사회에 심대한 영향을 미쳐 21세기에들어가서도 언제쯤이나 치유될지 알 수 없게 되어있는 것이 극우반공체제하에서 형성된 '한국정치'다. 이승만이 한국사회에 만들어놓은 거대한 구조물이 상호 표리관계에 있는 분단고착화와 극우반공체제였다. 냉전의식의 극단적 표출이자 이승만 독재 강화의 핵심 기제였던 멸공북진통일운동,빨갱이사냥은 북의 남침, 대남적대정책과 함께 남과 북의 관계가 유연해질수 있는 통로와 방안을 차단하고 극우반공체제를 공고히 하였다. 국가보안법은 지성과 양심을 차단하여 사실과 진실을 왜곡하거나 은폐하고 극우반공이데올로기로 무장하도록 한 초헌법적 억압장치였다. 이러한 면에서 박정희는 이승만의 진정한 상속자였다.

극우반공독재 아래에서 정치는 파행성, 난맥상을 연출하지 않을 수 없었다. 1990년대에도 다분히 그러한 성격을 보여주지만, 여당이란 관제 어용정당으로 한 개인의 통치를 위한 치장물이었고 독재와 영구집권의 수단에 지나지 않았다. 여당 간부는 대개가 정상배, 기회주의자들로 관 위에 군림하여 권력을 휘둘렀고 이권에 개입하였다. 극우보수적 야당 또한 진보적 정치이념에 관용성이 없었으며, 눈치껏 자유민주주의를 외치면서 자유를 위해서도 민주주의를 위해서도 별반 노력하지 않았고, 중앙당이건 지구당이건 민주주의가 존재하기 어려웠다. 이승만은 간신히 3대 국회에 와서야 의원들을 거수기로 만들 수 있었지만, 처음부터 의회정치에 대해서는 우호적이 아니었다. 이승만 정권하에서는 '무법' '불법' '유시(諭示)법'이 횡행하였다는 비판 그대로, 극우반공주의는 법치주의와 양립하기 어렵게 되어있었다. 또한 극우반공체제하에서는 시민사회가 극도로 위축될 수밖에 없었다. 노동단체도 농민단체도 교원단체도 모두 다 권력에 예속시켰고, 각종 이익단체 또는 협회도 자율성이 용납되지 않는 한낱 어용단체였다. 일제강점기에는 아예 정치라는 것이 존재하지 않았는데, 20세기 후반에는 그것이 퇴보만 거듭한 것이 아니냐는 지적이 나올 정도로 1950년대와 박정희 정권이 남긴 정치의 유산은 심각하였다.

그렇지만 1950년대에도 역시 큰 변화는 있었고, 역동적인 힘이 여러 형태로 존재하였다. 그런 점에서 1950년대는 밑받침과 같은 역할을 한 면이 적지 않았다. 이 시기에 의무교육은 어쨌든 보편화되어 한글로 민주주의를 배운 세대—그들은 4월혁명기에는 청소년 또는 대학생이었고, 1960, 70년대에는 청장년이었다—가 대량으로 산출되었다. 그것은 하향평준화이긴 하지만 놀랍도록 빠르게 형성된 평준화현상, 사회의 개방성과 함께 활기와 역동성을 부여하여 그 뒤 한국사회를 이끄는 견인차이자 기본 동력이 되었다. 1950년대 후반에 들어갈수록 사회나 경제에 자각적 반성의 기운이 눈에 띄었고 자율적 탄력성도 얼마간 있었다. 특히 학생들 사이에서는 은연중에 새로운 것, 진실된 것, 정의로운 것을 추구하는 움직임이 퍼져가고 있었다.

2

해방 직후에는 기라성 같은 인물들이 많았는데, 왜 오늘날에는 정치판에 인물이 그렇게 없느냐는 얘기를 들어온 지도 꽤 오래 되었다. 해방 직후에는 존경받는 지도자도 있었고, 거물 정치가도 있었다. 지도자가 비명에 숨졌을 때 가슴에서 진정으로 우러나오는 눈물을 흘렸고, 조국의 장래, 민족의 앞길을 내 일처럼 걱정하였다. 1950년대에도 존경받는 정치가가 없지 않아 있었고, '인물'이라는 말을 듣는 사람들도 있었다. 의사당에는 당하기만 하는 민중을 위한 열변도 있었다.

정치적 사회적 문화적으로 1950년대에는 유동적인 면이 많았다. 냉전의 한가운데 놓여 있었고 북진통일운동이 거리를 누볐지만, 그래도 민족주의자나 진보세력이 대중한테 영향력이 있었다. 경제도 결코 쉬운 일은 아니었지만, 중소상공업자나 서민대중을 위한 길이 불가능한 것만은 아니었다. 4월혁명기가 말해주듯, 극우반공체제에도 가변성이 없지 않았고, 재벌의 위치는 아직 확고하지 않았다. 문화나 정신도 전통과 근현대, 한반도와 세계를 창조적으로 결합시킬 수 있는 소지가 어떠한 정치경제노선을 택하느냐에 따라 있었지 않았을까. 순박하고 놀고 먹는 것을 미워하고 독립운동을 한 애국자를 존경할 줄 알았던 서민대중들의 정의감과 인정을 바탕으로 하여 시민사회를 형성할 수 있었던 길은 없었을까.

진보당은 위와 같은 갈림길에서 만들어진 정당으로, 공산주의도 자본주의도 아닌 제3의 길을 모색하였다. 진보당에는 대체로 젊은 사람들이 많이 참여하였는데, 전쟁 전의 진보적 민족주의자들 또는 진보세력과 새로운 세상을 동경하는 새 세대로 이루어졌다. 끊이지 않은 정치테러와 탄압에 시달렸으나 그들은 무엇인가를 해보려고 하였다. 극우보수야당에도 지방당부 당원의 경우 백색테러에 저항하며 야당인이라는 것에 긍지를 가졌던 청년들이 있었지만, 진보당원과 그 지지자들은 조봉암을 존경하였고, 진보당에 긍지와 애착을 가졌다. 전쟁 후 20세기가 끝나도록 한국에서 그래도 서유럽에서와 같은 정당에 가까운 것이 있다면 진보당 정도가 아니었을까.

꿈같은 얘기로 들릴지 모르지만, 진보당이 압살되지 않고 계속 정당 활동을 할 수 있었더라면, 한국에서도 정당정치가 일찍 자리잡을 수 있지 않았을까 하는 아쉬움을 떨쳐버릴 수 없다. 1955년에 일본에서는 보수세력인 자유당과 민주당이 합동하여 자민당을 만들었고, 좌파와 우파의 사회당이 하나가 되어 일본사회당이 탄생함으로써, 이후 40년간 일본 정당정치를 특징짓는 보혁(保革) 대결의 정치시대를 열었다. 한국에서도 1955년에 범야 신당추진세력 중 자유민주파는 민주당을 만들었고, 민주대동파와 진보세력은 진보당추진위원회를 조직하여, 1956년 정부통령선거에서 집권 보수여당후보와 보수야당후보, 진보정당 쪽 후보가 열띤 선거운동을 벌였다. 그러나 척박한 극우의 풍토에서 정당정치는 피어나기 어려웠고, '제 3의 길'의 기수인 조봉암과 진보당은 법살(法殺)되고 말았다.

1950년대에 들어선 이후 죽산(竹山) 조봉암은 미움과 두려움의 대상이 되기도 하였고, 존경과 희망의 보루이기도 하였다. 그에게 그림자처럼 따라다닌 '제3세력'이란 호칭은 어떻게 해서라도 제거하여야 할 대상이라는 것을 의미함과 동시에 지긋지긋한 백색독재에서 벗어날 수 있는 활로로서 기대되기도 하였다. 필자는 죽산을 역풍(逆風)의 정치인이라고 부르는 것이 그의 의도에 반드시 부합되는 것만은 아니라고 생각한다. 전쟁 이후 그가 말하고 쓴 어떠한 것을 보더라도, 당시에 선택을 강요당하였던 '진영(陣營)'을 가지고 말한다면, 그는 '서방 진영'에 서서 민족해방운동 이래 우리 민족의 비원이었던, 사상의 자유가 있고 개성을 마음껏 발휘할 수 있는 세상을 만들고자 하였다. 그렇지만 그 당시의 상황 ─ 그것은 그 이후도 비슷하지만 ─ 에서 볼 때, 죽산의 행로는 극우반공세력한테는 말할 나위도 없고, 미국이 보기에도 위험하였을 것이다.

평화통일론은 겉모습은 미국 및 유엔의 입장과 같은 것이었지만, 북진통일론의 허구성을 폭로하고, 냉전체제 ─ 극우반공체제에서 생명과 같은 남북간의 긴장과 적대의식을 허무는 기능을 하고 있었다. 한국에서 통일정책은 단순히 통일정책으로 머무는 것이 아니라, 역대 극우독재정권이 대북정책 또는 통일정책을 독재정권 강화에 적극 활용한 것이 단적으로 말해주듯, 국내정치 ─ '통치'라고 하는 것이 더 적합할 수도 있는데 ─ 와 뗄 수 없는 불가분의 관계에 있다. 이승만의 북진통일운동이 이승만의 독재와 극우반공체제를 강화하는 강력한 기제였다면, 무력에 의한 승리보다 정치적 승리를 강조하는 조봉암의 평화통일 공세는 반독재 투쟁의 강력한 무기로서, 정치의 활성화 ─ 민주화운동의 중요한 방책이었다. 또한 극소수를 제외하고 한국인 거의 모두가 어떠한 형태든 피해를 당한 피해대중이었거니와, '피해대중은 단결하라'고 외치며 피해대중을 위한 정치를 하겠다는데, 직접적인 가해자들이 아니더라도 대규모 집단학살을 포함하여 그러한 피해를 방관하거나 그것을 조장한 자들이 어찌 두려워하지 않을 수 있었을까. 죽산과 그 지지자들은 미국이 몹시 싫어한 자주성과 제3의 길을 강조하였다는 점에서 동시기 제3세계의 반둥 정신과 일맥상통하는 면이 있었다. 그러한 점에서 본다면 조봉암은 냉전체제 ─ 극우반공체제에 거슬리는 여풍의 정치가였다.

조봉암은 정치를 예술의 경지로 승화시켰다는 평이 있다. 그는 정치를 위해서 태어난 사람이라는 인상을 주기도 하였다. 대중의 심리를 포착하는 데, 조직하는 데, 또 정치적 수단에서 탁월하였기 때문일 것이다. 한 기자는 죽산의 국회에서의 사회기(技)는 신기에 가깝다고 평했는데, 주목할 것은 이 기자가 죽산이 국회를 이끌어가는 데 대단히 공정하였기 때문에 뛰어나다는 평판을 받고 있다고 지적한 점이다. 죽산만큼 정치이념이 뚜렷한 사람도 드물었는데, 그 어려운 전쟁기에 국회에서 냉정하게 객관적으로 사회를 보았다는 것은 그가 한국에서는 보기 드문 의회민주주의의 신봉자였다는 것을 말해준다. 그것은 또한 자신의 정치력에 대한 자신감과 결부된 것이었는데, 그는 이승만과 경쟁을 해가며 몇 번이고 정당 만들기에 전력을 기울였다. 정당의 중요성을 잘 인식하고 있었기 때문이었다. 그러면서도 그는 한국의 당대 현실에서는 정당의 이해관계를 넘어서서 해야 할 일이 산적해 있음을 역설하였다. 전근대성·반(半)봉건성을 제거하고 인민의 기본적 권리가 지켜지고 국가나 행정이 제대로 되어가도록 하고 법치주의가 실현되도록 하는 것은 진보니 보수니 하는 차이를 넘어선 모든 한국인의 과업이었다.

전쟁 후 반세기 동안의 한국정치를 특징짓는 것이지만, 우리한테는 거시적 비전을 제시하며 식견과 정치이념을 갖춘 정치가를 찾아보기가 쉽지 않다. 무슨 짓을 하든 상대방을 없애고 정권을 영속시키려 하는 등 권력을 잡고 유지하려는 데만 신경을 썼다. 이 점에서도 조봉암은 이채로운 존재였는데, 그와 함께 자신의 정치이념 실현과 직결되기 때문에도 더욱 그러하였겠지만, 민중을 어리석은 존재로 여겨 이용의 대상으로만 생각하거나 그저 억눌러서 입을 막아놓으려고만 해서는 안되고, 모름지기 민중이 단결된 주체로서 참여하는 정치판을 만들어야 한다고 주장하였다. 또한 그가 진보세력이 이식적 성격이 강한 정치이념으로 재단(裁斷)하여 민중을 끌고 가려는 것에 반대하고, 한국 현실에 맞고 한국의 민족성, 인정에 맞는 정치를 펼쳐야 한다고 역설한 것은, 일제시기, 해방 직후, 1980, 1990년대 진보세력의 논리에서는 대단히 이채로운 주장이었다.

한국인은 어느 누구도 한국전쟁의 고통으로부터 자유롭지 못하게 되어 있다. 조봉암의 정치와 이념은 직접적으로는 그 전쟁의 산물이었다. 전쟁은 평화를 낳고 평화사상이 호응을 받게 되는바, 한국의 경우 다시는 참혹한 동족상잔의 전쟁이 되풀이되어서는 안된다는 신념이 평화통일론을 낳게 하였다. 피해대중을 위한 정치를 해야 한다는 주장도 위정자가 동족동포를 아낄 줄 모르는 풍토에서 "6·25사변 이래로 얼만지도 모를만치 수많은 동포가 여러가지 이유와 가지각색의 죄목으로 살해되는 것"을 목도한 것이 큰 이유였다.

필자는 1년 전 1998년 여름에 폴란드의 아우슈비츠 수용소를 가본 적이 있었다. 아치형 입구에는 "Arbeit Macht Frei"라는 기만적인 문구가 선명히 남아있었다. 유태인이 학살당한 가스실이나 피학살자의 신발, 머리털 등을 봤을 때 필자는 복받쳐오르는 감정을 억제하기 어려웠다. 반세기 전 한국에서 비슷한 일이 일어났던 것이 떠올랐다. 제주도 수십 군데에서 주민집단학살이 자행되었고, 전쟁이 나자마자 평택 이남 도처에서 보도연맹원에 대한 집단학살이 자행되었으며, 빨치산 토벌군이 거창, 산청, 함평, 고창 등지에서 수천 명의 주민을 학살하였다. 가족들은 수십 년간 공포에 질려 목놓아 울음조차 제대로 울 수 없었고 합동묘지, 위령소 등 원혼을 달래줄 어떠한 시설도 하기 어려웠다. 그나마 거창 등 몇 군데의 것은 5·16쿠데타가 나면서 파괴되고 피학살자 유족회원들은 체포되었다.

아직도 한국인은 3만여 명이 학살당한 제주 4·3에 대해서도 잘 모르지만, 그 이상이 희생되었을 보도연맹원 학살에 대해서는 더욱 모른다. 도대체 인간 세상에, 그것도 잔혹한 일제로부터 해방된 지 얼마 되지 않았는데 어떻게 그러한 끔찍한 일이 발생할 수 있었을까. 뿐만 아니라, 아우슈비츠의 홀로코스트에 대해서는 분노하면서 우리의 학살에 대해서는 알지도 못했다면 그것은 우리가 어떠한 상태에 있었음을 말해주는 것일까. 한 서양 철학자는 역사는 희생자의 눈으로 볼 때 진실에 접근할 수 있다고 지적하였지만, 그 뒤에 한국인은 그것에 대하여 무엇을 하였단 말인가. 한국전쟁을 소재로 쓴 동화『몽실언니』의 작가 권정생은 그 전쟁은 참으로 부끄러운 전쟁이었다고 말했는데, 필자는 한국인이라는 것에 대해서 자괴감을 갖지 않을 수 없었다. 아우슈비츠 기념관과는 너무나 극단의 대조를 이루고 있지 않은가.

필자가 갔을 때, 유명한 아우슈비츠의 유태인 총살터 벽에는 희생자에 대한 경건한 추도의 문구와 함께 한국 총리의 화환이 놓여있었다. 자국에서의 학살은 침묵하면서. 그런데 20세기도 거의 저물어가는 1999년 9월 말부터 충북 영동 노근리에서의 미군에 의한 피난민 학살이 AP통신을 타고 클로즈업되면서 다시금 아우슈비츠에 놓여진 한국총리의 화환이 새삼스럽게 떠오른다. 언론에서는 노근리 양민학살사건에 대하여 학살이 자행된 이유와 책임, 그리고 희생자 유가족에 대한 사과와 배상문제 등이 엄정하게 조사되고 처리되어야 한다고 주장한다. 또 다른 미군에 의한 양민학살 의혹에 대한 조사도 이루어져야 한다는 사설도 있다. 이처럼 언론이 갑자기 노근리 학살에 대해서 '깊은' 관심을 보이면서도 어째서 제주 4·3학살이나 한국전쟁기의 수많은 주민집단학살에 대해서는 말 한마디 하지 않을까. 어째서 이 기회에 그러한 참혹한 학살이 자행된 이유와 책임, 그리고 희생자 유가족에 대한 사과와 배상문제 등이 노근리 학살과 함께 엄정하게 조사되고 처리되어야 한다는 주장이 한마디도 나오지 않을까. 더구나 제주 4·3학살은 작년과 올 이태에 걸쳐 크게 사회문제화되었고 국회에 현안으로까지 걸려있는데 어째서 한마디도 나오지 않을까. 노근리 학살에 대한 뉴스가 더이상 없게 되면 신문은 침묵을 지켜 예전 상태로 돌아가고, 우리 모두는 그러한 일을 우리와 아무 상관없는 일로 망각 속에 빠뜨리지 않을까. 도대체 어째서 우리는 이렇게 참으로 부끄러운 '양심'과 '양식'을 지니게 되었을까.

3

필자는 1991년에 『한국현대민족운동연구』를 내고 그것의 후속으로 바로 조봉암의 활동과 이념에 대한 연구에 들어갔다. 그리하여 5년 전쯤에 서장과 평화통일론, 북진통일론, 정당운동 등을 집필하였다. 그런데 서장은 아무래도 독립시키는 것이 나을 것 같아 다시 고쳐 썼다. 1996년에 출판된 『한국현대민족운동연구』 2(1948~1950 민주주의 민족주의 그리고 반공주의)가 그것이다. 북진통일론(약간 축약하여 『역사비평』 1995 여름에 게재)도 따로 이승만 쪽으로 묶는 것이 나을 것 같아 제외하고, 정당운동과 평화통일론(약간 축약하여 『국사관논총』 제66집, 1995에 수록)을 손질하고, 1997년경부터 사회민주주의와 피해대중 - 학살문제를 써서 이번에 출판하게 되었다.

제1장에서는 조봉암의 정당운동과 두 차례에 걸친 정부통령선거를 고찰

하였다. 정당운동에서는 어떠한 정치적 조건하에서 그것이 전개되고 좌절되는가, 진보당은 어떠한 시점에서 추진되며, 어떠한 성격을 가진 정당인가를 진보정당사에서의 위상과 관련지어 구명하고자 하였다. 그와 함께 그의 정치활동을 평가하는 데 논란이 되는 몇 가지를 다루었다. 조봉암은 여러 차례 정치곡예를 연출하였다. 5·10선거 참여도 눈총을 살 수 있었고, 농림부장관 입각이나 친이승만계의 국회의원 단체인 이정회의 가입, 친여정당으로 알려진 대한국민당에서의 활동도 논쟁거리이며, 부산정치파동의 결과물인 발췌개헌에서 국회의장단으로 그가 어떠한 입장을 보였는가도 관심을 끌었다. 두 차례의 정부통령선거 분석을 중시한 것은 그 부분처럼 조봉암의 정치적 성격을 잘 밝힐 수 있는 것도 드물기 때문이었다. 1952년 8·5정부통령선거에서 조봉암이 어떻게 일약 차점자가 되었는가를 살피는 것도 중요하지만, 한국선거사상 1971년의 대통령선거와 함께 단순한 격전의 차원을 넘어선 선거로 주목되는 1956년 5·15정부통령선거의 분석에 많은 지면을 할애하였다. 이 선거에서 심한 개표부정만 없었어도 이승만과 조봉암은 백중지세의 득표를 하였을 터인데, 절대적인 통치지였던 이승만과 그러한 접전을 벌일 수 있었던 것은 조봉암의 주체적인 대응과 객관적인 사회의 변화가 똑같이 중요하다는 판단 아래 선거운동과 공약, 투표 결과를 분석하였다.

평화통일론은 북진통일운동이 어떠한 사람들에 의하여 어떠한 정치적 목표를 가지고 전개되는가와 비교해가며 살펴야 그것의 성격이나 역사적 의미가 선명해질 수 있다. 제2장에서는 왜 많은 서민들이 갈망해마지 않았던 평화통일이 1955년까지는 말 자체를 꺼낼 수 없었고, 선거 공간에서 조봉암이 대담하게 북진통일운동을 반박하면서 평화통일을 역설하였지만, 계속해서 혁신계에서조차 두려움의 대상이었고, 끝내는 진보당 사건이 평화통일론을 주요 매개로 하여 일어나게 되는가를 구명하는 데 초점을 맞추었다. 그리고 평화통일론이 주창될 수 있었던 국내외 여건과 그것의 구조, 조봉암 평화통일의 구체적 방안을 김기철의 평화통일방안과 함께 분석하였다.

　제3장에서는 조봉암-진보당의 정치이념과 정책을 사회민주주의를 중심으로 하여 살펴보았다. 조봉암-진보당의 정치이념, 정강·정책을 사회민주주의 하나로 규정하는 것은 무리이지만, 진보주의나 혁신이라는 막연한 말보다는 일반성을 지니고 있는 사회민주주의를 중심으로 하여 그것을 분석하는 것이 더 적실성이 있다고 판단하였기 때문이다. 이 장에서는 우선 1950년대에서 5·16군부쿠데타가 나기 전까지 혁신세력이 혁신, 사회민주주의, 민주사회주의 등을 어떻게 사용하였나, 사회주의 이념이 민족해방운동기에서 해방시기에 이르기까지 어떻게 수용되었으며, 보수정당이건 진보정당이건 그것이 1950년대의 정당에 어떠한 영향을 미쳤는가를 일별하여, 이 시기 정치이념의 성격을 전반적으로 이해하는 위에서 조봉암-진보당의 진보주의, 사회민주주의를 파악하고자 하였다. 조봉암-진보당의 사회민주주의는 경제의 계획화, 국유화정책을 중심으로 전개되었다. 따라서 왜 경제의 계획화와 국유화정책이 진보세력한테 중시되었는가를 구명하는 것은 이 시기 사회민주주의의 성격을 밝히는 데 관건이 된다. 그것은 동시에 사회민주주의의 제약성을 해명하는 것이 될 것이다. 또한 이 장에서는 정치, 경제, 사회의 전근대성과 파행성, 불구성 등 결핍성 국가라고 볼 만한 문제가 어떠한 상태에 있었고, 조봉암이 그 문제에 어떻게 접근하였는가, 사회민주주의 정당의 토대이자 중심이어야 할 노동단체는 어떠한 상태에 있었는가를 고찰하였다.

　제4장의 핵심 주제는 두 가지이다. 하나는 해방 후 조선공산당과 남로당이 강력한 대중조직을 가졌고 영향력이 컸는데, 왜 전쟁이 끝났을 때 사실상 완전히 거세되었는가 하는 문제다. 이것은 베트남, 필리핀 등 다른 동남아 국가와도 큰 차이가 있다. 다른 하나는 한국에서 왜 극우반공체제가 20세기가 다하도록 위력을 떨쳤는가 하는 문제다. 이 두 가지 거대 주제가 한국전쟁의 해명으로 풀릴 수 있는 것은 아나나, 그것이 심대한 영향을 미친 것도 부인하기 어렵다. 그리고 그것은 많은 연구자들이 생각하고 있는

것처럼 전쟁 자체에 연유한 것이 아니라, 후자가 주로 그러하지만, 대량 주민집단학살과 엄청난 부역자의 산출, 피난 등의 전쟁고(苦)에 연유한다는 판단에 의거하여 그 문제를 구명하고자 하였다. 제주 4·3학살, 거창양민학살 등을 제외하면 주민집단학살 등의 학살과 부역자의 진상 파악은 초보적 단계에 있다. 그것은 피난과 부역 등 각종 전쟁고도 비슷하다. 이 연구에서는 기존의 진상조사를 토대로 어째서 그러한 일이 발생하였으며, 그것이 박정희 정권의 성격을 포함하여 어떠한 형태로 극우반공체제의 형성에 영향을 미쳤는가를 밝혀내는 데 초점을 맞추었다.

조봉암 및 진보당의 정치이념과 활동을 연구하는 데는, 그것에 관해서 이미 방대한 연구를 한 바 있는 정태영 박사의 도움을 많이 받았다. 정박사는 가지고 있는 자료를 흔쾌히 제공하였고 자문에 응해주었다. 역사문제연구소 김영태 이사장은 조봉암과 동향으로 격려를 아끼지 않았다. 처는 원고를 쳐주느라 고생을 많이 하였다. 어려운 조건에서 두꺼운 책을 내준 역사비평사 장두환 사장에게 감사드린다. 김윤경 씨는 이 책의 편집과 교정에 헌신적으로 노고를 아끼지 않았다. 역사비평사 류종필 영업부장에게도 감사한다.

1999. 10.

서 중 석

제1장 조봉암의 정당조직 활동과 대통령선거

제4절 진보당 창당 / 169

제2장 조봉암-진보당의 평화통일론

제3장 사회민주주의와 1950년대

제1절 조봉암 - 진보당의 사회민주주의에 대한 예비적 논의 / 309

제2절 조봉암 - 진보당과 사회민주주의 / 342

제4절 결핍성 국가에 대한 대안―근대적 국가의 형성을 위하여 / 454

제5절 사회민주주의의 계급적 기반의 제약 / 483

하권　피해대중과 학살의 정치학

제4장　피해대중과 극우반공체제

제1절 조봉암의 피해대중론과 농민

제2절 학살

제3절 학살의 원인과 책임

제1장 조봉암의 정당조직 활동과 대통령선거

제1절 한국전쟁기 정당조직 활동과 제2대 정부통령선거
제2절 범야신당운동과 진보당추진위원회
제3절 1956년 5·15정부통령선거
제4절 진보당 창당

제2장 조봉암-진보당의 평화통일론

제1절 조봉암 평화통일론의 대두와 전개
제2절 평화통일의 가능성과 지향
제3절 평화통일의 주체와 방안

제3장 사회민주주의와 1950년대

제1절 조봉암-진보당의 사회민주주의에 대한 예비적 논의
제2절 조봉암-진보당과 사회민주주의
제3절 사회민주주의 경제정책
제4절 결핍성 국가에 대한 대안-근대적 국가의 형성을 위하여
제5절 사회민주주의의 계급적 기반의 제약

제1장 조봉암의 정당조직 활동과 대통령선거

제1절 한국전쟁기 정당조직 활동과 제2대 정부통령선거

1. 제헌국회의원 시기 정당조직 활동과 이승만과의 관계

1) 조봉암의 5·10선거 참여를 보는 관점

조봉암(曺奉岩)은 이미 20대 중반에 조선공산당과 고려공산당청년회를 조직하는 데 일역을 맡았다. 그는 해방 후 5·10선거에 이르는 해방정국에서는 민주주의독립전선(민독)에서의 활동을 제외하면 눈에 띄는 조직적 활동이 없었다. 그러나 5·10선거 이후 그는 무소속 의원들의 지도자로 두각을 나타냈고, 농림부장관을 맡아 세인을 깜짝 놀라게 하였다.

조봉암의 5·10선거 참여는 해방 후 분단을 반대하고 민족국가를 건설하기 위하여 헌신해온 입장에서 볼 때 매우 이례적인 행위였다. 남과 북의 좌익세력은 맹렬히 단선단정 분쇄투쟁을 벌였으며 김규식(金奎植)의 족자주연맹(민련)과 김구(金九)의 한독당 또한 단선단정을 반대하고, 1948년 4월 평양에서 열린 남북지도자회의(남북협상)에 참석하였다. 또 민련에 참여한 주요 정치세력인 민주독립당에 속하였던 김병로(金炳魯), 안재홍(安在鴻), 오하영(吳夏英) 등은 남북지도자회의에 참석하지 않았지만, 5·10선거에 나서지도 않았다. 해방정국에서 좌우합작에 의한 민족국가 건설운동에 참여한 주요 중도파 민족주의자들 가운데 5·10선거에 출마한 인사는 조봉암을 제외한다면 찾아보기 어렵다.

조봉암의 5·10선거 참여를 어떻게 평가하여야 할까. 5·10선거는 남한에서 역사상 처음으로 치러진 보통선거라는 점에서 역사적 의의가 아주 크다. 그렇지만 그 선거는 한국인이 역사상 한번도 경험한 적이 없는 분단을 초래하는 절차였고, 그 분단은 단순히 국토의 분할이라는 의미를 훨씬 뛰어넘고 있었다. 뿐만 아니라 그것은 한국인의 의사에 반한 것으로, 강대국의 이해관계에 의해 주어진 타율의 산물이었다. 이 때문에 단선단정을 반대하고 통일국가를 세워야 한다는 여론은 대단히 강할 수밖에 없었다. 김구·김규식 등이 남북지도자회의에 참석한 것도 그러한 민중의 간절한 염원에 따른 것이었다. 일평생 독립운동을 해온 민족의 지도자들이 조국이 타율적으로 분단되는 것을 좌시한다는 것은 있을 수 없는 일로 받아들여지는 분위기였다. 더구나 분단은 격심한 이데올로기의 대립 속에서 미·소를 끌어들여 참혹한 동족상잔을 초래할 것으로 예견되었는데, 그러한 남과 북, 좌와 우의 갈등을 완화하려는 노력을 지도자들이 앞에 나서서 벌이지 않는다면 그 사회는 어떻게 될 것인가. 또 1948년 4월 이전에는 남과 북의 지도자들이 한번도 자리를 같이하지 않았는데, 1948년 4월의 남북지도자회의마저 없었다면, 한국은 그토록 심각한 어려움을 초래할 분단을 막기 위하여 과연 얼마나 노력했느냐고 물을 때, 그것에 떳떳이 답할 수 없게 되어있었다. 김구·김규식 등의 북행은 비록 북에 이용당하고 남의 극우세력의 탄압을 받을지언정 민족의 대의에 부합되는 결단이었다.

그렇지만 민족해방운동을 펴온 주요 인사들이 모두 남북지도자회의에 참여해야 하는 것일까. 5·10선거에 대해서는 양자택일의 흑백논리만 있는 것일까. 아무리 분단이 타율적으로 강요된 것이라고 하더라도, 1948년의 시점에서 분단을 현실적으로 피할 수 없었다면, 5·10선거에 대한 대응은 여러가지가 있을 수 있는 것이 아닐까. 5·10선거로부터 1년 반이 지났을 때 한 신문은 중도파 민족주의자들이 현실에 입각하여 5·10선거에 참가하는 동시에 양면작전 차원에서 일대 국민운동으로 남북협상을 추진하였더라면, 남에서의 민족분열도 생기지 않고 대한민국정부도 더 한층 강화되었을 것이라고 평하였다.[1] 안재홍은 5·10선거 1년이 지나서 한 발언이

---

1) 『조선일보』 1949. 12. 21, 사설 「중간파의 갈 길」. 이와 비슷한 논리에 대해서는 한상구, 「1948~1950년 평화적 통일론의 구조」, 『분단 50년과 통일시대의 과제』, 역사비평사, 1995, 257쪽 참조.

지만, 급작히 통일정부가 수립되기는 어렵고 민족 총의는 정부가 아니고서는 효과적으로 표현할 수 없는 것이기 때문에, 38선 이남만이라도 정부를 세우는 것도 차선책으로 요당(要當)한 조치라고 주장하였다.[2] 안재홍이 5·10선거에 참여하지 않은 것은 민족적 정서도 작용하였겠지만, 북행한 인사들과의 관계도 고려하였을 것이고, 단독으로 나와서는 정치적 효과가 적을 것이라는 점도 생각하였을 것이다.

조봉암이 5·10선거에 출마한 것은 민련에 가입되지 않은 것도 한 이유가 될 것이다. 조봉암은 민련준비위원회가 발족하였을 때 민주주의독립전선의 대표로서 준비위원에 들어가 있었지만, 민련이 결성될 때 제외되었다. 민련에서는 특히 공산세력과의 연계 여부에 신경을 썼기 때문에 조봉암이 중도파세력 결집에 노력하여 왔는데도 제외하였고, 그렇게 된 데는 김규식의 공산주의 기피증도 작용하였다.[3] 그와 함께 조봉암이 상해에서 활동할 때 종종 일본인들과 접촉한 것이 민족주의자들의 경계를 산 것도 김규식이 그를 제외시킨 한 이유였다.[4] 자칫하면 일제의 밀정이 되거나 친일파로 변신하는 경우가 적지 않았기 때문에, 중국에서 독립운동자나 사회주의자들이 일본인들과 만나는 것은 의심과 경계의 대상이 되었다. 상해임시정부가 조직된 얼마 후인 1919년 12월에 여운형(呂運亨)이 대남하게 동경에서 일본의 척식국장관 등을 만나 당당히 독립의 당위성을 주장한 것은 독립운동에 긍정적인 영향을 주었고 한국인들을 고무시켰다. 그러나 일부 독립지사들은 여운형의 도일활동을 경계의 눈초리로 보았다. 그 뒤 상해에서 여운형이 일본인 등 외국인들과 접촉하는 것도 비판의 대상이 되었고, 그 점은 1930년대 말 1940년대 초 일본에서 일본인 정객과 군인들을 만났을 때도 그러하였다. 1947년 여운형은 네루의 초청을 받고 인도에서 열리는 범아시아회의에 참석한 후 미국으로 가서 민족국가 건설을 위한 활동

---

2) 안재홍, 「1주년 회고와 전망」 1, 『조선일보』 1949. 8. 15.

3) 姜元龍, 『빈들에서』 1, 열린문화, 1993, 244쪽.

4) 1996년 5월 서울 한식집에서 한 宋南憲의 증언. 미정보보고(이하 『G-2보고』로 쓸 것임)에는 조봉암이 1946년 9월 한동안 좌우합작위원회 회의에 참석하였으나 친일 혐의로 제외되었다고 기술되어있다.(鄭太榮, 『조봉암과 진보당』, 한길사, 1991, 381쪽 수록).

을 펴려고 하였지만, 근로인민당(근민당)의 좌측 관계 인사들이 반대하여 무산되었다. 일제시기건 해방 후건 탁월한 정치력을 가졌던 여운형이나 조봉암한테는 정치적 제약이 너무나 많았다. 어쨌든 조봉암은 민련에 가입되지 않았기 때문에 5·10선거에 '홀가분하게' 나설 수 있었을 것이다.

조봉암이 5·10선거에 참여한 것은 그의 정치적 판단 때문이었다. 한국의 진보적 인사들은 일제시기건 해방 후건 '원칙'을 고수하는 측면이 강하였다. 그런데 그 '원칙'은 현실적 여건 때문에 실천적 경험이 미약한 데서 나온 점이 있었고, 그래서 창조적으로 '원칙'을 현실에 적용하지 못하여 이식된 수준에 머문 경우가 많았다. 물론 여운형이나 조봉암을 공산주의자들과 평면적으로 비교하기는 어렵다. 초봉암의 경우 일제시기 공산주의자로서 활약하였지만, 그가 1946년에 박헌영한테 보낸 서신에서도 밝힌 바처럼, 모플(MOPR, 국제혁명운동자구원회) 돈을 소비하고, 비당원 여자와 결혼하고 상해에서 있었던 공산주의자들의 강도행위와 관련이 있었으며,5) 또 일제 말에 이승엽(李承燁)에게 '전향서' 쓸 것을 권고한 것은 그가 철저한 볼셰비키 생활을 지속적으로 하는 데 문제가 있음을 보여주었다고 볼 수 있다.

그러나 여운형과 조봉암은 이념과 현실을 적절히 결합시킨, 그 점에서 한국에서는 참으로 보기 드문 진보적 민족주의자였다. 현실 중시는 여운형보다 조봉암이 훨씬 강하였지만, 둘 다 인민 중시의 정치이념에 위배되는 활동은 하지 않았다. 이 점에서도 여운형과 조봉암은 드문 존재였다. 조봉암은 1932년 체포되어 1939년에 출옥하였을 때, 그 당시 대부분의 '사상범'처럼 전향서를 썼을 가능성이 있지만, 그는 '휴식'은 했을지언정 변질되었다고 할 만한 자료는 아직까지 나오고 있지 않다. 그는 감옥생활을 성실히 보냈는데, '전향서' 쓰는 것을 아마도 요식행위로 판단하였을 것이다. 그는 현실정치가였다. 조봉암이 5·10선거에 참여한 것은 매몰찰 만큼 냉혹한 정치적 판단에 따른 것이었다. 그러한 판단 때문에 1950년대의 조봉암이 존재하는 것이지만, 5·10선거 참여는 비판과 경계를 적지 않게 받았을 것

---

5) 일제시기 조봉암의 모플 돈 사용, 金以玉과의 관계, 상해에서의 강도행위 관련에 대해서는 박태균, 『조봉암 연구』, 창작과비평사, 1995, 72~73, 82~85쪽 참조.

이다. 혁신계의 큰 줄기 중 하나인 근민당계가 1950년대에 조봉암의 신당 조직 등 정치활동에 협조적이지 않은 것은 5·10선거 참여가 한 이유였다.

조봉암은 다른 중도파 민족주의자들과 달리 5·10선거에 나섰지만, 인천에서 국회의원에 당선된 후 그가 걸은 길은 중도파 민족주의자의 노선에서 멀리 떨어진 것이 아니었다. 제헌국회 초기에 조봉암은 의원들을 ① 미·소 양군 철수와 남북협상을 주장하고, 남북통일 전에 한국정부를 수립하는 데 반대하는 그룹, ② 미국·국제연합, 그리고 이해 당사자들의 입장을 고려하면서 신중히 정부를 수립해야 한다는 그룹, ③ 내전이 일어나건 말건 즉각 정부를 수립해야 한다는 그룹 등 세 그룹으로 나눌 수 있는데, 첫째 그룹은 소수이고, 자신이 속해 있는 둘째 그룹은 상당히 다수이고, 셋째 그룹이 가장 강력하다고 피력하였다.6) 제헌국회가 소집된 다음날인 6월 1일 조봉암을 중심으로 약 50여 명의 의원들이 모여 6·1구락부를 발기하였다. 6·1구락부는 6월 10일 60여 명이 참여한 가운데 무소속구락부를 결성하여 조봉암 등 6명을 간사로 선임하였다.

조봉암은 1948년 6월 12일 국회가 「북한동포에게 보내는 메시지」를 채택할 때, 해방정국에서 중도파 민족주의자들이 주장한 바와 같은 의견을 과감히 천명하였다. 이 메시지에서 미소공동위원회가 3천만 민족의 의사에 배치된 것이라고 주장하고 남북협상을 낮추어 본 것을 비판하고는 "미국이 좋고 소련은 나쁘다든지 소련만은 좋고 미국이 나쁘다든지" 하여 둘을 분열시키고 감정을 격화시키면 완전 자주독립, 곧 자주적 통일민족국가의 수립은 될 수 없다고 단언하였다. 이 발언에 윤치영(尹致暎) 의원이 발언 취소를 요구하여 장내가 소란해졌고,7) 미국측은 이 발언에서 반스탈린 공산주의자임을 선언하였던 조봉암이 친스탈린 편견을 보였다고 악평하였다.8)

---

6) 『G-2보고』 1948. 7. 2(정태영, 앞의 책, 382~383쪽 수록).

7) 국회 사무처, 『국회속기록』 제1회 9호, 1948. 6. 12(이하 『국회속기록』으로 쓸 것임).

8) 『주한미국대사관 주간보고서 Joint Weeka』 1, 1948. 6. 19, 295쪽(정용욱 편, 영진문화사, 1993 영인. 이하 『주한미국대사관 주간보고서』로 쓸 것임. 편의상 정식으로 주한 미국대사관이 개설되기 이전의 것도 이 명칭을 사용할 것임).

5·10선거는 분단정부 수립을 가져오고, 미국과 이승만(李承晚)·한민당
은 분단고착화의 방향으로 가고 있었는데, 조봉암이 문제의 발언을 한 다
음날인 6월 13일 무소속구락부에서는 자신의 정치목표 네 가지를 제시하
였던바, 그 첫번째가 "우리는 조국의 남북통일, 완전 자주독립을 전취할
것을 최대의 임무로 한다"였다.9) 그 뒤 조봉암은 1948년 11월 20일을 전후
하여 지방 순방 강연에서, 완전 자주독립이 미·소 양국의 전쟁 유발로써
온다고 보고 있는 사람들이 있으나 이것은 대단히 유감이며, 우리는 남북
통일을 촉진시키기 위해서 평화적인 양군 철퇴를 주장해야 할 것이고, 이
것이 곧 민족적 선결과업이라고 말한 것으로 알려져 물의를 빚었는데,10)
이 이후에는 미·소 등거리정책에 의한 통일국가의 수립을 주장하지 않았
다. 그는 무소속구락부가 주축인 소장파 의원들의 1949년 3월 10일경 외군
즉시철퇴 진언서 연판장에 서명날인 해달라는 권유에, 아무리 민족자주성
으로 보아 타당하다고 보이는 외군 철퇴라도 소련군이나 공산당의 기만술
책에 이용될 수 있으므로 자신은 그것에 반대했다고 진술하였다.11)

무소속구락부 의원들은 대한민국정부 지지의 폭을 넓히기 위하여 대통
령에 이승만, 부통령에 김구, 국무총리에 조소앙(趙素昻)을 앉히고, 한민당
에 거리를 둔 거국내각을 구성해야 한다고 주장했음에도 불구하고 이승만
은 측근 중심의 내각을 조직하였는데, 조봉암은 그 내각에 농림부장관으로
참여하였다. 당시 농민은 남한 인구의 70% 내외를 차지하고 있었고, 농산
물이 GNP에서 가장 높은 비중을 차지하고 있었을 뿐만 아니라, 농림부장
관은 농지개혁 실시의 주무자였기 때문에 농림부장관의 위치는 중요할 수
있었다.

조봉암은 자신이 입각함으로써 이승만 정권의 위상을 높여주었다는 점
만 제외한다면, 입각할 때도12) 무상몰수 무상분배로 토지문제를 해결하겠

---

9) 『조선일보』 1948. 6. 15.

10) 『국회속기록』 제1회 116호, 1948. 11. 29, 徐佑錫 의원 발언.

11) 서울지방법원 형사부, 『국회프락치사건 판결』(1950. 3. 14), 38쪽(이하 『국회프락
   치사건 판결』로 쓸 것임).

12) 조봉암을 농림부장관에 기용한 이유에 대해서는 서중석, 『한국현대민족운동연
   구』 2, 역사비평사, 1996, 80~81쪽 참조.

다는 의사를 이승만에게 전하여 양해를 받고서 입각을 승낙하였으며,[13] 또 농림부장관으로서 최선을 다하였다. 그는 농민의 자주적인 농업협동조합 조직을 추진하였으며, 양곡매입에서도 농민의 자발성을 중시하여 이승만 과 정면 충돌하였고, 『농림신문』을 창간하였다. 무엇보다도 농민적인 농지 개혁을 실현하기 위하여 농림부팀은 심혈을 기울였다. 조봉암 일행의 지방 순방은 9월 초순부터 수개월 동안 신문에 자주 보도되었는데, 자발적인 미 곡매상을 독려하고 농지개혁에 대한 농민과 농업전문가들의 의견을 듣기 위해서였다. 그러나 그의 농지개혁안과 각종 농민·농업정책은 이승만의 견제와 한민당의 반대에 봉착하여 실현될 수 없었고, 한민당측이 농림부장 관 관사수리비 문제를 집요하게 물고 늘어져, 1949년 2월 장관직을 사임하 지 않을 수 없었다.[14]

2) 조봉암과 족청의 관계

5·10선거 후 조봉암이 정당조직에 간접적으로라도 관여한 것은 1949년 2월 농림부장관을 물러난 뒤였다. 이때부터 초여름까지 그는 농림부장관 시절 비서실장이었던 이영근(李榮根)을 내세워 민족청년단(족청)계와 제휴 하여 정당 결성을 시도한 것으로 이영근은 기술하였다.[15]

조봉암계에서는 이영근만 참여하였고, 민족청년단계에서 부단장이었던 노태준(盧泰俊)을 필두로 하여 동단 중앙조직부장 정일명(鄭一明), 경남단장 김동욱(金東郁, 뒤에 민주당의원), 전남단장 원상남(元尙南, 뒤에 자유당 초대 조직부장), 충남단장 주기영(朱基鎣, 뒤에 진보당 상임위원), 족청 훈련소 출 신자 조직인 보라매동지회 대표 김철(金哲) 등이 새 정당조직 활동에 참여 하였다. 그 뒤 국회 원내 족청계 조직인 청구회 대표 이재형(李載瀅), 홍범 희(洪範憙) 등이 포함되었고, 다시 농민·노동조합 대표를 참석시킨 확대위

---

13) 동아일보사 편저, 『비화 제1공화국』 1, 弘字출판사, 1975, 149~150쪽. 조봉암이 무상몰수 무상분배로 토지개혁을 실시하겠다고 피력한 것은 농민 위주의 토지개 혁을 실현하겠다는 뜻이었을 것이다.

14) 서중석, 앞의 책 2, 147~151쪽.

15) 이 부분에 대한 기술은 이영근, 「진보당 조직에 이르기까지」(日本 : 『통일조선신 문』 제426~428호, 1969. 7. 26~28, 정태영, 앞의 책에 수록)에 의존하였다.

원회 설치로까지 발전하였다.

1946년 10월 이범석(李範奭)을 단장으로 출범한 족청은 미군정의 강력한 지원에 힘입어 어떤 우익단체보다도 철저히 훈련을 시킬 수 있었고, 단원이 1948년 6월 30일 현재 87만 3,310명이고 1948년 가을에는 130만 명에 달하였다는 주장은16) 분명 과장된 것이지만, 전국 각지에 훈련을 받은 많은 단원을 가지고 있는 가장 강력한 우익청년단체였다.

이범석이 초대 국무총리가 된 데는 중경임시정부측과의 갈등 등 여러 요인이 작용하였다. 그러나 제헌국회의원선거에 6명이 족청을 표방하여 당선되었으며, 이들 외에 이재형 등 8명의 의원이 족청 단적(團籍)을 가졌고, 족청계의 원내 교섭단체인 청구회 소속의원이 20명을 넘었다는 것은17) 족청의 위력을 말해준다. 이승만을 당수로 한 원외자유당이 족청을 기반으로 하였고, 한때 '족청 자유당시대'가 있었던 것도 그 때문이었다. 유의할 것은 족청에는 좌익계도 일부가 들어와 있었다는 점이다.18) 그런데 1949년 초여름에 원내 족청계에서 조봉암계=혁신계를 제외시키자는 의견이 제출됨으로써, 이영근은 정당조직활동에서 물러서게 되었다.

1949년 초여름은 극우·반공체제의 초기적 성격이 형성된 시기였다. 해방정국의 민족혁명적 분위기가 분단정부 수립 초기까지 이어져 소장파 의원들을 중심으로 민족정기와 국가기강을 바로 세우기 위한 반민족행위처벌법(반민법) 제정과 농민 본위의 농지개혁법 제정이 이루어졌고, 평화통일운동이 제창되었다. 그러나 1949년 6월 이승만의 '6월 공세'라고 할 만한 반격이 나타났다. 경찰의 6·6반민특위습격테러로 반민법이 유야무야되었고, 곧이어 국회프락치사건과 김구 암살사건이 발생하였던바, 전자는 대의정치를 무력화시켜 자유민주주의는 실험 초기에 형해화의 길을 걷게 되었고, 후자로 인하여 통일운동은 거대한 암초에 부딪쳤다. 또 6월 5일에는 국민보도연맹이 공안당국에 의해 법적 근거 없이 만들어져 해방 후 변혁운동·단정단선 반대운동 등에 참여하였던 사람들에게 재갈을 물렸다. 이 시

---

16) 林鍾明, 「조선민족청년단 연구」 고려대 사학과 대학원 석사논문, 1995, 33쪽.
17) 李珍京, 「조선민족청년단 연구」 성균관대 사학과 대학원 석사논문, 1994, 33쪽.
18) 임종명, 앞의 글, 23쪽.

기부터 국가보안법 위반자들이 대량으로 산출되었다.[19] 이와 같이 1949년 초여름은 정국이 '소장파 전성시기'와는 크게 달라져가고 있었고, 대한청년단과의 합류과정에서 이승만 대통령의 노여움을 사 결국 1949년 1월 조직을 해산한 바 있는 족청계로서는 이승만의 눈치를 살피지 않을 수 없었을 것이다.

1949년 봄에 있었던 정당조직 활동은 조봉암의 글에서 언급되지 않고 있고, 당시 신문에서도 조봉암과 관련하여 주목하지 않았다. 조봉암이 언급하지 않은 것은 자신이 직접 나선 것이 아니었고, 또 그 정당조직에서 곧 제외되었기 때문이었을 것이다. 족청과의 관계 때문에도 언급하고 싶지 않았을 가능성이 있다. 그런데 조봉암이 이 시기에 족청과 정치활동을 함께 하려 했던 것은 눈여겨볼 만하다. 조봉암은 5·10선거 때 지난날의 동지들과 빈민 등 주로 좌파 성향이 있는 사람들과 강원명(姜元明) 등 민족청년단 인천지부 단원들의 선거운동과 지지에 많은 도움을 받았다.[20] 그리고 농림부장관 당시 농업협동조합을 중시하고 그것의 조직에 착수하였을 때, 그것의 기간적 담당세력으로서 이영근의 건의를 받아들여 족청 관계자들을 활용하려 했다고 한다. 그리하여 이영근은 노태준을 천거하였고, 조장관은 노태준과 함께 농업협동조합 조직을 추진하면서 그에게 그것의 책임을 맡기려고 하였다.[21]

이와 같이 조봉암은 족청과 관계가 있었지만, 족청단장이었던 이범석에

---

19) 1949년 후반기 이승만 정권의 '6월 공세'와 극우반공체제의 초기적 형성과정에 대해서는 서중석 앞의 책 2, 제3장 「초기 극우반공체제의 형성과 5·30선거」 참조.

20) 정태영, 앞의 책, 160~161쪽. 강원명은 중국국부군 상위, 군경독찰관으로 활동하였고, 족청 인천지부 부단장을 맡았으며, 조농림부장관의 비서였다.

21) 이영근, 앞의 글, 621~622쪽. 이영근은 족청과의 정당조직 활동이 실패로 돌아간 뒤에도 족청과 관계를 맺고 있었던 것 같다. 족청이 해산되었을 때 일부가 태양산업사와 태양신문사(후에 張基榮이 인수하여 『한국일보』로 제호를 변경하였음)를 설립하여 운영하였다. 태양신문사 사장에는 노태준, 필진으로는 崔虎鎭, 宋志英, 趙東弼, 李英根, 昇明天 등이 있었는데(건국청년운동협의회, 『대한민국건국청년운동사』, 1989, 1167쪽), 여기에 나오는 李英根이 조봉암의 비서실장 李榮根이 아닐까 생각된다.

대해서는 좋게 생각하지 않은 것 같다. 이범석이 국무총리 지명을 받자 무소속의원들에 대해 영향력이 있는 조봉암한테 국회에서의 인준 건으로 협조를 부탁하였을 때, 조봉암은 "그 사람은 파시스트야, 위험한 군국주의자지"라고 말하면서 냉담한 반응을 보였고,[22] 그 뒤에도 이범석과의 관계는 별로 보이지 않는다. 조봉암은 극우파시스트 단체로 경계를 받던 족청 관련자 중 민족주의계나 혁신성이 보이는 세력과는 제휴하려 하였다. 나아가 조봉암은 극우성을 지닌 일부 족청계와도 손을 잡으려 하였을 가능성이 있다. 그것은 그가 제헌국회 말기에 대한국민당에 가입한 것으로 짐작할 수 있다.[23]

3) 조봉암의 정치곡예(曲藝)에 대한 평가

농림부장관이 된 이후 조봉암은 민족주의적이고 진보적인 소장파 의원들과 거리를 두게 되어 국회프락치사건에 걸려들지 않았지만, 1949년 2월 농림부장관을 사임한 뒤 그해 연말까지의 행적은 잘 알려져 있지 않다. 그의 글에서도 거의 언급이 없는 것을 보면, 이 시기 그는 내세울 만한 활동이 없이, 숨어있었다고 표현하여도 좋을 만한 상태에 있었을 것이다.

조봉암은 1949년 3월경부터 친이승만 성향의 이정회(以正會)에서 활동하였다.[24] 극우 정치가로 초대 내무부장관이 된 윤치영과 초대 상공부장관인 임영신(任永信)이 이끈 이정회에 몸담은 이유는 밝혀져 있지 않지만, 한민당 주도의 감찰위원회에서 조농림부장관의 관사수리비 문제를 보고하여 국회가 시끄러웠을 때, 이정회에서는 조봉암을 옹호하였다.[25] 이정회의 반

---

22) 5·10선거에서 강원명이 조봉암을 돕기로 하고 이범석을 찾아가자, 이범석은 "조봉암은 공산당이야. 족청이 도와줘서는 안돼"라고 말하였다고 한다(李英石, 『竹山 曺奉岩』, 圓音출판사, 1983, 178쪽).

23) 족청계의 신당조직은 新政會(사무국장 李在鶴, 사무국차장 주기영)를 거쳐 대한국민당으로 합류하였다(이영근, 앞의 글, 624쪽). 제헌국회 말기 조봉암이 대한국민당에 있을 때 이재형, 홍범희, 陳憲植 등 족청계도 같이 있었다. 그 당시 족청계와 조봉암이 어떠한 관계였는지를 밝힐 수 있는 자료는 없다.

24) 윤치영, 『윤치영의 20세기』, 삼성출판사, 1991, 237쪽 ; 『국회프락치사건 판결』, 38쪽.

25) 金永上, 「국회 내 각파 세력의 분포도」, 『신천지』 1949. 3, 25쪽.

한민당 정서 때문이었을 것이다.

조봉암은 1949년 하반기에 대체로 무소속에 속해있었다.[26] 한민당의 후신인 민국당이 1949년 하반기에 내각책임제로의 개헌을 추진하자 이것에 대항하기 위하여 윤치영과 이인(李仁) 등이 1949년 11월 대한국민당을 발족하였을 때 조봉암의 거취는 명확하지 않으나, 1950년 1월 27일 대한국민당이 52의원 단체교섭회 명부를 국회에 정식으로 제출하였을 때 조봉암도 포함되어있다.[27] 1950년 1월 28일 민국당이 주축이 된 내각책임제 개헌안이 국회에 제출되어 국회가 파란에 휩싸여있을 때 조봉암은 대한국민당소속 의원으로서, 민국당의 내각책임제 개헌안 반대의 선봉으로 활약하였다. 조봉암이 제헌국회 당시에는 철저한 친이박사계의 맹장이었다는 한 기술은,[28] 아마도 이를 두고 한 평가일 것이다. 조봉암은 5 · 30선거에도 인천에서 대한국민당으로 입후보하여 당선되었다.

조봉암의 이정회 · 대한국민당 가입에 대해서는 그것과 관련된 활동이 거의 알려진 것이 없어 논란을 벌이기가 쉽지 않다. 한 가지 분명한 것은 내각제 개헌안이 표결되기 3일 전인[29] 1950년 3월 10일 장시간에 걸쳐 내각책임제 개헌안을 비판함으로써 내각책임제 개헌을 부결로 이끈 중요한 요인 중의 하나가 되었는데,[30] 이 연설을 통하여 그의 입장을 읽을 수 있다는 점이다. 그가 민국당이 내놓은 내각책임제 개헌안을 강경한 톤으로 반대한 것은 민국당이 부패한 일당 전제정치를 획책하기 위하여 그것을 추진하였기 때문이라는 것이었다. 그런데 이 연설에서 그는 한민당 - 민국당이 "대한민국의 국시로 반공정책을 세운 것을 기화로 해서 자기 정당 이외의 다른 정당이나 자기 당파 이외의 다른 사람들을, 즉 자기를 반대하는

---

26) 金鎭學 · 韓徹永, 『제헌국회사』, 新湖出版社, 1954, 230쪽.

27) 『자유신문』 1950. 1. 28.

28) 한철영, 『한국의 인물』 제1선 50인집, 문화춘추사, 1952, 69쪽.

29) 1950년 3월 13일 국회는 난투극 끝에 내각책임제 개헌안을 찬성 79표, 반대 33 표, 기권 66표로 부결시켰다.

30) 柳珍山, 『해뜨는 지평선』, 한얼문고, 1972, 115쪽. 이 연설문은 수정을 하여 "우리는 왜 개헌을 반대했나"라는 제목으로도 출판되었다(정태영, 앞의 책, 396~442 쪽에 수록).

분자에 대해서는 가리켜서 모두 공산당 혹은 빨갱이라 하는 것으로서 능사를 삼고" 있다고 비판하였던바, 그것은 한민당-민국당에게만 해당되는 것이 아니었다. 더욱이 1949년 6월 이후 감옥은 국가보안법 위반자로 넘쳐나고 있었다. 조봉암이 이 연설에서 실제로는 민국당과 함께 이승만의 극우반공정책, 특히 1949년 6월 이후의 그것을 비판하고 있다는 것은 "지금 국민은 살 수가 없에요. 먹지 못해 살 수 없고 압박에 못 견디어 살 수 없고 마음이 불안해서 살 수가 없에요"라고 토로한 대목에서 확연히 드러난다.31) 조봉암·진보당에 대한 일부 저술에는, 이 연설에 영향을 받아서이겠지만 조봉암이 원래는 대통령중심제를 지지하였다고 쓰여있다.32) 그러나 조봉암은 제헌국회에서도 명백히 내각책임제를 지지하였고, 부산정치파동에서도 그러하였으며, 『우리는 왜 개헌을 반대했나』에서도 자신은 헌법을 채택하였을 때 대통령중심제를 절대로 반대하였고 장래에는 반드시 내각책임제가 실시될 것을 굳게 믿는다고 피력하여,33) 민국당의 책략이 들어있는 내각책임제 개헌에 반대할 뿐이라는 점을 명시하였다. 이것 또한 이승만의 견해와 정면으로 대립하는 것이었다.

조봉암이 이정회에 들어간 것은 이정회가 한민당에 대립하였기 때문이고, 1950년에 대한국민당에 들어간 것은 5·30선거를 염두에 둔 것일 가능성이 있다. 이정회·대한국민당에서 조봉암이 이승만의 극우반공정책에 편승하였다고 볼 수 있는 행동은 없었다고 하더라도, 석연치 않은 점이 있다. 제1차 미소공동위원회가 결렬되면서 공산당을 분열시키기 위하여 미군정이 공작 차원에서 조봉암이 박헌영에게 보내는 사신을 1946년 5월 초순에 터뜨렸다는 점, 이것을 계기로 하여 조봉암은 공산당과 결별하고 중도파노선에 합류하였지만, 이때도 반공산당 활동을 하겠다는 명목으로 미군정에 자금지원 등의 협조를 요청하였던 것도34) 함께 상기할 필요가 있

---

31) 서중석, 앞의 책 2, 309쪽.
32) 예컨대 이영석, 앞의 책, 194쪽 등.
33) 조봉암, 「우리는 왜 개헌을 반대했나」, 407~408쪽.
34) 『G-2보고』 1946. 6. 25, 7. 5, 9. 5, 9. 11, 11. 7 ; 1947. 2. 15 참조(정태영, 앞의 책, 377~380쪽).

다.

진보당의 '수신요강'에는 "사회가 험난한 것만큼 부득이한 경우엔 권변(權變)을 허용한다"는 항목이 들어있다.[35] 진보당 간부 최희규(崔熙圭)가 입당 직전 왜 미군정을 지지하고 농림부장관을 하였느냐고 묻자, 조봉암은 다음과 같이 대답하였다고 한다.

(공산당과 결별하였는데) 공산당을 나쁘다고 해놓고 가만히 있으면 나는 패배하고 결국은 죽게 된다. 살아남기 위해서는 이겨야 하고, 이기기 위해서는 조직이 필요했고 이박사와의 협력이 필요했다.[36]

국회프락치사건과 장건상(張建相)의 국회의원 활동을 일별하는 것도 조봉암의 문제를 이해하는 데 도움이 될 것이다. 국회프락치사건으로 중형을 받은 소장파 의원 핵심들은 과거의 전력을 문제삼기가 어렵게 되어있었다. 노일환(盧鎰煥)은 일제 때부터 동아일보 기자 등으로 활약하였고, 호남 지주 출신의 한민당원이었다. 또 한 명의 주역인 이문원(李文源)도 한독당원이었고 대동청년단원이었으며, 박윤원(朴允源)은 광복청년단 지방간부였고, 강욱중(姜旭仲)은 민족청년단에서, 김병회(金秉會)는 독립촉성(독촉)국민회에서 활동하였다. 김약수(金若水)도 한민당 간부였다. 이들이 '소장파 전성시대'에 제헌국회를 리드할 수 있었던 이유의 하나는 전력이 문제될 것 없었기 때문이었다. 1950년 5·30선거 얼마 전에 투옥되어 전국 최다 득표자 중의 한 사람으로 옥중 당선한 장건상은[37] 제2대 국회가 열렸을 때 최고령자였으므로 사회를 맡게 되어있었는데, 곽상훈 의원 등이 선거 때부터 공산당 혐의로 말이 많았으므로 불가하다고 반대하여 사회를 볼 수 없었다. 그 뒤에도 툭하면 국회 이 구석 저 구석에서 "저 놈 빨갱이다"라고 하여 벙어리의원 생활을 2년이나 계속하여야 했다.[38] 장건상은 1910년대부터

---

35) 권대복 편, 『진보당』, 지양사, 1985, 147쪽.

36) 『중앙일보』 1982. 11. 15, 「진보당사건」 (39).

37) 장건상이 석방된 데는 미국 영사 등의 압력이 영향을 미쳤다[『사실의 전부를 기술한다』(장건상 편), 희망출판사, 1966, 434쪽].

독립운동에 뛰어든 원로로 중경임시정부의 국무위원이었다. 해방 후에는 중도파 입장에서 여운형과 함께 일하여 인민당과 근민당의 부위원장이 되었고, 남북협상에도 참여하였다. 장건상의 전력은 조봉암과 차이가 있었다. 그런데 조봉암이 국회부의장으로 활약할 때 장건상은 벙어리가 되어야 했다. 미국측은 조봉암이 제헌국회에 출현하였을 때부터 '전 공산주의자' '스탈린주의자' '반스탈린주의 공산주의자'라는 표현을 쓰면서 그를 주시하였다. 이승만과 한민당 - 민국당이 조봉암을 어떤 식으로 몰고가려 하였는가는 1952년 8 · 5정부통령선거 이후에 더욱 뚜렷이 나타난다.[39]

2. 한국전쟁기의 신당조직 운동과 '대남간첩단 사건'

1) '자유사회당'과 대남간첩단 사건

민국당이 가장 심하게 패배하였지만, 대한국민당과 이승만 정부의 장차관들은 다수가 낙선한 반면, 이승만 대통령과 별반 관계가 없거나 비판적인 무소속이 대거 당선하고, 대중한테 영향력이 큰 명망가들인 중도파 인사들이 다수 원내에 등장한 5 · 30선거는 남한정치에 새로운 변화를 예고하는 것이었고, 장택상(張澤相)과 함께 국회부의장으로 당선된 조봉암에게도(국회의장은 申翼熙) 활동공간이 넓어질 수 있었다. 그러나 곧이어 일어난 한국전쟁은 남한정치의 폭을 크게 축소시켰다.

전쟁중이었는데도 각 정치세력은 자신의 세력 강화를 위하여 치열하게 경쟁하였다. 그 이유의 하나는 1952년에 있게 될 정부통령선거와 관련된 것이지만, 고루한 수구세력을 대변하는 민국당과 차별성이 있고, 또 이승만 추종세력과도 구별되는 정치세력을 형성해보려는 노력도 그러한 경쟁을 가열시켰다. 이들은 나름대로 한국에서 정당정치를 통하여 의회민주주의를 구현하고자 시도하였다. 이들의 움직임은 정당조직 활동으로 나타났

---

38) 위의 책, 434~435쪽.

39) 강원룡은 당시 자신이 죽산에 대하여 긍정적이지 못하였던 것은 '원칙을 가지고 현실에 융통성 있게 대처하는' 그의 태도를 오해하였기 때문이 아닌가 한다고 기술하였다(강원룡, 앞의 책 2, 100쪽).

다. 이시영(李始榮) 부통령이 국민방위군사건 등과 이승만 정부의 악정에 대한 항의로 부통령직을 사임하고, 1951년 5월 국회에서 2대 부통령으로 김성수(金性洙)를 선출할 무렵에 신당운동은 구체성을 띠기 시작하였다.

이 시기 정당조직 움직임은 대체로 세 갈래로 나누어볼 수 있다. 5·30 선거로 출범한 2대 국회에서 조헌영(趙憲泳) 의원 등 50여 명은 무소속구락부를 구성하여 어느 정파에도 속하지 않고 시시비비로 나아갈 것을 표방하였다. 무소속구락부는 1950년 11월 공화구락부로 명칭을 바꾸었는데, 이들은 민국당·이승만 정부와 대립하면서 전쟁시기에 인권옹호 활동을 벌였고, 국민방위군사건·거창양민학살사건에서 맹렬히 정부를 비판하였다. 이들은 부통령선거에서 대체로 김성수를 지지하였고, 김성수의 부통령 선출을 계기로 신당조직 작업을 추진하였다. 이들은 의회민주주의를 중시하였고, 그 때문에 내각책임제로의 개헌을 추진하였다.[40]

거창양민학살사건·국민방위군사건 등을 통하여 이승만에 비판적이었던 공화구락부 등의 동태가 심상치 않고, 거창양민학살사건 등의 처리를 둘러싸고 조병옥(趙炳玉), 김준연(金俊淵)이 각각 내무부장관, 법무부장관직을 사임한 후 반이승만의 성격이 강화되고, 공화민정회 등 국회의 다수파 의원들과 함께 또다시 내각책임제 개헌을 추신하려는 민국낭의 김성수가 이승만측의 저지 노력에도 불구하고 부통령에 선출되었다는 것은, 이승만이 우려해왔던 국회에서의 대통령 재선이 대단히 불투명해졌다는 것을 의미하였다. 1948년 8월 정부 출범 당시부터 집요하게 일민주의 정당을 조직하기 위하여 노력하였던 이승만은,[41] 1951년 봄에 다시 신당결성 작업을 벌이다가, 공화민정회를 견제하고 그것의 일부를 끌어들이기 위하여 1951년 8월 15일 신당조직 성명을 발표하였다.[42] 이승만은 자신을 직접 지지해

---

40) 공화구락부가 친이승만계인 신정동지회와 합쳐 1951년 5월 공화민정회로 새출발한 것은 당파적 이해관계 등이 개재된 것이었는데, 주류는 여전히 내각책임제로의 개헌을 추진하였다(延定恩, 「제2대 국회내 공화구락부—원내자유당의 활동에 관한 연구」 성균관대 사학과 대학원 석사논문, 1997, 40~55쪽; 權五琦 대담, 『현대사 주역들이 말하는 정치증언』(吳緯泳 편), 동아일보사, 1986, 226~231쪽). 공화민정회가 주축이 되어 원내자유당이 탄생하였다.

41) 서중석, 「이승만정부 초기의 일민주의」, 『진단학보』 83, 1997, 163~167쪽.

줄 정당이 절실히 필요하였던 것이다. 이로써 원외자유당이 탄생하였다.

한편, 그동안 꾸준히 신당조직을 위해 노력하였던 조봉암도 김성수가 부통령에 당선된 직후부터 신당조직을 구체화하였다. 1951년 6월 조봉암 국회부의장의 비서 이영근을 책임자로 한 신당준비사무국이 설치되었다. 조봉암의 신당은 여러 세력을 포섭하여 추진되었다. 그 중 하나는 그가 농림부장관 때부터 관계를 맺었던 농민조직이었다. 일제 때 만들어져 해방 이후에도 존속하였던 농회(農會)는 1951년 5월에 해산되었다. 그리고 일부 간부가 농회재산관리사무소에서 계속 일을 보았는데, 이 농회조직을 바탕으로 하여 1951년 10월에 농민회의가 소집되었다.[43] 1951년 10월 22일 부산에서 열린 한국농민회의 창립회의에서는 남한 180개 군 대표 340명이 참석한 가운데 강령을 통과시키고 의장에 조봉암, 부의장에 육홍균(陸洪均), 윤태중(尹泰重), 최병협(崔秉協) 등 3인을, 집행위원에는 김경태(金景泰), 신현대(申鉉大), 김병순(金炳淳) 등을 선출하였다.[44] 농민회의의 조직과 함께

---

42) 연정은, 앞의 글, 48~55쪽.

43) 대한민국건국10년지간행회, 『대한민국건국10년지 1956』에서는 이 시기 농민회의 소집이 농회 소속 재산을 지키기 위하여 열린 것으로 파악하였다. 이 책에는 舊농회 郡직원 4명씩을 대표로 하여 1951년 4월 수백 명이 대회를 개최하였다고 기술되어 있는데, 4월에는 농민회의가 열리지 않았고, 농민회의에 4명씩이 대표로 나온 것도 아니었다. 농회 재산을 둘러싼 농민단체간의 분규는 이후에도 꽤 오랫동안 심하게 계속되었다.

44) 『동아일보』 1951. 10. 24. ; 이영근, 앞의 글, 631쪽. 여러 연구자들이 정태영의 앞의 책 387~395쪽에 수록되어 있는 姜辰國, 신현대, 김경태 등이 간부로서 작성에 참여한 것으로 보이는 「농가회의 준비요령」을 1951년경의 문서로 이해하거나, 농가회의를 1951년에 열린 농민회의와 동일시하거나 혼동하고 있는데(예컨대 정태영, 앞의 책, 185쪽), 양자는 별개 단체다. 「농가회의 준비요령」에 따르면, 이 단체는 결성된 것이 아니라 결성하려는 상태에 있었고, 또 농민회의 주요 간부와 농가회의의 중앙조직준비위원이 일치하지도 않는다. 「농가회의 준비요령」은 박정희 정권 때 만들어진 것으로, '농가회의'는 1950년대에 존재하지 않았다. 이 「준비요령」에는 "혁명정부는 지난날의 모든 횡포와 무법과 차별, 그래서 빚어진 부패와 빈곤의 암을 잘라냈다"(388쪽)고 쓰여있는데, 여기서 혁명정부란 '5·16군사혁명정부'를 가리킨다. 그것은 이 글에서 "국민재건운동이 관념적 계몽운동"(393쪽)이라고 말한 것에서도 확인할 수 있다. 389쪽에 쓰여있는 "일찍이 20년 전 공산침략하의 피난수도 부산에서 한 번 고고의 소리 드높인 바 있었던" 단체는 농민회의를 가리킨다. 조봉암과 함께 농민운동을 벌였고, 농민회의를 조직하였던 사

원내조직도 병합되어 70여 의원을 설득·포섭 대상으로 접촉하였다.[45] 그와 함께 서울시경 사찰과에서 작성한 『사찰요람』에는 조봉암의 신당조직으로 '자유사회당 비밀서클'이라고 호칭한 것이 있는데, 이 조직은 조봉암이 그동안 접촉해온 중도파나 혁신계, 족청계와 노동조합, 농민운동 관계자들로 이루어져 있다.[46]

이 시기 조봉암의 신당 구상은 상당히 규모가 있는 것이었다. 조직면으로는 그가 중시한 원내의원들도 상당수를 조직대상으로 하여 끌어들이는 작업을 벌였지만, 무엇보다도 농민과 노동자층을 당의 조직으로 끌어들이려 시도한 것이 주목된다. 신당을 조직하는 데 농민이 여전히 압도적 다수를 차지하고 있던 1950년대 초반에 전국적인 농민조직으로 농민회의를 출범시켰던 것이다. 또 조봉암의 '자유사회당 비밀서클'과 관련 있는 인사들 가운데는 중도파나 혁신계, 족청계 인사들도 있었지만, 노동계와 농민단체 간부들이 적지 않았다.[47] 노동자, 농민 등 민중을 정당조직으로 끌어들이려 시도한 것은 해방 직후 조선공산당 등 좌익정당을 제외하고는 처음이었다. 이승만의 자유당이 노동자 농민정당을 표방하기도 하였지만, 그것은 조봉암 신당의 그것과는 성격이 달랐다.

조봉암의 신당은 프랭클린 루스벨트 미대통령이 제창한 4대 자유, 곧 언론·출판·결사의 자유, 체포·구금의 공포로부터 해방되는 자유, 빈곤으로부터 해방되는 자유, 질고(疾苦)로부터 해방되는 자유를 표방하고자 하였

람들의 일부가 5·16군부쿠데타 이후 1970년을 전후하여 전국적 조직을 만들려고 하였던 것이 농가회의였다.

45) 이영근은 70여 의원을 신당조직의 영향하에 넣을 수 있었다고 기술하였는데, 이것은 과장된 표현일 것이다(이영근, 위의 글, 633쪽).

46) 서울시경 사찰과, 『사찰요람』(등사판), 1955, 106~119쪽.

47) 노동계 간부로는 張海東(대한노총), 李圭燮(前仁川노총 조직부장), 金在順(노총 영등포 부위원장), 徐相彬(노련 감찰부장), 安弼洙(노총 부두노조 부위원장), 鄭龍泰(노총 간부), 金甲龍(노총 간부), 金興胤(前부두노조 위원장), 李?春(자유부두赤崎위원장) 등의 명단이 보이고, 농민단체 관련자로는 李德明(농총 부산지회장), 姜洪(농총 계몽대장) 등이 기술되어 있다(서울시경 사찰과, 위의 책, 106~108쪽). 이와 함께 『사찰요람』에는 田宅樹(족청), 文容采(前新化黨), 金明煥(민련), 朴基龍(前사회당), 李巴林(前근민당) 등과 前 청년단체 간부, 도의원, 시의원의 이름이 들어 있다(106~109쪽).

다.48) 그래서 신당의 당명을 '자유당'(가칭)으로 정했다고 이영근은 주장하였지만,49) 서울시경 사찰과 『사찰요람』에 명기되어있는 자유사회당이 신당의 당명으로 내정되었을 가능성이 더 크다. 조봉암이 아무리 1950년대 초의 상황에서 루즈벨트가 말한 바 '4대 자유' 등을 획득하는 것이 중요하다고 인식하고 있었다 하더라도, 자유당은 보수정당이라는 이미지가 확연하기 때문에 자신의 정치철학인 사회주의적 요소를 가미한 자유사회당이란 명칭을 의중에 두었을 것이다.50)

조봉암이 루즈벨트의 4대 자유를 내세우려 하였던 데는 몇 가지 이유가 있었을 것이다. 하나는 이승만 정권의 문제점이 루즈벨트의 4대 자유 주장과 직결될 수 있었다는 점이다. 이승만 정권에서는 언론·출판·결사의 자유가 극우반공논리를 제외하고는 존재하지 않았고, 항상 체포·구금의 위기에 처해있었으며, 민중들은 만성적인 빈곤과 질고에 신음하고 있었다. 그와 함께 이승만 권력의 절대적인 배경을 이루고 있는 미국에서 제창된 것을 내세움으로써 온건하다는 인상을 줄 수 있을 것이고, 탄압에 대응하기에도 유리할 수 있었다. 김원봉의 민족혁명당이 해방되기 전 중국 중경에서 루즈벨트의 4대 자유를 일정하게 내세웠던 것과 비슷한 논리였다.

조봉암의 신당은 조직면에서도, 표방한 논리에서도 짜임새가 갖추어져 갔지만,51) 이승만의 탄압으로 신당 창당은 불가능해졌다.52) 이승만의 신당 당명도 자유당으로 낙착되었지만,53) 조봉암 신당조직과 관계가 있는 농민

---

48) 정태영, 앞의 책, 187쪽(姜辰國 증언).

49) 이영근, 앞의 글, 680쪽 ; 정태영, 앞의 책, 187쪽.

50) 1997년 7월 전화 인터뷰에서 정태영은 강진국도 자유사회당으로 신당의 명칭을 기억하였다고 말하였다.

51) 馬韓은 조봉암을 중심으로 한 정당구상이 정강·정책의 기초를 완료한 단계에 있었다고 기술하였다(마한, 『한국정치의 총비판』, 한국정치연구원, 1959, 91~92쪽).

52) 朴己出은 신당이 공화민정회계(후의 원내자유당), 족청계(후의 원외자유당)에서 추진될 때, 원내 일부 무소속의원과 재야 일부 중간파들이 넓은 민중적 기반 위에 선 신당을 구상하였지만 표면화하기 전에 일체의 움직임이 봉쇄당했다고 기술하였다(박기출, 『한국정치사』, 일본 : 東京민족통일문제연구원, 1976, 144~145쪽).

53) 이영근은 조봉암의 가칭 자유당 이름으로 준비된 문서가 원내 金從會 의원(국방분과위원장) 등에게 전해져 자유당 결성에 영향을 미쳤다고 기술하였고, 또 이승

회의는 이승만의 자유당 기간단체 중의 하나인 대한농민총동맹(농총)과 경합관계에 있었다. 이승만은 자신의 신당조직에 조봉암을 끌어들이려고 시도한 바 있었지만,54) 당국의 탄압 앞에 농민회의는 무력해졌고, 얼마 후 노총, 농총 관계자들도 대개가 조봉암과 관계를 끊었을 것으로 보인다. 국회내 조봉암 지지세력 또한 상당수가 자유당으로 합류하였을 것이다.55) 조봉암의 신당은 끝내 불발로 끝났다.

이승만 정권은 조봉암 신당조직의 중심부를 철권으로 내리눌렀다. 1951년 12월 초 신당준비사무국 책임자 이영근이 체포되었고,56) 잇달아 50여 명이 연행되어 9명이 기소되었다. 이른바 '대남간첩단 사건'이라는 것이었

만계가 신당의 가칭 당명과 정강정책 일부를 가져간 결과가 되었다고 주장하여 (이영근, 앞의 글, 626, 631쪽), 자유당의 명칭이 조봉암의 신당으로부터 유래하였음을 시사하였다. 이 주장은 확인이 되지 않는다. 장건상은 이승만이 1951년 8월 15일 정당 구상을 표명하였을 때 자신은 한때 이재학과 보조를 같이하였고, 자유당이라는 당명도 자신이 지어준 것이라고 회고하였다(『사실의 전부를 기술한다』 (장건상 편), 436쪽)(이 경우 자유당은 원내자유당을 가리킴). 장건상은 1951년 3월 呂運弘, 趙時元, 송방용 등과 함께 신정동지회에 속해있었고, 1952년 1월 현재로 尹吉重, 송방용, 조시원, 여운홍 등과 함께 원내자유당에 속해있었으나, 이승만은 자신의 신당 당명을 노농당 또는 통일노농당, 자유노농당으로 붙이려 하였다(이승만, 「성낭에 관한 설명」, 1952. 1. 14(원문에는 1951. 1. 14.로 되어 있으나 1952. 1. 14.이 맞다), 공보처 편, 『대통령 이승만박사 담화집』, 1953, 65쪽 ; 마한, 앞의 책, 94~95쪽). 그러나 그 명칭이 공산주의를 연상하게 하는 면이 있다는 지적이 있어 원내 신당에서 정한 자유당이란 명칭을 도용함으로써 두 개의 자유당이 생겨나게 되었다.

54) 이승만은 1·4후퇴 때 조봉암을 만나 "죽산, 민국당은 지주정당이야. 농민·노동자를 대변하는 농민당이나 평민당 같은 걸 만들어야 해. 이 일을 죽산이 맡아보지 않겠나"라고 신당조직을 맡아볼 것을 권유하였으나, 조봉암은 이것을 거절하였다고 한다(『중앙일보』 1982. 11. 1, 「진보당 사건」 (33) ; 이영석, 앞의 책, 182~183쪽].

55) 이 시기 조봉암 및 조봉암계의 행로에 대해서는 조봉암 중심의 신당이 이념면에서 합치된다고 하여 공화민정회측 신당, 곧 원내자유당 쪽으로의 합류설로 원내 동향이 한층 격화되었다는 설(마한, 앞의 책, 92쪽), 세칭 조봉암계가 원외자유당과 합작을 협의하였다는 설(같은 책, 98~99쪽), 원외와 원내의 신당 추진세력이 싸울 때, 원내의 이재형, 朴定根, 宋邦鏞 의원 등이 조봉암의 입당을 적극 추진하였으나 일부 간부들의 반대로 좌절되었다는 설(金夕影, 「고고의 聲 울렸던 두 개의 자유당」, 『인물계』 1959. 3, 27쪽) 등이 있다.

55) 『동아일보』 1951. 12. 9.

는데, 육군특무대에 검거된 것으로 발표하였다. 기소된 자들 가운데는 사상정보 관계의 경찰 책임자인 치안국 정보수사과장과 교육훈련 책임자인 교육과장이 들어있었다. 이들은 둘 다 중경임시정부에서 활동한 경찰에서는 보기드문 경력의 소유자였는데, 조봉암측 신당운동의 방해공작에 적극적으로 나서지 않았던 것이 간첩으로 몰리게 된 이유였다고 한다.

또 구속자 가운데는 남로당 간부였다가 전향하여 보도연맹 전국 간사장을 지낸 김종원(金鍾元)과 남로당 서울시당 간부로서 전향하여 남로당 서울시당을 파괴하는 데 큰 공로를 세운 홍민표(洪民杓) 전경감도 포함되었다. 이 두 사람은 신당준비사무국에서 브레인 역할을 담당하였다.57) 1952년 5월 이영근 등 3명에게 사형, 3명에게 무기, 나머지 피고들에게는 5~10년의 중형이 구형되었으나, 부산지방법원에서 전원 무죄판결을 받았다.58)

2) 부산정치파동·발췌개헌과 조봉암

이영근 등이 '대남간첩단 사건'으로 재판을 받을 때는 부산정치파동이 고조되고 있을 때였다. 부산정치파동은 발췌개헌으로 일단락되었는데, 조봉암이 국회부의장으로서 발췌개헌에 '협조'한 것에 대해 일별해둘 필요가 있다.

국회에서 대통령 당선이 불가능하였기 때문에 전시인데도 불구하고, 그리하여 국회의원 보궐선거조차 실시할 수 없었음에도, 이승만 정부는 직선제 개헌안을 제출하였다. 그러나 그 개헌안은 1952년 1월 18일 가 19표, 부 143표, 기권 1표라는 압도적 표차로 부결되었다. 이승만은 이러한 사태를 충분히 예견하고 원외자유당을 조직한 것이었지만, 19표밖에 가표가 없었

---

57) 이영근, 앞의 글, 632~633쪽. 육군특무대는 피고들이 조봉암의 새 당 '좌익 제3세력'의 조직을 위한 전위적 역할을 하였고 북에 정보를 보냈다고 주장하였다 (『주한미국대사관 주간보고서』 4, 1952. 1. 10, 1쪽).

58) 이들이 무죄판결을 받을 수 있었던 것은 애초 군사재판에 회부되었던 것을 李鍾贊 육군참모총장의 반대로 민사재판으로 돌려졌기 때문이었을 것이다(이영근, 앞의 글, 632쪽 ; 『동아일보』 1952. 5. 22, 5. 27. 참조). 그러나 2심에서는 이영근 징역 5년, 홍민표 징역 1년 집행유예 1년 등을 선고받았다(『동아일보』 1952. 12. 21, 12. 23 ; 박태균, 앞의 책, 206쪽).

다는 것은 예상을 훨씬 넘어선 일이었을 것이다. 이 표결 결과로도 국회에서 이승만이 대통령에 당선된다는 것은 거의 불가능하다는 것이 명약관화해지면서 일찍부터 생각하였던 바대로 백골단, 땃벌떼, 민중자결단 등에 의한 '민의'라는 것이 동원되기 시작하였다.[59] 민의동원은 지방의회 의원들에 의해서도 이루어졌다. 지방자치법은 1949년 7월에 제정되었는데도 이승만이 고의로 실시하지 않고 있었는데, 전시중인 1952년 4월 25일에 시·읍·면의회선거를, 5월 10일에 도의회 의원선거를 실시하였다. 명백히 민의를 동원하기 위해서였던바,[60] 독재자의 영구집권을 위하여 민주주의제도가 실현되는 한국적 아이러니였다.

　1952년 4월 17일 원내자유당과 민국당이 중심이 되어 곽상훈(郭尙勳) 의원 외 122명의 연서로 내각책임제 개헌안이 국회에 제출되었다.[61] 123명은 국회의원 재적 3분의 2보다 한 명 많은 숫자였다. 4월 20일자로 원내자유당 주류가 대통령으로 추대할 것으로 알려진 장면(張勉)이 국무총리직에서 해임되었고, 그 후임으로 장택상이 임명되었다. 5월 14일 이승만 정부는 1월 18일에 부결된 개헌안을 다소 수정하여 다시 국회에 제출하였다. 이로써 개헌안 두 개가 국회에 상정, 공고되었다. 5월 24일 내무부장관에 이범석을, 내무부차관에 역시 족청계의 홍범희를, 1921년 순시부터 시작하여 송화경찰서장으로 해방을 맞았던 서울시경국장 윤우경(尹宇景)이 홍순봉(洪淳鳳)의 뒤를 이어 치안국장에 임명되었다. 그리고 5월 25일 부산을 중심으로 경남, 전남북 23개 시·군에 비상계엄령(계엄사령관 元容德 소장)이 선포되었다. 다음날인 5월 26일 '정치파동'이 본격화되었다. 이날 국회의원 50명 가량이 통근버스에 탄 채 견인차에 끌려 헌병대로 연행되었고, 그 중

---

59) '민의'의 동원으로 이승만이 반대파에 대하여 타격을 가하려는 발상은 5·30선거에서도 표출되었다. 1950년 5월 25일 이승만은 부산에서 "반정부를 일삼는, 또는 그러한 경력을 가진 인사들에게는 투표를 고려할 뿐더러, 당선된 뒤에도 선거인이 협의하여 소환하도록 해야 할 것"이라고 말하였다(『경향신문』 1950. 5. 27). 5·30선거에서 장건상 등이 출마한 부산지역은 서울·경기권과 함께 중도파 민족주의자들의 지지도가 높았다.

60) 孫鳳淑, 『한국지방자치 연구』, 三英社, 1985, 28~33쪽.

61) 이 내각책임제 개헌안이 제1차 내각책임제 개헌안과 다른 점은 李鎬眅·姜仁燮, 『이것이 국회다!』, 삼성이데아, 1988, 121~122쪽 참조.

임홍순(任興淳), 서범석(徐範錫), 김의준(金意俊), 이용설(李容卨) 의원 등이 끌려가 국제공산당 관련 혐의로 구속되었으며, 그 뒤 곽상훈 의원 등이 같은 혐의로 구속되었다.[62] 이것은 명백히 회기중 국회의원에게 불체포특권을 보장한 헌법 제49조 규정을 위반한 행위였다.[63] 원내자유당의 오위영(吳緯泳), 엄상섭(嚴詳燮), 김영선(金永善), 윤길중 의원 등은 꽁꽁 숨어버렸고, 송방용 등 20여 의원들은 감시의 눈 때문에 전전긍긍하였다.[64] 또한 일찍부터 장면 대통령 추대 공작을 벌였던 국무총리 비서실장이자 전 사상검사였던 선우종원(鮮于宗源) 등이 체포되었다. 이들에게는 대한민국정부혁신전국지도위원회라는 또 하나의 어처구니없는 국제공산당 혐의가 씌워졌다.[65]

국회의원들이 통근버스에 탄 채 헌병대로 끌려갔을 때, 신익희 국회의장과 조봉암 부의장은 이승만 대통령을 방문하여 강경하게 항의하였다. 그때 이대통령은 "그놈들이 오늘 국회에서 장면이를 대통령으로 선거한다지"라고 말하였다. 조봉암은 그것을 오보라고 설명하면서 "설혹 그 사람들이 대통령을 반대하는 일을 한다손치더라도 저런 일은 중지시켜야 합니다. 그것은 나라를 위해서나 이대통령 각하를 위해서나 좋은 일이 안됩니다"라고 응수하였다.[66] 이승만의 행태는 『크리스찬 사이언스 모니타』지가 사설에

---

62) 주한미대사 무초는 이 사건에 대해 다음과 같이 회고하였다. "이대통령은 국회의원 11명(徐珉濠 의원까지를 포함한 것임—필자)을 공산주의자로 체포할 것을 고려하고 있었다. 그는 내가 그것에 동의해야 한다고 생각하고 여러 차례 그 이야기를 꺼냈다. (내가 관여할 일이 아니라고 하자—필자) 그는 내가 동의를 표해야 한다고 고집을 부렸다. 그는 빳빳한 50달러짜리 지폐가 가득한 가방 열 개를 나에게 보내기까지 했다. …… 내가 한국을 떠난 다음날인 1952년 5월 25일(미국시간일 것임—필자) 그는 11명을 체포했다"(「무초 대사가 털어놓은 건국비화」, 『정경문화』 1986. 4, 334쪽). 이승만이 5월 25, 26일에 일종의 쿠데타를 일으킨 것이 5월 25일 국회에서 비밀투표로 대통령을 선출한다는 허위정보 때문이었는지 [『사실의 전부를 기술한다』(이재학 편), 141쪽], 미대사가 본국으로 가는 것에 타이밍을 맞춘 것인지, 또는 다른 이유에서인지는 더 논의해야 할 것이다.

62) 李鍾極, 「헌정 10년의 위헌사」, 『사상계』 1958. 7, 71쪽.

63) 동아일보사 편저, 앞의 책 3, 66~67쪽.

65) 자세한 것은 『명인옥중기』(선우종원 편), 희망출판사, 1966, 307~309쪽 참조.

66) 조봉암, 「투표에 이기고 개표에 지고」, 『내가 걸어온 길 내가 걸어갈 길』(『신태양』 별책), 신태양사, 1957, 174~175쪽.

서 말한바 "전체주의 경찰국가에서나 볼 수 있는 쿠데타로써 그의 정권을 영속화시키려는 필사적인 노력"이었다.[67)]

국회의원들은 5월 28일 부산지구 계엄령 해제를 결의하였고, 이날 언커크(UNCURK : 국제연합한국통일부흥위원단)에서도 긴급회의를 열고 계엄령 해제와 구금중인 국회의원 석방을 요구하는 성명서를 이대통령에게 전달하였다. 다음날인 5월 29일에는 김성수 부통령이 이대통령의 헌정 유린에 강경히 항의하고 사임하였다. 그러나 이승만은 군대와 경찰, 그리고 깡패와 청년단, 지방의회 의원들로 구성된 민의대(隊)를 동원하여 폭압·폭력으로 계속 국회의사당을 포위하고 국회의원들을 내리눌렀다. 드디어 6월 21일 발췌개헌안이 국회에 제출되었다. 곽상훈 등 123명이 내놓은 내각책임제 개헌안과 정부가 제출한 직선제 개헌안은 공고기간이 만료되었으나 의원들이 피신중이라 성원이 안되어 표결할 수가 없었다.

영구집권과 독재를 위하여 헌정을 유린하고 국회를 협박하여 통과시킨 첫번째 개헌이라는 점에서 발췌개헌이 갖는 역사적 의의는 크다. 이러한 발췌개헌안이 어떻게 제출되었는가의 문제도 그것의 책임과 함께 중요하지 않을 수 없다. 발췌개헌안은 내각제 개헌을 요구하는 국회의원들과 직선제 개헌안을 관철시키려는 이승만 지지세력 사이에서 신라회라는 원내 교섭단체를 장악하고 있어 캐스팅보트를 쥐고 있던 장택상 국무총리가 이승만 쪽으로 돌아서면서 대통령중심제와 내각책임제를 절충하여 만들어낸 제3의 개헌안으로 알려져 있다. 그러나 발췌개헌안은 미국측의 수습방안이었을 가능성이 크다. 장면 국무총리가 외국에 나가 있는 동안 국무총리 서리직에 있었던 허정은 유엔한국위원단 사무총장 메듀(프랑스인)가 그를 찾아와 정치파동 수습책으로 발췌개헌안을 제시하였던바, 그것을 장택상이 국회에서 통과시키도록 한 것으로 회고하였다. 허정의 기억에 의하면, 발췌개헌안은 무초 주한미대사와 메듀 사무총장이 마련한 것이라고 한다.[68)] 장택상의 발상이라면, 그의 성격으로 볼 때 난국을 수습하기 위하여

---

67) 리차드 알렌, 『한국과 이승만』, 尹大均 역 , 합동통신사, 1961, 153쪽.

68) 허정 회고록, 『내일을 위한 증언』, 샘터사출판부, 1979, 184쪽. 이영석, 앞의 책, 196쪽에는 미관변당국이 5월부터 움직여 6월에 허정을 찾았다고 기술하였다. 무

자신이 발췌개헌안을 만들었다고 주장할 만한데, 그는 회고록에서 자신이
이끄는 "신라회에서 발췌개헌안을 제출하여 가까스로 그 난국을 수습하였
는데, 그 이면에는 공개할 수 없는 '국제적인 모종의 계책'이 있었다"라고
밝혔다.[69]

무초와 메듀의 제안을 허정이 받아들이지 않자 그들은 장택상 국무총리
를 찾아갔다. 그러나 이러한 무초 미대사의 활동은 은밀히 이루어졌다.[70]
유엔한국위원단은 이승만 대통령에게 불법적인 국회의원 탄압에 항의하는
서한도 보냈고, 라이트너 대리대사 등 미대사관측은 이승만의 횡포에 비판
적이었으며, 미군은 경우에 따라서는 미군 주도의 쿠데타를 일으킬 계획안
을 세워놓기도 하였다. 그러나 실제로 미군측은 이승만한테 호의적이었다.
클라크 유엔군사령관은 "정치혼란이 더욱 악화되어 전쟁 수행에 지장을
가져오면 가만 있지 않겠다"는 성명을 발표하였다. 신탁통치 실시, 군정
실시 등의 소문도 나돌았는데,[71] 이것은 이승만에 대해서가 아니라 장기간
의 협박과 회유, 탄압으로 벼랑에 몰리고 있던 국회에 대한 결정적인 압력
으로 작용하였다.

6월의 시점은 대통령 임기 때문에 현행 헌법에 따라 대통령을 국회에서
선출하든가 빠른 시일 내에 개헌을 하여 그 헌법에 따라 대통령을 뽑든가
를 결정하지 않으면 안되게 되어 있었다. 조봉암은 대통령이 국회에서 선
출된 1948년 7월 20일부터 대통령으로서 활동한 것으로 봐야 하기 때문에
7월 20일을 임기 기산일(起算日)로 보았고, 다수의 의원들은 대통령이 취임
선서를 한 7월 24일을 임기 기산일이라고 피력하였다. 그런데 무초 주한미
대사는 8월 15일이 기산일이라고 주장하였다. 7월 이전에 새 대통령이 선
출되기 어렵다는 '현실적 이유' 때문에 정치적 고려에서 내세운 것이었다.
'어쩔 수 없는 상황'에 몰린 국회에서는 6월 하순 대통령의 임기는 8월 14

초는 6월 6일 귀임하여 그날로 이승만과 회담하였다(『동아일보』 1952. 6. 7).
69) 張炳惠·張炳初 편, 『대한민국 건국과 나』, 滄浪장택상기념사업회, 1992, 111쪽.
70) 당시 서범석 의원도 발췌개헌안이 미국 쪽 제안이 아닌가 하는 생각이 들었다
    고 한다(부산일보사, 『임시수도 千日』上, 1983, 434쪽).
71) 『사실이 전부를 기술한다』(이재학 편), 143쪽 ; 柳致松, 『해공 신익희 일대기』, 해
    공신익회선생기념회, 1984, 627쪽.

일에 만료된다는 것과 그때까지 선거를 못 치르면 현대통령이 차기 대통령 선출시까지 대통령 직무를 수행한다는 것을 결의하였다.[72]

이승만 대통령은 6월 말 민중대표들이 강청하므로 더이상 국회해산을 미룰 수 없다는 협박 「치사(致辭)」를 발표하였고,[73] 이 치사가 있기 직전 이갑성 외 60의원의 연서로 국회가 자폭(自爆)하자는 국회 자진해산안이 제출되었으나, 상정되지 않았다. 7월 1일 제13회 임시국회 개원식에서 장택상 국무총리는 의원신변을 보장하겠다고 언명하였으며, 정부측은 여당 의원들을 의사당에서 강제로 농성하게 하고, 경찰을 풀어 피신 의원들을 차례로 강제등원시켰다. 그러나 7월 2일에도 성원이 되지 않아 국회는 휴회되었다. 7월 3일 상오부터 국제공산당음모사건에 관련된 국회의원들이 모두 풀려나왔다. 39일 만이었다.[74]

신익희 국회의장과 조봉암·김동성(金東成) 부의장은 발췌개헌안을 표결에 부치기 전에 회동하였다. 신익희 의장이 한보 물러나자고 항복하자는 제안을 내놓으니까 조봉암이 찬동하였고, 김동성도 추종하였다.[75] 7월 4일

---

72) 이호진·강인섭, 앞의 책, 133~134쪽.

73) 이승만, 「국회에 보내는 치사」 1952. 6. 30, 공보처 편, 앞의 담화집, 90쪽.

74) 金東成(당시 장택상 후임으로 국회부의장이었음), 「부산정치파동 회고」, 『신세계』 1963. 1, 260쪽. 이때 지방의회 의원 2백여 명이 국회해산을 요구하면서 의원과 장관을 5시간 반 연금하였다(『조선일보』 1952. 6. 30). 의사당을 겹겹으로 포위한 것은 지리산에서 소환되어온 사복경관대 6백여 명이었다. 이때 이범석 내무부장관은 낚시질하고 와서 오후 6시경에 감금되었던 의원들을 '석방'하였다. 장택상 국무총리는 변소에 가려다가 뺨을 맞고 의사당 안으로 쫓겨와 의원들과 함께 6시까지 감금되었다(김동성, 앞의 글, 262쪽). 7월 2, 3일 감금된 의원들로 인하여 의사당은 수재민수용소를 방불케 하였다. 의원들은 南松鶴 의원(원외자유당)이 의사당 문 앞에서 내주는 출입증 없이는 꼼짝하지 못하였다. 원외자유당 崔獻吉 의원은 보증수표를 뿌려가며 의원들을 포섭하였다(金汝龍, 「발췌개헌」, 『전환기의 내막』, 조선일보사, 1982, 606쪽). 제일 걸작은 7월 2일에 발표된 이승만의 담화였다. 이 담화에서 이승만은 "국회의원들 중에는 공격을 받거나 체포를 당할까 두려워 會席에 나오기를 꺼리는 이가 있는 모양이다. 이러한 생각은 민국을 '경찰국가'라고 捺印을 찍는 분자들이 창조하고 전파시키는 것이다. …… 헌병이나 국립경찰로서는 여하한 경우에라도 구체적인 죄목 없이 국회의원이거나 일반시민을 체포 구금한 사실이 없다"고 밝혔다(공보처 편, 앞의 담화집, 91쪽).

75) 김동성, 앞의 글, 261쪽 ; 『사실의 전부를 기술한다』(이재학 편), 143쪽. 유치송의 신익희 전기에서는 이 부분이 다음과 같이 극적으로 묘사되어있다. 신익희, 장택

발췌개헌안은 '기립표결'에 부쳐져 재적의원 183명 중 166명이 참석하였던 바, 가 163표, 기권 3표로 통과되었다.[76] 윤길중(尹吉重), 김영선(金永善) 의원 등은 항의의 표시로 참석하지 않았다. 무슨 수를 써서라도 대통령이 되겠다는 이승만의 영구집권욕에 의한 쿠데타적 강권 발동과 미국과 유엔한국위원단의 신탁통치 또는 미군정을 실시하겠다는 등의 '위협'에 국회의장단은 한 발 물러섰다. 이렇게 해서 불법에 협조하였고, 위헌적인 절차 미비속에서 발췌개헌안은 통과되었다. 조봉암은 어쩔 수 없는 상황 때문에 그렇게 한 것으로 변명할 수도 있겠지만, 증언이나 회고에서 이 문제를 거의 언급하고 있지 않은 것을 보면 자신의 행위가 수치스러운 것이었음을 자인하였다고 볼 수 있다.

그런데 발췌개헌안이 통과되었을 때 조봉암은 자괴(自愧)의 마음만 있었을까. 정부통령 직선제에 도전해보자는 웅지나 야망은 없었을까. 조직과 리더십에 뛰어난 역량이 있었으나, 그가 힘들여 정당을 조직하려던 노력은 이승만 권력의 공공연한 테러 앞에 실패로 돌아갔다. 한민당-민국당에서는 조금도 틈새를 주지 않고 그를 포위, 공격하였다. 그렇지만 정부통령 직선제는 직접 국민한테 파고드는 데 더 없이 좋은 기회였다. 발췌개헌안이 통과되었을 때, 난세의 역동적 정치가 조봉암은 어떤 구상을 하고 있었을까.

상, 조봉암이 국회의장실에서 논의하던 중에 유엔한국위원단의 한 임원이 유엔방침을 제시하였다. 그것은 이 상태로 계속 나간다면 우리가 신탁통치안을 제기할 터이니 서둘러 결말을 내달라는 것이었다. 죽산(조봉암 호)이 창랑(장택상 호)에게 "신탁통치보다야 어쨌든 이박사 치하가 낫지 않겠소! 당신이야말로 빨리 무슨 대책을 세워 이 위급한 정국을 수습해보오"라고 말하였다(유치송, 앞의 책, 627쪽).
76) 기립하지 않은 의원 3명의 이름은 왜 그런지 알려져 있지 않다. 이것은 헌법 위반이었다. 헌법 제98조에 헌법개정 제의는 대통령이 30일 이상 공고한 후라야만 국회가 표결에 부칠 수 있는데, 발췌개헌안은 소정의 공고 절차를 밟지 아니하고 국회가 개헌안을 가결하였다(이종극, 앞의 글, 70쪽). 그러나 이러한 위헌은 공식적으로는 제기되지 않았다. 또 신익희 의장이 무기명투표로 표결한다고 선언하였음에도 불구하고, 의원의 동의에 대한 결의가 있었다고 하여 의장의 권한을 무시하고 기립으로 표결한 것도 잘못이었다(이호진·강인섭, 앞의 책, 138~140쪽).

조봉암

서상일

윤길중

박기출

김달호

이동화

신도성

정태영

권대복

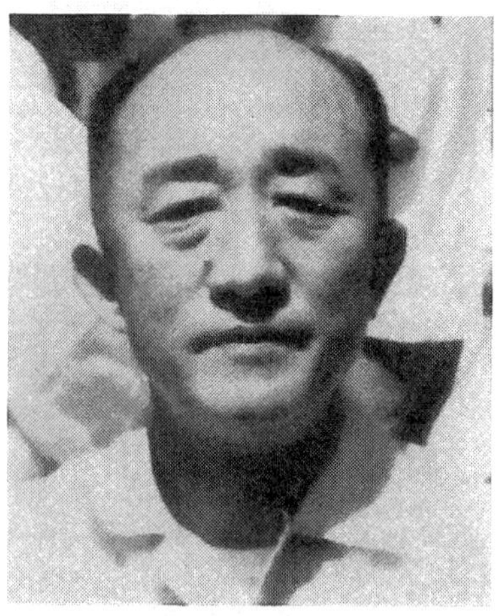

김기철

3. 1952년 제2대 정부통령선거와 조봉암의 부상

1) 8·5정부통령선거의 변칙성

발췌개헌안 표결이 있은 지 며칠 후 국회의장단선거가 치러졌다. 의장에는 신익희가 재석 167명 중 93표로 다시 선임되었고, 부의장에는 조봉암이 88표, 원내자유당 삼우장(三友莊)파의 윤치영이 83표로 선출되었다. 조봉암은 '제3세력'의 리더로 지목받고 있었음에도 불구하고 탁월한 사회 솜씨, 명석한 논리와 리더십으로 의원 88명의 지지를 받아 다시금 부의장이 되었다.[77]

발췌개헌 헌법은 7월 7일 공포되었고, 7월 18일에는 8월 5일 정부통령선거를 실시한다고 공고하였다. 조봉암은 최초의 직선제 선거인 제2대 정부통령선거에 이승만과 싸울 사람조차 없으면 국민이 너무 불쌍하다고 생각하여 스스로 대통령후보에 나선 것으로 설명하였으나,[78] 이 설명은 정확한 것이 아니었다. 정부통령선거일이 공고되기 전 7월 중순까지 원외자유당만 활기를 띠고 있었고, 다른 정치세력은 침묵을 지켰다.[79] 7월 하순 초기까지도 이승만에 대적할 다른 대통령후보는 나서지 않았다. 그리고 1948년 5·10제헌국회의원선거에도 단독후보로 출마하기 위하여 최능진(崔能鎭)의 후보등록을 수차례에 걸쳐 경찰과 서청회원들을 동원하여 물리적으로 봉쇄한 바 있는[80] 이승만은 마지막 순간까지 자신이 유일무이한 단일 대통

---

77) 한철영은 조봉암이 2대 국회의장단 중 가장 두뇌가 명석하고 정연한 이론을 가진 인물로 호평이 자자하다고 평가하였다(한철영, 앞의 책, 70쪽). 한 기자는 조봉암의 사회 솜씨에 대하여 이렇게 기술하였다. "그 사회技가 너무나도 세련되어 있어서 아무 탈이 없이 의원 앞에 군림하였다. 그런 정평은 오늘에 이르기까지 조금도 변함이 없다. 이지적인 사회 방식이라고도 평하지만, 국회법 운용을 너무나도 잘 하면서 조금도 私心을 엿보게 하지 않는데, 그 무소속이란 정당소속과 함께 특색이 있다. 그의 무게있는 사회技는 다시 두번째 부의장에 무난히 피선하게 하였다. 여기서 더 발전이란 있을 수 없을 만큼 극단의 경지에 이른 사회技를 보여주고 있는 것이다"(『신태양』 1954. 6, 27쪽).
78) 정태영, 앞의 책, 195쪽.
79) 『동아일보』 1952. 7. 14.

령후보로 인정되기를 기다렸다.[81]

　윤길중 의원은 신익희 의장에게 대통령 출마를 권하였으나 그는 사양하였다.[82] 조봉암은 7월 23일 윤길중과 함께 초대 부통령이자 원로인 이시영을 찾아가 출마를 권하였으나 그는 사양하면서 대신 조봉암에게 직접 출마해달라고 요청하였다. 그 다음날에도 김성숙(金星淑), 신용순(申容純) 등에게 이시영이 조봉암의 출마를 요청한 것으로 알려졌다.[83] 이날(24일) 조봉암은 출마를 선언하였다. "미증유의 민생고의 해결도 중대한 당면문제이려니와 저상된 민족정기를 앙등시키고 민주주의의 실질적 발전을 실천에 옮기지 않으면 안될 중대 단계"여서 혁명선배들의 권고도 있어 출마하였다고 성명을 발표하였다. 다음날 조봉암은 더 분명히 출마이유를 다음과 같이 밝혔다.

　진정히 민중을 위하여 일할 수 있다고 생각하는 분이 대통령후보로 나오기를 바랐으나, 그런 분이 나오지 않기 때문에 미숙한 나라도 고쳐보겠다는 생각으로 입후보한 것이다. 나는 국가의 원수라는 지위를 꿈꿀 처지도 아니며, 과대망상증에 걸린 것도 아니다. 또 높은 지위를 탐내는 것도 아니다.[84]

　조봉암이 대통령후보 출마를 선언하였을 때 이시영과 신흥우(申興雨)도

---

80) 서중석, 앞의 책 2, 170~172쪽.

81) 『주한미국대사관 주간보고서』 4, 1952. 8. 3, 118쪽 및 리차드 알렌, 앞의 책, 96쪽.

82) 윤길중, 『이 시대를 앓고 있는 사람들을 위하여』, 호암출판사, 1991, 129쪽. 신익회는 각지에서 답지한 입후보 권유의 호소문과 이승만 정부와 대결하라는 격려서신을 받고 입후보 준비를 갖추면서 이승만의 동태를 살폈는데, 이승만의 재출마 소식을 듣고 대통령후보를 포기하였다고 한다(徐丙珇, 『주권자의 증언』, 母音출판사, 1963, 149쪽). 신익회는 이승만의 성격을 잘 알고 있었다. 윤길중에게 후보를 사양하면서 그는 "지금과 같은 정치상황 속에서 신변을 보장받기란 어려운 일"이라고 말하였다(윤길중, 앞의 책, 129쪽).

83) 임홍빈, 「죽산 조봉암은 왜 죽어야 했나」, 『신동아』 1983. 8. 및 『조선일보』 1952. 8. 4.

84) 『조선일보』 1952. 7. 27.

후보 출마를 표명하였다.[85] 민국당측에서는 조봉암의 단독대결이 야측을 대표하게 만들고, 조봉암을 키워줄 것을 두려워했기 때문이었다.[86] 조봉암이 야측에서 나오는 후보가 없어서 자신이 나선 것이라면, 이시영이 대통령후보로 나섰을 때 포기할 수도 있었을 것이다. 그러나 조봉암은 그렇게 하지 않았다. 조봉암은 처음부터 대통령에 출마할 의사가 있었던 것이다.[87] 대통령후보는 직접 국민들을 상대로 정견을 호소할 수 있다. 제3세력으로서 크게 제약을 받아오던 조봉암이 그러한 기회를 중시하지 않았을 리 없다. 그와 함께 국민대중한테 정치인으로서 능력과 자질을 인정받을 수도 있었다. 그러나 이승만의 단일후보 소망을 깬 것만 해도 용서받기 어려웠을 터인데, 극우반공체제하에서 이승만 같은 사람과 대결하여 대중의 지지를 받으려는 의지를 가졌다는 것은 정치생명, 나아가 자연인으로서의 생명마저 위협받을 수 있었다. 이 점에서 조봉암은 돌이키기 힘든 길을 선택하였다. 그의 정치이념과 야망이 그 길로 가게끔 하였다.

7월 26일 정부통령후보 등록이 마감되었다. 선거일을 10일밖에 주지 않은 것은 새 대통령을 뽑아야 할 날짜가 촉박하기 때문이기도 하였지만, 이승만 정부의 정략이 개재된 것이었다.[88] 대통령후보는 이승만, 이시영, 조봉암, 신흥우 등이었고, 부통령후보는 이범석, 이갑성, 조병옥, 임영신, 함태영(咸台永), 이윤영(李允榮), 전진한(錢鎭漢), 배성욱(白性郁), 정기원(鄭基元) 등이었다.

8·5정부통령선거에서는 다른 나라에서는 보기 힘든 일들이 연거푸 발생하였다. 역사상 처음으로 치른 정부통령 직접선거였기 때문이 아니라, 이승만의 자존의식과 책략 때문이었다. 먼저 부통령후보가 조병옥을 제외

---

85) 『조선일보』 1952. 7. 26.

86) 정태영, 앞의 책, 195쪽.

87) 강원룡은 조봉암의 대통령후보 출마를 만류하였으나, 이시영도 자기를 밀어주겠다고 말했다면서 출마의사를 강력히 피력했다고 회고하였다(강원룡, 앞의 책 2, 96쪽).

88) 조봉암 등 다른 후보들의 운동을 제약하기 위한 점도 있었지만, 특히 이범석의 조직(경찰 포함)이 효과를 거두는 것을 막기 위해서였다(리차드 알렌, 앞의 책, 157쪽 참조).

하고는 모두 이승만을 대통령으로 모시겠다고 한 것이 특징이었다. 다수파 자유당 후보인 이범석의 이승만 지지는 말할 나위도 없이 당연하였지만, 소수파 자유당 후보인 이갑성은 "우리 민족의 영도자이신 이승만 대통령을 중심으로 굳게 단결"할 것을 호소하였고,[89] 임영신은 "노대통령의 그 뜻의 그 정책을 충실하게 받들고 보좌"할 것을 맹세하였으며, 이윤영은 "이승만 대통령으로부터 2차나 국무총리 지명을 받았음. 이대통령의 두터운 신임받는 자"인 점을 내세웠다.[90]

부통령후보 거의 대부분이 한 사람을 모시겠다고 선언한 것은 선거사상 희귀한 일이었다. 그것은 대통령과 부통령을 동일 티켓제로 하지 않았기 때문에 나타난 현상이었다. 대통령과 부통령이 각기 다른 정당 소속일 수도 있게 한 것은 직선제 개헌을 할 때 이승만측이 강하게 요구하지 않았기 때문에 나타난 현상이었다. 이렇게 된 데는 다른 이유도 있겠으나, 기본적으로는 부통령을 있으나마나 한 존재로 생각해온 이승만의 비민주적 사고의 발상이 바탕에 깔려있었다. 그러나 그보다 더 중요한 것은 이승만의 자존망대적인 권위주의 의식 때문이었다. 이승만은 단독 대통령후보가 되기를 갈망하였고, 동시에 부통령후보로 나오는 자들이 경쟁적으로 자신을 떠받들어줌으로써 정말 만인으로부터 절대적 존경과 지지를 받는다는 인상을 주기를 바랐던 것이다.

이러한 유아적(幼兒的) 망상이 기형적인 정부통령선거를 갖게 하였다. 그러한 기대는 1954년 11월의 사사오입개헌으로 알려진 개헌 때 동일 티켓제로 바꿀 수 있었음에도 불구하고 그대로 존속시킨 데서도 보인다. 그리하여 1956년 선거에서 민주당 후보가 부통령에 당선되는 사태가 발생함으로써 여야 대치는 극단적인 상태로 나아갔고, 국회·국무회의에서 장면 부통령의 발언에 대한 경고에 이어 장면 부통령 저격사건까지 발생하였다.

이승만과 자유당은 1960년 정부통령선거를 눈앞에 두고서야 동일 티켓제 개헌을 추진할 생각을 해봤으나, 그것은 장면과 사이가 나쁜 민주당 구

---

89) 『조선일보』 1952. 7. 30. 광고.
90) 『조선일보』 1952. 7. 31. 광고.

파 또는 민주당에 상당한 양보를 해야 가능하였으므로 '쉬운 방법', 곧 부
정선거의 방법을 택하게 되었다. 결국 노인 이승만의 유아 같은 자존망대
의식은 그와 자유당의 몰락을 가져온 직접적인 원인의 하나가 되었다.

이승만 후보는 8·5정부통령선거에서 두 가지 특이한 면을 보여주었다.
하나는 부통령후보 선택이 파행적이었다는 점이다. 선거가 공고된 7월 18
일 자유당합동파 중앙상무집행회의 이름의 회의에서는 재빨리 이승만을
대통령후보로, 이갑성을 부통령후보로 지명하였다. 이른바 원내자유당 삼
우장파의 정부통령후보 지명이었다. 7월 19일 원외자유당은 대전에서 임
시전당대회를 열어 이 자리에 참석이 기대되었으나 참석하지 않은 당수
이승만을 대통령후보로, 역시 불참한 부당수 이범석을 부통령후보로 지명
하였다. 이승만은 그동안 여러 차례 원외자유당을 자유당의 정통으로 인정
해왔고, 세인들도 대체로 그렇게 인지하고 있었으며, 실제로도 그러하였
다.91) 그런데 대전 임시전당대회가 열리기 직전 이승만은 자신의 원외자유
당수 취임 사실을 부인하여 파문이 커졌다.92) 그리고 7·19임시전당대회
에서 비서 임철호(任哲鎬)를 시켜 자유당 총재를 사양한다는 메시지를 발
표하였고, 이날 이승만은 자유당의 대통령후보 지명을 수락하지 않겠다고
표명하였다. 뿐만 아니라 대통령선거에 출마하지도 않을 것이라고 밝혔다.

이승만이 대통령후보에 출마하지 않겠다고 한 것은 우민관(愚民觀)에서
나온 기만책이었지만, 부통령후보에 대한 태도도 공정한 것이라고 보기 어
렵다. 자신이 원외자유당을 정통 자유당으로 인정하고 실제로 당수 역할을
해왔으면, 당대회에서 결의한 대통령후보, 부통령후보 지명을 받아들였어
야 했다. 그런데 이승만은 이범석이 소(小)이승만이라는 점을 잘 알고 있었
고, 또 이범석한테는 자유당에서 실질적인 주축을 이루는 족청계라는 조직
이 있었기 때문에 선거 후의 비정한 족청계 제거작업이 말해주듯이, 이범

---

91) 원외자유당이 자유당으로 공보처에 등록서류를 접수시켰을 때 대표자가 이승만
　　이었고, 양우정 등 원외자유당 핵심 멤버들은 이승만 총재 직인을 새겨 당원증을
　　교부하였으며, 각종 서류에도 이 도장을 사용하였다(부산일보사, 앞의 책 상, 272
　　~274쪽).
92) 『조선일보』 1952. 7. 18.

석을 자유당의 부당수로 두고 싶지 않았고, 부통령이 되는 것을 바라지도 않았다. 이범석이나 장택상은 부산정치파동, 발췌개헌에 필요한 인물이었을 뿐, 더이상 권력을 갖게 해서는 안되는 자들이었다. 소수파 자유당에서 지명한 이갑성을 선택할 수도 있었을 것이다.

그러나 이승만은 가장 고분고분한 노인네를 부통령에 앉히기를 원하였다. 7월 28일 진해에서도 "나는 어떤 특정인을 러닝메이트로 지명한 일이 없다"고 천명하였지만, 이승만은 이미 정부통령선거 공고 직후 함태영 심계원장을 불러 부통령에 출마하라고 종용하였다. 당연하게도 함태영은 정치기반은 물론 국민들이 자신의 이름조차 모르므로 출마는 당치도 않다며 거절하였다. 그렇지만 이승만이 막무가내로 권유하여 40분 면담 끝에 출마를 결정하였다.[93] 이승만은 자신의 의중을 장택상 국무총리에게 시사하였고, 장국무총리는 이범석의 후임인 김태선(金泰善) 내무부장관과 함께 함태영을 부통령에 당선시키기 위해 경찰을 동원하였다. 경찰은 관권, 경찰·청년단조직과 그밖의 방법을 통하여 이범석이 '부정선거'운동을 하는 것을 차단하고, 그의 선거운동을 방해하였으며, 함태영 후보를 지원하였다.[94] 부산정치파동에서 경찰과 청년단조직 등을 동원하여 국회를 위협하였던 이범석은, 경찰의 잇단 방해공작에 직면하여 선거운동의 자유보장을 역설하여야 할 처지에 빠졌다.[95]

이승만이 8·5정부통령선거에서 보여준 또 하나 특이한 점은, 부산정치파동을 일으키며 발췌개헌으로 몰고간 장본인인 그가 대통령후보로 출마하지 않겠다고 표명한 일이었다. 부산정치파동·발췌개헌에서 적나라하게 보여준 권력욕을 은폐하기 위한 면도 있었겠지만, 온 국민의 추대를 받아 할 수 없이 대통령이 되었다는 기만적인 자존망대의식의 발로에서 나온 것이었다. 이승만의 대통령후보 불출마 표명이 1956년 5·15정부통령선거

---

93) 함태영 후보의 자금책은 鄭海永이 맡았다(『중앙일보』1983. 3. 8,「자유당과 내각」(22)].

94)『주한미국대사관 주간보고서』4, 1952. 8. 3, 119쪽. 미대사관측은 만일 이승만이 이범석의 선거운동에 재갈을 물리는 데 경찰을 사용하면 경찰과 청년단 사이에 긴장이 일어날 것으로 보았다.

95)『동아일보』1952. 8. 5. 등 참조.

때와 같이 짧은 선거기간에 자기 혼자만 사전 선거운동을 하기 위한 책략이었는지는 불분명하지만, 그것은 실질적으로 대규모의 사전 선거운동이었다.

그의 불출마 의사가 공표되자 기다렸다는 듯이 민중자결단, 지방의회 의원 등 부산정치파동 때 등장하였던 민의 부대들이 동원되고, 직장인이나 대중들도 나섰다. 이승만의 재출마를 기구(冀求)하는 각 정당·사회단체의 요청과 민중운동으로 350만 명에 달하는 지지추대 탄원서가 제출되었다고 한다.96) 이러한 지지추대 탄원서에 서명한 자들은 다수가 이승만을 찍지 않을 수 없었을 것이다. 그는 이미 다수표를 확보하고 선거에 들어간 것이었다. 그러나 이 민의 소동은 오래 가지 않았다. 후보등록 마감일이 며칠 남지 않았기 때문이었다. 그래서 이승만은 기이한 방법으로 불출마 선언을 번복하고는, 그것도 제1착으로 대통령후보 등록을 하였다.97)

2) 조봉암 후보의 정견

최초의 정부통령 직접선거는 전시중인 데다 선거 일정도 아주 짧아 선거운동을 거의 할 수 없었고, 정책대결의 모습도 찾아보기 어려웠다. 이승만 후보의 정책이나 공약은 전국애국정당사회단체연합회(愛聯), 이승만박사재선추진위원회, 자유당중앙선거대책위원회의 명의로 나온 광고 「이승만 박사를 제2대 대통령으로 추대하면서」에서 엿볼 수 있다. 이 광고에서는 첫째로 상하계급, 빈부등차(等差), 지방파벌을 배격하고 남녀평등, 만민평등의 정신 아래 민족통일, 국토통일을 이루겠다고 피력하여 일민주의를 다시금 제창하였다. 둘째로는 노동자, 농민, 근로대중을 민주국가의 주인으로 삼겠다고 주장하였고, 셋째로는 노동자, 농민, 근로대중의 자유와 평

---

96) 마한, 앞의 책, 125쪽.

97) 이승만은 대통령 재출마 탄원에 대한 담화에서, 본인의 비서 한 명이 진해 부근에서 급히 청하기를 "만일 대통령이 출마승락서에 서명하기를 원치 않으신다면, 자기에게 내 도장만이라도 주어 국민들의 요구를 들어달라"고 하기에 본인은 "나의 친구의 전부가 본인이 그렇게 하는 것이 옳다고 믿는다면, 그것을 사용하여 무관하다"고 말하였다고 밝혔다(이승만, 「대통령 재출마 탄원에 대하여」 1952. 7. 26, 공보처 편, 앞의 담화집, 93쪽).

등의 권리를 내세웠으며, 넷째로 노자(勞資) 공존공영을, 다섯째로 정치는 공론으로 할 것을 내걸었고, 여섯째로 반민족적 파괴분자의 발본색원, 일곱째로 관기 쇄신, 여덟번째로 군사동맹 추진을 공약하였다.[98] 이 중 노자 공존공영과 반민족적 파괴분자의 발본색원, 군사동맹 추진만 지향하는 바가 분명하였고, 나머지는 애매한 내용의 공약이었다.

대통령후보에 이시영을 밀고, 부통령후보에 조병옥을 내세운 민국당측은 "민주주의의 확립 — 우리는 적색독재주의와 함께 백색독재주의를 배격한다. 불법 위헌의 악질음모와 권력남용, 폭력행사 일삼는 초법(超法) 특권정치를 타파하고 진정한 민주정치를 확립"하겠다는 것을 제외하면, 행정쇄신과 노동입법을 추진하겠다는 것이 눈에 띄었다.[99] 민국당측의 선거공약은 노동입법문제를 제외하면 대개가 뒤에 민주당에서 채택한 것과 비슷하여 이 시기 보수야당의 주장이 이승만 정권의 문제점을 지적하는 수준에 머물러 있음을 읽게 해준다.

조봉암 후보의 선거공약은 가장 짜임새가 있었고, 경륜과 구체적인 정책이 함께 들어있었다. 조후보의 공약은 두 종류가 있는데, 내용분석은 주로 제3장에서 다룰 것이므로 여기서는 다른 후보의 주장과 비교하고, 이 시기 조봉암의 정치이념과 정강정책을 이해하는 데 도움이 되도록 그 요지를 기술하겠다.

그는 먼저 3대 강령으로, 법률을 무시하는 위법(違法) 정치를 단호히 타파하여 의법(依法) 정치를 확립하고, 책임정치로 관기를 숙정하고 이도(吏道)를 쇄신할 것이며, 권력·금력에 의한 특권정치의 발호를 일소하겠다고 다짐하였다.[100] 『조선일보』 1952년 7월 31일자에 나와있는 조후보의 정견은 다음과 같다.

1. 국민총력 집결의 체제를 확립하여 유엔군과 적극 협조를 함으로써 하루빨리 승리에의 길로 성전(聖戰)의 완수를 기할 것이다.

---

98) 『조선일보』 1952. 8. 3. 광고.
99) 『조선일보』 1952. 8. 5. 광고.
100) 『동아일보』 1952. 7. 28.

2. 주권강화와 아울러 민족의 단결을 공고히 하여 자주적 외교를 확립
   할 것이다.
3. 국제관계에 있어서의 감정대립을 완화시키고 민주우방과의 우호친선
   을 증진할 것이다.
4. 동포가 서로 사랑하고 아끼는 정신을 크게 일으키어 국민의 사상을
   순화시키고, 억지로 반대파를 공산당으로 만들려는 죄악적인 파쟁을
   근절할 것이다.
5. (중략) 행정의 빈곤을 해결하기 위해 근본적인 교정책을 강구할 것
   이다.
6. 독재적 경향이 빚어내는 질식상태에서 모든 국민을 해방시키고 관권
   남용을 방지함으로써 민폐를 일소하고 동시에 국민의 기본권리를 절
   대적으로 옹호할 것이다.
7. 행정면의 부패를 획기적으로 쇄신할 것이다.
8. 행정을 간소화하고 공무원의 생활을 보장하고 지위의 안정을 위한
   특별법을 제정 실시할 것이다.
9. 경제원조를 유효적절히 활용하고, 먼저 중농정책을 실시한다.
10. 노동자의 정당한 이익의 보장을 위해 노동법을 급속 제정한다.

『조선일보』 1952년 8월 4일자 광고에는 다음과 같이 조봉암 후보의 구호
와 정강이 쓰여있다.

우리는 이대로 더 4년을 갈 수 없다!! 대통령으로 혁신정치가 조봉암 선
생을 선출하자.

정 강
1. 나는 계급독재사상을 배격한다. 공산당 독재도 자본가와 부패분자의
   독재도 이를 강고히 반대하고 민주주의체제를 확립하려 한다.
1. 나는 일선(一線)과 총후(銃後)의 혼연일체로서 화전(和戰) 양면의 우위
   를 확보하고 공산제국주의를 철저히 타도함으로써 자유와 평화를 쟁
   취할 것이며, 조국의 완전 자주통일을 완성하겠다.
1. 나는 조국의 부흥 번영과 대중의 생활안정 및 그 균등한 향상을 위

하여 계획성 있는 경제정책을 실시하고자 한다.

1. 나는 지금도 성행하고 있는 일체의 봉건 잔재를 숙청하고 민주주의 원칙에 의한 내정의 혁신을 단행하여 정직하고 책임 있는 공개정치를 하겠다.

1. 나는 미국을 위시한 모든 민주우방과 적극 협력하여 항구적인 세계 평화의 조속한 실현을 위하여 노력한다.

전자의 정견 10항목에서 조봉암은 주권강화, 자주외교, 책임과 능력 위주의 행정쇄신, 노동자 권익보장 등으로 국가의 기본 기능을 정비 확충하고, '피해대중'을 위한 정치를 하겠다는 것을 천명하였다. 6·25 이전에도 이미 그러한 현상이 있었지만, 전쟁중 극우반공통치 아래 국가보안법 피의자, 부역자들이 속출하였던바, 주민집단학살에 대해서까지는 발언하지 않았다고 하더라도 도처에서 참혹한 동족상잔이 벌어진 데 대한 아픔과 항의가 이 정견에는 담겨있다. 후자의 정강에서는 공산당과 결별한 후 조봉암 정치이념의 기조가 되는 공산당 독재와 자본가·부패분자의 독재 배격—그것은 제3의 길로 이어질 터인데—이 선명히 주장되어있고, 책임정치로 그 사회가 건강하게 작동될 수 있는 부르주아민주주의 체제를 확립할 것임을 분명히 하였다. 통일을 이루는 데 화전 양면의 정책을 구사하겠다는 것에는 은연중 평화통일의지의 기미가 깃들어있다고 볼 수 있다. 이 정견과 정강에는 전시이기 때문에 이승만의 극우반공통치가 더욱 맹위를 떨치는 상황에서, 1956년 5·15정부통령선거에서 구체화되는 조봉암의 정치이념이 윤곽이나마 어느 정도 드러나있다.

조봉암의 선거사무실은 초라하였다. 그가 7월 10일 국회부의장에 나섰을 때만 해도 80여 의원이 그를 지지하였지만, 대통령후보 선거운동에는 원내 자유당에서 활약하였던 윤길중만이 나서서 선거사무장이 되었고,[101] 서북청년회 부회장이었던 김성주(金聖柱)가 사무차장을 맡아 시라소니와 함께 경호까지 책임을 졌다. 부산에서는 이들 외에도 임갑수, 박기출, 신창균,

---

101) 선거사무실은 부산 해안통에 있는 음식점이었다고 한다[서병조, 『정치사의 현장(제1공화국)』, 中和출판사, 1981, 355쪽].

김기철 등이 도와주었고, 서울의 선거사무장은 문용채, 대구의 선거사무장
은 이병희가 맡았다.102) 조봉암 후보 운동원은 벽보조차 붙일 수 없었고,
몰매를 맞거나 붙들려 유치장에 갇히기 일쑤였다.103) 그러나 젊은 열성분
자들이 열심히 그를 도와 청년층에서 조봉암의 인기가 날로 높아가고 있
는 것을 보여주었다.104) 조봉암은 경찰의 심한 탄압 속에서105) 김성주, 시
라소니 등의 호위를 받으며 부산에서 서너 번, 서울, 인천, 대구 등지에서
몇 차례 연설회를 가졌다.106) 조봉암은 선거운동 소감을 이렇게 말하였다.

　시일이 없어 경부 연선(沿線) 몇몇 도시에서 유세하였을 뿐인데 어디서
나 음연(陰然), 공연(公然)의 방해를 받았으며, 선거간섭이 심하다는 것이
다. 예를 들자면 한이 없는데, 오늘 탑동공원에서 개최할 예정이던 정견발
표회는 벌써 낸 집회계를 이 핑계 저 핑계하고 잘 접수하여주지 않는 관
계로 유회되고 말았고, 아현국민학교에서의 집회에서는 무기연기되었다는
괴삐라가 주변에 범람하였을 뿐더러, 회장(會場)으로 들어가려는 사람을
막고 유회되었으니 가라고 설득하는 방해자도 있었다.107) 도회지가 이럴
진대 농촌은 가히 짐작할 수 있다. 만약에 명실상부한 자유분위기가 확보
된 조건하라면 90%의 득표는 절대 자신이 있다.108)

　조봉암은 활동이 참신하고 조직적인 점에서 도시의 인텔리층과 노농자
들의 인기를 얻고 있었다.109) 대구 유세에도 많은 사람들이 몰려들었고,110)

---

102) 정태영, 앞의 책, 197쪽.
103) 이영석, 앞의 책, 197~198쪽.
104) 한철영, 「제3세력 조봉암」, 『한국의 인물』 제1선 50인집, 69쪽.
105) 리차드 알렌, 앞의 책, 158쪽.
106) 이영석, 앞의 책, 197~198쪽.
107) 아현국민학교의 경우 숙직교사한테서 운동장 사용증을 얼떨결에 받아냈는데,
　　 종로국민학교에서는 교장 등이 계속 피하여 장소 허가 없이 유세를 하였다. 이것
　　 을 문제삼은 경찰서장과 조봉암 후보 선거사무장이 연단 밑에서 실랑이하는 사이
　　 에 조봉암은 연단 위에서 약 천여 명의 대중들에게 20여 분에 걸쳐 연설을 하였
　　 다(정태영, 앞의 책, 197~198쪽).
108) 『조선일보』 1952. 8. 5.
109) 『조선일보』 1952. 8. 4.

지방선거원에 의한 운동에서도 지지가 많았다.[111] 민국당측은 조후보에게
야당 후보단일화를 위해 출마를 포기하라고 요청하였다가 거절당하자, 조
후보의 입후보 동기는 야당표의 분산에 있다고 소문을 퍼뜨렸다.[112] 그런
데 날이 갈수록 그가 이승만 후보의 유일한 정적으로 부상하였다.[113] 이러
한 동향은 다른 자료에서도 확인된다. 『주한미국대사관 주간보고서』는 조
후보가 이승만 정부에 대한 통렬한 비판으로 많은 청중을 끌어들여, 최근
의 여론 평가에서는 조병옥을 누르고 이승만과 차이가 심한 차점자가 될
것(poor second)임을 보여주고 있다고 분석하였다.[114] 조후보는 선거기간에
최익환, 김성숙, 신숙(申肅) 등 여러 혁신계 원로 정치인들의 지지를 얻었
다.[115] 조후보의 선거운동은 방해와 탄압도 심했지만, 빈약하였다. 한 신문
은 "삐라를 인쇄치 못하고 붓과 먹을 사용하고 있으니, 일부 지식층의 지
지를 받을 것이나, 대부분의 농민의 표를 얻기는 힘들 것같이 보인다"고
전망하였다.[116]

1952년 8·5정부통령선거에서는 1955년 단일야당을 모색할 때도, 또
1956년 선거에서도 나타났고, 진보당 창당과 진보당사건 때도 보여주었던
극우반공 야당지도자의 조봉암에 대한 '빨갱이몰이'가 극성스럽게 일어났
다. 조병옥은 조봉암의 대통령 입후보에 반대의사를 표명하면서, 그 이유
로 민족진영에 도전하는 스탈린이나 김일성과 다름없는 티토 정권을 흉상
(兇想)하는 자라는 점을 들었다.[117] 미군정기 경무부장으로서의 행위를 언

---

110) 대구 선거사무장 이병회는 달성공원에서 조후보가 한 차례 연설했을 때 모여
    든 군중의 수는 '사상 최대의 인파'로 묘사되었다고 주장하였다(정태영, 앞의 책,
    198쪽).

111) 경남 선거운동원 尹竹鄕은 자신이 경남지방 유세에 갔을 때 가는 곳마다 주민
    들이 환호성을 울려, 자유당의 방해로 가두방송 같은 것은 할 수 없었지만 지지
    를 확인할 수 있었다고 회고하였다(정태영, 앞의 책, 200~201쪽).

112) 『조선일보』 1952. 8. 2.

113) 서병조, 앞의 책, 355쪽.

114) 『주한미국대사관 주간보고서』 4, 1952. 8. 7, 120쪽. 조병옥은 이시영을 잘못 가
    리킨 것일 것이다.

115) 정태영, 앞의 책, 203쪽.

116) 『조선일보』 1952. 8. 4.

급하지 않더라도 조병옥은 1950년 5·30선거 당시 중경임시정부의 외교부
장이자 해방정국에서 우익의 중요 지도자로 활약하였던 조소앙과 서울 성
북구에서 겨누게 되었을 때, 단선단정 수립을 반대하고 소위 남북협상을
하러 북한에 갔다온 자를 국회에 보낸다면 대한민국의 존립이 위험한 궁
지에 빠지게 된다고 조소앙 후보를 몰아세운 바 있었다.[118] 조소앙은 경찰
때문에 선거운동을 하기가 어려웠고, 테러를 막을 길이 없어 나중에는 노
인들만이 선거운동에 참여하였다. 5월 29일 늦게 "조소앙이 공산당의 정치
자금을 받아쓴 게 탄로나 투표일을 하루 앞두고 월북했다"는 벽보와 삐라
가 나붙어 투표일 새벽에 조소앙은 지프차에 확성기를 달고 뛰어다녔
다.[119] 그는 전국 최다득표를 하였다.

조병옥은 7월 30일 기자들에게 조봉암은 공산주의자가 아니라고 변명할
만한 하등의 태도를 표명하지 않았으며, 반이승만 정책을 구실로 근로층의
좌경분자를 획득하려는 행동은 참을 수 없다고 토로하고, 조씨가 입후보를
철회하지 않고 또한 다수가 지지하는 경향을 보인다면, 이승만 후보에 투
표를 집중시키도록 노력할 것이라고 말했다.[120] 조병옥은 부산정치파동 때
자신의 동지들을 국제공산당사건 등에 몰아넣었고, 발췌개헌을 한 이승만
을 시시하셨나고 공언한 것이다. 더구나 그는 조봉암이 대통령후보에 나서
자 사태의 중요성을 파악하고, 이승만의 횡포와 폭정에 항의하고 부통령직
을 사임한 원로 이시영을 부추겨 자당이 미는 대통령후보로 세웠는데, 그
이시영 후보를 위한 선거운동 대신 이승만 후보를 위한 선거운동을 하겠
다고 선언한 것이었다. 그는 8월 2일에 기자들에게 자신이 부통령으로 출
마한 동기의 하나는 공산주의자로 알려진 조후보를 퇴진시키려는 것이었
다면서, 유권자의 판단이 현명치 못하여 그의 세력이 우월하면 차라리 이
시영에게 투표하지 않는 사람은 이박사에게 투표하는 것이 타당하다고 언

---

117) 마한, 앞의 책, 126쪽.

118) 조병옥, 『나의 회고록』, 民敎社, 1959, 278쪽.

119) 사월혁명청사편찬위원회, 『사월혁명사』, 成功社, 1960, 380쪽 ; 김재명, 「삼균
주의 선각자 조소앙 선생」, 『정경문화』 1986. 6, 433쪽.

120) 『동아일보』 1952. 8. 1.

명하였다고, 소위 '와전'에 대해서 변명하였다.[121] 조병옥은 그 뒤에도 조봉암 후보를 빨갱이로 몰면서 "조봉암 씨에게 자리를 맡길 것이라면 차라리 김일성과 타협했을 것"이라고 피력하였다.[122] 이러한 조병옥의 '선거운동'이 얼마만큼 조봉암 후보 쪽에 위해를 가하고 이승만 후보를 도왔는지는 미루어 짐작할 수 있을 것이다.[123]

3) 조봉암, 이승만의 라이벌로 부상

8월 5일 정부통령선거 개표 결과 대통령선거의 경우 유효투표 702만 684표 가운데 자유당의 이승만 523만 8,769표, 무소속의 조봉암 79만 7,504표, 무소속의 이시영 76만 4,715표, 신흥우 21만 9,696표였다. 부통령선거는 유효투표 713만 3,297표 가운데 자유당의 이범석 181만 5,692표, 역시 자유당의 이갑성 50만 972표, 민국당의 조병옥 57만 5,260표, 조선민주당의 이윤영 45만 8,583표, 여자국민당의 임영신 19만 211표, 대한노총의 전진한 30만 2,471표, 무소속의 함태영 294만 3,813표, 무소속의 백성욱 18만 1,388표, 무소속의 정기원 16만 4,907표로, 함태영 후보가 이범석 후보보다 무려 112만여 표나 더 많았다.[124]

1952년 8·5정부통령선거는 전시하에서 치러졌고, 등록마감일 이후의 선거일이 채 열흘이 못 되었다. 이 선거가 얼마나 부정선거였는가는 부통령선거 결과가 잘 말해준다. 경무대 비서 등을 하다가 1953년에 자유당 조직부장 등 간부를 역임한 바 있는 박용만(朴容萬)은 자신의 저술에서 "도대체 함태영 씨가 어떤 분인가? 어디서 뭘 하던 분인가? 한 번도 듣도 보도 못한 분 같은데"라고 유권자들이 생각하면서도, 그저 나리들이 하라는 대로 일찍이 듣도 보도 못하였던 어떤 후보자에게 표를 찍었다고 기술하였다.[125] 분을 참지 못한 이범석 후보 쪽은 장택상 국무총리, 김태선 내무

---

121) 『조선일보』 1952. 8. 4.
122) 『조선일보』 1952. 8. 5.
123) 마한, 앞의 책, 126쪽 참조.
124) 중앙선거관리위원회, 『대한민국선거사』 1, 1973, 736~737쪽.
125) 박용만, 『경무대 비화』, 三國文化社, 1965, 178쪽. 이와 함께 『사실의 전부를 기

1952년 8·5 대통령선거 정당별 후보자별 득표상황

구분 시도별	유효투표 총수	득 표 수						
		자 유 당		무 소 속				
		이승만	비율	조봉암	이시영	신흥우	계	비율
서 울	249,737	205,300	82.2	25,631	14,883	3,923	44,437	17.8
경 기	749,736	657,174	87.7	44,967	34,704	12,891	92,562	12.3
충 북	445,955	386,665	86.7	25,875	23,006	10,409	59,290	13.3
충 남	772,352	636,061	82.4	56,590	58,754	20,947	136,291	17.6
전 북	710,202	468,220	65.9	109,490	96,271	36,221	241,982	34.1
전 남	1,119,394	823,587	73.6	99,885	165,245	30,677	295,807	26.4
경 북	1,229,150	921,988	75.0	129,791	140,271	37,100	307,162	25.0
경 남	1,252,307	693,523	55.4	288,654	211,544	58,586	558,784	44.6
강 원	396,782	366,583	92.4	10,516	13,378	6,305	30,199	7.6
광 주	95,069	79,668	83.8	6,105	6,659	2,637	15,401	16.2
합 계	7,020,684	5,238,769	74.6	797,504	764,715	219,696	1,781,915	25.4

출전 : 중앙선거관리위원회, 『대한민국선거사』1, 1973, 736쪽.

부장관, 윤우경 치안국장을 선거법 위반으로 고발하였다. 나아가 족청계는 후로이(古市進) 사건을 만들어,126) 장국무총리를 공격하자 그것을 기회로 이승만은 장택상을 국무총리에서 물러나게 하고, 곧이어 족청계를 대대적으로 숙청하였다.

함태영이 부통령에 당선되었다는 것은 당시 선거가 어떻게 치러졌는가를 짐작하게 한다고 하더라도 도저히 이해할 수 없는 일이다. 이 선거의 투개표에 관한 자료가 남아있는 것이 적어서 잘 알 수는 없지만, 본격적인 경찰선거라고 불러도 좋을 만큼 경찰이 깊숙이 개입하였다고 하더라도,127)

술한다』(이재학 편), 144쪽 참조.

126) 古市進은 일제 때 경성부윤을 지냈던 자로 장택상과 그때부터 아는 사이였다고 하는데, 그가 한국에 와 장택상과 요담하였다고 족청계에서 들고일어난 사건이 古市進사건이다(박용만, 앞의 책, 183, 196쪽).

127) 『사실의 전부를 기술한다』(이재학 편), 144쪽 참조. 『뉴욕타임즈』특파원은 경찰차가 선거일에 하루종일 이승만과 함태영을 선출하라는 플래카드를 들고 마을마다 돌아다녔다고 보도하였다(리차드 알렌, 앞의 책, 158쪽). 1957년 1월 조병옥, 장택상 등의 국민주권옹호투쟁위원회에서 「이대통령에 대한 경고결의안」을 내자,

이승만과 더불어 명망이 높고 조직과 자금이 있던 이범석이 낙선하고 무명의 노인네가 당선되었다는 것은 불가사의한 일이 아닐 수 없다.[128] 특히 함태영과 이범석이 전남의 경우 각각 72만 9,541표, 5만 9,318표, 경북의 경우 각각 71만 6,794표, 9만 7,256표로 큰 차이를 낸 것은 설명하기가 더욱 어렵다. 이 선거에서 조봉암은 당선을 기대하지도 않았지만 당선될 수도 없었다. 선거운동기간이 짧았고, 테러와 갖가지 방해로 선거운동을 제대로 할 수도 없었다. 또 투개표에 조봉암 후보의 참관인이 없었다. 샌드위치표 뿐만 아니라 조봉암의 표 뭉치가 그대로 이승만 표로 집계되기도 하였다.[129]

제2대 대통령선거 공식 개표결과에 따르면, 임시수도였던 항도 부산에서는 이승만과 조봉암이 거의 호각세를 이루었다. 특히 부산 중구의 경우 조 후보가 이후보를 리드하였다. 부산을 포함한 경남 전체로는 이승만 후보가 69만여 표, 조후보가 28만여 표, 이시영 후보가 21만여 표로 이승만 후보가 50%를 약간 넘었을 뿐이고, 조후보와의 격차도 아주 심하지 않았다. 그러나 1956년 선거에서 조후보 지지표가 많이 나온 경북의 경우, 조후보와 이후보는 각각 12만여 표, 92만여 표로 큰 격차를 냈다. 지식인, 중산층이 많은 서울에서도 이후보와 조후보는 20만여 표 대 2만여 표로 큰 차이가 난다. 조후보와 이시영 후보는 전남북에서 비교적 많이 득표하였다. 전북에서는 이승만 후보와 조후보의 득표비율이 4 대 1, 전남에서는 5 대 1로 비교적 조후보의 표가 많은 편이었다. 그런데 서울의 경우도 너무 큰 차를

자유당은 「소위 대통령에 대한 경고안을 駁한다」는 글에서, 8·5선거 당시 방방곡곡을 순회하면서 말채찍으로 선거 방향을 지정한 재빠르고 용맹한 장택상 국무총리가 없었던들 그러한 결과가 나오지 않았을 것이라고 장택상을 비난하였다 (『한국일보』 1957. 1. 26).

128) 부산정치파동 때 원내자유당 의원으로 탄압을 받았던 鄭憲柱는 8·5선거에 이승만, 함태영에게 표를 그렇게 많이 찍지 않았을 것으로 보았다. 선거법 자체가 문제였던바, 모든 선거종사자들이 관선으로 뽑혔고, 그런 관계로 부정선거 내용이 국민에게 알려질 수조차 없었으며, 그보다도 선거부정 자체가 운위될 수조차 없는 상황이었다고 보는 것이 아마도 더 정확할 것이라고 말하였다(부산일보사, 앞의 책 上, 472쪽).

129) 정태영, 앞의 책, 200쪽.

보이지만, 많은 지역에서 10 대 1이 넘는 큰 표차를 나타냈고, 또 같은 지역에서도 선거구간에 격차가 극심하였다는 것은 이 선거가 투개표에서 부정이 많았음을 시사해준다고 하겠다.[130]

조봉암은 1952년 8·5정부통령선거에서 패배하였지만, 자신의 정견과 정치이념을 선명히 제시하고 분투하여 선전한 것은 의미가 있었다. 그는 이 선거에서 이승만에 대항한 유일한 의미 있는 정치인으로 부각되었다.[131] 조봉암은 이 선거를 통해 자신감을 얻은 것으로 보인다. 정치목표와 야망을 달성시킬 수 있는 길을 열었다는 점에서 큰 의미가 부여되었을 것이다. 그러나 그럴수록 이승만 및 극우반공세력과의 갈등은 커질 수밖에 없었다.

4. 좌절과 침묵, 김성주사건, 동해안 반란사건

국회를 운영하는 데 탁월한 능력을 보였고, 첫번째 대통령 직접선거에서 두각을 나타낸 조봉암은 선거가 끝난 뒤 다시금 신당 구상에 들어갔다. 그는 선거를 통해 확인되고 규합된 지지세력으로 진보적 대중정당을 만들려고 노력하였다.[132] 8·5정부통령선거시 조봉암 후보 선거사무차장이었던 김성주에 대한 기소장에는 1952년 8월 중하순경에 조봉암, 고정훈(高貞勳), 김준오(金俊五), 김성주 등이 2차에 걸쳐 회합하고 사회민주당추진위원회를 결성함과 동시에 추진위원 15명을 선정하였다고 되어있는데,[133] 과연 사회민주당추진위원회가 결성되었는지는 불분명하다.[134]

---

130) 위의 책, 200쪽 참조.

131) 『주한미국대사관 주간보고서』 6, 1956. 3. 9, 51쪽 ; 박태진, 「조봉암」, 『현대 한국정치가 91인집』, 신조사, 1957, 42~43쪽.

132) 한철영, 앞의 책, 68쪽 ; 정태영, 앞의 책, 24쪽.

133) 정태영, 위의 책, 207~209쪽.

134) 김성주의 모친과 처의 청원서에는 당 조직의 취지서와 당의 강령은 대략 기초가 되었는데, 김성주는 전혀 관계가 없다고 주장하면서 그것과 모순되게 김성주가 조직하려던 신당의 강령과 당헌 등의 초안을 심판관에게 제출하였다고 기술되어있다(정태영, 위의 책, 205~206쪽). 그러나 조봉암은 이 부분에 대해 언급한 바 없고, 고정훈의 『옥중기』에도 신당문제를 조봉암과 논의한 것만 쓰여 있다(『명인

한편, 거의 같은 시기에 조봉암은 장면과의 합작을 시도하였다.135) 몇 가지 자료에는 그 후 신익희가 조봉암을 만나 모종의 정치조직을 만들려고 시도한 것으로 쓰여 있다. 뉴델리 밀회사건 때 한 의원은 신익희가 중심이 되어 대동추진위원회를 조직하고, 농민회의의 조봉암과 비밀회담을 가지면서 민주주의 정치계몽운동의 모체로 가칭 민주협회를 조직하려 했다고 주장하였다.136)

이 시기 국회와 이승만 대통령의 대립이 가시지 않아 1952년 10월에는 세번째로 제청된 이윤영의 국무총리 인준과 그에 이은 11월의 이갑성 인준을 모두 부결시켰다. 그 뒤 국무총리는 장기간 공백상태에 있다가137) 1953년 4월에야 백두진(白斗鎭)이 국회에서 인준되었다. 이때는 조봉암도 조력하였는데, 이승만한테 밉보인 것을 호전시키기 위해서였을 것이다.

조봉암은 8·5정부통령선거 이후 연거푸 어려움을 맛보았다. 세번째로 기도하였던 신당 구상은 실패로 끝났고, 김성주는 헌병총사령부에 연행되었다. 그러나 그는 좌절하지 않았다. 그는 50대 중반의 연륜에 걸맞게 웅장

옥중기』, 필중서관, 1970, 22쪽). 그러나 김성주 관계 기록을 볼 때 느슨한 형태로나마 사회민주당류의 신당추진위원회가 구성되었거나 구성이 제의되었고, 강령 등의 초안도 준비는 되었던 듯하다. 고정훈은 이 시기 육군에서 예편하였지만 미국정보기관에 복무하고 있었는데, 조봉암에 관한 정보를 입수하기 위하여 그에게 접근하였을 가능성이 있다(오연호, 「조봉암 처형 전야의 미국공작원들」, 『말』 1993. 8, 153쪽).

135) 한 신문은 그가 장면과의 제휴에 실패한 뒤 제3세력을 규합하는 작업을 벌인 것으로 보도하였다(『조선일보』 1952. 9. 27).

136) 『국회속기록』 제19회 69호, 1954. 11. 3, 丁奎祥 의원 발언. 이와 함께 마한, 앞의 책, 130쪽 및 『주한미국대사관 주간보고서』 4, 1952. 10. 9, 157~158쪽 참조. 뉴델리 밀회사건을 야기한 咸尙勳은 신익희가 조봉암이 제3세력이 아니라면서 조봉암, 장면 등과 함께 야당 연합을 위해 민주연맹조직을 기도하였다고 국회에서 증언하였다(1954. 11. 5, 유치송, 앞의 책, 708쪽). 마한은 신익희가 조봉암 등과 숙의한 것이 일정하게 결실을 맺어, 여야 양대 진영간에 중간코스를 지향하면서 장택상과 윤치영도 포섭하고, 장면, 조봉암은 원의 비여당계 인물을 포섭 규합키로 하였다고 기술하였는데(마한, 앞의 책, 130쪽), 이 기술은 신빙성이 약하다. 조봉암은 신익희가 민국당 내에 민주대동추진위원회를 구성하고 많은 노력을 하였으나, 민국당 내에서 전연 거기에 동조해주는 인사가 없었다고 기술하여, 자신과의 관련성은 언급하지 않았다(조봉암, 「내가 본 내외정국」, 정태영, 앞의 책, 539쪽).

137) 이것 또한 위헌이었다(이종극, 앞의 글, 71쪽).

한 정치설계를 구상하였다. 그것이 1954년 3월 정치활동에 대한 자신의 기본노선을 밝힌 「우리의 당면과업」이다. 한국인 정치가로는 드물게 이로정연한 글을 쓰는 그였지만, 특히 장문의 이 글은 그의 포부와 경륜이 장년의 열정과 잘 조화를 이루고 있다. 박헌영에게 보내는 사신 이후 그의 정치이념이 풍부히 담긴 글은 세 차례의 신당조직 시도 때도 8·5정부통령후보 때도 없었는데, 왜 1954년 3월에 와서 제갈량(諸葛亮)의 출사표를 연상시키는 이 글을 내놓았을까. 그의 정치적 식견이 이 시기에 와서 한층 폭이 넓어지고 원숙해진 점, 의욕 또는 야망이 민중에 토대를 둔 민주주의 정치시대를 열어야 한다는 소명의식과 결합되어 표출된 점도 생각하여야겠지만, 직접적으로는 한국의 통일문제를 다룰 국제회의가 4월 26일을 기하여 제네바에서 열릴 예정이었기 때문이었다.

남과 북, 유엔군으로 참전한 나라들과 중국, 소련 등이 참여할 국제회의에서는 이승만의 반대에도 불구하고 한국을 평화적으로 통일할 방안이 논의될 것으로 알려졌고, 이 점이 조봉암을 고무시켰다. 조봉암은 북진통일론이 현실성이 없을 뿐만 아니라, 분단을 고착시키고 이승만의 백색독재와 극우반공체제를 강화시키는 데 강력한 기제로서 작동하고 있음을 잘 알고 있었기 때문에, 북신통일론을 비판하고 민주주의 성지운동을 제창할 기회를 기다리고 있었다. 다른 시기도 그런 면이 많지만, 해방 이후부터 1950년대까지는 통일민족국가 수립 욕구가 아주 강렬하였기 때문에, 남한정치가 통일정책 또는 통일운동과 표리관계라고 해도 좋을 만큼 불가분의 관계를 지니고 있었고, 그 점은 북진통일론에서도 잘 나타나있다.

조봉암의 「우리의 당면과업」도 통일문제가 주축을 이루고 있지만, 그것은 남한에서의 바람직한 정치방향과 밀접한 연관 속에서 논의가 이루어지고 있다. 이 글에 대한 분석은 다음 장에서 하기로 하고, 여기에서는 북의 공산당에 정치적으로 승리하기 위해서는 모든 민주세력이 표면으로 모조리 대두될 수 있도록 기회를 주어, 정치활동의 자유를 보장할 환경을 만들어야 하며, 그래서 진보세력이나 비판세력을 반국가적 세력, 반정부분자로 몰아치는 것을 지양하고, 김구, 김규식과 활동을 같이한 중도파 민족주의자들은 물론, 보도연맹원 생존자 및 족청계처럼 밀려난 자들도 자유롭게 활동할 수 있어야 한다는 점을 역설하고, 지식인의 적극적 동참 속에 민중의 정치적 조직을 발전시킬 것을 호소하였다는 점만 지적하기로 한다.[138]

위의 지적이 말해주듯, 조봉암의 정치테제「우리의 당면과업」은 명백히 1954년 5월의 민의원 총선을 염두에 두고 나온 것이었다. 곧 파란에 휩싸였던 2대 국회를 마감하고 제네바회담과 5월 총선을 앞둔 시점에서 자신의 정치포부와 경륜, 이념을 다듬어 제시한 것이다. 그러나 풍자적이라면 풍자적이게도 그는 아예 5·20총선에 출마하는 것 자체를 봉쇄당하였다. 처음엔 인천을구에 낼 입후보 등록서류를 갖추었으나 도중에 탈취당하였다. 그리하여 서울 서대문구와 부산에서 양면작전으로 입후보 준비를 하였다. 부산의 경우 서류를 2부 작성하여 등록을 시도하였으나 모두 실패하였고,[139] 서울 서대문구에는 마감날 선거관리위원회에 등록서류를 제출하였으나, 추천인한테 압력을 가하여 취소사태가 일어나자 추천인 서류 미비라는 통고를 받았다.[140] 이때부터 1년간 조봉암은 은둔생활을 하였다. 윤길중의 경우 간신히 입후보 등록을 하였으나, 곧 윤길중과 아는 사이인 경찰서장이 바뀌었고, 초기부터 "공산당의 앞잡이니 믿을 수 없다"라는 협박 삐라가 돌았으며, 정체불명의 테러단이 나타났다.[141] 선거운동원의 집에는 '공산당지령서'가 투입되어, 그것을 신고하지 않았다고 운동원과 그 가족을 잡아다 구타하였다.

1954년 3대 국회의원 총선은 신익희가 출마한 경기도 광주와 오위영의 경남 울산, 정헌주의 경남 사천, 그리고 대구의 여러 선거구 등에서도 관권이 테러와 선거방해 등 여러 방법으로 개입하였다.[142] 8·5정부통령선거에 이

---

138) 조봉암,「우리의 당면과업」, 정태영, 앞의 책, 461~514쪽 수록.

139) 부산에서 조봉암의 선거사무원은 등록방해를 염두에 두어 서류를 2부 가지고 갔다. 그래서 동구청에서 경관대에 의해 1부를 빼앗겼지만, 숨기고 있던 다른 1부를 선거위원장의 손에 넘겨 접수에 성공하였다. 그러나 선거위원회는 조봉암의 입후보등록을 고시하지 않고 경찰과 공모하여 입후보 추천인을 불러 추천을 취소시켰다(박기출, 앞의 책, 159쪽).

140)『중앙일보』1982. 11. 12,「진보당사건」(39), 강원명 증언.

141) 윤길중, 앞의 책, 137~139쪽 ;『동아일보』1954. 5. 1. 이와 함께 金夕影,「들어앉은 정객들」,『신태양』1957. 10, 176쪽.

142) 5·20선거는 경찰의 곤봉이 당락을 결정하였다고 하여 곤봉선거로 불리었다고

어 또다시 경찰 등의 관권에 의한 선거가 자행되었다.

한편, 5·20선거는 자유당과 민국당에 의하여 최초로 공천제가 실시되었다는 점에서 의미가 있다. 그만큼 정당정치의 진전으로 볼 수도 있을 것이다. 그러나 자유당의 공천은 이승만의 3선을 허용하는 개헌안을 지지한다는 각서를 제출해야 받을 수 있었다.[143] 1952년 4, 5월에 실시된 지방의회선거처럼 영구집권과 독재를 위하여 '민주주의'의 제도화가 이루어지는 한국적 아이러니의 또 다른 한 예였다.

조봉암은 국회의원 출마를 봉쇄당한 것으로만 심사가 불편하였던 것은 아니었다. 무슨 수단을 써서라도 조봉암을 얽어넣으려는 책동은 1953년 6월 하순에 발생한 조병옥 테러사건에서도 읽을 수 있다. 조병옥은 이승만의 공산포로 석방에 비판적인 성명을 내자마자 괴한들로부터 테러를 당하였고 육군형무소에 수감되어 조사를 받았던바, 그때 그를 조봉암과 관련시켜 대통령 암살사건을 음모하였다는, 조병옥의 표현을 빌면 '가장 기괴한 일'이 일어났다.[144] 그런데 이 시기 조봉암의 심사를 몹시 불편하게 한 것은 그의 비서 이영근 등이 대남간첩단 사건으로 사형을 구형받은 것에 이어, 제2대 대통령선거 때 그의 선거사무차장이었던 김성주가 비명에 간 일이었다.

김성주는 1953년 6월 25일 헌병총사령부(헌총)에 연행되어,[145] 9월 고등군법회의에 회부되었다. 김성주의 죄목은 두 가지였다. 첫째는 조봉암 등과 사회민주당추진위원회를 결성하여 정치제도로서는 구미식을 택하나 경

한다. 혁신계의 林甲守는 부산 동래에서 입후보하였는데, 선거기간중 본인도 모르는 사이에 '사퇴'가 기정사실화되었다고 한다(박기출, 앞의 책, 158쪽). 5·20선거의 불법, 부정, 폭력 사례는 韓根祖, 『자유분위기에 이상 있다』, 경향신문사, 1954에 상세하다.

143) 『동아일보』 1954. 3. 20.

144) 조병옥, 앞의 책, 350~354쪽.

145) 김성주가 6월 25일에 연행된 직접적 계기는 그가 조병옥, 金佑枰 등과 공모하여 정부의 공산포로 석방조치를 비판한 글을 국내외적으로 보도, 선전한 것으로 기소장에 적혀있다(정태영, 앞의 책, 207쪽). 그러나 헌병총사령부에서의 조병옥과의 대질심문으로 '공모'는 사실무근임이 드러났다(「김성주 사건」, 『해방 20년사』, 희망출판사, 1965, 681쪽).

제적으로는 자유경제체제를 버리고 계획경제를 수립하려 한 것이 국가변
란을 목적으로 하는 집단을 구성하였다는 것이었다. 두번째 죄목은 1952년
8·15 대통령 취임식장에서 대통령을 살해할 것을 모의하였다는 더욱 터
무니없는 내용이었다. 헌총에서는 무자비한 고문을 하면서 북에서 제공한
선거자금으로 조봉암과 함께 국가변란을 계획하였다는 자백을 받아내려
하였으나 성공하지 못한 채 1953년 9월 14일 고등군법회의에 회부하여 얼
렁뚱땅 예심을 마치고, 1954년 1월 16일 서울지방법원에서 재판이 열렸다.

그러나 이 재판에서는 참혹한 고문사실만 드러났다. 4월 7일 검찰관 정
덕균(鄭德均) 대위는 기소사실을 전부 인정하여 7년을 구형하였다. 헌총은
새로운 사실을 만들기 위하여 다시 고문하였다. 김성주와 함께 서청의 최
고간부였다가 부산정치파동에서 괴한 민의대를 동원한 장본인으로 당시
내무부 치안국장이었던 문봉제(文鳳濟)는, 유엔군이 북한을 진격할 때 김성
주는 북한영토에다 신정부를 수립하여 대한민국과 대등한 지위에서 남북
협상연립정부 수립을 꾀함으로써 북한 내 대한민국 영토를 참절(僭竊)하여
국헌을 문란하게 하였다고 헌총의 김진호(金鎭浩) 중령에게 보고하였다. 한
편 4월 29일 가족들은 면회를 하지 못하였고, 판결선고일인 5월 6일 수많
은 방청인이 몰려들었는데 이상하게도 김성주는 출두하지 않았다. 그런데
5월 19일 국방부 보도과에서는 "1954년 5월 6일 중앙고등군법회의는 김성
주의 피의사실을 인정하여 그에게 사형을 언도하였다"고 발표하였다. 나중
에 알려진 바에 의하면, 4월 16일 김진호 중령이 서대문형무소에 수감중인
김성주를 헌총 취조실로 끌고가 고문을 하다 사망하자 헌총 취조관들에
의하여 비밀리에 암매장되었다.[146]

김성주는 19세 때 중국으로 가서 독립운동을 하였고, 1946년에는 평안청
년회와 그 후신인 서북청년회 조직에 참여하여 극우반공활동을 벌였다. 전
쟁중에는 호림(虎林)부대라는 의용군을 조직하여 활동하는 등 극우적 활동
을 폈다. 그가 헌총에 끌려가 고문 끝에 죽게 된 것은 유엔군의 북한 진격

---

146) 「김성주 사건」, 681~683쪽. 1960년 4월혁명 후 이 사건을 잘 알고 있을 고정훈
은 원용덕이 영문으로 된 이승만의 지시서에 따라 착수하게 되었다고 주장하였다
(이영석, 앞의 책, 199쪽).

기간에 유엔군 평남 민사처 명(命)으로 평남지사대리로 임명되어 활동한 것도 한 요인이 되었을 것이다. 유엔에서는 1948년 12월 12일 대한민국정부의 관할권은 38선 이남이라는 전제하에 대한민국정부를 유일한 정부로 승인하였고, 그 점은 유엔군이 38선을 돌파할 때도 명백히 표명되어, 38선 이북지역을 유엔군의 관할하에 두고자 하였다.147) 이승만 대통령은 이것에 반대하였고, 평남지사로 김병연(金炳淵)을 임명하였다. 당연히 김성주는 미움을 사게 되었고, 그러면서 협객인 그는 조봉암에게 접근하였다. 그가 비명사한 것은 조봉암과의 관련 때문이었다. 국회의 '김성주사건 진상보고서'는 김성주에 대한 심문사항이 주로 조봉암 선거운동비용, 조봉암을 중심으로 한 신당조직 계획이었음을 밝히고 있다. 기소장도 그 부분이 중심을 이루고 있다.148)

조봉암의 주위에는 사신(死神)이 어른거리고 있었다. 그가 정당을 만드는 것이 얼마나 힘든 일인지는 김성주 사건이 또다시 말해주었다. 국회부의장 선출 투표에서 조봉암에게 표를 던진 80여 의원들 중 2대 대통령선거운동 때 윤길중 외에는 아무도 그를 돕지 않았고, 그 뒤의 정당운동에도 거의 참여하지 않은 것은 바로 이와 같은 위험부담 때문이었다.

조봉암을 위해하려는 사건조작은 1955년경에도 있었다. 모측과 관련을 갖고 국회프락치사건의 초기 발설자였던 김준연(金俊淵)이 조봉암을 서면으로 고발한 군반란사건이었다. '동해안 반란사건'으로 알려진 것으로, 속초에 있는 제1군단에 이대통령이 시찰을 오면 인사참모인 김화산(金華山) 대령이 이대통령을 저격하고, 그와 함께 일부 병력을 곧바로 임시수도 부산에 진격시키면, 부산정치파동 때 이종찬 참모총장의 명을 받들어 군의 엄정중립을 강조한 바 있던 육본정보국장 김종평(金宗平) 준장이 부산에서 이들을 지휘하여 임시경무대를 접수하고 조봉암을 대통령으로 추대한다는

---

147) 이승만 대통령은 원산을 방문하는 데도 미 10군단 알몬드 장군에게 서면허가서를 요청하여야 했다. 국제연합과 미국정부의 대한민국정부 관할지역에 대한 결의 및 의사표명에 대해서는 서중석, 앞의 책 2, 185~189쪽 참조.

148) 1960년 5월 김성주 가족은 원용덕(사건 당시 헌병총사령관), 김진호, 문봉제, 孫元一(사건 당시 국방부장관) 등을 고발하였다. 육군중앙고등군법회의에서는 원용덕과 김진호에게 각각 15년형을 선고하였다(「김성주 사건」, 앞의 책, 685쪽).

내용이었다.[149] 김종평과 역시 군인이었던 그의 부친은 특무대장 김창룡에 의해 국가반란음모죄로 영어의 몸이 되었지만, 이 사건 자체는 당국의 품 안에서 흐지부지되었다.[150]

---

149) 이 시나리오는 김종평이 1군단에 들렀을 때 李亨根 군단장 등과 술마시며 부산정치파동 때 군을 개입시킨 것을 개탄하였는데, 얼마 후 조봉암 국회부의장이 동해안에 시찰왔다가 1군단 고위장교의 접대를 받고 환담한 것이 줄거리가 되었다. 이것도 특무대장 김창룡과 특무대고문 김지웅의 조작극으로 알려져있다(『동아일보』 1960. 11. 27 ; 이영석, 앞의 책, 200쪽 ;『명인옥중기』(許泰榮 편), 282~283쪽]. 한 신문은 제2대 대통령선거 후 김종평 사건이 있었다고 기술하였다. 정치파동 때 병력동원령에 불복하였던 부산지구 군부장성이 중심이 되어 조봉암을 대통령으로 추대하는 쿠데타 계획을 세웠다고 하는 사건이었다(『통일신문』 1969. 7. 26, 「진보당 사건의 배경과 경과」).

150) 이밖에도 『통일신문』은 1955년 진보당 추진조직이 발족했을 때 특무대 비밀공작원을 침투시켜 진보당이 공산측과 비밀연락이 있는 것 같은 계통도를 만들었으나, 이견이 나와 계획이 중단된 특무대 조작사건이 있었다고 기술하였다(『통일신문』, 앞의 글).

제2절 범야신당운동과 진보당추진위원회

1. 호헌동지회와 조봉암의 재등장

1) 범야신당 결성의 논리

자신의 정치이념을 실현하기 위하여 신당조직에 많은 노력을 기울였지만, 그때마다 권력의 작용 등에 의하여 좌절되고, 대남간첩단 사건, 김성주 사건 등을 초래하였지만, 조봉암은 그것에 굴복하지 않고 어느 때보다도 적극적으로 나와 1954년 3월에 「우리의 당면과업」을 발표하기에 이르렀다. 그렇지만 5·20총선에는 출마할 수도 없었고, 8·5정부통령 선거사무장이던 윤길중 의원은 탄압을 받으며 낙선의 고배를 마셨다. 조봉암은 정치계에서 추방되고 말았다. 그러나 시대정신에 의해서 그렇게 되었다고 할까, 곧 반전(反轉)이 뒤따랐다.

이승만이 조봉암 등을 국회에 진출하지 못하게 하고, 엄청난 관권·경찰선거를 저지른 주요 이유는 대통령 중임제한 조항을 철폐할 개헌정족수를 확보하기 위해서였다. 그래서 새 개헌안에 사인한 자에 한하여 자유당 후보공천을 주었고, 경찰선거를 벌여 자유당 의원이 대거 당선되었으며, 선거 후에는 협박 등으로 무소속 의원까지 끌어들여 개헌통과 정족수를 확보는 하였다. 그러나 초대 대통령에 한하여 중임제한을 철폐한다는 개헌안은 여론의 거센 비판에 부딪쳤고, 자유당 의원들의 결속도 불충분하였기 때문에 개헌안은 1954년 한여름 이승만이 도미할 때까지도 국회에 제출되지 못하다가 9월 6일에야 136명의 서명으로 제출되어 9월 8일 공고되었다. 이 개헌안은 10월 7일, 30일간의 공고기간이 만료되었는데도 불구하고 자신이 없어서 표결에 부쳐지지 못하였다.

그런데 민국당의 극우세력이 유화파인 신익희를 공격하고 제거하기 위하여, 조병옥, 김준연 등이 작용하여 민국당 선전부장 함상훈이 10월 하순에 터뜨린 뉴델리 밀회사건으로[151] 전기가 왔다. 자유당 지도부에서는 이 사건을 기회로 제3세력 배격, 남북협상 중립화 배격 캠페인을 강력히 조장함으로써 반공안보 분위기를 고조시켜 개헌안에 유동적인 의원들의 이탈을 방지한다는 개헌안 통과작전을 세웠다. 그리하여 10월 하순부터 제3세력 등에 대한 원내, 원외의 공격이 가열해졌는데, 제3세력을 대표하는 인물로 또다시 조봉암이 부각될 수밖에 없었다. 1950년 5·30선거 이전에는 제3세력이 중도파 민족주의자들을 지칭하는 말로 주로 사용되었는데, 이들이 전쟁중 납북되고 나서부터는 조봉암과 그의 지지세력을 가리키는 말이 되어, 1952년에 출판된 한 시사단행본에서는 조봉암에 대한 글의 표제를 '제3세력'이라고까지 붙이기에 이르렀다.[152]

그러나 1954년 11월 27일에 표결된 개헌안은 가표가 135표여서 최순주(崔淳周) 부의장은 부결을 선포하였다. 그것을 이승만이 주도하여[153] 사사오입이라는 억지로 번복 '통과'시킴으로써, 한편으로 이승만 권력의 절대화를 초래하였다. 그와 함께 도시화현상 속에 늘어나는 도시민, 그 중에서도 교육받은 층은 이승만 정부의 실정에 사사오입개헌을 연결시켜 생각하였고, 그것은 서울 등 대도시에서 강한 반이승만·반자유당 정서를 증폭시켰다. 또한 이승만의 무소불위의 행위에 위협을 느낀 야당계 의원들은 대동단결된 거대 신당을 만들기 위해 결집하였고, 이로 인하여 은퇴중인 조봉암을 다시 정치의 장으로 끌어냈을 뿐만 아니라, 그가 그토록 만들려던 신당이 가능하게 되는 역설을 가져왔다.[154]

사사오입으로 개헌안이 통과되었다고 번복 주장된 지 2, 3일 만에 야당 의원들은 호헌동지회를 구성하였고,[155] 호헌동지회에서는 신당을 강력히 추진하기로 하였다.[156] 민국당은 즉각 발전적으로 해체하고 호응할 기세를

---

151) 뉴델리 밀회사건의 배후와 관련하여 김준연과 조병옥이 공방한 것에 대해서는 『한국일보』 1957. 9. 7, 10. 12. 참조
152) 한철영, 앞의 책, 목차 및 67쪽.
153) 이호진·강인섭, 앞의 책, 157쪽 참조.
154) 서중석, 「이승만과 북진통일」, 『역사비평』 1995 여름, 123~130쪽.
155) 12월 1일 야당계 의원들은 위헌대책위원회를 구성하였는데, 다음날 호헌동지회로 이름이 바뀌었다.

보였다.157) 호헌동지회에는 윤치영 등 소수의 의원을 제외한 비자유당계 의원 61명이 서명하였으며, 이들은 호헌동지회로 원내 단일교섭단체를 구성하였다.

호헌동지회가 결성되었을 때, 61명의 소속의원들은 가장 보수적인 층에서부터 상당한 정도로 진보적인 층에 이르기까지 잡다하게 구성되어 있었다. 따라서 이러한 잡다한 구성요소로 단일한 정당을 만들어낼 수가 있느냐는 논란이 일어날 수 있었다. 이 문제는 뒤의 노선싸움에 관련되어있으므로, 왜 신당 결성 초기에 이러한 잡다한 요소가 단일당을 만들 수 있다고 합의하였는지 그 논리를 고찰해보자.

후에 민주대동파로 분류되는 신도성(愼道晟)은 선진 자본주의국가에서처럼 계층이나 계급배경에 따라 각기 다른 정당이 출현하는 방식이 우리나라에서 나타나는 것은 시기상조라고 파악하였다. 우리나라는 총체적으로 보아 이들 선진 제국에 비교할 때 아직도 전근대적, 전자본주의적 단계에 놓여있기 때문에, 한편으로는 외래 자본주의의 급격한 침투와 또 한편으로는 적색 제국주의의 군사적 정치적 공격의 위협하에 놓여있다는 것이다. 그러므로 우리나라의 당면과업은 결코 계급분열에 입각한 대립투쟁에 있는 것이 아니라, 전국민이 일치 결속해서 외세의 위협을 막고, 내무적으로는 정치, 경제, 문화의 모든 방면에 걸쳐 신속한 근대화를 추구하는 데 있지 아니하면 안되었다. 그런데 종래 행정부와 여당이 유일지상의 이 임무 수행에 그다지 충실치 못하였기 때문에, 능히 그를 견제하여 이 역사적인 민족적 대사명을 달성할 만한 통일야당의 건설이 필요하게 되었다는 것이다. 그래서 대한민국 헌법이념 구현에 의한 진정한 민주화를 전취하는 데 총역량을 집중해야 한다는 공통된 목적을 위하여 약간 '보수적'인 야당세력과 다소 '진보적'인 야당세력이 '동지적으로' 결합할 만한 충분한 근거가 있어서, 이 근거로부터 호헌동지회가 탄생하였고, 또 신당운동이 일어난 것으로 설명하였다.158) 장택상은 자본주의 미발달로 계급적 분파가

---

156) 『한국일보』 1954. 12. 2.

157) 『동아일보』 1954. 12. 2.

158) 신도성, 「신당운동은 왜 실패했나?」 (1) (2), 『한국일보』 1955. 4. 4, 4. 6.

뚜렷하지 않아 확고한 계급적 기반과 이론이 주장될 수 없는 상황에서 한 편으로는 공산침략에 대응하고, 다른 한편으로는 관료 부패분자, 법 유린, 인권억압, 민족경제 파괴, 민생도탄에 대응하기 위해 민주대동의 원리로 광범위한 세력이 반공 반독재의 기치 아래 반민주주의세력을 몰아내야 한다고 보았다.159)

조봉암은 호헌동지회가 추진하는 신당은 뚜렷이 야당 연합전선적 성격을 가진 당으로서, "호헌을 하자! 반독재 투쟁을 하자! 그러기 위해서는 전 야당의원은 무조건 대동단결한다"는 이념 아래 호헌동지회가 탄생하였고, 그리하여 그 정신으로 재야의 모든 민주세력이 무조건 총단결해서 호헌 반독재투쟁에 나설 것을 호소하였으므로 자신도 이에 호응한 것이라고 설명하였다. 그는 처음 참여문제를 의논받았을 때 야당 연합전선적 성격을 띤 것이라면 당으로 될 것이 아니라 야당 연합적인 무슨 협의체 같은 것을 조직해야 할 것이 아니냐고 반문하자, 관계자들이 "그렇기는 하나, 지금 여당이 너무 횡포를 자행하니까 일대 야당을 만드는 것이 더 매력이 있다"고 답변하여, 조봉암 자신도 현실의 정치정세로 볼 때 그러한 성격의 당은 당연히 생길 법하고, 또 생기지 아니하면 안될 역사적 과정으로 생각하였다는 것이다.160)

호헌동지회는 61명으로 출범하여 야권 지도층인 장택상, 조병옥, 정일형(鄭一亨), 소선규(蘇宣奎), 윤병호(尹炳浩), 곽상훈, 유진산 등 7의원으로 신당촉진위원회를 구성하는 한편, 신당의 취지를 밝히는 작업에 들어갔다. 12월 9일에는 자유당에서 12의원이 탈당하여 호헌동지회의 활동에 활기를 불어넣었다.161)

---

159) 장택상, 「신당운동과 나의 白書」(2), 『한국일보』 1955. 4. 27.
160) 조봉암 「내가 본 내외정국」(15), 『한국일보』 1955. 6. 30.
161) 자유당에서 탈당한 12의원은 金泳三, 閔寬植, 李泰鎔, 김재곤, 성원경, 韓東錫, 김재황, 신정호, 黃南八, 金洪植, 申泰權, 玄錫虎 등으로 대부분이 나중에 민주당 신·구파의 중견으로 활약하였다.

2) 신당 결성의 원칙

12월 24일 호헌동지회에서는 신당 발기취지서를 발표하였다. 그 전문은
다음과 같다.

경애하는 동포 여러분! 우리는 다시 한번 엄숙하게 우리들이 자유민임
을 선언하며, 우리 대한민국이 민주국가임을 확인합니다. 빛나는 3·1운
동의 전통을 계승하고 시대사조의 이념을 취택하여 자유와 민주와 진보의
기초 위에 건설된 우리 조국입니다. 이 위대한 이상을 수호 육성하기 위
하여 3천만이 분기 노력하여야 할 때는 다시 왔습니다. 외적의 유린으로
부터 피로써 보위된 자유와 민주주의는 이제 내부의 자상(自傷)으로 쇠퇴
의 길을 걷는 비통한 현실이 우리 앞에 박두한 것입니다.

권력의 편재와 과도한 집중은 필연적인 비정(秕政)의 만연을 초래하여,
밖으로 국위를 훼손함이 그 얼마였으며, 안으로 민생을 도탄에 빠뜨림이
그 어떠하였습니까. 국정의 위급을 도외시하면서 오직 세도(勢道)의 연장
을 기도함에 인하여 날이 갈수록 비법(非法)의 수단이 가중되어, 이대로
간다면 시폐(時弊)는 굳어서 고질이 되고 민주건설의 이상은 환영에 그칠
것이며, 자주통일의 위업은 더욱 멀어지지 않을 것을 뉘라서 보장하겠습
니까. 이제 우리의 자유와 민주독립에의 길은 오직 우리 민주세력을 집결
강화하는 데 있습니다. 우리는 이 집결된 세력으로써 공산주의와 일체 비
민주적 요소를 배제하고 자유인권을 신장하여야 하겠으며, 모든 정치권력
을 헌법과 법률의 권위하에 예속시켜 건전한 대의정치와 책임정치의 제도
를 확립하여야 하겠으며, 사회정의에 입각한 수탈 없는 국민경제체제를
발전시켜야 하겠으며, 민주우방과의 협조 제휴를 통한 평화적 국제질서의
수립을 기하여야 되겠습니다. 이 기본목적을 달성하기 위하여 우리는 소
이(小異)를 버리고 대동에 따르며, 허심탄회 호양상겸(互讓相謙)으로써 기
성의 조직을 초월하고 소절에 구애됨이 없이 흡연 결속할 것을 강력히 호
소하는 바입니다. 그리하여 분산적인 노력을 공동목표에 집중함으로써 광
범한 국민대중의 치열한 비원에 보답하고자 하는 것입니다. 친애하는 동
지 동포 여러분! 자유와 민주와 진보의 기치 밑에 굳게 뭉칩시다.[162]

이 발기취지문에서는 신당의 이념을 자유, 민주, 진보에 두고 있다. 자유는 이승만의 자유당에 사용된 자유가 아니라, 1951년 조봉암이 이영근 등과 함께 신당을 추진하였을 때 사용한 자유에 가까운 것으로, 루즈벨트의 4대 자유에 연해 있는 것으로 해석할 수 있을 것이다. 한국은 근대사회에 들어와서도 거의 자유를 누릴 수 없었다. 일제시기의 민족해방투쟁은 바로 이 자유를 쟁취하기 위한 것이었다. 이승만 정권 이래 극우반공체제에 대항하여 싸운 것도 이 자유를 쟁취하기 위해서였던 것으로, 뒤에 조봉암은 진보당 이념에서 이 점을 강조하는 것을 볼 수 있다. 자유도 그러한 면이 있지만, 민주는 보수와 혁신세력이 각각 자신들의 의도에 맞춰 함께 사용할 수 있는 것임과 동시에 이승만 정권의 특성에 대한 가장 중요한 비판논리로서 작용할 수 있었다. 신당 발기취지서에서 '진보'라는 말을 내세운 것은 이채라고 볼 수 있지만, 보수세력한테 그것은 개혁이라는 말과 비슷한 뜻을 가진 혁신을 의미할 수 있을 터였고, 진보세력한테 그것은 훨씬 더 광범위한 의미로서 반보수를 지향하는 용어로 사용될 수 있었다. 후에 이 신당 결성의 주류가 되는 보수세력은 민주당을 조직하였고, 그것의 대항세력이 되는 대동혁신세력의 일부가 진보당 결성에 참여하였다.

이 발기취지서에서 '자주통일'이나 '민주독립'이라는 말을 쓰는 것도 의미가 있는 것으로 되새겨볼 필요가 있다. 이 말은 김구가 1948년에 줄곧 사용하였던 자주적 통일독립운동과 비슷한 의미로 해석될 수 있다. 이러한 용어는 극우단정세력 또는 북진통일세력이 기피하였지만, 그렇다고 그 말을 쓰는 것에 굳이 반대할 이유도, 필요도 없었을 것이다. 발기취지서에서는 ① 공산주의와 일체 비민주적 요소의 배제, ② 건전한 대의정치와 책임정치제도의 확립, ③ 사회정의에 입각한 수탈 없는 국민경제체제의 발전, ④ 민주우방과의 협조 · 제휴의 4대 항목을 기본정강 또는 기본원칙으로 제시하였다. 제1항이 보통 '반공산 · 반독재'의 원칙이라고 불리는 것이고, 제2항은 신당이 내걸 정부형태를 규정한 것으로 내각책임제가 시사되어있고, 제3항은 경제정책의 기본이념을 밝힌 것이며, 제4항은 국제외교에 관

---

162) 『한국일보』 1954. 12. 26.

한 것이었다.163) 이 중 제1항과 제2항은 쉽게 공유할 수 있으면서 해석에 차이가 있을 수 있었으나, 제3항은 '진보'를 기본이념으로 채택한 것과 비슷하게 보수세력에게는 논쟁이 될 수 있는 것이었다. 제3항은 평화통일, 피해대중을 위한 정치와 함께 진보당의 3대 모토가 된다. 제4항도 공유하기 쉬우면서도 '평화적 국제질서의 수립을 기하겠다'는 것은 북진통일론자에게 이질적인 것으로 받아들여질 수 있었다.

지금까지 호헌동지회의 대동단결에 의한 범야신당 결성의 논리와 발기취지문을 살펴보았는데, 이러한 것은 아직도 극우반공체제가 고착된 형태로 진전되지 않았음을 보여준다. 그것은 이 시기까지는 일제시기의 민족해방 논리와 해방 후의 민족해방 논리 위에 선 민족국가건설의 논리가 숨쉬고 있고, 그것이 꽤 널리 공유될 수 있는 분위기가 있었음을 말해준다. 이러한 논리나 발기취지서에는 혁신세력의 이념이 더 비중있게 담겨있고, 그것은 대체로 진보당으로 계승되고 있지만, 극우적 보수세력도 당시의 분위기에서는 딱히 거부할 필요를 크게 느끼지 않았을 수 있다.

신당촉진위원회는 12월 27일 임흥순, 최갑환(崔甲煥), 송방용, 김수선, 신도성, 윤제술(尹濟述), 윤형남(尹亨南), 김영선, 권중돈(權仲敦), 이철승, 김동욱(金東郁) 등 11명을 보강하여 18인위원회가 되었다. 대체로 각파를 망라하고 있었고, 후에 민주대동파와 자유민주파로 지목되는 인사들이 비교적 균형있게 배치되었다. 신당조직촉진 18인위원회는 12월 29일 지도위원회를 설치키로 하여 장택상, 윤병호, 조병옥 3인을 지도위원으로 선정하였고, 총무, 재정, 선전, 재무 등 4부서를 두어 인원을 배정함으로써 구체적으로 작업에 들어갈 수 있게 되었다. 이때 정헌주, 박노수(朴魯洙), 한근조, 엄상섭, 홍익표, 박순천 등 원외측 30여 명이 신당운동에 호응하였다.

12월 27일 18인위원회에서는 신당에 참여할 인사들의 범위에도 합의를 보았다. 신당 발기 당초부터 일부에서는 조봉암과 이범석의 경우 본인이 희망하더라도 이를 거부할 것을 주장하였다. 그러나 지금 전야당세력을 규합하더라도 정부와 여당의 압력에 대항하기가 어려운데, 야당계에서 일일

---

163) 신도성, 앞의 글 참조.

이 흑백을 가려서 배척하다가는 야당세력 강화운동이 아니라, 배척받은 사람들을 여당 품으로 몰아넣어 여당 강화운동이 되므로 문호개방 원칙을 세워서 4대 강령만 수용하면 누구든지 받아들이기로 18인위원회에서 전원 일치로 가결을 보았으며, 조병옥도 이 원칙에 찬성하였다고 한다.[164]

신당 발기취지서도 18인위원회와 호헌동지회 총회를 통과하였다. 호헌동지회 총회에서는 '4대 원칙' 중 제3항 "사회정의에 입각한 수탈 없는 국민경제체제"가 논쟁이 되기는 하였다. 그러나 절대다수의 의견이 발기취지서 제1항에 "공산주의와 일체 비민주적 요소를 배제하고 자유인권을 신장"한다고 명시하였으니, 이로써 자유주의의 이념은 충분히 표현되었고, 또 "사회정의에 입각한 수탈 없는 국민경제"라 함은 헌법 제84조에 명시된 "대한민국의 경제질서는 모든 국민에게 생활의 기본적 수요를 충족할 수 있게 하는 사회정의의 실현과 균형 있는 국민경제의 발전을 기함을 기본으로 삼는다"라고 표명한 것과 동일한 취지로서 하등 타의가 있는 것이 아니라는 데 의견을 같이하였다. 그리하여 소수의 보수파들도 자신의 주장을 철회하고 발기취지서를 이의없이 통과시켰다.[165]

1955년 1월 초 이범석 등 족청계는 신당에 참여하지 않을 것으로 보도되었다. 신당촉진위원회측에서도 이범석에 대해서는 교섭하지 않았지만, 족청계에서도 가담치 않겠다는 의사를 밝혔다.[166] 1월 8일 민국당에서는 신

---

164) 장택상, 앞의 글 (3), 『한국일보』 1955. 4. 28. 그런데 이범석의 경우 4대 강령의 첫번째 원칙인 반공산 반독재에 저촉되기 때문에 장택상의 이와 같은 기술이 다 맞는지는 의심이 간다. 신도성은 처음 호헌동지회가 신당조직에 착수하였을 때는, 보수파가 원내는 누구나 다 받아들이고 원외는 조봉암은 제외하도록 해달라고 요청하여, 원내에 있는 그 계열은 좋으나 그 수령은 안된다는 것은 말이 안되지만, 혁신파에서는 신당운동의 건전한 진전을 위해서 필요하다면 조봉암은 자진해서 보류시키도록 하겠다는 태도로 나왔다고 기술하였다. 그는 12월 27일 전후의 18인위원회에서의 합의문제는 언급하지 않았다[신도성, 앞의 글 (4), 『한국일보』 1955. 4. 8]. 그런데 한 신문에서는 18인위원회의 회합에서 조씨 계열의 포섭 여부에 관하여 찬반 양론이 있었으나 결국 포섭하기로 합의를 본 것으로 보도하였다 (『조선일보』 1955. 1. 4. 이와 함께 『조선일보』 1954. 12. 28. 참조). 이 신문의 기사 문맥으로는 조씨 계열이라 함은 조봉암을 포함하는 것이었다.

165) 신도성, 앞의 글 (2), 『한국일보』 1955. 4. 6.

166) 『조선일보』 1955. 1. 4.

당촉진위원회에서 채택한 4개 원칙이 민국당의 정책이념과 일치하므로 신당에 거당적으로 참가하겠다고 성명하였다. 이로써 호헌동지회의 범야신당 조직은 큰 틀이 잡히게 되었다.

2. 민주대동파와 자유민주파로의 분열

1) 조봉암의 영입문제를 둘러싼 갈등

범야신당 추진은 1955년 1월 중순부터 난항에 부딪쳤다. 18인신당조직촉진위원회의 주요 임무는 원내·원외를 통하여 150명 정도의 신당 발기준비위원을 선정하는 것이었는데, 그 작업이 민국당의 집단입당 고집으로 좌절상태에 빠졌다. 신당조직의 원칙이었던 개별 입당에 대해 민국당에서도 누차 그것을 수락한다고 표명하다가 태도를 바꾼 것이었다. 한 신문은 사설에서 "여기서 우리가 단언할 수 있는 것은 국민은 결코 신당이 민국당의 간판도장(塗裝)공사에 그치기를 희망하지 않으며, 또 민국당 천하가 되기를 가장 견고히 반대한다. 집단입당은 조직을 약화하는 것이며 종래의 불미한 민국당의 분위기를 이식하는 것이며, 일종의 '복선'을 추측케 한다"고 주장하였다.[167]

민국당의 집단입당문제보다 더 큰 논란은 "사회정의에 입가한 수탈 없는 경제체제"를 둘러싸고 일어났다. 발기취지문이 18인신당조직촉진위원회와 호헌동지회 총회를 통과하였는데도, 보수세력은 '수탈 없는 국민경제' 운운은 사회주의라고 비난하고, '사회주의는 공산주의의 사촌'이라고 주장하였다. 그리고 호헌동지회 내의 혁신파에 대해 '사회주의자', '제3세력', 나아가 '공산당'으로 몰아댔다.[168] 그런데 대한민국 헌법은 경제면에서는 사회주의적 성격을 띠고 있었다. 민국당조차 정강에 "경제적 기회균등을 원칙으로 자주경제의 수립을 기한다"고 내세웠고, 정책 중에는 "중요한 기본산업의 국영 또는 통제관리"와 "노동대중 본위의 사회입법"이라는

---

167) 『한국일보』 1955. 1. 18, 사설 「신당 결성을 위하여 민국당은 자각하라」.
168) 신도성, 앞의 글 (2), 『한국일보』 1955. 4. 6.

항목이 포함되어있어 역시 사회주의적 성격을 띠고 있었다. 그래서 호헌동지회에서도 '수탈 없는 국민경제'가 큰 반대 없이 통과될 수 있었다. 그것은 그 시기의 역사적 특성을 반영한 것으로, 조병옥조차 자유경제를 주장하면서도 자본주의사회의 병폐와 계급대립이 오늘 민주주의의 위기를 초래하였다고 진단하고, 정치상의 평등과 경제상의 평등원칙이 실현되는 사회가 자신이 추구하는 신민주주의 사회라고 설명하였다.[169] 그래서 그 당시 한 신문은 "수탈과 피수탈이 없는 '균등한 사회'를 건설해야 한다는 것은 우리의 헌법이 명시한 국가이상일 뿐만 아니라, 설령 헌법이 그러한 이상을 걸지 아니하였다 할지라도 '국민평등' 원칙은 민주주의의 기본원리이므로 평등해야 함은 새삼스레 논쟁할 필요가 없는 자명의 리(理)이다"라고 피력하였다.[170]

따라서 극단적인 보수파들이 '수탈 없는 국민경제체제'를 문제삼은 저의는 조봉암의 참여를 막기 위해서라고 볼 수 있다. 실제로 범야신당조직이 실패한 가장 중요한 요인은 조봉암의 참여문제였다.

18인신당조직촉진위원회에서 150명 정도로 구성될 신당 발기준비위원 지명문제가 논의될 때 보수측에서는 갑자기 조봉암이 지금도 '공산주의자'라는 것을 강하게 개진하였다. 5·10선거에 당선되었고 초대 농림부장관을 맡았으며, 2대 국회에서 두 차례 부의장을 역임하여 피난수도 부산에서 국정운영에 일역을 맡았던 조봉암을 공산주의자로 낙인찍고 그 때문에 신당에서 배제해야 한다고 주장한 것이다. 18인위원회 내의 조직위원회에서 신당 발기준비위원을 구성하기 위한 조직요강을 작성하려 할 때, 보수파 조직위원들은 '좌익 전향자'를 신당 발기준비위원에서 제외할 것을 제안하였다. 보수파는 조봉암을 공산주의자로 규정하다가, 그가 공산주의로부터 전향하였더라도 제외하자는 주장으로 바뀐 것이다. 그런데 보수파는 좌익 전향자를 제외할 경우 호헌동지회 내에서 가장 완고한 극우로 조봉암의 참여를 반대해온 김준연도 조봉암과 함께 탈락해야 될 역설에 봉착하였다.

---

169) 조병옥, 『민주주의와 나』, 永信문화사, 1959, 83~111쪽.
170) 『조선일보』 1955. 3. 29, 사설 「신당운동과 봉사정신」.

그래서 조직위원회에서는 신당 발기준비위원에서 제외될 인물을 "1. 좌경 전향자와 악질 부역자는 신당 발기준비위원이 될 수 없다. 단, 국무위원이나 국회의원을 지낸 자는 차한(此限)에 부재한다. 2. 독재행위와 부패행위가 현저하여 사회의 지탄을 받는 자는 신당 발기준비위원이 될 수 없다"고 규정하였다. 타협에 의해 조직요강을 이와 같이 결정하게 된 것이다.

그런데 원칙만을 정한 조직요강 속에 "국무위원이나 국회의원을 지낸 자는 차한에 부재한다"는 단서는 너무 노골적으로 조봉암과 김준연을 지칭한 것이어서, 이런 것까지 표시하는 것은 온당치 않으니 조·김 양씨는 구체적으로 발기준비위원을 선임할 때 포함시키고 성문화된 조직요강에서는 빼자고 보수측에서 제안하여, 이 단서는 성문화된 조직요강에서 삭제되었다. 그리하여 조직요강 등이 1955년 1월 21일 호헌동지회 총회에서 만장일치로 통과되었다.[171]

신당 추진인사들은 조봉암 영입문제를 둘러싸고 혁신파와 보수파로 갈렸는데, 시일이 지나면서 전자는 민주대동파 또는 대동단결파로, 후자는 자유민주파 또는 자유민주주의론파로 불리게 되었다. 민주대동파는 민국당의 서상일과 신도성, 그리고 장택상, 정헌주, 김수선(金壽善), 송방용 등이 중심인물로 조봉암의 신당 참여를 적극 지지하였다. 자유민주파는 민국당의 조병옥과 김준연, 그리고 장면, 정일형, 한근조 등으로 조봉암의 신당 참여를 어떻게 해서든지 배제하려 하였다.[172]

민국당 간부들이 자유민주파와 민주대동파로 대립할 때, 민국당수인 신익희와 민국당의 고문으로 특히 조병옥, 김준연 등 완고파에 강한 영향력을 가진 전 부통령 김성수의 태도가 주목되었다. 조봉암은 한 글에서 민국당 간부들을 유화파, 혁신파, 완전보수파로 구분하고, 신익희를 유화파에 넣었다. 그래서 뉴델리 밀회사건 때는 혁신파가 유화파에 협조하여 완전보

---

171) 신도성, 앞의 글 (4) (5), 『한국일보』 1955. 4. 8, 4. 9.

172) 서울시경 사찰과의 『사찰요람』에서는 더욱 세분하여 자유민주파로 정일형, 조병옥, 김준연, 장면, 崔熙松, 한근조를, 민주대동파로 신익희, 곽상훈, 서상일, 羅容均, 정헌주를, 자유사회파로 신도성, 김수선, 송방용을 꼽았다(67쪽). 자유사회파란 조봉암과 정치이념을 같이하는 자들을 가리킨 것으로 보인다.

수파의 공세를 격파하고 선전부장 함상훈을 출당처분하였지만, 신당문제 대두와 함께 혁신파와 완전보수파가 극단적으로 대립할 때, 유화파가 혁신파에 협조하지 않아 신도성이 선전부장직을 사임하기에 이르렀다고 기술하였다.173)

민국당에서 '혁신파'와 '완전보수파'가 극한적으로 맞설 때 신익희는 뒤로 물러나있었다.174) 그 이유로 장면 계열과 모종의 합의가 있었기 때문이라는 설도 있다.175) 김성수는 조봉암의 신당 참여문제로 민국당 내에 알력이 심하였을 때, 민주대동의 입장에서 조봉암과 합작할 것을 보수파에 종용하였다. 보수파들은 김성수의 권유에 마지못해 조봉암이 반공노선을 견지하겠다는 것을 공적으로 약속한다면 그를 포섭해도 좋다는 태도로 나와, 김성수는 조봉암에게 명확히 태도를 표명할 것을 권고하였다.176)

김성수가 살아있었더라면 범야신당이 만들어졌을 가능성도 있었다. 그러나 그는 2월 18일 사거하였다. 조봉암은 2월 22일 김성수가 권고한 성명을 발표하였다. 그는 이 성명서에서 8·15 후 공산당과 절연하고 대한민국에 모든 심력을 바쳐왔으며, 대공산투쟁에 여생을 바칠 것이지만, "공산당의 독재는 물론이고, 관권을 바탕으로 한 독점자본주의적 부패분자의 독재도 어디까지나 반대한다"고 다시금 자신의 기본노선을 천명하였다. 그리고 신당운동을 구국운동으로 높이 평가하면서, "이 운동의 주도체인 호헌동지

---

173) 조봉암, 「내가 본 내외정국」, 540쪽.

174) 윤제술은 김준연과 조병옥이 죽산을 끌어들이는 데 극렬히 반대하였던바, 신도성이 朗山(김준연 호)이 죽산을 빨갱이로 몰아붙이는 것을 격렬히 비난하면, 維石(조병옥)이나 海公(신익희 호)은 그저 어름어름할 따름이었다고 기술하였다(윤제술선생문집간행위원회, 『芸齋선집』 상, 성지사, 1988, 109~112쪽). 박기출은 신익희, 조병옥, 곽상훈, 장면 등이 조봉암의 신당 참여에 반대하였다고 기술하고, 신익희를 자유민주파로 분류하였다(박기출, 앞의 책, 162쪽).

175) 신도성은 죽산 문제를 결단내릴 위치에 있는 신익희가 발을 빼길래 알아봤더니 장면 계열이 "죽산은 배척한다. 신당의 당수와 대통령후보는 해공에게 양보한다"고 제의하여 신익희와 손잡았더라고 회고하였다. 仁村(김성수 호)은 "민주대동이라고 했으면 그대로 해야지, 왜 딴소리들을 하나. 해공의 책임회피가 문제야"라고 말하였다고 한다[『중앙일보』 1982. 10. 20, 「진보당사건」 (29)].

176) 신도성, 앞의 글 (5) (6), 『한국일보』 1955. 4. 9, 4. 10 ; 이영석, 앞의 책, 206~209쪽.

회의 중요한 분들이 이 운동을 위하여 나의 협조를 구하기에 미력하기는 하지만 지팡이를 짚고서라도 따라갈 것을 작정"하였다고 피력하였다.[177]

조봉암의 성명으로 신당 추진이 어려운 고비를 넘어 잘될 것이라는 관측도 있었고, 또 잘되기를 바라는 분위기도 있었다.[178] 그러나 일반의 기대와는 다르게 민국당은 예전상태로 되돌아갔다. 김성수 국민장을 치른 후 처음 열린 민국당 중앙상무위원회에서 보수파들은 조봉암과 절충 교섭한 데 대해 비난을 퍼부었다. 이때부터 조봉암은 물론 그의 신당 가입을 찬동하는 자는 '사회주의자'이고 '제3세력'이고 '공산당'이라는 선전공세를 강화하였다. 자유민주파는 민주대동파를 민주대동파가 아니라 사회주의파라고 불렀다.[179] 김준연은 조봉암이 신당에 들어오면 자신은 단호히 탈퇴하겠다고 공언하였다. 조봉암의 성명서가 공산주의자가 아니라는 하등의 보장이 되지 못하고 사회주의적 색채가 농후한데, 사회주의와 공산주의는 사촌간이니 신뢰하고 같이 일할 수 없다는 것이었다.[180] 장면계에서도 조

---

177) 『동아일보』 1955. 2. 24.

178) 『한국일보』는 사설에서 "현재의 상태로 보아 조씨의 입장이 하등 신당의 노선과 대차적인 요소를 포함하고 있는 것이라고 논증할 근거는 없다. 이에 이르러 굳이 조씨를 접근시키지 않으려는 인사들이 그 완고한 태도를 변경함이 없다면 우리는 그 인사들의 신당에의 진의조차 의심하지 않을 수 없게 될 것이다. …… 설사 신당의 주도권이 장차 누구에게 갈 것이냐를 두려워하여, 말하자면 일종의 감투싸움적 心思에서 특정인 참여가 반대되고 있다면, 더구나 그러한 반대인사들의 추악성이 아낌없이 폭로 비판됨으로써 신당이 천하의 공당이 될 것을 천명하여야 할 것"이라고 주장하였다(『한국일보』 1955. 2. 24, 사설 「조씨의 포섭 여부가 문제되는 이유는?」).

179) 『한국일보』 1955. 3. 16.

180) 김준연은 민국당이 과거 10년간 반공 보루를 쌓아온 토대가 조씨 참여로 해체될 수 없다고 역설하였다(『한국일보』 1955. 3. 2). 이에 대해 조봉암은 다음과 같이 말하였다. "우리나라 안에 사회주의자가 어디 있는지 나는 발견하지 못하였으며, 현하 당면한 최대과업인 국토통일, 자유독립, 민주발전, 민생해결 등을 위한 시의에 적합하고 민중이 요구하는 정책이란 누구나 다 같은 것인데, 어떤 점으로 사회주의자라고 부르는지 알 수 없다. 더욱이 일부에서 공산주의와 사회주의를 4촌시한다는 것은 상식외 말로서, 소련의 공산당과 영국 노동당이 4촌이라고 단정하는 것과 같다. 공산 음모에 당하기 위해서는 여야를 막론하고 민주세력의 대동단결이 실현되어야 한다"(『한국일보』 1955. 3. 2). 신도성은 10년 이상 당적을 같이 해 왔는데 견해가 다르다고 자신을 '사회주의자', '제3세력', 그리고 '공산당'으

봉암의 참여를 반대하였다. 김영선은 "죽산이 제 아무리 전향했다 하더라도 어느 때 '공산독재'의 본성이 안 나오리라고 누가 보장하느냐"라고 발언하여, 한국판 매카시즘 이론파의 급선봉임이 여실하다는 평을 들었다.[181]

2) 민주당의 탄생과 그것의 역사적 의미

1955년 3월 중순 신당운동은 와해 위기에 직면한 것으로 보도되었다. 3월 11일 18인위원회에서 자유민주파와 민주대동파가 완전 분열하여 자유민주파에서는 자유민주당(가칭)의 결성을 추진하는가 하면, 조봉암 입당 찬성파는 기정 방침대로 신당운동을 추진하려는 단계에까지 이르렀다고 보도되었다. 양파는 호헌동지회 총회를 연기해가며 수차에 걸친 비공식 회합을 가졌던바, 자유민주파에서는 조봉암은 신당의 제2선에서 협조적 태도를 취하게 하고, 조봉암계 중 전 보도연맹계만 제외하고 입당을 허용하는 조건을 제시하였고, 이에 대해 민주대동파에서는 태도 표명을 보류하였다. 호헌동지회 총회는 몇 번 연기 끝에 3월 25일에 열렸다. 이날 18인위원회는 더이상 일할 수 없다고 하여 김상돈, 김의준, 신각휴(申珏休), 이석기(李錫基), 장택상, 서인홍(徐寅洪), 이철승, 민영남(閔泳南), 정일형 등으로 다시 9인위원회를 구성하였던바, 이 위원회는 대체로 자유민주파가 우세하였다. 더구나 9인위원회에 장택상, 서인홍이 불참하고 사표를 내어 자유민주파 중심으로 신당이 구성될 가능성이 한층 커지게 되었다.[182] 9인위원회에서는 조직요강 제1항의 '단서'를 폐기하는 데 그들의 노력을 집중하였다. 그리하여 3월 29일 "단, 국무위원과 국회의원을 지낸 자는 예외로 한다"는 구절을 삭제하기로 합의를 보아 조봉암의 신당 참여를 봉쇄하였다.

로 몰아 말살해버리려고 하였다고 민국당 동지들을 비난하고, "그들의 자유란 '수탈'하는 자유요, 부패한 특수계급만의 자유요, 모든 순수하고 양심적인 애국자를 모조리 '반역자'로 몰아서 때려잡는 자유"라고 야유하였다[신도성, 앞의 글(完), 『한국일보』 1955. 4. 11].

181) 『한국일보』 1955. 3. 18.

182) 장택상, 서인홍의 후임으로는 文鍾斗, 崔天이 보임되어 신당의 중추 인물은 거의 자유민주파 일색이 되었다(마한, 앞의 책, 202쪽).

4월 1일 호헌동지회 총회에는 민주대동파 의원들이 다수 불참하여 61명 중 42명이 참석한 가운데 25표 대 17표로 9인위원회의 조직요강 등을 재확인하였다. 이로써 꼭 4개월을 끌어온 범야신당 추진은 자유민주파와 민주대동파의 분열로 끝을 맺었다.[183]

1955년 4월 이후 신당은 '순수한' 반공세력의 집결을 강조하는 자유민주파 중심으로 추진되었다.[184] 그러나 반공 신당의· 창당은 지지부진하였다. 호헌동지회 의원 20명 정도가 자유민주파 중심의 신당을 반대하였고, 민국당측과 원내자유당, 조선민주당 탈당자, 흥사단계의 신당 참여자 사이에 계속 알력이 있었기 때문이었다.[185] 이 알력은 민주대동파와 자유민주파 간의 알력보다 훨씬 오래 갔다. 민주당 창당 이후 전자를 구파, 후자를 신파로 부르게 되는데, 양자의 대립은 1961년 5·16군사쿠데타까지 심하게 노정되어 — 신파와 구파의 갈등은 1960년대 이후 보수야당으로 이어졌다 — 민주주의의 진전이나 국정운영에 큰 어려움을 주었다.

7월 17일 신당 발기준비위원회가 발기준비위원 167명 중 131명이 참석한 가운데 열려 신익희, 장면, 조병옥, 곽상훈, 김도연, 윤병호 등 6인을 총무위원으로 선임하였다. 신당 발기준비위원회는 성명서에서, 첫째로 공산주의와 일체 비민주적 요소를 배제하고 자유인권을 신장하여야 하겠으며, 둘째로 헌법과 법률의 권위를 확립하고 건전한 대의정치와 책임정치를 구현하여야 하겠으며, 셋째로 자유경쟁원칙하에 생산을 증강하고 사회정의에 입각한 수탈 없는 국민경제체제를 발전시켜야 하겠으며, 넷째로 민주우방과의 협조, 제휴를 통한 평화적 국제질서의 수립을 기하여야 하겠다는 4

---

183) 미대사관측은 신당이 좌익인 조를 받아들이는 문제로 분열하였으며, 반대파는 아마 조와 함께 좌익당(leftist party)을 만들 듯하다고 관측하였다(『주한미국대사관 주간보고서』 5, 1955. 4. 2, 89쪽).

184) 4월 29일 민국당은 신당 성립을 확신한다면서 "민족진영의 반공민주세력 집결인 순수한 민주주의 정당 발전은 본당이 창당 이래 희구해왔던 것"이라고 천명한 성명을 발표하였다(『조선일보』 1955. 4. 30). 조병옥은 "신당은 반공적 민주주의를 수호하는 의미에서 중 행적으로써 민주주의 신봉자, 민족진영의 역군으로서 그 사실을 입증 못한 자는 제거할 것을 규정한 것"은 당연하다고 주장하였다[조병옥, 「내가 본 내외정국」 (7), 『한국일보』 1955. 6. 1].

185) 金度演, 『나의 인생백서』, 康友출판사, 1967, 270~271쪽.

개 원칙을 천명하였다.186) 문제의 제3항 "사회정의에 입각한 수탈 없는 경제체제"가 '자유경쟁 원칙하에 생산을 증강'한다는 자유민주파의 자유주의 경제원리와 병렬하여 존치된 것을 볼 수 있다. 일종의 타협의 산물이었으나, 서로 대립되는 원리를 병치한 것은 고식적인 적당주의의 산물로 신당의 정책을 얼버무린 것이었다.187)

신당 발기준비위원회에서의 정책은 5개 강령, 25개 정책으로 구체화되었다. 강령에서는 "자유경쟁원칙하에 생산을 증강하고 사회정의에 입각한 수탈 없는 국민경제체제를 발전시킬 것"에 "특히 농민, 노동자, 기타 근로대중의 복리향상을 기한다"가 첨부되었다.188) 그리고 9월 19일 "반공산 반독재로 민주주의의 기초를 확립하자", "민주세력의 집결 강화로 책임정치를 실현하자"는 슬로건을 내걸고 민주당이 창당되었을 때,189) 민주당 정강에서는 '수탈'이란 말이 빠지고 '공정한 분배'가 대신 들어가, "자유경쟁원칙하에 생산을 증강하고, 사회정의에 입각, 공정한 분배로서 건전한 국민경제의 발전을 기하며, 특히 농민, 노동자, 기타 근로대중의 복리향상을 기한다"로 귀결지어졌다.190)

호헌동지회가 분열된 원인은 헤게모니 문제, 이데올로기 문제, 오랫동안 쌓였던 감정문제 등이 복합적으로 얽혀있다. 당의 주도권 문제에 민국당 내 극우세력은 예민한 반응을 보일 수 있었다. 부산정치파동을 겪으며, 그리고 휴전협정 체결시의 포로석방 문제에 대한 조병옥의 이승만 비판 등으로 민국당 내 극우세력은 계속 수세에 몰려 당의 실권을 신익희 등에게 넘겨주어야 했다. 극우세력은 뉴델리 밀회사건을 터뜨려 세를 만회하려 하

---

186) 『한국일보』 1955. 7. 18.

187) 서중석, 「민주당·민주당정부의 정치이념」, 『한국정치의 지배이데올로기와 대항이데올로기』, 역사비평사, 1994, 129~130쪽 참조.

188) 『한국일보』 1955. 9. 2.

189) 민주당이 창당되기까지 호헌동지회 멤버들은 6월 하순에 崔甲煥 의원 등 5명이 탈퇴하였고, 7월 31일 이인, 송방용, 윤제술, 문종두, 都晋會, 梁一東, 邊鎭甲, 정준, 전진한, 최영철, 서인홍, 김정호, 장택상 등 13의원이 탈퇴하여, 모두 18명이 호헌동지회에서 떨어져 나갔다.

190) 韓太壽, 『한국정당사』, 신태양사, 1961, 298쪽.

였지만, 오히려 혁신파와 유화파의 공격을 받았다. 그런데 이러한 당내의 조류에다 장면을 중심으로 한 원내자유당 홍사단계가 들어오고, 호헌동지회 내 민주대동파가 조봉암과 함께 들어오면, 조병옥, 김준연 등의 한민당 정통파는 당의 운영에서 밀려날 가능성이 많았다. 민국당은 계속 위축되어 신당이라는 인기있는 새 말로 갈아타야만 정치생명이 살아날 수 있었지만,191) 그러나 새 당의 영도권에서 밀려나서는 안되었다. 당의 주도권 문제는 다음해인 1956년 정부통령선거 후보문제와 직결되어 있었다. 신당은 내각책임제를 주장하였으므로 거물이 난립하였다고 하더라도 정부통령후보문제가 그렇게 중요하겠느냐고 생각할 수도 있다.192) 그러나 부산정치파동과 최초의 직선제 정부통령선거 과정을 볼 때, 신익희, 조봉암, 장택상, 장면, 조병옥 모두 대통령후보 아니면 부통령후보에 나설 의향을 갖고 있었다. 조봉암의 경우처럼 정부통령선거에서 선전하면 정치적으로 크게 두각을 나타낼 수 있었다. 신익희, 장면, 조병옥 등은 차기 정부통령후보를 신당에서 결정할 때 조봉암을 의식하지 않을 수 없었다.

범야신당조직이 조봉암을 둘러싸고 대립과 분열을 거듭하게 된 데는 영도권 문제, 정부통령후보 문제 못지않게 이데올로기 문제가 사원(私怨)과 함께 한민당-민국당측과 조봉암의 오랜 대립관계에 얽혀있었던 것도 주요 요인이었다. 민국당 내 극우세력이나 장면측은 해방 후 단정운동과 정부수립과정을 통해 일관된 모습을 보여주었다. 그들에게 조봉암은 이단으로 볼 만한 정치이념을 가지고 있었다. 그들이 가장 싫어하고 두려워하는 것은 공산주의자보다도 어쩌면 김구·김규식이 영도하였던 중도파 민족주의자였을 것이다. 중도파는 누가 봐도 항일·민족자주면에서 민족주의세력의 정통이었고, 민족문제나 통일문제에서 자신들의 약점을 비수로 찌르듯이 추궁하고 있었다. 한국전쟁 발발 후 이 세력은 대체로 제3세력의 대표격이 된 조봉암에 의해 영도되고 있었다. 중도파와 함께 조봉암을 이단시, 사갈시하지 않을 수 없었다.193)

---

191) 조봉암, 「내가 본 내외정국」(16), 『한국일보』 1955. 7. 1.

192) 장택상, 「신당운동과 나의 백서」(2), 『한국일보』 1955. 4. 27.

193) 조병옥은 조소앙, 안재홍 등 남북협상파, 좌우합작파들을 사회주의 표방자 등

조봉암과 한민당 - 민국당의 관계는 1952년 8·5정부통령선거 이전까지
는 조봉암과 이승만의 관계보다도 훨씬 악연이 많았다. 5·10선거에 당선
된 조봉암이 맨 먼저 한 일의 하나는 한민당의 종파적 권력장악운동을 규
탄하는 태도로써 언론전을 전개한 것이었다.194) 그리고 헌법제정위원으로
서 한민당이 이승만의 의중에 야합하여 내각책임제 헌법안을 하룻밤 사이
에 대통령중심제로 바꿀 때, 조봉암은 이에 맹렬히 반대하였다. 그러나 조
봉암의 반대의견 표명은 서상일 등 한민당계의 방해로 제지되어 문서로만
제출되었다.195) 이승만 대통령이 초대 내각을 구성할 때 조봉암 등 무소속
의원들은 한민당계 인사들을 국무총리 및 국무위원에 기용하지 말 것을
계속 건의하였다. 조봉암은 농민적인 토지개혁을 실시하겠다는 포부를 갖
고 초대 농림부장관을 수락하였는데, 농림부장관으로서 일을 하려고 하자
한민당이 사사건건 반대하였다. 국회에 제출한 양곡매입법 통과를 극력 반
대하였고, 조봉암이 기초해서 제출한 농업협동조합법을 기획처로 돌려 영
원히 국회에 상정되지 못하게 만들었다. 또 장관 관사 수리한 것을 공금횡
령이라 비난하고, 한민당의 영향력 아래 있던 감찰위원회에서는 농림부장
관의 파면을 '결정'하였으며, 감찰위원회나 검찰을 동원하여 조장관을 체
포 구금하여 심문하려 하였다. 조봉암은 1949년 2월 장관직에서 물러나고
말았다.196)

민국당이 이승만과 갈등 대립하면서 내각책임제 개헌안을 국회에 제출
하였을 때, 조봉암은 대한국민당원으로 선봉에 나서서 민국당의 개헌안 의
도를 비난하고 이에 반대하였다. 조봉암은 1950년 3월 장시간에 걸쳐 국회
에서 민국당의 내각책임제 개헌안을 비판할 때, 특히 한민당의 과거 행적

으로 색깔과 연결시켜 공격하였고, 이들이 납북되었을 때는 자진 월북하여 괴뢰
집단에 협력하였다고 주장하였다(조병옥, 앞의 책 175쪽. 이와 함께 서중석, 앞의
글, 99~100쪽 참조).

194) 조봉암, 「나의 정치백서」, 정태영, 앞의 책, 370쪽.

195) 윤석오, 「경무대 四季」, 『남기고 싶은 이야기들』, 중앙일보·동양방송, 1977, 78
쪽 ; 『국회속기록』 제6회 49호, 1950. 3. 10, 조봉암 발언.

196) 조봉암, 「나의 정치백서」, 371~372쪽 ; 조봉암, 「투표에 이기고 개표에 지고」,
173~174쪽.

에 큰 비중을 두어 한민당을 공격하였고, 한민당에서 한민당 반대자들을 빨갱이로 몰아 반대파를 제압한 데 대해 신랄히 비난을 퍼부었다.[197] 조봉암과 민국당이 같은 길을 걸은 것은 내각책임제 개헌안을 내세우며 이승만과 싸운 부산정치파동에서였다. 그러나 그것도 잠시였고, 곧이어 실시된 정부통령선거에서 조병옥 부통령후보는 조봉암을 색깔로 맹렬히 공격하였다.

이와 같이 조봉암과 민국당의 보수파는 헤게모니 장악문제, 이념대립에 감정싸움까지 겹쳐있었는데, 조봉암은 신익희나 장면과는 물론 조병옥, 김준연과도 당을 같이하겠다는 의사를 분명히 보인 반면,[198] 조병옥이나 장면은 신당 추진을 분열시키면서까지 그것을 반대하였다. 극우적 편협성이 이승만의 극우독재를 단축시킬 수 있는 기회를 축소시킨 것이었다. 그러나 도시민, 교육받은 층의 증가는 새로운 현상을 불러왔다. 이들은 이승만의 독재와 실정에 불만이 많았고 비판적이었기 때문에 5·10, 5·30, 5·20 선거 등에서 계속 실추를 거듭한 한민당-민국당과는 대조적으로, 민주당에 대한 도시민의 지지도는 상당히 높았다. 이승만·자유당이 미워서 야당을 지지하는 현상이 발생한 것이었는데, 이 때문에 본질적으로 자유당과 비슷한 성향을 기진 민주당은 일정하게 대여투쟁을 벌였고, 자유민주주의를 옹호하였다.

역사를 되돌아보면, 호헌동지회의 활동은 허사로 돌아가게 되어있었다. 한국의 극우세력은 민주주의나 민족국가 건설에 역행하는 행위에 부끄러움을 느끼지 않고 있었다. 당파적 계급이익만 지킬 수 있으면 무슨 짓이든지 할 수 있었다. 호헌동지회 활동이 허사로 돌아갈 수밖에 없을 것이라는 것은 이미 5·10선거에의 중도파 참여를 환영하기는커녕 그것을 사갈시하는 데서 잘 나타나있었고, 1949년 후반기에 있었던 민족강화위원회(민강위)의 활동에서도 나타났다. 더 거슬러올라가면 극우세력의 배타성과 편협성은 해방된 그날 여운형이 건준에 참여할 것을 종용하였을 때 송진우가 거

---

197) 조봉암, 「우리는 왜 개헌을 반대했나」, 434~435쪽.
198) 고정훈, 『명인옥중기』, 21~25쪽 참조.

절한 데서 잘 드러났다고 볼 수 있다.

그러면서도 호헌동지회의 활동은 의의가 있었다. 국회의원들 가운데는 정치다운 정치를 하고자 원하고, 민주주의나 민족주의, 더 나아가 진보주의를 추구하는 사람들이 있었다. 자유당에도 그런 사람들은 있었고, 야당으로 탄압받고 위축받던 민국당에도 그러한 사람들이 있어 서상일 같은 사람조차 반독재 범야대동단결의 기치를 높이 들었다. 이러한 경향은 그 이후에도 계속 나타나게 되어있었지만, 호헌동지회는 1954년 말 1955년 전반기에 일정한 노력을 하였던 의의있는 정치세력이었다. 그런데 민주주의에 충실하고 민족주의와 진보주의를 지향하는 정치인들은 극우반공세력 속에서도 계속 알을 깨어 껍질을 비집고 나올 수 있지만, 호헌동지회 이후에는 다시 보수세력과 진보세력이 하나의 정치세력으로 호헌동지회 같은 회합을 갖기는 어렵게 되어있었다. 반독재 범야단일정당운동으로 진보당도 탄생하였지만, 새로운 극우적 야당으로 민주당이 만들어져 이승만 정권과 야합하여 진보적 민족주의적 세력을 억압하거니와, 1961년 5·16쿠데타 이후로는 군부정권에 의해 극우반공체제가 완성됨으로써 진보적 민족주의세력의 정치적 공간이 극도로 협애화된 것이다. 그와 함께 5·16쿠데타 이후에는 진보적 민족주의세력이 기성세력은 미약한 채 대개 학생층이었기 때문에도, 야당은 진보적 민족주의적 정치세력의 역할을 부분적으로 떠맡아 지식인층 등 소시민들의 지지를 받았다. 표를 의식해서 부분적으로나마 자유민주주의자가 되고 진보적 민족주의적 주장을 펴게 되는 한국적 현실이 나타난 것이었다.

3. 진보당 결성의 추진

1) 진보정당 결성을 둘러싼 논란

조봉암은 부산정치파동 이전에도 신당을 만들려고 시도하였고, 1952년 8·5정부통령선거가 끝난 직후에도 정당을 결성하기 위해 노력하였으며, 중도파 또는 혁신계 인사들은 정치적 목적을 가지고 모임을 가졌지만,[199] 범(汎)진보적 성격을 띤 새로운 정당이 추진된 것은 범야신당 추진이 분열된 이후부터였다. 범야신당을 추진하는 가운데 진보적 신당을 조직할 수 있는 조건이 만들어져갔다.

진보적 신당이 조직될 수 있는 조건은 다른 데도 있었다. 1950년 5·30 선거에서 중도파 민족주의세력은 상당부분 활기를 찾았다. 그러나 곧이어 전쟁이 일어남으로써 중도파 민족주의세력은 주요 지도자들이 납북되었으며, 납북되지 않은 진보적 민족주의적 인사들 다수는 말할 수 없는 고초를 겪었고, 감시를 받았다. 그러나 1955년 전쟁이 끝난 지 2년쯤 되었기 때문에 그들은 새로운 상황에 맞춰 자신들의 활로를 모색해나갈 수 있게 되었다. 진보적 민족주의적 인사들은 점차 아이덴티티를 찾아갔고, 자신들의 정치조직 결성의 필요성을 느껴갔다. 이승만 정부의 탄압이 두 군데로 분산된 것도 한 요인이 되었을 것이다.[200] 그러나 무엇보다도 1956년에는 정부통령선거가 있다는 것이 진보적 신당 결성 추진의 강력한 지렛대로 작용하였을 것이다.

진보당의 공소장과 1심 판결문에는 1955년 6월경부터 비자유당, 비민주당의 혁신세력 규합 정당운동이 대두한 것으로 쓰여있다.[201] 여기에는 조봉암 측근 인사들이 앞장을 섰다. 혁신계 인사들이 명확한 의도를 가지고 꽤 큰 규모로 집단적인 회합을 가진 것이 민주당이 창당되던 달인 9월 1일의 광릉회합이다. 이 모임에는 조봉암, 서상일, 장건상, 정화암, 최익환(崔益煥), 박용희(朴容羲), 서세충(徐世忠), 정이형(鄭伊衡), 남상철(南相喆), 양우조(梁雨朝) 등 원로와 윤길중, 신도성, 김기철, 이명하, 조규희(曺圭熙),

---

199) 박기출은 반정부파 정객들이 1952년경부터 반독재 민주세력의 대동단결을 목표로 움직였다고 회고하고, 그러한 인물들로 민족주의세력의 具益均, 趙憲植, 金成璹, 박기출, 민국계의 서상일, 신도성, 진보파의 장건상, 金星淑(앞으로 김성숙의 한글 표기는 대개 金星淑을 가리킬 것이지만, 金成璹을 가리키는 것이 분명할 때는 후자도 한글로 표기할 것이다), 李東華, 국회관계의 조봉암, 장택상, 김달호, 윤길중 등을 들었다(박기출, 앞의 책, 161쪽). 윤길중은 사사오입개헌 파동이 있기 전부터 金基喆, 李明河, 安晸鏞(安在鴻의 장남), 고정훈 등과 만났다고 회고하였다(윤길중, 앞의 책, 146쪽. 이와 함께 147쪽 참조).

200) 민주당에 대한 탄압의 일례는 민주당 충북도당의 결성에서 볼 수 있다[白光河 편, 『단상단하』 3(1955. 12. 19), 白文社, 1958, 325쪽].

201) 권대복 편, 앞의 책, 162쪽(공소장), 213쪽(판결문).

김경태(金景泰), 조향록(趙香祿) 등 신진을 합하여 30~40명이 참석하였다.[202]

진보당 공소장에 의하면, 이 회합은 윤길중과 김기철의 주동에 의하여 이루어진 것이었다.[203] 광릉회합은 범야신당 추진이 분열되어 극우반공세력을 중심으로 한 새로운 야당 창당이 진행될 즈음에 조봉암측이 중심이 되어 진보적 정당을 만들기 위해 마련한 모임이었다. 광릉회합 이후에도 여기에 참여한 인사들은 서울 관철동 소재 대관원(大觀園) 등에서 여러 번 더 만났다. 10월 24일 제1차 추진준비위원회가 열렸던바,[204] 이 자리에서는 당의 명칭을 민주통일당으로 하기로 하였으나, 얼마 후 진보당으로 바꾸었다.[205] 이 당은 처음부터 통일을 아주 중시하였음을 알 수 있다. 광릉회합에서부터 1955년 12월 22일에 진보당 발기취지가 발표될 때까지 혁신정당을 만드는 데 논의된 것은 대충 다음과 같은 것들이었다.

① 지도층 구성에서 장건상 등은 조봉암 배제를 제시하였다. 그들은 이범석, 장택상 등은 말할 것도 없고 조봉암 등도 5·10선거에 참여하여 단독선거를 합리화하였으므로 지도층에서 제외할 것을 주장하였다.[206]

---

202) 공소장에는 광릉회합에 모인 인원을 20여 명으로 기술하였으나(권대복 편, 앞의 책, 162쪽), 鄭華岩은 40여 명으로 적고 있다(정화암, 『이 조국 어디로 갈 것인가』, 자유문고, 1982, 308쪽). 여러 저서나 글에서 후자의 40여 명설을 따르고 있다. 윤길중의 앞의 책에는 보수진영과 거리를 두고 있던 여러 정파의 인사 34명이 회합한 것으로 쓰여있다(151쪽).

203) 권대복 편, 앞의 책, 162쪽.

204) 진보당이 결당될 때까지 추진기구에 대해서는 자료마다 약간씩 다르게 나온다. 진보당 발당대회에서 이명하가 경과보고를 하였는데, 초기 당추진기구는 추진준비위원회로 정하였다고 명시하였다(「진보당 창당대회 경과보고」, 정태영·오유석·권대복 편, 『죽산 조봉암 전집』 4, 世明書館, 1999, 37쪽). 공소장에는 1955년 11월 진보당결당추진위원회를 조직하였다고 쓰여있고(권대복 편, 위의 책, 162쪽), 1심 판결문에는 10월 24일 대관원회합에서 가칭 진보당발기준비주비위원회를 결성하고, 1956년 1월 12일 다시 가칭 진보당추진준비위원회를 설치하며, 3월 31일에 가칭 진보당추진대표자회의를 거친 것으로 되어있다(같은 책, 213쪽).

205) 「진보당 창당대회 경과보고」, 37쪽.

206) 박기출, 앞의 책, 164쪽. 박기출에 의하면 진보적 신당운동에는 민족주의세력의 구익균, 조헌식, 金成璹, 박기출, 진보파의 장건상, 김성숙, 이동화, 민국당 반주류의 서상일, 朴魯洙, 신도성, 舊대한국민당계의 조봉암, 윤길중, 그리고 李東廈의

②노선문제에 대해서도 논의가 많았다. 장건상, 정화암 등은 선이념통일 후창당을 요구하였고, 조봉암은 선창당 후이념통일을 주장하였다. 장건상, 정화암 등은 진보당창당준비위원회에[207] 참가하고 있는 인사들이 우로는 진보적 보수주의자들로부터 좌로는 전공산주의자도 있고 무정부주의자도 있으니, 이념의 선통일이 긴요하다고 주장하였다. 그러나 조봉암은 자기가 농림부장관 때 사회주의 정치노선에 입각하여 일을 해보려고 각 방면으로 노력하였으나, 우리나라 현실에서는 불가능하다는 것을 알았다고 진술하면서, 현단계에서는 이념을 가진 제3당을 꿈꾸지 말고, 즉 사상과 이념을 논하지 말고 제3당을 만들어 활동하는 것이 훨씬 낫다고 피력하였다. 그는 이념 설정의 선결을 기하려면 신당 발족은 백년하청이 될 것이며, 정당은 정치단체지 사상단체가 아니므로 진보주의자들을 한 가마 속에 털어넣고 쇠는 쇠대로 금은 금대로 가려내야 한다고 주장하였다.[208] 조봉암의 주장은 공산당 탈당 이래 자신이 겪어온 경험에서 나온 현실이었다. 그것은 또한 한국 혁신계 또는 중도파의 다양한 이데올로기 분파를 반영하는 것이기도 하였다. 또한 그것은 극우반공세력의 빨갱이몰이에 대한 현실적 대응책이기도 하였다. 따라서 조봉암은 처음 진보적 정당을 조직할 때는 진보세력연합전신과 비슷한 형태의 규합을 하면서 구체적인 정책수립을 중심

유림계, 張志弼 등 형평사계와 족청계 일부, 장택상의 신라회계 일부가 참여하였다고 한다. 이러한 참여는 진보당추진 상임부서 명단에서 대체로 확인된다.

207) 진보당창당준비위원회라는 명칭은 정화암의 책 외에는 나오지 않는다. 정화암은 혁신계의 원로에 속하는데, 1955년 12월 22일 진보당 발기취지문이 발표되었을 때 12명의 발기인 명단에 나와있지 않고, 진보당추진위원회 상임부서의 명단에도 나와있지 않다. 그러나 정화암은 자신이 분명히 윤길중, 장건상, 신도성 등과 함께 의안부에 속해있었다고 기술하였다(정화암, 앞의 책, 308쪽).

208) 정화암, 앞의 책, 310쪽. 장건상의 회고에 따르면, 죽산은 혁신계 전부를 통합하여 하나의 세력을 이루는 것은 불가능하고 모든 혁신계가 일치되기를 기대할 수 없으므로, 우선 진보당을 조직하고 전혁신계의 단합을 꾀하자고 주장한 반면, 장건상은 혁신계 전체의 통일을 주장하였다『사실의 전부를 말한다』(장건상 편), 436~437쪽]. 이러한 장건상과 조봉암의 의견 차이는 진보당 창당 초기의 것이 아니라, 5·15정부통령선거 이후에 나온 것으로 보인다. 이와 같은 장건상의 주장은 이념의 선통일이 중요하다는 논리와 모순된다. 이 점에서도 상황에 따라 변하는 한국 혁신계 또는 정치계의 이율배반성을 엿볼 수 있다.

으로 결속력을 다져야 한다고 판단하였을 것이다. 예컨대, 사회민주주의나 사회주의 또는 민주사회주의라는 이념을 내세우면서 당을 조직하는 것보다 당을 조직하면서 새로운 통일론, 피해대중을 중시하는 책임정치, 경제통제에 의한 민족자본의 육성 등으로 당론을 모으는 것이 현실적이라고 생각하였던 것으로 보인다. 조봉암의 법혁신전선적 지향은 그의 추종자 때문에도 필요하였다. 그의 지지세력은 민련계 등 중도우파세력이나 진보적 민족주의세력이 많았지만, 좌익 성향을 지닌 자, 우익으로 분류될 수 있는 자들도 적지 않았다.

③정치이념 문제와 관련해서 장건상은 사회민주주의를, 정화암은 민주사회주의를 제시하였다. 그러나 정화암이 이 문제로 구체적 토론이 없었다고 회고한 데서도 시사되듯이, 사회민주주의나 민주사회주의의 내용이 무엇을 가리키는지는 애매하였다. 이때 처음으로 민주사회주의가 제시되었다고 볼 수는 있어도 — 제3장에서 자세히 고찰하겠지만 — 그것은 용어 사용 이상의 의미를 갖는 것은 아니었다.[209) 정치이념에 대하여 박기출 등 민족주의자들은 민주당과 신당이 구별되고 대비되는 점으로 민족문제를 제기하였다. 이들은 민주당은 친미일변도의 사대주의 집단인고로, 이와 다른 진보적 민족주의를 표방할 것을 주장하였다. 결국 신당은 조봉암, 서상일 합작 중심으로 되면서 국민여론을 반영한 정치의 혁신과 평화통일을 지향하기로 하였고, 당명은 민주혁신당, 대중당, 혁신당, 진보당 등이 나왔는데, 진보당이 최적이라고 보았다.[210)

조봉암은 1955년에 신당을 추진하면서 이념과 사상의 통일문제를 논하지 말자고 하였지만, 구태여 이 시기 그의 정치이념을 찾아본다면, 그가 제시한 것으로 알려진[211) 신당의 명칭 진보당의 '진보'에 대한 의미부여에서 탐색해볼 수 있을 것이다. 이영근에 의하면, 조봉암이 진보당이라고 명칭을 붙인 것은 사회주의적 색채를 드러나지 않게 하기 위해서였다. 그것은

---

209) 정화암은 자신이 민주사회주의를 제시한 것에 서상일이 동의하였다고 기술하였다(정화암, 앞의 책, 308쪽).
210) 박기출, 앞의 책, 164쪽.
211) 이영근, 앞의 글, 637쪽.

1955년 단계에서의 수준에 적합한 것으로 판단되었다. 1951년 단계에서는 '자유'를 기초로 민주세력을 대동단결시켜 이승만 독재에 대항하고 자유의 확보를 목표로 추진, 신당의 당명을 가칭 자유당으로 정하였던 것이고, 1955년 단계에서는 보수계인 민주당과 달리 진정한 민주주의체제를 확립하고 책임있는 혁신정치의 실현을 기하기 위해서 진보성이 추구되어야 하였으므로 가칭 진보당으로 이름을 정하였다는 것이다. 이 진보 속에는 농민, 노동자를 비롯한 모든 근로대중의 육성이 요청되지만, 세계사적 시야에서는 원자력혁명과 오토메이션의 새 시대에 맞게, 자본주의도 공산주의도 지양한 인류의 진보적 과제를 목표로 변혁을 모색해야 한다는 과제가 포함되어있었다.[212]

그러나 이영근의 이러한 설명은 진보를 주관적으로 의미부여한 것으로 일반성·엄밀성이 결여되어있다. 또 1955년 단계에서도 자유는 필요하였다. 나중에 쓴 글에서 조봉암 자신도 진보라는 말이 불투명하게 사용됨을 지적하였다. 보수당 내의 충돌에서 혁신이니 진보니 하는 사람들도 있고, 자유당이나 민주당에 가기 싫은 사람들, 또는 갈 수 없는 사람들이 제3당을 생각하면서 혁신이니 진보니 하는 말을 써왔다는 것이다. 그러나 조봉암은 그것을 넘어 우리나라에서 진보적 혁신운동은 역사적 필연성을 띤 것이라고 주장하고, 진실로 인류의 새 이상을 파악하고 우리 현실에 맞는 정치를 하려는 사람, 자유주의경제를 지양하려는 사람들을 진보세력 또는 혁신세력으로 간주하였다.[213] 진보당을 추진할 때 이론면에서 일역을 담당한 신도성은 고도로 발전된 자본주의체제에 적용되는 사회주의이론은 낙후된 농업국가인 우리나라에 그대로 적용될 수 없기 때문에 사회당 또는 사회민주당 대신 의미심장한 진보당이라고 이름붙였다고 설명하였다.[214] 신도성과 함께 의안부에서 일한 윤길중도 한국에서 진보주의는 후진성의 초극과 건전한 민족자본 육성을 구상하는 하나의 한국적인 프래그머티즘으로, 민주사회주의의 선행단계이자 분단체제에서 민족이 자주성을 갖고,

---

212) 위의 글, 637쪽.

213) 『한국일보』 1957. 1. 3.

214) 신도성, 「여당이냐 야당이냐」 (7), 『한국일보』 1956. 2. 1.

극우반공주의나 공산주의를 지양하는 데 그것의 역사성이 있다고 파악하였다.215)

진보적인 신당 추진세력들은 여러 차례 회합하여 신당 조직원칙으로 ① 혁신세력의 규합, ② 정치의 혁신, 계획성 있는 경제정책의 구현, ③ 민주주의 승리하의 평화적 남북통일에 합의를 보았다.216) 진보적 신당 추진은 1955년 11월경부터 표면화되었다. 조봉암과 서상일이 중심이 되어 보수정당에 대립하는 혁신당이 모색되고 있다는 소식이었다.

그런데 서상일이 조봉암과 함께 혁신정당을 만든다는 것은 이변이라고 생각할 수도 있었다. 그는 일제강점 초기에는 민족주의 색채가 강한 활동을 벌였으나, 대구지방 유산층 또는 부르주아층을 대변하는 입장에서 1920년대 이후에는 상당부분 개량주의의 입장을 보였고, 자치론에 기울어져 있었다.217) 해방 후 대구지방의 우익을 대표하는 인물로 한민당이 창당될 때는 8총무 중 한 사람이었다. 그는 극우세력의 대변자로서 입법의원에서 활약하였고, 친일파 처단을 위한 입법에 맹렬히 반대하였다. 제헌국회에 진출하여서는 헌법기초위원 위원장으로 활동하여 내각책임제 헌법안을 이승만의 주장에 따라 하루저녁에 대통령중심제로 바꾸는 데 협조하였고, 농지개혁 때는 산업분과위원장으로 한민당 - 민국당의 입장을 대변하여 토지에 대한 상환액을 무려 추곡 평균생산액의 30할(300%)로 할 것을 주장하였다. 그 뒤 제헌국회 말기에는 이승만과 반목하여 민국당에서 내각책임제 개헌안을 제출하였을 때 민국당의 주장(主將)으로 활약하였고, 그 때문에 5 · 30 선거에서 이승만 정권의 심한 탄압을 받아 낙선의 고배를 마셨다.

서상일이 반이승만 입장에서 한 걸음 더 나아가 사상면에서 어느 정도 변한 것은 1952년 피난수도 부산에서 김시현(金始顯) 등의 이승만 대통령

---

215) 윤길중, 「진보당 조직의 의의와 그 주장」(『새벽』 1956. 3), 『죽산 조봉암 전집』 4, 159~161쪽. 조봉암, 윤길중 등의 진보주의에 관해서는 제3장에서 다시 고찰할 것이다.

216) 「진보당사건 1심 판결문」, 권대복 편, 앞의 책, 213쪽

216) 한말에서 1920년대에 걸친 서상일의 정치적 노선에 대하여는 吳美一, 「한말~1920년대 조선인 자본가층의 형성 및 분화와 경제적 지향」 성균관대 사학과 박사논문, 1998, 제1장 2절, 제2장 2절 참조.

저격사건에 연루되어 구속된 것이 계기가 되었다.[218] 서상일은 감옥에서
혁신계 청년들과 어울려 지냈는데, 이때 영향을 받았다는 것이다.[219] 서상
일은 호헌동지회가 결성되어 신당을 추진할 때 보수와 진보 양 세력이 대
동할 수 있다고 피력하고, 신당에 조봉암도 가담해야 할 필요성을 역설하
였다.[220] 특히 그는 이때 민국당 내에서 조병옥과 격렬히 언쟁을 벌였으며,
그를 반동분자라고까지 힐난하였다.[221]

2) 진보당(가칭)의 정부통령후보 지명

1955년 12월 22일 진보당 발기취지문과 강령초안이 발표되었다. 발기인
은 조봉암, 서상일, 박기출, 이동화, 김성숙(金成璹), 박용희, 신숙, 신백우
(申伯雨), 양운산(楊雲山), 장지필, 정구삼(鄭求參), 정인태(鄭仁泰) 등 12명
이었고, 총무대표위원에 최익환, 기획위원에 신도성, 선전위원에 윤길중이
선임되었다.[222] 광릉회합 참가자 중 근민당계의 장건상, 아나키스트 활동
을 벌였던 정화암, 독립운동으로 장기간 옥고를 치른 정이형, 천주교의 남
상철 등은 참여하지 않았다. 진보당 발기취지문과 강령은 민주주의적 통일
방안, 피해대중의 단결, 공산주의와 자본주의에 반대하는 제3의 길을 제시
하였던바, 기본적인 입상은 견지하면서도 현실을 감안하여 온건한 톤을 유
지하려고 노력하였다. 진보당(가칭)은 발기취지문에서 "진정한 혁신은 오
로지 피해를 받고 있는 대중 자신의 자각과 단결 위에서만 실현될 수 있다
는 것을 깊이 인식하고, 관료적 특권정치, 자본가적 특권경제를 쇄신하여
진정한 민주책임정치와 대중 본위의 균형있는 경제체제를 확립할 것을 기

---

218) 서상일의 구속은 김시현이 서상일로부터 2백만 원을 받은 것 때문이었다. 민국
　　당에서는 서상일이 이 돈을 준 것은 내각제 추진자금이었다고 주장하였다[『중앙
　　일보』 1983. 3. 3, 「자유당과 내각」 (20)].
219) 이영근, 앞의 글, 636쪽.
220) 『내가 걸어온 길 내가 걸어갈 길』(서상일 편), 56쪽.
221) 서상일은 1954년 민의원 의원선거 때 그의 선거구를 조병옥에게 내주고 선거
　　사무장으로서 조병옥을 당선시키는 데 기여하였다(宋元英, 「徐相日論」, 『인물계』
　　1959. 7, 62쪽).
222) 윤길중, 앞의 책, 153쪽.

약하고 국민대중의 토대 위에 선 신당을 발기하고자 한다"고 천명하고, 다음과 같은 4가지 강령(초안)을 제시하였다.[223]

강 령
1. 공산독재는 물론 자본가와 부패분자의 독재도 이를 배격하고 민주주의체제를 확립하여 책임있는 혁신정치의 실현.
2. 생산분배의 합리적 통제로 민족자본의 육성.
3. 민주우방과 제휴하여 민주세력이 결정적 승리를 얻을 수 있는 조국통일의 실현.
4. 교육체제를 혁신하여 국가보장제를 수립.

1956년 1월 17일에는 진보당추진준비위원회(앞으로 진보당추진위원회라고도 쓸 것임)의 간판을 걸고 본격적인 사무태세를 갖추었으며, 총무부, 재정부, 조직부, 선전부, 의안부, 심사부, 계획부, 사무부 등의 8부서를 두었고, 추진준비위원회 상임위원 31명을 선출하여 각기 담당부서의 사업을 관장하게 하였다.[224]

그러나 진보당의 발당은 예정대로 추진되지 못하였다. 진보당 발당이 지지부진한 것에 대해 진보당의 한 관계자는 ① 정치자금 부족, ② 진보당에 참여할 경우 해를 입을까 하는 두려움, ③ 중앙만 있지 지방당부 조직의 방도가 막연한 것을 들었지만,[225] 중앙의 경우도 원내의원들은 거의 참여하지 않았다. 3월 8일 추진준비위원 208명의 명단을 발표하였을

---

223) 권대복 편, 앞의 책, 12쪽.
224) 「진보당 창당대회 경과보고」, 38쪽. 상임 임시부서와 상임위원 명단은 다음과 같다.
   총무부 : 최익환 서상일 조봉암, **재정부** : 신창균 申容純 金東錫, **조직부** : 박노수 주기영 최희규 安慶得, 선전부 : 윤길중 고정훈 李成鎭 李奉來, 의안부 : 김기철 溫三燁 安道明, 심사부 : 정구삼 崔在邦 朴志虎 임갑수, 계획부 : 朴容喆 金炳輝 曹圭澤, 사무부 : 이명하 徐進杰 (『동아일보』 1956. 1. 27).
225) 이 관계자는 "우리는 군청소재지에서 결성대회를 올리게 되면 대성공으로 보고, 면에는 간판이나 붙일 수 있으면 다행이라 생각하겠다"고 말하였다(『한국일보』 1956. 1. 30).

때도 조봉암, 이동화, 서상일, 윤길중, 신도성, 임기봉(林基奉) 등 명망가가 적지 않았지만, 원내의원은 신도성 한 사람이었다.226)

원내의원들은 호헌동지회 내에서 조봉암의 신당 참여를 지지한 의원들이 많았던 것에서 짐작할 수 있듯이, 조봉암 등 진보세력이 범야신당을 만드는 데는 참여할 의사가 있었지만, 혁신세력만으로 신당을 만드는 데는 참여하기를 꺼렸다. 김제의 지주 출신으로 조봉암과 가까웠던 송방용 의원은 세칭 무소속을 두 부류로 나누었다. 첫째 부류는 권력정치체제가 싫고 보수적 정치체제를 배격하는 입장으로, 진보적 정치체제를 목표로 하지만 진보적 정당에 들어가고 싶어도 집권자들이 정적이 될 만한 사람들을 터무니없는 죄명을 씌워 처단하기 때문에 그러한 정당에 소속되기를 꺼리게 되고, 또 정당이라도 전진한의 노농당 같을 바에야 객관적 여건의 변동을 기다리는 것이 낫다고 생각하는 대기파들이었다. 둘째 부류는 자유당에 입당하자니 국민의 지탄이 두렵고, 야당에 가자니 행정부와의 마찰이 두려운 자들이었다.227) 송방용, 김수선, 김홍식(金洪植) 의원 등이 대기파에 해당될 것이다.

송방용 의원은 1956년 5·15정부통령선거에서도 조봉암을 지지하였지만, 끝내 무소속으로 남았다. 김수선 의원은 진보당추진준비위원회가 결성되기 전에 이미 자유당에 가입하였는데(1955. 11. 11), 그러면서도 계속 조봉암을 지지하였다.228) 송방용과 동향인 윤제술은 조봉암을 제외시킨 것이 부당하다고 생각하여 민주당에 입당하지 않았고, 또 조봉암이 유능하다고 생각하였으면서도 5·15정부통령선거 때 신익희 후보를 밀었다.229)

1956년 3월에 들어가면서 정부통령선거 문제가 부쩍 부각되었다. 3월 5

---

226) 백광하 편, 앞의 책 3(1956. 3. 9), 459쪽. 곧 金斗漢 의원이 진보당추진준비위원회에 가담하여 원내의원은 두 사람으로 늘었다.

227) 송방용, 「무소속의 1년」, 『국회연감 1956』, 정치신문사, 1956, 121쪽. 이밖에 박기출, 앞의 책, 146쪽 참조.

228) 미대사관측은 자유당에 가담한 김수선 의원의 주요 동기는 경제적인 것으로, 그는 계속 조봉암을 위해 일할 것이라고 전망하였다(『주한미국대사관 주간보고서』 5, 1955. 11. 19, 340쪽).

229) 윤제술선생문집간행위원회, 앞의 책, 109~112쪽.

일 자유당은 대통령후보에 이승만을, 부통령후보에 이기붕을 지명하였다. 자유당에서 3월 5일에 정부통령후보를 지명한 것은 5월 조기선거를 굳히기 위해서였다. 1956년 2월에 야당에서는 전쟁 또는 천재지변이 아닌데도 마땅히 치러야 할 지방의회 의원과 시·읍·면장 선거를 실시하지 않고 임기를 연장하는 것은 입법권의 한계를 이탈하는 것이라고 주장하였고, 지방의회 의원과 시·읍·면장의 임기 연장을 위한 자유당의 수정안은 지방선거를 먼저 실시함으로써 국민의 정치의식이 향상하여 정부통령선거에 악영향을 미칠까봐 지방자치선거를 정부통령선거 이후로 미룬 것으로 비판하였다.230)

최초로 치러진 1952년 8·5정부통령 직접선거에서는 선거운동을 10일로 제한하여 이대통령에게 크게 유리하였는데, 이승만 정부는 1956년 정부통령 선거일을 앞당겨 발당된 지 얼마 안되는 민주당이나 발당하지 못한 진보당측이 선거 전열을 갖추기 전에 선거를 실시하고자 하였다.231) 3월 하순 김형근(金亨根) 내무부장관은 '민의'라면 5월에 정부통령선거가 가능하다고 주장하였다.232) 3월 28일에는 민주당에서 대통령후보에 신익희, 부통령후보에 장면을 지명하였다.233) 이날 정부통령선거 일자가 5월 15일로 공고되었고, 후보등록 마감은 4월 7일로 정해졌다. 자유당과 민주당에서 각각 정부통령후보를 지명함에 따라 이제 진보당에서 누구를 정부통령후보로 지명할 것인가에 관심이 집중되었다.

진보당추진준비위원회에서는 정부통령선거가 앞당겨 실시될 상황에서

---

230) 『한국일보』 1956. 2. 12, 민주당 曹在千 선전부장談.

231) 「진보당의 역사적 의의」, 『통일일보』 제426호, 1969. 7. 26.

232) 『한국일보』 1956. 3. 25. 이와 함께 『한국일보』 1956. 3. 25, 사설 「5월 선거설은 부당하다―늦어도 유종의 미를 거두자」 참조.

233) 원래 장면은 대통령후보로 나올 생각이었는데, 신익희를 누를 수 없다고 생각되었는지 지명대회를 얼마 앞두고 부통령 출마 의향을 밝혀 조병옥을 난처하게 만들었다는 주장도 있다. 조병옥은 신익희와 장면이 대통령후보 지명전에 나가면, 자신은 부통령후보로 나가려고 하였다(김도연, 앞의 책, 276쪽). 3월 28일 정부통령후보 지명대회에서 신익희는 전체 978표 중 954표를 얻어 대통령후보로 지명되었고, 장면은 978표 중 754표(김준연 207표, 기타 조병옥 표 등)로 부통령후보에 지명되었다(『주한미국대사관 주간보고서』 6, 1956. 3. 30, 76쪽).

명실상부한 정당을 정식 출범시키기는 시기상 불가능하다고 판단하였다.
1956년 3월 31일 전국추진위원회 대표 113명과 추진위원 200명이 모여 진
보당전국추진위원대표자회의를 열어 당 정강을 비롯한 여러 안건을 채택
하였다. 그리고 정부통령선거대책위원회가 구성되어 이 위원회에서는 이
날 오후 대통령후보에 조봉암, 부통령후보에 서상일을 천거하였으나, 서상
일의 고사로 나중에 박기출이 부통령후보가 되었다.[234] 진보당전국추진위
원대표자회의에서는 다음과 같이 선언하였다(요지).

 허울 좋은 자유와 무위무책한 시정하에 수백만을 넘는 실업자군과 민주
조국 수호에 희생된 수십만의 상이군경이 거리를 방황하고, 농민·노동자
·봉급생활자, 그리고 수백만의 월남 피난민들이 생사의 기로에서 신음한
다. 우리는 진정한 혁신은 오로지 피해를 받고 있는 대중 자신의 자각과
단결 위에서만 실현될 수 있다는 것을 깊이 인식하고, 관료적 특권정치,
자본가적 특권경제를 쇄신하고 진정한 민주책임정치와 대중 본위의 균형
있는 경제체제를 확립할 것을 기약하고, 이에 농민, 노동자, 모든 문화인,
봉급생활자 및 중소기업자 등 국민대중의 토대 위에 선 신당을 발기한
다.[235]

 이날 신보당추신위원회 상임부서를 다음과 같이 정하였다.

---

234) 1956년 11월 10일 「진보당 창당대회 경과보고」에서 이명하(그는 3월 31일 전국
 추진위원대표자회의의 사회자였다)는 3월 30일 전국 15지구에서 121명의 대표자
 가 참석하여 전국추진위원대표자회의를 열었던바, 의안부의 긴급동의로 진보당전
 국추진위원회에서 정부통령후보를 추천할 것, 추진위원대표 전원으로 구성하는
 선거대책위원회를 설치할 것 등을 결정하였고, 3월 31일에 소집된 전국추진준비
 위원 회의의 결의에 따라 정부통령선거대책위원회가 구성되었다고 말하였다(「진
 보당 창당대회 경과보고」, 39쪽). 그러나 『조선일보』와 『한국일보』 1956년 4월 1
 일자에는 3월 31일 진보당전국추진위원대표자회의를 열었고, 이날 정부통령선거
 대책위원회를 구성하였다는 기사가 실렸을 뿐, 3월 30일의 회의에 대해서는 일체
 언급이 없다(『한국일보』 3월 31일자에는 이날 진보당전국추진위원대표자회의가
 열릴 것이라는 예고가 보도되었다).
235) 『조선일보』 1956. 4. 21.

총무부 : 최익환 서상일 조봉암 김성숙 박기출 외 5인
재정부 : 신용순 김동석
조직부 : 박노수 김기철 정구삼 김두한 최희규 안경득 외 10인
선전부 : 윤길중 고정훈 이성진 이봉래 외 6인
의안부 : 신도성 주기영 온삼엽 안도명 외 2인
심사부 : 안우석 최재방 외 6인
연락부 : 신창균 음두희 박지호 임갑수 외 7인
사무부 : 이명하 서진걸 임기봉
기획부 : 박용철 김병휘 조규택236)

진보당 정부통령선거대책위원회에서 정부통령후보를 결정하는 데는 약
간의 논란이 있었다. 신도성이 조봉암에게 "혁신정당에 정권이 돌아올 시
기는 아니다. 우리는 이 땅에 진보주의의 씨를 뿌리고 가꾸는 노력을 할
수 있을 뿐이다. 그러니 굳이 죽산이 대통령후보가 되어야 할 이유가 없지
않은가. 동암(東庵, 서상일의 호)이 맡겠다고 하니 죽산은 부통령후보를 맡
아달라"고 간청하였다. 고정훈 등도 신도성의 의견에 동조하였다. 이때 조
봉암도 혁신세력의 집권시기가 성숙되지 않았다는 것을 인정하고 신도성
의 제안을 수락하였다고 한다. 그러나 조봉암 계열의 중견간부들이 이 제
안에 반대하였다. 서상일을 내세워서는 표가 없다는 것이었다.237) 『주한미
대사관 주간보고서』에서 조봉암은 1952년 정부통령선거에서 이승만에 대
항한 유일한 의미있는 후보라고 평하였지만, 안준표, 조규희, 이명하, 전세
룡(全世龍), 김기철 등 이른바 '함경도 5인방'은 조봉암만이 대통령선거에
서 두드러진 능력을 발휘할 수 있다고 믿었고, 또 정치이념에서도 서상일
을 미덥게 생각하지 않아 대통령후보로 조봉암을 강력히 천거하였다.

그런데 조봉암 자신도 내심으로는 대통령후보에 나서고 싶었을 가능성
이 크다. 그 자신 정부통령선거에서 진보적이고 민중적인 정치이념을 펴고
싶었을 것이다. 그는 넘쳐흐르는 정치력을 지니고 있었으며, 야망도 있었

---

236) 『조선일보』 1956. 4. 1.
237) 『중앙일보』 1982. 11. 15, 「진보당사건」 (39).

다. 또 혁명가의 면모가 있었고, 역풍(逆風)의 정치인답게 승부사 기질도
있었다. 실제로 서상일이 대통령후보로 나왔을 경우 이승만 정권에게 도전
의 의미가 있었을까는 미지수였다. 그러나 조봉암의 대통령 출마는 적게는
서상일측과의 분열에 한몫 하였고, 크게는 그의 정치생명과 자연생명력을
단축시키는 데 기여한 면도 있었다. 과연 이러한 것이 한 개인의 의지에
의하여 얼마만큼 선택 가능한 일이었을까.

1955년 발기취지문과 강령초안을 발표할 때까지 진보적 신당창당 관여
자들은 경찰의 엄중한 감시를 받았지만,[238] 1956년 3월 31일 진보당전국추
진위원대표자회의를 개최할 때도 이승만 정부는 전국에서 모인 대표들에
게 갖가지 탄압과 협박, 공갈, 회유를 하였다. 또한 대회장에 폭력단이 난
입하여 테러를 자행하였다.[239] 이러한 상황에서 진보당전국추진위원대표
자회의가 열렸다는 것은 진보당의 앞날을 말해주는 예고였다. 진보당은 지
방당부를 조직할 때 혹독한 테러에 시달리게 되었고, 급기야 진보당사건에
의하여 진보당은 말살되고 조봉암은 형장의 이슬로 사라지게 된다.

그렇지만 1956년 3월 31일에 진보당전국추진위원대표자회의가 열릴 수
있게 되었다는 자체는 중시되지 않으면 안된다. 조봉암이 1951년 신당을
만들려고 할 때 '대남간첩단 사건'에 의하여 이영근 등이 체포되었고, 1953
년에는 김성주 사건이 발생하였으며, 1954년 민의원 의원선거에는 출마조
차 봉쇄당하였고, 그리고는 '동해안 군반란사건' 등에 시달려야 했던 것을
상기해볼 때, 1956년 3월 31일에 진보당전국추진위원대표자회의가 열릴 수
있었던 것은 특기할 일로 꼽을 수 있다.

1956년 3월 31일 진보당전국추진위원대표자회의가 열리고, 진보당(가칭)
정부통령후보가 지명될 수 있었던 배경에는 몇 가지 이유가 있었다. 첫째
는 전시라는 극단적인 상황을 벗어나있었기 때문에 탄압하는 데 한계가
있었고, 진보세력도 휴전된 후 처음으로 바뀐 상황에서 다시 정치활동을
하려 하고 있어 탄압하기가 쉽지 않았다. 진보세력이 여러 갈래였던 점도

---

238) 윤길중, 앞의 책, 153쪽.
239) 위의 책, 153~154쪽.

탄압하기가 쉽지 않은 요인을 제공하였을 것이다. 진보세력의 재대두를 무조건 두드려 막을 수만은 없었고, 진보세력의 활동을 보면서 대응하지 않을 수 없는 점이 있었다. 둘째는 정부통령선거이기 때문에 탄압하기가 어려웠다는 점을 들 수 있다. 선거라는 것이 있는 한 일정하게 정치활동의 공간이 있게 마련이었다. 셋째는 야당후보를 분열시키기 위해서였다. 인민들의 동정(動靜)을 집권세력도 어느 정도는 알고 있었고, 이 때문에 야당에서 단일후보가 나오는 것은 이승만 후보에게 위험하다는 판단을 하지 않을 수 없었다. 따라서 집권세력에게는 야당후보가 복수로 되는 것이 절실히 필요하였다. 조봉암이 1954년의 선거 때와 달리 대통령후보로 등록할 수 있었던 데는 이 점이 직접적으로 작용하였다.

제3절 1956년 5·15정부통령선거

1. 이승만의 사전선거운동 - 민의 발동

1956년 5·15정부통령선거는 한국 민주주의 역사에 한 획을 긋는 선거였다. 그것은 한국 역사상 최초의 활기에 찬 정부통령선거였다. 정부통령 직접선거는 1952년에도 있었지만 그때는 전시중이었고, 발췌개헌에 의해서 10일 만에 치러진 선거로 일종의 요식행위였다. 그러나 1956년의 정부통령선거는 한국인들이 대통령을 자기 손으로 뽑는다는 의식이 상당부분 개재해 있었다. 5·15정부통령선거는 전쟁이 끝나고 3년이 되어 치러진 선거여서 북진통일 구호는 여전히 외쳐지고 있었지만, 1954년의 민의원 의원 선거와도 달라서 전쟁의 분위기에서 벗어나 치러진 첫번째 선거라고 말할 수 있었다. 따라서 광역선거이기 때문에도 그렇지만 인민들의 의사가 일방적으로 권력에 의해 통제되기가 간단하지 않았다. 뿐만 아니라 1956년 선거는 이승만정부 자유당 통치의 실정이 사사오입개헌 이후 두드러지게 노출되어있었고, 한국전쟁으로 더욱 평준화된 일반국민의 상향 출세의식과도 결부된 강렬한 교육열과 연결된 피교육자 곧 한글세대의 대량산출, 한국전쟁 및 농촌피폐화가 촉진한 도시화에 의하여 이승만 정권에 대한 불신이 가속화된 상태에서 치러졌다. 1956년의 정부통령선거는 농촌지역에서도 상당부분 그러하였지만, 전쟁 후 비대해지기 시작한 도시민들의 불만과 비판의식이 팽배해진 속에서 치러졌다. 그것은 기대의식과 현실의 괴리에 대한 식자층을 중심으로 한 반발이기도 하였다.

5·15정부통령선거는 진보세력이 두드러지게 민중에게 어필하였고 득표하였다는 점에서 특히 중요하다. 1971년의 선거도 1956년의 그것처럼 변화를 요구하는 길목에서 치러졌지만, 김대중 후보와 조봉암 후보를 동일 차원에 두기는 어렵다. 그것은 1956년에 김대중이 어떠한 정치적 입장을 지녔는가를 통해서도 확인할 수 있다. 1956년 5·15정부통령선거는 20세기

말까지 치러진 여러 형태의 선거 중 진보세력이 두드러진 활동을 한 유일한 선거였고, 유권자들의 반응도 역대 어떤 선거와 달랐다. 한국전쟁으로 표출되기 어렵다고 본 진보적 성향이 예상을 넘어서서 이 선거에 나타난 것은, 그리고 그 이후에 별반 나타나지 않은 것은 중시되지 않을 수 없다. 이 점에서 이 선거는 한국선거사상 특별한 의미를 지닌다고 하겠다.

1956년 5·15정부통령선거는 민의대의 시위에서부터 시작되었다. 민의 시위는 1952년 8·5정부통령선거 때보다 길고 규모도 컸다.

1956년 3월 5일 자유당에서 대통령후보에 이승만, 부통령후보에 이기붕을 추대하였을 때, 이승만 대통령은 "금년 선거에는…… 출마 않기로 작정했다"는 유시를 발표하였다.240) 이대통령의 불출마선언에 자유당 간부들은 낙관적 태도를 보였고, 조병옥과 조봉암은 지지를 표명하였다. 전자는 민의 발동을 염두에 두고 있었고, 후자는 이승만의 선언을 기정사실화하려는 의도가 개재되어있었다.241) 발췌개헌 과정이나 사사오입개헌 과정을 보더라도 이승만은 절대로 대통령을 그만둘 사람이 아니었다. 1955년 11월 하순 UP 기자와의 단독 서면회견에서도 은퇴하기 전에 통일을 보려는 것이라고 답변하여 재출마를 강력히 시사한 바 있었다.242)

민의의 발동은 '민의의 발상지'인 부산에서 선봉을 들어 3월 6일 국민회, 대한노총, 부인회, 어민회 등에서 궐기대회를 갖고, 그 뜻을 전하기 위해

---

240) 이승만은 자유당의 정부통령후보자 지명 전국대의원대회에 메시지를 보내지 않아 의중에 부통령후보로 두고 있는 인물이 혹 딴 사람이 아닌가 하는 의혹을 샀다(백광하, 앞의 책 3(1956. 3. 5), 451쪽]. 이승만의 불출마 이유는 ① 민주국가에서는 한 사람이 두 번 대통령을 하면 물러앉는 것이고, ② 나이가 80이 넘었고, ③ 통일에 성공 못한 만큼 국가원수로서 책임이 있고, ④ 끝으로 대통령에 피선되려고 자유당을 만든 것이 아니니 자유당원들도 국민의 의도를 받들어 일해야 한다는 것이었다(같은 책(1956. 3. 6), 453쪽]. 네번째를 빼고는 모두 적절한 내용이었다.

241) 조병옥은 미국 초대대통령 워싱턴과 같은 국부의 지위를 더욱 공고히 하는 것이라고 찬사를 보냈고, 조봉암은 "이번 성명을 혹 제스처라고 보는 이도 있을 것이나, 나는 이번 담화는 진정을 토로하는 담화로 본다"고 논평하였다(위의 책(1956. 3. 6), 453쪽]. 한 신문이 사설로 「대통령에서 國老로」를 쓴 것도 이승만의 불출마선언을 기정사실화하려는 것이었다(『한국일보』 1956. 3. 6).

242) 『한국일보』 1955. 11. 28.

서울로 떠났다. 서울에서도 이날 노총에서 궐기대회를 열고 경무대로 향하였다. 이승만은 3월 10일 외국기자에게 국민이 강청하면 재고려할 것을 시사하고, "나는 그들이 원하는 것이라면 무엇이든지 할 생각으로서 자살을 원한다면 자살이라도 하겠다"고 첨가하였다.[243) 민의는 다음날부터 전국 각지에서 노총, 애련(愛聯), 참전전우회 등 여러 단체가 다투어 발동하였다. 3월 11일에는 재경(在京)비구승과 불도들이 시위하였다. 3월 12일에는 우마차부(牛馬車夫)들이 우마차 800대를 출동하여 우의마의(牛意馬意)까지 동원되었고, 13일에는 전차도 민의를 발동하여 교통이 혼잡해졌다.[244) 14일에는 마사회의 마상시위가 있었다. 선거권이 없는 남녀 중고등학생들도 수업시간에 교기를 앞세우고 비를 맞으며 시위를 하였다.[245) 3월 15일에는 한국 영화인·무대예술인협회 회원과 댄서들까지 동원되었다.

　민의동원은 통반장이나 경찰서 지서에서 간여하였다.[246) 3월 12일 이승만은 경무대에 운집한 군중들에게 글로 써서 보내주면 원하는 사람이 많다는 것을 알게 될 것 아니냐고 타일렀지만, 20일에는 공보실을 통하여 "재출마를 수락해달라는 민중운동은 벌써 보름이나 되도록 우설(雨雪)을 무릅쓰고 불철주야로 경무대 앞에 와서 호소하고 있어, 이를 보고 나로서는 견딜 수가 없으니, 지금부터는 이렇게 하지 말고 각각 글로 써서 보내주기 바라며, 이와 같은 성심을 보는 나로서도 여러가지 생각하는 것이 있으니 그렇게 알고서 내 마음을 편하게 해주기 바란다"고 다시금 언명하였

---

243) 백광하 편, 앞의 책 3(1956. 3. 11), 463쪽.

244) 12일의 우의마의 소동으로 서울거리는 분뇨로 인한 냄새가 코를 찔렀다. 경전 노조의 전차 운휴는 데모가 아니라 불법파업이 아니냐는 핀잔을 들었다.

245) 『한국일보』 1956. 3. 17, 사설 「남녀 중고등학생들의 비 맞는 시가행진」 참조.

246) 조재천은 민의동원과 관련하여, "민의대에 나오지 않았기 때문에 부득이 삯을 사서 대신 내보냈으니 그 삯을 내라고 반장이 해서 지불한 예가 적지 않게…… 민의대에 나오라 혹은 백지에다가 도장을 찍어라…… 그것은 경찰지서에서 시키는 것…… 민의발동 통고문에는 동회장과 경찰서장 연명……"이라고 발언하였다(『국회속기록』 제22회 9호, 1956. 3. 27). 3월 15일 부여군의 한 순경은 동장, 소방대장을 대동하고 마을을 다니며 밤새도록 날인연판장을 받아가지고 새벽 1시 반경 지서로 되돌아오던 중 때마침 홍수로 물이 불어 익사하였다[백광하 편, 앞의 책 3(1956. 3. 23), 481쪽].

다. 3월 21일 하오 내무부 당국이 국민들의 시위를 막도록 하라고 지시함
으로써, 5백만 명으로 집계되던 민의 시위는 자취를 감추고, 그대신 글로
써서 보내는 연판운동이 매일 세를 더하였다. 이승만이 불출마성명을 발표
한 지 19일 만이었다. 그리고 자신의 생일 3일 전인 3월 23일 "3백만 명 이
상의 민의들이 날인한 탄원서 혈서가 들어왔고, 수만 군중이 불철주야로
우설을 무릅쓰고 재출마를 간청하고 있으니 이는 국민 대부분을 대표하는
것으로, 내가 이에 불응하면 민중들이 다시 몰려올 것 같아서 민의에 양보
하여 재출마하기로 결정하였다"는 성명을 발표하였다. 그는 이 담화에서
또 대통령후보 한 사람의 선거비용으로 백만 환 이상 쓰지 못하도록 법률
을 제정토록 해야 하고, 발췌개헌 이래 자신의 '성의' 부족으로 실시되지
못한 참의원 구성에 대하여 민중들은 국회에 압력을 가해야 할 것이라고
피력하였다.[247]

　다음날인 3월 24일 김형근 내무부장관은 민의라면 5월에 정부통령 선거
실시가 가능하다고 언급하였다. 28일 정부는 정부통령 선거일자를 5월 15
일로 공고하였다. 이날 이대통령은 이기붕이 부통령후보로 적격자이니 만
족한다는 담화를 발표하였다. 이날은 또 국회에서 김형근 내무부장관에 대
하여 3월 5일 불출마선언에서 3월 23일 번의성명이 나올 때까지 민의운동
을 직접 간접으로 경찰이 조작선동한 것임이 확실하며, 이 때문에 각종 각
색의 인권 유린과 자유 침해가 있었으니 경찰의 총지휘관은 책임지고 물
러나야 한다는 불신임 결의안이 제출되었다.[248] 3월 29일 서울운동장에서
는 이승만의 81회 탄생 경축식이 정부 및 서울시의 주최로 열렸다. 이 자
리에는 남녀 고교생 수만 명이 참가하였고, 여고생들의 <우리 대통령>,
<대통령찬가> 노래와 매스게임 등이 있었다. 각 지방에서도 경축행사가
성대히 치러졌다.

---

247) 참의원을 구성하지 않는 것은 위헌으로 참의원선거법을 빨리 제정해야 한다고
　　야당에서는 주장하였고, 이 당시에도 그것을 야당에서 역설하여, 이승만의 담화에
　　대하여 한 신문에서는 이제 민의가 여당에게로 발동될 모양이라고 야유를 하였다
　　[백광하 편, 위의 책(1956. 3. 24), 483쪽].
248) 내무부장관 김형근 불신임결의안은 3월 30일 투표 159표 중 가 57표, 부 99표
　　로 부결되었다(『국회속기록』 제22회 10호, 1956. 3. 29. 및 11호 3. 30. 참조).

3월 19일 이승만 대통령은 "외국에서는 선거 때가 되면 돌아다니며 해달라고 운동을 하지만, 나는 안 나오겠으니 들어달라고 간청하니 우리의 민주주의가 높은 자리에 있다는 것을 알 수 있을 것"이라고 말하였지만,[249] 이승만이 속이 뻔히 들여다보이는 민의동원을 여론들의 조소와 야유를 받으며, 또 엄청난 낭비와 소모를 지불하면서[250] 18일간이나 벌인 것은 민의동원처럼 자신의 스타일에 맞는 선거운동은 없었기 때문이었다. 과장된 것이겠지만, 민의시위대 5백만 명에 탄원서, 혈서를 보낸 3백만 명은 이승만이 민의중지 담화에서 언명한 바대로 국민의 대부분을 가리키는 숫자였다. 따라서 국민은 대통령선거에서 사전 투표까지 포함하여 두 번 투표한 셈이었다. 민의발동에 대하여 조봉암은 다음과 같이 논평하였다.

민주주의하에서는 정권이 민중의 의사에 의하여 평화리에 교체될 수 있다는 것을 절대적인 명제로 한다. 정권의 교체가 평화리에 될 수 없는 국가는 이미 전제국가나 독재국가를 면할 수 없을 것이다. 이와 같이 정권의 교체가 평화리에 될 수 있게 보장하기 위하여 민중의 의사는 자유분위기가 확보된 선거를 통하여서만 정당하게 발현되어야 하는 것이다. …… 형식적인 의미에서 출마요청은 선거운동 자체라 할 수 없으나, 실질적 의미에서 동일함은 아무리 궤변을 좋아하는 자도 수긍하리라. 과연 그렇다면 중대한 정국전환기인 정부통령 선거기에 있어서 선거일자의 공고도 없는 이때에 거대한 권력비호하에 일방적으로 행하여지는 민의운동은 무엇을 의미하는 것인가! 민의의 발현이 비밀투표를 통해서 이루어져야 한다는 간단하고도 명료한 민주주의의 철칙을 배반하고, 권력의 배경을 가지고 통반장 리반장을 동원해서 출마를 요구하는 백지날인을 요구하는 사실은 우리나라에서만 볼 수 있는 기현상일 것이다.[251]

---

249) 백광하 편, 앞의 책 3(1956. 3. 20), 475쪽.

250) 한 신문은 사설에서 이대통령 재출마성명으로 막대한 노력, 시간, 경비, 사무지체 등 일련의 희생이 더이상 증가되지 않아 다행이라고 진술하고, 애당초 불출마성명을 할 것이 아니었다고 피력하였다(『한국일보』 1956. 3. 24, 사설 「이대통령 재출마의 결의를 듣고」).

나아가 이승만 대통령은 민의동원을 통해 사전선거운동을 끝내면서 앞에서 언급한 대로 다른 대통령후보들은 백만 환 이상 쓰면 안된다고 엄포를 놓았다. 그리고 조기선거를 발표하고 자신의 생일경축식을 성대히 벌인 다음에야 다른 후보들은 선거운동에 들어갈 수 있었다 한국의 한 토막 민주주의 애사(哀史)였다.

2. 야권 후보단일화 문제와 민주당의 태도

1) 민주당과 진보당의 후보단일화 논쟁

진보당(가칭, 이하 같음)은 4월 4일 선거대책위원회 명단을 발표하였다. 선거대책위원장에는 서상일과 김규현(金奎現), 대통령선거사무장 윤길중, 총무 이명하, 재무 신창균, 조직 안경득·박노수, 정보 고정훈, 선전 신도성·김기철, 기획 김두한이 선임되었다. 그러나 진보당은 선거운동에 들어가기도 전에 야권 후보단일화 문제에 직면하였다. 3월 31일 진보당전국추진위원대표자회의에서 대통령후보에 조봉암이 천거되던 날, 민주당 주최로 원내 헌정동지회 소속 및 무소속 의원과 민주당의원 등 약 40명이 모여 야당 연합전선 형성방안에 관하여 논의하였다. 실질적으로 최초라고도 볼 수 있는 정부통령선거를 맞아 자유당 후보에 맞서기 위해서는 야권에서 단일후보가 나서야 한다는 여론은 응당 있을 수밖에 없었다. 그러나 결당도 못한 채 임시응급으로 정부통령선거에 임한 진보당으로서는 야권 단일후보 모색이 타격이 될 수밖에 없었다.

앞에서 본 바와 같이, 민주당과 진보당은 창당과정 자체가 빙탄불상용(氷炭不相容)의 심각한 갈등관계에 있었음에도 불구하고, 적어도 대통령후보를 민주당에 양보하여야만 야권 후보단일화가 이루어질 수 있었던 것이다. 민주당에서 야권 후보단일화에 얼마나 성의가 있었는지도 분명하지 않지만,252) 민주당은 대통령후보건 부통령후보건 양보하려고 하지 않았다.

---

251) 조봉암, 「민의와 민주주의」, 『신세계』 1956. 4.

252) 김도연은 1956년 4월 초순(5, 6일경) 호동(헌동의 착오임—필자)에서 야당 연합

따라서 야권 후보단일화 문제는 진보당으로서는 정부통령선거를 활용하여 정치이념을 선전하고 대중 속에 파고들 수 있는 기회를 송두리째 잃을 수 있을 뿐만 아니라, 경우에 따라서 당추진위원회 자체가 와해될 수 있었고, 그렇지 않더라도 그 파장에 크게 흔들리지 않을 수 없었다.

야당 연합전선 문제에 대해 조봉암은 진보당에서 대통령후보로 추대받은 직후 "구체적으로 생각해본 일은 없으나, 충분히 고려할 점이 있다"고 말해 즉각 긍정적인 반응을 보였다. 그러나 정작 민주당에서는 그다지 적극적으로 나오지 않았다. 진보당에서는 4월 3일 진보당과 민주당이 각각 정부통령후보 지명을 백지화하고 연합 후보를 재지명해야 한다는 조건을 달았다. 이날 조봉암은 "진보당이 지향하는 정강에 어떠한 야당이라도 호응해온다면 정부통령후보 지명의 백지화는 물론, 자신의 입후보를 취소할 용의가 있다"고 말하였다. 이에 대해 민주당에서는 박두한 선거일을 앞에 두고 양당의 정부통령후보 백지화 운위는 시간적으로 불가능하다는 반응을 보였다. 4월 7일 정부통령후보 등록이 마감되었다. 대통령후보로는 이승만, 신익희, 조봉암이, 부통령후보로는 이기붕, 장면, 윤치영, 이윤영, 박기출, 백성욱, 이범석, 이종태(李鍾泰)가 등록하였다.

야당 연합전선운동은 4월 6, 7일경부터 구체적으로 움직였다. 헌정동지회의 송방용 의원 일행이 두 당을 방문한 것이었다. 7일 민주당에서는 이상철(李相喆) 등 5인을 선임하여 송방용, 김홍식, 권중돈 등 헌정동지회의 절충위원들과 교섭을 갖도록 하였다. 4월 9일 진보당선거대책위원회에서는 민주당측에 ① 진실로 모든 국민 앞에 책임지는 정치체제를 실현하고, ② 모든 국민이 다같이 생존권을 확보받고 균등하게 번영할 수 있는 수탈 없는 경제체제를 실현하고, ③ 어디까지나 피 흘리지 않고 민주주의 승리에 의한 평화적 방법으로 남북통일을 이룩할 것 등 3개 원칙을 제시하였다.253) 헌정동지회의 야당 연합 절충위원인 송방용, 윤제술, 황남팔(黃南八)

을 제기하여 물의를 일으켰는데, 진보당 내에서 즉각 반응하여 의외의 파문이 일었다고 회고하며, 우리 민주당은 협상제기에 응하지 않는다면 마치 국민들에게 야당 연합을 기피하는 것 같은 인상을 주게 되므로 협상조건을 내걸고 우선 협상에 응해보기로 하였다고 진술하였다(김도연, 앞의 책, 281~282쪽).

의원은 민주당측에 진보당의 조건을 '원칙적으로' 수락할 것을 종용하였다. 4월 10일 민주당측에서는 진보당측에 대해 구체적인 해명을 요구하고, 민주당의 의견으로서 ① 국민에게 책임지는 정치체제는 내각책임제일 것, ② 수탈 없는 경제체제란 자유경제에 의한 공정한 분배를 의미하며, ③ 평화적 남북통일은 유엔감시하의 민주주의방식에 의한 남북 총선거를 말하는 것이어야 한다는 점을 제시할 것으로 알려졌다. 이 중 제3항은 진보당의 주장에 크게 접근한 것이었다.254)

그런데 4월 12일 민주당이 진보당에 통고한 것은 위의 것과 많이 달랐다. 그것은 ① 책임정치란 내각책임제하의 정치이며, ② 수탈 없는 경제체제란 헌법이 보장하는 한도 내에서 필요에 따라 종합적인 계획정책을 실시할 수 있는 경제정책이고, ③ 평화적 통일이란 유엔감시하의 북한만의 선거를 통한 남북통일이어야 한다는 것이었다. 특히 제3항은 북진통일론과 다름없는 주장이었다. 이에 대해 윤길중은 "우리가 제시한 원칙과 거리가 먼 것이며, 지극히 애매한 것"이라고 평하였다. 조봉암은 민주당측의 해명을 성의가 없는 것으로 보고, "민주당이 일시적인 야합수단으로 우리의 정부통령후보를 무조건 사퇴하도록 요구하는 이상 야당 연합은 이루어질 수 없다"고 표명하고, 그 전날인 11일에 민주당이 일방적으로 정견발표회를 가졌다고 비난하였다. 4월 13일 이상철 민주당선거대책위원회 의장은 3개 원칙에 대해 12일에 알려진 것보다 약간은 진전된 제안을 하였으나,255) 일단 야당 연합공작은 주춤하였다. 진보당은 4월 14일 서울 수송국민학교에서 정견발표회를 가졌다.

야권 후보단일화 문제는 일단 좌절되었으나, 깨진 것은 아니었다. 난관

---

253) 진보당의 3개 원칙은 좀더 다듬어져 『조선일보』 1956. 4. 14. 광고란에 실렸다.
254) 민주당의 이러한 반응소식에 대해 진보당 대변인 윤길중은 "국민에게 책임지는 정치체제란 야당 연합만을 뜻하는 것은 아니며, 수탈 없는 경제체제란 것은 계획과 통제에 의한 경제체제이어야 할 것"이라고 태도를 표명하였다.
255) 이상철은 ①항에 경찰중립화의 제도화를 포함시켰고, ②항에 대해서는 '상대적인 균등경제의 원칙'을 첨부하였으며, ③항에 대해서는 "유엔감시하의 총선거에 의함을 원칙으로 하되 한국인의 자주권과 자위권을 포기하지 않는다"는 것으로 합의를 보면 야당 연합은 성립될 수 있을 것이라고 설명하였다. ③항의 경우 한국인은 대한민국 국민으로 해석될 수 있을 것이다.

타개를 위해 이제는 신익희, 조봉암 등의 '정상회담'이 논의되었다. 이 문제는 헌정동우회를 중심으로 4월 20일 전부터 논의가 되었는데, 4월 21일에는 장건상, 정화암, 조경한(趙擎韓), 장홍염(張洪琰) 등 15명이 "야당측은 무조건 연합전선을 펴야 한다"는 성명을 발표하였고, 4월 23일에는 헌정동지회에서, 그리고 4월 24일에는 김창숙(金昌淑), 이명룡(李明龍) 등 원로 18명이 야당의 행동통일을 호소하였다. 이때는 언론에서도 진보당 쪽에서 후보를 사퇴할 것을 종용하였다.[256] 4월 25일 신익희와 조봉암은 비밀리에 회동을 가졌다. 이 회담에서 조봉암은 대통령후보 양보의 뜻을 표명하고, ① 재작년 야당 연합적 신당의 대동단결을 저해한 과오에 대하여 사과할 수 있는가,[257] ② 신씨가 단일 대통령후보로 된 후 여하한 압력이나 비상사태가 있더라도 끝까지 투쟁할 용의가 있는가, ③ 만약 신씨가 당선되는 경우에 조병옥, 김준연 등을 중용하지 않는 것이 좋을 줄 아는데 견해가 여하한가 등의 3개 항을 묻고, 진보당측이 대통령후보를 양보하는 만큼 부통령후보는 민주당측이 양보할 것을 요구하였다.

이러한 요구에 대해 진보당측은 신익희가 3개 항을 시인하고 그대로 실행하겠다고 대답하였고, 부통령후보 양보문제에 대해서는 신익희가 "나 개인으로는 찬성할 수 있으나 당과 협의하여야 할 것"이라고 말한 것으로 발표하였다. 그러나 신익희는 ①항에 대해 역사적 과오라고 시인한 일도 없고, 다만 그렇게 된 데 대하여 유감의 뜻을 표할 수는 있다고 말하였고, ②

---

256) 『조선일보』 1956. 4. 23.(석), 사설 「야·여를 막론하고 단일전선을 택하라」 ; 『한국일보』 1956. 4. 24, 사설 「야당 연합전선 문제의 초점」. 『한국일보』는 이 사설에서 민주당측으로 단일후보가 되는 대신, 민주당은 정권을 잡게 된다면 정적 일반에 가혹하고 특히 진보당 같은 것은 그 존재조차 금압하려는 점을 일소시켜 진보당을 안심시켜야 한다고 주장하였다. 부분적으로 민주당의 속성을 시사해주는 대목이다.

257) 이 부분에 대해 박기출은 "민주대동운동이 전개되었을 때, 민주당 지도층 인물들이 혁신계를 배격하였다. 이 시간에는 파당과 이념을 초월한 파쇼정권 타도, 민주헌법제권리회복국민운동을 전개해야 할 때이다. 민주대동운동을 방해하고 민주세력을 분열케 한 민주당은 당시의 과오에 대하여 적당한 의사표시가 있어야 하겠다"라고 말한 것으로 기술하였다(박기출, 「야당 연합운동을 상기한다」, 1959, 『내일을 찾는 마음』, 新書閣, 1968, 83~84쪽).

항에 대해서는 더 말할 나위도 없는 일이라고 말하였으며, ③항에 대해서는 고려하겠다고 말하였을 따름이고, 부통령후보 양보문제에 대하여 진보당의 발표는 전혀 낭설이며, 그 뜻을 당 동지들에게 전달하겠다고만 말하였을 뿐이라고 밝혔다.

부통령 사퇴문제는 민주당이나 진보당 어느 쪽에도 간단한 일이 아니었다. 진보당은 국민의 여망에 부응하기 위하여 대통령후보는 사퇴할 수 있지만, 당의 이념과 정책을 국민 앞에서 심판받고 명실상부한 공동전선을 갖기 위해서는 부통령후보는 자당측에 주어져야 한다고 주장하였다. 그렇지만 장면을 지지하는 민주당 신파측은 애초부터 물러날 의향이 없었을 뿐만 아니라, 이기붕과 겨누는 부통령 쪽이 승산이 있다고 보고 있었다.258) 민주당측은 고위간부들의 회의 끝에 조봉암이 제의한 3개 조건을 수락할 수 없다는 결론에 도달하였다고 보도되었다. 4월 27일 신익희, 장면, 조봉암, 박기출 4자회담에 장면은 불참하였다. 부통령후보를 철회할 의사가 없었기 때문이었다. 그러나 이날 신익희와 조봉암 사이에는 무언의 묵계가 있었다고 조봉암측은 주장하였다.259)

야권 후보단일화는 5월 초에 다시 추진되었다. 5월 1일 장건상, 정화암 등 15인과 김창숙, 이명룡 등 18인은 연합전선 형성문제에 의견 일치를 보고, 3일 서상일과도 협의하였다.260) 이들은 5월 4일 유세중인 진보당 정부통령후보에게 대표를 파견하기를 중지하였는데, 그것은 '더 좋은 방안'이

---

258) 『중앙일보』 1982. 11. 12. 「진보당사건」 (39).

259) 박기출은 이 자리에서 조봉암이 "① 해공이 출마하시오. ② 거국내각은 공연한 짓이니 민주당내각 조직하시오. ③ 부통령은 민주당에서 사양하시오"라고 말하자 신익희는 잠시 동안 대답이 없다가 "장면 씨가 사양할 형편에 있지 않소…… 이야기는 이것으로서 끝을 맺도록 합시다"라고 말해 조봉암이 이것에 동의하고 "5월 15일까지는 시간도 있고 하니 정세의 변화에 따라서 또 이야기하기로 합시다"라고 말하고 무언중에 묵계를 교환했다고 주장하였다(박기출, 앞의 글, 85쪽). 서상일, 신익희가 참석하고 이영근, 宋基榮(조봉암 쪽)과 신익희측으로 사위 金在洪, 아들 申河均, 연락 朴進穆, 李鍾律이 함께 있었던 자리에서의 회담 내용에 대해서는 이영근, 앞의 글, 638~639쪽 참조.

260) 이때 서상일은 하루 속히 연합이 이루어지길 희망한다고 말하였다(『조선일보』 1956. 5. 4.(석)].

있기 때문인 것으로 5월 5일자 신문들은 보도하였다. '더 좋은 방안'은 서상일의 상경과 관련 있는 것으로 시사되었다. 그런데 5일 새벽 돌연히 신익회 후보가 서거하였다. 이 사실을 알린 신문은 아울러 4월 29일 대구에서 조봉암, 서상일, 박기출이 만나 진보당이 정부통령을 민주당에 양보할 것을 합의보았고, 늦어도 그것을 8일까지 공표할 것에 의견 일치를 보아, 신익회 사거와 관계없이 6일중으로 지방 유세중인 조봉암, 박기출 두 후보를 귀경토록 연락을 취하였던 것이라고 보도하였다.[261] 윤길중 대변인은 신익회와 조봉암 사이에 깊은 묵계가 성립되어있었던 것은 사실이라고 말하였다.[262]

조봉암은 일찍 대통령후보를 사퇴하고 싶었더라도 사퇴하기가 어려웠다. 후보사퇴는 물론이고 묵계나 합의가 이루어졌어도 그것이 알려지면 진보당후보들은 더이상 선거운동을 하기가 불가능하였다. 정부통령선거는 조봉암과 박기출 등이 자신의 정치이념을 국민대중에게 밝히고, 자유당·민주당을 비판하는 데 더없이 소중한 기회를 마련해주는 것이었고, 그것은 선거 후 진보당 창당으로 이어지게 되어있었다. 조봉암과 진보당추진위원회는 자신들을 자유당과 차별짓는 것 못지않게 민주당과 명백히 구별짓고 있었다. 조봉암은 야당 연합과 관련하여 "우리가 무조건하고 민주당에 굴종할 수 있는가. 민중이 어느 편이 옳다고 보는가가 문제다. 자유당과 동일성격인 민주당이 집권해도 안된다고 민중은 생각하고 있다"고 말한 바 있

---

261) 이 때문에 5월 4일 아침 서상일은 죽산에게 편지를 전하라고 진보당 조직부 차장 안경득에게 지시하였다(이영석, 앞의 책, 215~216쪽).

262) 『조선일보』 1956. 5. 6.(석). 윤길중은 투표 10일을 앞두고 서상일과 자신이 밀담을 갖고 5월 6일에 죽산의 대통령후보 사퇴서를 내기로 하였고, 사퇴서는 선거 사무장인 자신이 제출하게 되어있어 사퇴서 제출준비와 사퇴성명을 작성해놓고 있었다고 기술하였다(윤길중, 앞의 책, 157쪽). 조봉암은 "우리는 우리 당의 주장을 대중 앞에 밝히었고, 우리 당 후보의 승리와 우리 당의 발전을 위해서 최선을 다했습니다. …… 표의 다과를 막론하고 우리 당 후보의 입후보를 취소하고 야당 연합적인 투표를 하게 해서 다수 국민의 소원에 응하는 것이 정치적인 의의가 있다고 보기 때문에 해공 선생과는 그러한 조치에 대한 합의를 보아두었던 것"이라고 후에 언급하였다[『내가 걸어온 길 내가 걸어갈 길』(조봉암 편), 177쪽]. 조봉암의 「나의 정치백서」(정태영, 앞의 책, 375쪽)에도 똑같은 회고가 들어있다.

다.263)

조봉암이 대통령후보를 사퇴할 수 없었던 또 다른 이유는 신익희 후보를 위해서도 그것이 절실히 요청되었기 때문이었다. 신익희나 조봉암이 중반전까지 선거운동을 할 수 있었던 것은 이승만 후보측이 두 후보가 대립하여 야권표를 분산시킨다고 판단하였기 때문이었다. 실제로 진보당에서는 자유당 못지않게 민주당을 신랄하게 비판하였다. 하여튼 조봉암이 후보를 사퇴하면 신익희도 선거운동하기가 어려워지게 되어있었다. 뿐만 아니라 신익희가 1952년 정부통령선거 때 시사한 바와 같이 그 자신이나 조봉암이 생명의 위협을 받을 수도 있다는 것을 그들은 잘 알고 있었다.264) 따라서 조봉암의 후보사퇴는 종반에 가서야 가능하게 되어있었다.

2) 신익희 후보 사거 후 민주당의 태도

신익희가 사거함으로써 야권의 대통령후보는 자연히 단일화된 것처럼 보였다. 서울·경기권, 경상남북도, 전라남북도에서 반이승만의 기운이 높았고, 신익희와 조봉암의 인기가 대단하였기 때문에, 신익희 애도열까지 가세하여 진보당의 대통령후보, 민주당의 부통령후보로 야권 후보를 단일화하여 밀고나갔더라면 5·15정부통령선거는 양상을 크게 달리하였을 것이다. 그러나 민주당에서는 여론의 시선에 아랑곳하지 않고265) 타당 후보를 지지하지 않는다고 결의하였을 뿐만 아니라, 민주당의 신익희 후보에 추모표를 던지라는 전대미문의 '선거작전'으로 나와 야당 연합은 부통령의 경우로 한정되고 말았다.

신익희 후보의 사거 다음날 민주당은 "다시 대통령후보를 지명하여 싸우고 싶으나 법적 불비로 그 길이 두절되었고, 본당 이외의 대통령후보자는 그 정치적 행상이나 노선으로 보아 그 어느 편도 지지할 수 없으므로,

---

263) 『조선일보』 1956. 4. 21.

264) 윤길중, 앞의 책, 155~156쪽.

265) 한 신문은 사설에서 야당 연합운동에 나섰던 민주당이 신익희 사거 후 그것을 일소에 붙이는 것은 일관된 태도도 아닐 뿐더러, 입후보자를 단일화할 것을 요망하는 국민의 소리를 저버리는 짓이라고 지적하였다(『한국일보』 1956. 5. 10, 사설 「입후보자는 혼전상태로 투표일에 임할 것인가」).

부득이 정권교체로서 우리 당의 정강정책을 구현하려던 초지의 관철은 후일로 미룬다"고 성명하였다. 민주당 최고위원들은 "야당 연합은 이것으로 끝난 것"이라고 말하였으며, 장면은 "나 개인으로서는 당 결의에 순종할 뿐 개인적 자유를 갖지 못했다"고만 진술하였다. 이러한 민주당의 태도는 범야신당 결성과정에서 이미 충분히 보여준 바가 있었다. 변진갑, 송방용, 김홍식, 황남팔 등 헌정동지회 의원들은 다시 야당 연합론을 폈지만, 민주당에서 만나주지 않았다. 진보당에서는 5월 9일 박기출의 부통령후보를 사퇴한다고 발표하였다. 언론에서는 박기출의 사퇴로 야당에서 단일입후보가 된 것처럼 보이기 위한 것으로 분석하였다. 박기출의 부통령후보 사퇴에 민주당에서는 냉담한 반응을 보였지만, 결과적으로 그것은 결정적으로 중요한 역할을 하였고, 5·15정부통령선거 이후 정국에 큰 변화를 가져오는 계기가 되었다.

  민주당에서는 대통령선거전에서 어느 쪽도 지지하지 않겠다는 데서 한 걸음 더 나아가 신익희 지지표가 조봉암쪽에 가지 못하도록 적극적으로 나왔다. 5월 9일 김준연은 "대통령후보자인 조봉암 씨를 지지할 수는 도저히 없으므로 이승만 박사를 지지해야 한다는 결론이 나온다"라고 천명하였다. 이러한 김준연의 성명은 민주당 임시대표최고위원인 곽상훈으로부터 당의 결의에 어긋나는 짓이라는 지적을 받았으나, 김준연과 같은 극단적인 생각을 가진 사람들은 조병옥을 포함하여266) 민주당 내에 상당히 많았을 것이다.267) 그것은 민주당의 추모표 결의에서도 드러났다. 5월 10일

---

266) 조병옥은 1956년 9월 28일 민주당 전당대회에서 대표최고위원으로 다음과 같은 식사를 낭독하였다. "신익희 선생의 급서로…… 이념이 확고하지 못한 사회주의적 경향을 가진 조봉암 씨에게 표를 던지지 않고 그래도 반공의 영도자라고 해서 이박사에게 표를 던져 제3대 대통령으로 당선케 하였던 것"(조병옥, 「민주주의 수호를 위하여」, 161~162쪽). 조병옥이나 김준연의 태도는 예견할 수 없었던 것이 아니었다. 민주당에서 분가하여 통일당을 만든 김준연은 1957년 10월 민주당이 유엔감시하의 남북자유총선거안을 채택한 것에 대하여, 그러한 통일론은 대한민국에 대한 역적이라고 민주당을 비난하였다(『국회속기록』 제30회 25호, 1958. 12. 8).

267) 민주당 구파의 입장을 반영하던 『동아일보』는 "민주당 대통령후보 신익희 씨와 자유당 후보 이승만 박사와의 논전에는 국내문제가 주제이었던 것이다. 그러

민주당 중앙선거대책위원회에서는 성명을 발표하여, "고인을 추모하는 심정에서 고 신익희 씨에게 투표할 작정인데, 어떠냐고 물어오는 사람이 허다한바, 그것은 각자의 자유라고 대답하지 않을 수 없다. 그러한 투표는 법적으로 무효취급이 될 것이나 불법은 아닌 것이며, 정치적으로 일종의 의사표시가 될 수 있는 것"이라고 천명하였다. 그러나 추모표에 민주당이 방임하고 있었던 것은 아니었다. 민주당은 자신의 조직을 통한 지령과 실제 선전을 통해 추모표를 던질 것을 운동하였다.268) 추모표를 통해 유권자의 민주당에 대한 지지율이 높다는 것을 보여주기 위해서였겠지만, 그것은 민주당 지지표가 조봉암한테 가는 것을 막기 위한 적극적인 방안이었다. 인간 신익희는 죽었지만, 대통령후보 신익희는 엄연히 살아있었다. 자유당 또한 민주당의 추모표 권유를 사실상 묵인하였다. 민주당 후보에 대한 전대미문의 추모표 행사가 불리하였더라면 자유당에서 가만히 있지 않았을 것이다.

한편, 같은 날인 5월 10일 장면 후보는 "대통령후보 없이 부통령후보만이 선거전에 임하는 것이 명분상 불합리한 일이라고 일부에서는 말하나, 우리나라의 헌법상 부통령의 직위는 대통령을 보필하는 것만이 그 임무의 전부가 아닌 만큼 부통령후보만이 선거전에 임하는 것도 아무런 모순이 없는 것으로 생각한다"고 피력하였다.269)

나 신익희 씨가 서거하고, 이박사와 조봉암 씨의 대결전에 있어서는 국제노선이 주제가 되어있는 것이다. 그러한데 조봉암 씨는 군비축소를 주장하고 평화통일을 주장하여 좌익노선을 指向하게 되어있으니, 국민은 이 점을 고려하여서 대통령을 결정하는 데 신중히 대처하여야 된다"고 주장하였다(朴柯, 「5·15 대구개표사건과 경무대」, 『인물계』 1959. 9, 50쪽). 『동아일보』 역시 조봉암을 색깔로 몰고 있었다.

268) 李元式, 「5·15선거 여화」, 『한국일보』 1956. 5. 30.

269) 김준연의 이승만 지지 성명은 민주당 내에서 민국당계(구파)와 장면계(신파)의 내부혼란을 노정하였다. 이때 장면과 대립하고 있던 민국당계는 5·15선거를 전적으로 포기함이 정치도의상 타당하다고 주장한 데 반하여 장면계는 계속 싸울 것을 주장하였다고 한다(마한, 앞의 책, 248쪽). 『한국일보』는 1956년 4월 24일 사설에서 야당 단일후보를 매듭지을 것을 촉구하면서 민주당은 진보당 같은 것을 그 존재조차 금압하려는 점을 일소시켜야 한다고 지적하였지만, 민주당은 같은 당내 보수세력에 대해서도 배타성과 猜疑性이 강하였다.

3. 정책대결 - 선거공약

1) 이승만 후보의 신익희·조봉암 후보 공격

1956년 5·15선거는 1971년의 선거와 비슷하게 국민의 관심을 많이 끌었고, 1971년의 그것처럼 정책대결의 성격이 뚜렷하였다. 선거기간이 비교적 길었기 때문에 1950년 5·30선거 때처럼 신문에서는 선거운동 취재기사를 많이 내보냈고, 각 후보자의 정책이나 선거에 임하는 자세를 다루는 기사들에도 지면을 상당히 많이 할애하였다. 선거에 관한 기획기사도 다루었다. 신문이 이 시기에 와서는 1일 4면 발행은 일반적이었고 조석간으로 하루에 6면 또는 그 이상을 발행하여, 그 점에서도 1950년대 초, 예컨대 1952년 8·5정부통령선거 때와는 현격하게 달랐다. 교육의 확대, 도시화의 진전으로 신문 구독자도 이 시기에는 꽤 늘었을 것이다. 이 시기에는 경제도 어느 정도 가다듬어져 새롭게 발전해갈 수 있는 단계에 들어가고 있었거니와, 사회 전체에 많은 변화가 일어나고 있었다. 주로 도시민들이 많았지만, 신문을 구독할 수 있는 사람들은 도시에서건 농촌에서건, 정부통령선거에 관심이 높았다.

정책대결은 주로 진보당에서 제기하였고, 자유당과 민주당은 수동적인 면을 벗어나지 못하였다. 따라서 정책은 아무래도 진보당 위주로 살펴보지 않을 수 없다. 그런데 5·15선거에서는 정책대결도 부각되었지만, 반이승만 정서가 선거를 통해 모습을 드러내고 그것이 확대되면서 감정적인 구호가 큰 몫을 하였다. 민주당의 '못살겠다 갈아보자'는 반이승만 정서에 불을 질렀고,[270] 진보당의 평화통일 외침은 전쟁의 상흔을 딛고 일어나려는 민중들에게 호소력이 있었고, '피해대중을 위한 정치'도 설득력이 있었다.

자유당은 정부통령선거에서 ① 반공통일, ② 민주창달, ③ 자립경제 등 3개 목표를 세워놓고 이를 「정책 3강」이라 불렀으나,[271] 둘째나 셋째는 별

---

270) 자유당은 이것에 대응하여 '갈아봤자 별수없다'는 구호를 내걸었고, 신익희와 장면의 이름풀이나 발음과 관련하여 그들을 모욕하고 비난하는 수법으로 나왔다.
271) 백광하 편, 앞의 책 4(1956. 4. 18), 白文社, 1958, 47쪽.

다른 관심을 끌지 못하였다. 첫째 경우도 선거운동으로 북진통일을 강력히 내세우는 것은 부적합하다고 판단하였는지 반공통일을 내세웠고, 그것도 유권자들의 호응이 적었는지는 몰라도 그다지 적극적이고 능동적인 형태로 부각시키지 못하였다. 그 대신 이승만의 위대함, 건국정신과 건국공로, 치적 등이 주로 선전되었다.

이승만 후보의 경우 단 한번도 공식적인 정견발표를 갖지 않았다.[272] 선거민은 물론 선거 자체를 우롱하는 행태임이 분명하였다. 그리고 부산정치파동 때부터 기회만 있으면 언급하던, 어떤 분자들이 공산당과 내응하여 이북괴뢰와 합동해서 통일을 이루겠다는 계획이 탄로났는데, 정범이 외국으로 달아나서 아직도 종말을 못내고 있다는 허무맹랑한 '국제공산당사건' 조작극을 또다시 들추어내면서, '일본과 친교하겠다는 자'(신익희 또는 민주당 후보를 지칭—필자)와 '공산당과 합작해서 통일하겠다는 자'(조봉암 또는 진보당 후보를 지칭—필자)를 매국매족자로 연거푸 비난한 것이[273] 돋보이는 가장 큰 선거이슈라면 선거이슈였고, 정책이라면 정책이었다. 특히 선거운동이 고조되던 5월 초 신익희가 5월 3일 서울 한강백사장 유세에서 수십만 청중을 모아 기염을 토할 무렵에는 강렬한 톤으로 신익희, 조봉암 후보를 비난하였다. 5월 3일 이승만은 지방 유세를 하지 않겠으며, 선거연설을 목적하고 있지도 않다고 주장하면서, 논산훈련소와 논산, 대전, 조치원, 천안, 평택, 수원, 안양역 등 7개 역 플랫폼에 미리 준비된 연단에서 역 구내가 비좁도록 모인 군중을 앞에 두고 "일본과 화동하여 국가의 독립과 자유를 발전케 하겠다든가 또는 공산당과 싸우지 않고 평화적으로 통일을 하겠다든가 하는 것은 다시 국권을 일본에게 빼앗겨도 좋다는 것이고, 또 소련을 조국이라고 하는 류의 언동이다"라고 역설하고, "여러 국민들은 나와 같이 끝까지 싸워서 다시 일본에게 국권을 빼앗기지 않고 또 공산당에

---

272) 『조선일보』 1956. 12. 27.

273) 백광하 편, 앞의 책 4(1956. 4. 13), 39쪽 ; 『한국일보』 1956. 4. 13, 4. 29. 이와 함께 공보실 편, 앞의 담화집 2, 1955. 2. 24, 86쪽 참조. 1956년 4월 3일 閔復基 검찰총장이 기자회견에서 김준연이 1955년 가을에 조봉암을 걸어 고발한 동해안 군 반란음모 방조사건에 대해서 곧 결말짓겠다고 말한 것도(이영석, 앞의 책, 200쪽) 조봉암 후보에게 위협이라면 위협이 될 수 있었다.

게 침략되지 않고 끝까지 싸워서 통일할 것을 맹세하겠느냐"고 묻고는, "그렇다면 여러분 손을 들라"고 외쳤다.274) 한강유세장 연설에 대한 4월 4일자 조간신문의 보도에 이어 이날 석간신문에는 신익희 후보와 조봉암 후보를 나라를 팔아먹을 반역분자로 몰아세운 다음과 같은 이승만 후보의 담화가 실려있었다.

제일 조심할 것은 우리나라에 불행히 공산분자들이 있어서 이북을 점령해가지고, 남북을 다 함께 합쳐다가 소련이나 중공에게 바치고자 백방으로 음모를 행하고 있는 중이며, 또 한편으로는 지나간 40년 동안에 왜정의 도움을 받아가지고 정부에 벼슬하던 자들과 권리를 잡았던 자들이 얼마는 일본에 가 있어서 일본의 사냥개 노릇을 하고 있고, 또 얼마는 국내에 남아있어 민국대통령선거라는 명의 밑에서 자유행사한다는 구실로 비밀리에 일본뿐만 아니라 이북과도 연락해서 나중에는 어떻게 되든지 정권만 한번 잡아서 부자도 되어보고 권리도 잡겠다는 생각으로 음모를 하는 사람들이 있으니, 이러한 사람들에게 투표를 해주어 이들이 정권을 잡게 되면 이것은 반역분자들이 나라를 팔아먹는 것뿐이 아니라 민중이 나라를 팔아먹는 것이니……

비슷한 시기에 민주당이 자유당에 못지않은 반공정당인데도 이승만이 공산당시한다고 조병옥이 불평할 정도였으니,275) 이승만의 조봉암에 대한 비난은 이례적인 것이 아니었다. 그런데 이러한 '빨갱이몰이'는 지방 여러 지역에서 있었던 것으로 보인다. 현석호 의원은 5·15선거 직후 "제일 무서운 것이 이 동리에서 만약에 야당계 표가 나온다면 이 동네는 몰살을 해버린다. 만약에 우리가 북진할 때 있어서는 이 동네의 너희들부터 전부 다 죽이고 가버린다"라고 주민들을 위협하였다고 말하였다.276) 제4장에서 살펴보겠지만, 1950년 전쟁이 발발하면서 평택 이남에서 수만 명의 보도연맹원이 집단학살당하고, 고창, 함평, 남원, 산청, 거창 등지에서 많은 양민들

---

274) 『조선일보』 1956. 5. 4.(조).

275) 조병옥, 「민주주의 수호를 위하여」, 160~161쪽.

276) 『국회속기록』 제22회 20호, 1956. 5. 29.

이 집단학살당하였던 것이 불과 몇 년 전이라는 것을 상기해볼 때, 위와 같은 협박이 주민들에게 어떤 두려움을 주었을까는 짐작할 수 있다.

이승만 후보는 5·15정부통령선거에서 반공뿐만 아니라 민중의 반일정서를 활용하고자 하였다. 그러나 1954년 이후 "왜정의 도움을 받아가지고 정부에 벼슬하던 자들과 권리를 잡았던 자들"인 친일파가 대거 장·차관과 자유당 간부직에 등용된 점과 신익희 후보는 독립운동을 해온 사람이라는 점을 상기할 때, 이승만의 상징조작은 그의 치졸한 우민관을 단적으로 보여주었을 뿐이다.[277]

5월 5일 신익희 후보가 사거하자 이승만 후보측은 조봉암 후보를 집중적으로 공격하였다. 자유당에서는 "금반 정부통령선거는…… 강력한 반공 민주주의 노선을 택할 것인가?이고, 다른 하나는 공산주의에 굴복하는 유화협상 노선을 택할 것인가?이다"라고 선택을 요구하면서, 괴뢰도당이 4월 28일 평화적 통일방안을 채택하였으며, 그 주구들인 조소앙, 안재홍, 윤기섭(尹琦燮), 김약수(金若水), 송호성(宋虎聲) 등이 연일 대남방송을 한다는 것을 상기시키고, "이와 같이 이북공산당 괴뢰측의 노골적인 방송과 남한 선거의 야당측 정책을 대조해볼 때 과연 어느 무엇을 의미하는 것인가"라고 반문하였다.[278]

자유당은 선거공약으로 다른 당에서도 내세운 행정기구 간소화와 공무원의 처우개선을 약속하였다. 세제 전체에 걸쳐 대개혁을 가하고 토지수득세제를 철폐하여 금납세제로 환원하겠다는 공약은 환영받을 수 있었다. 국영 또는 관리기업을 조속히 민영화한다는 것은 진보당의 정책과 대조적이었다. 외국 민간자본의 도입을 촉진한다는 공약은 미국의 권유에 따른 것이지만 앞으로의 방향을 시사한 것이었다. 국방문제에서 장비의 신예화를

---

277) 이승만 정부는 1956년에 종종 반일발언을 하였다. 2월 2일 曺正煥 외무부장관 서리는 공산당보다도 더 민첩하고 교활한 일본이 아시아에서 제2의 침략자가 될 확실한 징조가 엿보이고 있다고 언명하였다. 이승만 대통령은 3·1절기념사에서 거의 100%를 반공에 대해 할애하면서 "일본은 지금도 한국을 저의 영지로 보고 있으며, 제2차 대전 때 잃어버린 땅을 다시 수복하려는 꿈을 꾸고 있다"고 덧붙였다.

278) 『조선일보』1956. 5. 12.(조) 광고.

기도하고 집단방위에 노력하겠으며 반공정신을 함양한다는 것은 자유당이 주장해왔던 정책이었다. 자유당은 외교정책으로 국교의 자주성을 확립하고 민주우방, 특히 미국과의 제휴를 일층 긴밀히 할 것을 표명하였다.[279]

2) 민주당 — '못살겠다 갈아보자'

민주당의 경우 "못살겠다 갈아보자"는 구호는 품격이 좀 떨어지는 것이었으나, 유권자에게 크게 어필하였다. 민주당은 자유당 또는 진보당과 다른 정책을 내세워 그것을 부각시킨다기보다는 주로 이승만 정부의 실정과 문제점을 공격하고 진보당을 비난하는 데 초점을 맞추었다. 그런데 장면 부통령후보가 농민회, 어민회, 부인회, 국민회, 노동조합, 재향군인회, 학도 호국단 등을 관권의 지배에서 해방시키고, 관료경제, 인허가제 등을 최대한 타파하겠다고 공약한 것은 의미가 있었다. 장면 후보는 이밖에도 기업가나 노동자가 최대의 자유와 창의를 가지고 활동할 수 있게 하고, 노동자, 농민으로 자발적인 이익옹호와 단체행동을 조장시키는 동시에 국민소득이 일부 특권층에게 농단되지 않도록 공정분배를 하겠다고 약속하였다.[280]

민주당이 내세운 가장 중요한 정책은 자유당의 대통령중심제에 맞서서 내각책임제를 구현시키겠다는 것이었다. 국민의 기본자유를 보장하고 선거에 대한 관권간섭을 배제하며, 행정쇄신과 공무원 신분보장 및 공무원의 정치화 방지, 금융조세제도의 합리화 등은 자신들이 집권하였을 경우 다른 공약과 마찬가지로 과연 그러한 공약을 실현하려는 의지를 갖고 내놓은 것인가 퍽이나 의문을 갖게 하지만, 이승만 정부의 실정이나 문제점을 잘 지적한 것들이었다. 중소상공업의 보호육성과 중농정책, 정병주의의 강화와 병역부담의 공정, 실업자 구제대책 마련 등을 내세운 것은 민주당이 이승만 정권과 같은 뿌리를 가졌고, 또 주요한 전신(前身)인 민국당은 지주, 부르주아지의 대변세력이었는데도 불구하고, '새 야당'으로 출범하면서 정부에 불만이 많은 중소 상공인층과 서민, 농민의 입장을 대변하는 일면을

---

279) 『한국일보』 1956. 5. 14. 참조.
280) 『한국일보』 1956. 4. 3.

보여준 것으로, 역사적 의의가 적지 않다. 민주당에서는 통일정책, 외교정책으로 국력신장과 민주우방과의 우호외교로써 협조를 일층 도모하여 민주발전과 남북통일의 기초를 일층 닦는다고 내세웠는데, 소극적인 면이 두드러진 공약이었다.[281]

3) 진보당-평화통일과 피해대중을 위한 정치

진보당은 신문 등에 그 입장을 가능한 한 자세히 알리고 광고면에 정책을 제시하는 한편, 유세를 통하여 자신들의 정책을 부각시키려고 노력하였다. 진보당은 5·15선거를 정책의 대결장으로 만들기 위해 새로운 정책을 많이 개발하였고, 특히 기존 보수정당과의 차별성 있는 정책을 크게 내세웠다. 진보당에서 정부통령 후보를 지명하던 3월 31일 진보당전국추진위원대표자회의에서 임시의장 서상일은 북진통일 대신 민주주의 승리를 전제로 한 평화적인 남북통일방안을 제시하였고, 조봉암은 "피압박 대중의 승리가 박두해 있다"고 연설하였으며,[282] 정부통령후보를 등록하였을 때는 "피압박 민중의 이익을 옹호하고 진보세력의 전위"라는 기치를 내걸었다.[283] 그러나 진보당은 점차 평화통일을 가장 중요한 정책으로 부각시켜 나갔다.

5·15정부통령선거에서 진보당은 금기시된 평화통일론을 정면에 내걸고 부각시켰다. 대통령 입후보등록을 한 다음날인 4월 8일 조봉암은 북진통일 구호를 비판하면서 유엔지지하의 평화적 방법에 의한 통일을 제시하였다. 평화통일론은 민주당과 야권 후보단일 문제를 논의할 때도 제시되었지만, 4월 중순에는 동족상잔의 피를 흘리는 것은 민족의 자멸을 의미할 뿐이므로, 어디까지나 피흘리지 않고 평화적으로 통일되어야 한다며 보다 자극적으로 평화통일을 주장하였다.[284] 4월 하순에 진보당은 이승만과 민주당의 무력통일론은 현실과 유리된 주장으로 통일을 단념하자는 것과 다름이 없

---

281) 『한국일보』 1956. 4. 21, 5. 14.

282) 『한국일보』 1956. 4. 1.

283) 『한국일보』 1956. 4. 9.

284) 『조선일보』 1956. 4. 14.

다고 비판하여[285] 극우반공세력 통일론이 가진 문제점의 정곡을 찔렀다. 진보당의 평화통일 주장은 종반전에 들어가 더욱 통렬해졌다. 5월 1일에 발표한 '공약 10장'의 첫째로 "남북한에 걸쳐 조국의 통일을 저지하고 동족상잔의 유혈극의 재발을 꾀하는 극좌극우의 불순세력을 억제하고 진보세력이 주도권을 장악"하여 유엔보장하의 평화통일을 성취하겠다는 것을 제시하였던바,[286] 그것은 조봉암의 관점과 이념이 선거라는 공간에서 확연히 드러난 것이었다.

이와 같이 진보당의 선거공약으로 가장 중요한 것은 평화통일정책이었지만, 진보당에서는 평화통일과 연결지어 민족문제 또는 민족자주의 문제를 중시하였다. 평화통일에 이어 진보당 '공약 10장'에서 두번째로 제기된 외교안보정책은 집단안전보장체제의 확립으로 안보문제를 해결하여 국방비를 경감하고, 호혜평등주의에 입각한 선린정책으로 민족의 완전 자주독립을 전취한다는 것으로, 평화통일과 짝을 이루는 공약이었다. 집단안전보장정책이나 적극적인 통일정책의 제시 등은 1971년에 김대중 후보가 내세웠던 정책과 유사한 면이 많다. 한국문제 해결방안에서 진보적 성향의 세력과 그것에 대립된 세력은 시기를 달리하여도 기본방향에서 비슷한 면을 보여주고 있는 것이다.

이 선거에서 친일파에 대한 문제제기도 진보당만이 할 수 있었다. 박기출은 정견연설에서 "둘째로 일제시대에 영광을 누리던 친일한 사람들은 광복된 이 땅에서도 다시 영광을 누릴 생각을 사양하여 주었으면 좋겠다고 믿었던 것입니다. …… 우리는 여기에 새로운 출발을 함에 있어서 독립선배의 위업을 계승하고 민족반역적인 불순분자로 하여금 스스로 자중하는 기회를 주어야 한다는 것을 강조하는 바입니다"라고 말하였다.[287] 박기출이 4월 14일 서울 수송국민학교에서의 정견발표회를 앞두고 서상일 선거대책위원장으로부터 민주당 비판을 삼가라는 권고를 듣고, 이 선거는 보수와 혁신의 대결인 고로 자유당의 비민주성을 지적할 의무가 있는 동시

---

285) 『한국일보』 1956. 4. 29.
286) 『조선일보』 1956. 5. 10.(조).
287) 박기출, 「자유당 정권을 반대한다」, 『내일을 찾는 마음』, 6~7쪽.

에, 민주당의 사대성을 설명할 필요가 있다고 주장한 것도[288] 같은 맥락에서 나온 것이었다. 또한 박기출 후보는 경찰통치의 포악한 행패나, 누구든지 정론을 주장하면 빨갱이로 모는 풍토는 이승만 정부에서만 이루어진 것이 아니고, 민주당 지도자들이 미군정시기에 이미 행하였던 바라고 민주당을 비판하였는데,[289] 그것은 조봉암이 일찍부터 주장한 바였다. 자유당과 민주당은 모두 다 상이군경과 유가족의 구호에 힘쓴다고 공약하였던바, 진보당은 이와 함께 민족선열 가족의 생활을 보장하고[290] 납치 인사 유자녀 교육에 대해서도 국가적으로 특권을 부여하겠다고 약속하였다는 점에서[291] 대조를 이루었다.

경찰통치의 포악한 행패는 보수야당도 약간은 지적할 수 있겠지만, 빨갱이로 모는 극단적인 반공주의를 통렬히 비판하고, '공약 10장'의 세번째로 모든 선량한 사람이 안심하고 살 수 있고 양심과 사상의 자유를 누릴 수 있는 세상을 약속한 것은 진보당만이 할 수 있었다. 그 구체적 방안으로 조봉암은 경찰관수를 대폭 줄이고, 행정기구 정비와 업무간소화를 단행하고, 신문지법, 국가보안법, 비상사태하의 동원령 및 일제·군정의 법령 등 비민주적이고 중복된 법률들을 폐지 혹은 개정할 것을 제시하였다. 이러한 주장은 책임정치 실시의 구체방안이기도 하였는데, 간섭허가제도의 일소, 감독권발동 제한, 행정감찰제도와 공무원 임용승진 시험제도의 확립, 관기부패와 정실인사의 근본적인 숙정 제시도 책임정치 실시의 일환이었다.

진보당 후보들은 진보당의 진보성을 계획경제, 통제경제에서 찾았다. 자유당, 민주당과 대조적으로 조봉암 후보는 현재 국유로 되어있는 대규모 산업시설을 계속 국유화하며, 소수 개인에게 국가재산을 독점시키는 국유재산 불하정책을 폐지하고, 기간산업의 신설 확충을 위한 국가의 재정투자를 확대하며, 생산의 급속한 발전과 국민경제의 신속한 자립을 실현키 위

---

288) 박기출은 한국의 보수세력은 선진국과 달라 사대적 봉건잔재라고 규정하였다 (박기출, 「민주당 내분을 보고 야당 연합운동을 상기한다」, 『인물계』 1959. 12, 17, 19쪽).

289) 박기출, 「자유당 정권을 반대한다」, 12~13쪽.

290) 『한국일보』 1956. 5. 14.

291) 『한국일보』 1956. 4. 25.

조봉암의 8·5정부통령선거와 5·15정부통령선거에서의 정책 비교

	8·5정부통령선거	5·15정부통령선거
기본 정치이념	공산당 독재도 자본가와 부패분자의 독재도 확고히 반대하고 민주주의 체제를 확립	명시하지 않았음(진보당 발기취지문과 통일방안 참조)
통일방안	국민총력 집결체제를 확립하여 和戰양면의 우위를 확보하고, 공산제국주의를 철저히 타도함으로써 조국의 완전 자주통일을 완성	남북한에 걸쳐 조국의 통일을 저지하고, 동족상잔의 유혈극 재발을 꾀하는 극좌극우의 불순세력을 억제하며, 진보세력이 주도권을 장악함으로써 유엔보장하의 민주방식에 의한 평화적 통일을 성취
피해대중· 사상의 자유	동포가 서로 사랑하고 아끼는 풍토를 조성하고, 억지로 반대파를 공산당으로 만들려는 죄악적인 파쟁을 근절하며, 독재가 빚어내는 질식상태에서 모든 국민을 해방시키고, 관권남용을 방지하여 국민의 기본권을 절대적으로 옹호	모든 선량한 사람들이 안심하고 살수 있고, 양심과 사상의 자유를 누릴 수 있는 정치체제 확립
반봉건 부르주아 민주주의의 확립· 행정체제	일제 봉건잔재의 숙청. 행정의 빈곤을 해결. 민주주의원칙에 의한 내정의 혁신 단행. 부패쇄신. 행정간소화. 공무원의 생활과 지위 보장	법이 준수되고 집권자가 국민 앞에 책임지는 정치체제 확립. 행정기구 대폭 감소. 행정감찰제도와 임용·승진 시험제도 확립. 관기부패와 정실인사의 근본적인 숙정. 간섭허가제도 일소. 지방분권화 추진
자주권· 주체성· 안보문제	주권강화와 아울러 민족의 단결을 공고히 하여 자주적 외교를 확립	외교를 쇄신하고 집단안전보장체제 확립에 의하여 국방문제를 해결함으로써 군비부담을 경감하고 호혜평등주의에 입각한 선린정책으로 민족의 완전 자주독립을 쟁취
정치의 방향	책임 있는 공개정치	책임정치체제의 구현
경제정책의 기본이념	조국의 부흥 번영. 대중의 생활안정과 균등한 향상을 위한 계획성 있는 경제정책 실시	대중적 수탈정책 폐지, 생산·분배·소비에 걸친 종합적인 연차 경제계획 수립
사회· 노동정책	노동자 권익보장을 위한 노동법 급속 제정	실업 일소. 노동자의 단결권과 단체교섭권 보장. 경영참가와 이익균점 실시. 국민의료제도·국민연금제도 확립. 교육의 국가보장제 실시
농업정책	증농정책	농촌고리채 지불유예. 현물세 폐지. 자율적인 농업협동조합 조직
외교정책	국제관계에서 감정대립을 완화하고 미국 등 민주우방과의 우호친선 증진	외교쇄신. 호혜평등주의에 입각한 선린정책

하여 경제 전분야에 걸친 연(年)계획을 수립하고, 전경제요소를 총체적으로 동원케 할 것이며, 종합적인 경제계획을 수립하고, 이를 강력히 집행 검열할 관·민 경제계획위원회를 설치하겠다고 공약하였다. 그는 다액소득자에게 고율누진세를 적용하고 면세점을 올리며, 민간자금으로 운영되는 시중은행을 제외한 금융기관을 모두 국가관리에 두고, 외자도입을 환영하되 반드시 국가를 통해 종합계획하에 이를 활용하겠음을 천명하였다.292)

5·15정부통령선거에서의 각 정당 정책 비교

	진보당(가칭)	민주당	자유당
통일	남북한에 걸쳐 조국의 통일을 저지하고, 동족상잔의 유혈극 재발을 꾀하는 극좌극우의 불순 세력을 억제하며 진보세력이 주도권을 장악함으로써 유엔보장 하의 민주방식에 의한 평화적 통일을 성취.	우호외교로 남북통일의 기초를 일층 닦는다	반공통일
정치	법이 준수되고 집권자가 국민 앞에 책임지는 책임정치체제의 구현. 양심과 사상의 자유 보장	내각책임제 개헌. 국민의 기본자유 보장. 농민회·노동조합·학도호국단 등을 관권지배에서 해방.	대통령중심제로 정국안정을 기함
행정	행정기구 대폭 감소. 행정감찰제도와 임용·승진 시험제도 확립. 관기부패와 정실인사의 근본적인 숙정. 간섭허가제도 일소. 행정권을 지방자치단체에대폭 이양	선거에 대한 관권 간섭 배제. 행정쇄신과 공무원 신분보장 및 공무원의 정치화 방지. 인허가제 타파	인권옹호. 언론·출판의 자유 보장. 행정기구 간소화. 공무원 처우개선
경제 상공업	대규모 산업시설의 계속 국유화. 대중적 수탈정책 폐지. 생산·분배·소비에 걸친 종합적 연차 경제계획 수립. 기간산업 신설·확충을 위한 재정투자 확대. 중소 상공업 적극 보호. 협동조합 조직. 고율누진세. 외자도입의 국가 관리	자유경제체제의 확립. 특혜금융 배격, 조세제도 합리화. 사치소비세 고율화. 지방세제 확립. 중소상공업 적극 보호	건전재정 확립, 인플레 억제. 세제개혁. 귀속기업체의 민영화. 외국 민간자본의 도입 촉진. 자립경제체제의 확립

---

292) 『한국일보』 1956. 4. 29. 이와 함께 박기출, 앞의 글, 14~16쪽 참조.

농업	농촌고리채 지불유예. 현물세 폐지. 자율적인 농업협동조합 조직. 토지개량, 수리사업, 경지정리, 하천공사, 산림개발에 국가의 적극 개입. 곡가폭락 방지. 의료행정 쇄신	농업협동조합운동 조장. 잡부금 폐지. 영농자금의 원활한 공급. 적정한 농산물가격 유지	농어민협동조합, 농어민금융기관 창설. 현물세의 토지수득세를 폐하고 금납세제로 환원. 농지개량사업, 영농자금 방출. 비료 수급. 곡가의 적정화에 적극 노력
국방 안보	집단안전보장체제 확립에 의하여 국방문제를 해결함으로써 군비부담을 경감	정병주의의 강화와 병역부담의 공정화	국군의 질적 향상에 노력. 동남아 집단방위에 노력
사회. 노동	산업건설로 실업 일소. 노동자의 단결권과 단체교섭권 보장. 노동자의 경영참가와 이익균점 실시. 국민의료제도·국민연금제도 확립. 상이군경·민족선열 및 전몰군경 유가족·입대사병에게 생활 보장. 제대군인 취직 알선	의료의 기회균등, 도시 주택문제 해결. 전재민·피난민·실업자 구제. 상이군경 및 유가족 구호	계급타파와 남녀평등의 실현. 상이군경·전몰유가족 구호. 노동자 권익 보호
교육	교육의 국가보장제 실시. 학제를 개혁하여 연한을 단축하고 실업교육·기술교육 진흥	의무교육비 부담 증강. 교육잡부금 근절. 대학교육 강화. 문화인·문화재 보호. 과학기술 장려	의무교육을 위한 학교시설 확충. 교직자 충족을 단호히 조치. 반공정신 함양. 민족문화 잉양
외교	외교를 쇄신하고 호혜평등주의에 입각한 선린정책으로 민족의 완전 자주독립을 전취	자유우방 및 유엔과의 우호외교 일층 도모	국교의 자주성 확립. 민주우방, 특히 미국과의 제휴 강화

세 당 모두 다 근로대중을 위한 정치를 하겠다고 천명하여 모두 다 현실성이 없는 공약을 많이 내세웠는데, 진보당의 공약은 수탈 없는 경제의 구체적인 방안으로 그것을 제시하였다는 점이 다른 두 당과 상당히 차별성을 갖는 것이라고 볼 수 있다. 농민에게는 토지수득세 등 현물세를 폐지하고 농촌고리대를 일정기간 지불유예케 하며, 노동자에게는 단결권과 단체교섭권을 보장하고, 그 경영참가와 이익균점을 실현할 것을 약속하였다. 그리고 국민의료제도와 국민연금제도를 확립하고, 제대군인의 취직 보도(輔導)를 철저히 하며 교육의 완전한 국가보장제 실시를 내세웠다.293) 중소기업가, 기술자 및 기능자들의 협동에 의한 생산조합조직 장려 공약도294)

진보당의 성격을 말해주는 것이 될 것이다.

진보당의 공약은 선거분위기가 고조되어가던 5월 1일 '공약 10장'으로 정리되었다.295) 5월 11일 조봉암은 거국일치내각 조직, 내각책임제 개헌 단행, 민주우방과의 긴밀한 제휴를 통한 평화적 국토통일 촉진 등 세 가지를 가장 중요한 당면과업으로 제시하여296) 선거공약을 마감하였다. 거국일치내각 조직이나 내각책임제 개헌 단행은 명백히 민주당과의 제휴를 염두에 둔 것이었고, 민주당 지지 유권자들을 끌어들이기 위한 것이었다.

4. 선거운동

자유당은 자금면에서 민주당이나 진보당과 비교가 되지 않았다. 그러나 1950년대 중반기까지만 하여도 정치자금 루트는 제한되어있었다. 자유당 초기에 중석불(弗)사건이 유명해진 것은 중석불과 정부보유불(弗)로 무역업자들이 밀가루, 비료 등을 수입하여 50억 원 정도의 폭리를 냈고, 그것의 절반 이상이 백골단, 땃벌떼 등의 관제 민의동원 자금, 부산정치파동에서의 야당 무마자금, 원외자유당 강화자금, 8·5정부통령선거비 등으로 나갔기 때문이었다.297) 이러한 루트 외에 정치자금줄로 컸던 것은 군원면(軍原綿)사건이 말해주듯 원조에 의존하고 있던 군이었다. 이처럼 1950년대 중반만 하더라도 정치자금의 루트는 제한되어있었지만 그래도 자유당 후보들은 다른 당 후보들에 비하여 상대적으로 막대한 자금을 쓸 수 있었다. 이재학은 1956년 정부통령선거에서 1955년에 상공부장관이었던 강성태(姜聲邰)가 선거자금으로 겨우 2억 환밖에 끌어오지 못하여, 중앙에서 1억 5천만 환 정도를 사용하고, 지방 일선에는 거의 내려보내지 못했다고 기술하였지만,298) 실제는 그보다 훨씬 많았을 것이다. 이승만은 또한 야당의 자금

---

293) 『한국일보』 1956. 5. 14.

294) 『한국일보』 1956. 4. 29.

295) 『한국일보』 1956. 5. 9. 광고 ; 『조선일보』 1956. 5. 10.(조) 광고 참조.

296) 『한국일보』 1956. 5. 12.

297) 金汝龍, 앞의 글, 613~615쪽.

줄을 봉쇄하려고 하였다. 불출마 '번의'를 한 3월 23일 그는 대통령후보 한 사람의 선거비용으로 백만 환 이상 쓰지 못하도록 해야 한다고 지시하였다.299) 또 정치자금의 횡류를 방지한다는 구실로 4·15라인이라는 것을 설정하여 5·15선거까지는 은행대출을 중단한다는 조치가 내려졌다.300)

자유당은 조직면에서도 다른 정당과 비교도 안될 만큼 유리하였다. 반면 민주당은 전국 군의 3분의 2 정도에 군 당부가 조직되었는데, 진보당은 발당도 하지 않은 상태였다.301) 민주당과 진보당은 대도시에서의 반이승만 정서에 많은 기대를 걸고 있었다. 지역적으로는 서울권, 경남북과 전남북이 야당세가 센 곳이었고, 강원, 충청지방은 여당의 영향력이 강하였다.

자유당, 민주당, 진보당의 선거운동은 후보자 입후보등록 직후에 세운 선거전략에서 잘 드러났다. 자유당은 전국애국단체연합회 산하 외곽단체를 움직이고, 136명의 의원 및 자유당 중앙정치훈련원 출신 중견당원 6천 명을 선거운동의 주축으로 삼기로 하였다. 민주당은 민중의 심리적 겨냥 포착에 주안점을 두었다. 진보당은 '피압박 민중의 이익을 옹호하고 진보세력의 전위'라는 기치를 내걸었는데, 조직도 선거자금도 없어 4백 명에 가까운 진보당발당추진위원을 주축으로 삼았다. 진보당에서는 소시민 및 농민, 노동지층이 투표해주기를 은근히 기대하면서 조봉암의 인기를 십분 살리는 데 주안점을 두었다. 진보당의 사회민주주의 정책과 함께 평화통일 슬로건은 선거운동 초기인데도 일부 층의 주목을 끈 것으로 보도되었다.302)

자유당, 민주당, 진보당의 선거운동 능력은 선전물 제작 능력에서 엿볼 수 있다. 선거 중반에 들어가면서 자유당은 벽보로 11종 24만 매, 선전문

---

298) 『사실의 전부를 기술한다』(이재학 편), 148쪽.

299) 위의 책, 148쪽 참조.

300) 『한국일보』 1956. 4. 18, 사설 「왜 은행문까지 닫는가」.

301) 『조선일보』 1956. 5. 2.(석).

302) 『한국일보』 1956. 4. 9, 각당 선거전략. 한 신문은 선거 초에 '공부하는 정당'이라던 진보당이 '전투하는 정당'으로 발벗고 나섰던바, 총참모를 내세우고 매우 용장하다고 평하였다[조선일보 편집국 편, 『만물상』(1956. 4. 6), 조선일보사, 1977, 24쪽].

및 전단 20종 420만 매를 제작하였다. 또 연극반·영화반 지방 순회에, 공보부 발행 이대통령 초상화, 현수막 등을 막대하게 제작하였고, 여당계 신문 수종과 잡지 20여 종이 있었다. 또 방송국이 호응하고 있었고, 5월 초순경 처음 소개될 TV까지 착안하였다. 민주당은 대통령·부통령 후보가 함께 들어간 포스터 10만 매, 전단 10만 매, 각종 성명서 10만 매, 당면정책 1백만 매(이 중 20만 매 배포)를 제작하였다. 진보당은 포스터 약 5만 매, 정견발표회 삐라 약 4만 매, 기타 이력서 등 약 5만 매를 제작하였다.303)

선거운동이 고조되고 있을 때 한 신문은 산협촌의 경우 이승만·이기붕 후보의 선전삐라가 초가, 판잣집, 전신주, 심지어 산중 절에까지 범람하는데 야당측 벽보는 보기 힘들다고 보도하면서, 현재의 벽보전은 자유당을 비행기로 친다면 민주당은 버스이며 진보당은 지게일지 모른다고 비유하였다.304) 강원도의 경우 선거가 종반전에 접어들었는데도 거의 벽보가 보이지 않았고, 원주, 춘천, 속초 정도에서나 선거 냄새가 나는 것으로 보도되었다. 역시 자유당의 운동이 압도적이었고, 민주당과 이범석의 활동이 약간 있었으나, 진보당은 거의 표면에 나타난 선거지반이 없었다고 보도되었다.305) 4월 말까지 경기도의 경우 자유당, 민주당, 이범석 후보 쪽은 선거운동을 많이 하였으나, 진보당측의 유세는 보기 어려웠다. 충북에서도 진보당의 움직임은 미약하였다.306) 진보당의 농촌 유세는 4월 28일부터 시작되었다.

자유당의 경우 어디까지가 자유당의 선거운동이고 또 어디까지가 관권에 의한 선거운동인지 구별하기가 힘들었다. 또 자유당의 선거운동 자체도

---

303) 『한국일보』 1956. 4. 23.

304) 이범석 부통령후보의 벽보는 곳곳에 붙었다고 한다. 이에 대해 민주·진보당 양측은 "4년 전 선거 때 관권 아래 하는데 하루아침에 함씨로 바꾸어 빨리 연락된 곳은 함씨 표가 많고 미리 충분한 연락이 못간 곳은 이씨(이범석) 표수가 많았다는 것뿐이니 이제 와서 강적은 못된다"고 말하였다(『한국일보』 1956. 5. 1).

305) 수복지구에서는 자유당 이외의 선거운동이 거의 없었다. 이곳에서 자유당 운동원은 "현정부는 우리에게 먹을 것을 주고 입을 옷을 주고 집까지 지어주었다. 우리는 이 고마운 은혜에 보답해서 이박사, 이기붕 선생에게 투표해야 할 것이다"라고 설유하였다(『한국일보』 1956. 5. 10).

306) 『한국일보』 1956. 5. 6.

관권과 밀착되어있었다. 자유당에서는 통반장의 입당공작을 추진하였고, 자유당 기간단체의 하나인 국민회 서울시본부에서는 회장 이기붕 명의로 각 동회의 통장과 반장을 국민회 특별회원으로 등록케 하여 지도원과 실천위원이 되도록 해달라는 문서를 각 구청장에게 발송하였다.

자유당은 앞에서 말한 조직동원 외에도 34개 참의원선거구 단위로 1개 구에 3명씩 유세반을 편성하여 파견하고, 인구 10만 단위 이상 도시에는 2인으로 1반을 편성하였다. 유세원은 주로 국회의원과 당 중앙위원이 맡기로 하였다.307) 자유당은 4월 14일부터 본격적인 유세에 들어갔다. 그러나 자유당의 선거운동은 순탄하지만은 않았다. 서울, 경남북, 전남북에서 야당세가 강하였을 뿐만 아니라,308) 전국 조직도 철저하게 된 것이 아니었고, 심지어 종교단체인 기독교연합회와 유도회(儒道會) 등을 이용하여 필승을 기하려 하였으나, 기독교 내부의 반대 등으로 뜻대로 되지 않았다.309)

부통령선거도 문제였다. 이윤영, 이범석, 이종태, 윤치영 후보 등이 모두 이승만을 지지하고 나서는 기현상이 또다시 벌어져 자유당 후보 표를 분산시켰다. 이기붕은 널리 알려진 인물이 아니었다. 자유당 의원들은 부통령선거에서 낙관불허라고 걱정하였고,310) 자유당 각 도당 위원장들은 가능한 방법을 다히여 '비야당계 부통령후보자'를 사퇴시기도록 중잉딩부에 요청하였다.311) 그러나 이승만 지지 부통령후보들은 이기붕과의 관계 때문에도 사퇴할 사람들이 아니었다. 특히 자유당을 괴롭힌 것은 서울, 부산, 대구 등 대도시에서의 반이승만 정서였다. 예컨대 4월 16일 서울에서 3당 선전부장 합동 정견발표회가 있었을 때, 다른 두 당의 연설자는 만당(滿堂)의

---

307) 마한, 앞의 책, 238쪽.

308) 위의 책, 246쪽 ;『조선일보』 1956. 5. 3.(조).

309)『조선일보』 1956. 4. 23.(석). 전국 기독교도연합동지회에서의 자유당 후보 지지 결의 비판 성명은 백광하 편, 앞의 책 4(1956. 4. 21), 54쪽 참조.

310)『조선일보』 1956. 4. 21.(조).

311)『조선일보』 1956. 5. 3.(조). 이승만은 4월 20일 부통령후보 문제에 대해 담화를 발표하여, 여러 부통령후보들이 자신과 가까운 것처럼 얘기하는 것을 비판하고, 이 다음 선거에는 이런 폐단이 없도록 만들어야겠다고 피력하였다(『조선일보』 1956. 4. 21.(석)]. 이승만으로서는 자업자득이었다.

박수를 받았다. 그러나 마지막으로 자유당의 황성수(黃聖秀)가 등장하여 얼마 되지 않았는데 "우 - "소리가 계속 터져나와 말문을 막았다. 그는 "그러지 말고 좀 들어보세요!"라고 호소하면서 간신히 연설을 하였다.[312]

불출마 번의 민의동원으로 사전 선거운동을 한 이승만은 특이한 선거운동을 벌였다. 1952년 8·5선거에서처럼 대전 등 7개 지방의 기차역 앞에서 주로 신익희와 조봉암을 공격하는 선거연설을 한 이후보는 상경하자마자 공보실을 통해 지방을 순회하면 선거운동으로 보일 것 같기 때문에 순행을 아니하기로 작정하였다는 담화를 발표하였던바, 이 담화는 앞에서 본 바와 같이 그야말로 흑색선전으로 일관한 선거연설이었다.[313] 공보실은 이 대통령의 10년 업적을 수록한 기록영화 <조국의 통일을 위하여>를 제작하여 일반 시중 각 극장에서 공개하였다.[314]

민주당의 '못살겠다 갈아보자'는 자유당의 '갈아봤자 더못산다'를 누르고 대도시에서 민주당 후보의 인기를 올리는 데 크게 기여하였다.[315] 민주당의 반이승만 정서 활용은 도시민들에게 효력이 있었다. 민주당에서는 또 노인들로 편성된 유세대와 여인부대로 조직된 '방물장수' 방식을 이용하기도 하였다.[316] 호랑이 담배 피울 때의 선거운동과 비슷하다고 할까. 진보당도 비슷하였겠지만, 민주당원과 친인척인 관공리는 파면될 것이라는 암시 때문에 민주당원의 탈당성명서가 곳곳에 나붙었다.[317]

민주당이 유권자들한테 영향력을 갖는 데는 신문이 큰 역할을 하였다.

---

312) 이러한 모습에 한 신문은 얻어만 맞는 여당의 대변도 심상치 않은 苦役이라고 평하였다(『한국일보』1956. 4. 17).

313) 이 담화에서 이승만은 "지금 내가 나가서 한번 지방을 순행하게 되면 내가 무슨 이야기를 하든지 세상 안목에 나를 투표해서 대통령으로 다시 당선되게 해달라는 선거추진같이 보일 것이니, 이것은 내가 절대로 원치 않는 바"라고 진술하고 나서, "거짓 애국자, 진정한 애국자를 잘 탐지해서 그 사람을 위해서 투표해주어야" 한다면서 본격적인 선거연설에 들어갔다[『조선일보』1956. 5. 4.(석)].

314) 『한국일보』1956. 5. 8.

315) 전남에서는 세 후보를 「못살겠다」의 신익희 씨, 「평화통일」의 조봉암 씨, 「구관이 명관」의 이승만 박사로 특징화하였다(『한국일보』1956. 4. 27).

316) 『한국일보』1956. 5. 3. 민주당 후보의 선거에는 노인들이 많이 나와서 '나이먹은 사람들의 당'이란 말을 들었다(『한국일보』1956. 4. 10).

317) 『한국일보』1956. 5. 3.

민주당계 신문이라고도 볼 수 있는 『동아일보』, 『경향신문』뿐만 아니라 『조선일보』, 『한국일보』 등도 반이승만 친야당적 논조를 폈기 때문에 도시에서 자유당은 궁지에 몰렸고, 민주당의 인기가 올라갔다.[318] 민주당 바람이 서울에서 최고조에 달한 것은 5월 3일 서울 한강백사장에서의 신익희 후보 유세였다. 이 유세장에는 대단히 많은 인파가 몰렸다.[319] 그러나 신익희는 과로로 5월 5일 새벽 호남선 열차에서 사거하였다. 그의 운구가 5일 오후 4시 8분 서울역에 도착하여 효자동 자택까지 이르는데, 운집한 군중들이 "사인을 규명하라"고 고함을 질렀다. 이 아우성은 "못살겠다 갈아보자! 독재정권을 타도하라!"는 외침으로 돌변하였고, 그의 유해를 경무대 쪽으로 끌고가려 하여 경찰과 충돌이 일어나 경찰의 발포 등으로 10여 명의 사상자가 났고 무려 7백여 명이 피검되었다. 이 시위는 1950년대에 있었던 최초의 반정부적 데모로 평가할 수 있을 것이다.

진보당 선거참모부원들이나 선거운동원들의 높은 사기에도 불구하고 진보당에서는 본격적인 선거운동을 하기가 어려웠다. 평화통일 · 혁신정치를 골자로 하여 대중에게 한국전쟁의 참혹상을 상기시키고 경제생활의 개선을 강조하였다.[320] 진보당의 선거운동은 주로 조봉암 한 사람의 인기에 매달렸나. 유세상에서 조봉암의 인기는 좋았다. 민주낭, 진보낭의 연설회에 막상막하의 군중이 동원되었다는 평가도 있지만,[321] 그것은 더 구체적으로 분석해봐야 할 것이다. 조봉암과 진보당의 인기는 변화를 바라는 지식인, 학생 · 청년층한테 높았다.[322] 진보당의 첫번째 유세였기 때문에 아직 분위기가 고조되지 않았던 4월 14일 서울 수송국민학교에서의 정견발표회에는 청중들이 많이 모여들어 소동을 일으키기까지 하였다.[323] 신익희가 5월 5

---

318) 李漢鎔, 「민주당론」, 『신세계』 1957. 1, 121쪽.

319) 『동아일보』는 이 유세장에 30만 명이 모였다고 보도하였고, 다른 신문에는 20만 명 또는 수만 명이 모인 것으로 각각 다르게 보도되었다. 미대사관측은 15만 내지 20만 명이 모인 것으로 추산하였다. 이 숫자는 서울 유권자의 거의 4분의 1 이었다(『주한미국대사관 주간보고서』 6, 1956. 5. 6, 120쪽).

320) 『한국일보』 1956. 4. 23.

321) 박진목, 앞의 책, 277쪽.

322) 위의 책, 278쪽 참조.

일 사거하였으므로, 진보당은 그 기회를 최대한 활용하여야 했으나, 5월 6일경부터 거의 선거운동을 할 수가 없었다. 중앙 간부진이 각도 유세반을 편성하여 마지막 유세를 하고 선전유인물을 배포하려 하였지만, 선거방해로 할 수가 없었다. 충남반의 박준길, 강원반의 이명하 등은 현지에 내려간 직후 테러를 당하고 유인물을 빼앗겼으며, 경남반의 전세룡은 의령에서 경찰서장실로 연행되어 경고를 받고 쫓겨왔다.324) 진보당 경북도당 선전부장 이병희는 5월 6일 3명의 괴한에게 납치되어 "선거자금 출처가 어디냐"며 고문, 폭행을 당하여 실신하였다.325) 위기를 감지한 조봉암은 11일경부터 잠적하여 일체 소재가 밝혀지지 않았다가 5월 17일 선거결과가 확정될 무렵에야 진보당 사무실에 나타났다.326) 한 신문은 이 무렵 진보당 당본부가 선거운동을 멈춘 것 같았고, 간부들 얼굴도 찾아볼 수 없을 만큼 한적한 분위기였다고 보도하였다.327)

5. 선거 결과

1) 이승만·자유당의 참패

1956년 5·15선거는 활기와 열기가 있었고 정책제시와 비판이 두드러졌던 선거였다. 그런 점에서 일시적으로 극우반공체제에 균열과 이완을 가져왔다고 볼 수 있고, 그래서 자유민주주의에 청신호가 왔다고도 간주할 수

---

323) 『한국일보』 1956. 4. 15. 조봉암·진보당에 대한 보도에 왜곡이 많았던 『동아일보』도 이 정견회가 인산인해였다고 꽤 크게 다루었다(『동아일보』 1956. 4. 16).

324) 이영석, 앞의 책, 217쪽.

325) 『조선일보』 1956. 5. 7.

326) 『조선일보』, 『동아일보』 1956. 5. 18. 윤길중은 11일보다 닷새 전인 5월 6일에 죽산의 생명을 그대로 두지 않을 것 같아서 급히 피신하였다고 기술하였다(윤길중, 앞의 책, 158쪽). 全世龍 또한 조봉암은 신익희 사거 직후에 광주 유세를 그만두고 상경하여 당무부장 최희규와 같이 서울역에서 어디론가 숨어버렸다고 기술하였다. 그는 죽산이 끝까지 선거운동을 했어야 했다고 피력하면서, 자신은 협박 등을 당하며 계속 선거운동을 벌였다고 기술하였다(전세룡, 「죽산 조봉암 선생과 나 그리고 진보당」, 『죽산 조봉암 전집』 6, 340~349쪽).

327) 『조선일보』 1956. 5. 14.(석).

있지만, 관권의 개입과 테러 등 극우적 양상도 많이 보여주었다. 4월 3일에 진보당 상무위원 조규택과 추진위원 김찬(金燦), 총무위원 김성기 등이 구류처분받은 것을 비롯하여 야당계의 활동을 억제하기 위한 탄압이 잇달았다.[328] 야당 벽보의 훼손은 자주 있었고, 야당 선거원에 대한 테러와 협박은 비일비재였다. 부산정치파동 때 경찰을 지휘하였던 이범석 일행도 선거 막바지에 테러를 당하였다.[329] 야당계 후보에 대한 흑색선전과 야당계 후보 지지에 대한 각종 협박이 난무하였다. 진보당은 선거운동도 늦게야 시작하였지만 신익희 후보 사거 다음날부터는 선거운동을 하지 못하고, 중요 간부들이 피신하여야 했다.

5월 15일 투표와 그에 이은 개표에서도 부정이 많았다. 서울에서도 신당동의 투표용지가 밖으로 나돌아 말썽이었지만, 여러 지역에서 무더기투표를 한 것이 지적되었다.[330] 투표장소 내에서까지 여당 후보에게 투표하라고 윽박지르기도 하였다.[331] 또 이상한 기계가 도입되었거나 '나이롱' 투표용지가 나와 지레 찍으라는 후보에게 투표하도록 위협한 것도 효과를 거두었다고 한다.[332] 참관인은 진보당의 경우 아예 거의 내지 못하였지만,

---

328) 진보당의 김두한 의원은 내사를 받았고(『한국일보』 1956. 4. 21), 민주당본부 부근에 있는 남궁다방은 영업허가 정지처분을 받았다[『조선일보』 1956. 5. 5.(석)].

329) 백광하 편, 앞의 책 4(1956. 5. 14), 93쪽. 선거 종반기에 한 신문은 이범석은 4년 전 백골단, 땃벌떼 등 의사당을 포위한 민의대 앞에 내무부장관의 신분인데도 "존경하는 애국동지 여러분! 나는 여러분이 명령하는 그대로 움직이겠습니다"라고 눈물을 닦던 그때가 좋았던 것 아니냐고 비꼬았다[백광하 편, 같은 책(1956. 4. 22), 55쪽]. 진보당 선거운동원들은 테러가 상존할 수 있는 시골에 들어간 사람이 적어 테러를 당한 것이 그만큼 적었을 것이다. 당시에는 신문기자 수가 제한되어 있어 특별취재 빼놓고는 신문기자가 지방에 내려가지 않아 탄압이나 테러 양상을 제대로 보도할 수 없었다.

330) 목포, 광주, 화순, 구례, 곡성 등에서는 경찰관이 투표할 용지를 다 주지 않고 도장만 찍으라고 하고는 그것으로 투표하였다고 한다(『국회속기록』 제22회 23호, 1956. 6. 1, 金善太 의원 발언).

331) 최석채, 『서민의 抗爭』, 凡潮社, 1956, 91쪽.

332) "미국에서 이상한 기계가 와 있는데, 그것은 투표한 사람의 얼굴을 투표용지에 나타낼 수 있는 것이니 누가 누구에게 투표했다는 것이 드러난다"는 얘기도 유포되었다(『한국일보』 1956. 4. 10). 이 시기에는 나일론 옷이 보급되기 시작할 때였는데, 투표용지가 나일론으로 되어있어 투표하면 다 보인다고 해서 '나이롱' 투표

민주당에서는 등록 때부터 폭행당하고, 참관인으로 등록되더라도 폭력 때문에 투개표소에 들어가기 어려운 경우가 꽤 있었다.333) 경찰들이 투표장, 운반차, 개표장 등에 와글거리고 투표함 봉쇄와 개표시의 봉인 확인을 선거위원들만이 도맡아하게 되어있는 것도 문제였다.334)

심각한 부정은 개표과정에서 발생하였다. 표 바꿔치기나 샌드위치 표도 적지 않았고, 여야 후보자의 득표에 대하여 개표결과가 실제 투표와 반대로 나오기도 하였다.335) 강원도 화천의 경우 유권자 7만 400표 중 이기붕이 6만 275표, 장면이 6,324표가 나왔던바, 이기붕 표는 이승만에 대한 투표 4만 6,090표보다도 훨씬 많아 5만 8,675표로 정정되었다.336) 대구의 경우 이기붕 표가 적게 나오자 19일까지 개표가 지연되고 혼란이 일어났는데, 19일 오후 이대통령의 "투표를 많이 받은 장면 씨가 부통령에 피선된 것으로 생각한다"는 요지의 담화가 발표되면서 개표가 속개되었고, 이기붕은 부통령에 '정식'으로 낙선되었다. 전남과 강원도의 경우 경찰의 개입이 특히 심한 것으로 알려졌는데, 강원도 경찰국장 박병배(朴炳培)는 서울시 경찰국장으로 즉각 승진발령을 받았을 뿐 아니라, 나아가 전남경찰국장 김종원(金宗元)은 일약 치안국장에 발탁되어 경찰총수가 되었다.337)

용지란 말이 생겼다. '나이롱' 투표용지문제를 지적한 현석호는 협박으로 야당 후보를 찍지 못하게 하는 다른 방법도 얘기하였다. 즉 야당 후보를 찍으면 참전전우회원들이 때리고, 다음에 지서주임, 형사 등이 차례로 때리니까 다른 사람이 공포감을 갖고 순종적으로 투표를 한다는 것이었다(『국회속기록』 제22회 20호, 1956. 5. 29).

333) 『국회속기록』 제22회 20호, 1956. 5. 29, 현석호 의원 발언. 경기도 시흥의 한 투표구의 경우, 기자가 참관인이 자유당측에서 2명, 이범석측에서 1명 지키고 있는 것을 목도하였다. 민주당측 참관인은 구속되었고, 진보당측에선 나오지 않았다는 답변이었다(『한국일보』 1956. 5. 17).

334) 최석채, 앞의 책, 110쪽.

335) 『국회속기록』 제22회 23호, 1956. 6. 1, 김선태 의원 발언.

336) 『조선일보』 1956. 5. 19.(석).

337) 『한국일보』 1956. 6. 1 ; 최석채, 앞의 책, 88쪽 참조. 김종원은 거창양민학살사건으로 구속되었다가 특사로 사면되어 전북, 경북, 경남, 전남의 경찰국장이 되었다.

1956년 5·15대통령선거 투표현황

구분 시도별	선거인수	투표자수			기권 자수	투표 율	유효 투표 율	후보자별 득표수				계
		유효	무효	계				조봉암		이승만		
								비율	득표	비율	득표	
서울	703,799	324,382	284,359	608,741	95,058	86.5	53.8	36.7	119,129	63.3	205,253	324,382
경기	1,119,859	787,907	271,064	1,058,971	60,888	94.6	74.4	22.9	180,150	77.1	607,757	787,907
충북	521,061	410,227	89,517	499,744	21,317	95.9	82.1	13.9	57,026	86.1	353,201	410,227
충남	961,871	688,504	212,067	900,571	61,300	93.6	76.5	22.9	157,973	77.1	530,531	688,504
전북	910,566	705,742	169,468	875,210	35,356	96.1	80.6	39.8	281,068	60.2	424,674	705,742
전남	1,330,477	1,028,410	257,768	1,286,178	44,299	96.7	80.0	27.9	286,787	72.1	741,623	1,028,410
경북	1,492,013	1,123,447	275,275	1,398,722	93,291	93.7	80.3	44.7	501,917	55.3	621,530	1,123,447
경남	1,646,398	1,332,999	205,338	1,538,337	108,061	93.4	86.6	37.7	502,507	62.3	830,492	1,332,999
강원	804,325	709,963	79,710	789,673	14,652	98.2	89.9	9.2	65,270	90.8	644,693	709,963
제주	116,501	98,664	12,252	110,916	5,585	95.2	88.9	12.1	11,981	87.9	86,683	98,664
합계	9,606,870	7,210,245	1,856,818	9,067,063	539,807	94.4	79.5		2,163,808		5,046,437	7,210,245

출전 : 중앙선거관리위원회, 『대한민국선거사』 1, 1973, 740, 1012쪽.

개표 결과가 알려졌을 때 이승만과 자유당은 큰 충격을 받았다.[338] 국부로서 국민의 절대적인 지지를 받고 있다고 자부하던 이승만은 투개표 부정을 제외하더라도 전체 유효투표자수 906만 7,063명 가운데 504만 6,437표를 얻은 것으로 집계되어 55%의 지지밖에 얻지 못하였다. 더구나 전국여론을 이끌어가는 서울의 경우 60만 8,741명의 투표자수 가운데 20만 5,253표를 얻어 3분의 1밖에 안되었으며, 대부분이 죽은 신익희에 대한 추모표로 간주되는 무효표 28만 4,359표보다 훨씬 적었다.

조봉암 표도 11만 9,129표로 적은 것이 아니었다. 더구나 부통령의 경우 20만 7,152표의 차이로 큰 표차는 아니더라도 이기붕이 낙선하고 장면이 당선된 것은 더욱 큰 충격이었다. 이승만은 1956년에 만 81세여서 언제 죽을지 모르는데, 헌법에는 대통령이 사망하면 부통령이 승계하도록 명문화되어있었다.

---

338) 한 신문 5월 17일자에는 자유당이 침울한 공기에 싸였다고 보도하였고, 다음날에는 "이게 말이 돼, 글쎄 이럴 수가 있어"라고 말하는 상황에 처해있음을 보도하였다(『한국일보』 1956. 5. 17, 5. 18).

1956년 5·15부통령선거 투표현황

구분 시 도 별	선거인수	투표자수			기권 자수	투 표 율	유효 투표 율	후보자별 득표수						
		유효	무효	계				장면	이기붕	윤치영	이윤영	백성욱	이범석	계
서울	703,799	586,553	22,099	608,652	95,147	86.5	96.4	451,037	95,454	12,445	2,285	3,802	21,530	586,553
경기	1,119,859	1,002,569	56,075	1,058,644	61,215	94.5	94.7	450,140	424,104	40,720	6,768	25,216	55,621	1,002,569
충북	521,061	473,777	25,673	499,450	21,611	95.8	94.9	159,310	245,218	14,411	1,847	24,727	28,264	473,777
충남	961,871	857,172	42,998	900,170	61,701	93.6	95.2	374,209	364,750	29,054	4,675	32,895	51,589	857,172
전북	910,566	839,411	35,411	874,822	35,744	96.1	96.0	428,410	338,283	25,430	2,738	15,596	28,954	839,411
전남	1,330,477	1,212,411	73,863	1,286,274	44,203	96.7	94.3	529.341	549,279	25,979	3,294	70,628	33,890	1,212,411
경북	1,492,013	1,316,168	81,995	1,398,163	93,850	93.7	94.1	715,342	475,754	38,188	5,303	40,544	41,037	1,316,168
경남	1,646,398	1,483,338	54,562	1,537,900	108,498	93.4	96.5	778,903	623,409	38,288	4,575	7,899	30,264	1,483,338
강원	804,325	763,132	26,110	789,242	15,083	98.1	96.7	103,493	611,704	14,046	3,225	7,052	23,612	763,132
제주	116,501	107,963	2,914	110,877	5,624	95.2	97.4	22,469	77,547	2,717	216	2,196	2,818	107,963
합계	9,606,370	8,624,494	421,700	9,064,194	542,676	94.4	95.3	4,012,654	3,805,502	241,278	34,926	230,555	317,579	8,642,494

출전 : 중앙선거관리위원회, 『대한민국선거사』 1, 1973, 1020쪽.

1956년 5·15대통령선거는 개표결과만 가지고 보더라도 몇 가지 특징을 보여주었다. 첫째, 지역적 편차가 심하였다. 서울과 대구에서는 각각 신익희와 조봉암의 지지표가 이승만 지지표보다 많았고, 경남·전북도 조봉암과 신익희 표가 꽤 많았다. 반면 강원도와 제주도, 충북에서는 압도적으로 이승만 지지표가 많았다.[339) 강원도의 경우 야당에서 선거운동을 하기가 어려웠고, 제주도의 경우 4·3학살 후유증이 작용하였다고 하더라도, 이승만 후보가 전체 유효표의 90%가 넘었거나(강원) 그것에 육박하였다는 것은(제주) 비정상적인 것으로 볼 수밖에 없다.

2) "투표에 이기고 개표에 지고"

투개표가 공정하였더라면 조봉암 표가 이승만 표를 리드하였을 것이라는 여러 주장은 5·15정부통령선거의 의미를 이해하는 데 하나의 관건이 된다. 진보당에서는 참관인을 거의 내지 못하였고 극히 일부가 들어갔더라

---

339) 강원도에서는 5·15선거에서 이승만과 이기붕에게 투표자수의 8할이 넘는 지지표가 나와 이때부터 '강원도 사람'이 '강원도 감자바위'라고 불리게 되었다고 한다(「정론야화」, 『인물계』 1958. 7, 32쪽).

도 쫓겨났으며, 민주당 참관인들은 진보당 표를 지켜주지 않았다.340) 그래
서 선거구 감시가 잘된 곳에서는 압도적으로 이승만을 눌렀으나, 그렇지
못한 곳에서는 조봉암 표가 대폭 삭감되어 이승만 표로 옮겨졌다는 것이
다. 실제로 그러한 증언이 여러 곳에서 나오고 있다. 강원도가 특히 그랬지
만, 정선에서 이승만 표는 2만 5천 표 나왔는데, 조봉암 표는 34표밖에 안
나왔듯이, 양자의 표차가 상식을 벗어나게 차이나는 지역이 많은 것도, 또
같은 경상도 산골인데도 한 군에서는 많이 나왔는데, 이웃 군에서는 적게
나오는 경우가 적지 않은 것도 위의 주장을 보강하는 자료가 될 것이다.

　진보당 관계자들은 이 선거에서 조봉암 후보가 승리하였음을 시사하거
나 주장하였다. 부통령후보로 나왔다가 사퇴하였던 박기출은 이승만의 당
선이 확정된 1956년 5월 17일 아침 조봉암과 함께 만난 기자에게 "조작한
표수야 얼마든지 만들어낼 수 있는 것"이라고 말하였다.341) 그는 후에 부
산 영도구의 자유당위원장 이영언(李榮彦)의 말을 술회하면서,342) 이러한
실정으로부터 추정하면, 조봉암은 유효투표 70~80%를 획득하였다고 생각
되므로, 그는 600만 표를 상회하고, 이승만의 득표는 100만 표 전후가 아닐
까 생각한다고 기술하였다.343) 조봉암 후보의 선거사무장이었던 윤길중은
조봉임의 2백 여만 표가 이승만의 지지표로 둔갑했다고 추징하였다.344) 그

---

340) 洪璡基 선기에는 대통령선서 개표는 사유낭과 민주낭의 참관반으로 신행뇌었
　　는데, 조봉암 후보의 표가 의외로 많이 나오자 양당은 협상을 통하여 부통령선거
　　개표의 공정을 보장하고, 민주당 쪽 개표 참관인을 모두 철수하게 했다고 쓰여있
　　다(維民 홍진기전기간행위원회, 『유민 홍진기 전기』, 중앙일보사, 1993, 189쪽). 박
　　기출은 자유당과 민주당이 "부통령 표는 그대로 처리하지만, 대통령 표는 선거관
　　리인에 일임하기로 모의했다"고 주장하였다(박기출, 『한국정치사』, 166쪽).

341) 『한국일보』, 1956. 5. 18.

342) 부산 영도구의 경우 자유당위원장인 李榮彦은 조봉암 표가 너무 많이 나와 조
　　봉암 표를 중간에 넣고 상하에 이승만 표 1매씩을 넣는 100매 단위의 샌드위치표
　　를 만들었다고 증언하였다(박기출, 앞의 책, 166쪽). 당시 진보당 경남도당선전부
　　장이었던 朴汝喆은 진보당 참관인은 거의 들여보내지 않았는데, 자신은 용케 부
　　산 중구 개표를 참관하였던바, 자신의 계산으로 죽산이 3만여 표, 이박사가 1만
　　표 선이었는데, 선관위원회에서 발표하지 않다가 자신을 경찰에 연행한 후 죽산
　　표와 이승만 표를 바꿔 발표하였다고 증언하였다(이영석, 앞의 책, 218~219쪽).

343) 박기출, 앞의 책, 166쪽.

344) 윤길중, 앞의 책, 158쪽.

렇다면 조봉암은 4백여만 표를, 이승만은 3백만 표 내외를 득표하였다는 주장이다.

조봉암은 어떻게 보았나. 그는 1956년 5월 17일 발표된 담화에서 어려운 환경과 강압된 분위기 속에서 패배하였음을 자인하고 이승만의 당선을 축하하였다. 그리고 진보당추진위원회와 그의 선거운동원도 거의 법의 보호권 밖에서 생존권 자체조차 위협받고 있는 현상에 항의하였다.[345] 그렇지만 1957년에 한 잡지사에서 펴낸 책 『내가 걸어온 길 내가 걸어갈 길』에서 조봉암은 "선거의 결과는 항용 말하는 것처럼 투표에는 이기고 개표에는 졌습니다"라고 피력하였다.[346] 이 소책자에 실린 조봉암 글의 표제도 「투표에 이기고 개표에 지고」로 되어있다. 이 선거 때 진보당추진위원으로 활동하였던 고정훈도 한 글에서 "조봉암 씨는 낙선된 것으로 발표되었다"라고 썼다.[347]

진보당 관계자들의 주장은 직접 이 선거에 '패배자'로서 관계가 되어있기 때문에 설득력이 약하다. 그러나 정부에서 중요한 위치에 있던 사람들 가운데도 그러한 주장을 하는 경우가 있다는 것은 주목할 필요가 있다. 투표일 이틀 전에 한 신문에는 자유당 정부통령선거대책위원장 대리 이재학이 "표는 아직 5할이 부동이야"라고 말한 것이[348] 보도되었다. 자유당의 핵심 간부가 신익희가 사거한 후, 그리고 투표일을 눈앞에 두고 이와 같이 말하였다는 것은 보통 심각한 상황이 아니었음을 반증해준다. 5·15선거가 치러졌을 때는 해무청장(海務廳長)이었고, 이승만의 신임을 두텁게 받으면서 1958년 2월에 법무부장관이 되어 조봉암·진보당사건에 깊숙이 관련되어있었으며, 1960년 3·15선거 직후에 내무부장관이었던 홍진기 전기에는 개표시간이 빨랐던 일부 도시지역에서는 조봉암 후보가 이승만 후보의 득표보다 앞선 개표록(錄) 등이 남아있는 것 등을 볼 때, 개표 부정이 없었

---

345) 『한국일보』 1956. 5. 18.
346) 『내가 걸어온 길 내가 걸어갈 길』, 176쪽.
347) 『명인옥중기』(고정훈 편), 22쪽.
348) 자유당 감찰부차장 金枇道도 이 선거가 고전이라고 말하였다(『조선일보』 1956. 5. 13.(석)).

더라면 조후보가 이후보에게 졌다고 해도 근소한 차이였을 것이라고 일부에서는 생각하였다고 기술되어있다.349)

5·15선거의 부정에 대하여 가장 충격적인 증언을 한 사람은 4년 후에 치러진 3·15정부통령선거의 주무장관이었던 최인규(崔仁圭)이다. 최인규는 5·16군부쿠데타 후에 설치된 군사혁명재판소에서 사형선고를 받았는데, 원심이 확정된 상태에서 수사기관으로부터 권유를 받고 자서전을 쓰게 되었다. 그는 이 글에서 5·15선거가 엄청난 부정선거였음을 강조하였다. 강원도에서 이승만과 이기붕의 표가 90% 이상 나온 것으로 발표되었지만350) 실제로는 그렇지 않았고, 유권자의 대부분을 차지하고 있는 군인들의 70% 이상이 조봉암한테 투표하였다는 것이다. 최인규는 강원도에서 있었던 일은 불행한 일이지만, 실제의 투표결과는 전국이 대부분 대동소이하였을 것으로 추정하였다. 그는 자신의 주장을 믿기 어려우면 그때까지 보관되어있는 투표용지를 다시 검토하여보면 될 것이라고 부연하였다. 그는 처음에 충무, 진주, 부산, 여수, 목포, 정읍, 김제, 전주, 대구, 김천 등 조후보가 이후보보다 훨씬 많이 나온 선거구의 군수, 서장들을 불러서 그 원인을 알아보고 싶었다고 기술하였다. 그리고는, 그러면 선거 당시 내무부장관은 전국적인 투표결과에서 압도적으로 조후보가 우세할 경우 당선을 선포하도록 묵인할 수 있었겠느냐고 반문하였다.351)

최인규는 전국 경찰이 조봉암의 당선을 방지하려고 가지각색의 선거방해를 하였고, 개표와 발표에서도 엄청난 조작을 하였음에도 불구하고 216만여 표가 나온 것은 반공국가로서의 체면을 여지 없이 추락시킨 것이기 때문에,352) 3·15선거에서 그런 '전철'을 밟지 않으려고 부정선거를 저질

---

349) 홍진기 전기에서는 5·15선거로 조봉암은 이승만의 강력한 경쟁자 위치를 확보하였으며, 이것은 보수세력에게 충격과 위협으로 받아들여진 듯하다고 기술하였다(유민 홍진기전기간행위원회, 앞의 책, 189~190쪽).

350) 강원도에서 이기붕 후보는 장면 후보보다 6배나 더 득표한 것으로 발표되었지만, 그것은 전체 유효표의 80%를 약간 넘은 것이었다. 이 당시 강원도 지사는 崔獻吉, 경찰국장은 朴炳培, 사찰과장은 여러 사건에 이름이 오르내리는 朴士一이었다.

351) 최인규, 『옥중자서전』, 중앙일보사, 1984, 197~198쪽.

렀다는 논리를 폈던바, 거기에는 자기합리화를 위한 면이 강하다. 그러나 최인규의 5·15선거에 대한 주장은 상당부분 설득력이 있다. 5·15선거를 빙자하여 3·15부정선거를 합리화하려는 것은 3·15선거에는 조봉암이 이미 처형당하여 입후보할 수 없었기 때문에 논리적으로 가당치 않다. 그렇지만 "5·15선거를 충분히 알지 못하고는 3·15선거를 이해할 수 없다"는 최인규의 주장은353) 검토할 여지가 충분히 있다.

3·15부정선거는 도저히 이해가 되지 않는 면이 있다. 5·15정부통령선거 이후 이승만 정권이 잇달아 극단적인 조치를 취하고, 3·15선거에서 이승만은 그가 소망하였던 대로 단일후보가 되었으며, 정국이 경색되어있어 장면 후보의 부통령 재선은 아주 어려웠는데도 상식을 초월한 부정선거가 치러진 것이다. 이승만 자존심의 심각한 상처, 장면이 부통령이 됨으로써 맛보았던 자유당의 낭패감과 위기의식, 5·15선거가 총체적으로 보여준 민심 또는 '민의', 이승만과 자유당 스스로가 느꼈던 비도덕성과 열패감은 모두 다 5·15정부통령선거와 연결되어있다.

진보당과 자유당 관계자, 이승만 정부 관계자들 외에도 5·15선거를 공식 발표와 전혀 다르게 생각하고 있는 사람들이 있다. 조병옥은 선거가 끝난 지 20일밖에 안된 1956년 6월 5일 국회에서 "이번에 3대 대통령선거에 있어 가지고 내 판단에는 만일 자유분위기의 선거가 행해졌더라면 이대통령이 받은 표는 200만 표 내외에 지나지 못하리라고 나는 판단합니다"라고 말하였다.354) 조병옥과 조봉암의 관계를 볼 때, 조병옥이 이승만 정부를 비판하기 위해서 이와 같이 발언했다고 하더라도, 그의 발언은 민주당 간부들이 내심으로 생각하고 있던 것을 일정하게 토로하였다고 볼 수 있다. 민주당도 이와 같이 조봉암과 진보당에 대해서 두려움을 지니고 있었기 때문에, 진보당사건에 침묵을 지켜 조봉암의 처형을 실질적으로 방조한 것이라고 평가할 수 있을 것이다.355)

---

352) 위의 책, 200쪽.

353) 위의 책, 185쪽.

354) 『국회속기록』 제22회 26호, 1956. 6. 5.

355) 강원룡 목사도 5·15선거는 조봉암의 실질적인 승리를 암시한다고 기술하고,

조봉암 후보가 이승만 후보를 실제로는 이겼을 것이라는 주장과는 별도로, 서상일이 그렇게 생각하였지만, 일부에서는 조봉암이 200여만 표 또는 그 이상의 많은 표를 얻은 것은 신익희가 죽었기 때문이라고 보고 있다. 신익희한테 갈 표가 조봉암한테 갔다는 주장이다.

이 문제를 논의하기 전에 먼저 언급해둘 것은, 장면이 부통령에 당선된 것은 박기출의 사퇴가 결정적인 영향을 미쳤다는 점이다. 장면과 이기붕의 표차가 불과 20만여 표인데, 박기출이 후보사퇴를 하지 않았다면 아무리 적어도 두 사람의 표차보다 박기출 표가 많았을 것이다. 박기출은 경상도 혁신계에서 알려진 사람이었다는 점에서 이 점은 더욱 확실하다고 볼 수 있다.356)

신익희 표의 일부는 조봉암한테 갔을 것이고, 일부는 이승만한테 갔을 것이다. 그러나 크게는 별 차이가 없었을 것으로 보인다.357) 첫째, 민주당에서는 추모표를 던지도록 음성적인 활동을 계속하였고, 당국은 이를 방임하였다. 민주당 지지 신문들은 계속 조봉암을 위험인물로 부각시켜 추모표를 던지지 않으려면 이승만한테 투표하도록 유도하였다. 그런데 조봉암측은 신익희 사거 후에는 이승만측 탄압 때문에 거의 선거운동을 할 수가 없이 신익희 지지표가 조봉암한데 오도록 하는 작전을 짜기도, 운동을 하기도 어려웠다. 또 민주당과 진보당은 신익희 사후에도 연합전선 실패문제 등으로 서로 강하게 비난하였다. 그리고 투표용지에는 신익희 이름이 그대로 인쇄되어있었다. 둘째, 진보당이 그러한 주장을 맹렬히 선전하였는데, 자유당과 민주당은 비슷한 점이 많았지만, 대부분의 유권자가 진보당과 민주당, 진보당과 자유당은 차별성이 있는 것으로 인식하였다. 그것이 부정선거가 그래도 적었던 서울의 경우 비교적 상관관계가 있는 득표로 나타

개표시 표를 백 장씩 묶으면서 조후보 표 98장의 앞뒤에 이후보 표 한 장씩을 붙여 계산한 경우가 많았는데도 최후 집계에서 이후보 표가 조후보 표보다 모자랐다는 얘기를 선거검표위원으로부터 들은 것을 소개하였다(강원룡, 앞의 책 2, 292쪽).

356) 이원식, 앞의 글, 『한국일보』 1956. 5. 30.

357) 손호철, 「분단 후 한국사회에서의 '진보적' 투표행태에 관한 연구」, 『사회비평』 제11호, 1994, 212쪽 참조.

났다. 경상도의 경우 인민군이 들어온 지역과 그렇지 않은 지역은 진보당 지지에 차이가 있었다. 진보당 후보가 사퇴하면 그 표는 민주당한테 갈 수 있었지만, 민주당이 있는데 민주당 지지표가 진보당에 가는 것은 쉽지 않았다. 조봉암 표는 조봉암 개인에 대한 지지와 평화통일론, 그리고 피해대중을 위한 정치를 하겠다는 주장에 대한 호응이었다. 셋째, 진보당보다는 민주당이 조직기반이 있었지만, 민주당도 발당 초였기 때문에 조직과 자금이 약하여 처음부터 유권자의 반이승만 정서에 크게 의존하였다. 그런데 서울권에서는 신익희 후보의 인기가 급등하였지만, 다른 지역에서는 확실치 않았다. 서울의 여세를 밀고 바람을 일으키기 위해 과로를 무릅쓰고 호남으로 내려가다가 신익희는 사거하였다. 마지막으로 논의해볼 수 있는 것은 1952년 정부통령선거 때 조봉암, 이시영, 조병옥의 지역적 득표와 1956년 조봉암과 신익희 추모표의 그것은 상당히 비슷한 분포를 보이고 있다는 점이다.

3) 선거이변이 일어난 이유

1956년 5·15정부통령선거에서 유일한 영도자로 자임하면서 절대적인 위치에 있었던 이승만과 자유당이 실질적으로 참패하고, 조봉암이 돌풍을 일으킨 것을 어떻게 설명할 수 있을까. 왜 도시에서도 농촌의 '평화향'에서도358) 이변이 일어났나.

무엇보다도 이 시기는 1950년대 전반기와는 다르게 세상이 많이 변하였

---

358) 한 신문은 이렇게 시골의 한 '平和鄕'을 묘사하였다. "중앙지의 분국 하나 없는 지라 10년을 가야 신문에 한번 보도되는 일도 없는 곳일 뿐더러, 군에서 공문이 오는 대로 '獨促'(독립촉성국민회, 이승만이 귀국 후에 조직한 독립촉성중앙협의회를 바꾼 것─필자) '民統'(민족통일총본부, 이승만이 1946년 6월에 조직한 단체임─필자) '국민회' '자유당' 등의 면지부 간판이 차례로 붙는 것 이외에는 별일이 없던 지극히 평화스러운 곳이다. 데모를 하라고 하면, 20리 밖에서들 장터로 모여들어 질서정연하게 데모를 하고, 선거를 한다 하면 물론 '좋은 성적으로' 면지부 간판붙은 곳에서 하라는 대로 결과가 나오곤 하였다. 가끔 정치적인 화제가 있다면 무엇에 찍는지도 모르는 도장을 거두어 오라는데, 몇 시간 늦게 가져왔다고 구장이 지서에서 따귀를 맞았다는 둥, 군청소재지의 야당 지부에서 트럭을 타고 선거선전을 하러 왔다가 봉변을 당하였다는 둥 하는 정도의 화제인 것이다"[조선일보 편집국 편, 앞의 책(1956. 7. 26), 77쪽].

다는 점을 생각해야 한다. 1952년 8·5정부통령선거는 전시하에서 치러졌고, 1954년 5·20선거도 전시의 분위기가 남아있는 상태에서 치러져 권력의 일방적인 강요가 먹혀들 수 있었다. 또 휴전협정 체결 이후에는 북진통일 캠페인이 그와 같은 긴장상태를 조성하는 데 큰 역할을 하였다. 그러나 휴전협정 반대, 뉴델리 밀회설을 전후한 제3세력 배격과 북진통일운동, 1955년 8월부터 12월까지 계속된 중립국감시위원단 철수요구 시위 등 끊이지 않고 계속되는 북진통일운동에 국민들은 싫증을 내고 있었고, 그것은 시간의 흐름이 조성한 전시긴장체제의 완화와 맞물려 더욱 효력이 약해졌다. 5·15정부통령선거에서는 '거국적인' 북진통일운동을 벌이기가 어려웠고, 선거 자체도 긴장을 완화시키는 기제로서 작용하였다. 그래서 심지어 공약에서조차도 북진통일 대신 반공통일을 내세웠고, 그것마저 적극적으로 활용하지 않았다.

이와 같은 상황에서 긴장의 상대적 완화는 인민들로 하여금 억압적 권력에 비판적이게 하였으며, 나름대로 자신들이 원하는 지도자와 정당에 대한 선택의 여유를 갖게 하였고, 평화통일론에 귀를 기울이게 하였다. 전쟁 직후인지라 이산가족 상봉을 포함하여 통일의 열망이 높았는데, 북진통일론은 그 점에서 비현실적이었다. 많은 사병과 장정, 그들의 부모형제는 겉으로는 북진통일운동에 동원되어 끌려다녔지만, 더이상 동족간에 피를 흘리는 전쟁이 일어나서는 절대로 안된다는 조봉암의 호소는 설득력이 강하였다.

긴장의 완화는 '피해대중'으로 하여금 자각증세를 갖게 하는 데도 중요한 작용을 하였다. 수만 명의 주민이 여러 차례에 걸쳐 학살을 당하였으며, 수백만 명의 주민이 부역 대상자였고, 그 중 수십만 명이 부역자로 체포되어 각종 형을 받았거나 고초를 겪었다. 그러나 워낙 엄혹한 억압통치였기 때문에 주민들은 공포와 질식상태에서 침묵 속에 살았다. 한국인은 대다수가 피해대중일 터인데, 1950년대 중반에 접어들면서 전쟁으로 피해를 입은 서민들 중에는 자각증세가 미미하게나마 드러나게 되었다. 1951년 2월 세 군데에서 7백여 명이 집단학살당한 거창에서 시신을 방치해둘 수밖에 없었다가, 가장 많은 주민이 희생당한 박산골 시신들을 수습하여 합동분묘를 만든 것은 1954년 3월이었다. 얼굴조차 분간할 수 없는 시신을 세 무덤에 안장하니 남자 109명, 여자 183명, 아이 225명 등 517명이었다.[359] 1956년 정부통령선거에서 조봉암이 '피해대중을 위한 정치'를 하겠다고 역설한 것은 전시의 피해대중뿐만 아니라, 관권에 눌려산 피해대중에게도 어필하였다. 5·15정부통령선거에서 조봉암이 선전한 것은 그의 개인적인 인기와 함께 그것과 연결된 평화통일론, 피해대중을 위한 정치가 부분적으로나마 이완된 극우반공체제에서 호소력이 있었기 때문이었다.

5·15선거에서 피해대중과 득표의 관계에 대해서는 경남북지방의 표가 상당부분 시사하는 바 있다. 영남의 경우 일제 때와 해방 후 좌익세, 민족주의세가 강하였고, 5·30선거 때도 중도파 민족주의자가 부산지방에서 두각을 나타냈지만, 1950년대 내내, 그리고 4월혁명기에 야당세가 강하였고 교원노조운동이 활기차게 전개되고 혁신세력의 주요 근거지가 된 것은 한국전쟁의 체험과도 관련이 있다. 전남북은 해방 후 좌익세가 경남북과 비슷하였지만, 인민군이 전지역에 걸쳐 들어왔고, 그 때문에 부역자가 많을 수밖에 없었으며 좌우익간 동족상잔의 피해도 컸다. 그래서 잔존 좌익이 당국 등의 주시를 많이 받았다면,[360] 영남은 인민군이 일부 지역에만 들어와 부역자가 적었으며, 보도연맹원 학살 등 경찰·우익에 의한 대규모 주민집단학살이 있었던 것에 비하여, 좌익에 의한 우익의 학살은 적었다. 따라서 좌익 잔존자들이 더 많을 수 있었고, 우익의 학살에 대해 책임을 물을 수 있었다. 4월혁명 후 만들어진 피학살자유족회가 대부분 이 지역에 몰려있는 것도 이 때문이었다. 한 연구자는 개표 발표에 의존하여 경북을 상주, 선산, 의성, 청송, 영일을 경계로 이들 지역을 포함하여 북부지역과 남부지역으로 나누어 비교해본 결과, 남부지역의 조봉암 득표율은 유효투표율 기준으로 57.1%에 달하는 반면, 대체로 인민군이 들어왔던 북부지역의 득표율은 29.5%에 지나지 않는 것으로 분석되어 위의 주장을 일정하게

---

359) 부산매일, 『울부짖는 원혼』, 1991, 50쪽.

360) 전남지역은 관헌의 압박이 심하였다. 그것에 더하여 김종원이 전남경찰국장으로 있었던 것이, 개표결과 조봉암 표가 꽤 적은 것으로 발표된 중요한 이유의 하나였다.

뒷받침해주었다.361) 부산의 경우 좌익이 셌고, 5 · 30선거에서 중도파 민족주의자들이 선전하였으며, 박기출, 임갑수 등 진보당추진위원회 간부들이 있었는데도 불구하고 조봉암 표가 적게 나온 이유는 대규모 부정선거말고는 설명하기 어렵다.

서울의 경우, 개표결과 발표에서 신익희 후보가 조봉암 표보다 훨씬 높은 이유는 참관인 문제도 있었지만, 서울의 보수성도 중요 요인이었다. 서울은 5백 년간 조선의 도읍지였고, 일제 때는 조선총독부가, 미군정 시기에는 미군정이 설치된 지역으로 국가의 통제력이 강하게 미쳤고, 중소상인과 상공업자, 소시민들이 많았다. 한국전쟁의 경험은 다수의 서울주민들로 하여금 반이승만 감정과 반진보적 분위기를 동시에 갖게 하였다. 제4장에서 상세히 살펴보겠지만, 이승만 정부는 침략자를 격퇴하고 있다고 공언하였음에도 불구하고, 이승만은 6월 27일 새벽 2, 3시경 어느 누구보다 먼저 도피하고 나서는 이날 밤에 '안심하라'는 방송을 내보냈고 다음날 새벽 2시 30분경 한강 인도교를 폭파하였다. 이 때문에 '부역자'들이 무수히 생겨났는데, 9 · 28수복 때는 '도강파'들이 중심이 되어 '잔류파'들을 몹시 닦달하였다. 그와 함께 인민위원회 치하에서 식량문제, 노동력 징발, 주민 소개 등으로 주민들이 말할 수 없는 고초를 겪었다. 그런데다가 1956년 무렵에는 이승만의 기만적인 우민정책, 실업과 생활고, 자유당의 행패 등이 큰 불만요인으로 작용하여 소시민적 비판의식이 강해졌으며, 그것이 반이승만 정서를 고조시켜 보수층은 신익희에게, 진보층은 조봉암에게 투표하였다. 조봉암의 득표가 개표결과 발표에서 1952년 2만 5,631표에서 1956년 11만 9,129표로 증가하였다는 것은 투개표 부정을 염두에 두더라도 서울에서도 진보세력 지지층이 꽤 있음을 반영하는 것이 될 것이다.

평화통일론, '피해대중'을 위한 정치와 함께 1956년 5 · 15정부통령선거에서 표의 변화를 일으킨 중요 요인은 이승만 정부의 실정(失政), 피교육층의 증대와 도시화였다. 1956, 57년은 한국경제에서 하나의 전기였다. 해방 후의 혼란, 전쟁으로 인한 파괴 등을 거쳐 1954년경부터 자립경제를 외치

---

361) 손호철, 앞의 글, 208쪽.

며 경제부흥을 위한 복구사업이 진행되어, 1956년에 이르러 비로소 격심하던 인플레율이 점진적으로 수습되었으며, 생산도 전전의 수준을 약간 상회하여 이 해에는 경제발전기로 진입할 것이라는 예상도 나왔다.[362] 그렇지만 농촌은 피폐될 대로 피폐되고, 도시에서는 실업자가 넘쳐흘렀다. 그럴수록 이승만 정권의 부패 무능은 부각되었고, 앞날이 비관적으로 비쳐졌다. 서민의 생활이 그들 위에 군림해 있는 관료, 경찰, 군, 자유당 간부, 재벌 등 특권층의 사치와 대조가 되었다.

교육의 확대도 이승만 정부에 대한 불만을 높이는 데 기여하였다. 일제의 직접지배, 해방 후의 혁명적 상황, 토지개혁, 산골짜기까지 심대한 영향을 받았던 한국전쟁의 결과로 신분차별이 심하였던 한국은 놀라울 정도로 하향평준화이기는 하지만 평준화 사회를 갖게 되었다. 도시건 농촌이건 평준화 사회는 젊은 층일수록 기대상승을 일으켜 현실에 대한 불만을 갖게 하였는데, 그와 함께 교육만 받으면 '성공' 또는 '출세'할 수 있다는 분위기를 팽배하게 하여 교육열을 추동하였다. 이승만 정부는 원하였든 원치 않았든 군대와 공무원에 대한 과다지출과 함께 교육에 지출하지 않을 수 없었다.[363] 의무교육 취학률은 1945년의 64.0%에서 1956년에는 89.9%에 이르렀고, 문맹률도 발표에 따른다면 1945년의 78.0%에서 1956년에는 10.0%로 낮아졌다.[364] 이한빈(李漢彬)이 말한 우리 사회에서 하나의 기념비적 업적이라고 할 만한 의무교육이 본격적으로 실시되어, 그것에 의하여 거대한 인적 자본이 형성된 것은 그 뒤에 예기치 못하였던 구체적인 발전적 영향을 발휘하게 하였다.[365] 전문학교 이상의 고등학력자도 해방 당시에는 8,400명 중 한국인은 겨우 1,720명이었는데, 1955년에는 6만 6,415명으로 증가하였다.[366]

그러나 이와 같은 피교육층의 증가는 그만큼 이승만 정권에 대한 불만

---

362) 崔虎鎭, 「민국경제 10년사」, 『인물계』 1958. 8, 41~42쪽.

363) 洪性囿, 『한국경제의 자본축적과정』, 고려대학교 출판부, 1965, 44~45쪽.

364) 문교40년사 편찬위원회, 『문교40년사』, 문교부, 1988, 151~153, 203쪽.

365) 이한빈, 『사회변동과 행정』, 박영사, 1968, 82~83쪽.

366) 대한민국건국10년지간행회, 앞의 책, 411쪽.

을 키워놓게 하였다. 예컨대, 단 한 사람의 권력을 위해서 헌법마저 유린하며 자행된 사사오입개헌에 자유당은 영원히 씻을 수 없는 조소의 대상이 되었다. 이승만 정권과 자유당의 실정과 횡포를 대할 때마다 식자층은 '사사오입'을 연상하였다.[367] 이승만의 우민관이 자초한 소극(笑劇)이라고나 할까.

휴전협정 후 도시화도 꽤 빠른 속도로 진행되었다. 1956년 초에 한 언론인은 농촌에는 노인과 부녀자, 어린 소년들만 남기고 제대장병, 각급 학교 졸업생, 청년층은 도시를 그리워하며 조상 전래의 농촌을 헌신짝같이 버리려고 하는데, 더욱 가관인 것은 농업요원으로 양성한 농과 졸업생까지 대부분이 월급쟁이를 희망하는 추세라고 개탄하였다.[368] 10만 명 이상의 도시에 거주하는 인구는 1949년에 전체 인구의 14.7%이던 것이 전쟁으로 도시민들이 대거 서울 등 도시를 빠져나갔는데도 1960년에 22.8%로 집계되었고, 인구 5만 명 이상의 도시 총인구는 1949년에 18.3%이던 것이 1960년에 28.3%로 증가되었다.[369] 1956년 전반기 서울의 상주인구는 142만여 명으로 집계되었는데, 그 중 국교졸업생이 남자 13만 8,010명, 여자 17만 8,260명, 중고졸업생이 남자 8만 9,236명, 여자 5만 5,600명으로 집계되었고, 전문대 이상 고등교육을 받은 사람은 남자 2만 3,235명, 여자 5,090명이었다.[370] 산업화가 제대로 수반되지 못한 도시화는 판자촌으로 대표되는 도시빈민과 실업자의 증가를 가져왔다.

피교육자의 증가와 도시화는 상호 밀접한 관계를 형성하면서 이승만 정권의 실정과 압제, 우민정책, 경제정책의 무능에 비판적이었는데, 그것에

---

367) 최석채, 앞의 책, 95쪽 참조.

368) 위의 책, 125~127쪽.

369) 인구 2~5만 명의 읍은 1955~66년 사이에 급격히 신장하여 1955년에 74개이던 것이 1960년에는 120개였다. 이러한 준도시화 인구까지 합하면 도시인구는 1949년에 27.5%이던 것이 1960년에는 40.9%에 이르렀다(이한빈, 앞의 책, 99~101쪽). 한 자료에는 인구 5만 명 이상의 도시에 1952년에는 17.7%가 살았으나, 1955년에는 24.5%(530만 명), 1960년에는 28%(700만 명)가 거주한 것으로 되어있다(합동통신사, 『합동연감』 1965, 185~186쪽 ; 韓昇洲, 『제2공화국과 한국의 민주주의』, 종로서적, 1983, 29쪽에서 재인용).

370) 『조선일보』 1956. 5. 1.

선봉을 선 것이 당시에는 신문이었다. 주요 중앙지 중『서울신문』을 제외한『동아일보』,『경향신문』,『조선일보』,『한국일보』는 이승만 정권에 비판적이어야 소시민의 호응을 더 잘 받을 수 있기 때문이라는 점도 작용하였겠지만 이승만 정권의 문제점을 들춰냈다.[371] 그러나 경제사정 때문이겠지만, 신문 발행부수가 많지 않았다는 점을 유념하여야 하고,[372] 또 이른바 이들 4대 야당지도 대체로 극우반공주의에 추수하는 편이어서『동아일보』,『경향신문』은 물론이고『한국일보』,『조선일보』도 조봉암과 진보당에 호의적이지 않았다. 또한 여전히 한국 전체로는 농업이 아직도 중심인 농촌사회였다는 점에서[373] 조봉암의 득표를 지나치게 도시화와 연결시키는 것은 조심하여야 할 것이다.

그러나 개표가 빨리 되고, 개표'감시'가 상대적으로 어느 정도는 있었을 것으로 보이는 점을 감안하여야겠지만, 농촌과 도시 중 조봉암 지지표는 개표결과에 따른다면 도시에서 상대적으로 더 많았다. 경남의 경우 부산을 제외하면 진주, 충무, 울산 등과 군인도시인 진해에서도 조봉암 표가 많았고, 마산은 근소한 차이로 이승만 표가 많았다. 경북은 대구에서 10만 1,120표 대 3만 8,813표란 압도적 차이로 조봉암이 이승만을 눌렀고, 김천, 경주에서도 조봉암 표가 많았다. 전북의 경우 전주에서 이승만 표보다 월등 많았고(2만 3,201 : 1만 2,694), 전남의 경우 목포에서는 조봉암이 우세하였으나 광주, 여수, 순천에서는 이승만이 우세하였다. 대전의 경우 조봉암 2만 3,194표, 이승만 2만 3,875표로 거의 비슷하였다. 도시에서도 영남지역에서 조봉암이 우세하였고, 강원, 충북, 경기에서는 약세였다. 한 연구자는

---

371)『동아일보』는 민주당 구파의 입장을 대변하였고, 가톨릭계 신문인『경향신문』은 장면을 적극 지지하였다.

372) 1957년 국제연합한국통일부흥위원회 보고서에 따르면 신문 발행부수가『동아일보』17~30만 부,『경향신문』12~15만 부,『한국일보』8~10만 부,『조선일보』8~10만 부,『서울신문』6만 5천~8만 5천 부였다[김영주(외무부정무국장),『한국통일문제』1958. 9, 78~81쪽].

373) 1960년 11월에 민주당 정부에서 실시한 여론조사에 따르면, 신문을 보지 않는다는 답변이 70%, 라디오를 듣지 않는다는 답변이 68%였고, 면 거주자 중 74.4%가 거의 도시에 가지 않는다고 답변하였다[『제1회 국민여론조사 결과보고서』, 국무원사무처, 28~30쪽).

조봉암은 도시지역에서 전체 유효표 132만 2,552표 중 43%인 56만 8,756표를 득표한 반면, 농촌지역에서는 유효표 588만 7,693표 중 27.1%인 159만 5,052표 득표에 그친 것으로 집계하였다.[374] 도시에서 상대적으로 개표 부정이 적었을 것이라는 점을 감안하더라도 개방적이고 식자층이 많은 도시에서 조봉암의 지지율이 더 높았을 것이다.

관료자본이나 특권층과도 관련하여 1950년대에는 새로운 야당이 형성될 수 있는 여건이 마련되고 있었다. 민주당 구파는 대개가 민국당계이지만, 한민당 - 민국당 시기와는 달라, 관권과 결탁하여 이제 막 성장하기 시작한 신흥부르주아는 자유당과 결탁되어있었고, 진보당측은 물론 민주당측도 귀속기업체의 불하, 원조물자 등의 배분, 융자에서 거의 소외되어있었다. 그 반면 서민과 중소상인층, 중간층은 특혜 또는 관권에 연결되어있지 못한 만큼 이승만 - 자유당 정권에 비판적이었고, 그만큼 야당에 기대는 것이 있었다. 진보당은 귀속기업체 불하를 반대하고 주요 산업의 국유화를 주장하였고, 민주당은 그것과는 반대로 자유주의경제의 채택을 역설하였지만, 민주당과 진보당 등 야당은 자신의 정치활동 활로를 개척하기 위하여 관료독점자본의 타파를 내세웠다.[375] 새로운 야당이 도시를 중심으로 성장할 수 있는 기반이 1950년대 중반에 마련되고 있었고, 중소상공인층이나 서민의 성향, 극우반공주의의 억압 강도에 따라 진보당이나 민주당의 성장이 영향을 받게 되어있었다. 이 때문에 민주당은 한민당 - 민국당 또는 극우단정세력이 주력을 이루고 있었는데도 불구하고, 진보세력에 대해서는 여전히 극우반공주의의 입장을 견지하고 있으면서도, 부분적으로는 자유민주주의에 부응하는 면이 있었고, 비특권층의 이해관계를, 그것의 실현의지와는 별개로 대변해주는 양면성을 지니고 있었다. 이러한 상황에서 1948년 5 · 10선거, 1950년 5 · 30선거, 1954년 5 · 20선거에서 후기로 올수록 참패를 거듭하여 존폐의 위기에 처하였던 한민당-민국당이 민주당으로 전신하면서 1956년 선거에서 서울 등 대도시 유권자들의 지지를 받게 된 것이다.

---

374) 손호철, 앞의 글, 210쪽.

375) 일찍이 특권세력과 밀착되어있었던 민국당이 그러한 주장을 한 것에 대해서는 『조선일보』 1954. 2. 8. 참조.

진보세력 또한 전쟁 후 사경을 헤매다가 조봉암이라는 한 개인의 인기와 결합하여 진보당(가칭)의 이름으로 이와 같은 상황 아래 5·15선거에서 돌풍을 일으켰다.

4) 선거이변이 이승만 정권에 미친 영향

1956년은 1971년과 비슷하게 하나의 전환기였다. 억압이 완화되고 정치와 사회의 자율성·자주성이 확충되기를 요구하는 분위기가 서울과 경상도, 전라도지역 등에서 선거기를 맞아 형성되었고, 그것에는 새로운 것을 바라는 혁신에의 기대가 실려있었다. 집권자 앞에는 4년간 나름대로 성실히 일하면서 민심의 귀추에 순응할 것인가, 선거 때문에 독재체제나 극우반공체제가 이완되었다고 보고, 그것을 한층 강하게 조여 본래 욕구하던바 파시즘적 체제로 영구집권을 향해 나아갈 것인가의 갈림길에 놓여있었다. 1971년의 박정희와 비슷하게 이승만은 후자의 길을 택하였다.

자유당에서는 5·15선거에 큰 충격을 받고 민심수습책을 이승만 대통령에게 진언하였다. 자유당은 선거실패의 일반적 원인으로 ① 자유당이 행정부 뒤치다꺼리만 하였다는 점, ② 공무원이 부패하여 선거에서 면종복배(面從腹背)하였다는 점, ③ 행정기구가 복잡하여 민원이 심하였다는 점, ④ 자유당의 경우 산업경제기반이 전무하였다는 점, ⑤ 대통령이 국내 실정(특히 경제사정)을 파악치 못한 점, ⑥ 국무위원의 무능과 비서정치의 폐단으로 민심이 이반하였다는 점을 들었다.[376] 이 진언은 이대통령을 견제하겠다는 면도 있었으나, 자유당 자신의 권력강화를 요구하는 주장이 많았다. 이와 함께 자유당 의원 소장파 약 50명은 더이상 거수기 노릇을 할 수 없다는 '비장한 심정'에서 혁신정치를 단행할 것을 호소하고, '혁신정치' 지향에 공동서명하였다. 그리고 내각책임제로의 개헌 움직임이 일어났다.[377]

---

376) 자유당이 지적한 선거실패의 구체적 원인에 대해서는 마한, 앞의 책, 254쪽 참조.

377) 자유당 소장파 의원들의 '과격한 혁신성'은 김수선 의원의 「우리의 활로」에 잘 나타나있다. 김의원은 민심의 자유당 이탈은 당강당책에 의한 일관성 있는 시책이 전혀 없어 권력에 맹종하고 아첨함을 유일의 公技로 삼아 불법행위와 불합리성을 합리화시키는 거수기 역할을 자담(自擔)하였던 데 있다고 지적하고, 자유당

5·15정부통령선거에서 가장 상처를 크게 입고, 분노로 끓고 있던 사람은 이승만이었다. 그는 민심 이반을 인정하려 하지 않고, 이반된 민심을 강경일변도의 억압과 선거부정 등으로 휘어잡으려고 하였다. 선거가 끝난 지 10일 뒤 이승만 대통령은 기자들이 선거결과에 대해 의견을 묻자, "이번 선거결과로 보아 친일하는 사람과 용공주의자들을 지지하는 사람이 많은 것 같다"고 답변하여, 신익희에게 추모표를 던진 유권자들을 친일파 지지자로, 조봉암을 지지한 유권자들을 용공주의 옹호자들로 몰아세웠다. 또 인(人)의 장막에 싸여 민정을 잘 모른다는 여론을 어떻게 생각하느냐는 물음에는 "그것은 반대파의 선전자료로 사용하던 이야기"라고 잘라 말하였다.378) 5·15선거에서 나타난 민심에 대한 이승만의 분명한 대답은 해방 직전 박천 경찰서장이었던 이익흥을 내무부장관에, 전쟁 전후에 양민학살을 자행하였고, 거창양민학살사건을 은폐하려다가 징역형을 받은 전남경찰국장 김종원을 치안국장에 임명하고, 강원도 지사를 경기도 지사에, 강원도 경찰국장을 서울시경국장에 임명하여 영전시킨 데서 확연히 드러났다. 그것은 또한 앞으로 선거를 어떻게 치를 것인가를 예고해주는 것이기도 하였다.

1956년 8월 8일에 실시된 시·읍·면의회 의원선거와 시·읍·면장 선거, 8월 13일에 실시된 서울특별시 및 도의회 의원선거는 5·15선거 이후 치러진 첫번째 선거였는데, 부산·경남지방에서는 대부분의 민주당원들이 시의원 등에 입후보등록조차 못할 정도로, "관념적으로 생각될 수 있는 온갖 방법이 천하의 이목을 조금도 거리낌이 없이 공공연히 대담하게 자행"되었다.379) 9월 28일에는 부통령에 취임한 지 겨우 한 달이 넘은 장면에

이 정상배의 도량처로 화하고 있다고 개탄하면서 내각책임제로의 개헌을 요구하였다[『조선일보』 1956. 5. 24.(조)]. 이 시기 자유당의 내각책임제 주장은 이승만의 독단을 견제하고 책임정치를 실시하라는 이유로 제기한 의원도 있었지만(김수선), 당의 핵심간부들이 그것에 관심을 가진 것은 장면 부통령의 대통령 승계를 무력화하자는 데 중심이 놓여있었다.

378) 『조선일보』 1956. 5. 27.(석).

379) 『한국일보』 1956. 8. 10, 사설 「8·8지방선거가 의미하는 것」. 야당 도시인 부산에서는 시의원 29명 중 민주당은 1명이 당선되었고, 24명이 자유당이었다. 그 반면 서울시의원은 47명 중 40명이 민주당이었고, 자유당 명의로 당선된 사람은

대하여 두 가지 사건이 발생하였다. 국회에서는 자유당에 의하여 한편으로는 부통령의 계승권을 말살하기 위한 개헌방안이 모색되었고, 다른 한편으로는 대(對)장부통령 경고안이 발동되었다.380) 뿐만 아니라 이날 장면 부통령은 민주당전당대회에서 피격당하였다. 선거 종반에 잠적해 있다가 5월 17일 처음 기자 앞에 얼굴을 내밀었던 조봉암은 어디에 있었느냐는 질문에 뭔지 위태위태해서 몸을 숨겼다고 설명하면서 "장면 씨도 아마 당분간은 조심해야 할 걸"이라고 토로하였는데,381) 그 말이 적중한 것이다. 총을 쏜 범인의 배후에는 자유당 간부와 이익흥 내무부장관, 김종원 치안국장이 있었고, 김종원은 법정구속되었다.

진보당은 발당과정에서 테러 등 심한 탄압을 받았고, 1958년에는 진보당 사건이 발생하였다. 평화통일을 거냥하기도 하였던 국가보안법의 개정은 24파동을 초래하였고, 1959년에는 『경향신문』 정간사건이 일어났다. 1958, 59년에 치러진 재선거, 보궐선거는 3·15선거를 방불케 하는 부정선거였다.

민주당에서는 주로 신파가 그러하였지만, 장면이 부통령에 당선된 것에 고무되어 이승만 정부에 대한 투지가 어느 정도 생겨났다. 그것에는 또한 이승만-자유당에 대한 반감이 주요 요인이 되어 표출된 도시민들의 야당에 대한 기대도 큰 역할을 하였다. 그러나 다른 한편으로 조봉암-진보당에 대해서는 이승만-자유당 못지않게 달갑지 않은 시선으로 바라보았다.

조봉암한테는 평화통일, '피해대중'을 위한 정치를 하겠다고 나선 그에 대한 민중의 지지를 어떻게 살려나가고 확충해나가느냐가 주요 과제로 떠맡겨졌다. 그러려면 먼저 진보당을 만들어야 했다.

1명이었다. 1956년 8월의 지방의회 의원선거의 등록방해 등 부정에 대해서는 손봉숙, 앞의 책, 42~43쪽 참조.

380) 장면 부통령의 8·15회견 내용에 대하여 경고안의 원안에는 "장부통령은 국민 앞에 공적으로 사과하고 앞으로는 이와 같은 반국가적 언동을 중지할 것을 경고한다"가 들어있다(『조선일보』 1956. 8. 28.(석)).

381) 『한국일보』 1956. 5. 18.

▲ 진보당 사건 재판에서(왼쪽 앞줄부터 정태영,
이동화, 김병휘, 김기철, 신창균, 조규희, 조규택,
윤길중, 김달호, 박기출, 조봉암)

◀ 1956년 제3대 대통령선거에 야당 단일후보를
내기 위해 민주당의 신익희 후보와 회합을
가졌으나 결렬되었다. 사진은 회담이 결렬되고
밖으로 나오는 모습

▶ 1956년 대통령선거 당시 홍보용
동화상(動畫像)에서

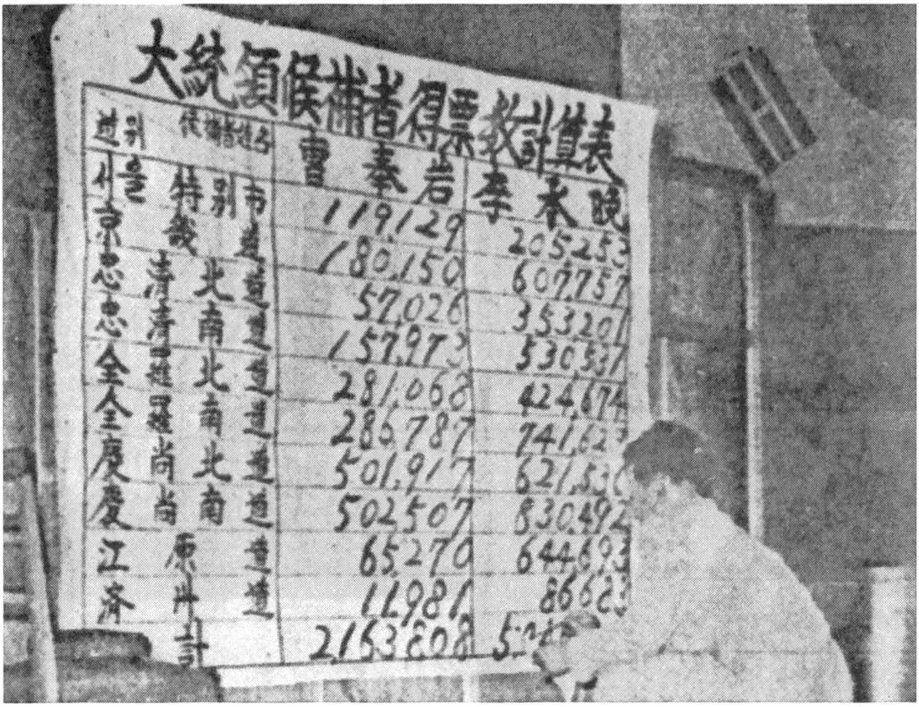

제3대 대통령선거 개표 현황. 조봉암 후보는 당시 216만여 표를 얻은 것으로 발표되었다

▲ 1952년 7월 10일에 선출된 제2대 국회의장단(왼쪽부터 윤치영 부의장, 신익희 의장, 조봉암 부의장)

◀ 진보당 기관지 『중앙정치』 표지. 1958년 10월호부터 12월호까지 3권이 발간되었으나 진보당 사건을 맞아 자연 폐간되었다

제4절 진보당 창당

1. 민주혁신당 추진과의 혼선

5·15선거가 끝난 뒤 진보당의 창당은 순조롭게 되지 않았다. 실질적으로 이승만과 막상막하의 득표를 한 여세를 몰아 진보당을 창당하여야 했고, 그것은 국민적 여망을 안고 있는 조봉암을 중심으로 이루어져야 하는 것이 상식이고 정상이었다. 그러나 혁신계에서는 오히려 조봉암을 폄하하거나 이단시하면서 끌어내리려는 인사도 많았다. 또 혁신계의 명망있는 인사들은 자신의 조직은 거의 없었지만, 과거의 경력으로 보나 나이로 보나 조봉암의 리더십 아래서 활동하는 데 강한 거부감을 갖고 있었다. 심지어 조봉암을 진보적 정당 창당에서 2선으로 물러나게 하려는 움직임도 만만치 않았다. 이 때문에 진보당의 창당은 5·15선거 직후부터 혼선을 빚게 되었다.

서상일은 당의 문호를 널리 개방하여 일층 광범위하게 혁신계 인사를 포섭할 것을 주장하였다. 이것에 조봉암도 동의하였으나, 범혁신계 정당의 추진은 조봉암을 2선으로 후퇴시키는 문제를 가지고 난항을 거듭하였다. 진보당추진위원회 내의 서상일계나 진보당추진위원회에 참가하지 않았던 혁신계 일부에서는 조봉암이 용공분자로 몰려있으니 2선으로 후퇴시켜야 한다는 것이었고, 조봉암계는 5·15선거로 크게 부각된 조봉암을 중심으로 당을 만들어야 한다고 주장하였다.

이 문제로 당의 결당이 제대로 안된 상태에서, 8월 지방자치선거를 앞두고 7월 13일 윤길중을 위원장으로 한 지방선거대책위원회를 구성하기는 하였지만,[382] 진보당추진위원회에서는 지방선거에 참여하지도 못하였다. 조봉암을 정점으로 한 진보당 중심세력은 빛좋은 개살구 격의 대동단결론

---

382) 조봉암은 1956년 6월 안으로 중앙당을 결당하고자 했다고 한다. 대통령선거의 여세를 몰아 지방의회선거를 치르고 나면 당 조직이 지방에 뿌리를 내려 1958년 민의원선거를 맞을 수 있다는 판단이었다(정태영, 앞의 책, 249쪽).

에 더이상 끌려갈 수만은 없다고 판단하고 창당작업에 박차를 가하였다. 7월 30일 진보당상무위원회에서는 8월 30일 결당대회를 개최하기로 결정하고, 8월 10일에는 결당대회에 부칠 강령과 정책초안 심사를 완료하였다. 그렇지만 8월 중순에 서상일은 진보세력 대동추진의 최종 결말을 볼 때까지 결당을 연기하자고 주장하였고, 조봉암은 우리를 따라오지 않는 사람을 무한정 기다릴 수는 없으니 결당하자고 재촉하였다.

진보당추진위원회가 두 파로 분열될 위기를 맞자 8월 24일에 열린 긴급 상무위원회에서는 조봉암이 참석한 가운데, "혁신세력의 광범한 규합을 위하여" 결당일자의 연기 여부를 논의한 결과, 8월 30일로 예정된 결당대회를 9월 중순경까지 연기하기로 결정을 보았다. 그리고 혁신세력의 규합을 추진하는 데, 진보당의 이념을 바꾸지 않는 한 당명을 개칭하는 문제는 고집하지 않기로 합의를 보았다. 진보당추진상무위원회에서 이러한 결정을 보게 된 것은, 8월 23일 조봉암과 서상일, 그리고 원내 헌정동지회의 김홍식, 재야혁신계 인사 대표 김성숙, 최익환(崔益煥), 조헌식, 김성숙(金成璹) 등 7인이 간담회를 가져 혁신세력의 대동단결을 위해 진보당 결당대회를 연기하기로 의견의 접근을 보았기 때문이었다.383)

7인간담회에서는 '혁신민주당'의 기치하에 혁신세력을 규합하는 문제가 논의되었고, 평화통일이라는 강령의 수정 또는 완화문제에도 논의가 많았다. 7인간담회에서는 곧 진보당측의 서상일, 최익환(박기출이 대리), 윤길중, 원내의 김홍식, 육완국(陸完國) 의원, 재야의 김성숙, 김경태, 조헌식, 안정용 등 9인위원회로 대치되었고, 여기에 족청계가 만든 공화당측의 신중목(愼重穆), 김영기(金英基), 신태악(申泰嶽)이 가담하여 12인위원회가 되었다.384) 12인위원회는 8월 27일부터 회합을 가졌다. 이들은 한독당, 사회당,

---

383) 이러한 의견의 접근은 이날 회의에서 조봉암이 "비민주당계 및 비자유당계의 민주적인 혁신세력을 총규합하기 위하여 당의 문호를 개방한다"는 신당운동에 찬의를 표하고, 진보당 조속 결당의 의사를 후퇴시켰기 때문에 가능하였다(『한국일보』 1956. 8. 27).

384) 박기출은 김홍식 대신 申泰權이 12인위원회에 나왔다고 기술하였다(박기출, 『한국정치사』, 171쪽). 족청계뿐만 아니라 장택상에게도 신당 창당을 위해 교섭이 있었던 것으로 한 신문은 시사하였다(『한국일보』 1956. 8. 28).

민련, 근민당계 인사 약 20명에 대해서도 포섭공작을 하는 것으로 보도되었다.

8월 23일에서 27일 사이에 열린 7인간담회, 12인위원회 등에서는 조봉암계와 비조봉암계의 주장을 절충하여, 조국통일 방안은 "정병주의로 방위태세를 완비하고 민주우방과의 긴밀한 협조하에 민주방식에 의한 조국통일을 기한다"는 것으로 평화통일론을 대폭 수정하였으며, 경제원칙은 "계획성 있는 경제체제를 확립한다"는 것으로, 당 조직은 비자유·비민주당계를 망라하는 제3의 단일정당을 만든다는 데 합의를 본 것으로 전해졌고, 당명은 민주혁신당으로 의견을 모은 것으로 알려졌다. 또한 비조봉암계는 진보당추진위원회의 문호개방원칙에 찬성하여 합류되는 것 같은 인상을 주고 있으나, "그들과 함께 새로운 신당운동을 하려는 것"이라고 주장하였다.[385] 진보당추진 중심세력은 크게 후퇴를 강요당한 셈이었다. 그러나 진보당추진 중심세력을 제외하고는 조직이 약하였고, 이질적인 면들이 많아 12인위원회의 활동은 지지부진하였다. 그것은 또다시 진보당 결당을 늦추는 결과만 가져왔다.

9월 2일 신당운동은 새로운 전기를 맞았다. 이날 진보당추진 상무집행위원회에서는 "신당운동은 진보당의 백지 환원이 아니다"라고 결의하여, 진보당추진 중심세력의 이념을 무력하게 할 수 있는 신당운동에 제동을 걸었다. 이로써 민주혁신당 발기운동은 교착상태에 빠졌다.[386] 9월 3일 진보당추진위원회 대변인 윤길중은 성명서에서 "소위 12인위원회의 협상과정에서 본당의 기초를 말살하며, 조봉암 씨가 후퇴하여야 한다는 논의가 전개되므로, 본당은 그러한 태도를 가진 인사와는 협상할 수 없게 되었으므로 12인위원회는 파열되었다"고 선언하였다.[387] 조봉암·조봉암계, 서상일

---

385) 『조선일보』, 『한국일보』 8월 25일에서 8월 27일까지의 보도 종합.

386) 9월 2일의 회의에 앞서 윤길중 진보당추진위원회 대변인은 소위 신당 발기 12인위원회라는 것은 신당운동의 한 개 협의체에 불과한 것으로 모체가 될 수 없을 것이며, 오히려 7인 유지 간담회가 신당운동의 모체가 될 수 있을 것이고, 통일방안과 경제정책 등에 대한 12인위원회 언명은 와전된 바가 적지 않다고 진술하였다[『조선일보』 1956. 9. 3.(석)].

387) 『한국일보』 1956. 9. 4.

·서상일계의 대립은 대동단결론을 내세우고 신당을 추진하면서 더욱 심화되었다. 조봉암계에서는 그간의 과정을 볼 때 대동단결, 문호개방에 따른 신당조직이란 실제로는 허구에 불과한 것으로 인식하였고, 대동단결론에 따른 조봉암의 민주혁신당 합류에 대하여는 반대의사를 표명하였다. 대동단결을 둘러싸고 논의는 풍성하였지만 새로운 혁신신당의 모습은 표류하고 있었다. 뿐만 아니라 진보당추진 중심세력은 이념면에서나 신당조직 추진에서 배제되는 상황이 초래되고 있었다. 윤길중, 이명하, 김기철, 조규희, 신창균 등 진보당추진 중심세력은 신당운동이 기존 조직마저 분산, 약화시키는 결과를 초래하였다고 판단하고, 따라서 더이상 대동단결론에 발목을 잡히지 말고 정부통령선거 직후에 계획한 바대로 창당하자고 9월 2일의 진보당추진위원회 상무위원회에서 결의한 것이다.388) 진보당추진위원회에서는 9월 21일을 발당대회일로 정하였다.

그러나 민주혁신당의 추진은 진보당추진 중심세력의 반발에도 불구하고 다시 계속되었다. 아마 조봉암이 진보당추진 중심세력을 달랬기 때문이었을 것이다. 9월 7일 교착상태를 타개하기 위하여 7인간담회가 다시 열렸고, 여기에서 민주혁신당추진협의회가 서상일을 대변인으로 하여 조봉암, 김홍식, 김성숙, 조헌식 등 5인으로 구성되었다. 민주혁신당추진협의회는 9월 중순에 급속히 발당작업을 추진하여 곧 창당준비위원회를 구성할 것으로 알려졌다. 그러나 민혁당 추진에 원내 호응이 너무 미약하였고, 재야인사 합류의 폭도 제한되어있었다. 그리하여 신당은 진보당 중심의 세력강화에서 벗어나기 어렵게 되었음이 다시 확인되었다. 이렇게 되자 비진보당계에서는 민혁당의 창당준비위원회 구성을 늦출 것을 주장하였고, 진보당추진 중심세력은 조속한 발당을 주장하였다.

---

388) 정태영, 앞의 책, 250~251쪽 참조. 정태영은 12인위원회에서 "혁신세력 대동"을 위한 기초로서 ① 조봉암을 당 지도부에서 후퇴시킨다, ② 진보당이라는 당명을 사용하지 않는다는 원칙을 세운 것에 12인위원회의 성격이 집약된 것으로 이해하였다(251쪽). 미대사관측은 비민주 야당 인사를 망라하여 단일한 제3당을 만들려는 노력은 성사가 어려울 것으로 보았고, 진보당 핵심 주위에 신당 건설 노력이 계속될 것으로 파악하였다(『주한미국대사관 주간보고서』 6, 1956. 9. 7, 290쪽).

1956년 10월 진보당추진위원회와 신당조직이 분열하여 진보당추진 중심세력은 진보당 발당으로, 다른 세력은 민주혁신당 추진으로 나아갔다. 김창숙, 장건상이 혁신세력의 총집결을 호소하는 공동성명을 발표한 10월 2일 진보당추진 상무위원회에서는 그동안 추진해오던 민주혁신당운동에 가담하지 않고, 종래의 진보당 결당 기정방침대로 나아갈 것을 결의하였다.

민주혁신당추진협의회에서는 10월 4일 "창당준비 선언문 발표와 준비위원 구성 단계에 이르러 돌연 서명 부진 운운을 이유로 일부가 이탈하게 된 것은 유감"이라는 성명을 발표하였고, 그것의 의미는 10월 8일 분명해졌다. 이날 진보당추진위원회 상무위원의 약 반수에 달하는 23명이 "진보당과 메별(袂別)하여 민주혁신당 결성에 초지일관하겠다"고 피력하였다. 진보당추진위원회에서 서상일, 이동화, 최익환, 김성숙, 정구삼, 박노수, 고정훈 등 20여 명이 이탈한 것은 진보당 결당에 큰 타격이 되었다. 다음날 진보당추진위세력은 서상일, 김성숙, 이동화, 고정훈, 최익환, 최재방, 안도명, 신용순 등 8명을 해당행위를 이유로 제명하였다. 진보당이 "피해대중은 단결하자"는 창당포스터 부착으로 모기관으로부터 시비를 당하면서[389] 창당작업에 매진할 때, 민혁당(가칭)은 11월 8일 박용희, 신숙, 최익환, 서상일, 김성숙, 조헌식, 양우조, 고정훈, 이동화, 김성숙(金成璹) 등과 김홍식, 신태권, 박기운(朴己云), 박재홍(朴在洪) 등 4명의 의원이 포함된 59명의 준비위원 명단을 발표하였다. 그리고 "민주수호와 조국통일과 부흥번영의 역사적 과업을 수행할 수 있는 혁신적 신당을 조직코자 한다"고 피력한 창당선언문과 "공산독재, 관료체제, 자본전제(專制), 기타 일체의 부패세력을 배격하고, 내각책임제 실시로서 혁신정치의 실현을 기한다"는 등 5개항으로 되어 있는 강령을 발표하였다. 11월 12일에는 총무위원에 박용희, 신숙, 최익환, 서상일, 김성숙, 조헌식, 김성숙(金成璹), 양우조가 선임되었고, 사무부, 선전부, 조직부, 의안부, 심사부, 재정부 등으로 짜여진 임시중앙상무위원 부서를 발표하였다. 민혁당 추진에는 원로 명망가 등이 여러 명 포함되어있었지만, 발당은 지지부진하였고, 발당까지 가는 데 많은 내분과 험로를 거

---

389) 『조선일보』 1956. 11. 5.

처야 했다.

2. 창당

1) 진보당 창당대회

1956년 11월 10일 진보당발당대회가 전국대의원 900명 중 853명이 참석한 가운데 열렸다. 진보당추진위원회가 구성된 지 약 1년 만이었고, 5·15정부통령선거가 끝난 지 5개월 만이었다. 국민의례, 묵념에 이어 진보당의 이념과 소망이 담긴 당가가 울려퍼졌다.[390] 그리고 곧 임시집행부 선거에 들어가 진보당추진위원회 총무위원인 조봉암, 김위제(金偉濟), 박기출, 김달호, 임기봉, 조기하(趙棋賀), 장지필, 송두한(宋斗漢) 등 8명을 임시의장단에 선출하고, 조봉암이 개회사를 하였다. 조봉암은 개회사에서 나라꼴의 착잡함과 국민대중생활의 비참함을 지적하고, 다음과 같이 진보당의 포부를 피력하였다.

> 이러한 판국이니만치 이 나라 안에서 나랏일을 바로잡고 국민을 살리는 유일한 길은 오직 진보적 사상을 가진 혁신요소의 대중적인 집결로 일대 혁신정당을 조직해서 정권을 담당하고 정치혁신을 단행하는 길밖에는 없는 것입니다.

조봉암은 이 개회사에서 진보당이 제3의 길을 갈 것이라고 그 방향을 제시하고, 그것은 자본주의와 공산주의를 다같이 거부하고 청산하는 동시에, 그것을 원자력시대에 적응할 인류의 새 이상 아래 수렴해야 할 것임을 이렇게 개진하였다.

> 우리는 특권관료의 부패에 대한 견제는 물론이고 자본주의의 독점적이

---

390) 당가는 다음과 같다 "자유는 우리의 생명 / 평화는 우리의 이상 / 이 땅에 구현하여서 / 역사를 창조하리. 조국의 새날에 이름하여 / 혁신의 새 깃발 높이 들어 / 오! / 희망과 사랑의 거름되리"(정태영, 앞의 책, 254쪽에서 재인용).

고 비인도적인 착취양식을 미워합니다. 그러나 자본주의 세계도 날로 수정되어서 어느 나라에 있어서도 거의 똑같이 그들이 몹시 미워하던 사회민주주의적인 전법을 아니 쓰는 나라는 한 곳도 없습니다. 그리고 또 다른 편으로, 공산주의의 그 기계적이고 반인간적인 독재정치도 우리가 미워합니다. 그러나 그 공산주의 세계도 날로 수정되고 탈취(脫臭)돼서 그들이 원수같이 생각하던 사회민주주의적인 방향으로 움직여가고 있는 것도 역시 우리가 눈으로 보고 있는 바입니다.

자본주의와 공산주의가 지양되어 이룩되는 조봉암의 제3의 길은 사람이 사람을 착취하는 일을 없애고, 또 인간의 존엄성을 무시하는 일을 없애고, 모든 사람의 자유가 완전히 보장되고, 응분의 노력과 사회적 보장에 의해서 다같이 평화롭고 행복하게 잘살 수 있는 세상을 만들 것을 지향하였다. 그러나 인류의 이상은 우선 한국의 실정에 적절한 정치적 과제를 실현시키는 데서 그 일보를 내디딜 수 있었다. 개회사에서 조봉암은 그것을 '한국의 진보주의'라고 해도 좋을 것이라고 피력하였다. 그러한 정치적 과제로 개회사에서 평화적 방법에 의한 국토통일로 완전한 자주국가를 건설하는 일, 혁신적인 참된 민주주의의 실현, 계획경제에 의한 민족자본 육성과 산업의 부흥, 사회보장제도의 실시, 점차적인 교육의 국가보장제도 실시 등을 직시하였다. 조봉암은 또한 진보당은 광범한 근로대중을 사회적 기반으로 하는 피해대중의 당이 될 때, 이 나라 안에서의 역사적 과업을 수행할 수 있다고 역설하였다. 그는 진보당 동지들에게 다음과 같이 호소하였다.

  우리들은 진보당에 모인 혈맹의 동지들입니다. 우리들 진보당원은 지금 형극의 길을 걷고 있습니다. 그러나 우리들은 전세계 모든 지식인이 지향하고 있는 인류의 새 이상이며 동시에 우리의 이상인 한국 진보주의의 정화(精華)입니다. 따라서 우리들은 우리나라에 있어서 새 이상을 가진 모든 사람의 선구자이고 이 민족을 참으로 살릴 수 있는 민족의 지도자이고, 근로대중의 벗이 되고 피해대중의 전위대가 되는 것입니다.391)

개회사가 끝나고 장택상이 축사를 한 다음, 이명하의 경과보고와 조규희의 국제정세보고, 이성진(李成鎭)의 국내정세보고가 있었고, 이승만 대통령에게 보내는 메시지, 유엔총회에 보내는 메시지를 채택하였다.

진보당 창당대회에서는 오후에 선언문과 강령, 정책, 당헌을 통과시키고,[392] 위원장에 조봉암, 부위원장에 박기출·김달호를, 통제위원회 위원장과 부위원장에 김위제, 김기철을 각각 선출하였다. 그리고 중앙위원 정원 322명 중 273명을 선임하였다. 나머지 49명은 지방조직을 고려하여 보류하였다. 이 대회에서는 당내에 출판사업창설위원회, 통일문제연구위원회를 구성할 것을 결의하였고, 북한동포 해방에 대한 결의안, 이집트에 대한 영불침략 반대 결의안, 헝가리 민중의 자유투쟁 지지 결의안도 채택하였다.

2) 진보당 조직의 특징

11월 10일 창당대회에 이어 이날 제1차 중앙위원회가 소집되었다. 여기에서는 간사장에 윤길중을 선출하고, 총무위원회, 재정위원회, 기획위원회 위원과 위원장, 50여 명의 상무위원을 당의 정·부위원장, 통제위원회 정·부위원장이 선출토록 위임하였다. 10월 12일 중앙상무위원회에서는 중앙집행위원회 각 부서의 임원을 선정하고, 총무위원장에 장지필, 재정위원장에 김안국(金安國), 기획위원장에 신창균을 선임하였다.[393]

진보당은 중앙당부에 당 최고의결기관으로 전국대의원대회를 두고, 전국대의원대회 폐회중 그 직무를 대행할 기구로 중앙위원회를 두었다. 중앙위원회 아래에는 중앙상무위원회를 두어 당무를 지도운영하고, 중앙위원회에서 의결하였거나 위임한 사항을 집행하며, 선거대책위원회 및 기타 특별위원회의 구성운영 등을 맡도록 하였다. 중앙상무위원회의 명단은 다음과 같다.

---

391) 조봉암의 개회사 전문은 정태영, 앞의 책, 255~259쪽에 수록되어있음.
392) 진보당의 선언문, 강령, 정책, 당헌 전문은 권대복 편, 앞의 책에 수록되어있음.
393) 정태영, 앞의 책, 259~260쪽.

윤길중 조규택(曺圭澤) 이창호(李昌鎬) 강진호(姜鎭浩) 이성석(李成錫) 김병
휘 신창균 박준길 서진걸(徐進杰) 송건(宋建 : 송재규) 온삼엽 김하돈 성낙
준(成樂準) 임갑수 박지수(朴智㑷) 정동억 홍순범(洪淳範) 서재록(徐載祿) 조
규희 안준표(安俊杓) 안경득 황민암(황구성) 이규석(李圭奭) 이명하 이봉래
최희규 곽현산(郭玄山 : 곽순모) 선우봉(鮮于鳳) 이홍렬(李興烈) 전세룡 한병
욱(韓秉旭) 조중찬(趙仲燦) 김규찬(金奎瓚) 윤복덕(尹福德) 김창수(金昌水) 최
운기(崔雲基)394)

진보당의 주요 임원으로는 위원장, 부위원장과 약간 명으로 구성되는 고
문, 중앙위원회에서 선출하는 총무위원이 있었다. 총무위원회는 상무위원
회에서 위임한 사항을 의결하며, 기획위원회, 재정위원회, 기타 각종 특별
위원회에서 조사 심의한 국정 제반(諸般)의 정책을 총괄 조정하는 임무를
맡았다. 중앙위원회에서 선출되는 간사장은 위원장의 지도를 받아 각 부를
통솔하였고, 그 아래에는 당무부, 재정부, 조직부, 노동부, 농민부, 사회부,
선전부, 교양부, 의원부를 두었다.

당무부에서는 당의 사무를, 재정부에서는 당비의 수납지출을, 조직부에
서는 지방조직에 관한 사무를 관장하며, 직역, 기타 특수조직의 총괄적 서
무를 관장하였다. 직역, 기타 특수조직을 관장한다고 명시된 것에 유의할
필요가 있나. 특수소식은 셜코 비빌조직이 아니었다. 노농부에서는 노동조
합 조직과 노동운동 지도에 관한 사무를, 농민부에서는 농민협동조합 조직
과 농민운동 지도에 관한 사무를, 사회부에서는 부녀, 학생, 청년의 특수조
직과 지도에 관한 사무를 관장하였다. 사회부의 소관사무에 대해서도 눈여
겨볼 필요가 있다. 선전부에서는 선전, 조사, 통계에 관한 사무를, 교양부
에서는 당원의 교양과 출판사무를, 의원부에서는 민의원, 참의원 및 지방
의회 운영에 관한 사무를 관장하였다. 지방 당부에 서울특별시·도·구·
시·군·읍·면당부 외에 특수당부를 설치하기로 한 것도 진보당 조직의
특색이었다.395)

---

394) 위의 책, 261쪽.
395) 이상은 진보당 당헌(권대복 편, 앞의 책, 56~61쪽)에 의거한 것임.

진보당 중앙당의 임원과 간부의 명단은 다음과 같다.

위원장 : 조봉암   부위원장 : 박기출 김달호

총무위원회
위원장 : 장지필
위원 : 원우관(元友觀) 이희재(李希宰) 정중(鄭重) 송우석(宋禹錫) 송두환
       김안국 김한규(金漢奎) 임기봉 조기하

통제위원회
위원장 : 김위제   부위원장 : 김기철
위원 : 홍성억(洪性憶) 차영호(車英浩) 이문필(李文必) 서정계(徐廷桂) 정성
       업(鄭聖業) 여덕현(呂德鉉) 정예근(鄭禮根) 이한주(李漢周, 경남) 김
       정학(金政學, 경북) 박병홍(朴鮮洪, 전남) 김대희(金大熙, 전북)
간사장과 각 부서
간사장 : 윤길중   부간사장 : 이명하
당무부간사 : 최희규   부간사 : 서진걸
재정부간사 : 박준길   부간사 : 조규택 조중찬
조직부간사 : 이명하   부간사 : 전세룡(서무) 성낙준(영남)
                                          온삼엽(호남) 안경득(중부)
노동부간사 : 임기봉   부간사 : 허명(許銘)
농민부간사 : 임갑수   부간사 : 이창호
사회부간사 : 윤복덕   부간사 : 안준표
선전부간사 : 조규희   부간사 : 이성진 황민암(黃龜性)
교양부간사 : 김병휘   부간사 : 박지수
의원부간사 : 결원   부간사 : 결원

기획위원회
위원장 : 김안국   부위원장 : 정중
노농분과 : 성낙준 서진걸 이창호 원대식(元大植) 이홍렬
          하태환(河泰煥)
상공분과 : 송건 최운기

내무분과 : 선우봉 원일상(元一常)

문교사회분과 : 정중 윤지화(尹志和) 김동서(金東瑞) 박지수

　　　　　　　　권대복 박지호(朴智虎) 안경득

재정경제분과 : 안우석(安禹錫) 안준표 오용제(吳鏞濟)

교체분과 : 이길환(李吉煥) 황민암

조사통계분과 : 김용성(金龍星)

서기국 : 김계생(金癸生) 문색민(文塞民)

재정위원회

위원장 : 신창균　　　　　　　　　부위원장 : 홍순범

위원 : 김창숙 강진호 김규찬 이기복(李起福) 선우기준(鮮于基俊) 성낙준

　　　이수근(李秀根)　이두환(李斗煥)　윤죽항(경남)　윤지화(경북)　장동호

　　　(張東湖, 강원)

통일문제연구위원회

위원장 : 송두한　　　　　　　　　부위원장 : 이성진

위원 : 조기하 원우관 이희재 김기철 이수근 조규희 안경득

출판위원회

위원징 : 박기출　　　　　　　　　부위원상 : 이광진

위원 : 김일록(金一鹿) 이송암(李松岩) 이홍렬 이하 14명

사무국 : 송건 이봉래 이하 4명396)

통일문제연구위원회(1957년 9월)

위원장 : 김기철　　　　　　　　　부위원장 : 김병휘

위원 : 이명하 안경득 최희규 정중 권대복 김안국 윤길중 조규희

　　　박준길397)

　　진보당 사건이 났을 때 당국은 진보당의 특수조직과 비밀당원을 색깔로
써 부각시키려고 노력하였다. 또 근래 일부 소장 연구자들도 진보당 조직
의 특수성을 입증하는 것으로 이 부분을 중시하였다. 그런데 진보당 당헌

---

396) 정태영, 앞의 책, 261~265쪽.

397) 권대복 편, 앞의 책, 433쪽.

이나 특별(특수)당부 조직준칙에는 특수조직이나 특별당부 설치가 명시되어있어, 그것들이 특별히 비밀스러운 것도 이상한 것도 아니라는 것을 말해준다. 당헌에 따르면, 진보당 조직부에서는 직업이나 직장에 따른 특수조직의 총괄적 서무를 관장하게 되어있었고, 사회부에서는 부녀, 학생, 청년의 특수조직과 지도에 관한 사무를 관장하게 되어있었다. 또 당헌에 근거하여 작성한 특별(특수)당부 조직준칙에는[398] "특별(특수)당부는 국내의 특정한 지역(특별지구당부라고 칭함) 또는 특별한 직역(특별직역당이라고 칭함), 특별한 사회층(청년 부녀 학생 특별층 당부라고 칭함)에 두고, 특수당부는 북반부 지역 및 대한민국 국민이 거주하는 외국지역에 둘 수 있다"고 쓰여있다.[399]

진보당에 특수조직 또는 비밀당원이 있었던 것은 극우권력의 탄압을 피하기 위해서였다. 진보당에 특수조직 또는 비밀당원이 존재할 수밖에 없었던 배경에 대해 '강평서'를 작성하였고, 소위 7인서클의 멤버였으며 비밀당원이었던 정태영은 이렇게 기술하였다.

진보당을 파괴하려는 자유당과 민주당의 보수연합세력은 진보당의 정상적인 정당활동을 허용하지 않았다. 그들은 공산당에 대한 것이나 다름없는 파괴수법으로 진보당의 조직활동을 봉쇄했다. 당 조직의 원천적인 봉쇄, 조직된 당 조직에 대한 집단적 개별적 파괴, 노출된 간부와 일반당원에 대한 협박, 테러, 직장추방, 사업방해 등등 수단과 방법을 가리지 않는 파괴공작이 꼬리를 물었다. …… 폭력적 테러도 서슴지 않았다. …… 노출된 당 조직에서는 변성명을 사용해야 했고, 직장과 직업을 은폐해야 했으며, 가능한 한 당사에 접근하는 것을 피했다. 당원에 대한 교양과 조직 확대를 위해서는 당헌이 규정한 특수조직이나 세포, 독서회 등을 통한 소규모 집회로써 목적하는 바를 시도할 수밖에 없었다. …… 진보당사건에서 수사당국이 '비밀당원'이라고 표현한 당원은 비노출당원을 뜻하는

---

398) 제1심 판결문에 따르면 특별(특수)당부 조직준칙은 진보당 조직부 간부인 전세룡이 1957년 6월에 작성하여 조직부 간사 이명하에게 보고하여 상무위원회에 회부, 통과되었다(권대복 편, 위의 책, 229쪽).

399) 위의 책, 145쪽.

것에 불과했고, '이중조직'이란 건전한 당원끼리의 학습활동 같은 것에 불과했다. …… 당원명부를 공개하지 않았다 해서 그 당원들을 비밀당원이라고 한다면 어떤 민주정당에서도 코웃음을 칠 것이다.400)

진보당의 특수조직으로 대표적인 것이 여명회와 7인서클이다. 1956년 12월 하순 한 신문은 진보당에서는 근래에 산하단체로서 '진보학생회'를 비롯하여 청년회 등 수개 외곽단체의 구성에 분망한데, 그 명칭이 진보학생회라고 하면 그것의 추진과 발전에 지장이 있다 하여 여명회라고 개칭 발족했음을 보도하였다.401) 여명회는 기획위원회 문교사회분과에 속하였던 권대복이 이상두(李相斗) 등과 함께 독서회로 조직한 것으로, 1957년 4월 강연회를 열려고 노력하였지만 유회되어 그 이후에는 모임도 없었다고 한다.402) 이른바 7인서클 또는 7인회는 전세룡, 정태영, 주영숙, 김용성 등이 1957년 9월 하순경 정치학술연구 모임으로 만든 것으로 알려졌다.403) 이 모임에서는 30항목으로 이루어진 수신요강(修身要綱)을 초안하였다고 한다.404)

---

400) 정태영, 앞의 책, 304쪽.

401) 『조선일보』 1956. 12. 26.(석).

402) 『중앙일보』 1982. 10. 2, 「진보당사건」 (19) ; 윤길중, 앞의 책, 181쪽. 李起夏는 여명회는 사회부 부간사인 안준표 주재하에 학생 특수조직을 하기로 결정하였다고 기술하였다(이기하, 『한국정당발달사』, 의회정치사, 1961, 269~270쪽). 정태영은 여명회는 당원의 교양을 갖추기 위해 공부하였으나, 실상 제대로 공부할 시간이 없었다고 증언하였다[정태영 증언(대담 오유석), 「조봉암 사형, 미국은 왜 침묵을 지켰나」, 『역사비평』 1990 겨울, 416쪽]. 1심 판결문에 들어있는 여명회 조직과정과 13개 대학 세포책 명단은 권대복 편, 앞의 책, 228쪽 참조. 여명회 회원은 54명이었다고 한다(권대복 편, 같은 책, 228쪽). 여명회 간부 명단은 같은 책, 433쪽 참조.

403) 정태영은 원래 이 모임은 명칭이 없었는데, 7명이 모였다고 하여 수사과정에서 붙여진 것이며, 구체적 활동은 없었다고 증언하였다(정태영 증언, 앞의 글, 418쪽). 이기하는 이 모임이 매주 토요일에 1회씩 있었던 것으로 기술하였다(이기하, 앞의 책, 268쪽). 제1심 판결문에 따르면 7인서클에는 7명 이상이 참여한 것으로 되어 있다(권대복 편, 위의 책, 230쪽).

404) 「제1심 판결문」, 권대복 편, 위의 책, 230쪽. 수신요강 전문은 같은 책, 147~148쪽 참조.

　　진보당 당원수가 몇 명인가는 진보당 관계자들도 잘 모르는 듯하다.[405] 한 신문은 1958년 2월 28일 현재 경찰에서 알고 있는 진보당 당원수는 비밀당원수를 합하여 약 4천 명이라고 보도하였다.[406] 이기하는 진보당은 제1선 평당원, 제2선 비밀당원을 합하여 총 1만여 명이라고 주장하였는데, 그 근거는 조봉암의 '비밀쪽지'라는 것이었다. 그리고 사찰당국의 자료에 의존하여 비밀당원수가 약 4백 명이라고 기술하였다.[407] 그렇지만 진보당의 경우 어디까지가 당원이고 어디까지가 동조자인지 불분명하다.

　　진보당은 창당된 지 6개월이 되어서야 정당등록증을 받았다. 처음에는 서류 미비란 이유로 반송되었다. 그 다음에는 정강정책의 합법성을 검토한다는 구실로 등록을 지연시켰다.[408]

　　진보당 조직은 자유당이나 민주당의 그것보다 더 체계가 있고 민주적으로 되어있다. 진보당 간부들 중에는 인재나 신진 기예들이 적지 않았다. 무언가 새롭고 이론적인 것을 동경하는 지식인이나 특히 학생층에서 의외로 진보당 지지가 많았다.[409] 그러나 조봉암을 배놓은 진보당은 생각할 수 없을 만큼 진보당에서 그의 위치는 거의 절대적이었다. 진보당을 움직이는 힘은 거의 조봉암한테서 나왔다. 그는 한국전쟁 후 한국 정치인 중 보기 드물게 탁월한 이론가였으며, 뛰어난 조직수완을 가지고 있었다. 또한 그는 진보당의 가장 중요한 자금줄이었다.[410] 조봉암은 지식인, 청년, 학생뿐

---

405) 필자는 정태영 씨에게 여러 번 당원수를 물었으나, 정태영 씨는 그것은 진보당 중요 간부도 모를 것이라고 대답하였다.

406) 『조선일보』 1958. 3. 1. 全世龍은 정부통령선거기에 당원이 전국에 약 3천 명 있었다고 기술하였다(전세룡, 앞의 글, 349쪽).

407) 이기하, 앞의 책, 267쪽.

408) 이영석, 앞의 책, 221쪽.

409) 「당을 움직이는 인물들」(진보당 편), 『인물계』 1958. 2, 50~52쪽.

410) 1956년 12월 말경 진보당 재정위원장 신창균과 재정위원회 소속 위원들이 모여 당위원장 및 부위원장은 매월 30만 환, 통제위원장 및 부위원장은 매월 2만 환, 간사장 및 각급위원장은 매월 1만 환, 간사는 매월 5천 환, 중앙당부위원은 매월 2천 환, 중앙위원 매월 1천 환, 일반당원 매월 2백 환씩 갹출하기로 협의하였다고 하지만(尹基禎, 『한국 공산주의운동 비판』, 통일춘추사, 1959, 427~428쪽), 얼마큼 실행되었는지는 알 수 없다. 진보당에서 쓴 돈 가운데 큰 것은 주로 조봉암이 마련하였다고 한다. 박기출, 김달호도 많이 낸 편이었다고 한다. 진보당의

만 아니라, 일반대중 특히 남도지방이겠지만 지방 주민들의 지지를 많이 받았다.[411] 진보당이 조봉암 일인의 '단핵원심(單核圓心)' 조직이 된 것은 다른 데도 큰 이유가 있었다.

앞에서 조봉암이 신당을 만들려고 몇 번이고 시도하였음에도 불구하고 번번이 실패하였던 것에 대해 기술하였지만, 그렇게 된 가장 큰 까닭은 간첩사건 조작이나 협박, 테러로 당 조직을 아주 어렵게 만들었기 때문이었다. 협박이나 테러는 전보다 더 큰 규모로 진보당에 가해졌다. 그리하여 중앙당 간부건 지방 당부 간부건 또는 진보당 지지자건, 진보당으로부터 이탈하는 현상이 끊임없이 발생하여 당을 개방적이고 대중적으로 발전시키는 것을 제약함으로써, 그리고 당의 조직이 민주정당다운 피라미드형으로 갖추어지고 운영되는 것으로 발전하지 못한 채, 조봉암을 유일한 핵으로 한 원심적 조직형태로 존립하다가 진보당사건을 맞은 것이었다.[412]

3) 진보당 간부의 성격

이상두는 진보당은 이념적 계급 정당이 아니라 국민대중 정당이며, 온건한 민주적 사회주의 정당으로 평가하였고,[413] 신상초(申相楚) 또한 진보당의 정강정책은 민주사회주의 성냥의 그것으로서는 매우 온건한 것이요 일본 사회당의 분파 강령의 범위를 넘지 못하고, 민주혁신당의 정강정책은 대체로 수정자본주의 정당의 그것으로서 선진국이라면 혁신이라는 이름조차 붙이기 어려울 정도라고 설명하였다.[414] 진보당의 경우 정치이념은 뒷장에서 고찰하겠지만, 대체로 사회민주주의를 표방하였고, 해방 직후로 따

자금루트 중에는 납북인사 가족들도 꽤 있었던 것 같다[『당을 움직이는 인물들』(진보당 편), 50~52쪽 참조].

411) 한 기사에는 "지방에서 진보당을 지지하는 층이란 오로지 죽산 외에는 알지도 못하고 또 주목도 하지 않는다", "지방 각지에서 그에 대한 지지자의 태도란 거의 종교적인 신앙에 가깝다고 할 것이다"라고 쓰여있다[『당을 움직이는 인물들』(진보당 편), 50~52쪽].

412) 정태영, 앞의 책, 305쪽 참조.

413) 이상두, 『남북한의 이데올로기와 정치』, 巨木, 1986, 349쪽.

414) 신상초, 「사회주의운동 15년」 상, 『사상계』 1960. 8, 58~59쪽.

지면 다분히 중도우파적 성격을 지니고 있었다. 그러나 인적 구성에 의해 그것의 색깔을 판별하기는 쉽지 않다.

진보당을 분석하는 데 인적 구성에 의해 성격을 판별하기가 어려운 것은 다음 몇 가지 이유 때문이다.

첫째, 조봉암이 신당을 추진할 때, 정화암 등의 선이념통일 후창당에 반대하여 선창당 후이념통일을 주장한 것에 주목할 필요가 있다. 진보주의자들의 이념을 통일한 후 신당을 발족하려면 백년하청이 될 것이므로 한 가마 속에 털어놓고 쇠는 쇠대로 금은 금대로 가려내야 한다고 조봉암이 주장한 것은 그것만이 당을 만드는 데 현실성이 있다고 판단하였기 때문이었다. 한국혁신계가 그러하였지만, 진보당에는 갖가지 성향을 가진 사람들이 많았고, 이질분자들이 두루 섞여있었다. 이 때문에 인적 구성을 가지고 진보당의 성격을 규정하기는 쉽지 않다. 진보당에는 전 공산주의자들로부터 극우청년단 출신에 이르기까지 여러 성향의 인물들이 가담하였다.415)

둘째, 그 당시는 진보세력 자체가 복잡하고 다양하게 분포되어있었다. 이상두는 혁신세력 안에는 처음부터 민주사회주의적 입장에서 참가한 혁신계 인사보다 진보적 민주주의자, 청렴하고 양심적인 인사, 독립운동가, 애국적 노지사, 사명감을 가진 지식인들이 더 많이 포함된 것이 사실이며, 이것은 또한 한국 혁신세력의 한 특징이라고 지적하였다.416) 그것은 같은 계열에서조차도 그러하였다. 예컨대 김규식을 영수로 모셨던 중도우파 성향의 민련계는 진보당에도 상당수가 가담하였는데, 민족자주와 통일국가 건설을 가장 중시하는 진보적 민족주의세력이 많았지만, 일부는 민주사회주의적 입장도 표방하였다. 진보주의세력 중에는 공산주의운동에 애착을 끊지 못하는 자도 있었고 사회주의 또는 민주사회주의적 신조를 가진 자도 있었다.417) 첫번째 경우와 중복되지만, 이 때문에 진보당 참여자들은 처

---

415) 윤길중은 실상 진보당 안에는 청년단 출신이나 특무기관 출신이 너무 많다는 불평이 나올 정도로 조직은 우파색이 강하였다고 주장했다(윤길중, 앞의 책, 161쪽). 당무국장 최희규는 반공극우였고, 전세룡, 안경득은 월남한 반공주의자였다 (이영석, 앞의 책, 221쪽).

416) 이상두, 「제3정치세력의 역정」, 『사상계』 1968. 8, 111~113쪽.

417) 박기출, 앞의 책, 169쪽.

음부터 통일된 사상이나 정치이념을 갖고 있지 않았음은 물론이고, 인간적 혹은 동지적 유대도 미약하였다. 이들에게는 현실정치에 대한 격렬한 불만과 혁신에의 의욕이 공통점을 이루고 있었다. 박기출이 이들 정치가 다수는 조선말 봉건적 가족제도의 영향하에서 성장하여 식민지 노예로서 굴욕을 맛본 속에서 싹튼 정치의식과 생활감정을 탈피하지 못한 채 해방을 맞아 자주·통일·독립이라는 사명을 맡게 되었다고 지적한 것은[418] 시사해주는 바 크다.

셋째, 과거 경력을 가지고 현재의 성향을 판단하기가 쉽지 않다는 점에도 유의해야 할 것이다. 일제 때는 제쳐놓고 해방 후만 비교해볼 경우, 정치적 격동이 심하였기 때문에 그때 그때의 정치적 환경에 영향을 받아 일관된 정치적 성향을 갖지 못하게 되는 경우가 적지 않았다. 더구나 많은 사람들이 서유럽의 경우처럼 집안환경, 교육환경, 사회환경에 바탕을 두고 확고한 형태로 정치적 신념을 가진 것이 아니었기 때문에 정치적 신념이나 이념에 가변성을 띠고 있었다.

진보당 주요 간부들의 이력을, 권대복 편 『진보당』 말미에 소개된 간부들의 이력을 토대로 간략히 살펴보면 다음과 같다.

조봉암의 경우 성치적 성향을 평가하기란 쉽지 않다. 그러나 농림부장관이나 두 차례에 걸친 국회부의장 역임을 제외한다고 하더라도, 1946년 공산당을 탈당한 후 그의 표면상의 정치적 활동만 가지고 본다면 중도우파로 분류될 수 있을 것이다. 1947년 그가 주요 간부로 활동한 민주주의독립전선을 그렇게 볼 수 있거니와, 정부수립 후의 주장도 김구·김규식계보다 더 급진적이라고 보이지 않기 때문이다. 그는 이승만, 신익희, 조병옥, 장면, 박정희 등 한국전쟁 이후 활동한 주요 정치인으로서는 일제시기에 가장 감옥소 생활을 오래 하였다.

부위원장인 박기출은 의사 출신으로 해방 후에는 민족자주연맹 경남위원장, 민주독립당 경남도당위원장, 건민회 경남지부장 등 전형적인 중도우파의 길을 걸었다.

---

418) 위의 책, 170쪽.

다른 한 명의 부위원장인 김달호는 일제 때 고등문관시험에 합격하여 판사를 지낸 친일파 법조인이지만, 1940년 판사 사임 후 신사불참을 이유로 변호사 인가가 불허되어 광산업에 종사하였다. 해방 후 잠시 검사를 하였고, 1954년에 민의원에 당선된 후 특이하게도 장택상의 권유로 조봉암의 동지가 되었다. 정치적 성향은 애매하지만 평화통일에 관심이 많았다.

조봉암의 가장 가까운 정치인이었던 윤길중은 일제 때 고등문관시험에 합격하여 군수와 총독부 사무관을 역임한 친일파 관료이다. 해방 후 입법의원 법제조사국장, 제헌국회 헌법기초전문위원 등을 역임하였고, 제2대 민의원으로 주목받았으며, 공화구락부, 원내자유당 등에서 활약하다가 8·5정부통령선거에 즈음하여 조봉암의 동지가 되었다. 정치적 성향은 우파 또는 중도우파이다.

총무위원장 장지필은 일제 때 백정 출신으로 백정해방운동인 형평운동의 주역이었으며 사회주의자였다. 해방 후 대체로 중도우파 계열에서 활동하였다.

기획위원회 위원장 김안국은 대학교수를 역임하였는데, 그가 쓴 글로 보아 윤길중과 비슷한 성향을 지녔다.

재정위원회 위원장인 신창균은 1947년 한독당 재정부장, 연락부장을 지냈고, 1948년 4월 남북협상에 참여하였다. 성향은 중도우파이다.

부간사장이자 조직부 간사인 이명하는 강원룡과 함께 함북 출신이자 기독교관계 단체의 간부로 활동하였고, 해방 후에는 반탁투쟁위원회 중앙위원, 좌우합작위원회 조직부차장, 민련 조사부장 등 전형적인 중도우파의 길을 걸었다.

지금까지 살펴본 바와 같이 진보당의 상층 간부는 대체로 중도우파 또는 우파 성향을 지니고 있었다. 당국에서는 진보당사건 때 진보당의 색깔을 부각시키는 방편으로 진보당 간부들의 경력을 들추려고 노력하였으나, 남북협상에 참여한 인물은 신창균, 김기철 두 사람뿐이었다.[419] 둘 다 중도우파 또는 우파로 분류될 수 있었다. 일제 때 공산당에 가입한 사람으로는

---

419) 윤기정, 앞의 책, 319쪽.

소봉암과 총무위원인 원우관 등이 있었다. 조봉암과 함께 1925년 4월 조선 공산당을 결성한 김찬은 조봉암의 평생 동지였으나, 진보당 간부직을 맡지 는 않았다.

진보당의 주요 간부로는 민련 관계자가 많았다. 박기출, 이명하, 김기철, 김대희(전북 이리시당 위원장), 배일성(裵一誠, 경남도당 당무부장), 임갑수(농 민부 간사 겸 경남도당 준비위원회 부위원장) 등을 꼽을 수 있다. 임갑수는 건국동맹 인천조직책을, 선전간사인 조규희는 건준 선전위원을 맡은 바 있 었다. 전남도당 부위원장이자 노동부 간사인 임기봉은 목사로 신사참배를 거부하였고, 해방 후에는 대한노총 철도연맹위원장과 대한노총 부위원장 을 역임하였으며 2대 국회의원(무소속·목포)에 당선되었다.

진보당에는 월남인사들이 다수 참여하였는데, 특히 함경도 출신이 많았 다. 이명하, 안준표(사회부 부간사), 조규희, 김기철, 전세룡(조직부 부간사) 등은 '함경도 5인방'으로 불리기도 하였는데, 조봉암을 강력히 떠받쳤다. 이밖에도 조봉암의 사위로 상무위원을 맡았고, 후에 예총회장을 지내게 되 는 이봉래, 강석화(姜石華 : 姜勳), 기획위원장이자 당 이론가인 김안국, 원 우관, 최희규가 함경도 출신이고, 교양부 간사인 김병휘(해방 후 북한에서 백의청년동맹 조직)는 평북 출신이었다.

4) 조봉암의 기존 정당 비판

6개월 만에야 이승만 정부로부터 정당등록증을 받게 되지만, 조봉암은 진보당을 창당하였을 때 감개무량하였을 것이다. 그는 현실정치가였기 때 문에 자신의 정치이념을 실현시키는 데 정당과 의회를 중시하였다. 그래서 몇 번이고 신당을 만들려고 시도하였으나, 1954년에는 국회의원에 입후보 조차 할 수 없었다. 그가 정당을 중시한 것은 루즈벨트의 4대 자유의 실현 등 기본적인 자유를 실현하기 위해서나, 평화통일, 피해대중을 위한 진보 적인 정치이념을 펴기 위해서였다.

그러나 그와 함께 비원(悲願)처럼 그가 신당조직에 집착하였던 것은 한 국 정당들은 정당이 아니라고 보았고, 그래서 정당다운 정당, 곧 도당이나 사당이 아니라 근대적인 정당을 출현시켜야 한다는 일종의 사명감이나 의

무감도 자리잡고 있었기 때문이었다. 그의 기존 정당 비판은 두 가지에 초점이 있었다. 하나는 기존 정당은 운영면에서 정당이라고 볼 수 없다는 점이었다. 다른 하나는 기존 정당이 폭력과 테러, 불법을 구사하여 정치적 활동이나 사상의 자유를 극도로 억제하고 위축시킨 극우정당이라는 데 비판의 초점이 있었다. 물론 후자도 조봉암은 정당다운 정당이 아닌 것으로 파악하였다.

조봉암은 한국 정당의 특징으로, 공산당 이외에는 극우파의 정강정책과 중간적인 당의 정강정책, 그리고 상당히 진보적인 당의 정강정책이 거의 같다는 점을 지적하였다.[420] 이와 같이 정강정책의 내용이 거의 대동소이하고 전국민의 이익을 대표하는 것처럼 좋은 문구와 좋아할 만한 여사(麗辭)들이 나열되어있지만, 어느 당이든지 내걸고 있는 정강정책을 그대로 실천한다고 볼 수가 없고, 그 당원이 되었다는 자 가운데도 자기 당의 정강정책을 구체적으로 아는 자가 별로 없다는 점이 또한 특징이었다. 그래서 국민 대다수는 정당이라는 것을 감투를 얻는다든지 모리하는 기관으로 알 뿐이었다.[421] 이 때문에 정당은 일정한 계층을 대변하며 그들과의 연관 속에서 조직된 것이 아니었고, 민중적 성격을 강조하면서도 민중과는 유리되어있었다. 집권정당은 외형상으로 여러 형태의 민중조직이 있었으나, 실제로는 민중과 관계가 없었다. 한국에서 인민은 정치적 조직에 실질적으로 참가하고 있지 않다는 증좌였다. 이 때문에 여당이건 야당이건 간에 진정한 의미에서의 정당은 생겨나있지 않다는 것이 조봉암의 판단이었다.[422]

---

420) 조봉암, 「우리는 왜 개헌을 반대했나」, 424쪽. 한 기사에서는 해방 10년간의 정계 10대 난센스 중 하나는 정당단체들이 대동소이한 정강정책을 가진 것이라면서, 그렇다면 왜 정쟁을 일으키는지 모르겠다고 야유하였다(『국회연감 1956』, 119쪽).

421) 조봉암, 「내가 본 내외정국」(10), 『한국일보』 1955. 6. 25. 이와 함께 金成熺, 「한국정당 小史」, 『신세계』 1957. 1, 133쪽 참조. 김성희는 국민의 정당에 대한 불신 때문에 무소속 입후보자가 많다고 지적하였다(132쪽).

422) 신도성은 현재 여당과 야당의 차이란 단순히 이대통령을 지지하느냐 않느냐에 기인할 뿐이며, 자유당이 여당 구실을 하고 있지 못하는 것과 마찬가지로 민주당은 야당이 될 수 없다는 점을 지적하였다. 민주당은 처음부터 야당적 이념에서 출발한 것이 아니라, 오히려 처음에는 가장 여당적이었던 세력의 일부가 지금은

총체적으로 볼 때 한국 정당은 정책이나 계층적 기반을 토대로 하여 그 위에 서 있는 것이 아니라, 간부 몇몇의 인물 중심으로 존재하고 있는 것이며, 이들 간부 몇 사람의 움직임이 당 전체의 행동으로 이해되고 있었다.[423]

조봉암은 자유당이 단일정당이 되어야 한다고 비판하였다. 자유당은 원래 만들어질 때부터 애매한 2원조직 형태를 가지고 있었다. 한편으로는 일반적인 정당조직론에 입각하여 중앙당과 지방당부를 만들었고, 다른 한편으로는 국민회, 부인회, 대한청년단, 대한노총, 대한농총(농민회) 등이 산하단체로 가입되어있어 정당사회단체연합체 같은 혹은 민족통일총본부 같은 조직체로 되어있었다. 이렇게 당을 만들면 사실상 대조직이 되고, 국민 모두가 지지하고 대변하는 정당이 되는 것으로 생각하였는지 모르지만, 조봉암이 보기에 도대체 이런 식의 정당은 천하를 뒤집어 털어보아도 찾아낼 수 없는 복잡기괴한 당일 뿐이었다.[424]

그뿐만이 아니었다. 자유당은 당원이 3백만 명이라고 공언하였고, 1955년 6월 현재 민의원 의석의 3분의 2가 넘는 의석을 차지하였는데, 거기에다가 당 총재는 대통령 이승만이었고, 입법부의 정부의장, 행정부의 각부장관, 각 도지사, 군수, 경찰관 또는 지방 말단 행정기관의 하급공무원에 이르기까지 자유당의 당원 혹은 자유당과 무슨 관련을 가지지 아니한 사람이 거의 없는 실정이었다.

자유당의 부패성, 관료화, 독재화, 불법행위, 권력남용은 비단 조봉암만 지적한 것이 아니었고, 정실과 사욕으로 국가를 '운영'하는 것도 자주 비판을 받았다. 조봉암은 자유당이라야 영달도 치부도 할 수 있고, 자유당과 연

여당이 될 수 없기 때문에 부득이 야당이 되었을 뿐으로, 남편한테 학대받고 축출당한 부인이 남편에게 욕질하는 꼴이라고 민주당의 정치행태를 비난하였다(신도성, 「여당이냐 야당이냐」(1), 『한국일보』 1956. 1. 22]. 韓泰淵은 자유당이 창당되기 이전의 민국당은 그 정강정책의 여하를 막론하고 이박사가 희망만 한다면 언제든지 이박사의 여당으로서 그의 정권에 臣仕할 수 있는 일종의 정치적 도당에 불과했다고 평가하였다(한태연, 「보수세력의 계보」, 『사상계』 1960. 8, 65쪽).

423) 조봉암, 「우리의 당면과업」, 476~477쪽. 이와 함께 김수선, 『누구를 위한 정치인가』, 통일청년웅변회, 1958, 126쪽 참조.

424) 조봉암, 「내가 본 내외정국」(12)(13), 『한국일보』 1955. 6. 27, 6. 28.

관을 가져야만 귀속재산을 관리할 수도 있고, 자유당에 추파를 보내야만 사업체 유지가 가능할 정도로 사회형태가 비법적이며 불순한 동기 아래 특권화된 점을 추궁하였다.425)

자유당의 비법성, 불법성과 권력남용은 조봉암의 표현을 빌면 경찰관을 너무 사역시키는 데 있었다. 경찰관이 할 일이 아닌 일을 권력으로 시키니 경찰관 자신도 괴로우려니와 민중이 견딜 수 없다는 우회적 비판이었다.426) 이 부분은 이종극에 의해 한층 신랄히 비판되었다. 이교수는 자유당은 총재인 이대통령 개인의 명망과 경찰권력에 의하여 그 존립 번영이 유지되어옴으로써 그 비민주성이 현저하게 되었다고 설명하고, "국법을 성실히 지키거나 시행해 가지고서는 정권을 잡을 수도 없고, 잡은 정권을 유지할 수도 없는 정당"이 대자유당의 실체라고 지적하였다.427) 이런 변칙적인 (abnormal) 비민주정치를 요약하면 "법에 의한 정치가 아니다"라는 일점에 있었고, 정치에 대한 일정한 객관적 기준(예측, 계획)이 없다는 의미에서 그것은 일종의 전제정치였다.428) 조봉암은 본인이 당원인지도 모르는 당원이 늘어나는 것, 본인이 싫어하는 데 억지로 가입시키는 것 또한 비민주성의 표본으로 보았다.

조봉암은 자유당이 실천할 수 있는 정강을 가져야 한다고 주장하였다. 이종극은 자유당의 노동자·농민 복지를 향상하겠다는 선전이 새빨간 거짓말이라고 단언하였지만,429) 자유당 강령에는 노동자·농민의 당이 되겠

---

425) 위의 글 (11), 『한국일보』 1955. 6. 26. 이종극 교수는 자유당은 정당정치를 하지 않고 세도정치를 한다고 평하였다. 대다수 공무원, 특히 중급 이상 공무원은 그 지위를 오래 유지하기 위하여 직접 간접으로 자유당 간부와 인연을 맺어야 하고, 자유당의 배경이 없이는 안심입명은커녕 그 자리를 유지할 수도 없었다. 모두 다 '빽'을 만들기 위한 '금융조달'에 부심하였다(이종극, 「공무원의 사명과 본질」, 『신세계』 창간호 1956. 2, 176쪽).

426) 조봉암, 위의 글 (11), 『한국일보』 1955. 6. 26.

427) 이종극은 이 때문에 자유당 실권자에게는 국법이 적용되지 아니하여 '면책특권'을 가진 특권계급이 되었고, 그 반면 자유당 반대자 또는 정부시책 비판자는 법에 의한 보호를 받지 못한다고 개탄하였다. 자유당은 이승만 대통령의 담화·유시를 국법 이상으로 존중하였다(이종극, 「자유당」, 『사상계』 1956. 2, 244~247쪽).

428) 이종극, 「이성의 빈곤」, 『사상계』 1957. 2.

다고 되어있으나, 조봉암은 그 강령이 지켜졌는지를 노동자, 농민이 모를
뿐 아니라 자유당 간부도 모를 것이라고 지적하였다. 자유당 강령에 쓰여
진 조항 중 그 어떠한 것도 실천되지 않았기 때문이다. 조봉암은 무소불위
의 자유당이 무엇 때문에 정강에는 뚜렷이 걸어놓고도 실천을 못하느냐고
추궁하였다.430)

자유당의 정치행태에 대한 비판은 이승만에 대한 비판이 될 수밖에 없
을 것이다. 자유당의 존재양태는 주로 이승만의 정당관, 정치관에서 기인
하였다. 또 조봉암만큼 이승만의 정당관과 정치행태를 비판하고 싶은 사람
도 드물었을 것이다. 그러나 조봉암은 정치적 이유 때문이었겠지만, "끝으
로 자유당에 권하고 싶은 것은 당과 총재가 일체가 되어야 한다는 것"이라
는 점만 언급하였다.431) 자유당이 과연 정당이냐는 비판을 받게 된 것은
자유당의 강령·정책이 항상 한낱 구호였고, 실제는 이대통령의 담화 또는
유시를 '봉행(奉行)'해온 데 지나지 않았던 것이 중요 요인이었다. 일본의
관료와 군부의 '봉행'은 천황의 이름을 빌린 것에 지나지 않았는데, 자유당
간부들과 관료는 문자 그대로 '봉행'하고자 하였다. 자유당의 제2인자인
이기붕은 언제나 "나와 당의 모든 행동은 총재의 의사에 따라 결정되는
것"이라고 천명하였다. 그래서 자유당은 기껏해야 '이대통령을 후원하는
단체'라는 비난을 받았다.432)

이 점에 대해 윤천주는 자유당은 이대통령의 개인화된 기관으로, 이대통
령의 외교정책 결정 등에서 보인 철저한 비전(秘傳)주의에 입각하여 야당
의 국가의사 형성에의 참여를 차단하는 이대통령 행동대였고, 민중은 이대
통령의 정치권력에 인민적 성격을 각색해주는 꼭두각시라고 혹평하였
다.433)

자유당의 이러한 성격은 곧잘 의정활동에서 자유당이 거수기에 지나지

---

429) 이종극, 「자유당」, 242~243쪽.

430) 조봉암, 「내가 본 내외정국」, 정태영, 앞의 책, 533쪽.

431) 조봉암, 「내가 본 내외정국」(12), 『한국일보』 1955. 5. 27.

432) 이종극, 「자유당」, 242~243쪽.

433) 윤천주, 앞의 책, 359쪽.

않는다는 비판으로 연결되었다. 자유당은 자신의 정책을 행정부에 반영하는 대신 행정부의 위법행위나 잘못된 정책을 합법화·합리화하기 위해 억설을 늘어놓고 다수의 폭거를 저지르기까지 하면서 거수기 노릇이나 한다는 것이었다. 그리고 전당대회를 거쳐 발표한 정책이 이대통령 담화 하나로 수포로 돌아가도 일언반구 항의나 조언조차 못하고, 그 대신 이권에 간여하고 인사문제에 개입하는 것이 자유당의 모습이라는 지적이었다.[434]

김수선 의원은 이 때문에 국민은 자유당에 대하여 불문곡직 덮어놓고 자유당 의원들은 권력에 아첨이나 하고 사리에 맞지도 않는 것을 다수의 횡포로 합리화시키는 데 거수기 역할이나 하고 개인이득이나 감투운동을 하는 존재라 하여 타기 대상이 되었다고 개탄하였다.[435] 그는 자유당이 그렇게 된 것은 대통령책임제에 있다고 확신하였다. 이러한 제도하에서는 일정한 국책이 없고 국책은 오로지 대통령 한 사람의 흉중에 있을 따름이어서, 국무회의도 아무런 소용이 없고 국무위원은 대통령 눈치만 보고 일을 하니 일관된 시책이 나올 수 없다는 것이었다.[436] 이것이 김수선 등이 내각책임제 실시를 주장한 기본이유였다.

조봉암의 기존 정당에 대한 관점은 대단히 부정적이었다. 한민당에 대해서는 자유당보다도 그것의 극우반공적 행위와 세도정치, 부패를 더욱 신랄히 비난하였다. 민국당, 민주당에 대해서도 아주 비판적이었다.[437]

---

434) 김홍식, 「헌정동지회의 위치」, 『국회연감 1956』, 124쪽.

435) 거수기 노릇에 불만을 품고 자유당을 탈당하기도 쉽지 않았다. 탈퇴하면 유형 무형의 압력과 불리가 신변에 죄어들기 때문이었다. 예컨대 1955년 8월 무안군의 모 의원이 탈당하였을 때 주민들이 '소환소동'을 벌였고 모종의 권력이 발동되었다. 또 당선을 위해서는 자유당에 있는 것이 편하였다. 1954년 5·20선거 때 경기도 모 선거구의 자유당 후보는 자기는 결코 자유당의 정책이나 조직의 힘으로 당선된 것이 아니고, 이대통령의 추천과 경찰의 후원으로 당선되었다고 실토하였다. 1954년에 당선된 의원들 가운데 50여 명이 한 번도 의정단상에서 발언한 적이 없는데, 이들은 거의 전부가 자유당 소속이었다(이종극, 앞의 글, 241쪽).

436) 김수선, 앞의 책, 94~113쪽.

437) 진보적 의원들은 자유당보다도 민주당을 더 혹평하는 경우가 왕왕 있었다. 3대 의원으로 한때 민주혁신당 추진에 가담하였던 헌정동지회의 김홍식 의원은 자유당이 보수정당이면 민주당은 완고보수당이며, 자유당이 권력에 아부하는 정당이라면 민주당은 권력을 구사할 위험성이 농후한 정당이라고 비판하였다(『국회연감

5) 진보당·민주혁신당의 불구성

조봉암은 기존 정당의 문제점을 인식하면서 정당 창당을 수년째 시도해 왔다. 그리고 진보당추진위원회가 만들어진 지 거의 1년이 다 되어 진보당을 창당하였다. 그러면 진보당은 근대적 정당, 정당다운 정당이라고 볼 수 있을까. 이 점에 대하여 조봉암이 자신의 견해를 밝히기는 어려웠을 것이다. 신도성은 진보당은 확실히 하나의 정당으로서의 독자적 성격을 가지고 있다고 주장하였다.[438]

진보당은 발당대회 개회사와 선언문에서 밝힌 것처럼, 한국정치에서 자신의 성격을 분명히 가지고 있었다. 이동화 등 여러 엘리트들이 관계하여 작성한 진보당의 강령과 정책은 꽤 방대한 것으로서, 해방 이후 한국에서 나온 정당의 강령·정책 중 수준이 높은 편이다. 당 기구도 세련되게 갖추어져 있었다. 진보당 참여자들의 혁신에 대한 열의나 정당관은 자유당이나 민주당 당원들의 그것과 구별되었다. 당시의 정치적 환경을 볼 때 다른 정당과 구별되게 진보당에는 진지한 의도를 가지고 자발적으로 참여한 당원들이 거의 대부분이었다고 봐야 할 것이다. 강상운(姜尙雲)은 한국에서 혁신적 세력의 시도적 성격은 ① 반자본주의적이고, ② 반봉건적이고, ③ 반귀족적이고, ④ 반외국적이고(민족주의적 경향이라야 함을 말함) ⑤ 반공주의자라야만 할 것인데, 진보당이 상당한 지반을 가졌다는 것은 후진국가이자 전 식민지 국가에서의 지도적 조건을 어느 정도 구비하였기 때문이라고 분석하였다.[439]

진보당은 결당된 지 1년 만에 자유당, 민주당과 함께 3개의 주요 정당으로 부각되었고,[440] 진보혁신세력을 대변하는 정당이 되었으나, 문제점이 많았다. 민족주의세력, 혁신세력의 규합이 제한적으로밖에 되지 않았다.

1956』, 124쪽).

438) 신도성, 「여당이냐 야당이냐」 (7), 『한국일보』 1956. 2. 1.

439) 강상운은 "지금 한국은 '우경적 혁신세력'이 등장할 시기"라고 규정지었다 (강상운, 「진보당 이후의 혁신세력의 고민」, 『자유공론』 1959. 1).

440) 金雲泰, 『해방30년사』 2, 제1공화국, 成文閣, 1976, 124쪽.

1955년 9월 광릉회합에 모인 인사들도 상당수가 탈락되었고, 진보당추진위원회에 참여하였던 인사들조차 상당수가 민주혁신당 쪽으로 가거나 중도에 그만두어 지도급 인사나 중견 간부들의 면면으로 볼 때는 혁신계 전체를 대표하는 데 손색이 있었다. 민족주의자나 혁신계의 지도급 인사들이 분산된 원인에 대하여 장건상은 이념이나 이론의 차이에 기인된 것이 아니라, 인물 중심의 파벌 때문인 것으로 이해하였다. 실제 당을 조직하는 데는 모두 자기 사람을 쓰려 하고 자기만의 조직안을 고집한다는 것이었다.441) 이것은 중요한 지적이다. 조봉암과 서상일, 조봉암 서상일 장건상이 단합하지 못한 것은 표면적으로는 장건상이 지적한 요인이 중요한 역할을 하였다. 그리고 그 이면에는 조봉암계처럼 조봉암을 정점으로 잘 결합되어 있는 세력이 있는 반면, 내부결합도가 느슨하였던 세력간의 주도권 다툼이란 면이 있었다는 점도 중시되어야 할 것이다.442)

민주혁신당의 표류가 잘 말해주듯, 민족주의자 또는 혁신계가 단합하기 어려운 데는 몇 가지 요인이 있었다. 이들은 일제 때 민족해방투쟁을 벌였는데 소속단체나 지역, 이념면에서 차이점이 많았다. 해방 후에도 여러 계통으로 나뉘어 활동하였다. 이 때문에 한국전쟁 후 잔존한 혁신계 인사들은 퍽 다른 과거의 역사를 지녔기 때문에 상호간에 협력하는 데 한계가 많았다. 예컨대 전쟁 후 민족주의자, 혁신계 인사들로 민련계와 근민당계 관계 인사들이 그래도 좀 남아있었는데, 민련계는 상당수가 진보당에 참여하였으나, 근민당계는 그렇지 않았다. 근민당계의 불참가 이유 중 하나는 조봉암이 5·10선거를 거부하지 않고 참여하였다는 것이었다.

혁신세력의 일부는 당국의 주시와 그 이념의 불분명함 때문에 진보적 대중정당에서 같이 일하기가 어려웠다. 예컨대 남로당 관계자들을 진보당에서 받아들인다는 것은, 그렇지 않아도 박빙을 걸어가는 진보당을 더욱 위태롭게 할 수 있었다. 혁신계 인사들 또한 조직적으로 일을 해본 경험이

---

441) 『혁명가들의 항일회상』(장건상 편), 민음사, 1988, 253쪽.
442) 이상두는 민주혁신당이 진보당과 갈라진 이유는 조봉암과 서상일 두 지도자의 헤게모니 싸움과 성격 차이, 정부통령선거 때의 알력과 반목, 두 사람 주위 인사들의 인간관계 때문이었다고 기술하였다(이상두, 「제3정치세력의 역정」, 114쪽).

적었고 봉건적 양반의식이나 두령의식을 지닌 경우도 적지 않았는데, 이것
도 혁신계를 단합시키지 못한 기본 이유의 하나였다. 그러나 진보당에 사
회적으로 알려진 인사들이나 노동·농민운동 활동가, 뜻있는 지식인, 청년,
학생들의 참여를 막은 가장 큰 요인은 당국의 가혹한 탄압과 테러였다. 원
내 의원들간에는 자유당과 민주당에 불만을 품고서 나름대로 진지하게 정
치활동을 펴고자 하는 사람들도 있었으나, 진보당 참여는 자신들의 정치생
명에 종지부를 찍을 수 있었다. 이러한 이유 등으로 진보당추진위원회에도
신도성, 김두한443) 등 한두 의원만이 참여하였고, 진보당이 발당되었을 때
는 김달호 의원만이 참여하였을 뿐이었다.

　진보당이 지나치게 조봉암 일인에게 의존하였던 것도 큰 문제점이었지
만, 민중과 결합하지 못한 것도 중대한 결함이었다. 조봉암은 기존 정당의
가장 큰 문제점이 민중과의 유리라고 비판하였고, 신당을 민중을 기반으로
만들려고 노력하였다. 진보당 개회사에서 그는 진보당은 "필연적으로 근로
대중을 사회적 기반으로 하는 피해대중의 당이 되는 것이고, 또 이러한 대
중의 정당이라야 비로소 이 나라 안에서의 역사적 과업을 수행할 수 있다
고 믿는바"라고 자신의 정당관을 천명하였다.

　그러나 진보당에는 대중조직이나 시민단체가 참여하지 않았다. 1951년
신당을 기획하였을 때마 해도 농민회의라는 꽤 광범위한 농민조직이 있었
고, 노동계 활동가들과도 접촉하였는데, 정작 진보당을 발당할 때는 농민
회의 간부들도 노동조합 관계자들도 별로 참여하지 않았다. 비교적 자유로
운 지식인, 청년, 학생들조차 비밀당원으로 활동하여야 했던 외부적 여건
이 농민·노동운동 관계자들에게도 작용하였기 때문이었다. 그리고 대한
노총이나 농민회는 1951년 신당을 기획할 때와도 달리 어쩔 수 없이 자유
당의 기간단체 또는 산하단체로 되어버려 노동조합 간부나 농민회 관계자

---

443) 1954년 5·20선거에서 민의원에 당선된 김두한은 선거법 위반혐의로 위협을
　　받아 자유당에 '강제'입당하였다가 탈당하였다. 진보당추진위원회가 발족하자 김
　　두한은 여기에 가담하였는데, 얼마 안 있어 부흥주택대지 2중매매 혐의로 시경의
　　내사를 받게 되었다(『한국일보』 1956. 4. 21). 김두한은 진보당추진위원회에서 나
　　오지 않을 수 없었고, 그 뒤 錢鎭漢의 노농당으로 옮겼다.

가 진보당에 가입한다는 것은 더욱 어려워졌다.

혁신정당의 불구성이나 문제점은 진보당추진위원회에서 갈라져 나온 민주혁신당의 경우에 더욱 심하였다.

진보당 발당보다 이틀 앞선 11월 8일 창당준비 선언문과 강령, 그리고 59명의 창당준비위원 명단을 발표한 민주혁신당 추진세력은 계속 창당을 서둘렀으나 지지부진하였다. 그러던 중 1956년 12월 1일 세칭 대중당을 추진해오던 김창숙, 장건상 등이 민혁당과의 합동성명서를 발표하고 민혁당에 합류한 것은[444] 민혁당 추진에 힘이 되었다. 장건상은 민혁당 창당준비위원장, 서상일은 부위원장이 되었다. 그러나 창당은 쉽게 되지 않다가 1957년 7, 8월에는 심각한 내분이 벌어졌다. 진보당추진위원회가 진보당과 민혁당으로 갈라지던 것과 비슷한 현상이 일어났는데, 그 역할이 바뀌었다는 것이 진보당추진위원회 분열 때와 다른 점이었다. 서상일이 민혁당을 혁신운동의 통합기반으로 간주한 것과는 대조적으로, 장건상은 그것을 혁신운동의 한 부분으로 보고 혁신세력의 대동단결을 외쳤다.[445] 장건상, 김성숙 등 근민당계는 진보당, 한독당계 등 여러 세력과의 혁신대동운동을 펼쳤다.[446] 8월 3일자 신문에 장건상, 김성숙 등 6명은 서상일 등이 혁신세력 대동단결에 비협력적이라고 공개장을 냈던바, 8월 6일 민혁당 창당준비위원회에서는 이들을 반당행위자로 규정하고 제명처분을 결정하였다.[447]

1957년 10월 15일 민주혁신당은 대의원 596명 중 515명이 참석하여 창당하였다. 민혁당은 사회적 민주주의와 피흘리지 않는 통일을 표방하였고, 한국의 현단계는 관권의 발가벗은 힘과 민권의 절명적(絶命的) 항거라고

---

444) 『한국일보』 1956. 12. 3.

445) 김학준, 앞의 책, 213쪽.

446) 『한국일보』 1957. 8. 4.

447) 당시 혁신세력 통합운동은 세 갈래로 구분되기도 하였다. ① 前 한독당·공화당·민혁당 일부와 前 사회당·통사당·노농당 일부가 합세한 혁신세력대동통일추진준비위원회. 여기에는 趙擎韓, 白南信, 張洪琰, 尹彪榮 등이 참여하였다. ② 조문태(세칭 조씨파 민혁당중앙위원회 위원장) 중심으로 김성숙 등 이름 있는 인사가 들어가있는 혁신세력통일준비위원회. 조문태 등은 곧 진보당으로 합류하였다. ③ 진보당을 토대로 혁신세력의 통일을 기하려는 조봉암, 장건상 등의 혁신세력통일추진준비위원회(『한국일보』 1957. 10. 15).

규정하였다. 정책 대강으로는 ① 의회내각제도에 의한 책임정치 확립, ② 상하 양원제 구성, ③ 경찰중립공안위원회 신설, 경찰행정의 내무부 소관에서의 분리 등을 내세웠다.[448] 간부 명단은 다음과 같다.

정치위원회
위원장 : 신숙   부위원장 : 김성숙(金成璹)
위원 : 서상일 김홍식 이동화 안호상
간사장 : 서상일

통제위원회
위원장 : 최익환   부위원장 : 장백산(張白山)
위원 : 오운흥(吳雲興) 양익조(楊益朝) 김하석(金霞石) 유천(劉天) 김세풍(金
       世豊) 강덕모(康德模) 김상옥(金尚沃) 오행렬(吳行烈) 조명식(趙明植)
       김문홍(金文鴻) 한진묵(韓鎭默)

정책심의회장 : 이동화
국회대책위원회위원장 : 김홍식
선거대책위원회위원장 : 우문(禹文)
당무국장 : 안정용
조직국장 : 주기영
선전국장 : 강위정(姜偉情)[449]

민혁당은 표면상 당수는 신숙이었으나 실권은 서상일에게 있었다. 특히 족청계의 가담이 주목을 끌었는데, 일민주의 주창자인 안호상을 필두로 우문, 김철, 주기영 등이 들어와 서상일의 영도권에 도전할 유일한 세력이 되었다. 이밖에 자유당계, 한민당계까지 참가하여,[450] 진보당과 비슷한 정강을 채택하였지만 인적 구성은 상당히 달랐다. 민혁당은 사람이 모이지 않

---

448) 『동아일보』 1957. 10. 16.
449) 『한국일보』 1957. 10. 16 ; 『동아일보』 1957. 10. 17, 10. 19.
450) 「당을 움직이는 사람들」(민혁당 편), 『인물계』 1958. 2, 52~53쪽 ; 박기출, 앞의
    책, 173쪽.

자 진용이 제대로 갖추어지지 않았는데도 대동단결의 이름 아래 창당하였다.[451]

민혁당이 창당된 지 보름이 조금 지났을 때 간첩 박정호(朴正鎬) 사건이 발표되었고, 그것이 장건상, 최익환 등과 연루된 것으로 애드벌룬을 띄우더니, 11월 중순쯤에 이른바 근민당 재건사건이 발표되었다. 장건상, 김성숙, 유병묵(劉秉默) 등 전 근민당 간부들이 북의 근민당 본부의 지령을 받고 남한에서 근민당을 재건하여 평화통일을 획책하였다는 것이었다.[452] 1958년 총선을 앞두고 혁신계 탄압이 대대적으로 개시된 것이었다.[453] 그런데 이 근민당 재건사건에는 최익환과 근민당계로 민혁당에 참여하였던 중간급 간부들이 여러 명 구속된 것이 눈에 띈다. 이와 같이 일부 민혁당 간부가 구속되고, 중견 간부 상당수가 "민혁당이 당초의 목적을 위배하여 반민족적 정치노선을 답습하고 있다"고 비난하고 탈당함으로써,[454] 민혁당은 한층 위축되었다.

진보당은 정당등록증을 받는 데 6개월이 걸렸는데, 민혁당은 창당된 지 2년이 지나도록 공보실에서 등록증을 내주지 않는 불법상태가 계속되었다.[455] 민혁당도 진보당과 유사한 혁신정당으로 간주하여 그와 같은 조치를 하였을 것이다.[456] 그런데 실제로 민혁당은 잠든 당이나 다름없었다. 간

---

451) 마한, 앞의 책, 302쪽. 민혁당은 중앙당부 일부를 제외하고는 신진이 많아 상무위원도 전연 알려져 있지 않는 사람들이 많았다「당을 움직이는 인물들」(민혁당 편), 53쪽).

452) 1957년 11월 3~18일자 각 일간신문 참조.

453) 미대사관측 기록에는 박정호 간첩사건은 민혁당과 진보당을 상처내려는 것으로, 吳在璟 공보실장의 발표문이 지적한 만큼 파괴활동을 하지 않았으며, 이런 간첩들의 얼마는 오랫동안 경찰의 감시하에 있었다고 믿는다고 쓰여있다(『주한미국대사관 주간보고서』 7, 1957. 11. 15, 251~252쪽). 검찰은 장건상 등의 사건에 기소 유지가 어렵게 되자, 선고 직전에 "평화통일론을 부르짖고 있는 진보당세력과 규합하여 통일문제준비위원회를 만든 다음 전기 목적을 실천한 자"라는 내용의 추가기소를 하였으나(『조선일보』 1958. 4. 8.(석)}, 이것도 공소가 유지될 수 없었다.

454) 마한, 앞의 책, 302쪽.

455) 『동아일보』 1959. 8. 23.

456) 1958년 3월 오재경 공보실장은 국무회의에서 진보당 등록을 취소하였더니 행

간이 내분이 신문에 보도되는 것으로 민혁당의 존재가 알려지는 실정이었
다.457) 민혁당의 활동부진은 근민당계와 진보당에 대한 탄압에 민혁당 간
부들이 연루되어 구속되는 등 당국의 탄압과 압제가 큰 요인이겠지만, 조
직적 기반과 자금력이 취약한 상태에서 중심을 잡지 못하고 극우세력까지
끌어들여 정당의 체면을 호도하려 한 것이 민혁당 무력증의 기본요인이었
다. 민혁당은 당의 정강정책에서 유리되어 극우반공정당도 못되고 혁신정
당도 아닌 어중간한 우익정당으로 표류하다가 4·19를 맞았다.

3. 지방당부 결당과 테러

진보당원들은 중앙당을 창당한 후 정력적으로 조직사업을 벌였고, 잡지
『중앙정치』 등을 통하여 선전활동을 하였다. 그러나 진보당의 세력이 커지
는 것을 막기 위해 당국에서는 갖가지 방법으로 탄압하였고 잔혹한 테러
를 사주하거나 방조하였다. 진보당의 조직활동은 그야말로 칼날 위를 걷는
형극의 길이었다. 진보당에 대한 테러나 탄압에 민주당은 침묵을 지켰고,
언론도 조금밖에 취급하지 않았다. 보호를 받을 수 있는 공공적 사회적 조
직이나 기구가 진보당한테는 없었다. 진보당은 창당되고 얼마간은 사무실
조차 얻기가 어려웠다.458)
진보당의 최초의 지방당부 결성은 진보세력이 강한 경남에서 있었다. 그

정소송이 제기되었으며, 민혁당 등록신청이 제출되었으나 지금 등록을 하여주면
진보당원 일부가 합류할 것이 예상되므로 선거 전에는 등록을 받지 않을 방침이
라고 이대통령에게 보고하였다(『국무회의』 상, 申斗泳 친필복사본, 1990. 4. 19, 국
무총리 비서관 李義榮 정리, 제23회 국무회의, 1958. 3. 11, 205쪽).

457) 1959년 8월에는 안도명 중심의 민혁당수습대책위원회가 金成璹, 안정용, 김철
등을 제명하였으나, 신숙 위원장 명의의 부인 성명으로 안도명 일파가 쫓겨났다
(『조선일보』 1959. 8. 28).

458) 진보당 사무실은 12월 하순 계약 3일 만에 집주인이 "말못할 사정이 있으니 당
간판을 떼어달라"고 요청하였는데 거절하자, 집주인이 그것을 떼고 출입구 철문
을 잠갔다(『조선일보』 1956. 12. 30). 진보당은 당사 이전에 두 번이나 수난을 당
하였다가 세번째로 장안빌딩으로 옮겼는데(『한국일보』 1957. 1. 13), 여기에서는
화재를 만났다(조선일보 편집국 편, 앞의 책, 224쪽).

러나 1956년 12월 9일 부산에서 열린 경남도당 결성대회는 좌익 전향분자
의 내통으로 부산 부두노조의 조합원과 사복경관 수십 명이 장내에 침입,
난동을 부림으로써 대회가 유회되자, 불가불 대회장을 도당 임시사무실(박
기출 사무실)로 옮겨 결당하였다.459) 경북도당 결성대회는 지방 당부대회
중 유일하게 예정된 대회장에서 도당대회를 마칠 수 있었던 대회였다. 그
러나 경북도당 위원장 이동하가 연설하는 중 경찰간부에 의해 옥외 마이
크가 차단되었고, 계속 들어오는 대회장 습격 정보에 쫓겨 겨우 당 대표만
을 선출하고 산회하였다.460)

　1957년 4월 15일 서울 시민회관에서 열린 서울특별시·경기도당 결성대
회는 수라장이었다. 만약의 사태에 대비하여 대의원 입장을 점검한 후 임
석 경관 출입구만 남겨놓고 문들을 쇠줄로 매놓았는데, 임석 경관석 쪽에
서 괴한들이 몰래 들어와 몸싸움이 붙었고, 개회사와 경과보고를 할 때는
테러단들이 계란과 사과, 야구공, 돌 등을 마구 의장석으로 던졌다. 그렇지
만 테러단을 물리쳐 달라는 집회측의 요청에도 아랑곳없이 중부서 사찰주
임은 의장석 마이크를 빼앗아 대회 해산을 '명령'하였다. 그러자 테러단은
감쪽같이 사라졌고 정복경찰대가 삽시간에 들어와 7백여 대의원과 당원을
몰아냈다. 테러단은 나중에 유지광(柳志光)이 이끄는 자유당 깡패들로 알
려졌다. 이날 대회장에는 위조 초대장도 다수가 발견되었다.461) 김달호 의

---

459) 박기출, 앞의 책, 172쪽. 경남도당대회 의장단은 韓興敎, 이덕명, 임갑수, 이상
　　문이었고, 도당위원장은 한흥교, 부위원장은 임갑수, 최양기, 간사장은 옥영진이
　　었다. 그밖의 간부 명단은 정태영, 앞의 책, 277~278쪽 참조.

460) 경북도당 결성대회를 여는 데 옥외집회는 허가되지 않았고, 옥내집회도 서류
　　시정지시에 따라 20여 차례나 경찰서를 찾아다녀야 했다. 간부는 위원장 이동하
　　(당시 82세, 독립투쟁으로 27년간 감옥살이), 부위원장 이영옥, 윤지화, 曺秉琯, 孫
　　鶴翼, 간사장 權寧琬. 기타 간부 이름은 정태영, 앞의 책, 278~279쪽 참조. 이밖
　　에『국회속기록』제25회 22호, 1957. 6. 29, 김달호 의원 발언 참조.

461) 자세한 것은 조규희,『진보당대회 방해사건 이면』, 신문의 신문사, 1957. 6, 6
　　0~61쪽 ;『국회속기록』제24회 20호, 1957. 4. 16, 김달호 의원 발언 및『한국일
　　보』1957. 4. 16. 참조. 이 깡패들은 1957년 5월 25일 민주당 등이 연 장충단 강연
　　회장 폭력에도 동원되었다. 장충단 강연회장 폭력에는 진보당 서울특별시·경기
　　도당 결성대회에서의 난동과는 크게 대조적으로 장기간에 걸쳐 민주당은 물론 언
　　론에서도 대대적으로 추궁하고 보도하였다.

원은 민의원 본회의에서 이 사건을 보고하였지만 아무런 반향을 얻지 못하였다.[462]

전북도당을 결성하는 데도 테러가 심하였다. 윤길중은 전주에서 도당간부들과 협의중에 괴한들에 의해 상이용사회로 납치되어 장시간 시달렸고, 진보당 조직부차장 전세룡과 정읍군 추진위원장 조병갑(曺秉甲)은 6월 26일 여관에 투숙중 괴한 7, 8명에게 "너희들은 공산당이 아니냐"는 소리를 들으며 곤봉으로 무수히 구타를 당하여 조병갑은 중태에 빠졌다. 전북도당 추진위원장 양해룡(梁海龍)도 집에서 폭도들에게 테러를 당해 졸도하였다. 전북도당 결성대회는 며칠 후 김달호가 참석한 가운데 도당사무실에서 열렸다.[463] 국회에서 김달호 의원은 이 테러사건을 설명하다가 평화통일문제로 민주당·자유당 의원들한테서 "우리 북진통일하는 데 무슨 평화통일이냐"는 고함과 야유, 욕설만 들었다.[464] 장충단공원집회 폭력방해사건은 명단이나마 밝혀졌지만, 전주 테러는 용의자마저 알아내지 못하고 엉뚱한 사람을 용의자로 발표하였다.[465]

가장 잔인한 테러는 전남도당 결성대회 때 발생하였다. 전남도당은 7월 20일 결당토록 되어있었다. 그런데 7월 17일 오전 2~3시경 전남도당 추진위원회 조직부장 임춘호(林春虎, 43) 집에 권총과 단도를 가진 괴한 7명이 침입하여 권총으로 임춘호의 머리를 난타하고 단도로 위쪽 허벅다리를 난자하였다. 당시 부인 김말례(金末禮)는 임신 7개월이었는데, 오른쪽 갈비뼈를 칼로 찔러 중상을 입히고 도주하였다. 병원에 입원중인 두 사람은 혼수

---

462) 이 자리에는 경찰관들이 단체방청을 하였다(『한국일보』 1957. 4. 17). 서울특별시당 간부는 위원장 조봉암, 부위원장 김달호, 간사장 안경득이었다. 그밖의 간부 명단은 정태영, 앞의 책, 280쪽 참조.

463) 진보당 간부들은 전주시청에 장소교섭을 하여 6월 24일에 결재가 났는데, 25일 허가결재가 반려되었던바, 그 다음날 밤에 테러가 발생하였다. 전주테러에 대해서는 『국회속기록』 제25회 22호, 1957. 6. 29, 김달호 의원 발언과 『동아일보』 1957. 6. 29. 참조.

464) 『한국일보』 1957. 6. 30.

465) 『한국일보』 1957. 7. 6. 전북도당 결성대회의 의장단은 양해룡, 조기하, 김위제, 위원장은 양해룡, 부위원장은 김대회, 온삼엽, 간사장은 鄭明煥이었다. 그 외의 간부는 정태영, 앞의 책, 281~282쪽 참조.

상태에 빠져 생명이 위독한 것으로 보도되었다. 전남도당 추진위원회 사무국장인 조중한(曺重漢, 41)은 17일 새벽 같은 시간에 권총과 단도를 가진 괴한 10명의 침입을 받았다. 괴한들은 조중한의 오른쪽 허벅다리와 정강이를 예리한 칼로 찌르고, 네 명의 어린아이한테도 칼질을 하였다. 조중한은 실신상태에 빠졌는데, 괴한들은 현금과 양복 등을 강탈하여 도주하였다. 경찰관들은 이 사건이 나기 전날인 7월 16일에도 도당 결성대회를 연기할 것을 강요하였고, 괴한들도 두 집에 침입하였을 때 똑같은 요구를 하였다. 그럼에도 불구하고 경찰은 이 사건을 단순 강도사건으로 추정하였다.466)

김달호 의원이 국회에서 이 문제로 발언을 하자 자유당, 민주당 의원들이 합세하여 김달호와 평화통일론을 마구 공격하였고, 심지어 평화통일론을 옹호하는 김달호 의원을 조치해줄 것을 의장에게 요구하였다.467) 국회에서는 내무위원회에서 이 사건을 조사한다고 하였으나, 여야 의원들은 12월이 되도록 조사하지 않았다.468) 이 해 11월 하순에는 경찰이 노골적으로 전북 이리시당 결당대회를 방해하였다. 11월 27일 중앙당 사회부장이자 이리시당 추진위원 송건(宋建)이 집회허가원을 제출하였을 때, 그날 밤 백골단의 협박문이 당원들에게 보내졌고, 송건이 집회허가원 각하를 항의하자 그를 서장실로 끌고가 사찰주임 사찰계장이 폭행하였다. 그리고 11월 30일 결당식을 가지려 하자 사복형사 수십 명이 회장 입구를 차단하고 대의원을 경찰서로 연행하여 집회를 유산시켰다.469)

진보당이 결성된 이후 당과 당원들에 대한 탄압은 이루 표현할 수 없는

---

466) 『한국일보』 1957. 7. 17, 7. 18 ; 『국회속기록』 제25회 36호, 1957. 7. 18. 김달호 의원 발언. 전남도당 간부는 위원장 윤길중, 부위원장 조중한·임기봉, 간사장 임춘호 등이었다. 그밖의 임원은 정태영, 위의 책, 280~281쪽 참조.

467) 『국회속기록』 제25회 37호, 1957. 7. 19, 김달호 의원의 평화통일 발언에 민주당의 김준연 의원은 대한민국의 국시를 도끼로 찍으려는 것이므로 조치해야 한다고 주장하였고, 자유당의 孫道心 의원과 柳順植 의원은 공산당과 일맥상통한 주장이라고 말하였고, 민주당의 曺泳珪 의원은 소련의 세계정책에 호응하는 것이라고 소리쳤으며, 趙瓊奎 국회부의장은 김달호 의원의 발언이 국회본회의 결의에 위배되니 주의하라고 경고하였다(『동아일보』, 『한국일보』 1957. 7. 20).

468) 『한국일보』 1957. 12. 4.

469) 『국회속기록』 제26회 52호, 1957. 12. 3, 김달호 의원 발언.

극악한 상태였다. 백주에 테러, 납치, 감금, 매수뿐만 아니라, 수단과 방법을 가리지 않고 생존의 터전을 짓밟아버리기 일쑤였다. 신문광고란에는 거의 매일같이 강압과 조작에 의한 진보당 탈당성명이 끊일 새 없었다.[470] 전남도당 결성대회에 즈음하여 일어난 심야의 가정침입 테러를 알게 되었을 때, 그래도 진보당원으로 활동하겠다는 생각을 갖는다는 것은 확고한 신념과 대단한 용기, 때로는 가족 전체의 대단한 용기를 필요로 하지 않았을까.

1957년 4월 19일에는 공보실장 명의로 각 정당, 사회단체 및 예술단체, 학술단체에 이르기까지 정기보고서를 제출하라는 공문이 진보당에 발송되었다. 미군정이 좌익을 탄압하기 위하여 내놓은 법령 제55호 「정당에 관한 규칙」이 유효하다고 하여 적용하겠다는 것이었다. 공보실이 요구한 정기보고서에는 당기 활동사업 보고서, 차기 사업계획 보고서, 재정관계 보고서, 간부부서 명단, 당원 증감관계 등이 포함되어있었고, 정기 또는 임시집회 개회시 개최일 10일 전에 그 사항을 제출해야 하고, 회합 종료 후 5일 이내에 회의록 사본과 결의사항, 토의사항을 보고하게 하였다. 그리고 정기보고를 하지 않으면 해체를 명할 수 있다고 명시하여, 보고를 태만히 하면 공보실장이 자의로 정당, 단체를 해제할 수 있게 되어있었다. 그렇게 되면 정당이나 각종 단체의 내부활동은 관권의 감시하에 놓이지 않을 수 없었다.[471] 이 경우 특히 진보당은 엄혹한 상황에 처할 수밖에 없었다.

4. 진보당 사건

1) 조봉암 · 진보당 얽조이기

조봉암한테 위기는 어느 때보다도 심각하게 다가오고 있었다. 과거에는 대남간첩단 사건, 김성주 사건, 동해안 군반란사건처럼 조봉암의 측근을 간첩으로 몰거나 죽이는 일은 있었어도 직접 조봉암한테 위해를 가하지는

---

470) 권대복, 「영원한 정치지도자의 위상 조봉암」, 『인물계』 1989.
471) 조봉암, 「군정법령 제55호 비판」, 『사상계』 1957. 8, 50~52쪽.

않았다. 그런데 1957년 가을부터는 그렇지 않았다. 9월 중순 조련계에서 밀파하였다는 정우갑(鄭禹甲) 간첩사건이 알려졌을 때 신문에는 조봉암의 사진 게재와 함께 서울지검이 정우갑 수사의 증인으로 조봉암을 소환할 것이라고 보도되었다. 그리고 김정제(金正濟) 등 간첩사건으로 검찰에서 조봉암의 입건 여부를 심각히 논의한다는 보도가 나왔다.[472] 11월 초에는 간첩 박정호 사건과 함께 장건상, 최익환 등이 구속될 때 조봉암에게까지 수사의 선이 뻗쳐질 것이라느니,[473] 조봉암이 곧 소환될 것이라느니[474] 하는 보도가 나오다가, 조봉암과 서상일은 일단 제외하기로 하였다는 보도로[475] 일단락되었다. 전에 발표되었던 간첩사건까지 포함하여 간첩사건이 발표될 때마다 조봉암의 이름이 오르내렸다. 심지어 이미 세상에 다 알려졌던 최익환의 한국전쟁시기 정전운동이 간첩사건 비슷하게 보도되면서, 최익환이 1951년 북의 조국통일민주주의전선(조통) 사무국장 김모로부터 박정호와 연락하여 조봉암, 유화청(柳和靑), 진승국(秦承國), 정현모(鄭顯模) 등 4명을 참의원선거에 당선시키라는 지령을 받고 월남하였으므로, 이들을 조사키로 하였다는 보도까지 나왔다.[476] 유화청, 진승국은 자유당 초기 주요 간부였고, 정현모는 충북지사를 지낸 사람이었다. 한 신문은 조봉암이 "간첩과 관련이 있다니!"라고 말하는 모습을 크게 실으면서, 그가 허허 웃으며 원망하는 기색도 없다고 보도하였다. 조봉암은 이때 "박정호 얼굴은 물론 그런 존재조차 모른다. 최익환, 잘 알지. 그에 관한 일은 천하가 더 잘 아는 것이오"라고 말하였다.[477]

자유당, 민주당의 선거법 협상도 조봉암 - 진보당의 활동을 옥죄게 되어 있었다. 이른바 협상선거법은 선거공영제를 채택한다는 구실 밑에 선거운

---

472) 1957년 9월 18~20일자 일간지 참조.

473) 『조선일보』 1957. 11. 7.(석).

474) 『조선일보』 1957. 11. 13.(조).

475) 『조선일보』 1957. 11. 15.(석).

476) 『한국일보』 1957. 11. 13.

477) 이 신문은 이 뉴스를 보도하면서 조봉암이 비위 거슬리는 대목을 오히려 명랑한 웃음으로 슬쩍 받아넘기는 솜씨란 어딘지 대범한 데가 있다고 촌평하였다(『동아일보』 1957. 11. 17).

동을 전반적으로 제한하였다. 기탁금제도도 지적되었지만 선거위원회의 횡포가 개재되기 쉬웠고, 유령 유권자의 조작 가능성도 있었다. 이 때문에 야당, 특히 눈에 거슬리는 인물의 선거운동이나 등록은 어렵게 되어있었다. 이 선거법은 언론자유를 침해하는 규정이 있어 언론계로부터 맹렬한 공격을 받았고, 그 때문에 조병옥이 민주당 대표최고위원을 물러나야 하였지만, 1958년 12월 신국가보안법 통과 때와 비슷하게 언론에서는 다른 부분에 대해서는 그렇게 크게 문제삼지 않았다.[478]

조병옥과 민주당이 자신을 지켜주고 키워준 『동아일보』 등 언론으로부터 맹렬히 비난을 받으면서까지[479] 야당에게 불리한 선거법을 자유당과 합작하여 통과시킨 데는 이유가 있었다. 투개표에서 참관인 권한을 확대하고 야당도 비율에 따라 선거위원회 위원으로 참가하게 한 것은 민주당에게는 유리하였지만, 군소정당에게는 불리하였다. 선거운동 관계 부분은 권력을 업은 자유당에게 무제한의 자유를 준 반면,[480] 민주당에게도 불리하였지만 군소정당에게는 특히 악랄한 규정이었다. 이 선거법은 진보당 등 혁신계를 봉쇄하는 데, 그리고 무소속 당선을 막는 데 유리하게 되어있었다. 급속히 민심이 이반되어가고 있는 자유당을 부축해주어 기존의 극우정당 일변도로 의회를 편성하려는 민주당의 야합이 개재되어있었던 것이다. 일찍이 미대사관측은 이기붕과 조병옥이 이 선거법을 협상할 때, 이것을 진보당의 약진을 차단하고 두 당의 '양당제' 확립을 위한 거래로 보았다.[481]

박기출은 이기붕, 조병옥, 장택상의 3자 선거법협상 회담에서 혁신 정당

---

478) 협상선거법의 문제점과 그것이 5·2총선거에서 어떻게 구체적으로 드러났는가는 윤길중, 「협상선거법을 비판함」, 『인물계』 1958. 2, 12~15쪽 ; 柳承範, 「협상선거법의 맹점」, 『신태양』 1958. 6 ; 김철, 「5·2선거 보고서」, 『신태양』 1958. 7. 참조.

479) 이에 대해서는 1957년 12월 중순부터 1월 초순까지의 일간지 참조.

480) 한 신문은 1958년 5·2총선이 끝난 직후(1958. 5. 5)에 「어찌 하늘이 무심하랴」는 제하의 사설을 썼다(『조선일보 명사설 5백선』, 조선일보사, 1972, 635쪽).

481) 미대사관측은 선거법 논평에서, 만약 자유당이 1958년 선거에서 패한다면, 조봉암의 사회주의적 진보당이 주야당이 될 것인데, 그것은 민주당에게 바람직하지 않다고 기술하였다(『주한미국대사관 주간보고서』 7, 1957. 3. 31, 78쪽).

의 대두를 비난하고, 민주혁신당은 인적 구성으로 보아 그 활동을 주시할 필요가 있지만 진보당은 방치해서는 안된다는 데 의견일치를 보고, 어떠한 조치의 필요성에 이기붕, 조병옥 등이 합의했다고 지적하였다.[482] 그뿐만 아니었다. 1957년 11월 하순에 정부는 1958년에 24파동을 불러일으키게 되는 국가보안법 개정을 추진하였는데, 그 이유는 평화통일론을 엄단하기 위한 것이라고 언명하여,[483] 명백히 진보당을 겨냥한 모종의 조치가 정부 안에서 다각도로 진행되고 있음을 시사하였다.

1958년 1월 1일자 한 신문에는 조봉암이 신년 정국에 큰 변동은 없을 것이며, 금년 선거에 자유분위기가 주어진다면 진보당이 현저히 진출할 것으로 말한 것이 실려있다.[484] 그러나 1월 초순 치안국 자문위원 홍원일(洪元一)이 사태의 심각함을 직감하고 권대복과 함께 조봉암을 찾아가 해외망명을 권하였다. 조봉암은 자신도 진보당 탄압 정보를 들었지만, 혼자 편하자고 망명이나 도주를 할 수는 없다고 대답하였다. 그러자 두 사람은 이기붕이 출마할 서대문구에 입후보하겠다는 성명을 신문에 내라고 권유하였다. 이기붕 출마 예정지구에 입후보하겠다고 하면 노골적인 탄압을 하기가 어려울 것이라는 이유 때문이었다. 그런데 당간부 중 일부가 그 문제는 상무위원회에서 결정할 일이라고 해서 상무위원회 소집절차를 밟고 있었는데, 1월 12일 새벽 진보당 간부들에 대한 일제 검거가 있었다. 조봉암은 이때 은신중이었는데, 동지들의 체포소식에 도망을 가면 무고한 혐의가 사실화될 것이고 애꿎은 동지들만 희생될 것이라고 말하며, 1월 13일 오전에 전화를 걸어 자진출두하겠다고 전하였다.[485] 진보당 사건이 발생한 것이다.

---

482) 이들은 진보당이 1958년 5월 예정인 선거에 참가할 수 없게 해야 한다는 데 의견일치를 보았으며, 당시 이기붕과 조병옥은 진보당 말살계획에 대해 여러 가지로 의견을 나누었다고 박기출은 기술하였다. 박기출은 이 사실을 장택상으로부터 들었다고 하였다(박기출, 앞의 책, 173쪽). 박기출은 1960년 3·15정부통령선거에 장택상의 러닝메이트로 나오려고 하였다.

483) 『조선일보』 1957. 11. 23.(조).

484) 『동아일보』 1958. 1. 1.

485) 임홍빈, 「조봉암은 왜 죽어야 했나」, 『신동아』 1983. 3.

2) 여론재판과 정부의 진보당 등록취소

진보당사건에 대해서는 꽤 상세히 밝혀진 셈이다. 1982년 『중앙일보』에서 연재한 「진보당 사건」은 사건 관계자들 양편의 증언을 폭넓게 상세히 채록하여 진보당 사건의 진상을 밝히는 데 기여하였다. 이것을 기본으로 하여 이영석의 『죽산 조봉암』이 나왔다. 박태균의 『조봉암 연구』도 조봉암 사건을 구명하는 데 적지 않은 지면을 할애하였다. 이처럼 여러 글과 저서에서 진보당 사건의 실체가 상당 부분 밝혀졌으므로, 이 글에서는 몇 가지 특징만 지적하려고 한다.

먼저 언론에서는, 특히 민주당과 관계가 깊은 언론이 아주 심하였지만, 빨갱이몰이에 앞장섰던바, 사실과는 상관없이 선정적인 허위보도를 하여 여론재판을 하였다. 당국의 발표나 당국에서 흘리는 정보를 여과 없이 발표하였기 때문에도 나타난 현상이었지만, 그보다 신문이 당국 못지않게 혁신계나 진보세력에 대하여 알레르기 반응을 지니고 있었고, 이 때문에 극우적 발상으로 빨갱이몰이에 앞장섰다. 언론의 여론재판 또는 언론 테러는 1심, 2심에서 모두 무죄판결을 받은 '근민당 재건사건'에서 먼저 시작되었다. 1957년 11월 10일을 전후하여 신문들은 박정호 간첩사건에 장건상 등이 다수 관련되었다고 보도하면서, 장건상 등이 바정호와 만났다는 장소 등을 '전하고'(따옴표는 필자), 박정호가 사용하였다는 5만 달러 중 적어도 1만 달러는 혁신세력 운동자에게 제공되었다고 보고 있다는 당국의 '추정'을 덧붙였다.

더욱 놀랍게도, 일부 신문에서는 장건상의 사진까지 여러 차례 게재하면서, 장건상이 전과를 뉘우치고 눈물을 흘리며 간첩 박정호와 관련된 것을 자백했다고 보도하였다. 민주당과 관련있는 한 신문은 11월 16일자 사설에서 "혁신세력의 통일주비위원회가 북한괴뢰의 부상(副相) 지위에 있는 박정호의 이니셔티브에 의해서 결성, 추진"되고 있다고 기술하고, "외교에 있어서 용공 내지 친공정책을 들고 나왔다는 것은 한국의 사회주의세력에 있어서도 예외가 될 수 없을 것"이라고 주장하였다. 이 신문은 이날 사회면 톱으로 '안재홍의 밀서 수수 탄로'라는 제목을 뽑고, 안재홍의 장남 안정용 등 3명이 구속되었다는 기사를 실었다. 그와 함께 근민당계의 김성숙 등 10명을 검거하였는데, 김성숙은 근민당 재건 총책으로서 암약하였다고 보도하였다. 소위 안재홍 밀서 수수도 근거가 없는 것으로 밝혀졌다.

그 뒤에도 이 신문은 근민당 관계자들의 범행이 탄로난 것처럼 보도하였다. 근민당 재건사건은 11월 26일 장건상의 전향서 작성 제출을 계기로 "회개시 석방도 가"하다는 판정이 나왔다는 식으로 이상하게 보도되더니만, 12월 초에는 아무리 증거가 희박하고 공소유지 가망이 없더라도 검찰의 위신을 생각해서라도 근민당 재건사건을 기소하라고 이호(李澔) 법무부장관이 지시하였음을 보도하였다.486) 일부 언론이 잘못 알고 잇달아 오보를 터뜨렸다기보다는 악의적인 중상모략을 의도적으로 11월 10일경부터 12월 초까지 한 달 가까이 쉬지 않고 '보도'한 것이 아닐까.

진보당에 대한 여론재판 또는 언론 테러는 사건의 규모 때문이기도 하겠지만, 근민당 재건사건에서보다 훨씬 길고 또 심하였다. 먼저 1958년 1월 12일 새벽 진보당 간부들을 일제히 검거하기 전날인 1월 11일, 서울지검 조인구(趙寅九) 검사는 진보당의 평화통일론을 북괴의 남침 구호로 단정하여 엄단할 방침이라고 발표하였다. 이어서 언론은 조봉암이 북괴로부터 공작금조의 인삼이 든 상자를 받을 때 그 속에 든 괴뢰의 지령문을 보고 불태워버렸다느니, 조봉암 집 비밀장소에서 불온문건을 찾아냈다느니, 김일성 지령 실천을 위한 7인위원회를 구성한 사실을 장건상, 김성숙 등이 증언하였고, 조봉암도 간첩과 접선하여 야합한 사실을 시인하였다느니, 또 박정호, 김경태, 정우갑 등 14명의 간첩이 진보당 확대지령을 받고 남파되어 조봉암과 직접 협의를 하였다느니, 박정호, 장건상도 진보당의 비밀당원임이 드러났다느니 등등으로 연일 보도하였다. 조봉암 집에서 조봉암 자필로 된 '김일성에게 보내는 편지'도 발견되었다는 보도도 있었다. 정태영이 작성한 메모 '강평서'는 북에서 내려보낸 비밀지령서라고 하여 대서특

---

486) 1957년 11월 17일부터 12월 4일까지의 신문 및 『사실의 전부를 기술한다』(장건상 편), 438~440쪽 참조. 12월 29일에는 괴뢰집단 선동 평화통일노선에 따라 한 독당 재건을 획책하였다고 하여 전 자유당 간부 朴濟煥을 문초하고 있다는 보도가 나왔으나, 곧 흐지부지되었다.

필되었고 동양통신의 정태영 기자는 북괴와의 연락담당관이었던 것이 확인됐다고 보도되었다. 진보당과 북괴는 종적으로 연락하였고, 비밀서클이 5개 있다는 보도도 나왔다.[487]

그런데 위의 보도와는 대조적으로 1월 하순에 조봉암이 "도대체 무엇을 조사하는 것인지조차 알 수 없는 불명확한 수사를 해나왔다. 즉 처음에는 '북진통일'을 제외한 평화통일은 모두 국시에 위반된다는 것이 수사 각도였으며, 그것이 성립되지 않으니까 진보당을 '폭력혁명단체'라고 규정하여 취조하였다"라고 말하고 사실이 명백히 드러날 것이라고 주장하였다는 것과, 윤길중이 구속 적부심사에 승리를 자신하며, 그동안 무엇 때문에 조사를 받아온 것인지조차 알 수 없다고 말한 것도 보도되었다.[488]

2월 25일 오재경 공보실장은 진보당 등록취소를 발표하였다. 오공보실장의 진보당 등록취소 이유는 세 가지였는데, 그것은 모두가 문제가 있었다.

첫째, 진보당은 대한민국의 국법과 유엔의 결의에 위반되는 통일방안을 주장하였다고 지적하고, 진보당의 통일방안은 적성국가를 주로 하여 구성되는 감시단의 감시하에 치러지는 남북총선거라고 설명하였다. 그러나 진보당의 평화통일 주장은 유엔의 결의에 합치되는 것이었고, 오히려 북진통일론이 유엔의 결의에 배치되는 통일론이었다. 뿐만 아니라, 공보실장이 설명한 평화통일방안은 김기철의 통일방안을 왜곡한 것이었다. 김기철의 통일방안은 기소장에서도 인정하였고, 1심 판결문에서도 밝힌 바와 같이 진보당의 통일방안이 아니었다. 둘째, 진보당 간부들은 북한괴뢰집단이 밀파한 간첩과 밀사와 파괴공작조들과 항상 접선하여왔다는 점을 등록취소 이유로 설명하였는데, 남한의 특수부대인 HID에서 관리하였던 양이섭(梁利涉 : 일명 梁明山)에 대해서는 일말의 논쟁의 여지가 있다고 주장한다면, 양이섭의 '특수한' 경우를 제외하고는 위의 설명은 전혀 사실이 아니었다. 오공보실장은 진보당 등록취소의 세번째 이유로 공산당 비밀당원과 공산당 방조자들을 의회의원에 당선시켜 가지고 그들을 통하여 대한민국을 파

---

487) 이러한 보도에 대해서는 당시 신문과 임홍빈, 앞의 글, 111~114쪽 참조.
488) 『조선일보』 1958. 1. 26.(석).

괴하려고 기도하여왔다는 점을 들었는데, 이 부분을 입증할 만한 자료는 검찰의 기소장에서는 물론이고 지금까지 어디에서도 찾아볼 수 없다. 정부의 진보당 등록취소 이유는 어느 것이나 사실과 부합하지 않는 억지였다.

정당다운 정당을 만들기 위하여 수년간 노심초사해왔던 조봉암과 그의 동지들이 가까스로 조직한 진보당은 창당된 지 1년 3개월 만에 일개 공보실장의 사실과 부합하지도 않는 발표 하나로 해산되었다. 정당정치에 대한 중대한 위협으로 자유민주주의를 전면 부정한 진보당 등록취소에 자유민주주의의 신봉자라면 의당 항의하였을 것이다. 그러나 자유당과 민주당은 공식 논평을 거부하였다. 이승만 정부의 처사라면 한번은 트집잡게 마련이던 민주당에서는 후련하다(?)는 표정으로 "밝혀진 범죄사실이 사실이라면 등록취소가 마땅하다"는 견해를 보인 것으로 보도되었다.489) 민주당의 고위간부는 "지금까지 나타난 진보당 간부의 범죄상을 볼 때 불법화되는 것은 마땅하다"고 언명하였다.490) 어제의 동지 서상일은 검찰 증언에서, 진보당은 "첫째 당 기구상 개인독재 정당이고, 둘째 유물론에 입각한 맑스주의 이론을 토대로 하였으며, 셋째 노동자, 농민만을 위한 계급정당이기 때문에 결국 좌경정당으로 볼 수 있다"고 검찰이 바라던 바 이상으로 진술하였다.491)

3) 법원의 판결과 이승만

진보당 사건은 3월 13일 제1회 공판이 열릴 때부터 방청객이 쇄도하여, 이 사건에 대한 시민의 관심을 보여주었다. 1958년 7월 2일 1심 판결이 내려졌다. 유병진(柳秉震) 재판장은 불법무기 소지 등으로 조봉암에게 5년을 선고하였고, 나머지 진보당 간부들에게는 무죄를 선고하였다. 7월 5일 반공청년이라는 괴한 3백 명이 법원에 난입하여 "친공 판사 유병진을 타도

---

489) 1958. 2. 26.자 일간지 참조.

490) 『중앙일보』 1982. 8. 30, 「진보당 사건」 (6). 한 민주당 국회의원은 선거구 주민들로부터 조봉암을 위해 행동을 취할 것인가의 질문을 담은 편지를 여러 통 받았다(『주한미국대사관 주간보고서』 7, 1958. 3. 15, 333쪽).

491) 이영석, 앞의 책, 22쪽.

하자” “조봉암을 간첩죄로 처단하라” 등의 구호를 외치며 시위를 벌였다. 정부수립 후 초유의 법원난입사건이었다.

몇 개월 전에 대법원장을 물러났던 김병로는 “데모한 자들의 배후에 누가 있어서 조종하였기 때문에 공공연하게 삐라에다 법관 자신들도 모르는 지나간 사건의 결과까지도 기입한 것이 분명하니, 우리나라 사법이 있느냐 없느냐 하는 중대한 관건이 되는 문제이므로 철저히 사건진상을 규명하여야 한다”고 말하였지만,[492] 변옥주(卞沃柱) 고등법원장은 괴청년들에게 2심, 3심도 있으니 물러가라고 ‘의미있는 시사’를 하였다. 내무부장관과 치안국장은 반공청년들이 분노에서 한 것으로, 죄는 죄대로 주려니와 정신만은 나무라지 말라고 말하였다.[493]

자유당에서는 법원난동사건 진상조사단 구성안을 거부하였고, 산하단체들로 하여금 오히려 친공판사규탄 대책위원회를 결성케 하여 사법부를 위협하였다.[494] 사법부의 존립을 위협한 괴한들의 시위에 대하여 민주당은 겉과 속이 다른 모습을 드러냈다.[495] 경찰은 서울지검 지시에 의해 7월 7일 법원난입 주모자 5명을 석방하였다.

김구암살사건처럼 진보당-조봉암 사건에서 가장 관심을 끈 부분은 이승만의 이 사건에 대한 태도였다. 1960년 4월혁명 후 고정훈은 김구 암살사건, 진보당-조봉암 사건의 배후를 폭로하여 주목을 받은 바 있지만,[496] 이

---

492) 『동아일보』, 1958. 7. 7.

493) 『국회속기록』 제29회 16호, 1958. 7. 8, 내무위원장 朴順碩의 보고.

494) 『동아일보』 1958. 7. 7 ; 임홍빈, 앞의 글 등 참조.

495) 진보당 사건과 관련하여 자유민주주의를 뿌리째 뒤흔든 두번째 사건인 법원난입사건에 대한 민주당의 속마음은 민주당이 중심이 되어 국회에 내놓은 법원난입사건에 대한 긴급동의 주문에 잘 드러나있다. 이 주문에는 법원난입사건을 “반공청년들에 의하여 감행된 시위운동”이라고 표현하였고, 이것이 폐기되자 다시 제출된 긴급동의안에도 역시 “반공청년들에 의하여 감행된 시위운동”으로 되어있다. 민주당의 韓根祖 의원은 긴급동의를 설명할 때 이 시위에 대하여 비판하면서, “만일 진정 이 데모사건에 이 애국청년의 그 열성에서 나온 부주의한 점이라 할 것 같으면, 그것은 국가를 위하여 우리 국민을 위하여 여러가지로 다행한 일이에요”라고 말하였다(『국회속기록』 제29회 15호, 1958. 7. 7).

496) 고정훈은 이승만이 특무대장 김창룡을 불러 조봉암은 공산당이니 없애라고 지시하였고, 그것을 쪽지로도 써주었다고 주장하였다. 고정훈에 의하면 김창룡은 특

승만은 조봉암 사건에 대하여 사건 초기부터 분명한 입장을 보여주었다.497) 1958년 1월 14일 경무대에서 이 사건을 보고받았을 때, 이승만은 "조봉암은 벌써 조치되었어야 할 인물이며, 이런 사건은 조사가 완료될 때까지 외부에 발표되지 말아야 할 것이다"라고 말하였다.498) 3월 11일의 회의에서는 이승만이 먼저 조봉암 사건에 대하여 묻자 법무부장관 홍진기는

무대 내정처장 김모 대령에게 計劃을 세우도록 지시한 얼마 후 살해되었다. 김모 대령은 경무대 비서관 朴贊一, 자유당 강경파인 장경근과 모의하였으며, 장경근의 동생인 인천지구 CIC대장 장모 중령과 인천지구 HID대장 김모 대령에게 '계획'이 전달되었고, HID대장 김모 대령은 HID의 嚴淑鎭, 鄭泰鎭 두 문관을 불러 지시를 내렸으며, 그리하여 그들이 이중간첩으로 활용하였던 양명산이 발탁되었다고 고정훈은 말하였다(1960년 5월 24일 전후의 일간신문 참조). 고정훈은 이 사건에 김준연도 관계가 있다고 주장하였던바, 이 주장으로 명예훼손 혐의 등으로 구속되었다. 고정훈은 회고록에서 양명산은 해방 후 자신이 근무하던 미 제24군단 정보처 북한과에서 자신과 비슷한 자격으로 일하던 某某君의 한 팀이 데리고 있던 대한민국측 첩자로, 양명산을 직접 취급한 田某君의 부하는 엄숙진이었는데, 후에 엄숙진은 육군HID에서 양명산을 데리고 대북첩보공작을 계속했다고 밝혔다. 또한 인천 HID대장 김모 대령은 장경근, 張都暎 등과 절친한 사이였고, 이들은 모두 오제도 검사와 아삼륙이었다. 고정훈은 이 글에서도 김창룡이 자신에게 이승만이 써준 "조봉암은 공산당이니 없애야 한다"는 쪽지를 보여주었고, 그것은 자신이 국방부장관실에 근무할 때 많이 보았던 이승만의 친필임이 틀림없었다고 주장하였다(『명인옥중기』(고정훈 편), 22~24쪽, 이와 함께『중앙일보』1982. 9. 14,「진보당사건」(11) 참조].

장경근은 김준연처럼 조봉암과 악연이 깊었다. 친일파 판사였던 장경근은 1949년 경찰의 반민특위 습격은 내무부차관으로서 자신이 지시하였다고 국회에서 밝혔다. 비슷한 시기에 김구암살사건, 국회프락치사건이 있었다. 1950년 6월 27일 대전에서 조봉암 국회부의장이 이승만을 만나자 이승만은 조봉암이 서울에서 인민위원장을 맡고 있는 것으로 알고 있었다고 말하였는데, 그 정보는 장경근이 준 것으로 알려졌다(이영석, 앞의 책, 182쪽). 진보당 지방당부가 경찰과 괴한 등의 테러에 시달렸을 때 내무부장관은 다름아닌 장경근이었다. 조봉암 구명운동을 부탁받은 자유당 원내부총무 李成株는 구명운동이 오히려 조봉암의 운명을 재촉한 것으로 생각하고 있었는데, 자유당에서는 대개 동의하였지만, 장경근이 반대하였다고 말하였다. 그는 자유당에서는 조봉암에 대하여 적대감은 가지고 있었지만 공산당으로 보지는 않았는데, 강경파들이 이승만에게 충성심을 보이기 위하여 몰아붙인 것으로 설명하였다(『중앙일보』1983. 1. 5,「진보당사건」(59)].

497) 유민 홍진기전기간행위원회, 앞의 책, 187쪽.

498) 『국무회의』(상), 31쪽.

"현재 공판중에 있으므로 앞으로 결정될 것이나, 그 후 특무대에서 발견한 유력한 확증(양명산을 가리킴-필자)이 있으므로 유죄에 틀림없다"고 보고하였다. 그러자 이승만은 "이제 확증이 생겼으니 유죄라면 전에는 증거 없는 것을 기소한 것같이 들린다. 외부에 말할 때는 주의하도록 하라"고 주의를 주었다.[499]

진보당 사건에 대한 1심 판결에 가장 분통을 터뜨린 사람은 이승만이었다. 이미 7월 4일 홍진기 법무부장관은 중앙청 회의실에서 "법원은 조봉암을 위시한 진보당원의 판결에 있어서 평화통일론은 문제로 하지 않고, 따라서 진보당이 불법단체라는 것도 규정하지 않았으므로, 만일 진보당이 행정소송을 하면 가처분이 있을지 모르니, 진보당을 불법으로 처단한 공보실의 입장이 곤란할 것이라고 생각하며, 본건 판결에 대하여 검사는 즉시 공소하였으나, 제1심에 비하여 고법 대법원의 판결이 검찰에 유리하게 될 것이 예상되는 차제에 공연히 판사들을 자극하는 것은 득책이 아니라고 생각한다"는 견해를 밝힌 바 있었다.[500] 괴한들의 법원난입 때 변옥주 고등법원장이 한 말과 똑같은 논리였다.

2심 재판은 1·4후퇴 때 월남하여 대검찰청 오제도 검사 등의 주선으로 판사로 복직된 김용진(金容晋)이 맡았다.[501] 10월 25일 재판장은 양명산이 1심 판결에서 고개를 숙이고 인정하였던 것을 2심 재판에서 대부분 부인하였는데도 1심 재판에서의 진술을 인정하여 조봉암과 양명산에게 사형, 다른 진보당 간부들에게 3년 내지 2년 징역을 선고하였다. 재판장은 양명산 피고인이 2심에서 부인한 것을 전혀 인정하지 않았고 검찰의 기소사실을 모두 인정하였을 뿐만 아니라, 평화통일 자체가 문제시되었고,[502] 불고

---

499) 『국무회의』 (상), 205쪽.

500) 『국무회의』 (상), 493~494쪽.

501) 이영석, 앞의 책, 247쪽.

502) 당시 한 신문에서는 이 부분에 대해 "평화통일론이 국가보안법 위반으로 인정되고 또한 진보당 자체도 불법 결사라는 인정을 받게 되었다니, 일종의 평화통일론을 지난 선거 직전에 들고 나섰던 민주당은 어떻게 되는지 알기 어렵고, 또 불법 결사라는 진보당을 한때 합법정당으로 용인했던 정부당국은 어떻게 되는지 역시 알기 어렵다"고 썼다(조선일보 편집국 편, 앞의 책, 502쪽).

불리(不告不理)의 원칙까지도 무시하고 공소사실에도 없는 '혁신정치의 실현' '수탈 없는 경제체제' 등도 유죄의 증거로 내세웠다.[503] 2심 판결이 있은 직후인 10월 28일 국무회의에서 이승만은 "법관들만이 무제한한 자유가 허용된다는 것은 이해할 수 없는 말"이라고 말하고, "이러한 판사들을 처리하는 방법은 없는가"라고 물었다. 홍진기 법무부장관이 이에 대하여 답변하자,[504] 다음과 같이 말하였다.

> 조봉암 사건 1심 판결은 말도 안된다. 책임판사를 처단하려 하였으나, 여러가지 점을 생각하여서 중지하였다. 같은 법을 가지고 판이한 판결을 내리게 되면 국민이 이해가 안갈 것이고, 나부터도 물어보고 싶은 생각이 있다. 헌법을 고쳐서라도 이런 일이 없도록 시정하여야 한다.[505]

3심 판결의 주심은 김갑수(金甲洙) 대법관이었다. 김갑수 대법관에 대해서는 3심 판결이 있기 한 달 전인 1959년 1월 22일 중앙청 회의실에서 있은 국무회의에서 홍진기 법무부장관이 헌법위원회 임명과 관련하여 이렇게 말한 바 있었다.(요약)

> 김갑수 대법관을 포함한 대법관들의 국가보안법을 포함한 수개 법안을 통과시킨 객년 12월 24일 국회의 의결(악명 높은 24파동을 가리킴–필자)에

---

503) 이영석, 위의 책, 255쪽. 2심 판결이 있은 다음날 한 신문은 사설에서, 이 사건은 얼른 믿기 어려울 만큼 의외의 범죄혐의를 받았고, 과연 그 범죄혐의 자체가 현행법상 과연 범죄로 성립될 수 있느냐 하는 근본적 의문이 있다고 지적하고, 2심에서 변호인측이 법관 기피신청을 내고, 양명산 피고인이 번복 진술하는 등 이례적 사태가 있었던 것에 대법원은 충분히 고려하여야 할 것이라고 주장하였다[『조선일보』 1958. 10. 27.(석), 사설 「진보당사건 귀결과 국민의 관심」].

504) 홍진기는 "탄핵소추가 있으나 참의원이 없어서 안되고, 법관징계위원회가 있어도 법관들끼리 하는 것이라 소용이 없고, 임기 만료자를 그時 그時에 처리하는 도리밖에 없다"고 답변하여, 법관재임용제도를 이용할 것임을 밝히고, "진보당사건 1심 판결의 책임판사도 금반 임기만료자 중에 들어있다"고 보고하였다[『국무회의』 (상), 773~774쪽].

505) 『국무회의』 (상), 773~774쪽.

대한 견해가 우리측과 같다는 것(법원조직법 개정의 결과로서 설치된 대법
원판사 임용절차를 밟고 있음－원문대로임). 김갑수 대법관에 대하여는 정
부로서 그간 1, 2차 특별한 대우(취급)를 하여왔을 뿐이라 본인으로서도
동대법관을 설득시킬 자신이 있다는 것……506)

대법원의 판결은 특이하였다. 국가보안법 개정 파동, 속칭 24파동의 회
오리가 아직 사라지기도 전인 1959년 2월 27일, 대법원은 조봉암과 양명산
에게 사형, 다른 진보당 주요 간부들에게 무죄를 선고하였다. 진보당의 평
화통일 주장과 정강정책은 합법이지만, 남과 북의 2중첩자 양명산을 통하
여 간첩행위를 하였기 때문에 조봉암은 간첩이고 국가보안법을 위반하였
다는 내용이었다.507)

4) 미국의 태도

조봉암-진보당 사건에서 미국이 보인 태도도 극우반공체제의 유지와 관
련하여 중요시될 수밖에 없다. 미국정부는 부산정치파동 무렵부터 조봉암
한테 조직적으로 접근하였다.508) 진보당 사건에 대한 최초의『주한미국대
사관 주간보고서』는 조봉암이 공산주의자 에이전트와 협동할 가능성을 빼
뜨릴 수는 없지만, 체포와 보고된 자백에 따르면 이 사건은 진보당·민혁
당을 상처내려는 행정부의 의도에서 나온 것이라고 추측하였다. 이어서 그

---

506)『국무회의』(하), 59~60쪽.
507) 대법원 판결 며칠 후『한국일보』는 1959년 3월 5, 6, 7일에 각각「제1의 의문점
　－공소사실의 인정은 자백에만 의존할 수 없다」,「제2의 의문점－법조적용에 착
　오는 없는가」,「제3의 의문점－양형은 과연 적절한 것이었던가」라는 제목으로 사
　설을 썼다.
508) 진보당이 창당된 지 거의 1년이 다 된 시점에서 강원룡이 조봉암을 만났을 때,
　조봉암은 다음과 같이 말하였다고 강원룡은 그의 자서전에 기술하였다. "나도 여
　기서 미대사관이나 미군의 책임자들과 자주 접촉하는데, 그들 얘기가 남북문제의
　해결을 위해서도 내가 대통령이 돼야 한다는 것이오. 그들은 내가 영어를 잘 못
　하면 안된다고 미8군의 고위장교 한 명을 매일 아침 내게로 보내 한 시간씩 영어
　를 가르치게 하고 있는 처지요. 미국과의 관계는 별 문제가 없어요"(강원룡, 앞의
　책 2, 93쪽). 이 기술이 정확한지도 따져봐야겠지만, 여러가지로 해석될 수 있는
　언술이다.

다음 주에는 조봉암에 대한 증거가 박약하다고 분석하고, 행정부는 진보당을 불법화하는 데 공산주의자와의 관계에 대해 얘기되어온 증거를 쓸지도 모른다고 코멘트하고, 진보당의 계획경제나 평화통일 등의 강령은 이승만 정부를 오랫동안 괴롭힌 것이라고 덧붙였다.[509] 그 뒤에도 미대사관은 평화통일론을 정부 전복 혐의로 계속 강조하는 것은 이승만 정부의 나약함을 보여주는 것이라고 평하였다.[510] 미국무부 동북아 담당 관리는 다음과 같은 메모랜덤을 1958년 2월 3일 상급자에게 올렸다.

조봉암의 정치적 견해는 이승만과는 크게 다르지만, 그가 전복활동에 관여했다는 주장을 지지할 증거는 없다. 이번의 체포는 1949년(국회프락치 사건 - 필자), 1952년(부산정치파동 - 필자) 반대자들에 대한 정부의 방식과 아주 거의 비슷하다. 정부는 명백히 4월선거(실제는 5월 2일에 치렀음 - 필자) 이전에 진보당을 실추시키려고 노력해왔다. 이 체포는 아마도 조봉암의 개인적인 인기와 '평화통일' 및 진보당의 사회주의 강령에 대중의 지지가 커지는 것에 대한 두려움을 보여준다. 만약 정부가 평화통일의 주장을 반역적인 것으로 재판에서 선언한다면 그것은 이 문제에 대한 유엔과 미국의 정책을 범죄적으로 만드는 것이고, 유엔총회에서 한국문제에 대한 우리의 위치를 훼손할 것이다.[511]

1958년 2월 이후에도 미대사관이 조봉암 - 진보당 사건을 보는 눈은 비슷하였다.[512] 그리고 2월 27일의 대법원 판결에 대해서 대법원의 진보당 불법화에 대한 이상한 합리화는 몇 개 신문으로부터 비판받았다고 기술하고, 그것은 정부의 불법화한 정당에 대한 압력과 평화통일, 사회주의 정당은 불법이 아니라는 딜레마로부터 탈출구를 찾으려는 시도라고 지적하였

---

509) 『주한미국대사관 주간보고서』 11, 1958. 1. 19, 292~293쪽 ; 1958. 1. 25, 295쪽.

510) 『주한미국대사관 주간보고서』 11, 1958. 2. 1, 300쪽.

511) *FRUS*, 1958~1960, Vol. 18, 일본 한국 관계, 433~434쪽.

512) 『주한미국대사관 주간보고서』 7, 1958. 2. 14, 309쪽 ; 1958. 2. 22, 316쪽 ; 1958. 3. 1, 321쪽 ; 1958. 3. 15, 333쪽 ; 1958. 4. 12, 355쪽 ; 1958. 4. 26, 363~364쪽 ; 1958. 5. 30, 389쪽 ; 1958. 6. 21, 403쪽 ; 1958. 7. 4, 412쪽 ; 1958. 11. 1, 496쪽 참조.

다.513)

이와 같이 진실을 알고 있었던 미국정부는 조봉암 사건에 대하여 어떻게 나왔는가. 1958년 6월 14일 1심에서 검사가 조봉암에게 사형을 구형하였을 때, 미국무부는 조봉암에 대한 사형구형은 공산당 선전을 고무시키고 중립국가뿐 아니라 다른 자유세계에도 미국이 대한민국에서 정치적 발전을 이룩한 것을 상당히 훼손시킬 것이라고 말하고, 조봉암이 사형선고를 받지 않게끔 영향력을 행사하도록 대사관에 지시하였다. 주한미대사 다울링은 이기붕을 만났고, 이기붕은 사형을 막기 위해 노력하겠다고 약속하였다. 2심에서 사형선고를 받았을 때, 국무부는 다시 다울링 대사에게 조봉암에 대한 사형 적용에 대하여 경고하도록 지시하였다. 다울링은 이기붕과 그 문제를 상의한 것으로 되어있다. 그러나 결국 조봉암은 1959년 7월 31일 사형이 집행되었고,514) 8월 3일 다울링 대사는 외무부장관에게 조봉암의 사형집행을 "돌연한, 그리고 크게 문제가 될 만한 결정"으로 미 국무부가 보고 있음을 전달하였다. 미국의 노력은 이것이 전부였다.515)

이승만을 잘 알고 있었으면서도 다울링 대사가 이승만 또는 이승만 쪽에 강력한 메시지를 전달하지도 않았고, 미국무부 또한 대사관 채널을 제외하고는 직접적인 어떠한 역할도 하지 않았다는 것은 미국정부가 조봉암이 처형되는 데 최소한의 '체면 절차'를 밟는 정도에서 머문 것으로 봐야할 것이다. 미국은 1958년 24파동에도 미지근한 태도를 보이며 자유당과 민주당의 타협을 권유하였지만, 기본적으로 한국이 극우반공주의자들의 통치를 받는 것에 이의를 갖고 있지 않았다.516) 미국은 동아시아에서 냉전

---

513) 『주한미국대사관 주간보고서』 8, 1959. 3. 7, 46쪽.

514) 『주한미국대사관 주간보고서』에는 조봉암의 사형집행에 대부분의 관측자들이 놀랐고, 놀람과 비통으로 쇼크를 받았으며, 조봉암과 그의 정책에 조금도 동정적이지 않은 많은 사람들은 아주 빈약한 증거로 정적을 불공정하게 처단하였다고 사적으로 말하였다고 쓰여있다(『주한미국대사관 주간보고서』 8, 1959. 8. 8, 229~230쪽).

515) *FRUS*, 1958~1960, Vol. 18, 461~462쪽.

516) 알렌은 "미국 지도자들의 눈에는 이승만이라는 爲人이 바로 그들이 절실히 필요로 하는 진정한 의미에서 터협할 줄 모르는 반공지도자의 전형적 인물이었다. 그렇기 때문에 이승만이 미국의 대일정책을 온갖 방법을 다해서 방해하려 하고

체제가 흔들리지 않기를 바랐는데, 조봉암의 정치이념이나 정책은 그것을 교란시키지 않을 수 없었다. 경제정책에서도 미국의 자유주의와 대립되었지만, 민족자주의 지향은 미국의 대한정책과 충돌할 수 있었다. 평화통일론은 외형상으로는 미국·유엔의 한반도 통일정책과 보조를 같이하는 것으로 보였지만, 전자는 긴장완화를 추구하고, 나아가서 남과 북의 대화와 교류를 전망한다는 점에서 미국의 동아시아 냉전구조를 허물어뜨릴 수 있었다.

술수가 능란하였던 재사 장택상은 "벼룩에 굴레를 씌워 수레를 끌게 하였으면 했지 제놈들이 조봉암에게 올가미를 씌울 수 있나"라고 말하였다지만,517) 조봉암은 파워폴리틱스 또는 현실정치를 중시하고 있었으면서도, 이승만도 미국도 타넘어가면서 역풍(逆風)의 정치이념을 구현할 수 있다고 판단하였다. 그렇지만, 이승만의 권력욕과 미국의 냉전체제의 벽은 조봉암이 판단한 것보다 훨씬 강고하였다.

대법원 판결 직후 조봉암은 가족과 면회한 자리에서 이렇게 말하였다고 한다.

법이 그런 모양이니 별 수가 있느냐. 길가던 사람도 차에 치어 죽기도 하고, 침실에서 자다가 자는 듯이 죽는 사람도 있는데 60이 된 나를 처단해야만 되겠다니 이제 별 수가 있겠느냐. 과히 상심하지는 말아라.518)

재심이 청구되었으나, 상고심을 맡았던 그 재판부가 다시 재심을 맡았고, 1959년 7월 30일에 기각되었다. 변호인들은 다시 재심을 청구하려고 준비중이었는데 다음날인 7월 31일 오전, 4월혁명을 8, 9개월 앞둔 시점에 조봉암은 전격적으로 처형되었다.519) 그의 나이 60이었다.

있을 때에도, 그리고 한국휴전의 성립과 한국에서의 민주주의 발전마저 방해하는데 전력을 다하고 있을 때에도 미국은 그에 대한 강력한 지지를 아끼지 않았던 것"이라고 기록하였다(리차드 알렌, 앞의 책, 261~262쪽).

517) 이영석, 앞의 책, 201쪽.

518) 위의 책, 271쪽.

519) 조봉암은 사형장에서 유언으로 "나는 이박사와 싸우다 졌으니 승자로부터 패

자가 이렇게 죽음을 당하는 것은 흔히 있을 수 있는 일이다. 다만 내 죽음이 헛되지 않고 이 나라의 민주발전에 도움이 되기 바랄 뿐이다"라고 말하였다(정태영, 앞의 책, 295쪽에서 재인용). 이승만은 1959년 9월 14일 국무회의에서 사형수의 형집행에 대하여 "법은 죄인에게 유리하도록 유의하여야 하는 것인즉 2회까지 재심을 요구할 수 있도록 하는 것이 좋겠다"고 말하였다(『국무회의』(하), 659쪽]. 역시 이승만다운 노회함이었다. 사형수는 재심 청구가 없더라도 여러가지 이유로 수년 후에 형을 집행하는 것이 일반적이었다. 李康學 치안국장은 조봉암의 사형에 대한 기사는 민심을 자극하고 적을 이롭게 하므로 보도를 자제해달라고 언명하였다[『조선일보』 1959. 8. 1.(조)]. 이치안국장은 조봉암 사형집행 보도관제의 법적 근거는 총독부령 120호에 있다고 설명하였다. 총독부령 120호는 독립운동자들을 사형에 처하고, 공공연히 장례를 치를 수 없도록 억압하기 위해 만든 府令이었다[『조선일보』 1959. 1. 3.(석). 이와 함께 『조선일보』 1959. 1. 5.(석), 사설 「총독부령이란 낮도깨비의 정체를 밝혀라」 참조].

제2장 조봉암·진보당의 평화통일론

제1절 조봉암 평화통일론의 대두와 전개

1. 조봉암의 정치테제「우리의 당면과업」

1954년 4월에 열린 제네바회담은 북진통일운동이 거센 동토(凍土)에 평화통일 주장이 등장할 수 있는 계기를 주었다. 이 시기에 평화통일론을 들고 나온 인물이 '제3세력'의 조봉암이었다.

1946년 5, 6월 공산당과 결별하였을 때 조봉암은 평화통일론의 전신이라고 볼 수 있는 김규식, 여운형으로 대표되는 중도파 민족주의자들의 좌우합작노선에 적극 참여하였다. 그는 1946년 10월 7일 좌우합작 7원칙이 발표되었을 때, "합작조선이 사냥 사파에 나소 불리한 것을 이유로 통일과 합작을 반대함은 대국적 입장에서 정당하다고 할 수 없다"고 피력하고, 좌우합작을 적극 지지한다고 천명하였다. 이 시기 좌우합작 실현을 위하여 조봉암, 김찬, 배성룡(裵成龍) 등이 제3당을 결성할 것이라는 소문이 돌았다.[1] 1947년 2월에는 이극로(李克魯), 조봉암, 강순(姜舜) 등이 민족통일전선 재편성을 위한 제3전선 결성운동의 한 형태로 통일전선결성준비임시위원회를 구성하여 모임을 가졌다는 것이 보도되었다. 이 모임은 3월에 민주주의독립전선준비위원회로 구체화되었는데, 이때 조봉암이 다음과 같이 말한 것은 1950년대 중후반 그의 평화통일론을 이해하는 데 시사되는 바가 있다.

---

1) 『한성일보』 1946. 10. 15.

　　우리는 자주성을 견지하여 내(內)로는 동포상잔을 피하고 민족통일을 완수할 것이며, 외(外)로는 국제협조를 강조하고, 특히 미·소 양국으로 하여금 마찰을 일으킬 위험 있는 행위는 절대로 삼가야 할 것이다.[2]

　　동족상잔의 배격은 조봉암 평화통일론의 출발점이자 기본 뼈대이고, 미·소 양국에 대하여 주체적으로 대응하지 못하고 일방적으로 어느 한 나라에 편승하여 양자의 갈등을 격화시키는 행위의 배격은 동족상잔의 배격과 표리관계에 있는 것으로서, 그의 평화통일론의 기본원칙이었다. 조봉암은 1947년 5월 제2차 미소공동위원회가 열렸을 때 좌우합작노선에 서서 미소공위가 성사되도록 노력하였다. 그렇지만 미소공위가 결렬되고 분단으로 치달을 때 조봉암은 앞 장에서 서술한 대로 5·10선거에 참여하였다. 5·10선거 직후에도 조봉암은 기본적으로 평화적 통일노선, 곧 좌우합작노선에 서 있었다. 그는 미국과 국제연합, 이해 당사자들의 입장을 고려하면서 신중히 정부를 수립하여야 한다고 판단하였다. 그가 중심이 되어 발족된 6·1구락부-무소속구락부에서 조국의 남북통일, 완전 자주독립을 전취할 것을 최대의 임무로 삼은 것도 김구·김규식의 '통일독립운동'과 맥락을 같이하는 것이었다. 조봉암은 국회에서 「북한동포에게 보내는 메시지」를 채택할 때, 미소공동위원회 활동을 3천만 민족이 원하는 것이 아니라고 규정하고, 남북협상을 폄하한 것에 명백히 반대하면서 다음과 같이 피력하여, 극우단정세력과 미국을 경악케 하였다.

　　우리 조선민족이 완전 자주독립을 한다면 미국이 좋고 소련은 나쁘다든지 소련만은 좋고 미국이 나쁘다든지 둘을 분열시키고 감정을 격화시킴으로써 우리의 독립이 되리라고 믿지 않습니다. 우리는 조선민족의 입장으로서 그 사람들을 조화·융화시켜서 우리의 문제를 완전히 해결시키는 일이라고 생각하기 때문에…… 저 생각으로서는 누구나 조선민족으로서는 대체로 승인할 수 있는 문구를 표현해서 우리 이북동포에게 권해서 우리가 이렇게 국회를 이루었으니, 당신네들도 노력을 해가지고 우리와 같이

---

2) 『조선일보』 1947. 3. 26.

협조해주시요 하는 그런 범위에서 수정위원이 다시 내주어야 할 줄로 믿습니다.[3]

그 뒤 조봉암은 1948년 11월 지방순방 강연에서 미·소 양국의 전쟁유발에 의한 통일을 반대하고, 남북통일을 촉진시키기 위해서 양군 철퇴를 주장해야 할 것이라고 말하였다는 것이 구설수에 오른 것을 제외한다면, 통일문제에 대하여 별다른 발언이 없었다.

조봉암이 1950년 6월 전쟁 발발 후 평화통일에 대해서 확고한 주견이 서 있었는지는 불확실하다. 1952년 1월 이후 5월 이전에 종전운동을 벌이던 박진목이 협조요청을 하러 갔을 때 "옳은 일치고 수월한 것이 없고 희생이 수반된다"라고 주의를 주면서, "종전과 평화적 조국통일은 애국심이 있는 사람이라면 다 찬성할 것이오. 그 세력이 우리 민족의 절대다수일 것이오"라고 말하였다고 하지만,[4] 그것은 사적인 얘기였다.

1952년 8월 5일 정부통령선거에서 조봉암은 초기 정견발표에서 첫번째로 "국민총력 집결의 체제를 확립하여 유엔군과 적극 협조를 함으로써 하루빨리 승리에의 길로 성전(聖戰)의 완수를 기할 것"을 제시하였다.[5] 현실 정치가로서 당시 분위기에 초응한 정견이었지만, '국민총력 집결'이란 주장이 눈에 띈다. 이 부분은 후술하겠지만, 조봉암의 평화통일방안에서 주요한 위치를 차지한다. 통일문제와 관련해서 조봉암이 정견의 두번째로 "주권강화와 아울러 민족의 단결을 공고히 하여 자주적 외교를 확립할 것"에서 '주권강화'도 미국 의존적인 극우 정치인들한테서는 나오기 어려운 주장으로서, 평화통일론과 맥을 같이하는 것으로 이해될 수 있다. 그리고 세번째로 국제관계에서 감정대립을 완화시킨다는 것은 직접적으로는 이승

---

3) 『국회속기록』 제1회 9호, 1948. 6. 12.

4) 박진목, 『民草』, 圓音출판사, 1983, 191~192쪽. 그런데 이 말에 이어 조봉암이 "평화통일을 내걸고 단결하면 당선이 가능할지도 모른다"고 말하여 은근히 대통령 출마의사를 내보였다고 박진목은 기술하였다. 그러나 이때는 부산정치파동이 본격화되기 이전이므로 아직 발췌개헌이 나오기도 전이었고, 조봉암이 그렇게 중요한 일을 잘 알지 못하는 사이인 박진목에게 얘기하지도 않았을 것이다.

5) 『조선일보』 1952. 7. 31.

만과 미국의 관계를 지적한 것이겠으나, 광의로 해석할 때는 냉전체제에
대한 비판이라는 면에서 평화통일의 선에 닿아있다고 볼 수 있다. 또 네번
째로 "동포가 서로 사랑하고 아끼는 정신을 크게 일으키어 국민의 사상을
순화시키고 억지로 반대파를 공산당으로 만들려는 죄악적인 파쟁을 근절
할 것이다"라고 공약한 것도 동족상잔을 반대한다는 점에서 평화통일과
맥을 같이하는 것이었다. 조후보는 선거일을 앞두고 발표한 정강에서 통일
과 관련하여, "나는 일선과 총후(銃後)의 혼연일체로서 화전(和戰) 양면의
우위를 확보하고 공산제국주의를 철저히 타도함으로써 자유와 평화를 쟁
취할 것이며, 조국의 완전 자주통일을 완성하겠다"고 주장하였던바, '화전
양면'이라는 부분이 북진통일론과 대립되는 휴전협정의 체결을 인정하고
있다는 점에서 평화통일과 연관시켜 생각해볼 수 있을 것이다. 8·5정부통
령선거에서 조봉암이 주장한 평화통일론은 확고한 것이 아니고 시사하는
수준에 머물고 있었다.

조봉암의 정치적 통일, 곧 평화통일 주장은 제네바회담이 열리기 전인
1954년 3월에 쓴 장문의 출사표 「우리의 당면과업」에 원숙한 형태로 드러
났다.6) 이 글은 조봉암이 초대 내각에 들어간 이후 처음으로 자신의 목소
리를 본격적으로 낸 것으로, 1950년대 중반에 펼치게 되는 '제3의 길'의 기
본 뼈대가 잘 집약되어있는 뛰어난 정치테제이다. 이제 이 글의 주요 내용
을 제시하고 그 논지를 요약하기로 한다.

「대공산당 투쟁의 승리를 위하여」라는 부제가 붙은 「우리의 당면과업」
에서 조봉암은 먼저 통일방법은 무력통일, 곧 북진통일방법만 있는 것이
아니라 정치적 방법도 있으며, 오히려 후자가 더 중요하다고 피력하여 정

---

6) 「진보당사건 論告」에 따르면 진보당 관계자들이 남북의 평화적 통일을 구호로
   들고 나왔던 것이 1955년 6월경부터이며, 그것이 표면화된 것이 1955년 9월의 광
   릉회합인 것으로 되어있다(윤기정, 『한국공산주의운동 비판』, 통일춘추사, 1959,
   335쪽). 그러나 그것에 앞서서 자세하고 명료하게 평화통일방안을 제시한 것이 조
   봉암 스스로 지적한 「우리의 당면과업」이다(「지상인터뷰 : 정치종횡담」, 『사상계』
   1958. 2, 243~245쪽). 조봉암의 「우리의 당면과업」은 소책자로도 발간되었다. 이
   글에서는 정태영, 『조봉암과 진보당』(한길사, 1991)에 수록되어있는 것을 텍스트
   로 삼았다.

치적 통일, 곧 평화통일방안을 제시함과 동시에 통일방안은 여러가지가 있을 수 있다고 시사하여 북진통일론자들의 통일논의 전단과 독점에 이의를 제기하였다. 조봉암은 제네바에서 한국에 평화를 가져오기 위한 정치회담이 열리게 되었다는 것은 과거와는 다른 형태로 공산당과 대결하게 되었다는 것을 의미하는 것이라고 서두를 뗀 후, 그러할 경우 대공승리를 거두기 위해서 민주세력은 어떻게 대응해야 할 것인가를 논의의 초점으로 제시하였다. 공산당과의 대결에서 민주세력의 대응방안을 강구하는 데는, 제네바회담 자체가 한반도 문제에 대한 대처에서 무력대결이 아닌 다른 방안을 찾으려는 것으로 볼 수 있다는 것이 시사하는 바대로, 이와 같은 변화한 상황에 적확한 통일방안을 우선 검토해보는 것이 필요하다고 조봉암은 주장하였다.

그런데 통일방안을 검토해보자는 것 자체가 북진통일 외에 어떠한 다른 방안도 있을 수 없다는 극우반공세력의 주장에 대한 도전으로서, 금기시되어온 것을 깨는 효과를 지니고 있었다. 곧 제네바회담을 맞이하는데, 이제 더이상 무력통일만을 내세울 수는 없다고 주장한 것이다. 그리고는 우리 민주진영의 지상지고의 이념이며 과업인 동시에 바꿀 수 없는 철칙인 민주주의적 남북통일을 완성하는 데, 군사력에 의한 무력통일과 선거방식에 의한 정치적 통일이라는 두 가지 방안을 검토할 것을 제안하였다. 그와 함께 조봉암은 이 두 가지 방안 모두 국제적 연관성을 띠고 있는 것이고, 수다한 난관을 지녔다고 함으로써 무력통일이 단순히 압록강, 두만강으로 밀고 올라가자는 주장으로 해결되는 것이 아님을 시사하였다.

조봉암이 보기에, 무력통일을 주장하는 배경은 이해할 수 있긴 하지만, 단순한 구호와 현대사상전의 특성은 구별하지 않으면 안되는 것이었다. 곧 민주진영과 공산진영의 대결은 절대로 군사적 측면만을 의미하지 않고, 오히려 그것은 정치수행상 하나의 방편일 뿐으로 정치적 대결이 중요한 것이었고, 그 대결에서 승리할 때 비로소 명실상부한 승리를 거둘 수 있는 것이었다. 그는 무력통일의 경우에도 민주역량의 한결같은 집결이 절실히 요청되거늘, 제네바회담에서 얘기되었듯이 통일선거가 통일방안으로 제시될 경우에는 정치적 능력이 결정적 역할을 하게 된다고 결론을 내렸다.

이 글에서 조봉암은 두 가지 통일방안이 있다고 피력하여 무력통일방안을 배제하지 않고 있지만, 제네바회담 등의 변화를 볼 때 정치적 통일방안을 검토해봐야 하고 정치적 승리가 중요함을 역설하여, 그때까지 이승만 대통령과 반공세력에 의하여 유일무이한 통일론으로 주창되어온 북진통일방안을 비판하고, 국내에서 금기시된 다른 통일방안을 조심스럽게 제시한 것이다. 그것은 또한 한국전쟁 발발 이전에 있었던 다원적인 통일방안과의 연관을 상기시킬 수 있었다.

둘째, 조봉암은 이 정치테제에서 통일논의 또는 정치활동에 참여할 수 있는 계층이나 정파, 정치세력의 폭을 넓히자고 제안하였다. 그것은 극우반공세력이 독점하고 있는 정치판에 대한 도전으로서 정치의 장을 자유민주주의체제에 걸맞게 다원화하자는 주장에 다름아니었다. 이 문제는 「우리의 당면과업」에서 통일을 이루는 데 갖춰야 할 내적 조건과 그 주체문제에 대한 스스로의 물음으로 제기되었다. 이 물음에 조봉암은 우회적으로 답변하여 모든 민주세력이 표면에 모조리 대두하여 민주역량을 극대화할 것을 제창하였다. 첫째, 민주세력이 대두하려면 모든 민중운동이나 개인의 합법적 활동에 대하여 걸핏하면 반국가적 행동처럼 취급하고, 현정부의 관리 및 자유당 간부 이외에는 모든 사람들의 언동에 대하여 각종 정부기관에서 반정부분자로 취급하고 있는데, 이러한 행태를 청산하여야 한다. 둘째, 김구·김규식으로 대표되는 중간파 또는 협상파를 사갈시하는 경향이 없어져야 한다. 셋째로, 살아남은 보도연맹 관계자들을 더이상 전전긍긍하게 해서는 안된다. 이것에 덧붙여 조봉암은 족청계를 반국가적이고 반당적인 분자처럼 취급해서는 안된다고 지적하였다. 족청계를 제외한다면 우익 또는 중도우익에서 전향한 좌익까지를 한국 정치에서 받아들여야 한다는 의견이었다. 곧 극우반공세력에 의한 정치의 전단을 넘어서야 한다는 주장이었다. 이 글에서 펴고 있는 조봉암의 주장은 통일방안에서도 정치의 참여범위에서도 극우반공체제와 명백히 대립되는 논리였다.

셋째, 조봉암은 정치적 통일 또는 평화통일의 기본동력과 주체가 되어야 할 민중과 지식인의 자각을 촉구하였다. 조봉암은 극우반공체제에서 통치 대상으로 전락하여 억압받고 피해의식에 사로잡혀 있는 대중이 좌고우면과 소극성, 애매모호함을 벗어나 민중의 조직, 특히 자신의 정치적 조건을 발전시킬 것을 촉구하고, 지식인은 세기적 수난자로서의 절망감을 극복하여 '다 한번 새로 한다'는 감격으로 민중운동의 선두에 서서 민중을 적극적으로 지도하고 조직할 것을 권유하였다. 그것이 곧 우리나라와 같은 후진국가에서는 지식인의 책무라고 조봉암은 역설하였다. 여기서 민중이란 구체적으로는 주로 농민과 노동자를 가리켰다.

마지막으로, 조봉암은 통일방안에서도 정치체제에서도 극우반공체제의 벽을 깰 것을 제안하면서, 다른 한편으로는 민주진영의 역량을 총집결할 단결체를 구성할 것을 제의하였다. 공산진영과 대결하는 중대한 역사적 순간에 약간의 정치적 의견대립으로 민주진영의 단결과 세력집결이 이루어지지 않는다는 것은 우리 자신의 자유생존을 위하여 용인될 수 없다고 피력하면서, 그는 제1안으로 자유당과 민국당의 협조하에 다른 정파 개인이 가세하는 방법, 제2안으로 자유당 이외의 모든 정파와 개인으로 야당 연합을 이룩하고 여당과 협조하여 민주민족진영의 최고집결체 구성에 도달하는 방법, 제3안으로 이대통령이 선도하는 방법, 제4안으로 조야(朝野)의 지도자층을 총망라한 연합전선 결성안을 제시하였다. 그리고 3안이 비교적 현실성이 많은 것이고, 4안은 이상적이고 실질적인 안이라고 설명하였다.

조봉암은 1953년 8·15기념일에도 민주진영의 역량을 총집결하는 단결체를 구성할 것을 제의하였다고 「우리의 당면과업」에서 기술하였는데,7) 이 단결체는 1949년 하반기에 시도되었던 '민강위'처럼8) 한편으로는 공산당과 대결하는 데 요구되는 방안으로서 지지받을 수도 있었지만, 극우세력의 박해 또는 탄압 때문에 현실적으로 이루어지기 어려운 것이었다. 그런데도 불구하고 조봉암이 이러한 제의를 한 의도가 어디에 있었는가는 뒷절에서 분석하기로 한다.

조봉암의 「우리의 당면과업」은 극우반공체제의 틀이 강화되는 시기에 제3의 길을 제시하였다는 점에서 중요한 의미를 갖지만, 그것은 거의 반향

---

7) 정태영, 위의 책, 465쪽.
8) 민족진영강화위원회에 대해서는 서중석, 『한국현대민족운동연구』 2, 역사비평사, 1996, 303~306쪽 참조.

을 불러일으키지 못하였다. 그것은 제네바회담이 동서 양 진영의 설전장으로 시종하고 어떠한 실질적 합의도 얻어내기 어려웠던 상황에 조응하는 것이라고 볼 수 있다. 매카시즘이 위력을 떨쳤던 미국의 상황과도 연결되겠지만, 이 시기의 냉전체제는 철벽 같았고, 그것은 국내 사정에서도 비슷하였다. 「우리의 당면과업」은 '웅장한' 설계였지만, 제네바회담에 대한 비현실적 기대와 관련되어 나온 철이른 포부였다. 그러나 제네바회담을 계기로 국내외에서 다시 통일방안이 강구되기 시작하였고,[9] 조봉암이 자신의 정치적 비전을 가다듬었다는 것은 의미있는 일로 평가될 수 있을 것이다.

　조봉암한테 1954년은 불행한 한 해였다. 그는 1954년 5·20총선에 입후보하려고 세 군데에서나 시도하였지만 백색테러로 불가능하여 일단 정치의 장에서 은퇴하지 않을 수 없게 되는 역류현상을 맞았다. 이 해 가을에도 조봉암은 뜻하지 아니한 '변'을 당하였다. 이승만의 영구집권을 가능하게 하기 위한 개헌안이 10월 7일로 30일의 공고기간이 만료되었으나 자유당에서는 그것을 상정할 엄두를 내지 못하고 있는 상황에서 10월 하순에 민국당 선전부장 함상훈이 터뜨린 뉴델리 밀회설로 정가가 소용돌이에 휩싸였는데, 이때 조봉암은 정계에서 은퇴하고 있었는데도 불구하고 이 소용돌이에 말려들어 포화의 과녁이 되었다. 그는 전쟁 발발 후 특히 신당운동이 활발하였던 1951, 52년경부터 제3세력을 대표하는 인물로 부각되었다. 자유당은 뉴델리 밀회설을 계기로 하여 급속히 공안정국을 강렬히 조성해나가 개헌안을 통과시키고자 하였는데, 이때 주요 표적이 뉴델리 밀회설과 관련하여 제3세력이 되었다. 국회에서는 신익회와 함께 조봉암을 공격하면서, "제3세력을 깨뜨리지 않으면 우리 대한민국에 커다란 암이 된다"라든가, 국내에 제3세력을 구성하려는 민족반역자 등이 있다고 비난을 퍼부었다.[10] 강성 발언이 계속되면서 국회에서는 과격한 결의안이 잇달아 통과되었다. 11월 4일에는 긴급동의인 「남북협상 중립배격 결의안」이 통과되었고, 11월 6일에는 국토통일에 대한 국시를 천명하였다. 11월 11일에는

---

9) 『중앙일보』 1982. 9. 6, 「진보당사건」 (7), 김기철 발언.
10) 서중석, 「이승만과 북진통일」, 『역사비평』 1995 여름, 127~128쪽.

"한국통일의 방안으로서는 유엔감시하에 선거가 실시되지 못한 북한지역에서 선거를 실시하는 것이 대한민국의 국시이며 유엔의 누차 결정이었던 것을 재천명한다"고 왜곡된 주장을 하고,[11] 한국의 독립과 통일의 협조자인 54개국의 원수와 유엔총회 의장에게 전달하겠다는 결의문을 다음과 같은 내용으로 채택하였다.

한국 전지역에 총선거를 실시한다면 신성한 유엔총회의 결정에 배치되며 또한 대한민국 주권을 침해하는 불행을 초래하는 것이다. 그러므로 한국통일의 방안으로서는 유엔감시하에 북한지역에서 전공산군이 철퇴한 후 선거를 실시하여 대한민국 주권을 확충하는 것만이 국시임을 재천명한다.[12]

명백히 유엔결의에 상충되는 것으로, 북진통일을 외교적 수사로 포장한 결의였다. 그것은 또한 국내외의 평화통일안 또는 중립화통일론에 쐐기를 박자는 주장이었다. 다음날인 11월 12일 갈봉근(葛奉根) 공보처장은 '제3세력을 배격'한다는 담화를 발표하였다.

그렇지만 이 시기 미국과 영국 등 자유진영에서의 한국통일안은 반드시 조봉암의 주장에 배치되는 것은 아니었다. 1953년 휴전협정이 체결될 무렵 미 국무부에서는 한국의 중립화통일방안을 구상하였으며, 주일미대사 머피는 국무차관보로 옮겨간 후 통일 후 한국을 중립화하는 방안을 피력하였다.[13] 대한민국 위주의 중립화통일안이었으나 이승만정부의 북진통일론과는 성격을 달리하는 통일안이었다. 영국외상 이든은 제네바회의에서 남과 북 등 쌍방이 받아들일 수 있는 감시위원단, 곧 한국전쟁에 참여하지 않은 중립성을 가진 국가로 선거감시위원단을 구성하여 남과 북에 자유선거를 실시하여야 한다고 주장하였다.[14] 일본에서는 『동아일보』 주간이었

---

11) 1947년 11월 14일 이래 유엔의 주된 결의는 남북한 총선거였다.

12) 『국회속기록』 제19회 76호, 1954. 11. 11.

13) 『국회속기록』 제19회 65호, 1954. 10. 29, 金鍾信 의원 발언 ; 권오기 대담, 『현대사 주역들이 말하는 정치증언』(林炳稷, 「한국동란과 막후외교」), 동아일보사, 1986, 326쪽.

던 김삼규(金三奎)가 망명하여 1953년경부터 중립화통일안을 주장하였고[15] 미국에서는 좌우합작운동을 지지하였던 김용중(金龍中)이 일찍부터 그와 비슷한 통일방안을 펴고 있었다.[16]

2. 1956년 5·15정부통령선거와 평화통일

조봉암은 1955년 6월 16일부터 7월 11일까지 26회에 걸쳐 『한국일보』에 「내가 본 내외정국」을 연재하였다. 이 글은 국제동향에 대한 분석에 비중이 두어져 있지만, 통일문제에 대해서 꽤 많이 언급하고 있어 그의 통일방안의 내용과 변화를 이해하는 데 도움을 준다.

조봉암은 먼저 대한민국이 유엔 주도하에서 수립되었고, 남북통일의 모체이며 통일독립국가 건설의 기본이어야 함을 명시하였다.[17] 1956년 이후의 평화통일론에서는 잘 나타나지 않고, 오히려 논리적으로 북의 남침이 불가능하다는 점이 강조되는 데 비해, 이 글에서는 북의 남침을 배제하지 않고 있는 것도 특징이다. 국경이 아닌 38선 이북에 공산당이 정권을 잡고 있고, 소련과 중국이 그 뒷받침을 하고 있는 한 언제든지 정치적으로나 무력적으로나 남침하려 하고 있다고 단정해두는 것이 옳다고 믿는다면서, 조봉암은 그 이유로 공산당은 소련 이외에 조국이 없기 때문이라고 설명하였다.[18]

「우리의 당면과업」에서는 무력통일과 정치적 통일 중 후자에 큰 비중을 두고 그 이유를 설명하였는데, 이 글에서는 북진통일과 정치적 해결방안 중 역시 후자에 비중을 두면서도 정치적 의도가 개재된 것이겠지만, 두 방안 중 어느 하나도 경시해서는 안된다는 점을 강조하고 있다. 정부는 북진

---

14) 『국회속기록』 제19회 76호, 1954. 11. 11, 卞榮泰 국무총리 발언.

15) 김삼규, 『조선의 진실』, 일본 : 至誠堂, 1960, 164쪽.

16) 이 시기 미국정부와 김용중·김삼규 등의 중립화 통일에 대해서는 洪錫律, 『1953~61년 통일논의의 전개와 성격』 서울대 국사학과 박사논문, 1997. 2, 210~220쪽이 자세하다.

17) 조봉암, 「내가 본 내외정국」 (1), 『한국일보』 1955. 6. 16.

18) 위의 글 (6), 1955. 6. 21.

통일과 정치적 해결을 모순으로만 보는데, 그것은 중요하지 않고 종국적 승리가 중요하며, 무력적이든 정치적이든 민주진영의 승리로 민주국가를 건설하는 것이 중요하다는 것이었다. 그리고 정치적 해결을 공존론과 동일시해서 비웃고 죄악같이 여기는데, 정치적 해결을 위해 노력하는 것은 대공 유화도 대공 굴복도 아니고 힘의 수학적 결과를 정치적으로 조정하는 것이라고 설명하였다. 극우반공세력의 공격을 많이 의식하면서 논지를 펴고 있는 것을 볼 수 있다.

그런데 조봉암은 뒤의 논리를 한 단계 더 발전시켜 "우리는 반공이고 반공존이지만, 필요가 있고 유익하기만 하면 공산블록과 회의도 하고 협상도 해야 될 것"이라고 주장하였다.[19] 평화통일론은 공산측과 회의 또는 협상을 전제로 하지 않을 수 없는 것이지만, 북진통일론과 국가보안법체제하에서 감히 꺼내기 어려운 주장을 대담하게 토로하였다. 정치적 투쟁의 중요함을 「우리의 당면과업」에서보다 더 구체적인 내용을 가지고 설명하는 것도 시사하는 바가 있다. 통일방안으로 제시되어있는 대한민국안, 자유진영측안, 북한안 중 '어느 것이 실시된다 하더라도'(따옴표는 필자) 정치력이 중요하고,[20] 국제적 정치동향 속에서 혹자는 총선거를 말하고 혹자는 소위 중립국 건설을 제창하는데, '동떨어진 구호'(무력통일 – 필자)만 부르는 것이 상책이 아니라는 것이었다.[21]

그는 이 글에서 자유진영의 결속을 여러 차례 강조하면서 「우리의 당면과업」에서처럼 민주세력의 총집결 구성체를 제창하였다. 「우리의 당면과업」에서는 여당·야당 등 주요 정파를 중심으로 그것을 논의하였지만, 이 글에서는 공산당 이외의 모든 사람, 곧 민주주의자, 민족주의자, 사회주의자, 무정부주의자, 자유보수주의자, 사회민주주의자, 자유협동주의자 등 모든 주의자와 무주의자(無主義者), 심지어는 독재의 요소가 있다는 사람, 외세의존자, 부패분자까지지도 포함되어야 할 것임을 주장하였는데,[22] 이 부분

---

19) 위의 글 (25), 1955. 7. 10.
20) 위의 글 (24), 1955. 7. 9.
21) 위의 글 (6), 1955. 6. 21.
22) 위의 글 (26), 1955. 7. 11.

역시 평화통일론에 대한 공격을 약화시키려는 정치적 고려가 들어간 주장임에 틀림없다.

조봉암이 「내가 본 내외정국」을 집필한 다음달인 1955년 8월 초부터 12월 10일 이승만 대통령이 시위를 당분간 중지하라는 담화를 발표할 때까지 4개월간이나 휴전협정 즉시 폐기, 북진통일 주장과 함께 중립국감시위원단 철거시위가 대대적으로 벌어졌다. 1953년의 휴전협정 반대, 1954년의 중립화통일안 배격에 이은 '총궐기'였다.

조봉암의 「우리의 당면과업」과 「내가 본 내외정국」에서는 모두 평화통일이라는 말을 쓰고 있지 않다. 사상투쟁에서의 승리나 정치적 투쟁의 중요성은 안재홍이나 조소앙 등 중도파 정치인들이 한국전쟁 전 극우반공정치를 비판하면서 강조한 것들이었다. 조봉암이 평화통일이라는 말을 쓰기를 주저한 것은 휴전반대 - 북진통일론의 살벌한 '전시체제'에 도전하는 것으로 간주될 수 있기 때문이었다. 진보당 사건 1심 판결문에는 1955년 8월 광릉회합 후에 가진 10월 24일의 대관원(大觀園)회합에서 윤길중 사회하에 신당조직의 3원칙을 수립하였던바, 3원칙의 끝부분에 '평화적 남북통일' 구호가 들어가 있다고 쓰여있다.[23]

그러나 이 판결문 외에는 대관원회합에서의 신당조직 3원칙이 보이지 않고, 그것이 있었다 하더라도 그 표현이 내부적으로만 사용한 것이었지 외부적으로도 공표하였을까는 의문이다. 왜냐하면 1955년 12월 22일에 발표된 진보당 발기취지문에서도 강령 4항목 중 세번째가 "민주우방과 제휴하여 민주세력이 결정적 승리를 얻을 수 있는 조국통일의 실현"으로 표현되어있기 때문이다. 물론 이 취지문은 신중에 신중을 기하여 '평화'라는 말 대신 "민주세력이 결정적 승리를 얻을 수 있는"이라는 말을 썼던 것으로 보인다.

평화통일이라는 문구는 진보당추진위원회 간사장 윤길중이 1956년 초에 발표한 글에도 나오지 않는다.[24] 평화라는 말이 통일방안으로 의미있게 확

---

23) 권대복 편, 『進步黨』, 지양사, 1985, 213쪽.

24) 『새벽』 1956년 3월호에 쓴 윤길중의 「진보당 조직의 의의와 그 주장」에서는 평화통일이라는 말도 없거니와, 통일과 관련된 구체적 제안도 없다. 그저 국토통일

연히 들어있는 것은 진보당 강령에서이다. 진보당이 결당된 뒤 채택한 강령 5개조 가운데 4항에는 "우리는 안으로 민주세력의 대동단결을 추진하고 밖으로 민주우방과 긴밀히 제휴하여 민주세력이 결정적 승리를 얻을 수 있는 평화적 방식에 의한 조국통일의 실천을 기한다"라고 명기되어있다. '평화적 방식에 의한 조국통일'이라는 문구가 들어있는 것이다. 그런데 이 진보당추진준비위원회의 부탁으로 강령을 초안하였던 이동화는 이 일 때문에 진보당사건에 끌려들어가 법정에 섰을 때 자신의 초안에는 '평화적'이란 말이 없었다고 증언하였다. 이동화는 초안을 작성할 당시 통일부분에 신중한 고려를 거듭한 끝에 '평화적 통일'이라는 문구 대신 무난하리라 생각되는 '민주적 통일'이라는 문구를 사용하였다는 것이다.[25] 1955년 여름 서울대 강당에서 동서 양 진영의 평화공존이 불가피하다는 강연을 하였다가 잡혀들어가 심한 고문을 받고 2개월 후에 선고유예로 풀려나온 경험이 있었기 때문이었을 것이다.[26] 제1심 판결문에는 진보당추진준비위원회 의안위원회에 의하여 '민주적 통일'이 '평화적 통일'로 바뀐 것으로 기술되어있다.[27]

진보당 강령에 '평화적 방식에 의한 조국통일'이라는 문구가 들어간 것은 1956년 3월 31일에 열린 진보당전국추진위원대표자회의에서 당 정강 등을 발표하였을 때나 그 직후로 봐야 할 것이다.[28] 왜냐하면 이날 대표자회의 연설에서 서상일이 "민주주의가 승리하는 방향에서 평화적으로 한국

의 추진력을 정비 강화한다거나 통일자주독립 과업을 달성하자는 주장이 있을 뿐이다.

25) 『명인옥중기』(이동화 편), 희망출판사, 1966, 216쪽 ; 『중앙일보』 1982. 9. 3, 「진보당사건」(6).

26) 『명인옥중기』(이동화 편), 215쪽.

27) 또 이 판결문은 의안부 책임자 신도성이 진보당 「정책」의 첫번째로 들어있는 「통일문제」를 초안하였다고 되어있다(권대복, 앞의 책, 213쪽).

28) 『이동화 평전』(金學俊, 민음사, 1988)에는 3월 31일의 대표자회의 무렵에 이동화가 진보당 강령의 초안을 부탁받은 것으로 되어있는데(203쪽), 이동화가 그것을 부탁받은 것은 진보당추진위원회에서 발당에 박차를 가할 무렵으로, 3월 31일 이전이었을 것이다. 그런데 『조선일보』 4월 1일자에 보도된 3월 31일에 채택한 진보당 강령에는 여전히 '평화적 방식에 의한 조국통일'이라는 문구가 들어있지 않다.

을 통일하여야 한다"고 피력하였던바, 그것은 진보당 강령 4항과 거의 같은 내용이다. 또 이 회의에서 임기봉은 "이북의 노동자와 이남의 노동자, 이북의 학생과 이남의 학생, 이북의 부녀자와 이남의 부녀자가 손을 잡아야 평화의 여명이 온다"고 상당히 자극적인 언사로 남과 북의 평화적 연대 제휴를 주장하였다. 조봉암이 이 회의에서 "여러분은 모든 피압박 대중의 대표이며, 진보당의 기치를 높이 듦으로써 민주적 혁신정치를 실현할 수 있을 것"이라고 말하고[29] 평화적 통일에 대하여 언급하지 않은 것은 사전에 서상일과 역할분담을 정하였기 때문이었을 것이다. 5·15정부통령선거에 돌입하면서 드디어 진보당은 금기시된 평화적 통일이라는 말을 쓰기 시작하였다.

1956년 5·15정부통령선거에서 진보당은 그때까지 입 밖에 낼 수 없었던 평화통일구호를 과감히 내걸어 현저히 진출하였다.[30] 조봉암은 대통령 입후보등록을 한 다음날인 4월 8일 유엔 지지하의 평화적 방법에 의해 조속히 통일되어야 한다고 주장하고, 오늘에는 북진통일구호는 적당치 않다고 말하였다. 그러나 이어서 통일은 대한민국 주권과 합법성을 인정하는 테두리 안에서 북한만의 선거 또는 기타 방법에 의해 평화적으로 이루어져야 하고, 평화적 통일이란 민주주의방식에 의한 민주주의 승리를 전제하는 것이라고 천명하여,[31] 극우보수세력의 통일방안과 무력이냐 아니냐만 다를 뿐 그 취지는 같이하는 것이라고 얼버무려 슬며시 후퇴하였다.

진보당의 평화통일론은 정부통령 단일후보를 내기 위한 야당 연합운동이 전개될 때 부각되었다. 4월 9일 진보당 선거위원장 서상일은 야당 연합의 조건으로 책임정치의 구현, 수탈 없는 경제체제의 추진과 함께 "조국통일은 국제 관여하의 평화적 방법에 의하여 이룩한다"는 등 세 가지 조건을 민주당측에 제시하였다.[32] 또한 이날 한 신문에는 진보당측이 조봉암의 인기를 십분 살리려고 한다고 보도하면서, 사회민주주의 정책과 함께 전쟁방

---

29) 『한국일보』 1956. 4. 1.
30) 『조선일보』 1956. 12. 27, 「정계 1년 회고」.
31) 『조선일보』 1956. 4. 8.
32) 『한국일보』 1956. 4. 10 ; 박기출, 『내일을 찾는 마음』, 新書閣, 1968, 80~81쪽.

식을 배제한 평화적 방법을 통한 국토통일 슬로건이 일부 층의 주목을 끌게 하고 있다고 전하였다.[33] 진보당은 선거대책위원회 위원장 서상일의 명의로 야당 연합전선 구성에 관한 성명을 광고로 내어 진보당의 주장을 최대한 부각시키려고 노력하였다. 이 광고에서는 셋째 "우리 민족이 이 이상 동족상잔의 피를 흘린다면 그것은 곧 민족의 자멸을 의미하는 것이니, 우리는 어디까지나 피흘리지 않고 민주주의 승리에 의한 평화적인 방법으로 남북통일을 이룩해야겠다는 것이다"라고[34] 민중들에게 상당히 감성적으로 평화통일을 호소하였다.

진보당의 야당 연합조건 제시는 민주당으로 하여금 일시적이지만, 전과는 다른 통일정책을 제시하도록 유도하였다. 민주당은 창당 때부터 통일정책이라고 할 만한 것이 없었지만, 5·15정부통령선거에서도 "국력의 신장과 민주우방과의 제휴로써 국토를 통일한다"는 막연한 정책을 제시하였을 뿐이었다.[35] 그런데 진보당의 세 가지 원칙 제의를 받고, 민주당은 통일정책의 경우, '평화적 통일'이란 유엔 감시하의 민주주의 방식에 의한 남북 총선거를 말하는 것이어야 한다는 것을 제시할 것으로 보도되었다. 민주당 측이 이때 내놓으려고 하였던 유엔 감시하의 총선거를 바로 거둬들이지 않고 당론으로 분명히 제시하였더라면 통일논의는 한층 합리성을 띨 수 있었을 것이고 북진통일론은 그만큼 빨리 곤경을 맞이하였을 것이다. 그러나 민주당측이 진보당측에 통고한 통일방안은 북진통일론과 다름없는 유엔 감시하 북한만의 선거로 알려졌다.[36] 극우반공세력은 남북대결에 의한 분단의 고착화가 자신들한테 얼마나 절실히 필요한가를 잘 알고 있었기 때문이었다.

---

33) 『한국일보』 1956. 4. 9.

34) 『조선일보』 1956. 4. 14.

35) 정태영, 앞의 책, 239쪽. 신익희 후보가 4월 하순에 공약 8번째 외교, 마지막 부분으로(통일문제를 '외교'의 마지막 항목에 넣은 것만 보더라도 민주당이 통일정책을 얼마나 소홀히 다루었나를 짐작할 수 있다-필자) 설명한 정책은 "(2) 對자유제국 및 국련 우호외교로써 협조를 일층 도모하여 민주발전과 남북통일의 기초를 닦는다"였다(『한국일보』 1956. 4. 29).

36) 1956년 4월 11~13일자 일간지 참조.

4월 하순 진보당 후보의 선거공약이 자세히 발표되었을 때 통일정책은 훨씬 적극적이고 확고한 모습으로 나타났다. 이 선거공약은 「내가 대통령에 당선되면」이라는 표제 밑에 소제목으로 「남북평화통일을 성취」, 「인플레에 의한 대중적 수탈 해소」를 단 것을 보아도 이 선거에서 진보당이 통일정책을 크게 내세우고 있음을 보여주었다. 이때 제시한 통일정책은 다음과 같다

우리는 민족의 비원인 남북통일을 평화적으로 단시일 내에 성취시키겠다. 전세계 인류의 시대적 요구가 전쟁 반대일 뿐만 아니라, 우리 동포들도 이 이상 피흘리기를 절대로 원치 않는다. 제네바에서 평화 제안했던 정부나 민주당은 시종 무력통일을 운위(云謂)하지만, 이것은 현실에서 고립되는 주장일 뿐만 아니라 결과적으로 통일을 단념하는 거와 다름이 없다. 왜냐하면 무력통일론은 불가능한 옛이야기에 속하기 때문이다. 우리는 민주역량을 공고히 하여 그 토대와 주동 밑에 민주 승리의 평화통일을 쟁취하기 위하여 국가적 총력을 여기에 경주할 것이다.[37]

정부통령선거가 종반전에 접어든 5월 5일 민주당의 신익희 후보가 사거하였고, 선거일을 엿새 앞둔 5월 9일 진보당은 박기출 부통령후보의 사퇴를 성명하였다. 이미 5월에 들어서면서부터 진보당이 내세웠던 '공약 10장'은 이 무렵에 한층 강조되었는데 그 제1장으로 통일정책이 제시되어있어 5·15선거에서 조봉암·진보당이 역시 통일정책을 얼마나 중시하고 있는가, 또 그것이 대중들에게 얼마나 호소력이 큰가를 말해주었다. 제1장은 그 이전의 통일정책보다도 더 명료한 면이 있었다. 그것은 다음과 같다.

남북한에 걸쳐 조국의 통일을 저지하고 동족상잔의 유혈극의 재발을 꾀하는 극좌극우의 불순세력을 억제하고 진보세력이 주도권을 장악함으로써 국련 보장하의 민주방식에 의한 평화적 통일을 성취한다.

---

37) 『한국일보』 1956. 4. 29.

진보당 선거운동원들은 높은 사기에도 불구하고 제대로 선거운동을 하지 못하였다. 선거운동원들은 '평화통일' '혁신정치'를 골자로 대중에게 6·25전쟁의 참혹상을 상기시키면서 평화를 강조하였고, 경제생활의 개선을 약속하였다.38) 조봉암·진보당의 평화통일 주장이 공감대를 확산해가고 이승만·자유당에서 그것을 불온시하고 공산당과 합작하자는 것이라고 공격함에 따라 언론에서도 이 문제를 다루지 않을 수 없었다. 한 신문은 사설 「선거공약의 실현성 여부와 평화적 통일」에서 "백만대군이 대치하고 있는 휴전선을 앞에 놓고 평화통일을 운위한다는 것은 6·25를 겪은 백성들에게는 잠꼬대로밖에 들리지 않을 것이요, 군비를 줄이라는 것은 위험한 생각에 불과한 것"이라고 지적하고, 역사적 현실에서 고찰하건대 국제정세의 변전과 더불어 괴뢰가 내부 붕괴하여 위북(緯北)이 자연히 수복될 때에 한하여 국토의 평화통일은 가능할 것이라고 전망하였다.39) 극우반공주의자들의 경계심을 잘 보여주는 글이었다.

그러나 이 시기에는 그러한 주장만 있었던 것은 아니었다. 다른 한 신문은 정부통령 직접선거는 4년간의 정치에 대한 총비판으로 외교정책이나 통일정책에서도 현정부가 고수하는 노선을 반드시 묵수해야 하는 것은 아니니, 이런 기회에 가능한 모든 정견이 피력되어 국민이 선택할 수 있도록 해야 한다고 피력하였다.40) 이 신문은 또 '국시'란 전제국가에서는 가능하나 민주국가는 국민의 총의에 따라 입법부나 행정부가 수시로 바뀔 수 있다고 전제하고, 통일의 완수방법, 반공을 철저하고 유효하게 할 방법, 대일관계는 '국시'의 차원이 아니라 방법론의 차원에서 다루어져야 한다고 지적하였다.41)

---

38) 『한국일보』 1956. 4. 23.
39) 『한국일보』 1956. 5. 2.
40) 『조선일보』 1956. 4. 14, 사설 「대공·대일정책에 관한 이대통령 담화」.
41) 『조선일보』 1956. 4. 15, 사설 「국시와 국가정책에 대하여」.

3. 평화통일론의 구체화와 진보당 사건

1956년 5·15정부통령선거에서 확연하게 모습을 드러낸 평화통일론은 진보당 결당 때 당의 강령과 정책으로 정식 채택되었다. 그것은 1958년 초 진보당사건이 발생할 때까지 조봉암과 진보당의 기본 통일정책이었고, 조봉암과 진보당을 대표하고 상징하는 정책이었다. 조봉암과 진보당은 정부통령선거에서 피력한 평화통일론을 더 구체적으로 설명하였고, 그것에 대한 여러 형태의 비판에 대응하였다.

그러나 혁신계나 진보당 내에는 그것에 대하여 비판적인 주장도 있었다. 특히 혁신계의 비조봉암계에서는 평화통일론을 위험하게 보는 사람들이 많았다. 정부통령선거가 끝나 진보당 창당에 박차를 가할 때 서상일 등은 '진보세력 대동추진'을 내세우고, 혁신세력을 광범히 규합할 것을 주창하였다. 그리하여 진보당 발족을 만류하면서 혁신규합추진 7인위원회가 발족하였던바, 여기에서는 조봉암이 주장하는 평화통일이라는 어귀 수정문제 등이 논의되었다. 서상일 등의 진보세력 대동추진세력은 통일방안으로 "정병주의로 방위태세를 완비하고 민주우방과의 긴밀한 협조하에 민주방식에 의한 조국통일을 기한다"는 것으로 조봉암의 평화통일론을 수정하고, 민주혁신당 발기를 추진하였다. 이 수정안은 민주혁신당의 통일방안이 되었고, 진보당은 평화적 통일방안을 당의 강령과 정책으로 명시하였다. 진보당추진위원회가 진보당과 민주혁신당으로 갈라서는 데 통일문제가 원인이 된 것은 아니었다. 그러나 두 당은 통일문제에서 명확히 견해 차이를 보이고 있었다.

진보당은 앞에서 제시한 바와 같이 당의 강령 4항으로 평화적 방식의 통일방안을 제시하였다. 그리고 정책의 첫번째로 '통일문제'라는 제목으로 통일정책을 다루었다. 이 '통일문제'에서는 원수폭의 발전으로 세계대세는 전쟁을 반대하고 평화를 희구하는 방향으로 가고 있으며, 6·25의 참변으로 평화를 갈망하고 더이상 동족상잔의 피를 흘리지 않기를 원하고 있다고 지적하고, 평화통일의 선행조건으로 평화적 통일을 파괴한 북한공산당의 반성과 책임규명을 들었다. 그리고 남한의 무력통일론도 이미 불가능하고 불필요한 것이며, 민주주의적 진보세력이 평화통일 저해요소를 견제하고 주도권을 장악해야 할 것임을 명시하였다. 이 글에서는 평화적 통일방안이 대한민국을 육성하고 혁신하고 민주화하는 길이며, 그렇게 하기 위하여 진보당이 대한민국의 정치권력을 획득해야 한다고 천명하였다.[42]

그러나 진보당이 결당된 후에도 미약한 움직임으로 보이지만, 평화통일문제와 피해대중 단결문제가 당시 실정에서 무모한 주장이 아니냐는 의문이 노정되었다. 우려를 표명한 인사들은 평화통일론이 공산집단과 협상을 전제로 한 것인데, 남북 연립정부를 전제로 하고 있는 것인지, 협상이 대한민국 국시에 위배된다고 할 때 이를 극복할 수 있는지, 평화통일론이 공산도당의 무력증강이나 남침을 조장하는 것은 아닌지에 대해서 검토할 것을 요구하였다.[43]

이러한 문제들은 당시 평화통일세력이 언제나 부닥쳐 고민해야 할 딜레마였다. 이것에 대해서는 뒤에서 상론하겠거니와, 조봉암은 민중이 평화통일을 지지하고 있었고 그것의 당위성에 대한 신념이 확고하였기 때문에 평화통일론을 변경할 의사가 없었다. 그리하여 진보당 사건이 일어날 때까지 평화통일노선을 고수하였다. 그리고 「평화통일의 구체적 방안」, 「평화통일에의 길」 등을 통해 평화통일에 관해 제기된 여러 문제점에 대해 답변하고, 평화통일방안에 대한 자신의 소신을 구체화하였다. 또한 진보당 통일문제연구회 위원장인 김기철은 「북한당국의 평화공세에 대한 진보당의 선언문」을 만들어 당내에 돌렸던바, 이 문건은 김기철의 개인 의견으로 당의 통일방안과는 관련이 없었는데도 사건이 터진 이후 당국이 진보당의 평화통일론을 대표하는 것처럼 몰아세워 진보당 등록을 취소하고 진보당사건을 기소하는 데 기본자료로 활용하였다는 점에서도 중요시되어야겠지만, 그 자체가 1950년대 후반에 제시된 의미있는 통일방안의 하나였다는 점에서도 분석될 필요가 있다.

---

42) 정태영, 앞의 책, 589~590쪽. 통일문제에 대한 진보당의 '통일문제' 초안은 신도성이 마련하였다.

43) 「당을 움직이는 인물들」(진보당 편), 『인물계』 1958. 2, 50~52쪽.

제2절 평화통일의 가능성과 지향

1. 평화통일의 당위성

1) 평화통일을 해야 할 당위성

조봉암의 평화통일론은 우리 민족이 더이상 피를 흘려서는 안되겠다는 염원에 바탕을 두고 있었다. 전쟁은 평화를 낳는다. 제1차 세계대전과 더욱이 제2차 세계대전을 겪고난 인류는 전쟁이 지긋지긋해졌고, 그래서 전쟁 없이 평화적으로 살아야겠다, 전쟁으로 사람이 사람을 마구 죽이는 일을 없애야겠다, 전쟁으로 소모되는 모든 물질은 평화적 건설적 방면에 활용되어야겠다, 인류가 인류를 서로 아끼고 사랑하고 돕고 부축해서 모두다 평화롭게 잘살자는 평화사상이 호응을 받게 되었다고 조봉암은 피력하였다.[44]

한국전쟁은 전쟁터에서뿐만 아니라 마을에서 도처에서 참혹한 동족상잔의 비극을 경험하였다. 그 뼈아픈 경험을 가진 우리들로서는 그 일을 되풀이할 수 없다는 것이고 또 되풀이해서는 안될 일이므로, 전쟁이 아니라 평화적인 방법으로 민족문제가 해결되어야 한다는 것이 조봉암 평화통일론의 바탕이었다. 조봉암은 이제 다시 한번 간과(干戈)를 잡는 날에는 직접적으로 내 부모형제, 내 처자와 서로서로 총으로 쏘고 칼로 찌르는 사태가 올 것을 두려워하지 않는 사람이 있겠느냐고 반문하였다.[45] 더욱이 이북동포 수백만 명이 남하하였으므로, 그들은 수백만 명의 가족을 이북에 두게 되었고, 이남 사람이 이북으로 간 수효도 상당히 있으니, 그 가족들은 남에서 북에서 서로 가족을 그리워하고 있는 상황이었다.[46] 당시 이 땅에는 6

---

44) 조봉암, 「평화통일의 구체적 방안」, 권대복 편, 앞의 책, 88쪽.
45) 조봉암, 「평화통일에의 길」, 위의 책, 74쪽.
46) 조봉암, 「평화통일의 구체적 방안」, 88쪽.

·25 이후 죽었는지 살았는지 내 아들, 내 동생의 소식조차 막연하여 마음 놓고 울어보지도 못하여 가슴만 태우며 이 점쟁이, 저 무당의 문을 두드리는 비통한 동포가 부지기수였다.[47) 이 때문에 조봉암과 진보당은 평화통일이라는 말을 쓰기 시작하게 되었던 1956년 5·15선거 초기에 「야당 연합전선 구성에 관한 성명」을 냈을 때도 '피흘리지 않는' 통일을 내세웠고, 이 선거 막바지에 내놓은 '공약 10장'에서는 "동족상잔의 유혈극의 재발을 꾀하는 극좌극우의 불순세력을 억제하고" 평화적 통일을 성취할 것을 첫번째로 공약하였다. 그리고 진보당 정책에서는 "우리는 오직 피흘리지 않는 통일만을 원한다"고 선언하였다.

이와 같이 조봉암 후보가 또다시 전쟁을 해서는 안된다는 평화통일정책을 전면에 내세운 것은 민중의 호응을 얻어 그에 대한 지지표로 연결되었다.[48) 그런데 북진통일론자들은 백만대군이 대치하고 있는 휴전선을 앞에 놓고 평화통일을 얘기하는 것은 한국전쟁을 겪은 국민들에게는 잠꼬대로밖에 들리지 않을 것이라는 상반된 주장을 하였다.

이와 같이 상반된 견해가 나온 데는 여러가지 이유가 있지만, 양자의 차이는 단순한 관점의 차이 이상일 수도 있다는 점에 주목할 필요가 있다. 후사의 경우, 한편으로는 한국전쟁이 낳은 현실을 냉혹하게 직시한 면이 있지만, 다른 면으로는 그러한 주장은 계속 북과의 대치 속에서 대결과 대립을 강화하여 분단체제를 강화시키고 동시에 억압체제와 외세의존성을 심화시키는 쪽으로 정향(定向)될 수도 있었다. 전자의 경우 후자와는 다른 시각에서 현실을 직시하고 있음을 볼 수 있다. 1956년 정부통령선거를 앞두고, 조봉암이 차기 대통령후보는 "넷째, 독재적 폭력을 자행할 위험성이 없는 분…… 다섯째, 동족동포를 사랑하고 아낄 줄 아는 분…… 6·25사변 이래로 얼만지도 모를 만치 수많은 동포가 여러가지 이유와 가지각색의 죄목으로 살해되는 것을 목도…… 평상시에도 음모와 모략으로 동포를 해하고 또 혹은 체포로서 유위한 인재를 살해"하지 않을 국민의 의표여야 한

---

47) 최석채, 『서민의 抗爭』, 凡潮社, 1956, 217쪽.
48) 『조선일보』 1956. 12. 27 ; 이영석, 『竹山 曺奉岩』, 圓音출판사, 1983, 85쪽.

다고 개진한 것은[49] 또 하나의 현실을 말한 것이다.

그런데 전자에게는 다른 의도도 개재되어있었다. 곧 통일논의를 보장하는 자유민주주의 사회를 가능케 하고, 그 속에서 북의 공산당을 적대자로 인지하면서도, 민족화해 차원에서 민족문제를 바라보고 통일에의 접근을 꾀하는 쪽으로 물꼬 트는 것을 의미할 수 있었다. 지식인, 청년, 학생들 사이에서 평화통일을 거부하는 반동세력을 견제하여야 하고 민주세력은 평화통일을 추구하여야 한다는 주장이 커가게 된 것은[50] 평화통일론의 이러한 측면 때문일 것이다.

2) 평화통일 확신의 시기

다시는 피를 흘려서는 안된다는 조봉암의 신념은 그의 평화통일론의 바탕을 이루고 있는데, 그는 국내외의 조건을 보더라도 평화통일의 길밖에 없다고 확신하였다. 그가 생각한 국내외의 조건을 살펴보기 전에 먼저 평화통일론에 대한 확신이 1956년 이전과 이후에 상당히 다르게 나타나는 점을 분석해보자.

평화통일이라는 말을 쓰지 않았을 뿐, 실질적으로 조봉암의 평화통일론이 전면적으로 드러나있는 것은 1954년 제네바회담 직전에 쓴 「우리의 당면과업」에서였다. 앞에서 살펴본 대로 이 글에서 조봉암은 남북통일방안으로 군사력에 의한 무력통일과 선거방식에 의한 정치적 통일이 있다고 지적하여, 무력통일만 일방적으로 주장하는 것에 대하여 이의를 제기하였다. 조봉암은 이 글에서 북진통일론에 이의만 제기한 것이 아니라, 한 걸음 더 나아가 정치적 승리가 무력통일보다 훨씬 중요하다는 의견을 개진하였다. 그는 민주진영과 공산진영의 대결은 군사적 측면만 의미하는 것이 절대로 아니고, 군사적 수단은 정치수행상 하나의 방편이며 어떠한 경우든지 정치적 대결이 앞서는 것이고, 또 그 대결에서 승리하는 것이 비로소 명실

---

49) 金夕影 편, 『나는 차기 정부통령선거를 이렇게 본다』, 南光문화사, 1955. 87~89쪽.

50) 『국회속기록』 제26회 36호, 1957. 11. 13. 錢鎭漢 의원 발언. 전진한 의원은 학생들 사이에서의 이러한 풍조를 경계하였다.

상부한 승리라고 주장하여 명백히 정치적 승리를 무력대결의 우위에 두었다. 1955년 6~7월에 쓴 「내가 본 내외정국」에서도 통일방법은 북진통일과 정치적 해결의 두 가지 방안이 있음을 제기하였다. 그런데 전자의 글이 정치적 승리를 훨씬 강하게 주장한 반면, 후자의 글은 전자보다 '신중'하게 양자의 관계를 설명하였다. 곧 양자는 모순관계에 있는 것이 아니고, 어떠한 방법으로든지 종국의 승리를 거두는 것이 중요하며, 우리는 반공이고 반공존이지만, 필요가 있고 유익하기만 하면 공산블록과 회의도 하고 협상도 해야 될 것이라는 논지였다.

「내가 본 내외정국」은 냉전체제의 현실성이 강조되고 있고, 공산진영에 대하여 지극히 부정적으로 기술되어있다. 조봉암은 이 글에서 현하의 국제정세는 자유진영과 공산진영의 대립이 첨예화하여 언제 어디서 무슨 사태가 날지 추측하기도 어려운 지경이라고 토로하였고,[51] 북의 공산주의자들은 소련 이외에 조국이 없기 때문에 소련과 중국의 뒷받침 아래 언제든지 남침하려 하고 있다고 역설하였다.

그는 또 호치밍(胡志明)의 항불(抗佛)투쟁을 높이 평가하면서도 호치밍이 김일성처럼 소련의 괴뢰가 되어 베트남 민족의 적으로 전락하게 되지 않을까 몹시 두렵다고 말하고, 미국이 남부베트남에서 고 딘 디엠을 강력히 지지한 것을 시의적절한 조치로 평가하였다.[52] 1956년 정초에도 조봉암은 미·소 간에 냉전체제가 지속될 것인바, 그것은 소련과 자유세계는 숙명적으로 화합할 가능성이 없기 때문이라고 지적하고, 국제적 긴장상태도 더 완화되지 않을 것 같다고 전망하였다.[53]

1956년 5·15정부통령선거에 들어가면서 조봉암은 평화통일론에 대한 입장을 점차 선명히 하였다. 그는 『신태양』 1957년 4월호에 문답형식으로 되어있는 「평화통일의 구체적 방안」에서 통일을 이룩하는 데는 무력적 군사적이 아니고 평화적 정치적이어야 한다고 피력하였다. 나아가 『중앙정치』 1957년 10월호에서는 북진통일은 절대로 안되고 평화통일만이 있을

---

51) 조봉암, 「내가 본 내외정국」 (1), 『한국일보』 1955. 6. 16.
52) 위의 글 (6) (7), 『한국일보』 1955. 6. 21, 6. 22.
53) 『한국일보』 1956. 1. 4.

뿐이라고, 글의 머리말에서부터 다음과 같이 피력하였다.

　지금 우리나라는 1953년 7월 27일 소위 휴전협정이 조인된 이래로 국제
정세가 지극히 미묘해서 당시 우리나라의 국책처럼 되어있던 무력적 주장
에 의한 남북통일의 수행은 완전히 불가능한 데 이르렀다. 그러므로 우리
가 통일을 안하겠다든지 완전히 통일문제를 포기한다든지 하는 것이 아니
라면, 또 통일을 반대하고 통일이 안되는 것을 원하는 반민족적인 정상인
(政商人)이 아니라면, 무력적 방법 이외의 다른 방법, 즉 정치적 평화적 방
법에 의한 통일이라고 하는 길을 개척하고 또 그 길을 향해서 용감히 나
아가지 않으면 안된다는 것은 두말할 것도 없는 일이라고 생각한다.54)

　조봉암이 무력통일은 있을 수 없고 평화통일만이 가능하다는 생각을 언
제부터 하고 있었는지를 확연하게 밝혀주는 자료는 없다. 한국전쟁 발발
이전에 그가 보여주었던 통일방안을 생각할 때, 그는 처음부터 북진통일론
에 비판적이었을 가능성이 크다. 그러나 1952년 8월 정부통령선거 때는 전
쟁기였기 때문에 그의 의향을 곧바로 드러내지 않았다. 그는 국회부의장이
었고 국제정세에 예민하게 촉각을 세우고 있었기 때문에, 또 그가 쓴 글들
로 미루어볼 때, 1953년 휴전협정기와 그 이후에 미국에서 중립화 논의가
검토되었고, 미국, 일본 등에서도 한국인들이 그 문제를 제기하였다는 것
을 인지하고 있었을 가능성이 크다. 뿐만 아니라, 북진통일, 휴전반대, 반
공포로 석방 등으로 이승만과 미국이 심한 갈등을 겪고 있다는 것을 조병
옥 못지않게 잘 알고 있었다.

　조봉암 자신의 정치행로에서 평화통일을 중심에 두고 사고한 것은 1953
년 4월경부터 맹렬히 전개된 북진통일 휴전반대운동 이후부터 윤곽이 잡
혀 1954년 제네바회담이 열리기 직전에 「우리의 당면과업」을 발표하였던
무렵이 아니었을까. 그는 자신의 평화통일론을 강력히 그리고 구체적으로
개진한 「평화통일에의 길」의 결론에서도 "세계정세를 이해할 줄 알고 판
단할 줄 아는 이는 벌써 1953년 이후 제네바회의 때부터 우리나라를 통일

---

54) 조봉암, 「평화통일에의 길」, 67쪽.

함에 있어서는 정치적 평화적 방법에 의할 수밖에 없다는 것을 알고, 그때부터 그 통일방안에 대한 것을 논의해왔던 것”이라고 기술하였다.

그러나 그가 무력통일을 배격하고 평화통일만 주장하게 된 것은 1956년 정부통령선거와 그해 이후의 국제정세 때문이었을 가능성이 높다. 1955년 6~7월에 쓴 「내가 본 내외정국」이 아무리 뉴델리 밀회사건과 사사오입개헌 정국 등에 영향을 받고 정치적으로 쓰여진 것이라 하더라도, 냉전체제의 변화 가능성을 상당히 신뢰하고 있었다면, 또 오로지 평화통일만 있을 수 있다는 입장이었다면 그렇게 쓰지는 않았을 것이다.

조봉암은 「평화통일에의 길」 머리말에서 “1953년 7월 27일 소위 휴전협정이 조인된 이래로 국제정세가 미묘해서” 무력통일이 완전히 불가능하다고 피력하였는데, 여기서 말하는 국제정세가 무엇을 의미하느냐는 추론의 영역으로 남겨놓았다. 그는 제네바회담을 앞두고 쓴 「우리의 당면과업」에서 “국제정세는 우리가 원하건 말건 간에 각개 정책의 기본적 동기에 의하여 그 목적을 장차 우리에게 요구하려고 움직이는 기운이 역력히 간취된다”고 말하였으나, 그것의 구체적 내용은 기술하지 않고, 그러한 국제정세를 시인하지 않을 수 없을 때, “우리는 그것을 소화하여 그것을 우리가 승리하는 방향으로 이끌어 넣는 실제적이며 고도의 다원적 정치수단과 이에 대한 대비태세를 갖추어야 할 것”이라고만 기술하였다.

1955년에 쓴 「내가 본 내외정국」은 제목 그대로 주로 국제정세에 관해서 쓰고 있다. 그는 이 글에서 「우리의 당면과업」에서처럼 “지금 우리나라를 위요(圍繞)하고 논의되는 국제적 정치동향은 결코 단순치 않다”고 기술하고, 그 글보다는 구체적으로 “혹자는 총선거를 말하고 혹자는 소위 중립국 건설을 제창하고 있는 것이니, 이러한 마당에서 동떨어진 구호만을 부르고 있는 것이 상책일 수는 없다”고 말하고, 또 “우리가 원치 않는 사태가 우리들 앞에 닥쳐오는 한이 있더라도” 무비를 강화하는 동시에 정치력을 강화 쇄신하여 국민이 다 잘살도록 하고 또 믿고 따르게 하고 사상교육을 강화할 것을 제창하였다. 그렇지만 이 글은 ‘진영논리’에 많이 의존하고 있으며, 평화통일론 또는 정치적 승리론을 보증할 만한 국제정세는 그다지 언급하고 있지 않다. 이 글에서 말하는 총선거는 주로 제네바회의 때 나온 대한민국안, 참전국안, 공산측안을 가리킬 것이다. "우리가 원치 않는 사태"란 무엇을 가리키는 것인지 좀더 검토해봐야 할 것이나, 북진통일을 미국이 강경히 반대하는 것을 낙관적으로 해석해서 강대국 간에 남북한 총선거안을 합의볼 가능성도 없지는 않다는 것을 그렇게 표현한 것으로 이해된다.

2. 평화통일의 모색과 반전 평화주의

1) 소련의 평화공존론과 원자력·원자탄

조봉암이 1956년에 평화통일에 관해 확고한 주장을 하는 것은 정부통령선거라는 정치적 공간이 생겼기 때문만은 아닐 것이다. 1956년 2월 소련공산당 제20차 당대회에서 제시된 흐루시초프의 평화공존론에 대해 조봉암은 진보당사건 때까지 침묵으로 일관하였다. 또한 진보당 발당대회 「국제정세 보고」에서 조규하는 이 당대회를 중대한 국제적 정치사로 규정하였다.[55] 정태영은 흐루시초프의 평화공존론이 진보당의 평화공존론에 영향을 미친 것으로 이해하였는데,[56] 이 견해는 타당한 것으로 보인다.

「내가 본 내외정국」에서 조봉암은 원래 공존이란 것은 소련의 전략적 용어로, "그것에 동조한다는 것은 자기의 파멸에 동조하는 셈이니, 더불어 말할 나위도 없는 어리석은 짓"이라고 일축하고 반공존을 표방하였다. 그러나 이러한 소련의 공존론과는 비교할 수 없을 만큼 훨씬 파장이 컸던 흐루시초프의 평화공존론에 대해서는 위와 같이 비판하는 것이 보이지 않는다. 그것은 묵시적으로 영향을 받았다는 증거일 것이다. 실제로 흐루시초프의 연설은 조봉암이 중시하였던 '국제정세의 미묘한 변화'를 가장 잘 말해주는 것으로 볼 수 있으며, 그가 그것을 '역력히 간취'하지 않았을 리 없다. 1956년 이후 그의 평화통일론이 확연해지는 것은 국내적 요인과 함께

---

55) 「진보당 창당대회 국제정세 보고」, 정태영·오유석·권대복 편, 『죽산 조봉암 전집』 4, 세명서관, 1999, 42쪽.

56) 정태영 증언, 「조봉암 사형, 미국은 왜 침묵을 지켰나」, 『역사비평』 1990 겨울, 426쪽.

이러한 국제정세의 변화에 그 원인이 있었다.[57]

조봉암이 평화공존론, 중립화통일론 등에 대하여 자세히 언급하지 않은 데는 그만한 이유가 있었을 것이다. 당시 상황에서 이러한 것들을 언급하려면 그것을 '매도'하거나 적어도 '부정'하지 않으면 안되었다. 뉴델리 밀회사건이 말해주듯 자칫하면 북진통일론자들이 그를 매도하는 데 귀중한 사례를 제공하기 쉬웠다. 따라서 그것을 별반 언급하지 않았다는 것은 그것에 호의적이거나, 적어도 그것을 부정 또는 매도하고 싶지는 않다는 의사의 간접적 표현일 것이다.

조봉암과 진보당의 평화통일론은 원자탄 개발과 원자력 발전에서 큰 영향을 받았다. 원자탄 문제나 원자력의 이용은 1956년 이전에도 주목받았지만, 조봉암과 진보당에서 그것을 중시한 것은 1956년경부터였다.[58] 1956년경부터 조봉암과 진보당은 원자탄문제, 원자력의 이용에 대하여 적극적인 평가를 하였던바, 그것이 평화통일에의 확신에 큰 영향을 미쳤던 것이다. 원수폭과 원자력의 발전은 세계정세 변화에서 중요한 역할을 할 것으로 조봉암과 당시 혁신계 인사들은 생각하였다. 1950년대 초중반에 한때는 원자력의 발전이 인류생활에 혁명적 변화를 가져올 것으로 낙관하게 하여 '원자력시대의 도래'라는 밀이 유행할 정도었는네, 조봉암과 혁신세력은 그것을 평화공존과 평화통일의 강력한 무기로 파악하였던 것이다.

원자력과 원자탄은 두 가지 면에서 평화통일과 평화공존에 기여할 것으

---

57) 한 연구자는 진보당의 평화통일론이 1955년 무렵 아이젠하워 정부에서 적대적인 군사적 대치에서 정치·경제적 경쟁을 중심으로 냉전전략을 수정한 것, 1955년에 있었던 인도네시아 반둥회의, 1956년 북한에서의 정치변화 등에서 영향을 받은 것으로 기술하였다(홍석률, 앞의 글, 48~49쪽). 이 점은 시기와 관련하여 검토해야 할 것이다.

58) 「내가 본 내외정국」에서 조봉암은 핵무기 전쟁에 대하여 언급하였지만(정태영, 앞의 책, 522~523쪽), 다만 미국 전략가들의 입장을 소개하는 수준이고, 그것을 평화공존 주장이나 북진통일 비판에 연결시키고 있지는 않다. 1956년 11월 진보당 발당대회에서 조규하가 한 「국제정세 보고」에서는 1955년 8월에 열린 제네바 원자력회의를 비중있게 언급하였다(「진보당 창당대회 국제정세 보고」, 41~42쪽). 그러나 1956년에 쓰여진 진보당 강령과는 달리 1955년 12월 22일에 발표된 진보당 발기취지문과 강령초안에도 원자력, 원자탄문제가 전혀 언급되어있지 않다.

로 사고되었다. 하나는 원자력의 평화적 이용이었고, 다른 하나는 원자탄
의 가공할 위력 때문이었다. 조봉암은 1956년 11월 10일 진보당 창당대회
개회사에서 "금후 이 원자력학의 계속적인 발전과 그의 사회적 평화적 이
용의 발달과 향상은 필연적으로 생산력의 혁명적 앙양과 생산관계의 비약
적 변화를 가져올 것으로 믿습니다"라고 개진하였다. 진보당 강령은 그 전
문에서 원자력과 공장의 오토메이션이 초래할 생산력에 미칠 영향력이 상
세하게 논의되고 있다. 이 글에서는, 원자력의 발전을 기초로 하는 새로운
산업혁명은 항구적인 인류평화를 보장할 수 있게 되었다고 주장하였다. 그
리고 강령의 '첫번째'로(따옴표는 필자) "우리는 원자력혁명이 재래할 새로
운 시대의 출현에 대응하여 사상과 제도의 선구적 창도로서 세계평화와
인류복지의 달성을 기한다"고 피력하여, 원자력혁명이 새로운 시대를 열
것이라고 낙관하였다.

다음으로 조봉암과 진보당에서는 원자탄의 파괴적 성능으로 세계전쟁은
불가능하게 되었고, 또한 북진통일도 불가능하게 되었음을 주장하였다. 조
봉암은 핵무기의 발전이 전쟁 위험성을, 그리고 전쟁의 파멸성을 어느 때
보다도 더 강하게 느끼게 한다고 진술하였다.[59] 핵무기를 대량으로 사용하
게 되는 대전이 벌어진다고 하면 틀림없이 우리 인류가 유사 이래로 쌓아
온 모든 문화는 재로 돌아가고 인류는 사멸할 것이며, 이기고 지는 것은
문제가 되지 않을 것인즉, 정치가는 그러한 두려운 결과를 방지하는 데 역
점을 두어야 한다는 것이 조봉암의 역사관이었다. 핵무기의 발달로 제3차
세계대전이 멀어졌다고 속단내릴 수는 없지만, 핵전쟁은 피차간에 엄청난
파괴를 가져오기 때문에 세계정세와 세계진운에 역행되는 무력일변도의
사상이나 정책은 펴지 말아야 한다는 것이었다.[60]

조봉암은 원자탄의 살상력 때문에 제3차 세계대전은 일어나지 않을 가
능성이 크지만, 그것을 넘어서서 모름지기 그 파괴력 때문에 정치가는 전
쟁을 일으켜서는 안된다고 판단하고 있음을 볼 수 있다. 다시 말하면 북진

---

59) 조봉암, 「평화통일에의 길」, 73쪽.
60) 「지상좌담회 : 한국전쟁은 재발할 것인가」, 『진상』 1957. 6, 4~9쪽.

통일은 여러 조건 때문에 현실성이 없지만, 그러한 것을 넘어서서 절대로 전쟁이 일어나게 하지 않도록 해야 한다고 사고하게 된 것이다. 조봉암의 후기 평화통일론의 주요한 특징을 여기서 찾을 수 있다. 1956년 이후 그는 아인슈타인이나 러셀과 비슷한 평화론자의 입장을 다분히 견지하는 속에서 평화통일을 주창하고 있는 것이다. 이러한 입장에서 진보당의 정책 중 「통일문제」 항목에서는 '첫머리'(따옴표는 필자)에서 "원수폭의 발전으로 인한 세계대세는 전쟁을 반대하고 평화를 희구하는 방향으로 도도히 흘러가고 있다"고 선명히 기술하였다.[61]

원자탄의 가공할 파괴력이 평화를 가져올 것이라는 역설은 이미 1955년에 이동화에 의하여 설파된 바 있었다. 이동화는 1955년 5월 서울대 문리대 정치학과의 초청강연에서 발표한 「소련 외교정책의 해부와 비판」에서 "원자력의 놀랄 만한 발전과 가공할 엄청난 파괴력은 결국 미·소 양국이나 그밖의 어느 나라의 전쟁도 불가능하게 만들었으며, 따라서 미·소를 중심으로 한 양대 진영의 평화적인 공존은 불가피하게 되었다"고 말하였다.[62] 이동화의 이러한 논리에 대하여 시점은 불분명하지만 조봉암도 비슷하게 생각하였을 것이다. 조봉암이 당시 아인슈타인이나 러셀이 원자탄 사용 금지를 요구하면서 벌인 평화운동에 얼마큼 영향을 받았는지는 알 수 없다. 그러나 1957년에 소련에서 대륙간유도탄 실험에 성공하였고 인공위성 스푸트닉 1호를 발사하였으며, 미국에서 지하 핵실험과 ICBM 실험에 성공하고 인공위성 익스프롤리 1호를 쏘아올린 것은 조봉암의 평화통일론에 상당히 작용하였을 것이다.

흐루시초프의 평화공존론을 비롯한 국제정세의 변화와 원자탄, 원자력 문제 등은 일부 지식인, 청년, 학생 등 유식층에 평화통일적 사고방식을 증가시켜 정부당국을 우려하게 만들었다.[63]

---

61) 진보당 강령의 기초단계에서 조봉암이 특별히 언급한 것이 있다면, 그것은 "원자력문제를 포함시킬 수는 없겠느냐"는 것이었다고 이동화는 회고하였다(이영석, 앞의 책, 94쪽). 조봉암이 원자력문제를 얼마나 중시하였는가를 짐작하게 한다.

62) 김학준, 앞의 책, 188~190쪽.

63) 朴炳培, 「국회농성과 나의 위치」, 『인물계』 1959. 2, 46쪽.

2) 북진통일을 불가능하게 하는 국제적 조건

조봉암은 남과 북 정부의 후견인 역할을 하는 미국과 소련, 중국 때문에 한반도에서 전쟁이 일어나지 않을 것이고, 그것이 구체적으로는 한·미상호방위조약과 조·소방위협정에 의해 보증되어있다는 점을 지적하였다. 1953년 10월 1일에 조인된 한·미상호방위조약 제1조에 당사국이 관련된 국제적 분쟁은 평화적 수단에 의하여 해결하고 무력의 위협이나 무력행사를 삼갈 것을 약속한다고 명시함으로써, 이승만 정부가 전쟁을 일으키지 못하게 되어있다는 것은 혁신계 인사들의 북진통일 비판에 좋은 재료였다.[64]

조봉암은 여기에 덧붙여 북도 한·미상호방위조약 때문에 전쟁을 일으키지 못하게 되었고, 역으로 남에서도 북과 소련, 중국의 관계 때문에도 전쟁을 일으키지 못하게 되어있다고 강조하였다. 북이 남침을 감행한 것은 미국무부장관 애치슨의 발언 등을 중시하여 미국이 개입하지 않을 것이라는 예상 밑에서 이루어진 것으로 보이는데, "이제는 이 한·미상호방위조약 협정이 있고 보니, 만약 저들이 대한민국을 공격한다면, 그는 곧 미국을 공격하는 것이 될 것이니, 이북괴뢰가 이제 또다시 남침을 도발하면 이는 남침에 그치는 것이 아니라, 미국에 대해서 직접 전쟁을 도발하는 결과가 되는 것이라고 보지 않으면 안될 것"이라는 지적이었다. 그리고 조봉암은 "이북괴뢰들에게는 이북괴뢰들대로의 소위 조·소방위협정이라는 것이 있다는 것"을 제기하여, 그것 때문에도 남이 북침할 수 없음을 시사하였다.[65]

조봉암은 평화통일이 유엔총회 결의 등 한국문제에 대한 국제간 합의에 부응하는 통일방안임을 강조하였다. 그런데 그가 이러한 평화통일을 위한 사실(史實)로서 1945년 12월 28일 미·영·소 세 나라가 서울에서 동시에

---

64) 김학준, 앞의 책, 218쪽 ; 『국회속기록』 제26회 31호 부록, 1957. 11. 7.

65) 조봉암은 이 글에서 이 북·러조약이 없어도 북진은 소련, 중국한테 미치는 바 영향이 있어 전면적 전쟁을 유발하게 되어있다고 지적하였다(조봉암, 「평화통일에의 길」, 72~73쪽). 그런데 1950년대에는 조·소방위조약이 없었다. 김일성은 1961년 소련과 중국을 방문하여 각각 두 나라와 「우호협조 및 호상원조에 관한 조약」을 맺었다.

발표한 모스크바3상회의 결의와, 그 결의를 이행하기 위한 2차에 걸친 미소공동위원회, 그리고 1948년 4월 김규식, 김구 등과 이북공산당 지도자의 남북협상을 열거한 것은[66] 당시 극우반공주의자 또는 북진통일 주창자들이 단정론자들이었음을 상기할 때 용기가 필요한 지적이었다.

그와 함께 조봉암은 유엔에서 평화통일방법에 의하여 한국문제를 해결할 것을 결의하였음을 상기시켰다. 1953년 7월 휴전협정 이래 유엔의 결의는 조봉암이 지적한 대로 항상 평화통일을 한국에 실현하라는 것이었다. 휴전협정에는 관계 당사국들이 회의를 열어 한반도에 평화가 정착할 수 있는 정치적 해결을 모색할 것이 규정되어있는데, 그 다음달인 1953년 8월 17일 유엔특별총회가 개최되었을 때, 유엔참전 16개국 대표들은 정치회의에 관한 합동결의안을 제출하여 평화통일을 촉구하였다. 그리하여 이 총회에서는 평화적인 방법에 의해서 대의정치하에 통일독립 민주한국을 구현하고 이 지역에서의 국제적 평화와 안전을 전면적으로 회복할 수 있도록 정치회의를 열 것을 결의하였다.[67]

1954년 4월에는 제네바회의가 열려, 어쨌든 대한민국정부도 14개조로 된 '평화통일안'을 제시하였고, 이 회의 종막과 함께 한국전쟁 참전 16개국은 유엔 감시하의 남북한 총선거를 주요 골사로 한 한국문제에 관한 공동선언을 발표하였다. 그 뒤 유엔총회에서는 조봉암이 제시한 바와 같이, 1954년 12월 제9차 때도 "한국의 통일은 가급적 조속히 평화적으로 실현되어야 한다"는 부대결의를 하였다. 1955년 11월 제10차에서는 제9차에서의 결의를 재확인하였고, 1956년 1월 제11차 총회에서는 몇 개의 결의안을 확인하여 정치적 평화적 해결을 촉구하였다.[68] 그러므로 우리나라에서도 이와 같은 국제결의를 존중하여야 한다는 것이 조봉암과 진보당의 주장이었다.

3) 반전 평화주의의 신념

원자력에 의한 산업혁명은 평화적으로 인류의 번영을 기약할 수 있게

---

66) 위의 글, 75쪽
67) 위의 글, 75~76쪽 ; 노중선 편, 『민족과 통일』 1, 사계절, 1985, 314쪽.
68) 위의 글, 75쪽.

하였고, 원자탄의 사용은 인류 문명을 파괴할 수 있기 때문에 제3차 세계
대전은 발발하기 어려울 것이고, 따라서 북진통일도 불가능할 것으로 조봉
암과 혁신세력은 생각하였는데, 이들은 다른 한편으로는 북진통일론이 전
쟁을 유발할 수 있기 때문에 그것에 반대해야 한다는 논리를 폈다.

조봉암은 통일하지 않으면 안되는 논리로 세 가지를 들었다. 첫째, 우리
민족은 단일민족이라는 점 때문이었다. 우리는 1천여 년간을 일정한 국토
에서 이것이 내 땅이라는 감정과 긍지를 가지고 살아왔는데, 그 국토가 외
세에 의하여 무단히 양단되었다는 것은 우리네의 민족적 긍지나 또는 민
족적 감정이 도저히 이를 용인하지 않는다는 것이었다. 이와 같이 민족의
식, 민족정서에 기반을 둔 통일론은 이 시기에 기조를 이루고 있었다. 둘째
로는 경제적 이유를 들었다. 남부에서는 농업, 북부에서는 공업을 중심으
로 발달해왔는데, 국토 양단으로 파행적 경제가 되었기 때문에 절름발이로
는 민족생활의 정상적인 발달을 기대할 수 없다는 것이었다. 이 점도 대개
는 통일의 필요성으로 꼽히고 있었다. 그런데 조봉암은 이 두 가지 이유에
다가 세번째로 국제적 이유를 제시하였다. 이 부분이 북진통일론 비판과
관련이 있다. 그는 지금 우리나라는 미·소 양대 진영의 각축장으로서 제
일선에 내밀린 시련장이어서, 우리나라의 방향 여하에 따라 미·소 양대
진영의 이해관계가 좌우될 수 있는 세계적인 위험선상에 놓여있다고 파악
하였다. 그래서 우리나라에서 자칫 잘못하면 전세계에 또 한번 무서운 사
태를 야기시키는 결과를 초래할 수도 있다는 것이었다.[69] 전세계 인류의
평화와 행복을 위하여서도 북진통일을 반대하고 평화통일을 하여야 한다
는 것으로, 평화통일론은 탁상공론이 아니라 우리 민족 대부분의 소원이
며, 전세계 지성인들의 결론이고 유엔의 이상이라고 주장하였다.[70] 이러한
논리는 무력통일을 반대하고 평화통일을 희구하는 사람들한테서 어렵지
않게 발견될 수 있다.[71]

---

69) 위의 글, 68~69쪽
70) 「지상인터뷰 : 정치종횡담」, 243~245쪽 ; 「지상좌담회 : 한국전쟁은 재발할 것인
　　가」, 4~9쪽.
71) 金洛中은 세계의 지성인들은 한국에서 휴전이 성립되지 않고 전쟁이 확대될 경

한반도에서의 전쟁이 제3차 세계대전을 야기할 수 있기 때문에 무력통일론을 배제해야 한다는 주장은 자유당 논리와는 물론이고, 민주당 논리와도 날카롭게 대비된다. 이승만 - 자유당의 북진통일론은 양대 진영 간에 전쟁이 일어나야만 현실화될 가능성이 주어지기 때문에 어떻게 해서든지 미국을 부추겨 전쟁을 일으키자는 것이었다. 민주당에서는 평화통일론은 망상일 뿐만 아니라 국론을 분열시키려는 북한괴뢰 음모의 함정에 빠지는 결과를 초래하고, 단독 북진은 자살행위이지만,[72] 제3차 세계대전이 일어날 가능성은 있는 것이니까 그때를 기다리는 '화전양양(和戰兩樣)' 방책을 써야 한다고 주장하였다. 제3차 세계대전이 발발되면 한국통일도 자연히 이룩된다는 논리였다. 조병옥은 소련이 자유국가로 되지 않는 한 무력통일밖에 없고, 평화통일의 개연성보다는 한국전 재발을 통한 통일의 개연성이 더욱 크다고 단언하고, 제3차 세계대전은 1960년에 일어날 것으로 추정하였다.[73] 이러한 주장에는 전쟁은 소련이 일으키고, 이기는 나라는 미국이라는 희망이 깔려있었다.[74]

통일정부 수립을 반대하고 단정운동을 이끌었던 극우반공세력의 지도자들은 조봉암 · 진보당의 평화통일론을 적대시하였을 뿐만 아니라, '무력통일'을 하기 위하여 제3차 세계대전을 일으키고 원자전을 감행하여야 한다는 주장을 서슴지 않았다. 조병옥은 1956년 9월 28일 민주당전당대회 식사에서 "1960년은 3차대전의 발발시점으로 적극 추진"해야 한다고 말하였지만,[75] 미군정기 단정운동을 펼 때도 소련과의 일전을 시사해온 이승만은

우 그것이 인류의 파멸을 가져올 수 있는 무서운 세계전쟁이 될 것이라고 경고하기를 게을리하지 않고 있는데, 한국 대학생들은 휴전반대 북진통일을 외치는 시위행렬에 참가하여야 했다고 개탄하였다(김낙중 · 金男起, 『굽이치는 임진강』, 三民社, 1985, 99쪽). 김수선 의원은 우리는 통일 없이는 살 수 없다고 주장하면서 통일을 해야 할 이유로 ① 민족적 문제, ② 경제적 문제(국방비 과다 포함)와 함께 조봉암처럼 ③ 국제적 문제를 들었다(『국회속기록』 제26회 31호 부록, 1957. 11. 7).

72) 「지상인터뷰 : 정치종횡담」, 242~243쪽, 조병옥 발언.

73) 「지상좌담회 : 한국전쟁은 재발할 것인가」, 4~9쪽 ; 조병옥, 「남북통일의 가능한 길」, 『신태양』 1957. 4, 51~53쪽.

74) 조병옥, 「남북통일의 가능한 길」, 『민주주의와 나』, 56쪽.

미국을 방문하여 1954년 7월 28일 미국회의사당에서, "수년 내에 소련은 미국을 때려부술 수단을 갖추게 될 것입니다. 우리는 지금 행동을 해야 합니다. 어디에서 우리가 행동을 할 수 있겠습니까? 우리는 극동에서 행동이 가능합니다"라고 연설하여, 미국에 소련 등의 공산주의자들을 때려부수기 위한 선제공격으로 성전을 일으키자고 호소하였다. 그는 시카고에서도 중국과의 즉시 결전을 강조하며 북진을 열원(熱願)한다는 성명을 내고 한국에 돌아왔다.[76]

소량의 원자탄이 히로시마와 나가사키 시민들을 얼마나 참혹하게 희생시켰는가를 잘 알고 있었지만, 극우반공적 사고는 그보다 훨씬 규모가 큰 동포의 참혹한 희생을 당연시하였다. 이승만은 1954년 8월 수만 군중이 모인 방미귀국환영대회에서 대공유화정책은 더 큰 참혹한 희생을 강요받을 것이라고 주장하고, 따라서 대공전쟁을 감행해야 하는데, 원자전만이 공산주의자들을 굴복시킬 수 있는 유일한 방도라고 천명하였다.[77] 신익희는 통일문제 좌담회에서 "소련놈이 원자탄을 가졌느니 수소탄을 가졌느니 무어라고 하더라도, 미국이 원자탄과 수소탄을 들고 가서 만주니 시베리아니 막부(莫府 : 모스크바—필자)니 할 것 없이 모조리 때려부수면 우리의 통일은 될 거야요"라고 말하였다.[78]

---

75) 위의 글, 56쪽.

76) 올리버, 『이승만 비록』, 박일영 역, 한국문화출판사, 1982, 577쪽 ; 서중석, 앞의 글, 125쪽. 이승만의 미의회 발언에 대한 미국의 즉각적인 반응은 미군 일부 철수 뉴스였다(서중석, 같은 글, 125쪽). 올리버는 그 이후 미국 고위관리들이 이승만과 합의하여 노력할 만한 가치가 있다고 생각하는 일이 없었다고 기술하였다(올리버, 같은 책, 578쪽).

77) 『한국일보』 1954. 8. 25. 정일권은 한국전쟁 때 이승만이 맥아더 비판론자들을 겨냥하여 분통을 터뜨리며 "미국만이 갖고 있는 원자탄을 왜 사용하지 않으려는 가. 악독한 일본군벌도 원자탄 두 발로 깨끗이 끝장나지 않았던가"라고 말한 것으로 회고하였다(정일권, 『전쟁과 휴전』, 동아일보사, 1986, 232쪽).

78) 「좌담회 : 1956년도 국내외 정세를 논한다」, 『신세계』 창간호, 1956. 2, 56쪽. 장택상은 조국통일에 한해서는 아무런 방법도 가릴 필요조차 없다고 생각하고, 무기사용에서도 자비·무자비를 가릴 필요가 없다고 생각한다고 말하였다(「지상좌담회 : 한국전쟁은 재발할 것인가」, 4~9쪽). 극우반공주의자들의 무책임한 무모성은 영국이 對북한 수출금지령을 해제하자 윤치영 의원이 "일치단결하여 최후까지 영국을 대하여 피투성이가 되어서 싸우겠다는 이런 기개와 의식을 표현해야"한다

진보당 간부들이 민주당 간부들과 견해를 같이하는 것이 한 가지 있었는 데, 그것은 남이 갖고 있는 군사력으로는 북을 제압할 수 없으며, 제3차 세계대전을 유발할 수도 없다는 것이 그것이었다.[79] 그런데 진보당에서는 1956년 정부통령선거 이후에는 절대로 전쟁이 일어나서는 안되고 그것을 막아야 한다는 쪽으로 당론을 모으고 있던 데 비해, 민주당에서는 그것과 대치되는 생각을 가지고 있었다. 『중앙정치』 1957년 10월호에 수록한 「우리 당의 통일안은 이렇다」에서 민주당의 선전부장 조재천(曺在千)은 세계적으로 양대 진영이 무력으로서 결말을 짓지 않으면 안될 경우가 왔을 때 공동북진을 하게 될 것이라고 말하면서, 이 공동북진에 진보당은 어떻게 대응할 것이냐고 다그쳐 물었다. 이 물음에는 진보당을 회색분자 내지 북의 평화통일 동조자로 몰아붙이려는 의도가 개재되어 있었다. 그렇다고 조재천이 공동북진이 실제로 가능할 것이라고 생각하고 물은 것은 아니었다. 자유당에서 나온 손도심은 국제적으로 공동북진을 한다는 데 대해서는 생각해본 일이 없다고 진술하였고, 조재천 또한 이 좌담에서 양대 진영간 무력충돌의 가망성이 없음을 분명히 얘기하였다.[80] 진보당 간사장 윤길중도 조재천의 물음에는 정치적 의도가 있음을 모르지는 않았을 것이다. 그럼에도 불구하고, 조재천이 "반일 자유신영과의 공동북신이라는 문제가 일어나는 경우 그것을 찬성할 것인가 반대할 것인가를 말씀해주세요." "저는 진보당이 국제적 공동북진을 인정하는가 안하는가에 대한 것을 답변해줄 것을 국민의 한 사람으로서 요구합니다"라고 연거푸 집요하게 추궁하는데도, 윤길중은 미련스러울 정도로 지금 전세계가 전쟁을 하지 않고 평화적으로 해결하자는 방향으로 기울어지고 있고, 또 핵무기 발달로 전쟁이 불가능하게 되었다고 언명하고는, 전쟁으로서 통일문제를 해결한다는 것은 곧 세계

고 말한 것과, 曺正煥 외무부장관이 "전국력을 다하여 일전을 불사하고라도 (영국 상선의 북한 출입을) 금지해야 할 것"이라고 말한 데서도 드러난다(『국회공론』 창간호, 1957. 6, 98~100쪽).

79) 박기출, 「조국통일문제의 비판 : 민주적인 번영은 평화통일에의 길」, 『내일을 찾는 마음』, 63~64쪽 참조.

80) 「3대정당 합석 좌담회 : 우리 당의 통일안은 이렇다」 『중앙정치』 1957. 10, 권대복 편, 앞의 책, 98쪽.

대전을 유발하는 위험성이 있으며, 그것은 또한 원자전쟁을 의미하는 까닭에 우리 민족 내지 인류의 파멸을 초래한다는 반전 평화주의의 논리로 당당히 버텼다.

3. 평화통일론이 지향한 세계

1) 북진통일운동과 평화통일운동의 갈등

왜 이승만은 자신의 정부를 지탱케 해준 절대적인 우방인 미국과 1950년대 내내 갈등관계를 가지면서 계속 북진통일을 고집하고 대규모 북진통일운동을 벌였을까. 뿐만 아니라 대한민국정부의 탄생 및 대한민국의 정통성과 직결되어있고, 전쟁이 발발하자 유엔군이 들어와 지켜주었는데도 불구하고 왜 유엔의 평화통일 결의안과 모순되는 통일방안을 집요하게 주장하였을까. 미국 그리고 유엔과의 무력통일방안을 둘러싼 갈등은 실질적으로 북진통일의 가능성을 더욱 멀게 하였을 뿐만 아니라, 한국전쟁 발발 이전에는 미국이 이승만의 무력도발 가능성을 경계하여 적절한 군사원조에 거리를 두었기 때문에도[81] 전쟁 초기에 결정적인 타격을 입은 바 있었다. 북진통일운동은 시기에 따라 차이가 있지만 미국과 협조하여 적절히 안보태세를 정비하고 강화하는 데도 일정하게는 부정적인 영향을 미쳤다. 이승만이 집요하게 북진통일을 주장하고 국력을 소모하면서 북진통일운동을 벌인 것은 이승만 권력과 북진통일운동, 극우반공체제와 북진통일운동의 상호관계를 파악하지 않으면 이해하기가 어렵다.

북진통일론은 분명 통일의 열망을 반영한 측면이 있고, 그것처럼 분단을 타파하려는 현실타파정책이 없는 것처럼 보이기도 하지만 실제로는 그렇게 피상적으로 볼 수만은 없게 되어있다. 친일파가 많았던 이승만 정권의 반일운동이 이승만을 '반일의 영도자'로 몰고간 것처럼, 북진통일운동은 단정운동의 최고영도자인 이승만을 역설적이게도 '통일의 사도'로 부각시키면서 이승만을 중심으로 전국민이 결속하지 않으면 안된다는 분위기를

---

81) 서중석, 앞의 책 2, 293~302쪽.

조성하였다. 대규모 북진통일운동이 일어날 때 그 시위의 한 가운데는 최고영도자 이승만이 우뚝 떠받쳐지게 되는데, 그와 같은 대규모 북진통일운동은 하나의 전체주의적인 위력 또는 위세로 나타나 그것에서 소외되거나 이단자로 몰리지 않기 위해서도 이승만 주위에 집결하게 된다. 대중의 거대한 동원 속에서 군중심리가 나타나고 그것은 위기의식과 결합되는바, 이러한 군중심리와 위기의식은 반공정신의 강화, 반공이데올로기의 확립을 지향하며, 그것은 반공의 권화(權化)인 이승만 대통령에 대한 지지로 반향되었다. 북진통일운동은 한국형 파시즘의 동원체제였다.

그 이후에도 그러한 면이 많았지만, 1950년대에 통일정책이나 통일운동은 국내정치와 표리의 관계에 있었다. 극우세력의 대북정책 또는 대북 캠페인은 극우독재권력의 강화와 긴밀한 관계가 있었다. 이 점에서 북의 존재, 북의 위협은 독재권력의 존립에 필수적이었다. 그것과 대조적으로 평화통일 또는 민중 위주 통일정책의 제시는 실은 극우독재권력과 투쟁하여 그것을 허물어뜨리려는 의도에서 나왔다고도 볼 수 있고, 실제로 그러한 역할을 하였다.

북진통일운동은 정치계에 지각변동을 일으켰다. 휴전협정 체결이 임박하여 그것을 무효로 한다는 것이 불가능하였던 시점에서 4개월 동원 휴전협정 반대투쟁이 거세게 일어났는데, 한 정치학자가 휴전협정 반대투쟁이 한국정치에 생물학적 변동을 일으켰다고 주장한 것은[82] 지나친 평가이지만, 이 시기에 다른 요인까지 겹쳐 자유당의 원내 의석수가 계속 증가하여 나중에는 100석을 돌파하게 되었다는 것은 한국형 파시즘 동원체제의 위력을 일정하게 말해준다. 그 여세를 밀어 이승만은 자신의 영구집권 지지 서약자에게, 곧 개헌 지지자에게 공천을 주고 경찰을 앞세운 관권선거를 하여 1954년 5·20선거에서 안정된 의석을 확보하였다.

그리하여 이승만은 중임제한 철폐를 위한 개헌을 강력히 추진하였으나, 그것은 또다시 제2의 북진통일운동을 기다리지 않으면 안되었다. 선거 후 자유당은 개헌선을 확보하였지만 당내 결속이 제대로 안되었고, 여론도 나

---

82) 尹天柱, 『한국정치체계 서설』, 文運堂, 1962, 348쪽.

빠져서 이승만이 도미하여 초강경 톤으로 북진통일을 주장하고 귀국한 후에도 개헌안을 상정하여 표결에 부칠 수 없었다. 그런데 10월 하순 민국당에서 뉴델리 밀회설이 터지자 자유당 간부들은 그것을 계기로 재빨리 공안정국 분위기로 몰고갔다. 국회에서는 잇달아 극단적인 반공통일안이 결의되었고, 밖에서는 혈전대사령부 등의 명의로 민의가 동원되어 제3세력은 물론 민국당 내의 유화파나 혁신파, 자유당 내의 온건파에 압박을 가하여 개헌안을 표결에 부친 것이 사사오입개헌이었다. 1955년 8월부터 12월까지 장기간에 걸쳐 중립국감시위원단 축출시위가 일어난 것도 여러가지 이유로 멀어져갔던 대중을 다시 반공의 유일영도자 이승만한테 결속시키기 위한 동원이었다.

북진통일운동에 의한 이승만의 권력강화는 극우반공체제의 강화를 의미하였는데, 극우반공체제는 북진통일운동이 가져온 또 하나의 중대한 효과에 의해서도 강화되었다. 이승만은 반공진영의 지도자 중 가장 강렬하게 반공존을 주장하였다. 그렇지만 이승만의 반공존은 사실상 공존을 위한 주장이었다고 볼 수도 있다. 대규모 군중궐기대회나 시위에서 손가락 등을 자르며 멸공북진을 외친다는 것은 북과의 어떠한 접촉이나 교류도 철저히 금압, 차단할 뿐만 아니라, 북에 대한 적개심을 고조시키게 된다. 곧 북진통일운동은 극우반공이데올로기를 강화하면서 분단고착을 철저히 해서 현상유지에 교란을 가져오지 못하게 하는 효과가 있었다. 북진통일운동은 분단체제가 자리잡아가는 데 기여하였다. 이런 점에서 북진통일운동은 극우반공체제 강화를 위한 현상유지정책이었고 공존을 위한 반공존의 면이 있었다. 그것은 대화를 하거나 문을 열면 상대방한테 먹힐 수 있다는 패배의식을 가진 세력의 생존을 위한 공세적 방어로 평가될 수 있는 면도 없지 않았다.

북진통일운동이 북과의 어떠한 접촉이나 교류도 철저히 금압, 차단하고 북에 대한 적개심을 고조시킨다는 것은 그만큼 남북통일의 가능성을 멀게 하는 것이었지만, 그것은 다른 점에서도 반통일방안으로서 뛰어난 효능을 발휘하였다. 북진통일운동이 거국적으로 또 살벌하게 전개될 때는 다른 어떤 통일론도 제기되기가 어려울 수밖에 없다. 다른 통일론을 꿈꾼다는 것은 그 사회에서 이단자로 몰리게끔 되어있었다. 북진통일운동이 위력을 발휘하던 시기에 평화통일이란 말을 꺼낼 수조차 없었던 것은 그 때문이었다. 북진통일운동은 통일에의 길 또는 남북 간의 극단적 대립이나 증오심을 완화할 수 있는 길을 위협적 무단적 방법으로 차단하는 역할을 하였다. 그럴수록 극우반공체제는 위세를 떨치게 되는데 극우반공주의자들은 거의 다 단정운동세력이었고, 친일파가 많았다. 친일파 또는 단정운동세력이 통일운동을 벌이는 것처럼 보였던 역설은 실제로는 결코 역설이 아니었다. 전반적으로 볼 때 북진통일운동은 제4장에서 논의할 공포와 괴로움의 한국전쟁이 닦아놓은 극우반공체제를 다지는 데 큰 기여를 하였다.

 궐기대회나 시위 등 북진통일운동에서의 살벌함은 곧 전시의 살벌함을 연상시켰다. 곧바로 무력통일을 해야 한다는 주장은 전시체제에 돌입해야 한다는 주장에 다름아니었다. 박정희의 유신정권이 북의 남침 등을 내세워 전시체제 분위기를 만드는 데 안간힘을 썼던 것처럼, 북진통일운동은 계속해서 전시체제를 요구하였다. 이승만은 휴전협정이 체결된 지 2년이 된 1955년 7월 정부 - 자유당 연석회의에서 토지수득세법을 폐지하여 금납제로 대체하겠다고 의견을 모은 것에 반대하면서, "금납으로 해도 좋다는 말은 전시에 위태한 말"이라고 언명하여83) 당시가 전시체제임을 강조하였다. 그리고 8월 1일 정부에서는 "우리는 공산주의자들이 개성, 옹진 및 한강의 북부지대로부터 철수하도록" 하겠으며 "우리의 방위선을 강화하기 위하여 중요한 지대들을 수복할 준비를 갖추고 있다"는 성명서를 발표하여 38선 이남 회복을 위한 전쟁이 박두하였음을 시사하였다.84) 이때부터 12월까지 중립국감시위원단 철수요구 시위투쟁이 전국 방방곡곡에서 일어났음은 앞에서 언급하였다.

 그러나 1950년대 중후반 이후 북진통일운동의 효력은 감퇴되지 않을 수 없었다. 이승만 정권의 실정과 부패, 사사오입개헌 같은 이승만의 우민관에 대한 반발, 정부통령선거, 한글해득층·식자층의 증가 및 도시화 등이

---

83) 『조선일보』 1955. 7. 15.
84) 『조선일보』 1955. 8. 2.

맞물려 시일이 흐름에 따라 더이상 전시체제를 강요할 수 없는 분위기 —
그것에는 북진통일 시위·궐기대회에의 동원에 대한 거부감도 작용하였
을 것이다 — 가 형성됨에 따라 북진통일운동이 퇴조기를 맞게 된 것이었
다.

북진통일운동 위력의 약화를 잘 보여주는 사태가 민주당과 진보당의 탄
생이었다. 민주당 간부들은 태생적으로 자유당 간부들과 뿌리를 같이하는
극우반공주의자들이었기 때문에 이승만과 갈등관계에 있으면서도 극우반
공체제 수호의 입장에서 진보당의 평화통일에 적대감을 가졌고 북진통일
론에 친화적이었다. 그러나 미국과의 관계, 민주당 지지층의 여론 때문에
통일문제에서도 자유당과 차별성을 드러내게 되었고, 1957년 10월에는 비
록 겉으로 드러내는 것은 삼갔고 그 다음해 총선을 맞아 수정하기는 하였
지만, 유엔 감시하의 총선거론을 들고 나오기에 이르렀다.

극우반공주의자들은 조봉암-진보당의 평화통일론에 큰 두려움을 느끼
고 있었다. 상당수의 학생, 지식인들도 평화통일을 희구하였지만, 조봉암
이 피해대중이라고 부른 민중들한테 평화통일 주장은 호소력이 컸다. 민중
들은 전쟁의 최대 피해자들이었다. 그들은 전쟁에 지쳤고 더이상 전쟁이
일어나기를 원하지 않았다.85) 어느 누구보다도 통일을 원하였던 이산가족
들이 조봉암의 평화통일 주장을 얼마나 환영하였을까는 충분히 짐작할 수
있다. 대체로 통일을 원하는 사람들은 실제로 그것에 접근할 수 있는 평화
통일에 귀기울이게 되어있었다. 피해대중=민중, 지식인·학생들의 평화통
일에 대한 공감은 1956년 선거에서 투표행위로 나타났다.

북진통일론자들을 괴롭힌 것은 이것말고도 더 있었다. 평화통일론은 논
리적으로도 북진통일의 허구성, 곧 통일 불가능성과 반통일성을 날카롭게
추궁하였고, 인위적인 긴장 고조에 통격을 가하여 국내정치의 민주화를 재
촉하였다. 극우반공주의자들은 긴장의 완화를 몹시 두려워하였다. 극우반
공체제는 극단의 갈등과 긴장 속에서 위력을 가질 수 있었는데, 평화통일
론은 평화공존론과 마찬가지로 긴장과 적대, 증오의식을 완화시켜 현상을

---

85) 『중앙일보』 1982. 9. 6, 「진보당 사건」 (7), 李炳勇 증언.

변하게 하는 마력을 가지고 있었고 민주화를 촉진하는 위력이 있었다. 조봉암·진보당의 평화통일론은 극우반공체제 확립에서 지주 역할을 한 북진통일운동을 무력화시키고 해체시키는 기능을 발휘하고 있었다. 이승만과 극우반공주의자들은 자신의 대부 격인 미국과 심각한 갈등을 빚고 자유진영에서의 고립을 자초하면서도 북진통일운동이 갖는 중요한 역할 때문에 그것을 고수하였는데, 윤치영이 한민족으로서 남북총선을 희망하는 자가 있다면 그들은 한 민족이라기보다는 공산당이라고 말하고 싶다고 패배의식을 피력한 것이 시사하듯[86] 여러 형태로 현상변화를 초래하고 있고 초래할 조봉암·진보당의 평화통일운동을 좌시할 리 없었다.

1957년 6, 7월에 김달호 의원이 진보당의 서울·경기지부당, 전북지부당, 전남지부당 등의 결성식에서 테러가 난무하였음을 보고하였을 때, 자유당 의원이건 민주당 의원이건 평화통일론을 야유하고 공격한 것이나,[87] 진보당 사건 초기 발표, 정부의 진보당 등록취소 이유에서 평화통일론을 부각시키고, 심지어 근민당 재건사건 등에서도 평화통일을 문제삼은 것은 평화통일에 대한 이들의 시각을 잘 보여주는 예였다. 이 시기에 당국은 평화통일을 엄단하기 위하여 국가보안법 개정을 추진하였다.

극우반공주의자들은 평화통일 주장을 막기 위하여 역사의 변소노 서슴지 않았다. 평화통일에 대한 극우반공주의자들의 비정상적인 정신상태를 보여주는 한 예가 제네바회의에서 변영태 외무부장관이 제안한 통일 14개조에 대한 왜곡이다. 이승만 대통령이나 정부 관계자들은 중립국감시위원단 축출시위 시기에 여러 번 언명한 바와 같이 휴전협정의 무효 또는 불인정을 주장하였는데, 이승만 정부가 '국제공약'으로 천명한 14개조에 대하여[88] 변영태 자신이 부정적으로 설명하고 북진통일론을 옹호하였으며,[89]

---

86) 국토통일연구회 편, 『민족정의의 함성』, 한국문화공사, 1959, 326쪽.

87) 같은 시기에 노농당위원장인 전진한은 「진보당에 호소함」이란 장문의 광고에서 진보당의 평화통일구호는 김일성 도배와 발을 맞추어 크레믈린의 장단에 춤을 추는 것이라고 주장하였다(『동아일보』 1957. 6. 14. 광고).

88) 鄭一亨 편저, 『유엔과 한국문제』, 新明文化社, 1961, 312~314쪽에도 변장관의 14개조 통일방안 제목이 「국제공약화된 변영태 외무장관의 통일방안」으로 되어 있다.

조정환 외무부장관은 14개 조항을 한갓 묵은 기록에 지나지 않는다고 천명하였다.[90]

변영태가 제안한 14개조가 평화통일방안으로 부각되는 것을 막기 위해서 자료의 변조 또는 왜곡행위도 일어났다. 변영태가 1954년 5월 22일 제네바 정치회의에 제출한 14개 조항 중 앞의 두 조항은 "① 통일되고 독립된 민주한국을 수립할 목적으로 국제연합의 제결의에 의거한 국제연합 감시하의 자유총선거를 실시한다. ② 자유선거가 불가능하였던 이북지역에서는 자유선거를 실시하며 남한에서는 대한민국 헌법절차에 의하여 선거를 실시한다"로 되어있다.[91] 바로 이 부분을 갖고 조봉암 등은 14개조가 평화통일안이라고 '강조'하였다. 정부에 의한 공공연하고 공식적인 변조 또는 왜곡의 대표적 사례가 진보당 사건 때 정부가 발표한 진보당 등록취소 이유였다. 1958년 2월 오재경 공보실장은 진보당은 1954년 제네바회의에서 천명된바, 한국통일은 대한민국 헌법에 의거하여 유엔 감시하에 민주주의적 선거를 실시하여 성취해야 한다는 우리 국민과 유엔의 입장을 무시하였다고 주장하였지만, 거듭 강조하거니와 제네바회의에서 한국대표는 대한민국 헌법에 의하여 남과 북의 통일선거가 이루어져야 한다고 제안하지 않았다. 뿐만 아니라, 1958년 12월에 한 신문에 소개된 정부의 통일방안자료 중 14개조의 두번째 조항도 "남한과 현재까지 여사(如斯)한 선거를 행(行)치 않았던 북한에서 대한민국 헌법절차에 의거하여 자유선거를 실시한다"라고 되어있다.[92] 북한에서 대한민국의 헌법절차에 의하여 자유선거를 실시한다는 것은 국회에서 1950년대에 여러 차례 결의한 것과 같은 것으로, 명백히 평화통일론과는 범주를 달리하는 북진통일과 표리관계에 있는 방안이었다. 이러한 변조 또는 왜곡을 신문사에서 하였을 리는 없다. 그와 같은 왜곡은 이 신문에만 있는 것이 아니었다. 1961년 외무부에서 펴낸

---

89) 『국회속기록』 제19회 76호, 1954. 11. 11, 변영태 국무총리 발언.

90) 『국회공론』 창간호, 1957. 6, 101쪽.

91) 정일형 편저, 앞의 책, 313쪽, 영문은 이 책의 312쪽 참조.

92) 『조선일보』, 1958. 12. 9.(조), 「휴전 이후의 통일방안 — 정부안을 중심으로 한 자료」 3.

『한국 통일문제 약사(略史)와 문헌(1943~1960)』을 출전으로 한 통일관계 자료집에도 제2조가 "현재까지 자유선거가 불가능하였던 북한에서, 그리고 남한에서 대한민국 헌법절차에 의해 자유선거를 실시한다"로 되어있다.[93] 앞의 것보다 더 교묘하게 변조 또는 왜곡되어있음을 알 수 있다.

이처럼 평화통일론을 두려워하고 있었기 때문에 이미 대법원 판결에서 명백히 진보당의 평화통일론은 불법이 아니고 합법이라고 명시하였는데도 불구하고, 3·15선거 한 달 전인 1960년 2월 중순에 대검찰청 정보부 오제도 검사 등 검찰과 경찰의 사찰 관계자들이 회동하여 진보당의 정강정책을 내걸고 정치활동을 한다는 것에 대하여 "엄중하고도 철저한 내사를 하여 처단하겠다"고 수사방침을 결정하였으며, 진보당의 평화통일방안도 종전과 다름없이 사찰 대상이 되는 것이라고 밝혔다.[94]

2) 평화통일론이 추구한 세계

조봉암은 「평화통일의 구체적 방안」이란 글에서 우리의 통일은 무력적 군사적이 아니고, 평화적 정치적이어야 할 이유로 ① 무력적 통일의 가능성이 아주 희박하다는 것, ② 동족상잔 골육상쟁을 되풀이해서는 안된다는 것과 함께, ③ 정치적 승리만이 완전하며 진정한 승리일 수 있다는 것, ④ 평화가 달성됨으로써만 모든 인류가 잘살 수 있다는 것을 들었다.[95]

그는 군사적 수단은 정치수행상 하나의 방편으로 어떠한 경우든지 정치적 대결이 앞서는 것이고, 또 그 대결에서 승리하는 것이 비로소 명실상부한 승리이며, 옳은 정치적 이상은 무력에 의한 것보다는 정치적 평화적 방법에 의해 해결함으로써 승리를 거두려고 하는 것이라는 주장을 「우리의 당면과업」과 그 이후 여러 글에서 끊임없이 주장하였다. 그리고 그에게는 진보당 강령에 쓰여있는 바와 같이, 아름다운 우리 강토에다 서방에서와 같이 민주적 평화적으로 사회적 복지국가를 건설하는 것이 이상이었다. 그는 자본주의의 해독과 공산주의의 해독을 체험한 우리 민족은 다른 어떠

---

93) 노중선 편, 앞의 책, 323쪽.
94) 『서울신문』 1960. 2. 12.
95) 조봉암, 「평화통일의 구체적 방안」, 89쪽.

한 민족보다도 어떻게 살아가야 할 것이냐를 더욱 깊이 생각하는 동시에, 모든 인류는 장차 어떻게 살아갈 것인가 하는 문제를 심각히 생각하는 민족이 된 것이라고 말하여 참담한 우리 현실을 응시하면서, 독점자본주의와 공산주의의 해악에서 해방되어 완전한 자유와 행복을 누릴 수 있는 길은 어디에 있는가, 개성과 개인의 자유가 존중되고 보장되는 사회, 사람이 사람을 착취함이 없이 각자 노력에 의해 평화롭고 여유있게 살 수 있는 사회, 전쟁이 없는 사회, 전인류가 모두 평등하게 사랑할 수 있는 사회는 있을 수 없을까를 탐구하였다.96)

민주적 사회적으로 자유와 개성이 보장되고 존중받는 사회적 복지국가의 건설은 한국 근현대사에서 양심적 민족주의적 진보세력과 민중이 끊임없이 희구하고 좌절당해온 민족의 비원이었다. 그 반면, 그러한 사회는 이승만과 극우반공주의자들에게는 낯선 세계였다. 조봉암이 무력적 군사적이 아니고 평화적 정치적 통일이 요구된다는 이유 중 세번째 정치적 승리만이 진정한 승리이기 때문이라는 것과, 네번째 아름다운 이 강산에 평화로운 복지사회를 건설하겠다는 것은 실재로는 분리된 것이 아니었다. 복지사회를 건설하기 위해서는 평화의 달성, 곧 정치적 승리가 요구되었고, 정치적 승리가 이루어졌을 때, 곧 평화로운 세상이 실현되었을 때 자유와 개성이 보장되고 존중되는 민주주의사회가 달성되는 것이다.

정치적 승리가 이루어지기 위하여 조봉암과 진보세력은 북진통일운동 아래 전개된 극우반공독재 대신 어떠한 정치를 요구하였나.

박기출은 무력통일 주창은 끊임없는 불안과 빈곤, 집권자의 독재를 조장하였고, 비상시국이라는 이름 아래 법질서의 유린, 민권박탈, 경찰의 정치간섭, 관리의 부패 및 불법선거의 자행 등이 이루어져 왔으며,97) 경찰정치의 포악성 속에서 누구든지 정론을 주장하면 빨갱이로 몰리는 풍토에 살고 있다고 역설하면서,98) 이러한 것들에 대한 치유책으로 평화통일과 '민

---

96) 조봉암, 「내가 본 내외정국」, 517쪽.

97) 박기출, 「조국통일문제의 비판—민주적인 번영은 평화통일에의 길」, 67쪽.

98) 박기출, 「자유당정권을 반대한다」(1956. 5·15정부통령선거 때 정견연설), 『내일을 찾는 마음』, 12~13쪽.

주주의적인 계획경제'를 제시하였다.99)

김수선 의원은 「국토통일을 위한 정책에 대하여 대통령에게 보내는 질문서」에서 북진통일론을 강한 톤으로 비판하고, 국제협조에 의한 평화적인 통일방안만이 우리에게 있을 뿐이라고 주장하였다. 그리고 그러한 통일을 이루려면 우선 정부만이 의사를 자유롭게 발표할 수 있는, 예컨대 진보당 당수 등 다른 사람의 발표는 억제되는 그러한 일이 없어져야 하며, 우민정치를 지양하고, 지식이 대중에게까지 널리 공급되어야 함을 지적하였다. 이와 함께 김수선은 여론이 존중되고 인권이 보장될 것을 요구하였다. 권력에 아첨하는 무리들은 자기의사와 배치되는 인물이면 이유도 근거도 없이 빨갱이라는 탈을 씌우고 있고, 법질서가 지켜지지 않고, 사회악이 창궐하고 있다는 주장이었다.100)

정치적 승리를 위한 조건은 조봉암에 의해 더욱 종합적으로 제시되었다. 그는 「우리의 당면과업」이라는 테제에서, 이성을 바탕으로 하는 것이 민주정치의 기본요소라고 하였거늘, 정치 및 행정이 권력을 본질로 삼고 있는 이 나라에서는 이성이 참혹하게 몰락하고 있음을 개탄하고, 불편부당의 공정한 비판이 박해받고 지성에서 나오는 충고가 배격됨으로써, 정부의 잘못을 지적하면 비로 반정부적이라 해시 무슨 큰 모욕이나 당한 것처럼 적개심을 일으키는 동시에, 그것을 죄처럼 간주하고 반국가적 역모같이 취급한다고 비판하였다. 이렇게 되다보니 민중의 사기는 저상(沮喪)되고 많은 지식인이 공포 속에 위축되어 골방 속에서 뒤꽁무니에 숨어서 좌고우면하는 눈치꾸러기가 되고 있으니, 이리고서야 어찌 민주세력의 대두를 기대할 수 있으며, 사상전의 승리를 기필(期必)할 수 있겠느냐고 반문하였다. 그리고 모든 민주세력이 표면으로 모조리 대두될 수 있는 기회를 주어 단체나 정당을 구성하여 대한민국 헌법이 보장하는 범위 내에서 자유로이 활동할 수 있는 환경을 만들어줄 것을 제의하였다.

모든 민중운동이나 개인의 합법적 활동에 대하여 걸핏하면 반국가적 행

---

99) 위의 글, 14~17쪽.
100) 『국회속기록』 제26회 31호 부록, 1957. 11. 7.

동처럼 취급하는 것은 이 나라를 위경(危境)에 빠뜨리는 일이라는 것이 조봉암의 논리였다. 그는 정치적 승리와 관련하여, 역사는 어느 때나 보수세력에 대항하는 진보세력의 대두에 의하여 발전해왔다고 실례를 들어 주장하면서, 헌법을 무시하는 혁신세력 배격의 무단적 행위를 지양하고, 헌법의 정신을 살려 모든 민주세력이 그들의 포부대로 나서서 자신이 하고 싶은 일을 할 수 있게끔 하는 것이 대한민국을 민주주의적으로 육성, 발전시키는 기본적인 태도이며 역사적 과업이라고 다시금 역설하였다.

제3대 대통령선거에서 이승만이 불출마를 표명하자, 이를
철회하라는 관제 민의시위가 줄을 이었다. 사진은 이에 동원된
우마차조합의 시위 장면. 이것이 그 유명한 '牛意馬意' 소동이다

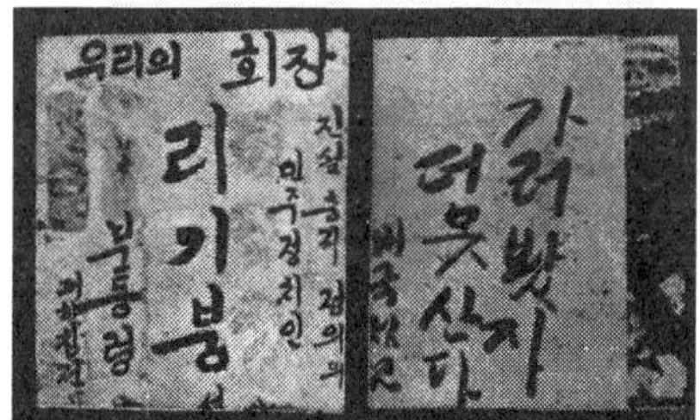

▲ 제3대 정부통령선거에 나선 민주당 신익희 · 장면
　후보의 선거포스터와 구호 "못살겠다 갈아보자"

▲▲ 민주당의 구호에 맞서 자유당에서는 "갈아봤자
　더 못산다"를 외쳤다

▶ 이때 조봉암의 진보당 구호는 "갈지 못하면 살 수
　없다"와 "이것저것 다 보았다. 혁신밖에 살 길
　없다"였다

1957년 5월 장충단공원에서
열린 국민주권옹호투쟁위원
주최의 시국강연회. 자유당의
사주를 받은 깡패들이 몰려
연단을 때려부수고 있다

"학도를 정치도구화하지
말라"는 사설을 썼다가
이적행위라는 혐의로 재판정에 선
최석채 『대구매일』 주필

1950년대 초 여수의 한 신발공장 모습. 여공들이 고무를 사이즈별로 재단한 후
접착제를 붙이고 있다

제3절 평화통일의 주체와 방안

1. 북의 평화통일 주장과의 차이

1) 통일이 되지 않은 이유

조봉암의 평화통일방안을 논의하기 전에 왜 그때까지 통일이 되지 않고 있는가에 대한 그의 견해를 먼저 살펴보도록 하자.

조봉암은 「평화통일에의 길」에서 그 이유를 크게 세 가지로 들었다. 첫째, 8·15해방이 우리 손으로 쟁취되지 못하고 남의 힘에 의해 이루어졌기 때문에 그 외부의 영향 또는 국제적인 제약을 아니 받을 수 없게 된 점과, 그 외부 곧 연합국이 우리나라를 해방시키던 때보다 훨씬 더 상극과 마찰이 심해져서 처음에 생각하고 노력하였던 바와 달리 서로의 이해관계를 더 많이 고려하게 되었다는 점을 들었다. 곧 모스크바3상회의 결의나 초기 미소공동위원회 때보다도 1947년 이후에는 냉전체제로 설명하는 미·소 간 대립이 직접적으로 분단을 낳은 것으로 조봉암은 사고하였다. 그런데 국제적 제약과 관련하여 조봉암이 무엇보다도 먼저 우리들 자신이 그것에 무력하였고 또 지금도 무력하다는 점을 자주독립을 위해 싸워온 면과 연결시키면서 중시한 것은 시사하는 바가 크다. 통일이 안된 두번째 이유로 조봉암은 소련이 '이북괴뢰'로 하여금 남침케 함으로써 우리나라를 자기네 세력권 내에 편입시키려 한 것을 들었다. 세번째로는 국제적 제약과 관련된 우리들 자신의 무력함과 연결되는 것이지만, 우리 민족 가운데 진실로 통일되기를 원치 않는 세력이 일부 있다는 점을 들었다.

두번째와 세번째 이유는 조봉암과 진보당이 여러 곳에서 강조하고 있는 바이기도 하다. 1956년 11월 진보당 창당대회에서 낭독된 선언문에서는, 해방 후 이 강토에 이렇듯 추악불미하고 부정불의한 정치적 사회적 상태를 출현시키고, 국민대중을 이렇듯 비참한 생활형편에 빠뜨리고, 통일을 숙원하는 모든 동포로 하여금 절망과 비애 속에 허덕이게 한 자도 이 두 부류라고 질타하였다.

첫째로는 온갖 파괴적 수단으로서 통일자주독립의 민주한국 건설을 극력 방해하여 오다가 급기야 그들의 상전인 스탈린의 명령을 따라 동족상잔적인 6·25의 참변을 일으킨 저 공산역도들의 침략 때문임은 물론입니다. 그러나 그뿐이 아닙니다. 5·15 이후 지주, 자본가로서 미군정에 중용되었던 한국민주당 중심의 고루한 보수적 정치세력과 대한민국 수립 이후에 있어 한국정치의 추기(樞機)를 장악하고 민주주의의 이름 밑에 반(牛)전제적 정치를 수행하여온 특권관료적 매판자본적 정치세력의 과오에 기인하였다는 것도 명백한 사실입니다.[101]

2) 북의 평화통일 주장과의 차이

조봉암의 평화통일 주장은 외형상으로 북의 평화통일 주장과 똑같이 들리기 때문에 북의 평화통일론과 조봉암의 평화통일론이 어떻게 차이나는가는 많은 관심을 모았다. 이승만과 자유당 간부들뿐만 아니라, 민주당 간부들도 조봉암과 진보당의 평화통일론은 북에게 이용당하여 결국 대한민국을 해치는 것이라는 비난을 자주 퍼부었고, 심지어는 북의 평화통일론과 같은 것이라는 비난까지 하였다.

조봉암은 북의 침략성, 특히 한국전쟁을 일으킨 행위에 대해서는 끊임없이 비난하였다. 그러나 북의 평화통일론이 어떻게 자신의 그것과 차이나는가를 직접 설명한 경우는 찾아보기가 쉽지 않다. 그 원인의 하나는 조봉암의 평화통일론이 1956년까지는 원론적 성격이 강하였고, 구체적 방안을 제시하지 않았던 점과 관련되는 것으로 보인다. 조봉암이 구체적인 방안을 제시하지 않은 것은 당시 상황에서 그것이 문제를 일으킬 소지가 크다고 판단하였으며, 평화통일 자체를 주장하는 것만으로도 한편으로는 북진통일 주창자와 대항하기가 버거운 일이고, 다른 한편으로는 평화통일을 주장하는 것만으로도 북진통일론의 허구성을 지적하여 그것을 약화시키는 데 역할할 수 있으리라고 생각하였기 때문이었다. 이처럼 조봉암의 평화통일

---

101) 권대복 편, 앞의 책, 13~14쪽.

론은 구체적인 방안을 가지고 있는 것이 아니었다. 둘째로는 북의 평화통일안과 비교할 경우, 조봉암의 입지가 좁혀질 수 있다는 점 때문이었다. 실질적으로 테이블에서 주고받는 통일안이 아니고 일방적으로 주장하는 통일안은 추상성을 띠기 쉽고, 그 때문에 어느 쪽의 것이든 평화통일이 갖는 기본적이고 일반적인 성격을 많이 내포하게 되기 때문에, 북의 평화통일방안을 하나하나 비판한다는 것은 자신의 평화통일론의 입지를 축소시키고, 자칫하면 공격자들에게 빌미를 잡히기 쉽다. 이 때문에 조봉암이 최초이자 마지막으로 평화통일의 구체적 방안을 논의한 「평화통일에의 길」을 제외하고는 북의 평화통일을 직접적으로 비판한 글이 드물다. 그리고 위의 글에서도 북의 평화통일방안에 대해서는 다른 여러가지 방안을 거론하면서 짤막이 논급하고, 일반적인 비난을 주로 하였다.

「평화통일에의 길」에서 조봉암은 북의 공산주의자들이 민족자주독립을 열렬히 주장하고 신탁통치를 반대하다가 모스크바의 지령으로 하룻밤 사이에 신탁통치를 지지하였고, 또 6·25 직전 남북교역과 중요인물 교환을 주장하다가 야만적인 동족상쟁의 남침을 해왔는데, 그 남침이 실패하자 또 다시 모스크바의 지령을 받고 평화통일을 들고 나온 것이기 때문에 자신과 진보당의 평화통일론과는 그 성격이 전혀 다르다고 설명하였다. 이 점에 대해서 조봉암은 다음과 같이 상술하였다.

소련의 지시라면 오늘 평화통일을 말하다가도 내일은 또 남침을 할 것이다. 그러니 그들이야 뭐라고 말하든지 우리로서는 하나도 개의할 바 못된다. 그러하거늘 평화통일이라는 문구상의 우연한 일치만을 가지고 남을 모함하려는 심리를 우리는 이해하기가 곤란하다. 저자들은 모스크바의 지령에 의해서, 저희들의 필요에 의해서 평화통일을 떠드는 것이고, 우리는 우리대로 우리 민족의 절박한 요구와 국제적 정치정세의 당연한 귀추로서의 정치적 주장인 평화통일론을 어째서 꼭 같이 보려고 하며 같지 않은 것을 같다고 고집하고 싶은가 말이다. 공산괴뢰가 먹는 '밥'을 '밥'이라고 한다면, 우리는 먹는 '밥'을 밥이라고 아니해야 한단 말인가. 공산괴뢰가 통일하기를 원한다고 떠들면 우리는 통일을 원치 않는다고 해야겠단 말인

가.[102]

2. 평화통일의 주체와 민주세력 대동단결론

1) 평화통일의 주체와 지지기반

조봉암은 북의 공산주의자와 남의 극우반공주의자들을 여러 곳에서 동시에 비판하고 있지만, 평화통일의 주체는 간략히 언급하는 데 그치고 있다. 이 문제를 최초로 분명히 밝힌 것은, 대통령선거가 국가의 최고권력 장악과 관련이 있고 광범위한 유권자로부터 득표를 하여야 하므로 선명히 자신의 경륜을 주장하게 되기 때문이겠지만, 1956년 5·15정부통령선거에서였다. 이 선거에서 민주당 대통령후보 신익희가 사망하여 이승만 후보와 조봉암 후보가 1 대 1의 대결을 벌였기 때문에 자유당에서는 어느 때보다도 조봉암의 '용공성' '친공성'을 선전하였는데, 이에 맞서 조봉암 후보는 '공약 10장'을 제시하였던바, 그 첫번째가 "남북한에 걸쳐 조국의 통일을 저지하고 동족상잔의 유혈극의 재발을 꾀하는 극좌극우의 불순세력을 억제하고 진보세력이 주도권을 장악함으로써 국련 보장하의 민주방식에 의한 평화적 통일을 성취한다"였다. 평화통일의 주도세력은 진보세력이고, 평화통일운동에서 억제 또는 배제해야 할 대상은 극좌극우임을 명시한 것이었다.

이것은 진보당에서 채택한 진보당 정책에서도 비슷하게 표명되어, "평화적 통일에의 길은 오직 하나 남북한에 있어서 평화통일을 저해하고 있는 요소를 견제하고, 민주주의적 진보세력이 주도권을 장악하는 것뿐"이라고 선언하였다.[103] 그리고 「평화통일에의 길」에서는 통일을 이루지 못하게 한 내적 요인으로 북의 공산주의자들과 함께, 남에 진실로 통일되기를 원치 않는 세력, 곧 반통일세력의 존재를 들었다. 반통일세력 또는 평화통일 저해세력은 앞에서 인용한 진보당 창당대회 선언문에 구체적으로 제시되어

---

102) 조봉암, 「평화통일에의 길」, 80~81쪽.
103) 권대복 편, 앞의 책, 37쪽.

있다.

조봉암은 1956년 5·15정부통령선거에서 평화통일 주도권을 진보세력이 장악하여야 할 것임을 천명하였지만, 이것만으로는 평화통일 주도세력이나 지지기반이 누구를 가리키는지가 불투명하다. 이 부분을 좀더 분명히 하기 위해서는 「우리의 당면과업」으로 되돌아갈 필요가 있다.

조봉암은 일찍이 「우리의 당면과업」에서 모든 민주세력이 표면으로 모조리 대두될 수 있도록 기회를 주어 자유롭게 정치활동을 할 수 있게 하여야 한다고 피력하고, 그러한 주요 세력으로 협상파·중간파와 보도연맹계, 족청계를 들었다. 족청계는 조봉암이 제헌국회에 입후보할 때부터 그 일부가 자신과 관계가 있었으나, 이 글에서 족청계를 거론한 것은 협상파·중간파나 보도연맹계를 논하는 데 색깔로 의심받지 않기 위해서였을 가능성이 다분히 있다. 한국전쟁이 발발한 이후 중도파 민족주의자는 훨씬 곤경에 빠지게 되었고, 단정세력 또는 극우반공주의자들이 그들을 사갈시하고 역적처럼 보는 경향은 그만큼 농도가 심하였다. 그런데 조봉암은 「우리의 당면과업」에서 중도파·협상파의 영수가 김구·김규식 두 사람이고, 그 둘은 우리나라의 대표적인 민족주의자이고 민주주의자인 것에 아무도 이의를 제기할 수 없는 분이 아니냐고 반문하였다. 따라서 중도파 민족주의자들을 보복적 경향으로 반정부세력 또는 역적같이 보는 것을 지양하고 민주진영의 일꾼이 되도록 기회를 줄 것을 제의하였다.

조봉암은 농림부장관이 된 이래 일정기간 중도파와 함께 활동하지는 않았다. 그러나 공산당을 탈당한 이래 그는 중도파 노선을 걸었고, 제헌국회가 처음 구성되어 무소속의 리더로 활약할 때도 중도파 노선에 가까웠다. 그리고 한국전쟁 발발 이후로는 지도자를 잃은 중도파 민족주의자의 일부가 그와 연계를 맺었고, 훗날이지만 진보당을 창당할 때 그들은 진보당의 중요한 한 부분을 차지하였다. 따라서 평화통일운동 주도세력은 좁게 말하면 노선으로나 인적 관계에서 중도파 민족주의자와 긴밀한 관계에 있는 진보당 관계자로 봐야 할 것이고, 넓게 말하면 진보당을 주축으로 한 진보세력이 될 것이다.

보도연맹원들은 해방 이후 좌우의 극한대립에서 처참한 희생을 당하였다. 그들은 주로 한국전쟁 발발 초기에 무수히 학살당하였다. 잔존한 자들도 전쟁기에는 전쟁기대로 휴전 후에는 휴전 후대로, 조봉암이 「우리의 당면과업」에서 묘사한 그대로 "국민으로서의 모든 권리를 박탈당하고 심지어는 아무리 억울하고 아무리 불합리한 일을 당하여도 어디 가서 호소 한마디 하지 못하고, 노예와 같은 생활을 하지 않으면 안되게 되어"있었다.104) 따라서 보도연맹 관계자처럼 전쟁을 무서워하는 세력은 없었고, 극우반공주의자들을 두려워하는 세력은 없었다. 1952년 8월 정부통령선거에서 보도연맹 관계자들은 조봉암을 지지한 것으로 알려져 있는데, 이들과 극우반공세력의 관계를 볼 때 이들은 평화통일운동의 주요한 지지기반이 될 수 있었다.

그런데 1956년 11월 진보당 창당대회에서 조봉암은 주목할 만한 주장을 하였다. 조봉암은 개회사에서 "이러한 인류의 새 이상을 파악하고 이념적으로 뭉친 정당은 필연적으로 광범한 근로대중을 사회적 기반으로 하는 피해대중의 당이 되는 것이고, 또 이러한 대중의 정당이라야 비로소 이 나라 안에서의 역사적 과업을 수행할 수 있다고 믿는 바"라고 강조하였다.105) 따라서 평화통일운동의 지지기반은 보도연맹원과 그 가족이 포함된 피해대중이었고, 피해대중은 대체로 광범한 근로대중과 일치하였다. 광범한 근로대중이란 진보당 강령에 따르면 노동자 농민을 중심으로 하되, 진보적 근로인텔리, 중소상공업자, 양심적 종교인 등이 포함되어있었다.106)

조봉암은 「우리의 당면과업」의 결론에서, 우리 민족의 남북통일이나 자주독립은 우리 민주세력을 중심으로 해서 성취되어야 함을 피력하였다. 이 경우 '민주세력'이 누구를 가리키느냐는 평화통일운동 주도세력을 이해하는 데 도움이 될 것이다. 또한 이 글에서 조봉암은 공산당이 아닌 사람은 모두가 우리 민주주의 혹은 민족주의 진영이라고 주장하였으며, 이러한 논지에서 민주주의 진영이 단결하여 공산당과 싸울 것을 제안하고 있음을 볼 때, 민주세력이란 공산당이 아닌 모든 세력, 자유당과 민국당(후에는 민

---

104) 조봉암, 「우리의 당면과업」, 497쪽.
105) 정태영, 위의 책, 258쪽.
106) 권대복 편, 앞의 책, 34쪽.

주당)까지 포함하고 있다고 말할 수 있다.

그러나 1956년 5·15정부통령선거에서나 진보당 창당대회 선언문에서는 분명히 극우세력을 극좌세력과 함께 민주세력이 아닌 것으로 파악하고, 그 세력을 견제할 것을 밝히고 있다. 조봉암의 정치가로서의 활동이 민주세력에 대한 위와 같은 양면성을 지니게 하였을 것이다. 그러므로 조봉암이 '민주세력' 또는 그와 유사한 어휘를 쓸 때는 그것의 포괄범위가 어디까지인지를 잘 살펴야 할 것이다.

2) 민주진영 대동단결을 주장한 이유

조봉암은 평화통일문제와 관련하여 억제하거나 견제해야 할 세력을 지적하였고, 민주세력에 대해서는 이중의 의미로 사용하면서 민주진영 또는 민족진영의 대동단결론을 폈는데, 이러한 주장이 진심에서 나온 것인가 선전의 일환인가를 밝혀내는 것은 평화통일 주도세력을 이해하고, 나아가서 평화통일론의 구조를 분석하는 데 도움을 줄 것이다.

조봉암이 「우리의 당면과업」에서 민주세력의 집결체 구성방안을 제의한 이후 신문이나 잡지에 쓴 짧은 글이건 장문의 글이건, 어느 곳에서나 거의 빠지지 않고 등장하는 것이 민주세력 또는 민족진영의 대동단결 제창이었다. 조봉암은 「우리의 당면과업」에서 민주세력 집결체의 구성을 급속도로 추진할 것을 주장하고, 그 방법으로 ① 자유당·민국당의 협조에 다른 모든 당파와 개인이 집결하도록 하는 안, ② 자유당 외의 모든 정당, 정파 및 개인이 집결하여 야당 연합을 만들고 여당과 협조하는 안, ③ 이승만 대통령 선도안, ④ 연합전선 결성안을 제안하였다. 그리고 「내가 본 내외정국」에서는 여야를 막론하고 공산당 외에는 모든 사람, 곧 민주주의자, 민족주의자, 사회주의자, 무정부주의자, 사회민주주의자, 자유협동주의자 등 자칭 타칭의 모든 주의자와 무주의자, 심지어는 독재적 요소가 있다는 사람이나 외세의존자 또는 부패분자로 지목되는 자들까지 총집결하여 민주진영의 단일전선을 만들 것을 제의하였다. 1957년 11월 하순에 진보당은 자유당과 민주당에 「국토통일을 위한 공동행동체 구성」에 관한 제의를 하였다. 국토통일에 국회와 정부, 이승만 대통령의 의견이 상위해서 일치를 보지 못하

기 때문에 자유당, 민주당, 진보당이 함께 논의할 시기가 되었다는 것이 그
것을 제의한 이유였다.[107)

조봉암은 1956년 정부통령선거 때 극좌극우의 불순세력을 억제해야 한
다고 주장하였으며, 진보당 정책에서는 평화통일을 저해하는 요소를 견제
하여야 한다고 표명하였고, 진보세력이 평화통일의 주도권을 잡아야 한다
고 천명하였다. 이러한 주장과 민주세력 집결체의 구성을 제의한 것은 모
순이 아닌가. 「우리의 당면과업」에서도 자유당과 민국당이 정책이나 대중
적 기반을 토대로 해서 서 있는 것이 아니라 개개 간부의 인물 중심 정당
이며, 장차 닥쳐올 민족적 중대문제에 대비하여 민주세력이 어떻게 집결해
야 되는가에 포부가 있는 것 같지 않고, 또 그러한 문제에 노력도 기울이
지 않은 것 같다고 비판하면서, 이들이 민주진영의 총단결이라는 과업을
수행할 역량이 있는지에 강한 의문을 표명하였다.[108)

이와 같이 자유당, 민국당을 불신하여 진보세력이 민주세력 총단결의 담
임자가 되어야 한다고 시사하였을 경우 ‘총단결’이 가능할 것인가. 「내가
본 내외정국」에서도 자유당과 민국당을 신랄히 비판하면서 모든 주의자와
독재적 요소가 있는 자(이승만과 자유당이 주대상일 것이다―필자), 외세의
존자(민국당 또는 민주당이 첫 대상일 것이다―필자), 부패분자까지 뭉쳐 민
주세력 총집결체를 구성하자고 제의하였다.

1957년 11월에 진보당에서 「국토통일을 위한 공동행동체 구성」을 제의
한 것은 수긍할 만한 점이 없는 것이 아니다. 이러한 제의를 하기 한 달 전
인 10월에 민주당에서 통일정책에 전환을 가져 ‘유엔 감시하의 총선거’를
당 정책으로 채택하였으므로, 자유당과 민주당이 그 이전까지 보조를 맞춰
오던 것에서 큰 차질을 빚게 되었다. 그러나 이 경우도 당국이 진보당의
평화통일 주장의 국시 위반 여부를 조사하겠다는 데 대한 대응이라는 의
혹을 받을 수 있었다.[109)

---

107) 이 제의에 대해 자유당의 이재학은 “심의 검토한 후 회답하겠으나, 당분간 공
    개를 보류해달라”고 요청하였고, 민주당의 조병옥과 곽상훈은 “신중히 검토한 후
    회답하겠다”는 반응을 보였다(『한국일보』 1957. 11. 27).
108) 조봉암, 「우리의 당면과업」, 477쪽

조봉암의 민주진영 집결체 구성 제의는 생각해볼 수 있는 면이 있었다. 조봉암이 이러한 제의를 한 것은 국제정세의 미묘함 등으로 남북총선거가 치러질지도 모르니 그것에 대비해야 한다는 것이 주된 이유였다. 남북총선거를 극우반공세력이 반대한 데는 다른 여러가지 이유가 있지만, 그러한 선거를 하게 될 경우 현실적으로 북에서는 1백 석 모두 공산당원으로 당선될 수 있는데, 남에서는 여러 정파와 정치세력이 있으므로 자신들과 뜻을 같이하는 사람들이 당선되지 못하는 경우가 상당히 있을 수 있다는 우려도 깔려있었다. 이러한 우려에 대한 대책으로 조봉암은 민주진영 집결체 구성을 제의한 것이었다. 강력한 조직을 가진 공산당과 싸워 이기기 위해서는 민주진영에서 너나 할 것 없이 모두 다 초당파적으로 단결하여 일치한 행동을 취하여야 했던 것이다. 그래서 그 형식도 영구적 성격을 띤 것이라기보다는 대공산당 투쟁에 승리하지 않으면 안된다는 당면한 큰 문제에 대처하기 위해 그때까지 있었던 대립투쟁 같은 것은 부차적으로 하고 대동단결하자는[110] 일시적인 행동통일체의 성격을 지닌 것이었고, 또 단체나 당과 같은 조직이 아니라, 예컨대 민주진영에서는 한 선거구에 한 사람의 후보자만 내는 것이 실현되어야 하는데,[111] 그렇게 하기 위한 협의체로서의 연합전선을 제안한 것이었다.

조봉암의 민주진영 집결체 구성 제의는 그 의도가 어떻든 실현되기 어려운 주장이었다. 이승만 대통령이나 자유당에서 그에 대해 호응한다면 가능성이 없는 것은 아니었지만, 이대통령과 자유당은 진보당과 손을 잡으려고 생각하기는커녕, 진보당뿐만 아니라 다른 혁신세력도 제거할 의도를 갖고 있었고, 1957년 가을부터는 그것을 실행에 옮기고 있었다. 설령 조봉암이 제의한 민주진영 집결체 구성이 이루어진다 하더라도, 그것이 자동적으로 공산당한테 승리하는 것은 아니었다. 「우리의 당면과업」이나 「내가 본 내외정국」에서 조봉암이 공산당한테 승리를 거두기 위해서 제의한 방책 중 민주진영 총집결체의 구성은 공산당에 대한 정치적 승리 또는 평화적

---

109) 『한국일보』 1957. 11. 27.

110) 조봉암, 「평화통일의 구체적 방안」, 93쪽.

111) 조봉암, 「내가 본 내외정국」(25), 『한국일보』 1955. 7. 10.

통일의 방법을 주장하는 것보다 비중이 낮았다.112)

그런데 공산당에 대해 정치적 승리를 거두기 위해서는 앞에서 언명한 바와 같이 민주주의가 제대로 실시되고 빈곤이 타파되고 부정, 부패, 불의가 없어지는 등 여러 조건의 창출이 이루어져야 한다. 그렇게 되려면, 조봉암-진보당의 논리에 따를진대 극우반공세력 또는 독재적이고 외세의존적인 부패세력, 구체적으로 지적하면 자유당과 민국당-민주당이 정권을 내놓거나 크게 약화되어야만 했다. 또 조봉암은 자유당이나 이승만 대통령, 그리고 민국당-민주당은 대공산당 투쟁을 위하여 민주진영 집결체 구성에 성의가 없으므로 그 실질적인 담당자는 조봉암과 진보세력이 될 수밖에 없다는 것을 같은 글에서 시사하였다.

조봉암은 남북총선거가 수년 내에 올 것으로 예견하지는 않았을 것이다. 남북총선거가 곧 올 수 있다는 그의 주장은 평화통일론의 당위성과 우월성을 강조하기 위한 것이었고, 어쩌면 북진통일론자들을 위협하기 위한 수단일 수도 있었다. 그는 주로 1920년대 중후반기 민족유일당운동 등 민족통일전선 활동이 활발하였을 때 공산주의자로 활동하였으며, 폐쇄적인 조직운동가와 달리 대담함과 역동성을 지닌 진취적인 현실정치가였다. 사납고 거친 북진통일운동의 동토에서 평화통일을 주창한다는 것은 위험하기 짝이 없었다. 여기에는 강력한 보호막이 필요하였다. 민주진영 집결체 구성은 그의 과거 경험과 정치감각에 따라 위험에 대한 대비책으로 고안해낸 것이었다고 보는 것이 타당할 것이다.

---

112) 조봉암은 1957년 신년을 맞으면서 민주진영이 승리할 수 있는 태세를 갖추어야 한다고 피력하고, 공산당에 승리하려면 ① 민주주의가 공산당보다 낫다는 것이 실증되고, ② 조속히 경제안정이 이룩되고, 특히 근로대중의 최저생활이 보장되어야 하며, ③ 대한민국안의 모든 민주적 세력이 결집되어야 한다고 언명하여, 민주세력의 총단결을 세번째 위치에 놓았다(『한국일보』 1957. 1. 1). 1958년 정초 또는 1957년 연말에 쓴 것으로 보이는 한 지상인터뷰에서 조봉암은 정치적 평화적 통일의 길만이 민주진영이 결정적 승리를 할 수 있는 길이라 언명하고, 민주세력의 행동통일 기구를 만들고, 사상적 무장을 강화하고, 정치적 승리의식을 조장해야 한다고 역설하였다(『사상계』 1958. 2, 243~245쪽). 그런데 이 글에서는 공산당이 단 1명만 의석을 차지해도 공산화된다는 패배의식이 있는데, 이것은 득보다 실이 몇십 배, 몇백 배라고 주장하였다. 이승만이나 조병옥, 김준연 등 극우반공세력의 멘탈리티를 비난한 것이었는데, 이 지적은 여러가지로 시사를 해준다.

3) 진보당과 민주당·민주혁신당 평화통일론의 차이

통일에 대비하여 자유당, 민주당, 진보세력 사이의 연합전선은 어렵다고 하더라도, 민주당이 1957년 10월 '유엔 감시하의 총선거'를 통일정책으로 채택함으로써, 민주당과 진보당 및 민주혁신당은 비슷하게 평화통일을 주장하는 것이므로, 이 세 당 또는 민주당과 진보세력 등과의 연합전선은 가능한 것이 아니냐는 추론을 해볼 수 있다. 그것이 안된다고 하더라도 진보당과 민주당이 자유당에 대하여 유엔 감시하의 총선거를 중심으로 공동보조를 취할 수는 있지 않느냐고 생각해볼 수도 있다. 그러나 그러한 공동보조는 진보당이 자유당과 갖기 어려운 만큼이나 어려웠다.

민주당은 1957년 10월에 채택한 당면 정책 서문의 '외교쇄신' 항목에서 지적한 바와 같이, 그때까지 통일문제에서 확고한 것이 없었다. 1955년 9월 창당될 때 정강 5항에서 "국력의 신장과 민주우방과의 제휴로써 국토통일과 국제정의의 확립을 기한다"라고 천명하여, 일종의 선건설 후반공통일을 지향하였을 뿐 구체적인 통일방안이 없었다. 1956년 정부통령선거에서도 공약 8항 '외교'의 뒷부분에서 우호외교로써 민주발전과 남북통일의 기초를 닦는다고만 천명하였다.[113] 통일문제가 '외교' 항목에 들어가 있고, 그것도 뒷부분에서 취급되어있는 것에 유의해야 할 것이다. 그 뒤 민주당에서는 전쟁의 기회가 있으면 북진통일도 하고 평화통일방법도 모색한다는 화전양양이라는 슬로건을 내세웠으나, 공동 북진통일의 기회가 있을 것을 별반 기대하지도 않았고, 평화통일은 망상이라고 생각하면서 위와 같은 주장을 하였을 뿐이다.

민주당 지도자들은 이승만 대통령이나 자유당 간부와 비슷하게 원래는 북진통일론자였고, 조병옥 등은 뉴델리 밀회사건 때에서처럼 정부와 자유

---

113) 이 선거에서 신익희 후보는 "남한에서 우리 대한민국이 정치를 올바르게 훌륭히 해서 국민이 행복된 생활을 마음껏 누릴 수 있게 만들어주고 또한 국력이 신장된다면 북한동포들은 悅服해 어떠한 수단을 써서라도 대한민국의 품안으로 찾아올 것이고, 여기에 국제정세의 추이에 따라 북진이라도 한다면 북한의 괴뢰집단은 저절로 무너질 것이다"라고 말하였다(『한국일보』 1956. 4. 29). 신익희의 통일론은 통일無策論과 先건설론이 뒤섞인 것이었다.

당보다도 더 완강한 보수적 통일정책을 주장하였다. 그러나 민주당이 창당되면서, 특히 1956년 정부통령선거에서 도시민의 지지를 받는 속에 자유당과 싸우는 야당이라는 이미지를 부각시킬 필요가 있어 점차 자유당 통일정책과의 차별성을 강조하게 되었다. 그리고 미국, 유엔과의 통일방안 불일치라는 자유당 정부의 맹점을 드러내고 미국과의 우의를 돈독히 한다는 점에서, 또 평화통일을 희원하는 대중들에 부응하여 1958년 민의원 총선 대비책으로 1957년 10월에는 파격적이라고도 할 만한 통일정책을 세웠다.

그러나 조병옥은 1957년에도 평화통일의 희원은 공상이요 환상이고 평화통일을 위한 국제회의는 무용(無用)하며, 한국은 무력통일밖에 별 도리가 없다고 판단하고 있었다.114) 1957년 가을에 민주당 선전부장 조재천은 화전양양정책을 주로 내세웠지만, 민주당 방식의 통일이란 "북한괴뢰는 부인하고 대한민국은 유엔정신의 확대로 발전한다"라고 개진하여,115) 실체를 파악하기가 어려운 주장을 하였다.

민주당의 애매함은 자유당측의 비판을 받으면서 만들어진 1958년 5·2총선의 공약에서도 잘 드러났다. 1957년 10월에 채택한 통일정책이 수정되어 나타난 이 공약에서는 단독북진의 무모함을 지적함과 동시에 용공적 평화통일을 절대 배격하고 반공민주통일만 대상으로 하고 있음을 명시하였던바, 기본 취지에서 평화통일론과는 거리가 있는 것으로 실제는 통일기피론에 가까웠다. 곧 민주당에서는 이 공약을 통하여 자신들의 통일방안은 제네바회의 때 한국대표가 제의한 14개 조항의 통일방안과 똑같다고 주장하여, 남에서는 대한민국 헌법절차에 의거하여 선거를 실시한다고 주장하였고, 또 1957년 10월의 통일정책에서 통일국회에서 헌법을 '제정'케 한다고 천명한 것에서도 후퇴하여, "현행 대한민국 헌법은 전(全)한국국회에서 '수정'될 경우를 제외하고는 그 효력이 존속"된다고 설명하였다.116)

민주당의 통일안은 유엔 감시하의 총선거를 내세웠다고 하더라도 원론

---

114) 조병옥, 「남북통일이 가능한 길」, 51~53쪽.
115) 「3대정당 합석 좌담회: 우리 당의 통일은 이렇다」 98~111쪽.
116) 자세한 것은 서중석, 「민주당·민주당정부의 정치이념」, 『한국정치의 지배이데올로기와 대항이데올로기』, 역사비평사, 1994, 143~151쪽 참조.

적으로 보면 그것의 취지와는 거리가 있었고,[117) 기본정신에서는 자유당의
그것과 비슷한 것으로 통일 자체에 별다른 관심이 없었다. 1957년 10월에
드디어 확고한 통일정책을 수립하였으면 그것을 부각시켰어야 하였는데,
말썽이 나지 않게 하려고만 한 것도 그것의 한 예가 될 것이다. 1958년 10
월의 당 연차대회에서도 평화통일문제는 토론되지 않았고, 1960년 정부통
령선거에서는 자유당과 같이 아예 공약에서 제외시켰다.[118)

진보당추진준비위원회에서 같이 활동하였고, 창당도 같이 하려다가 당
주도권 문제 등으로 갈라서게 된 민주혁신당의 통일방안도 진보당과 차이
가 있었다. 조봉암과 진보당의 통일방안이 구체적으로 있다면, 유엔 감시
하의 남북총선거안이 그것에 가까운 것이었는데, 민주혁신당의 서상일은
유엔 감시하의 '자유'총선거를 제시하여 뉘앙스를 달리하였다.[119) 자유총
선거의 '자유' 속에는 '대한민국 주권하에' 또는 '대한민국 헌법절차에 의
한'이라는 의미가 담겨있다고 볼 수도 있다. 1956년 9월 민주혁신당 추진
협의회에서 기초한 5항목 정책에서는 세번째로 "민주방식에 의한 국토통
일의 완수"를 내세웠던바,[120) '평화적' 또는 '평화'라는 어휘가 빠져있음을
볼 수 있다.

민주혁신당 선선부장 고성훈은 사신의 시론이 쌀려있는 것이겠지만, 자
유당, 민주당, 진보당 관계자와의 토론에서 민주혁신당의 통일방안이 진보
당의 그것과 상당히 차이가 있음을 밝혔다. 고정훈은 '북한괴뢰집단'과는
어떠한 형태의 협상도 원치 않으며, 한국 내에서 공산당과 공존할 의사가
추호도 없고, 한국인은 자유나 민주주의를 희생해가면서 빠른 통일을 원한
다는 인상을 주어서도 안된다고 피력하였다. 그의 통일에 대한 견해는 선
거전에 통일문제를 슬로건으로 내세우지 않는 것이 원칙이고, 자신은 국내

---

117) 1958년 7월 민주당의 정일형 의원은 최근 한국참전 16개국이 유엔감시권을 포
    기하고 슬며시 국제 감시하의 총선거 실시방침을 시사하는데, 이것은 민주통일이
    아니요 잘못하면 공산통일의 위험성이 다분 내포된 위험한 제안이라고 비판하였
    다(『국회속기록』 제29회 15호, 1958. 7. 7).
118) 이종률, 『민족혁명론』, 들샘, 1989, 379쪽.
119) 「지상인터뷰 : 정치종횡담」, 243~245쪽.
120) 『조선일보』 1956. 9. 19.(조).

문제의 해결을 우선하고 재건을 빨리 해야 통일도 오는 것이라고 선전하려 한다는 얘기에 잘 담겨있다.[121] 민주혁신당은 진보당과 달리 평화통일을 내세워 북진통일론자들과 싸우려는 의사가 미약하였다. 진보당이 대체로 우익성향이 있으면서도 중도파 또는 진보적 민족주의자들이 모인 정당이었다면 민주혁신당은 사실상 우익정당이었다.

3. 평화통일방안과 냉전체제

1) 구체적 방안이 마련되지 않은 이유

조봉암과 진보당은 평화통일을 내세웠지만, 그것의 구체적인 방안을 세웠던 것은 아니었다. 통일방안에 대한 조봉암의 검토는 뒤에서 고찰하겠지만, 조봉암은 1957년 한 설문에 대한 답변에서, 다음해 총선에 출마할 경우에 내세울 진보당의 정강정책으로 민주주의의 승리에 의한 남북 평화통일을 제시하였고, 그와 함께 유엔총회의 의결정신에 의거하여 유엔 감시하의 총선거를 실시해도 좋다고 생각한다고 말하였다.[122] 그는 1957년 말이나 1958년 초에 답변한 한 지상인터뷰에서 통일방안으로 유엔 감시하의 남북 총선거안을 중심으로 내세우면서 그 외에 몇 가지가 더 있음을 피력하였다.[123]

진보당 간사장 윤길중은 당의 통일정책을 밝히는 좌담회에서 유엔의 선에 서서 평화적으로 해결하려는 것이 '북한괴뢰'와 차이가 나는 것이고, 유엔 감시하의 총선이냐 중립국 감시하의 총선이냐는 물음에 "우리는 유엔 감시하의 총선거를 주장하는 것"이라고 답변하였다.[124] 진보당 사건 재판

---

121) 「좌담 : 4정당의 선거 연두대결」(『현대』 1958. 3), 『죽산 조봉암 전집』 4, 185~
    186쪽.

122) 『현대한국정치가 91인집』, 新潮社, 1957, 42~43쪽.

123) 「지상인터뷰 : 정치종횡담」, 243~245쪽.

124) 「3대정당 합석 좌담회 : 우리 당의 통일안은 이렇다」, 106, 110, 112쪽. 윤길중
    은 법정진술에서도 "우리가 평화적 통일을 이룬다는 것은 어디까지나 현행 헌법
    과 유엔 감시라는 원칙하에서 하자는 것"을 말하는 것이라고 진술하였다(윤길중,
    『이 시대를 앓고 있는 사람들을 위하여』, 호암출판사, 1991, 175쪽).

에서 부위원장 박기출은 "당헌에 의하면 평화통일의 구체적 방법은 결정할 수 없게 되어있다"고 주장하였고,[125] 변호사들은 "현단계에서는 어느 누구를 막론하고 대원칙 이외에 세부적 안을 논할 수 없는 것과 같이, 진보당도 그 통일정책에서 평화통일의 원칙만 정하였고 구체적인 방안은 책정할 수 없다는 것을 명문으로 규정하고 있는 것"이라는 변론을 폈다.[126]

진보당 사건에서의 법정진술이라는 점을 감안해서 들어야 한다고 하더라도, 진보당에서는 평화통일이라는 원칙만 있었고 구체적 통일방안은 없었으며, 그래도 있었다면 유엔 감시하의 총선거안이 가장 가까운 것이었다.

진보당에서 평화통일의 구체적 방안을 마련하지 않은 이유는 몇 가지로 생각해볼 수 있다. 첫째, 진보당 간부들은 평화통일원칙에는 의견을 같이할 수 있었다고 하지만, 구체적인 방안에서는 의견의 편차가 많아 당론을 모으기가 쉽지 않았을 것이다. 둘째, 평화통일의 구체안을 마련하면 그것이 탄압의 빌미가 될 수 있다는 것을 우려하였을 것이다. 평화통일이란 말 자체가 이승만 정권의 극우반공체제 유지의 전위요 핵심인 북진통일론을 해체시키는 기능을 가졌기 때문에 그 말을 꺼내는 것이 금기시된 상황에서, 설령 조봉암이나 다른 유력한 간부가 구체적 방안을 제시하고 싶었어도, 그것은 곧 진보당사건에 의해서 입증되었지만, 그렇게 할 수 있는 상황이 아니었다. 셋째, 당시의 상황이 유동적이어서 통일방안을 구체화시키기에 적합치 않다고 생각하였을 가능성도 있다. 이 점과 관련해서는 4월혁명 이후 통일논의의 변화가 시사해주는 바가 있지 않을까 생각된다. 넷째, 구체적인 통일방안은 조봉암과 진보당이 권력을 잡은 후에 국가 또는 정부 차원에서 해야 할 것이라는 점을 감안하였을 가능성도 있다. 구체적인 통일방안을 미리 제시하는 것은 권력을 잡은 후의 활동을 제약할 수 있었다. 다섯째, 이것은 조봉암 스스로가 주장하였던 것으로, 통일방안은 국가 존망에 관계되는 중대한 문제인 만큼 행정부의 시책과 근본적으로 상반되는

---

125) 권대복 편, 앞의 책, 211쪽.
126) 위의 책, 88쪽.

안을 경솔히 발표하기도 어렵기 때문에,[127] 구체적인 방안을 발표하지 않았을 것이라는 점이다. 이 점은 여러가지로 생각해볼 수 있다. 조봉암이 자신의 구체안이 현정부의 안과 정면충돌이 될 것이라고 언명하고 있는 부분이 무엇을 의미하는지 불분명하지만, 평화통일안 자체가 이승만 대통령의 생각과 정면충돌할 수 있는 것이고, 유엔 감시하의 남북총선거도 그렇다고 볼 수 있다. 그러나 이것은 그 이전의 통일방안과 연관지어 검토해볼 수도 있다.

평화통일방안에 대한 조봉암의 검토를 고찰하기 전에 조봉암이나 진보당이 남북협상론이나 남북교류론, 중립화통일론을 어떻게 생각하고 있었는지에 대해서 간략히 논의해보자.

조봉암은 좌우합작운동에 참가하였고, 남북협상에는 가담하지 않았지만, 제헌국회 초기에 북한에 보내는 메시지를 채택할 때, 미소공동위원회와 남북협상에 대한 부정적 또는 비판적 문구를 넣으려 할 때 그것에 이의를 제기하고, 조선문제를 해결하는 유일한 길은 미국과 소련 두 나라를 협조하게 하는 것이고, 두 나라를 적대시하면 독립이 달성되지 않을 것이라고 발언하여 미국과 극우반공세력을 긴장시켰다. 한국전쟁 이후 조봉암이 남북협상이나 중립화통일론, 남북교류론을 지지한 발언은 찾아보기 어렵다. 다만 「우리의 당면과업」에서 중도파 인사들을 역적시하는 것을 비판하여 간접적으로 김구·김규식 노선을 옹호하는 인상을 주었다. 그밖의 글에서 조봉암은 평화통일론을 지지하지 않았지만, 그것을 직접 구체적으로 이유를 적시하여 비판하거나 부정하지도 않았다. 조봉암은 남북협상론, 중립화통일론, 남북교류론 등에 대해서는 간접적으로 시사하였을 뿐 함구로 일관하였던 것이다.

그런데 윤길중은 진보당 대변인으로서 쓴 글에서, 평화통일을 주장한다고 해서 "남북협상이나 연립 운운하는 것을 연상함은 악의적인 중상"이라고 표명하여,[128] 남북협상 또는 연립정부에 부정적임을 시사하였다. 또 진

---

127) 조봉암, 「평화통일에의 길」, 77쪽.
128) 윤길중, 「진보당이 나가는 길」(『신세계』 1956. 3), 『죽산 조봉암 전집』 4, 146쪽.

보당 강령 전문(前文)에서는 우리의 상황이 아주 나쁘게 된 데는 책임의 큰 부분이 친미 보수세력에게 있고 미국인에게도 부분적으로 있지만, "소비에트 공산주의의 본질을 옳게 파악하지 못하고 악랄한 공산도당에게 이용되는 바 많았던 호인적인 중간파 제세력도 그 책임의 일부를 분담하지 않으면 안될 것은 사실"이라고 지적하였다.[129) 이러한 시사나 지적은 조봉암과 진보당의 다른 간부들 간에 남북협상, 중도파 인사들에 대해 견해차이가 있을 수 있음을 말해준다.

남북협상이나 중립화를 공산진영의 세계침략 음모의 일환으로 배격하여 국회에서 「남북협상 중립화 배격의 결의안」을 채택하고, 제3세력을 민족반역자나 반국가분자로 몰아세우는 상황이었기 때문에, 조봉암은 비록 남북협상론, 중립화론을 지지하고 싶어도 공표할 수 없었을 것이다. 그러나 조봉암이 정신적으로는 김구·김규식과 일맥상통하고 있었고, 한국의 통일문제는 현실적으로 미·소의 협조가 없어서는 불가능하다고 판단하고 있었지만, 남북협상을 지지하지는 않았을 것으로 추찰된다. 남북협상은 분단이 아직도 유동적인 면이 있다고 판단되거나 남북관계가 호전되었을 때 나올 수 있는 방안이었다. 한국전쟁을 겪은 1950년대의 남북관계로 볼 때, 또 북에서 그와 비슷한 통일안을 제안하고 있었으므로 그러한 주장을 한다는 것은 현실성이 약하였고 위험만 수반할 수도 있었다.[130)

그런데 제헌국회 이래 조봉암을 지지해왔고,[131) 1957년 11월 국토통일을 위한 정책에 대하여 대통령에게 보내는 질문서를 냈을 때도, 그러한 행위가 진보당의 통일정책을 대중화하려는 것으로 추측을 받은 바 있는[132) 김수선 의원은 이 질문서에서 강력히 평화통일을 제안하고, ① 남북 교역문

---

129) 권대복 편, 앞의 책, 33쪽.
130) 한 신문은 사설에서 괴뢰집단을 우리 정부와 대등한 정권으로 인정할 수 있고 공산주의를 인정한다는 결과가 될 것이므로, 남북협상만은 우리의 건국 기본방향에 위배되는 것으로 규정하는 것이 옳지만, 평화통일이란 문자를 위험시해서는 안될 것이라고 주장하였다(『조선일보』 1957. 11. 24.(석), 사설 「평화통일론에는 眞과 僞가 있다」).
131) 『주한미국대사관 주간보고서』 5, 1955. 11. 19, 340쪽 참조.
132) 위의 주간보고서 7, 1957. 11. 15, 251~252쪽.

제, ② 남북 통신교류문제, ③ 남북 주민교류문제 같은 현실적인 정책이 고려되어야 하고, 특히 남북 교역은 적극 논의되어야 한다고 주장하였다.[133]

김수선 의원의 이와 같은 제안은 아마 조봉암도 고려해봤을 가능성이 있다. 김수선 의원 쪽이 조봉암 쪽과 맥을 통하면서 이 질문서를 냈는지는 확실치 않지만,[134] 평화통일이 하루아침에 될 수 있는 것이 아니고, 반드시 그 전단계가 요구되는 것일진대, 그 전단계로 형태와 정도를 고려하면서 남북이 교류를 갖는다는 것은, 현실적인 정치가 조봉암이 염두에 두고 있었을 가능성이 있다. 조봉암이 자신의 통일안을 현행정부의 주장과 정면충돌되는 것처럼 언명한 것은 혹시 이것을 가리키는 것이 아니었을까.[135]

2) 조봉암의 기존 통일방안 검토

조봉암은 자신의 구체적인 통일방안을 언젠가 발표할 것으로 미루고 몇 가지 통일방안을 검토하였는데, 이러한 검토를 통하여 조봉암의 복안과 의향을 미루어볼 수 있다.

조봉암은 「내가 본 내외정국」에서 대한민국안, 자유진영측 주장, 공산측안을 언급하였다. 그는 이 글에서 대한민국안은 북에서 중국군이 철퇴하고 유엔 감시하의 자유선거에 의하여 대한민국 국회에 정원수를 채우라는 것

---

133) 『국회속기록』 제26회 31호 부록, 1957. 11. 7.

134) 「국토통일을 위한 정책에 대하여 대통령께 보내는 질문서」에 서명한 김수선 의원 외 25인 의원 중 진보당의 김달호 의원을 빼고 나머지 의원은 나중에 서명을 철회하였다. 이 질의서 때문에 김수선 의원이 징계위원회에 회부되었을 때, 김수선 의원 징계안 동의는 126명 재석에 가 80표, 부 34표, 기권 8표, 무효 4표로 가결되었다. 40명 이상의 의원이 가표를 던지지 않았다는 것은 김수선 의원의 평화통일안에 대한 암묵중의 동의로 이해될 수 있을 것이다(『국회속기록』 제26회 36호, 1957. 11. 13 ; 『주한미국대사관 주간보고서』 7, 1957. 11. 15, 251~252쪽). 김수선 의원은 1957년 7월 12일 개헌안을 사사로이 발표하였다는 이유로 자유당에서 제명되었다(『한국일보』 1957. 7. 13).

135) 필자는 조봉암의 의중에 있는 통일방안이 「평화통일에의 길」에서는 배제하였지만, 중립화안이었을 가능성도 배제할 수 없다고 생각한다. 진보당이 非蘇非美的인 탈냉전 중립주의적 지향을 보였다는 데 대해서는 홍석률, 앞의 글, 64~66쪽 참조.

이고, 자유진영측은 유엔 감시하의 총선을 주장하였다고 설명하였다. 공산측은 중립국 감시하의 총선거를 실시하자고 제안하였는데, 이것은 검토할 만한 것이 아니라고 지적하였다.136) 문답 형식으로 이루어진 「평화통일의 구체적 방안」에서는 북한만의 선거를 주장한 대한민국안이나 외부간섭 없이 모든 외군이 철수한 속에서 남북 지도자회의를 통하여 통일하자는 '이북괴뢰'의 협상안은 모두 실현성이 없고, 유엔 결의안이 평화적 정치적 통일방안의 중심이 될 것이지만, 그것의 실현 가능성은 별개의 문제로 파악하였다. 또 이 글에서는 중요한 두 가지 의견을 진술하였는데, 하나는 유엔 총회 결의가 다음해(1958)쯤에는 서광이 보일 수도 있다고 예견하고, 그 근거로 미·중관계가 어느 정도 호전되어 미국이 중국의 유엔가입문제를 고려해볼 사태가 올지도 모른다는 점을 제시하였다는 것이다. 조심스러운 표현이었지만, 냉전체제에 대해 낙관적 전망을 하고 있음을 볼 수 있고, 은연중에 이 시기에는 금기시되었던 중국의 유엔가입이 당연하지 않느냐는 생각을 내보였다. 미국의 대중국 포위정책을 가볍게 본 것인데, 그것은 미국의 동아시아정책을 조봉암이 냉정하게 파악하지 못했다는 점을 시사한다. 다른 하나는 유엔 감시와 중립국 감시가 형식상으로는 자유진영측과 공산측의 한국 통일방안을 갈라지게 하는 결정적이고 중요한 부분이었는데도 불구하고, 그 두 안이 별 차이가 없다고 본 점이다. 이 부분은 중요하기 때문에 좀더 분석해볼 필요가 있다.

조봉암은 혼합국 감시 또는 중립국 감시가 한국전에 개입한 당사자들에게 감시권을 주는 것은 공정성이 결여될 것이라고 하여 나왔다는 점을 지적하고, 어느 형식이든 외국위원단의 감시하에 총선거를 실시하여 통일된 자주적이고 민주적이고 평화적인 한국을 건설케 하자는 근본정신에서는 일치되어있다는 것이 틀림없다고 역설하였다. 이승만 대통령과 북진통일론자들이 중립국 감시를 반대하는 것은, 한편으로는 공산주의자들의 침투에 대한 우려에서였지만, 다른 한편으로는 사실상 분단체제를 고수하기 위해서 합리성이나 국제적 여론에 배치되는 행위를 하고 있었기 때문에 조

---

136) 『한국일보』 1955. 7. 9.

봉암이 위와 같은 주장을 하였을 수 있다. 곧 그는 합리성만 있다면 통일을 위해서 국제회의도, 여러가지 통일방안도 검토할 수 있다고 하는 전진적인 자세를 가져야 한다는 입장이었다.

중립국 감시에 대해 그 정신을 긍정적으로 평가할 수 있다는 주장을 강한 톤으로 하였다는 것은 파격적인 일임에 틀림없다. 그리고 중립성을 가진 선거감시단의 구성 또는 혼합적 감시가 영국 등 영연방의 안으로 논의되기도 하였지만, 중립국 감시는 제네바회의 때 공산측에서 제시한 안으로 부각되어있었다. 자신의 안이 행정부 안과 정면충돌된다는 조봉암의 언명은 이것을 가리킨 것이 아닐까. 그는 「평화통일에의 길」에서도 총선거를 유엔 감시하에서 실시하느냐 중립국 내지 국제 감시하에서 실시하느냐 하는 것은 한국문제를 해결짓지 못하는 중대한 난관이 되었지만, 그러나 이것이 실현되지 못한 이유는 어느 감시 밑에서 하느냐의 문제 때문이 아니라, 미·소 양국의 이해관계로 인한 충돌이 그 근본원인임은 아무도 부인하지 못할 사실일 것이라고 기술하여, 앞의 글보다는 톤이 약해졌지만, 기본 취지에서는 맥을 같이하는 언술이 아닌가 하는 느낌을 주고 있다.

통일방안에 대한 조봉암의 검토가 그래도 약간 상세한 것은 「평화통일에의 길」이다. 이 글에서 그는 ① 대한민국이 주장하는 유엔 감시하의 북한만의 선거안, ② 북이 주장한 협상에 의한 방법으로서의 연립정부안과 남북 양 국회의 대표로 구성되는 전국위원회안, ③ 중립국측에서 낸 중립화에 의한 방안, ④ 역시 중립국측에서 낸 국가연합에 의한 방안, ⑤ 유엔 총회에서 결의한 유엔 감시하의 남북총선거안을 열거하고, 둘째, 넷째 안은 대한민국과 '이북괴뢰'를 동등한 정부로 인정하는 데서부터 논의된 것이기 때문에 우리 대한민국으로서는 전혀 상대할 수 없는 안이라고 제쳐놓았다. 셋째 안도 민주적 승리에 의한 통일을 염원하기 때문에 "관념적 유희를 일삼을 수 없으니" 문제삼을 것이 못된다고 하여 첫째 안과 다섯째 안만 논의의 대상으로 삼았다.

그러나 첫째 안은 일리는 있으나 공산측이 반대하고 국제적으로도 편협하다 하여 신뢰를 받지 못하였을 뿐만 아니라, 북한만 선거하면 1백 명의 의원이 모두 공산주의자일 수 있기 때문에 받아들이는 데 문제가 있다고 주장하였다. 대한민국 정부에 의한 북한만의 선거 주장은 실제로는 대한민국 주권하에 또는 대한민국 헌법절차에 따라 하거나, 공산주의자들을 내쫓은 다음에 하자는 주장이었으므로 공산주의자들이 당선되는 것을 봉쇄하는 것인데도,[137] 원론적인 지적으로 북한만의 선거에 문제가 있다고 강변하고, 하나의 진정한 민주적 환경을 만든 후에 선거하여 대한민국 안에서는 물론 북에서도 민족주의자의 다수가 민중의 지지를 받아서 당선케 되도록 해야 한다고 이 글에서 또다시 주장하였다. 그래서 조봉암은 다섯째 방안을 선택할 것을 다음과 같이 권고하였다.

그러니 다섯째 안, 즉 유엔의 결의와 같이 우리 대한민국이 이북괴뢰와 동등한 위치에 서서 동일한 시간에 선거가 실시된다는 것은 좀 불유쾌하기는 하지만, 기왕에 더 유엔 감시하에서 몇 번씩이나 선거를 해왔으니 또 한번 한다고 해서 그게 그렇게 나쁠 것은 없을 것이다.[138]

진보당 사건에서 정부가 문제삼은 것의 하나는 이 부분이었다. 위의 기술 중 "우리 대한민국이 이북괴뢰와 동등한 위치에 서서"라는 구절이 국가보안법에 저촉된다는 것이었다. 평화통일을 말하는 것이 이적행위로서, 그것은 '괴뢰'를 대한민국과 동등한 위치에 끌어올리는 것이라고 외치는 남한에서[139] 조봉암의 위의 기술은 탄압받을 수 있는 호재였을 수 있다. 그런데 이 글에서 둘째 안과 넷째 안을 조봉암이 고려 대상에서 제외한다고 말한 것은 '이북괴뢰'와 대한민국을 동일 차원에 놓을 수 없다는 것이 주된 이유였기 때문에, 조봉암이 다섯째 안에서 북과의 관계를 말한 것은 국

---

137) 이상하게도 조봉암은 북진통일론자들의 이와 같은 주장을 그의 어떤 글에서도 거의 언급하지 않았다. 일부러 무시한 것이었는데, 그것이 그의 평화통일논리를 보호하는 데 필요하였기 때문이었을 것이다. 곧 '대한민국 주권하의' '대한민국 헌법절차에 따라' '공산주의자들을 물리치고'란 부분을 뺀 '유엔 감시하의 북한만의 자유선거'는 변영태가 제네바회담 때 제의한 수준과도 차이가 있지만, 견강부회해서 평화통일방식이라고 주장할 수 있었고, 실제로 조봉암은 여러 곳에서 그렇게 주장하였다.

138) 조봉암, 「평화통일에의 길」, 79쪽.

139) 『국회속기록』 제26회 36호, 1957. 11. 13, 전진한 의원 발언.

제회의나 협상에서처럼 어떠한 관계를 가리킨 것이었다.[140] 조봉암은 이미 이에 대하여 이렇게 말한 바 있다.

> 우리는 반공이고 반공블록이지만, 필요가 있고 유익하기만 하면 공산블록과 회의도 하고 협상도 해야 될 것이고, 더욱이 그것이 자유진영 전체가 유익한 경우라면 솔선해서라도 주장해야 될 것이니, 정치적 세력이라는 데 대해서 모순같이 생각할 일이 없고 도리어 진지하게 연구하고 검토해서 필승을 기하는 것이 합리적인 현명한 태도라 할 것이며……[141]

3) 김기철의 「진보당 선언문」의 성격

조봉암과 진보당의 통일방안을 검토하는 데 빠져서는 안될 자료가 진보당 통일문제연구위원회 위원장 김기철이 작성한 「북한당국의 평화공세에 대한 진보당의 선언문」이다. 이 선언문을 가지고 정부가 진보당의 통일방안을 북과 연결시켜 발표함으로써 진보당의 평화통일에 대해 대중들이 의구심을 갖게 하였다. 또 정부는 진보당의 등록을 취소하는 데 그것을 주요 근거로 내세웠다. 뿐만 아니라 1980년대 중반 이후 소장 연구자들이 진보당과 조봉암을 연구할 때, 이 자료는 진보당 통일정책의 진보성을 대표하는 것으로 부각되었다. 이 선언문은 진보당 간부들의 평화통일에 대한 관점이나 시각을 이해하는 데 도움을 주며, 1950년대 평화통일론이 국내에서 어디까지 주장될 수 있는가에 대한 한 척도가 될 수 있다. 이 선언문은 조봉암이 의중에 두고 있던 평화통일의 구체적 방안이 무엇인가에 대해 단서를 제공해주고 있다.

처음 진보당 사건이 발표되어 조봉암 등 진보당 간부들이 일제히 구속

---

140) 진보당 사건에서 변호인들은 이 부분의 변론에서 "북한傀集(괴뢰집단의 준말)의 존재는 우리의 승인에 의하여 존재하는 것이 아니라, 우리의 승인 여부에 불구하고 사실상 존재하니 실로 딱한 일이며, 그것이 실존한 것이 사실인 이상…… 우리가 진정으로 남북통일을 기도하려고 할 것 같으면, 어떠한 통일에 관한 합의를 모색하여야 하지 않겠는가"라고 진술하였다(권대복 편, 앞의 책, 248쪽).

141) 조봉암, 「내가 본 내외정국」, 559쪽. 조봉암은 진보당 사건 때 2심에서 검찰이 북한당국의 현실적 존재를 인정한 것을 문제삼는 것을 알면서도, "당연히 (북한이 -필자) 현실적 존재가 아니냐"고 진술하였다(이영석, 앞의 책, 246쪽).

되기 전날인 1958년 1월 11일, 조인구 검사는 평화통일론은 국시 위반이며 괴뢰의 남침구호이므로 국가보안법을 적용하여 엄단할 방침이라고 말하였다. 이때는 아직 김기철의 「선언문」이 발견되기 전이었다. 그런데 오재경 공보실장은 1958년 2월 25일 진보당 등록취소 이유를 발표하는 자리에서 "진보당은 대한민국 국법과 유엔의 결의에 위반되는 통일방안을 주장하고 있다. 그들은 1954년 제네바회의에서 천명된바, 한국통일은 대한민국 헌법에 의거하여 유엔 감시하에 민주주의적 선거를 실시하여 성취되어야 한다는 우리 국민과 유엔의 입장을 무시하고", "북한괴뢰집단과 소련 및 중공이 주장하고 있는 적성국가를 주로 하여 구성되는 감시단의 감시하에 남북통일총선거를 실시할 것을 공식으로 선언하고 있다"는 점을 등록취소의 첫번째 이유로 들었다.

앞에서도 강조한 바와 같이 1954년 제네바회의에서 한국대표는 통일을 위한 남과 북의 선거가 대한민국 헌법에 의거하여 실시되어야 한다는 제안을 한 바 없었다. 뿐만 아니라, 이 발표는 명백히 김기철의 「선언문」 내용을 상당부분 왜곡하여 그것을 진보당의 통일정책으로 인정하여 발표한 것이었다. 그러나 정부 발표는 국민을 미혹시키기 위한 것이었다. 김기철의 선언문은 결코 진보당의 통일정책이 아니었을 뿐만 아니라, 공표되지도 않은 미발표 원고에 지나지 않았다. 이 점을 분명히 하기 위해서는, 이 선언문을 주요 쟁점으로 하여 진보당의 평화통일론에 대하여 검찰이 어떻게 기소하였고, 법원이 어떠한 판결을 내렸는가를 살펴볼 필요가 있다.

진보당 사건 공소장에서 검찰은 1954년 제네바회의 때 북이 제안한 자유총선거, 남북간의 접근 및 교류를 추진할 임무를 맡은 북의 최고인민회의와 대한민국 국회에 의하여 선출된 대표로 조직되는 전조선위원회, 선거를 감시할 중립국감시위원단의 조직에 대해 공소장 전문의 대부분을 할애하여 기술하고, 진보당의 평화통일론이 이것을 이어받은 것임을 시사하려 하였다. 그러나 북이 제네바회담 때 제안한 통일방안과 관련지을 수 있는 유일한 문건인 김기철의 선언문은 오재경 공보실장의 발표에서처럼 진보당의 평화통일방안으로 적시하지 못하고, 진보당에서 보류하자고 한 것임을 명시하지 않을 수 없었다.[142)

진보당 사건에 대해 사실상 무죄선고를 내린 제1심 판결문에서는 김기철의 선언문이 진보당 내에서 어떻게 검토되고 묵살되었는가를 자세히 기술한 뒤, 이 "선언문안이 동당(진보당－필자)의 평화적 통일에 대한 구체적 방안이라고 인정할 만한 하등의 증명이 없다"고 판결하였다.143) 진보당의 통일방안으로 발표되지 않았다면 진보당과 관련하여 문제가 될 수 없다는 것이었다. 양명산이 자신의 '자백'을 일체 부인하였는데도 조봉암과 양명산에게 사형을 언도한 공소심 판결에서는 "진보당 평화통일방안은 대한민국을 해체하여 이북괴뢰와 동등한 위치에서 통일할 것을 획책"하였다고 지적하여, 평화통일방안 자체에 초점을 맞추었다.144) 1959년 2월 27일의 대법원 판결에서는 포괄적으로 진보당의 평화통일 주장은 위법이 아니므로 논죄의 대상이 될 수 없다고 판시하였다.145)

일부 소장학자들은 진보당의 진보성을 인식하는 데, 아이러니컬하게도 진보당 사건에 관계된 사상검사나 당국자들과 견해를 같이하는 부분이 있었다. 이들 연구자 중 일부는 김기철의 선언문을 진보당의 평화통일방안을 구체적으로 잘 제시한 것으로 인정하고, 진보당의 통일정책을 그것을 중심으로 분석하였다. 이들 연구자들은 또한 진보당 간부들이 본 적도 없는 정태영의 강평서에 큰 의미를 부여하고,146) 그것에 쓰여있는 평화통일론을 중시하였다.147) 이들은 당국의 탄압 때문에 직장인들을 보호하고 조직을

---

142) 권대복 편, 앞의 책, 160~168쪽 참조.

143) 위의 책, 209~210쪽.

144) 김운태, 앞의 책, 127쪽.

145) 위의 책, 129~130쪽.

146) 이 강평서는 정태영이 조봉암에게 평소 진보당과 관련해서 궁금해하던 것을 얘기하기 위하여 메모하여 두었던 것인데, 조봉암이 "써온 것이 있거든 두고 가라"고 해서 메모지를 조봉암 댁에 두고 온 것이었다(정태영 증언, 앞의 글, 416쪽). 정부는 진보당 사건을 발표할 때 이 사실을 알고 있었으면서도 이 강평서를 '북괴의 진보당에 대한 비밀지령문' 등으로 발표하였다. 그래서 지금도 이 강평서는 '소위 비밀지령'으로 불리게 되었다.

147) 이 강평서는 남북통일 조항에서 제2의 동란은 제3차 세계대전이 되므로 평화통일밖에 없으며, 그 방법은 "a. 남북 군경 해방, 유엔 감시하(주로 경비치안 담당) 총선거, b. 남북 연립정부 수립, 그에 의한 총선 후 다시 내각 구성, c. 남북 의회의 통합, 그에 의한 정부수립" 등 세 가지 방안을 제시하였다. 강평서 전문은 권

지키기 위해 어쩔 수 없이 만든 비밀당부나 거의 운영되지 않았던 독서회 그룹이었던 7인회와 여명회 등도 '특수조직'으로 중시하였다.

일부 연구자들이 김기철의 선언문을 진보당의 통일정책으로 오인하거나, 그 내용을 잘못 알고 있었던 데는 이유가 있었다. 1967년에 작성된 국회 국토통일연구특별위원회 보고서인 『통일백서』에는 이 선언문이 요약되어있는데, 그것에는 틀린 부분이 있었다. 이 선언문을 1956년 11월 10일 진보당 창당대회에서 발표한 통일방안으로 기술한 것도 그러하거니와, 국제감시위원회의 구성도 인도, 스위스, 체코슬로바키아 세 나라로만 기술되어있다.[148) 이 때문에 이 자료를 참조한 연구자나 이 글을 인용한 연구자는 틀리게 되어있다.[149)

김운태의 『해방 30년사』 2에는 김기철의 선언문이 잘 전재된 편이지만, 이것이 나온 연대를 1956년 9월 10일로 잘못 기재하여 이용자에게 혼란을 줄 수 있었다. 1985년에 나온 권대복이 엮은 자료집 『진보당』에 수록된 이 선언문은 국제감시위원회가 인도, 스위스, 폴란드, 체코슬로바키아로 되어있어 스웨덴이 빠져있으며, 해설을 달지 않고 표제를 그대로 「북한당국의 평화공세에 대한 진보당의 선언문」이라고 붙여 성급한 이용자들에게 혼란을 초래할 수 있게 하였다. 그러나 권대복이 펴낸 이 책에 수록된 검찰의 공소장 안에는 이 선언문의 14조항 전문이 실려있고, 그것이 진보당 내에서 어떻게 논의되었는가도 기술되어있으며,[150) 또한 변론과 제1심 판결문도 수록되어있어 진실을 이해하는 데 큰 어려움이 없다.

김기철이 작성한 선언문에서는, 북이 평화통일을 주장하면서도 기본적 출발점에서 국제연합의 기본적 구성에 도전하고, 6·25사변 책임소재를

대복 편, 앞의 책, 149~157쪽에 수록.

148) 『통일백서』에 수록된 이 선언문의 전문은 노중선 편, 앞의 책, 344쪽을 참조하였음.

149) 예컨대 김학준의 『한국 민족주의의 통일논리』(集文堂, 1983, 42쪽)는 이와 같이 틀린 자료에 근거하여 기술되었다. 오유석의 「진보당사건 분석을 통한 1950년대 사회운동연구」(『경제와 사회』 1990 여름, 70쪽)에는 김학준이 잘못된 자료를 사용한 『반외세의 통일논리』(형성사, 1979, 86~87쪽)를 수용하였다.

150) 권대복 편, 앞의 책, 165~168쪽 참조.

운위함은 평화적 통일에 유해하다고 지적하고, 변영태 외무부장관이 제네바회의에서 제시한 14개 조항을 본떠서, 14개항으로 된 통일방안을 작성하였다. 그것의 핵심은 세 부분으로 되어있다.

첫째는 선거의 준비, 실시를 감독·감시하는 기구로 국제연합의 동의하에서 선출된 국제감시위원회를 설치하는데, 이 위원회는 인도 등 5개국으로 구성되어야 하며, 인도 대표가 의장으로 취임할 것이라고 제안하였다. 여기서 스위스, 스웨덴은 중립국이지만 서방국이다. 다른 서방국가를 제외한 것은 대개가 한국전쟁 참전국이기 때문이었을 것이다. 폴란드, 체코슬로바키아는 공산측이고, 인도는 친서방 중립국이다. 따라서 국제감시위원회는 국제연합에서 선임하는 경우에도 위와 비슷한 비율과 국가일 수 있었다.151) 그렇지만 이승만 정부는 이러한 안에 결코 동의하려 하지 않았을 것이고, 특히 한국문제를 평화공존 차원에서 풀어나가려 하였던 인도는 기피국이었다.152) 문제의 중립국감시위원회 구성은 북이 처음부터 주장한 것은 아니었다. 제네바회의 초두에 남일(南日)이 제안한 통일방안에는 국제감시위원회 관계 부분이 없었다. 그러나 변영태 외무부장관이 대한민국의 통일방안을 제안하던 날 중국대표 주은래(周恩來)가 중립국감시위원회가 선거를 감시할 것을 제안하였다. 그리고 이날 북의 대표는 중립국위원단을 구성해야 한다는 중화인민공화국 대표단의 제안에 동의한다고 천명하였다.153)

---

151) 앞에서 살펴본 대로 제네바회담에서 영국외상 이든은 한국통일안 제안에서 감시국가로 선출된 국가는 반드시 한국전쟁 참가국일 필요는 없다고 언명하였다(노중선 편, 앞의 책, 322~323쪽). 이해 11월에 영연방에서 혼성위원회 감시하의 한국통일 선거안이 대두되고 있다는 설이 돌았다(『한국일보』 1954. 11. 22).

152) 국회에서는 「한국통일 및 안전보장에 대한 결의」(1955. 10. 8)에서 첫째로 유엔 인도대표 메논이 선동하고 있는 소위 국제 감시하 한국총선거안을 단호히 배격한다고 천명하였다. 인도는 전쟁포로 송환문제에서도 한국정부와 대립하였다[변영태, 「인도 결의안과 한국의 태도」(1952. 12. 2), 『나의 조국』, 자유출판사, 1956, 309~311쪽)]. 또한 변영태 외무부장관은 유엔 제1분과 위원회에서 "인도가 해온 것은 주로 공산주의 침략자에 대한 유화입니다"라고 인도를 맹렬히 공박하였다[변영태, 「정치회의 인도 참여를 반대」(1953. 8. 24) 같은 책, 360~365쪽], 그밖에 변영태의 「제9회 유엔총회정치위원회에서의 제2차 연설」(1954. 12. 8, 같은 책, 434쪽) 등 참조.

둘째는 국제감시위원회와 협동하면서 자유스러운 총선거와 직접 관련되는 범위 내에서 남북의 정치적 접근조치를 취하기 위하여 대한민국 국회와 북한당국에서 각각 선출된 대표로서 전한국위원회를 설치할 것을 제안하였다. 진정한 민주주의를 보장할 수 있는 선거법의 작성 및 자유선거 분위기 조성이 최대의 당면과업으로 설정된 이 위원회에는 남과 북의 각종 정치적 경향을 가진 사회단체 대표들이 포함되어도 무방하다고 개진하였다. 그리하여 남북총선거가 시행된다면 서울에서 전한국의회를 개최하여 통일한국의 헌법 작성에 관한 문제, 군대해산과 관련된 문제를 의제로 삼을 것을 제의하였다. 전한국의회의 구성방법은 변영태 외무부장관의 14개 조항에 들어있는 전한국의회와 같으며, 서울에서 개최한다는 것도 같고, 그 임무도 변영태 외무부장관이 제안한 "ㄱ. 통일한국 대통령의 신임 선출 여부, ㄴ. 대한민국 현행 헌법의 수정 여부, ㄷ. 군대해산에 관한 문제"와 해석에 따라서는 취지가 비슷하다고 볼 수도 있다. 전한국의회에 관한 제안은 제네바회의에서의 북의 제의와 여러 면에서 명백히 거리가 있는 것이었다. 그러나 전한국위원회는 제네바회의에서 북의 대표 남일이 제의한 전조선위원회와 조직방법이 비슷하며, 전한국위원회가 의제로 상정된 절차 중에서 합의를 보지 못하는 경우 국제감시위원회의 권고에 따라 처결하여야 한다고 되어있는 점을 제외한다면 활동도 그 취지와 비슷하다고 볼 수 있다. 대한민국은 이 회의에서 이러한 제안을 하지 않았다. 정부당국이 김기철의 선언문이 북의 제안에 호응한 것이라고 주장한 주요 근거는 국제감시위원회의 구성방법과 함께 전한국위원회 구성의 제안에 있었다.154)

---

153) 노중선 편, 앞의 책, 324~326쪽.

154) 홍석률은 김기철의 통일방안을 북의 그것과 다른 것으로 평가하였다. 공산측이 제네바에서 주장한 중립국 감시기구는 '전조선위원회'를 보조하는 기능에 불과한데, 김기철의 국제감시기구는 전한국위원회보다 상위에서 결정을 내리고 실질적인 감시 역할을 담당하는 것으로 설정되어있고, 또 북의 전조선위원회안은 기본적으로 통일문제를 한국 내부의 문제로 보고 '외세의 개입 없는 민족 내부적 해결'을 강조하는 차원에서 나온 것이었는데, 김기철의 전한국위원회는 내부에서 의견대립이 생길 경우 전적으로 중립국감시위원회의 권고를 따르도록 되어있기 때문이었다(홍석률, 앞의 글, 61~62쪽).

셋째, 북측이 통일안마다 거의 빠지지 않고 주장하고 있는 외군철수문제에 대하여 김기철의 선언문에서는 "모든 외국군의 철수는 통일선거가 합의되면 비례원칙에 따라 선거실시 이전부터 개시하되, 유엔군의 완전철수 기한은 통일정부가 수립되고 그 정부가 치안책임을 담당한 연후로 작정되어야 한다"고 제안하였다. 이 부분은 제네바회의에서 북이 제안한 "6개월 이내에 조선영토로부터 모든 외국군대가 철수해야 될 필요성을 인정한다"는 것과는 크게 다르며, 대한민국 대표가 제안한 "중국군은 선거실시 1개월 이전에 철수를 완료하고, 유엔군의 점진적 철수는 선거실시 전에 시작할 것"이라고 제안한 것을 대한민국측에 유리하게 보강하였다고 볼 수 있다.

김기철의 선언문은 냉전체제나 국내에서의 반대와 상관없이 통일총선거를 치러야 한다면, 합리적인 면이 있는 방안으로 검토될 수 있었다. 그러나 평화통일이라는 주장도 위험시되는 분위기에서 이것은 탄압의 빌미가 될 수 있었고, 일반대중에게 위구심을 줄 수도 있었다.

김기철의 사안은 1957년 9월부터 11월 하순에 이르기까지 진보당에서 통일문제연구위원회 위원들을 중심으로 회람하여 읽었으나, 대체로 이것의 토의 자체를 반대하였고 성의를 보이지 않아 통일문제연구위원회를 소집하여도 출석하지 않음으로써, 이 안은 보류 또는 묵살되고 말았다.[155] 그

---

155) 김기철의 「선언문」이 진보당 내에서 어떻게 다루어졌는가는 제1심 판결문에 상세하게 나와있다. 이 선언문에 대한 당내 간부들의 논평이나 입장은 당시 평화통일론에 대한 진보당 간부들의 생각을 이해하는 데 도움이 되므로 제1심 판결문의 해당 부분을 여기에 싣기로 한다. "…… 중 제35호 제1면 기재내용에 제2회 공판조서 중 피고인 조봉암, 동 김기철의 진술 기재내용을 종합하면 통일문제연구위원회는 진보당 결당시 동 대회의 결의에 의하여 조직한 특별위원회로서 단기 4290년(서기 1957년) 9월경의 동 위원회의 임원은 위원장 피고인 김기철, 부위원장 동 김병휘, 동 위원 안경득, 동 최희규, 동 권대복, 동 박준길, 동 이명하, 동 윤길중, 동 조규희 및 공소외 정중 동 김안국 등 11명이라는 사실, 동 김기철의 공소사실과 如한 「북한당국의 평화공세에 대한 진보당의 선언문(초안)」을 작성하였다는 사실은 此를 인정할 수 있는 바이며, 당심 공판조서 중 하기 각 관계 피고인 등의 진술 기재를 종합하면, 동 연구위원회는 단순히 통일문제를 연구하는 연구기관일 뿐 당책을 책정하는 결정기관은 아니라는 사실 및 위 김기철은 자신이, 동 위원회의 책임자이므로 동 9월 11일경 동인이 이미 작성한 평화적인 통일방안

래서 김기철도 진보당 사건 때 법정에서, 그리고 훨씬 뒤의 회고에서도 그 것은 자신의 사안(私案)에 지나지 않았다고 진술하였다.156) 그런데 김기철의 통일안에 대해서 조봉암은 이 안을 지지하나 현 실정에서 이 방안을 내놓으면 제3세력이라는 비난을 받게 될 염려가 있으니 당분간 보류하라는 의견을 내놓은 것으로 진술하였다.157)

그러면 조봉암이 품고 있던 통일방안과 김기철의 선언문에 나와있는 그 것과는 어떠한 관계가 있을까.

에 관한 논문(증 33호)을 동 중앙당사무소에서 각 위원에게 此를 순회 회람시킨 후 이에 대한 기탄 없는 의견 내지 수정 또는 대안을 제출할 것을 종용하고 약 10일 후 다시 토의하려 하였으나, 동 논문의 내용을 기억하는 위원이 별로 없으므로 다시 위 선언문 초안을 프린트하여 각 위원에게 배부한 후 일차 동 토의를 하려고 하였던바, 동 위원이 잘 출석치도 않고 또 대안 등도 제출하지 않으므로 별 진전이 없었던바, 대체로 그가 동 초안에 대하여 위 조봉암은 동 안에는 찬성하나 현 실정에서 이 방안을 내놓으면 제3세력이라는 비난을 받게 될 염려가 있으니 당분간 보류하라는 의견이었고, 위 윤길중은 동 문제에 대하여는 당 강령대로 하고 더이상 논의할 시기가 아니므로 연구자료나 더 조사하여 두라는 의견이었고, 동 이명하는 이에 대하여 동 문제는 연구하여 볼 필요는 있지만 북한괴뢰집단에 보낸다는 것을 전제로 하여 연구할 필요는 없다는 의견이었고, 동 최희규는 일차 회합시에 이미 동 문제 연구는 불가하다고 반대하였으며, 동 조규희는 동 문제를 연구하는 것은 당연하나 동 안은 그 내용에 있어서 오해받을 염려가 있으니 감시위원을 미·소 양국에서 임명하는 국가로 하는 것이 좋지 않느냐의 의견을 진술한 바 있고, 동 안경득, 동 김병휘, 동 권대복 및 그 외의 위원 등도 대체로 동 토의는 반대하였는바, 전위원들은 동 토의에 무성의하였으므로 피고인 김기철은 이는 위원장을 불신임하는 것이 아니냐고 내심 유감히 여기고 동 토의를 포기상태에 두고 있던 중, 약 1개월 가량 후인 동년 11월 하순경 당시 동당 부위원장인 상피고인 박기출이 상경하였으므로 동 김기철은 동 기회에 위원장 부위원장 입회하에 한번 토의하여 보려고 동 위원들을 소집(동 토의소집은 항시 중앙당 사무소 게시판에 게시하는 것임)하였던바, 동일 동 위원들이 출석하지 아니하였으므로 당시 상경한 위 박기출에게 爐邊談식으로 동 초안에 대한 의견을 타진한바, 동 피고가 '당헌에 의하면 평화통일의 구체적 방법은 결정할 수 없는데도 불구하고 此를 토의 운운함은 당헌 위반이니 그 안을 철회하라. 그러지 아니하면 나 자신이 탈당하련다'라고까지 말하며 격분하였으므로(당시 위 김달호도 그 직후 同所에 왔으나 동 피고에 대하여는 그 의견을 타진도 하지 아니하였음), 이후 동 안 토의는 단념하였던 것……"(권대복 편, 앞의 책, 209~211쪽).

156) 이영석, 앞의 책, 32쪽 ; 윤길중, 앞의 책, 174쪽.

157) 권대복 편, 앞의 책, 210쪽의 제1심 판결문 참조. 이와 함께 이영석, 위의 책, 32쪽의 김기철 회고 참조.

조봉암이 「평화통일에의 길」이나 그 이전에 쓴 글에서 언급한 행정부와 정면충돌할 수 있다는 자신의 방안은 조봉암이 법정에서 분명히 밝혔듯이 김기철이 선언문을 내놓기 이전의 것들이었다.[158] 따라서 조봉암이 앞에서 언급한 정부와 정면충돌할 수 있다는 자신의 안은 김기철의 그것을 염두에 둔 것이 아니었다. 문제는 법정에서 조봉암이 김기철의 사안에 찬의를 표하였다고 진술한 것을 어떻게 평가할 것인가에 있다. 이 점에 대해서는 조봉암의 다른 진술처럼 궁지에 몰린 아랫사람을 격려하기 위해서였다고도 볼 수 있고, 열렬한 통일주의자인[159] 동지가 힘들여 작성한 것을 보류하라고 하기에 미안하니까 그렇게 말하였을 수도 있다.

그러나 조봉암이 이 안의 많은 부분이 합리적이라고 판단하였을 가능성도 있다. 전한국의회문제와 외군철수문제는 이승만 정부안과 별 차이가 없는 것이므로 논의 대상에서 제외한다면, 앞에서도 살펴본 것처럼 그는 「평화통일의 구체적 방안」에서도 「평화통일에의 길」에서도 유엔 감시안과 중립국 감시안을 기본 취지에서 같은 것으로 인식하고 있었으므로, 김기철의 안에 있는 국제감시위원회안에 대해서도 동의할 수 있었을 것이다. 그러나 그가 전한국위원회안에도 동의하였을는지는 불확실하다. 통찰력있는 현실 정치가로서 조봉암은 언젠가 구체적 통일방안을 발표해도 좋을 시기가 왔다고 인정되더라도, 그것은 정권적 차원에서 될 것이므로 대중들이 위구심을 갖지 않는 점진적인 성격을 지닌 통일방안을 내놓았을 것이다.

4) 조봉암의 반공성

조봉암의 평화통일을 논할 때 그의 반공성을 어디까지 신뢰할 것인가는

---

158) 윤길중, 앞의 책, 172쪽 참조.

159) 1915년 함남 흥남에서 출생한 김기철은 1946년 월남한 이래 평생을 통일을 위해서 일하였다. 그는 좌우합작위원회, 민족자주연맹, 민주한독당에서 활동하였고, 남북협상에 참가하였으며, 4월혁명운동기에는 통일사회당 정치위원 겸 통일촉진위원장으로 민자통과 대립하면서 온건한 중립화통일운동을 이끌었고, 1971년에는 신민당 통일문제특별위원장이었으며, 1977년에 박정희 대통령에게 남북정상회담을 제의하였고, 1980년 국회에 비핵화를 건의하였다(1984년 사망). 권대복 편, 앞의 책, 436쪽 참조. 그는 김낙중 비슷한 사람이었다.

평화통일 평가의 한 준척이 될 수 있다. 지금까지 인용된 글에서 본 바와 같이 조봉암은 언제 어디서나 반공을 역설하였다. 그는 유엔의 합법적인 주도하에서 수립된 대한민국이 남북통일의 모체이며 통일독립 자유국가 건설의 기본이어야 함을 역설하였다.160) 그는 통일이 되지 못한 큰 책임도 북한에 있다고 보았으며, 특히 한국전쟁에 대한 책임을 준열히 물었다. 그리고 한국전쟁을 통해 대중들은 공산당의 반인도적 정체를 여실히 파악하였고 자유주의 사회의 진가를 알게 되었으며, 그리하여 남에 있던 남로당 계열까지도 급속도로 이탈하는 경향을 가져왔다고 지적하였다.161) 그래서 그는 정치활동을 새롭게 시작하려는 포부를 밝힌 자신의 정치 테제인 「우리의 당면과업」에서 부제를 「대공산당 투쟁의 승리를 위하여」로 붙이고, 그 서언에서 이렇게 말하였다.

> 오늘날 우리들의 대공산당 투쟁은 그 어느 소수인에게 국한된 문제가 아닐 뿐만 아니라, 실로 사느냐 죽느냐 하는 민주진영의 총체적인 문제인 것이니, 공산당의 총검 앞에는 자유와 생명, 재산을 아무 소리 못하고 약탈당하던 일이 바로 3년 전에 겪은 우리들의 체험이 아니었던가.162)

극우반공주의 지도자 중에는 상당수가 조봉암이 반공을 강조하고 역설하는 것은 일종의 정치적 위장(camouflage)으로 간주하였고, 그를 회색인 나아가 공산주의 동조자나 전향하지 않은 자로 몰아세웠다. 이러한 양 극단을 어떻게 이해하여야 할까. 북진통일론자들이 자신과 의견을 달리하면 빨갱이로 몰아세웠던 예에 비추어 조봉암 문제도 그렇게 하였다고 생각하는 것이 무난할 터이다. 김규식은 좌우합작운동을 할 때부터 그러한 중상모략에 시달렸고, 김구도 남북지도자회의에 찬의를 표하면서부터 '크레믈린궁의 신자' 등으로 비난을 받았다.

조봉암의 북한 비난 발언은 사상의 자유가 보장되는 자유민주주의 사회

---

160) 조봉암, 「내가 본 내외정국」, 516쪽.
161) 조봉암, 「우리의 당면과업」, 476쪽.
162) 위의 글, 463쪽.

라면 다르게 말하였을 부분이 적지 않다. 또 앞에서 분석한 민주진영 집결체 구성의 제의처럼 자신의 보호막으로서 반공을 역설하는 것으로 보이는 측면도 있다. 따라서 조봉암의 반공성은 극우주의자들의 그것과 큰 차이가 있었으며, 대체로 중도파 민족주의자들의 그것에 가까운 것으로 이해된다. 조봉암이 반공 성향을 지닌 사람이라는 것으로는 다음 몇 가지를 지적할 수 있다.

첫째, 해방 직후 조선공산당에서 조봉암을 중용하였다면 공산주의자로 활동하였을 가능성이 있지만, 그는 1946년 봄에 박헌영과 그의 노선을 격렬히 비난하고는 전향하였다. 전향한 뒤에는 항상 격렬히 공산주의, 공산당을 비난하였고, 한국전쟁 이후에는 그 강도가 높아졌다. 그가 극우반공 세력들이 사갈시하고 역적처럼 몰아댔던 중도파에 대해서 비난하지 않고 암묵적으로 친연성을 보인 것과는 대조적이었다. 공산당한테는 전향한 자도 용납받기 어렵지만, 전향한 후 그의 행적은 더욱 그러하게 되어있었다.163)

둘째, 조봉암이 회색분자였다면 서울에 남아서 한국전쟁 초기에 완승하는 것처럼 보이는 쪽에 가담하였을 것이다. 그러나 그는 이승만과 행정부 각료, 다른 의원들이 제 살길에 바빠 무책임하게 도피한 것과는 대조적으로 국회의 중요한 문서들을 지키는 데 결사적인 노력을 기울였다. 그는 한강이 폭파되기 전 주요 문서들을 차에다 싣고 급하게 내려가느라고 미처 자기 아내와 자식을 데리고 내려가지 못하였고, 그 때문에 그의 아내 김조이(金祚伊)는 혼자 서울에 남아있다가 인민군에게 납북당하였다.164) 제4장에서 살펴보겠지만, 그 뒤에도 국회부의장으로서 대구, 부산 등지에서 피난국회가 임무를 제대로 할 수 있도록 노력하였고, 전쟁 처리에 책무를 다하였다. 이 점이 아마 그 시기에 같이 부의장이었던 장택상을 감동시켰던 것으로 보인다.165)

---

163) 이와 관련하여서는 한국전쟁이 났을 때 서울에 "반역자 조봉암을 잡아라"라는 벽보가 여기저기 붙어있었다는 것이 종종 인용된다(이영석, 앞의 책, 182~183쪽).
164) 강원룡, 『빈들에서』 2, 열린문화, 1993, 99쪽.
165) 조병옥 못지않은 극우반공주의자로 진보당 사건이 날 때까지 조병옥처럼 평화

셋째, 서북청년회 간부 상당수가 조봉암을 지지하였거나 도와주었다는 점이다. 서북청년회 부회장이었던 김성주는 조봉암의 지지자로서, 1952년 정부통령선거 때 조봉암 후보의 선거사무차장이었고, 그가 헌병총사령부에서 비명에 간 것도 그것이 주요 원인이었다. 역시 서북청년회 부회장이었던 이성주(李成柱)는 극우반공주의자였으나, 진보당 사건 때 자유당 간부로서 조봉암 구명운동에 협조하였다.

넷째, 일제 때의 사생활도 문제가 되어 일부 공산주의자들의 비판을 받았지만, 조봉암의 정치스타일과 생활태도는 공산당이 요구하는 볼셰비키와는 거리가 있었다.[166)

5) 평화통일과 냉전체제

한반도는 분단과정이 냉전체제의 성립과정과 대체로 일치하고 있었고, 한국전쟁은 그것이 열전으로 화한 케이스였다. 한국은 냉전체제의 최전선에 놓여있었기 때문에 그것의 제약은 규정적인 성격이 강하였다. 따라서 분단체제를 지양하기 위해서는 냉전체제가 완화될 것을 요구하고 있었다. 민족주의 또는 자주성은 냉전체제와 대립되는 면이 다분히 있었다. 냉전체제는 통일지향이나 통일운동은 물론 긴장완화조차 경계하고 있었고, 강대국은 냉전체제에 잘 순응하면 국내정치체제는 어떠한 성격의 것이든 떠받쳐주는 경향이 있었다. 이러한 상황이었기 때문에 한국과 같은 지역에서 민주주의를 실현시키고 남과 북의 긴장과 증오를 완화시키고 민족통일을 추구하려는 자들에게는 불가능에 가까운 지난한 짐이 지워지지 않을 수 없었다. 진보적 민족주의자는 한편으로는 대중들을 자신들과 결속시킬 수

통일론을 비판하였던 장택상은 항도 부산에서 외교적인 일로 해외로 나갈 때 가족들의 안전을 조봉암한테 당부하였다. 언제 부산이 인민군한테 넘어갈지도 모른다는 그때였다. 김달호가 조봉암과 같이 활동하게 된 것은 장택상이 "괴뢰군이 쳐내려오면 제일 먼저 도망갈 사람이 조봉암"이라고 말하면서 그와의 활동을 권유한 것이 동기가 되었다고 한다(이영석, 앞의 책, 38쪽). 장택상은 진보당 사건 때 조봉암 구명운동에 협조하였다.
166) 조봉암은 풍류를 좋아하여 술과 여자도 멀리하지 않았다. 그는 와이셔츠와 넥타이에 신경을 썼고, 좋은 양복에 깨끗한 구두를 신었으며, 깔끔한 승용차를 타고 다녀 혁신계 지도자로서는 걸맞지 않는다는 비난도 들었다.

있는 프로그램이나 프로젝트를 제시해야 했고, 다른 한편으로는 앞의 것과 모순되고 충돌될 수 있지만, 통찰력과 신중함을 가지고 냉전체제의 제약을 헤쳐나가야 했다.

역동적인 역풍의 현실정치인 조봉암은 이 양면의 난제 속에서 1956년 5·15정부통령선거를 전환점으로 하여, 그 이전 민중과의 결합이 더 약하였을 시기에는 후자에 신경을 많이 쓰게 되지만, 그 이후 그것이 보다 튼튼해지면서 후자의 제약을 다소간 낮게 평가하는 경향을 보여주었다. 조봉암이 북진통일 시위가 가장 왕성하였고, 뉴델리 밀회사건 등 제3세력 분쇄운동이 있었던 전자의 시기에는 냉전체제 틀의 공고성을 중시하였던 데 비해, 후자의 시기에 그것이 완화되고 있다고 느낀 데는 민중의 강한 지지에 대한 책임감과 자신감, 원자력과 원자탄에 대한 새로운 인식, 1956년 2월 소련공산당대회에서의 흐루시초프의 평화공존론과 그 이후 대륙간 탄도탄 실험의 성공, 스푸트닉 1호 발사 등 인공위성의 출현, 미·소 간의 접근 등이 계기가 되었다.

조봉암은 「우리의 당면과업」에서 미국의 존재는 20세기 자유주의자들의 희망의 원천이 되고 있으나, 크레믈린의 세계침략 야망은 날이 갈수록 도를 강화할 것으로 전망하였다. 그의 냉전체제에 대한 언급은 글의 주제 때문에 그렇다고도 볼 수 있지만, 1955년에 쓴 「내가 본 내외정국」에서 훨씬 강도 높게 나왔다. 이 글에서 그는 한국은 세계 자유진영의 제1선 부대로서 공산침략을 분쇄하고 있음을 지적하고, 한 민족과 한 국가의 이해관계는 즉시 그것이 소속된 전체 진영의 이해관계가 될 것이라고 파악하였다. 그는 덜레스의 철두철미한 반소·반공·반공존정책에 무조건 공명을 표명하면서, 아이젠하워와 덜레스의 콤비가 계속되는 한 대소 롤백정책은 변할 길이 없을 것으로 예측하였다. 그는 대만문제와 월남문제에도 꽤 지면을 할애하였는데, 여기에서도 강경한 반소·반공·냉전에 입각하여 논리를 전개해갔다. 그는 1956년 정초에도 조병옥과 비슷하게 냉전은 그대로 지속될 것이며, 소련과 자유세계의 긴장상태가 완화될 것으로 보지 않았다.

1956년 이전까지 냉전체제에 주의를 기울였던 것과는 대조적으로 1956년 정부통령선거기의 주장이나 1957년에 쓴 조봉암의 글에는 냉전체제에 대한 경계나 그것의 중요성에 대한 인식에 얼마간 변화를 보이고 있으며, 때로는 냉전체제가 완화된 것으로 이해하는 부분도 보인다. 그는 「평화통일의 구체적 방안」에서 미·중관계가 호전되어 중국의 유엔가입문제도 진전될 것으로 인식하였다. 미·소관계는 1950년대 후반에 아이젠하워 미대통령과 흐루시초프 소련수상과의 캠프데이비드 회담(1959. 9. 15)이 상징하듯이 완화되는 측면이 있었지만, 미·중관계 개선은 1970년대에 들어와서야 가능하였다. 또한 냉전체제와 관련하여 미국의 대한정책에도 변화가 없었다. 또 미국은 일본을 중간거점으로 하여 미·일·한의 수직적 안보체제를 강화하여 중국 등의 공산권에 대항하고자 하였다. 미대사관측은 자신들의 기록에서 여러 번 진보당 사건이 증거가 빈약한 정치적 사건이라고 기록하였지만, 1970, 80년대 김대중 관계에서 보여준 것과는 달리 진보당 재판에 대해서나 조봉암의 처형에 대해서는 거의 침묵으로 일관하여 사실상 그러한 정치적 행위에 동의한다는 의사를 보여준 것도 미국의 입장이 반영된 것이었다. 핵무기의 발전은 제3차 세계대전을 억제하였지만, 그것은 긴장된 평화였고 핵무기 경쟁의 와중에서 냉전체제는 어떻게 보면 더 심화되는 측면이 있었다.

그러나 조봉암이 냉전세세의 완화를 낙관적으로 본 먼은 몇 사시 있시만 지나치게 확대하여 생각한 것은 아니었고, 또 냉전체제에 정면으로 도전하였다고 보기도 어렵다. 그의 평화통일론은 민중의 여망에 부응하려는 것이었으면서도 신중한 것이어서 진보당 사건이 날 때까지 구체적 방안을 제시하지도 않았다. 진보당 사건이 발생한 것은—진보당에 비해 거의 활동을 하지 않았던 전 근민당계 간부들도 이 시기에 구속된 것을 상기할 필요가 있는데—이승만 대통령을 정점으로 한 극우반공체제의 경직성 때문이었다. 민심이 계속 이반되어가고 북진통일론의 효능이 눈에 띄게 감소해갈 때, 그리하여 극우독재권력이 위기를 맞이할 수 있다는 두려움을 갖게 되었을 때, 1958년의 총선과 1960년의 대선을 앞둔 이승만 대통령과 자유당에서는 1956년 정부통령선거 이후 앞에서 살펴본 대로 여러가지 형태로 거칠고 경직된 폭력성을 더욱 심하게 드러냈다. 여기에는 훨씬 부차적인 일이긴 하지만, 지배블록 내의 분열이 1957년 하반기에는 통일문제로까지

나타나 민주당이 유엔 감시하의 총선거론을 제시한 것도 한 역할을 하였
을 것이다.

6) 평화통일론과 민족자주

북진통일론자들이 사대매판성이 있으며 냉전체제에 순응하고 그것을 국
내에서 강화하려는 논리 위에 서 있었다면, 평화통일론자 또는 중도파 민
족주의자들은 민족주의와 자주성의 논리 위에 서 있었다. 북진통일론자들
은 양대 진영의 한편에서 선봉 또는 전위 역할을 맡으며 극단적으로 냉전
체제를 강화시키려고 하였지만, 평화통일론자들은 가능한 한 자주성을 견
지하는 속에서 양대 진영의 대립을 억제시켜 냉전체제를 완화시키려고 노
력하면서 민족의 활동공간을 넓히려고 노력하였다.

조봉암은 양 진영의 냉전 혹은 열전에 허덕이고 있는 한국과 독일, 월남
과 중국의 민족적 과업을 자유와 독립과 통일로 규정하였다. 이렇게 심각
한 민족적 과업을 안고 있는데도, 양 진영의 주도적 세력 — 이것은 미국과
소련을 가리킨 것이다 — 의 내부침투로 인하여 민족적 주장과 욕구가 일
치성이 결여되어있다는 것이 조봉암의 견해였다.[167) 이것은 냉전체제에서
강대국에 종속된 극우반공적 논리와 민족주의의 불일치 또는 균열현상에
대한 통찰력있는 설명이었다. 제국주의 침략논리와 냉전논리가 복합되어
한 지역에서 지배적 또는 규정적 영향력을 띠게 될 때, 그 내부의 연결세
력은 자신을 합리화하고, 나아가 적극적으로 군림하기 위하여 권력수단과
선전수단을 일방적으로 동원하여 지속적으로 전체주의적 방식으로 상징조
작을 하는 경우가 있다. 이때 자유와 독립과 통일, 국가와 민족이란 용어는
그 본래의 의미를 떠나 파행이나 왜곡, 전도 또는 도착과 복합되어 특수한
형태로 쓰이게 된다. 이것이 바로 일치성의 결여 곧 불일치현상으로서, 조
봉암은 그것이 민족주의자 또는 평화통일론자한테서도 없지 않아 있겠지
만, 극우반공주의자 또는 북진통일론자한테 나타나는 것으로 시사한 것이
다.

---

167) 조봉암, 「내가 본 내외정국」, 515쪽.

조봉암은 양 진영의 주도적 세력의 내부침투에는 민족적 긍지와 단결로 대응하여 그것을 약화시켜야 하며, 평화통일의 길은 우리 민족이 그것을 위하여 국제관계의 조정을 꾀하는 데 노력하고 싸우는 것밖에 없다고 피력하였다. 우리나라는 국제적 제약으로 말미암아 분단이 되었고, 그 이후의 문제도 미·소의 상극과 마찰로 말미암아 해결되지 못하고 있는 문제이니만큼 미·소가 이 문제를 해결할 수 있는 관건을 가지고 있는 것을 인정하지 않을 수 없지만, 우리 민족 스스로 그 해결을 위해, 우리의 완전한 독립을 위해서 비상한 노력을 경주해야 한다는 것이다.[168] 조봉암은 결국 분단상태는 우리 민족의 주체성이 약하다는 사실의 반영이라고 토로하였다. 따라서 우리 민족이 정말 통일을 바란다면, 통일을 절규하여 그것을 강력히 주장하고 힘차게 싸우는 입장에 서지 않고서는 강대국간의 상극과 마찰을 조정할 길이 없을 것이라고 단정하였다.[169] 일부 구절에 북진통일론자와 흡사한 면이 있지만, 양자는 상이한 세계에 서 있음을 여기서 또다시 확인할 수 있다.

조봉암은 북진통일론자들과 대조적으로 자주성을 강조하였다. 그는 1952년 8월 정부통령선거를 앞두고 발표한 정견에서 통일문제에 이어 두 번째로는 "주권강화와 아울러 민족의 단결을 공고히 하여 자주적 외교를 확립할 것"을 내세웠다. 1954년에 발표된 「우리의 당면과업」의 결론은 "우리 민족의 남북통일이나 자주독립은 우리 민주세력을 중심으로 해서 성취되어야 한다는 것"이었다. 1956년 정부통령선거를 앞둔 1955년에는 대통령 후보로서 갖춰야 할 자질에 대한 설문에서 조봉암은 셋째로 "민족의 자주성을 견지할 수 있는 분"을 들었다.[170] 1956년 5·15정부통령선거를 며칠 앞두고 발표한 '공약 10장'에서는 평화적 통일의 성취에 이어 두번째로 "외교를 쇄신하는 집단안전보장체제의 확립에 의하여 국방문제를 해결함

---

168) 조봉암, 「평화통일에의 길」, 70쪽.

169) 위의 글, 75~76쪽.

170) 참고로 다른 사람의 의견을 보면, 신익희는 '身言書判'을 갖춘 사람을 꼽았고, 윤치영은 위대한 지도자요 혁명가요 총명하신 노대통령을 곧장 추천하였으며, 전진한은 이대통령을 찬양하면서 절륜한 체력과 정신력, 철저한 반공정신을 꼽았다 (김석영 편, 앞의 책). 모두 다 자신의 행태에 적절한 말을 토로한 것으로 보인다.

으로써 우리의 군비부담을 경감하고 호혜평등주의에 입각한 선린정책으로 민족의 완전 자주독립을 전취한다"고 명시하였다. 이 시기에 벌써 집단안전보장체제의 확립에 의하여 국방문제를 해결한다고 피력한 것도 그의 정치적 견식을 말해주는 부분이다.

조봉암과 진보당에서는 극좌 극우를 외세추종세력 또는 사대주의자로 비판하였다. 조봉암은 1946년 6월에[171] 조선공산당으로부터의 탈퇴를 비롯하여 공산당 관계의 좌익단체에서 이탈할 때 공산당의 소련의존을 비판하였다.[172] 그 뒤에 바로 쓴 「삼천만 동포에게 격함」에서 조봉암은 공산당과 극우파들의 반민족적 정치행동을 규탄하고 민족자주정신을 고취하며 그 입장에서 독립운동이 계속되어야 할 것을 강경히 주장하였다고 회고하였다.[173] 그것은 그가 곧이어 활동하게 되는 좌우합작운동의 기본 노선이기도 하였다. 조봉암-진보당은 민주당을 자유당보다 더 사대적인 세력으로 보았는데,[174] 「진보당 정책」에서는 부르주아지의 사대성의 역사적 성격을 이렇게 요약하였다.

(토착자본 곧 민족자본은-필자) 강포한 일제의 정치적 자본적 압력에 눌리어 자주적 발전이 도저히 불가능하였다. 포악한 일제의 권력을 항거하기도 어려웠고, 그의 자본력을 대항할 수 없었던 이 나라의 무력한 민족자본은 폭만(暴慢)한 일제세력에 아부 추종함으로써 그의 생존을 유지하려고 하는 한편, 일제의 미미한 계부적(繼父的) 비호 밑에서 약간의 발전을

---

171) 『동아일보』 1946. 6. 26.자에 의하면, 조봉암은 6월 22일 인천에서 열린 민전 주최 인천시민대회장과 기타 각 관공서, 신문사 등에 공산당과 그 지도하에 있는 모든 정치운동을 부인하는 성명서를 배포하였다고 한다. 그런데 그가 쓴 글에서는 7월에 민전의장을 비롯한 모든 공산당 관계의 좌익단체에서 이탈하였다고 기술하였다(조봉암, 「나의 정치백서」, 정태영, 앞의 책, 370쪽). 후자의 글에서 조봉암은 1946년 6월을 7월로 착각한 것으로 보인다.

172) 『동아일보』 1946. 6. 26.

173) 조봉암, 「나의 정치백서」, 370쪽. 「삼천만 동포에게 격함」은 아직 발견되지 않고 있다.

174) 박기출, 「민주당 내분을 보고 야당 연합운동을 상기한다」, 『인물계』 1959. 12, 17쪽.

꾀하여 보려 하였다. 이리하여 무능성, 부패성, 정치적 무견식성(無見識性), 사대주의적 아부성 등은 불행한 이 나라 민족자본의 제2의 천성으로 되지 않을 수 없었던 것이다.[175)]

조봉암은 1952년 정부통령선거에서는 '자주적 외교를 확립할 것'을, 1956년 정부통령선거에서는 아시아·아프리카회의에서의 비동맹운동을 연상케 하는 '호혜평등주의에 입각한 선린정책'을 내세웠다. 그리고 북진통일론자와는 대조적으로 제3세계의 탈식민지 민족해방운동과 독립에 대해 지지를 표명하였다. 모든 강대국은 무엇보다도 먼저 약소국에 대해서 식민지적 지배관계를 청산할 것을 요구하고, 인도, 이라크, 이집트에 이어 프랑스가 인도차이나 3국에 대해 독립을 인정한 것도 만시지탄이 있지만 민주진영의 강화를 위하여 의의가 있는 것으로 평가하였다.[176)] 진보당추진준비위원회 대변인 윤길중은 문화나 외교가 미국 일방에만 집중하지 말고 국민을 반쇄국적 상태로부터 개방하여 적극적으로 세계문화에 통하게 해야 한다고 주장하였다.[177)] 조정환 외무부장관은 이라크혁명을 나세르의 배후조종으로 보고, 그 배후에는 소련세력이 있어 나세르를 좌우하고 있는 것이 명확하므로 미국의 이 지역 군대파견은 의당한 일이라고 진술하였는데,[178)] 진보당은 1956년 11월 창당대회에서 '헝가리 민중의 자유투쟁 지지 결의안'과 함께 '애급에 대한 영·불침략 반대 결의안'을 채택하였다.

175) 권대복 편, 앞의 책, 40쪽.
176) 조봉암(민의원 부의장), 「광복절 기념사」(1953. 8. 15), 『죽산 조봉암 전집』 1, 159쪽.
177) 윤길중, 「진보당이 나가는 길」, 159쪽.
178) 『국회속기록』 제29회 23호, 1958. 7. 21.

제3장   사회민주주의와 1950년대

제1절 조봉암 - 진보당의 사회민주주의에 대한 예비적 논의

1. 혁신, 혁신세력, 혁신정치, 혁신정당

조봉암에 대해서는 이미 1950년대 초부터 그러하였지만, 진보당에 대해서도 '제3세력' '혁신세력' 등으로 부르는 경우가 많았다. 또 조봉암 - 진보당의 정치이념을 일부 연구자들은 사회민주주의로 파악하기도 하였으며, 진보당에서는 '진보주의' 또는 '사회민주주의' '사회적 민주주의' 등을 표방하였다. 혁신이나 혁신세력이라는 말은 일본과 한국에서 널리 사용되었는데, 이것과 관련이 있는 정치이념으로는 대체로 사회민주주의나 민주사회주의라는 용어가 보편성을 갖고 있다. 한국의 혁신세력은 대개가 자신의 정당의 정치이념으로 민주적 사회주의나 민주사회주의 또는 사회민주주의를 내세웠다.

우선 '혁신' '혁신정치' '혁신정치가' '혁신파' '혁신정당' 등이 어떻게 사용되었는지 그 용례를 살펴보자.

조봉암은 제헌국회에서 헌법을 제정할 때 자신의 의견을 발표할 기회가 충분히 주어지지 않자 장문의 원고를 속기록에 삽입하도록 요구하였다. 이 원고에서 조봉암은 우리 민족은 봉건적 사상과 제도와 환경이 아직도 뿌리깊게 박혀있을 뿐 아니라, 40년간 독점제국주의의 강압하에서 전연 자연스런 혁신과 발전이 제약되어 이중의 고민 속에서 살고 있었던바, 이제 신흥국가로서 혁신적이며 진취적인 성격을 구현한 헌법을 만들어야 한다고 피력하였다.[1] 1952년 8·5정부통령선거에서 대통령후보로 나와서는 선거

구호의 하나로 "이것저것 다 보았다. 혁신으로 바로잡자"를 내놓았고,[2] 그와 함께 "대통령으로 혁신정치가 조봉암 선생을 선출하자"가 제시되었다.[3] 이 시기 한 평론에서는 조봉암을 '특색 있는 혁신정치가'로 묘사하였다.[4] 조봉암은 1955년 한 신문에 연재한 정치시평에서 민국당의 주요 세력을 '완전보수파' '유화파' '혁신파'로 분류하고, 완전보수파의 당내 영도권 쟁탈을 목표로 한 유화파에 대한 공격으로 제기된 민국당 선전부장 함상훈의 '신(申翼熙)·조(趙素昻) 뉴델리 회담설'과 '제3세력 건설' 주장이 혁신파의 유화파 협조로 완전보수파의 공세 격파로 끝났고, 그 뒤 신당문제에서 완전보수파와 혁신파의 알력은 극단적으로 격화되어, 완전보수파는 혁신파를 공산당으로 몰고 혁신파는 완전보수파를 협잡배 또는 음모상습자로 공격하였던바, 유화파가 혁신파에 협조하지 않아 혁신파인 민국당 선전부장 신도성(愼道晟)이 사직하기에 이르렀다고 기술하였다.[5]

1955년 12월 22일에 발표된 진보당의 발기취지문에서는 "우리는 진정한 혁신은 오로지 피해를 받고 있는 대중 자신의 자각과 단결 위에서만 실현될 수 있다는 것을 깊이 인식하고, 관료적 특권정치, 자본가의 특권경제를 쇄신하여 진정한 민주책임정치와 대중 본위의 균형있는 경제체제를 확립할 것을 기약"하였고, 강령의 첫번째로 "공산독재는 물론 자본가와 부패분자의 독재도 이를 배격하고 민주주의체제를 확립하여 책임있는 혁신정치를 실현"할 것을 내세웠다.[6] 조봉암은 1956년 11월 10일 진보당 결당대회 개회사에서 보수파 정객들을 비판하고, "이러한 판국이니만치 이 나라 안에서 나라일을 바로잡고 국민을 살리는 유일한 길은 오직 진보적 사상을 가진 혁신요소의 대중적인 집결로 일대 혁신정당을 조직해서 정권을 담당하고 정치혁신을 단행하는 길밖에는 없는 것"이라고 말하였다.[7] 조봉암-

---

1) 『국회속기록』 제1회 21호, 1948. 6. 30.

2) 鄭太榮, 『한국사회민주주의정당사』, 世明書館, 1995, 411쪽.

3) 『조선일보』 1952. 8. 4. 광고.

4) 韓徹永, 『한국의 인물』 제1선 50인집, 문화춘추사, 1952, 67쪽.

5) 조봉암, 「내가 본 내외정국」, 정태영, 『조봉암과 진보당』, 한길사, 1991, 539~540쪽.

6) 권대복 편, 『진보당』, 지양사, 1985, 12쪽.

진보당이 시기를 달리해서 표현하고 있는 '혁신' '혁신정치' '혁신파' '혁신정당', 그리고 조봉암에 대하여 말하고 있는 '혁신정치가'와 '혁신세력'이란 어떠한 의미를 담고 있는 것일까.

혁신이란 말은 막연히 사용할 때가 많고, 다양한 의미를 지니고 있다.[8] 보수정치세력에 대해서도 이 말을 쓸 때가 있다. 4·19 후 윤길중은 보수세력도 혁신해야 할 것이라고 말하였다.[9] 보수정치세력도 그 말을 사용하였다. 자유당이 1956년 5·15정부통령선거에서 쓴맛을 보았을 때, 약 50명의 소장파 의원들은 이 이상 거수기 노릇만 할 수는 없다는 심정에서 혁신정치의 단행을 호소하고 '혁신정치 지향운동'에 공동서명하였다. 이들은 내각책임제를 지향하는 것으로 보도되었다.[10] 민주당에서도 여러 차례 당의 혁신이 거론되었다. 이 경우 기존의 틀을 벗어나지 않는 속에서 정신적인 변화, 책임있는 활동이 개량이나 개혁이란 의미와 결부되어 사용된 것으로 볼 수 있다. 다분히 '바꾸자' '바뀌어야 한다'는 의미를 지니고 있는 것이다.

일반적으로 혁신은 보수 또는 현상유지와 대립되는 것으로, 정치나 사회경제체제를 변혁한다는 의미로 사용되지만, 이 경우에도 애매모호한 느낌을 많이 준다. 1950년대 후반에 조봉암과 힘께 혁신세력을 대표하였던 동암(東庵) 서상일은 "그것은 사회주의와 다르다. 오히려 정치적인 면에서의 혁신, 사고방식의 혁신, 침체와 부패에서의 탈피 등이 주조를 이루는 것이다. 이조 이래 침체를 일신하고 새로운 생기로 신질서를 세우자는 것"으로 설명하였다.[11] 조봉암이 헌법 제정 때, 그리고 1952년 8·5정부통령선거 때 사용한 혁신도 그러하고, 1952년에 그를 혁신정치가로 불렀을 때도 그것이 무엇을 의미하는지는 분명치 않다. 분명히 자기 주장을 하기도 어렵

---

7) 정태영, 앞의 책, 256쪽.

8) 申相楚, 「혁신정당론」, 『사상계』 1957. 1, 71쪽 ; 高貞勳, 「한국적 현실과 혁신세력」(『신태양』 1958. 7), 정태영·오유석·권대복 편, 『죽산 조봉암 전집』 4, 세명서관, 1999, 312쪽.

9) 『세계일보』 1960. 5. 17.

10) 『조선일보』 1956. 5. 26.(석).

11) 宋元英, 「서상일론」, 『인물계』 1959. 7, 63쪽.

고, 자기자신이건 정파건 분명한 성격을 지니지 못하였거나 지니지 않은 상태에서 혼합적이고 유동적으로 상황이 전개되기 때문에 나타나는 현상이었다.

혁신은 혁명과 개혁을 동시에 포함하는 의미에서도 사용되었지만, 그것과는 정반대로 파시즘에서처럼 혁명과 개혁을 거부하고 반동적인 방향으로 현상을 타파해나가자는 주장으로도 사용되었다.12) 1930년대에서 40년대에 걸쳐 일본에서는 혁신이라는 말이 크게 유행하였다. 이 시기에는 군국주의가 주조를 이루는 속에서 사회주의는 물론 자유주의나 의회민주주의, 정당정치가 크게 위협을 받았고, 전체주의적 통제주의적 사상과 제도개혁이 두드러졌다. 이때 군부를 배경으로 한 극우가 혁신을 외치며, '자본주의 타도' '재벌 응징' '정당정치 배격' '의회정치 부정'을 주장하였다. 중일전쟁 이후 '외래적 근대사상'이 배격되고 '황도(皇道)'와 '대화혼(大和魂)'이 고창되는 분위기 속에서 군부를 등에 업은 관료들이 '혁신'을 내걸고 군국주의 국가로의 개조를 추진하였다.13) 이 시기 혁신은 통제경제의 사상을 골격으로 하였던바,14) 이 점에서 외형적으로는 혁신세력의 경제통제 주장과 유사성이 있다. 한국에서는 똑같은 말을 사용한 것은 아니지만, 일제 군국주의 파시스트들이 사용한 혁신 등의 구호가 5·16군부쿠데타 직후, 유신체제기, 신군부통치기에 제창된 바 있었다.

혁신정당이 더욱 그러하지만, 혁신세력이라는 말은 혁신보다는 분명한 의미를 지니고 있다. 그러나 이 경우도 반드시 좌익이나 좌파 성향을 가리키지는 않는다. 일반적으로 혁신세력은 현실의 정치체제나 정치질서에 불만을 갖고, 그것을 개혁하거나 타파하려는 정치세력을 가리킨다. 1980년대까지 일본에서 전후 혁신세력은 집권 자민당의 기본 노선인 자유자본주의와, 대외적으로는 미·일안보체제를 고수하려는 자민당에 대하여, 어떠한 형태로든 이것을 수정 또는 변경하려는 일련의 정치세력을 총칭하여 불렀

---

12) 신상초, 앞의 글, 71쪽.

13) 柳根鎬, 「戰前 일본 혁신세력의 역사적 전통」, 『현대일본의 혁신세력』, 법문사, 1990, 34~35쪽.

14) 위의 글, 36쪽.

다. 거기에는 공명당에서 민사당, 사회당, 일본 공산당에 이르는 정당, 정파가 포함되어있다. 그런데 공명당은 당시의 자민당보다도 더욱 우익적이라고 볼 수 있기 때문에, 일본에서 우익은 보수, 좌익은 혁신세력이라는 등식은 성립되기 어려웠다.[15]

현실정치에 불만을 갖고 그것을 타파하려 한다 하더라도, 변혁보다는 개량이라는 말이 혁신세력이 지향하는 바에 더 가까울 것이다. 그것은 혁신을 역사의 질적 전진을 위해서인 것보다는 양적 구성에서의 병리부분을 절개, 치료하여 건전현상으로 환원한다는 의미로 해석하는 것과[16] 일맥상통한다. 그러나 한국과 일본에서 혁신세력은 대체로 보수세력과는 구별된다는 점을 간과해서는 안될 것이다. 한 연구자는 일본에서 혁신세력이라는 말을 쓸 때, 하층사회나 민중을 기반으로 하는 정치세력을 지칭하는 경우가 많다고 지적하였다. 전전이든 전후든 집권세력이 천황제를 정점으로 하는 상층계급의 입장을 대변하는 번벌(藩閥), 재벌, 관료, 군인 출신이었기 때문에, 이것의 반대축에 있는 노동자, 농민, 도시빈민, 영세상공인 및 학생, 지식인 계층의 이해를 대변하는 정당이나 정치세력을 혁신세력이라고 부르는 것이 일반적이었다는 것이다.[17]

조봉암-진보당의 경우 상세한 것은 뒤에서 고찰하겠지만, 진보당 발기취지문에서 '진정한 혁신'은 '피해대중'의 단결 위에서만 실현될 수 있다고 주장한 것은 관료·자본가의 특권세력 또는 기득권세력과의 대치를 전제한 것이고, 조봉암이 진보당 발당대회에서 한 개회사에서 진보적 사상을 가진 혁신세력의 집결로 혁신정당을 조직하겠다고 피력한 것은 보수적 정치세력과의 경쟁을 전제로 한 것이었다. 한 지식인은 혁신적 세력의 지도적 적격으로 ① 반자본주의적이고, ② 반봉건적이고, ③ 반귀족적이고, ④ 반외국적이고(민족주의적 경향이라야 함을 말함), ⑤ 반공주의자라야만 할 것이라고 말하고, 진보당이 상당한 지반을 가졌다는 것은 "후진 국가이며

---

15) 위의 글, 9쪽.

16) 李一九(李鍾律의 필명), 『현순간 정치문제 소사전』, 부산국제신문사, 1960, 88~89쪽.

17) 유근호, 앞의 글, 10쪽.

전 식민지 국가의 지도자적 조건을 어느 정도 구비하였기 때문"이라고 평
가하였다.[18] 중요한 지적으로, 이 글에서는 위의 다섯 가지 사항도 유념하
면서 진보당의 노선을 고찰할 것이다. 그런데 당시의 한 혁신정치인이 기
술한 대로, 한국의 혁신정당은 아무리 다의적인 요소가 내포된다손치더라
도 대체로 좌측으로는 독일 사회민주당적 수정주의를 넘어설 수 없는 것
이고, 우측으로는 수정자본주의까지를 내포한 것이 될 것이라는 주장은[19]
상당부분 설득력이 있다. 혁신계의 대표적인 이론가인 이동화(李東華)는
'혁신'하게 되면 4월혁명 이후 대체적으로는 공통적으로 '민주적 사회주
의'를 표시하는 개념으로 볼 수 있다고 말하였다.[20]

2. 사회민주주의와 민주사회주의

여기서 한국의 혁신세력이 사회민주주의, 민주사회주의를 어떻게 사용
하였는가를 일별하는 것은 혁신계를 이해하는 데 도움을 줄 것이다. 먼저
사회민주주의건 민주사회주의건 어느 것이나 한국인에게는 생소하였다는
점을 유념해둘 필요가 있다.[21] 이 때문에 진보당 사건 재판 때 재판장 유
병진(柳秉震) 판사는 이동화에게 "사회민주주의가 도대체 뭐요?"라고 물었
다고 한다.[22]

사회민주주의, 민주사회주의 문제에 대해서는 정화암의 글이 가끔 인용
된다. 정화암은 1955년 9월 1일 광릉에서 혁신계 인사들이 모였을 때, 자신
은 민주사회주의를 정치이념으로 할 것을 주장하였고, 이것에 서상일이 찬
성하였으며, 장건상은 사회민주주의를 내놓았다고 자신의 회고록『이 조
국 어디로 갈 것인가』에 기술하였다. 그는 아마 이것이 한국정치사에서 민
주사회주의와 사회민주주의가 거론된 처음이었을 것이라고 피력하였으나,

---

18) 姜尙雲, 「진보당 이후의 혁신세력의 고민」, 『자유공론』 1959. 1, 78쪽.

19) 고정훈, 앞의 글, 『죽산 조봉암 전집』 4, 313쪽.

20) 「토론 : 민주사회주의를 말한다」, 『세계』 1960. 7, 135쪽.

21) 李相斗, 「제3정치세력의 歷程」, 『사상계』 1968. 8, 111쪽. 이와 함께 위의 토론,
134쪽, 사회자 申徹 발언 참조.

22) 金學俊, 『이동화 평전』, 민음사, 1988, 222쪽.

이 회고록에서는 구체적인 토론이 없었다고 밝혀, 장건상과 정화암이 사회민주주의와 민주사회주의를 어떻게 다른 것으로 알고 있었는가는 알 수 없다.

그러나 이 부분보다 더 주목을 끄는 것은, 제1장에서도 언급한 바대로 정화암이 이 서술에 이어 장건상, 정화암 등과 달리 조봉암은 현단계에서 정치사상을 가지고 의견의 일치를 기할 수는 없으니 당을 먼저 만들어놓은 후 정치노선을 결정하자고 말하였다는 대목이다. 용광로 속에다 전부 다 털어놓고 쇠는 쇠대로 금은 금대로 가려내야 한다는 것이 조봉암의 주장이었다. 조봉암의 이 진술은 이론가로서와 현실정치가로서의 두 면을 잘 보여주고 있다. 이 진술은 표면으로는 혁신계 인사들의 생각이 제각각이어서 정치이념의 합치를 본 다음 당을 만든다는 것은 현실적으로 불가능하다는 판단이 강조되어있다. 그러나 그와 함께 혁신계 인사들 가운데 사회민주주의 또는 민주사회주의를 잘 알고 있는 사람은 드물다는 현실을 암시한 것이었다. 확고한 신념도 없고 잘 알지도 못하는 사람들이 논란을 벌이는 것은 소모적인 일이었다.

고도산업사회에서도 사회민주주의와 민주사회주의의 차이를 설명한다는 것은 쉬운 일이 아니다. 20세기 초엽에 사회민주주의 블록의 분열에 의하여 사회민주주의로부터 공산주의가 분리되기 이전에 사회민주주의는 맑스주의와 동일시되는 경우가 많았다. 그런가 하면 사회민주주의의 우경화가 강화되면서 제2차 세계대전 이후에 많은 사회민주주의자들은 맑스 - 레닌주의와 자신들의 사회주의를 구별하기 위하여 자신의 정치이념을 민주사회주의라고도 불렀다. 그러나 그 내용은 유동적이었고, 사회민주주의의 민주사회주의로의 전환이나 맑스주의의 전면적 부정이 방침으로 확정된 것은 아니었다.[23] 사회민주주의라고 할 때의 '사회적'이란 말은 민주주의를 단순히 '정치적 민주주의'에 국한시키지 않고, 사회·경제부문에까지 확대해야 한다는 의미가 강하다면, 민주사회주의에서 '민주적'이란 말에는 스스로를 비민주주의적인 사회주의와 분명히 구별하겠다는 점에 비중이

---

23) 『경제학사전』, 日本 : 大月書店, 1979, 463~464쪽.

두어져 있다.[24]

그렇지만 1951년 7월 3일 서독 프랑크푸르트에서 열린 사회주의자인터내셔널(SI)에서 채택한 프랑크푸르트선언에서 "사회주의는 민주주의의 최고형태"이고, "자유 없는 사회주의란 있을 수 없다. 사회주의는 민주주의를 통해서만 달성될 수 있으며, 민주주의는 사회주의를 통해서만 충분히 실현된다"고 표명한 데서[25] 볼 수 있듯이, 사회민주주의와 민주사회주의는 반드시 구별되는 것이 아니고 동의어로 쓰일 때가 많다. 오히려 양자 모두 다 상황의 전개에 따라 그 내용에 변화가 적지 않고, 상황추수성이나 매몰성도 보이고 있어 어느 것이나 일률적으로 규정하기가 어렵다는 성격을 지니고 있다. 이 점은 사회당과 사회민주당의 경우에도 대체로 비슷하다.[26] 실제로 민주사회주의를 표방한 정당은 편차가 많다. 1960년 일본 사회당에서 일부가 탈당하여 민주사회주의를 표방하면서 만들어진 민주사회당 — 1970년대에 민사당으로 개칭 — 의 강령 및 정책은 초기의 혁신적 색채가 점점 약해져 사회당보다는 자민당에 접근해가는 모습을 보여주었다.[27]

1950년대에는 사회민주주의와 민주사회주의의 문제를 가지고 별다른 논란을 벌이지 않았다. 다만 진보당 발당 개회사에서 조봉암은 '사회민주주의적 전법' '사회민주주의적 방향'이란 말을 썼는데,[28] 진보당 강령에는 '사회적 민주주의'라는 말로 통일되어 나온다는 점이[29] 눈에 띈다면 눈에

---

24) 아이힐러, 『독일사회민주주의 100년』, 李泰永 역, 중앙교육문화, 1989, 책표지 뒷면.

25) 梁好民 편, 『사회민주주의』, 종로서적, 1985, 부록, 286쪽.

26) 1945년 11월 일본 사회주의자들은 창당시 당명을 결정하는데, 사회민주당으로 하자는 의견보다 사회당으로 하자는 의견이 표결에서 1표가 많아 일본사회당으로 낙착되었다. 영문으로는 국제관계를 고려하여 Social Democratic Party of Japan이라고 하였다(裵成東, 「일본사회당」, 『현대일본의 혁신세력』, 78쪽). 사회민주당을 당명으로 하자는 사람들이 승복한 것은 양자간에 큰 차이가 없다고 보았기 때문일 것이다.

27) 韓英鳩, 「일본 혁신정당(일본사회당 및 일본공산당)의 대외관계와 대한반도정책」, 『현대일본의 혁신세력』, 152~153쪽.

28) 정태영, 앞의 책, 257쪽.

29) 권대복 편, 앞의 책, 30~31, 43쪽.

띤다. 사회적 민주주의란 사회민주주의를 부드럽게 표현한 것이 아닐까.30)
정강이 진보당의 강령과 비슷한 민주혁신당에서는 1957년 10월 발당대회
에서 사회적 민주주의와 피흘리지 않는 통일을 내건 것으로 보도되었다.31)

1960년 4월혁명 이후 사회대중당, 한국사회당 등 혁신정당이 생겨날 때
민주사회주의란 용어를 두고 약간의 논란이 제기되었다. 한국사회당의 김
철(金哲)은 한 토론에서 사회대중당의 민주사회주의와 달리 한국사회당의
노선은 민주적 사회주의라고 주장하였다. 그러나 이 토론에서 김철은 민주
사회주의와 민주적 사회주의의 다른 점을 제시하고자 하였지만, 델리키트
한 문제라고 말하고 한국사회당의 노선을 더욱 명확히 하기 위하여 별로
차이가 없음에도 불구하고 '적'을 넣었다는 점, 개척기에 있기 때문에 민주
적이란 용어를 썼다는 점 외에는 차이점을 밝히지 못하였다. 그는 결국 원
어인 Democratic Socialism의 번역에 '적'이 붙기도 하고 안 붙기도 하지만
똑같은 말이라고 진술하였다.32)

이에 대하여 사회대중당의 이동화는 사회대중당은 민주사회주의, 한국
사회당은 민주적 사회주의라고 구별할 근거가 없다고 주장하고, 자신은
'민족사회주의'를 추구하는바, 그것은 민주사회주의와 같은 말로 이해한다
고 피력하였다.33) 실제로 한국사회당은 막연히 "이 민주적 사회주의는 민
족주의를 지키면서 민주주의를 기조하여 경제의 계획화를 실천하는 사회
주의 사회 건설을 목표"로 한다는 정도에 머물고 있다. 한국사회당에서 내
건 농가부채 동결, 한·미상호방위조약 개선, 국군지휘권의 회복, 행정협
정 즉각 체결 등은34) 당시 진보세력이 종종 주장한 것으로 한국적 현실을

---

30) 진보당 사건의 배석판사였던 李炳勇은 진보당 강령을 초안한 이동화가 법정에
　　서 사회민주주의라는 말을 여러 번 쓴 것으로 기술하였다[이병용, 「세칭 '진보당
　　사건' 심판 해부─역사에 남을 사건은 과연 어떻게 심판되고 있는가?」(『한국평론』
　　1958. 7), 『죽산 조봉암 전집』 5, 205쪽]. 이병용이 이동화가 사회적 민주주의라고
　　말한 것을 사회민주주의로 기술하였는지는 확실치 않다.

31) 『한국일보』 1957. 10. 16.

32) 「토론 : 민주사회주의를 말한다」, 135~137쪽.

33) 위의 토론, 136쪽.

34) 金哲, 「사회주의 사회 건설이 목표」, 『인물계』 1960. 7. 51~52쪽 ; 『세계일보』
　　1960. 6. 7. '민주적 사회주의에의 길'이란 표제가 붙은 한국사회당 선거강령 참조.

반영한 것이었다.

  한국사회당이 구태여 민주적이란 말을 쓰고, 통일사회당 등도 그것에 따라간 것은 사회주의라는 말이 한국사회에 줄 수 있는 충격을 완화시키려는 노력으로 보인다. 그것은 또한 한국사회당이 보수정당과 별 차이가 없을 만큼 우파적 성향이 강하다는 것을 말해주는 것이기도 하다. 그것은 고정훈이 민주적 사회주의란 "민주주의의 완성을 의미하는 승공적 사회주의"라고 천명하고, 한국의 승공민주사회주의는 북구 3국, 영국의 노동당 우파, 독일의 빌리 브란트, 이스라엘의 민주사회주의 노선, 일본 민사당 등 반공혁신 노선과 제휴하여야 하며, 일본 사회당 좌파, 아아(亞阿)블록의 사회당과는 절대로 제휴할 수 없다고 주장한 것에서도[35] 확인된다.

  사회대중당의 경우 김철이 구별하려고 한 바와 같이 꼭 민주사회주의란 말을 쓴 것은 아니었다. 사회대중당 조직 초기에 한 신문에서는 사회대중당이 진보당, 근민당이 취하던 민주적 사회주의 노선을 세우고 있다고 보도하였는데,[36] 이동화, 김기철, 이홍근(李洪根) 등이 사회대중당의 정강정책을 기초할 때는 민주사회주의를 기조로 하고 있는 것으로 보도되었다.[37] 그 뒤 사대당 선전위원장 유병묵(劉秉默)은 민주적 사회주의 경제체제, 민주사회주의 등으로 표현하여 양자를 혼용하였다.[38] 혁신계 명사들이 많이 집결하였고, 우파 성향이 강하였던 통일사회당(대표 이동화)에서는 정강에서 민주적 사회주의로 표시하였다.[39] 진보당 발당대회 개회사의 사회민주주의에서 후기로 올수록 대체로 민주적 사회주의를 선호하는 방향으로 가고 있음을 볼 수 있다. 그러나 4월혁명운동기에 상대적으로 통일문제에서 좌파 성향을 지녔던 근민당계 중심의 사회당은 당명 자체가 사회주의를 표방하고 있음을 유념하여야 할 것이다.

  진보당 등 일부 혁신정당의 경우 수정자본주의와는 거리가 있지만, 대개

---

35) 『명인옥중기』(고정훈 편), 희망출판사, 1966, 40~50쪽.
36) 『세계일보』 1960. 5. 18.
37) 『세계일보』 1960. 5. 20.
38) 유병묵, 「사회대중당의 산업국유화정책」, 『사상계』 1960. 10. 179~180쪽.
39) 중앙선거관리위원회, 『정당의 기구·정강·정책·당헌 등』, 1965, 228~229쪽.

의 혁신정당은 수정자본주의와 사회민주주의 또는 민주사회주의의 차이에 대해서 어물쩍 적당히 넘어가는 것을 보여주었다. 고정훈은 민주적 사회주의는 근본적으로 수정자본주의와 다르다고 주장하였지만,[40] 그러나 우파 성향이 강한 그의 주장을 자본주의를 지양하려는 것으로 보기는 어렵다.[41]

신상초는 민주혁신당의 노선을 수정자본주의로 이해하였다. 그런데 민혁당의 이상두는 민혁당이 평화적 민주적 방식으로 자본주의를 변혁하려 하였고, 그 경우 점진적이지 않을 수 없는데, 점진적인 자본주의의 변혁은 불가피하게 수정자본주의적 입장과 연락되지 않을 수 없기 때문에, 평화적 사회적 민주주의의 입장에서 볼 때는 자본주의의 수정과 변혁은 상보상완(相補相完)하는 것으로 파악하였다.[42]

민혁당 결당대회에 대한 보도에서 민혁당이 사회적 민주주의를 내걸었다고 쓰고는 이어서 민혁당의 정강을 수정자본주의 등으로 쓴 것은[43] 어떻게 해석하여야 할까. 한 신문에서는 사회대중당의 노선을 민주적 사회주의로 보도하고는 이어서 사회대중당 경제정책의 기조를 '수정자본주의에 입각한 혼합경제체제'로 기술하였던바,[44] 실제로 혁신계 인사들은 민주적 사회주의와 수정자본주의, 혼합경제를 같은 것 또는 비슷한 것으로 받아들이고 있었다. 사회대중당의 이동화가 정강정책을 초안할 때, 사회대중당은 민주사회주의 노선을 기조로 하여 정치적으로 민주혁명을 완수하고, 경제적으로는 계획경제와 자유경제의 혼합경제체제를 채택하여 민주적 복지사회의 건설을 지향할 것이라고 언명한 것도[45] 유사한 취지에서 나온 말이었다.

---

40) 『명인옥중기』(고정훈 편), 48~49쪽.

41) 고정훈은 민주적 사회주의는 수정자본주의와 근본적으로 다르다고 설명하면서도, 그것에 이어 "자본가와 경영자의 창의성을 충분히 존중하고 교조주의적인 무리한 국유화를 절대로 반대하기 때문에 자본가들이나 대기업주가 꺼릴 이유는 조금도 없다"고 주장하였는데, 도대체 대기업주가 어떠한 사회주의든 사회주의를 꺼리지 않을 수가 있을까.

42) 김철, 「한국 혁신운동의 입장」, 『신태양』 1958. 9.

43) 『한국일보』 1957. 10. 16.

44) 『세계일보』 1960. 5 18.

45) 『세계일보』 1960. 5. 20.

이동화의 말에서처럼 여러 혁신계 인사들의 말이나 글에 사회민주주의의 건설을 복지사회의 건설과 동일시한 것도, 복지사회가 대중적으로 호소력이 있고 북유럽이나 서유럽의 사회민주주의를 떠올리면서 한 말이지만, 복지사회가 곧 사회민주주의 사회와 같은 것을 의미하는 것은 아니라는 점을 생각해볼 때, 역시 단순하고 소박하게 사회민주주의 또는 민주사회주의를 이해하는 데서 나온 것이었다.

사회민주주의, 민주사회주의에 대한 소박하고 낮은 수준의 이해는 기본적으로 역사적 경험과 연결되어있지 않고, 후술하는 바와 같이 그것이 쟁점이 될 수 있는 여건이 마련되어있지 않은 데다가, 이데올로기적 제약이 가해졌기 때문이었다. 박기출이 "지금 소위 혁신세력으로 불리는 사람들도 그 정치노선을 민주적 사회주의, 사회민주주의 혹은 사회주의 등으로 자처하고 있으나, 그 정강정책에 나타난 바를 검토하건대, 그것은 중간정당의 범주에 속하는 것이다. 한국의 사회적 내지 정치적 다양성과 후진성에 이와 같은 선진 국가의 정치사적 유형을 형식적으로 적용할 수 없다"라고 진술한 것은[46] 시사하는 바가 크다. 그것은 근민당계 등 혁신계의 상당부분에 해당되고, 진보당에도 그러한 인물들이 적지 않았다. 박기출이 말한바, 사회민주주의, 민주사회주의와 중간파의 관계는 몇 가지로 나누어서 검토할 것이다.

3. 노농정당 · 혁신정당을 표방한 정당들의 주장과 실제의 불일치

조봉암과 진보당의 정치이념은 '혁신'이란 용어를 중심으로 분석할 수도 있고, 사회민주주의와 연관지어 분석할 수도 있다. 비록 혁신이란 말이 애매모호하다고 하더라도, 진보당에서 발기 때부터 제시한 것이나 그 시기에 조봉암이 사용한 혁신은 분명히 진보적 색채를 띠고 있다. 그러나 일반 보통명사로서 한국과 일본에서 많이 사용된 혁신이란 말을 가지고 특정한 정치이념을 분석하는 데는 어려움이 따르게 마련이므로, 이 글에서는 사회

---

46) 박기출, 「소위 혁신세력의 통합과 평화통일문제를 위한 독백」(1961), 『내일을 찾는 마음』, 新書閣, 1968, 110쪽.

민주주의를 중심으로 조봉암과 진보당의 정치이념을 분석할 것이다. 사회민주주의는 한국인에게는 낯선 것이긴 하지만, 세계에서 보편적으로 사용되고 있다. 또한 진보당의 강령은 프랑크푸르트선언에 기반을 두고 쓰여졌고, 국유화문제, 사회민주주의 실현의 현실성과 관련된 여러 문제를 논의하는 데 사회민주주의라는 용어가 더 적합하기 때문이다.

조봉암과 진보당의 정치이념 분석에 들어가기 전에, 1950년대에 노동자 농민(중산층, 중소상공업자, 지식인을 포함할 수 있음)을 위한 정치를 내걸었던 정당들의 주장의 허와 실을 살펴보고, 균등경제의 실현 주장이 한국 근현대사에서 전개되어온 바를 간략히 기술하겠다. 그것은 조봉암-진보당의 정치이념을 이해하고 그것의 위상을 설정하는 데 필요할 뿐만 아니라, 무엇보다도 1950년대 초까지 풍미해왔고, 진보당 정치이념의 중요한 한 골격을 이루는 '수탈 없는 경제체제'의 역사적 성격을 파악하는 데 중요하기 때문이다.

1950년대 중반에 출판된 『국회연감』에 수록된 「정계내막 10년 야화록」은 해방 10년간의 10대 난센스 중의 하나로 정당간의 대동소이한 정강정책을 꼽았다. 각 정당의 정강정책을 자세히 검토하면 모두가 반공이요 국리민복을 위한 깃으로 비슷한데, 왜 정쟁을 일으키는지 모르겠다는 풍자였다. 조봉암도 정강정책의 내용을 보면 거의 모두가 대동소이하고 미문려사라고 비판하고,[47] 강령정책을 쓰여진 대로 과감히 실천하든지 그렇지 않으면 지금 실천하고 있는 그대로를 강령에다 고쳐 쓰라고 충고하였다.[48] 대부분의 정강정책은 그 정당의 성격과 아무 관계가 없는 것이 한국정치의 특징이라면 특징이었다.[49] 이러한 점은 자유당 등 보수정당일수록 더욱 심하였다.

1) 자유당

자유당의 '난센스'는 자유당의 창당이념이었던 일민주의(一民主義)의 고

---

47) 조봉암, 「내가 본 내외정국」, 정태영, 앞의 책, 532쪽
48) 위의 글, 533쪽.
49) 『세계일보』 1960. 6. 3.

찰로부터 시작되어야 할 것이다. 일민주의는 정부수립 직후 초대 대통령 이승만에 의해 주창된 것으로, 대한민국의 국시이자 한민족의 지도원리로 받들어졌고, 대한국민당, 민주국민당이 만들어질 때 당시(黨是)였으며, 대한청년단, 학도호국단의 지도원리였다.[50] 일민주의는 국론을 통일하고, 그러한 일을 할 정당을 만들기 위하여 주창되었는데,[51] 특히 경제부문이 주목된다. 이승만은 그가 저술한『일민주의 개술(槪述)』에서 빈부차등을 근절하겠다고 피력하였고, 양우정이 이승만의 일민주의를 해설한『이대통령 건국정치이념』서문에서 국무총리 이범석은 착취의 원칙 위에 세워진 자본주의를 지양하고 유린의 원칙 위에 세워진 공산주의를 극복하여 일민주의로 전인류를 구원할 새로운 정치체제를 세울 것을 호소하였다. 양우정과 안호상은 한 걸음 더 나아가 영·미의 자본주의는 자유와 착취의 이론무장 밑에서 성립하였다고 일갈하고, 공산주의적 제국주의와 자본주의적 제국주의를 함께 비판하였다. 일민주의 이데올로그들의 반자본주의론은 파시즘, 더 직접적으로는 일본 군국주의 파시즘에 닿아있는 것이지만, 다른 한편으로는 민족해방운동 이래의 반자본주의 균등사회의 건설에도 연결되어있었다.[52]

초기 자유당은 노동자 농민의 당으로 자처하였다. 명칭도 당이 만들어질 때는 자유노농당,[53] 통일노농당,[54] 노농당[55] 등으로 알려졌다. 그리고 1951년 12월 23일 발당대회를 가졌을 때(속칭 원외자유당, 같은 날 이승만과 입장을 달리하는 원내자유당이 결성되었다), '선언'에서 자유경제의 미명하에 악질적인 모리간상배들을 조성하며 신흥 특권계급을 형성하려고 준동하는 반동세력이라고 민국당측을 비난하고, "노동자, 농민, 소시민, 기술자, 지식층, 양심적 기업가들은 자유당 깃발 아래 단결하자. 그리하여 싸우자"

---

50) 서중석, 「이승만정부 초기의 일민주의」,『진단학보』83호, 1997, 155~156쪽.

51) 이 부분에 대해서는 위의 글, 163~167쪽 참조.

52) 위의 글, 175~178쪽.

53)『서울신문』1951. 8. 29.

54)『국회속기록』제11회 92호, 1951. 11. 10, 金光俊 의원 발언 .

55)『서울신문』1951. 11. 16.

라고 외쳤다.56) 자유당의 네 가지 정강은 일민주의의 네 가지 강령을 약간 바꾼 것인데, 네 가지 강령의 첫번째에서 빈부차등을 없애겠다고 한 것을 네 가지 정강에서는 그것의 첫번째에서 "노동자, 농민의 지위를 향상한다"고 공약하였던바,57) 일민주의 네 가지 강령의 첫번째를 약간 의미가 다르게 바꾸어놓은 것임을 알 수 있다. 그런데 자유당은 네 가지 정강 외에도 강령을 두었던바, 강령의 두번째에서 "우리는 독점경제 패자(覇者)들의 억압과 착취를 물리치고 노동자·농민·소시민·양심적 기업가 급(及) 기술 있는 자의 권익을 도모하여, 빈부등차의 원인과 그 습성(習性)을 거부하고 호조호제(互助互濟)의 주의로서 국민생활의 안정과 향상을 기함"을 내세웠다.58)

그러나 자유당은 세인이 주지하는 바와 같이 그 표방은 어떠하든지 노동자 농민을 위한 정당이 아니었다. 자유당에 대해서는 민의원 의원으로 자유당중앙당 조직부차장, 자유당중앙당 선전위원회 부위원장과 서울신문 사장을 맡으며 자유당을 대변해왔던 손도심(孫道心)이 1958년에 쓴 다음과 같은 글이 적절한 평가가 될 것이다.

　자유당의 정강이리든지 정책은 얼핏 보면 사회주의 정당에 가까우리만치 혁신적인 것인데도 불구하고…… 한 말로 말해서 관료적인 정당이요, 특권적인 정당이요, 약육강식이 자행되는 정당으로 보였던 것이다.59)

2) 민정당

1955년 말이 되면 다음해 정부통령선거에 나서기 위하여 초대 국무총리로 일민주의 신봉자를 자처하였던 이범석 및 자유당을 만들어놓고 이승만한테 숙청당한 이범석의 족청계가, 1952년 8·5정부통령선거 때 국무총리

---

56) 민의원 사무처 법제조사국, 『참고자료 제6호 국회 교섭단체의 변천과 각 주요 정당 사회단체의 消長, 그 정강 정책 당헌』, 1957, 26~28쪽.
57) 雩南전기편찬회 편, 『우남노선』, 명세당, 1958, 147쪽.
58) 한태수, 『한국정당사』, 신태양사, 1961, 193쪽.
59) 손도심, 『경세가와 정략가』, 海溢堂, 1959, 174쪽.

로 이범석을 낙선시키고 무명의 함태영을 부통령에 당선시키는 데 기여하
여 족청계한테 고발당한 장택상과 손을 잡고 신당(후에 가칭 민정당이었다
가 공화당이 됨)을 만들었다. 이 신당은 발기취지문에서 "현하 한국경제의
근본적 병폐인 특권적 관료경제를 지양하여 자본가의 착취만을 용납하는
보수주의를 거부하고 협동경제를 수립"할 것을 주장하였다.[60]

한 정치인은 민정당의 중요 간부들은 과거 관에 있을 때, 민정당 발기취
지문 강령초안에 있는 것처럼 '진정한 민주정치' '혁신적인 민주정치를 단
행' '특권적 관료경제를 지양'하는 등의 임무에 충실히 노력한 사람들이
아니라고 꼬집고, 세칭 족청계는 원래부터가 대의민주주의를 기본 이념으
로 하고 있지 않다는 것은 주지된 사실이므로 공연히 마음에도 없는 '진정
한 민주주의'니 뭐니 하는 간판을 내지 말고 그들 자신의 소신을 솔직 과
감히 내세우라고 당부하였다.[61]

3) 민국당

한민당의 후신으로 자칭 타칭 보수세력의 아성으로 꼽혔던 민국당은 어
떠한가. 민국당도 정강의 하나로 "경제적 기회균등을 원칙으로 자주경제의
수립을 기함"을, 정책으로 "중요한 기본산업의 국영 또는 통제관리"를 내
세웠던바,[62] 이러한 경제조항만 보면 자유주의 자본주의와는 거리가 있다.
그러나 민국당은 1953년 11월 22일에 개최된 혁신전당대회에서 한민당 이
래의 노장급이 후퇴하였을 뿐만 아니라, 새로운 정책의 하나로 대기업체의
국가관리와 기업활동에 대한 정부 간섭을 반대하고 통제경제정책을 지양
함으로써 자본주의 자유경제체제를 적극 확립하자고 천명하였다.[63] 보수
적인 노장층이 후퇴하였는데 경제정책이 바뀐 것은 자유당이 국가권력을
배경으로 자본가의 활동에 강한 영향력을 발휘하는 한편, 민국당의 자본가

---

60) 『조선일보』 1955. 12. 25.
61) 愼道晟, 「여당이냐 야당이냐」 (6), 『한국일보』 1956. 1. 31.
62) 민의원 사무처 법제조사국, 앞의 책, 181~182쪽.
63) 『조선일보』 1954. 2. 8. 이와 함께 마한, 『한국정치의 총비판』, 한국정치연구원,
   1959, 157쪽 참조.

에 대한 영향력이 축소되는 것을 직접원인으로 하고, 미국의 영향 등으로 민국당의 입장이 변화한 것을 반영한 것이었다.

4) 노농당

조봉암은 1955년에 쓴 한 글에서 뚜렷이 계급적 이익을 내세우고 투쟁목표를 보여준 정당이라고는 노농당이 효시인 것 같고, 대한민국에서 정당운동의 정상적인 발전을 위하여 노농당은 그 씨가 되었고 표본이 되었으니 그 역사적 사명은 컸고, 그 공로는 절대(絶大)하다 아니할 수 없다고 노농당을 극찬하였다.[64] 한국전쟁 후 보수전횡의 황량한 정치판에서 최초로 '계급적 입장'을 표명한 정당이 태어났다는 점이 반가울 수 있고, 조봉암 자신이 진보정당 조직을 여러 차례 시도하였으며, 또 당시에도 만들 계획이 있었기 때문에 '정치적'으로 그렇게 쓴 것이겠지만, 그것은 과도한 찬사였다. 1955년 2월 15일의 노농당 결성대회 선언문에서는 "노동자 농민 지식층 소시민을 기반으로 일대 정치세력을 집결하여 근로대중의 정상한 권익을 옹호하며, 공산독재주의와 자본독점주의와 관료독선주의를 초극한 역사창조 정당으로서 노농당을 결성한다"고 천명하였다.[65] 그러나 근로기준법을 엄격히 실시하여 노동자의 최저생활을 보장하자는 것을[66] 제외하고는 구체성을 띤 정책이 없었고, 더구나 혁신정당이라고 할 만한 요소를 찾아보기 어려웠다.

노농당을 이해하기 위해서는 위원장 전진한에 대하여 알아둘 필요가 있다. 그는 해방 직후인 1946년에 대한독립촉성청년총연맹 위원장, 대한독립촉성노동조합총연맹 위원장, 민족통일총본부 노농부장 등의 직책에 있으면서 이승만을 중심으로 한 극우적 정치활동을 벌였다. 대한노총 위원장으로 있으면서 초대 사회부장관을 역임한 전진한은 이후 혁신파나 다른 대한노총세력과 대한노총 주도권을 둘러싸고 치열한 암투를 벌였다. 노자대립의 관념을 일소하고 노자협조에서 한 걸음 더 나아가 노자일치를 주장

---

64) 조봉암, 「내가 본 내외정국」(18), 『한국일보』 1955. 7. 3.

65) 『조선일보』 1955. 2. 16.

66) 이기하, 『한국정당발달사』, 의회정치사, 1961, 241쪽.

한67) 그는, 반공정신에서 이승만한테 뒤지는 사람이 아니었다. 전진한은 이승만이 세계적 반공투사로 비범한 예지와 절륜한 정신력을 가진 분이라고 칭송하였다.68) 전진한은 어디서 자금이 들어왔는지 알 수 없으나 막대한 광고료를 들여69) 도하 주요 일간지에 '진보당에 호소함'이란 광고를 내어 이목을 끌었다. 장문의 광고문에서 노농당 위원장 전진한은 진보당이 "남한에서 '평화통일'이라는 [북과—필자] 동일 구호를 내걸고, '피해대중은 단결하라'는 맑스주의적 구호와 함께 이를 강조 선전한다는 것은 의식적이건 무의식적이건 간에 결국 김일성 도배와 발을 맞추어 크레믈린의 장단에 춤을 추는 것"이라고 진보당을 꾸짖었다.70) 이 광고가 나가고 6개월 뒤에 진보당 사건이 발생하였다.

노농당은 진보당 관련 광고를 낸 시기를 전후하여 소속 당원의 대량 탈당이 일어나 더욱더 1인 정당이 되었다.71) 전진한은 역시 당세가 약하였던 민주혁신당, 정화암 등의 혁신세력, 기타 세력과의 통합을 시도하였으나 뜻대로 되지 못하였다. 노농당은 1958년 11월 20일에 당명을 민족주의민주사회당으로 변경하고 당 노선을 새로이 천명하였다. 전진한은 헌법의 전문과 여러 조항이 민족주의민주사회주의 노선과 같다고 주장하며, '국시'인 민족주의민주사회주의 노선에 입각한 경제체제는 민주적 계획경제라고 선언하였다. 민족주의민주사회당은 1951년에 열린 국제사회주의자회의에서 채택한 민주사회주의와 같은 입장임을 시사하였다. 민족주의를 앞에 내세운 이 당은 강령에서 자유당과 비슷하게 대한민국 주권하에 남북통일과업을 촉진한다고 밝혔는데,72) 이것은 이 시기 민주당이 유엔 감시하의 남북

---

67) 전진한, 『건국이념』, 敬天愛人社, 1948(전진한, 『이렇게 싸웠다』, 무역연구원, 1996 수록), 141쪽.

68) 김석영 편, 『나는 차기 정부통령선거를 이렇게 본다』, 남광문화사, 1955, 60~62쪽.

69) 이와 관련해서는 『한국일보』 1957. 6. 19, 정국왕래 참조.

70) 『동아일보』 1957. 6. 14. 등 참조.

71) 『한국일보』 1957. 8. 11. 그밖에 「당을 움직이는 인물들」(민혁당 편), 『인물계』 1958. 2, 54쪽 참조.

72) 한태수, 앞의 책, 221~226쪽.

총선거로 당론을 바꾼 것과 대조를 이룬다. 민족주의민주사회당은 4월혁명 후 한국사회당으로 재출발하였다.

5) 민주사회당

1955년 9월 광릉회합에서 민주사회주의를 주장하고 얼마 후 진보당 추진세력과 결별한 정화암은 진보당이 발당식을 가진 직후인 1956년 11월 15일 이정규(李丁奎) 등과 함께 민주사회당을 발기하였다.[73] 사회민주당이란 이름은 이미 1946년에 여운형의 아우 여운홍(呂運弘) 등이 인민당에서 탈퇴하여 미군정의 지원을 받으며 만든 당에 붙여졌지만, 민주사회당이란 명칭은 정화암의 위의 당이 최초일 것이다. 정화암이나 이정규 모두 일제 때 아나키스트로 활동하였는데, 왜 이때 민주사회주의를 표방하게 되었는지는 명확하지 않다. 정화암은 자신의 회고록에서 홍콩에 있을 때 정주(丁舟)라는 사람이 민주사회주의에 대해 깊이 연구한 일이 있는데, 이것이 자신의 무정부주의와 너무나 상통하여 귀국 후 정치활동을 할 경우 민주사회주의에 근거를 둘 결심을 하였다고 기술하였을 뿐이다.[74]

민주사회당은 발기취지문에서 민족주의민주사회당 비슷하게 헌법의 평등권리와 균등경제를 중시하면서, 민중 자신의 단결과 조직으로서 민주주의를 목적과 수단으로 하는 민주사회주의를 건설할 것을 천명하였다. 그런데 이 취지문에서는 독점자본가와 공산주의자들을 함께 비판하면서, 이들과 결별 개종한 자라도 유물사관의 향수를 버리지 못한 자들은 지배자, 독재자로 화하고 만다고 경고하였던바,[75] 이 부분은 조봉암을 가리키는 것으로 해석될 수 있다. 정화암은 회고록에서, 조봉암은 공산주의 사상을 가진 정치인이었으면서 농림부장관과 국회부의장을 지낸 사람으로, 그가 집권하였다면 공산주의 사상에 기초를 둔 통치를 하였을지 어떠하였을지는 예언할 수 없다고 기술하였다.[76] 이는 조병옥의 조봉암에 대한 발언과 비슷

---

73) 金在明, 「정화암 선생 고투의 기록」, 『정경문화』 1985. 12, 415쪽.
74) 정화암, 『이 조국 어디로 갈 것인가』, 자유문고, 1982, 309쪽.
75) 한태수, 앞의 책, 235~236쪽.
76) 정화암, 앞의 책, 315쪽.

하다. 취지문에서도 주로 이승만 정권의 부패 난맥을 지적하는 것에 비중이 두어져 있지만, 정치의 5대 목표(초안)에도 사회보장제도의 확립, 협력·자주·창의의 신사회윤리의 확립, 청렴·겸허·공정·책임완수의 직역도의(職域道義)의 실천이 눈에 띌 뿐, 민주사회주의로서의 특징은 별반 보이지 않는다. 목표의 다섯번째에서는 사회주의자인터내셔널(SI)의 일원이 될 것임을 밝혔다. 민주사회당 또한 민족주의민주사회당처럼 대한민국 주권하의 통일방안을 갖고 있었는데,[77] 이승만 북진통일론과 논지가 같은 것이었다.

민주사회당은 발기 후 당 활동을 하지 못하였다. 회고록 전체에서 강조하는 바와 같이 정화암은 철저한 반공주의자였으나, 4월혁명 후 사회대중당에 합류하여 전북 김제에서 출마하였을 때, 민주당 후보 조한백(趙漢栢)을 지원하러 온 곽상훈(郭尙勳)은 "정화암은 무정부주의자입니다. 공산주의의 사촌쯤인 무정부주의자에게 어떻게 나라일을 맡기겠습니까"라고 말하였다.

6) 민주혁신당

조봉암과 함께 진보당추진위원회에서 활동하다가 1956년 5·15정부통령선거 후 혁신세력 대동규합을 표방하였던 서상일 등은 진보당이 발당대회를 가진 후 거의 1년이 다 된 1957년 1월 15일에 민주혁신당 발당대회를 가졌다. 민혁당은 중앙간부만 있고 지방간부나 당원은 별반 없었고, 활동도 미약하였다.[78] 민혁당은 '선언'과 '강령'이 진보당의 그것과 대동소이하여 당의 성격이 진보당과 같은 것으로 이해되기도 하였다. 진보당 사건에 연루되어 재판을 받았고, 스승 이동화를 따라 민혁당에도 관계하였던 정치학자 이상두는 진보당과 민혁당이 갈라진 이유를 이념이나 소신의 차이가 아니라고 지적하여,[79] 두 당의 이념이 비슷한 것으로 파악하였다.

그러나 민혁당의 주요 인사들은 대체로 진보당에 비해 온건한 인상을

---

77) 한태수, 앞의 책, 235~239쪽.

78) 「당을 움직이는 인물들」(민혁당 편), 53쪽.

79) 이상두, 앞의 글, 114쪽.

주며, 족청계인 안호상, 우문(禹文), 김철 등도 들어와 있었다. 한 정치학자는 앞에서 언급한 대로 민혁당의 정강정책은 대체로 수정자본주의 수준으로서 선진국이라면 '혁신'이라는 이름조차 붙이기 어려울 정도라고 평가하였는데,[80] 한 잡지는 민혁당이 필지(必至) 온건한 보수정당으로 낙착될 것이라고 보았다.[81] 한때 민혁당의 대변인 역할을 하였던 고정훈은 민혁당이 의회주의와 혼합경제체제를 정강으로 내세우는 등 개량주의적인 면을 강조하고 있다고 기술하였다.[82] 그는 자유당, 민주당, 진보당 간부들과 가진 좌담에서 1958년 5월 예정의 총선에서 통일문제보다는 재건문제를 먼저 내세우겠다고 말하고, 민주당 선전부장 조재천이 자본가 독점을 반대하면서 자유경제로 나아가겠으며 그것은 미국 민주당의 방향과 대동소이하다고 설명하자, 그러면 민혁당과 똑같다고 화답하였다.[83] 민혁당의 통일정책은 진보당의 그것보다 '온건'하였다. 민혁당의 성격이 이러하였기 때문에 민혁당을 만들 때 보수세력은 냉담하였고 진보세력은 이들을 이단시한 것이[84] 아닐까.

다른 정당도 그런 면이 있지만, 비록 직위는 간사장이었어도 민혁당의 얼굴은 서상일이었으므로, 서상일을 떠나서는 민혁당의 성격을 얘기하기 어렵다. 서상일의 경력은 제1장 제2절에서 소개하였지만, 해방 후 한민당 간부로 영남 보수세력을 대표하였다. 그는 1946년에 과도입법의원 의원이 되어 한민당과 이승만세력을 이끌고 입법의원 내의 중도파세력과 대결하였다. 1948년 제헌국회의원으로 헌법기초 위원장이 되어 활약하였고, 산업위원회 위원장으로 농민 위주의 농지개혁에 반대하였다. 여기까지만 보면 그는 전형적인 극우정치인이었다.[85] 그러나 부산정치파동 때 반독재호헌

---

80) 신상초, 「사회주의운동 15년」(상), 『사상계』 1960. 8, 58~59쪽.

81) 「당을 움직이는 인물들」(민혁당 편), 53쪽.

82) 고정훈, 앞의 글, 312~313쪽.

83) 「좌담 : 4정당의 선거 연두대결」(『현대』 1958. 3), 『죽산 조봉암 전집』 4, 185~
186, 209쪽.

84) 『명인옥중기』(고정훈 편), 23쪽.

85) 夫琓爀은 한 좌담에서 "소질로 보면 維石이 경무부장할 때의 짓이나 서상일 씨
가 민주국민당을 할 때 데리고 다니면서 한 행패나 보수정당의 사람들은 이기붕

구국선언대회사건으로 투옥중 김시현(金始顯) 등의 이승만 저격사건에 연루되어 복역하면서 그의 정치활동은 변하였다. 그는 감옥에서 청년들의 영향을 받았다.

사사오입개헌 후 단일야당 결성이 논의될 때 서상일은 범야당세력의 집결을 강력히 주장하여 조병옥을 반동분자라고까지 비난하면서 조봉암을 신당에 받아들일 것을 역설하였다.[86] 그러나 혁신정당조직 관계로 조봉암과 서상일은 갈라서게 되었다. 서상일은 진보당 사건에서 첫 증인이 되어 다음과 같이 말하였다.

> 진보당은 좌경 사회주의정당이라 할 수 있다. 그것은 첫째 당의 기구가 개인독재체제이고, 둘째 유물론에 입각한 맑스주의 이론을 토대로 했으며, 셋째 노동자와 농민을 위한 계급정당이기 때문이다.[87]

증언을 한 후 1년이 조금 지나 조봉암이 형장의 이슬로 사라졌을 때 서상일은 어떠한 심정이었을까.

지금까지 보아온 대로 군소 혁신정당은 민중과는 동떨어진 외딴 지대에서 자기들끼리의 분쟁으로 날을 보내는 꼴을 면치 못하는 실정이었다.[88] 그런가 하면 극우정치세력이나 정치인이 혁신을 표방하며 '혁신정당'을 만들었고, 혁신정치인이 그것도 민족문제에서 극우적 주장을 하기도 하고, 유심론을 강조하기도 하였다. 한국에서는 극과 극의 움직임을 보이면서 혁신정치를 하겠다고 나서는 경우가 드문 현상이 아니었다. 왜 이런 일이 나타났을까.

서상일이 1930년을 전후한 시기에 "모두가 구라파의 새로운 지식에 생소한지라, 새로운 책을 읽을 때마다 의견이 달라지거나 노선이 바뀌지거나

화할 소질을 충분히 가지고 있는 사람들"이라고 말하였다(「좌담회 : 카오스의 미래를 향하여」, 『사상계』 1960. 7, 39쪽).

86) 송원영, 앞의 글, 62쪽.

87) 김학준, 앞의 책, 215쪽.

88) 『조선일보』 1959. 9. 18.(조).

하는 일이 많았고, 극좌의 정치철학을 논하면서 봉건적 제도의 부활을 주
장하는가 하면, 극우의 정치이론을 이야기하면서 모든 재산의 사회화를 내
세우고 하였었다"고 회고한 것은,[89] 20~30년 후에도 변함이 없었다. 고정
훈은 이러한 자신의 의식을 <옥중단상>이라는 시로 다음과 같이 표현하
였다.

> 나는 이중인격자, 아니 삼중인격자다.
> 머리는 사회주의자, 이상주의자, 합리주의자.
> 가슴은 민족주의자, 낭만주의자, 모험주의자.
> 배는 자본주의자, 현실주의자, 본능주의자.
> 이렇게 나는 모순덩어리의 실존적 인간이다.[90]

고정훈은 이 부분에서도 빼놓고 쓴 것이 있을 것이다. 그러나 이 <옥중
단상>만 봐도 그의 정치행로를 짐작할 수 있지 않을까. 고정훈만 그러하
였을까. 조봉암은 제1장에서도 언급한 바 있지만, 각도를 달리해서 이렇게
말하였다.

> 혁신이나 진보세력 운운하는 인사들 중에는 진실로 인류의 새 이상을
> 파악하고 우리나라 현실에 맞는 정치를 하려는 사람, 다른 말로 하자면
> 우리 민족성에 맞고 우리 정치현실에 맞고 우리의 인정에 맞는 정치를 하
> 려는 사람들도 있지만, 개중에는 보수당 내의 충돌로 감정적으로 대립되
> 어 혁신이니 진보니 하는 사람들도 있고, 자유당이나 민주당에는 갈 수가
> 없고 가기가 싫은 사람들이 제3당을 하겠다는 의미에서 혁신이니 진보니
> 하는 사람들도 있다는 것을 알아야겠다.

조봉암은 이러한 상황에서 진보당을 조직하였다. 장건상은 혁신계의 통
일을 요구하였지만, 조봉암은 그러한 일치는 기대할 수 없으므로 먼저 진

---

89) 『내가 걸어온 길 내가 걸어갈 길』(서상일 편), 신태양사, 1957, 53쪽.
90) 『명인옥중기』(고정훈 편), 34쪽.

보당을 조직할 것을 강조하였다. 혁신계의 통일을 기대하기는 어렵지만, 한국의 정치적 경제적 여러 조건이 보수세력의 19세기적인 자본주의체제로는 도저히 수습할 수 없는 단계에 이르렀고, 세계적인 정치적 동향이 역시 자본주의의 부정 내지 수정에 기울어져 있음이 사실인즉, 진보적 혁신운동은 역사적인 필연성을 띤 것이기 때문이었다.[91]

4. 평등주의·사회주의의 지향

1) 해방 전 평등주의·사회주의의 지향

왜 해방 후 1950년대 초까지 각 정당이 비슷한 정치이념을 표방하여, 그것으로는 우익과 좌익, 파시스트와 사회주의자를 구별하기가 쉽지 않게 되었을까. 이와 관련해서 사회민주주의 이론에 밝은 이동화가 서유럽 사회민주주의자들 가운데는 민족주의에 강한 혐오감을 갖고 있는 사람이 많은데도 불구하고, 한 좌담에서 자신을 민족사회주의자로 규정하고 민주사회주의란 용어는 파시스트들이 잘 쓰는 민족사회주의란 말로도 되지 않나 생각한다고 말한 것을 음미해볼 필요가 있다. 그것은 민족 모두가 평등하게 살아야 한다는 염원이 깃든 것으로, 민족구성원이 피수탈의 위치에 있었던 점과 연관되어있다. 일제 때 독립운동을 하였고 극우적 성향을 지녔던 이청천(李青天)은 1948년 7월 초 제헌의회에서 헌법을 심의할 때 이렇게 말하였다.

전체주의를 주장하는 공산주의와 일부 무산자를 선동하여 완전 자주독립을 찾는다는 것은 절대 배격하는 것이 아닙니까. 그 반대에 제한이 없는 자유경제, 무제한 자본주의를 역시 배격하는 것입니다.…… 우리는 자유를 위하여 평등을 위하여 잘 고르게 살자는 것이 기본이념이기 때문에, 잘사는 데에는 절대로 8할이나 되는 노동자 농민의 복리를 도모하는 근본이념이 아니면 안되겠습니다. …… 국가권력으로서 철두철미 민족주의로 나가야 되겠습니다. 그리고 경제면에 들어가서는 사회주의로 나가야 되겠

---

91) 『한국일보』 1957. 1. 3.

습니다. 이것은 다시 말하면 민족사회주의입니다.[92]

민족주의민주사회당은 선언문에서 "민족적으로 정치적 피압박 계급이었고 경제적 피착취 계급의 위치에 놓이게 되었던 까닭"에 "외세 간섭이 없고, 억압과 착취가 없는 민족국가 건설이 민족 불멸의 염원"이 되었다고 토로하였다.[93]

근대적 인간의식·민족의식을 갖게 하는 데 중요한 계기가 된 3·1운동을 전후한 시기부터 국내외에서 한국인은 사회주의와 러시아혁명의 영향을 크게 받았다. 일본 도쿄(東京)에서 발표된 2·8독립선언서는 "아국(俄國)은 이미 군국주의적 야심을 포기하고 정의와 자유를 기초로 한 신국가의 건설에 종사하는 중"이라고 기술하여 러시아혁명을 적극 평가하였다.[94] 3·1시위 후 한용운(韓龍雲)이 옥중에서 쓴 『조선독립의 서(書)』에서도 비슷한 평가를 하였다.[95] 중국에서 박은식(朴殷植)이 1920년에 저술한 『한국독립운동지혈사(韓國獨立運動之血史)』는 더 적극적이어서 "러시아 공산당은 선두에서 붉은 기를 들고 전제정치를 전복하고, 각 민족에게 자유와 자치를 선포하였다. …… 이것이 세계를 개조하는 가장 선두의 동기가 되었다"라고 쓰여있다.[96] 3·1운동 후 독립운동에 뛰어든 이강훈(李康勳)은 그의 한 저서에서 "실제로 소련의 10월혁명의 영향은 우리 민족 레지스탕스운동에 막대한 자극제가 되고 큰 영향력을 미쳐주었다"라고 기술하고, 민족주의자들이 소련의 혁명에 순응하는 경향이 짙어 임시정부를 위시한 독립전선에서 초창기에는 이구동성으로 소련의 10월혁명 풍조에 문자 그대로 풍미되었다고 주장하였다.[97]

반제·반봉건운동의 이념으로서 민족주의와 사회주의의 관계에 대해서는 이상재(李商在)의 생각을 음미할 필요가 있다. 이상재가 사거하였을 때

---

92) 『국회속기록』 제1회 25호, 1948. 7. 5.

93) 한태수, 앞의 책, 223쪽.

94) 동아일보사, 『근대한국 명논설집』(『신동아』 1966년 1월호 별책부록), 98쪽.

95) 위의 책, 102~103쪽.

96) 박은식, 『한국독립운동지혈사』, 서울신문사 출판국, 1946, 59쪽.

97) 이강훈, 『대한민국임시정부사』, 瑞文堂, 1975, 89, 107~109쪽.

조선일보 사장 신석우(申錫雨)는 「월남선생 추도사」에서 이상재가 "민족주의는 사회주의의 근원이며, 사회주의는 민족주의의 본류이다"라고 주장한 것은 그의 후반생을 총결하는 사상이었다고 회고하였는데,[98] 그것은 이상재만의 주장이 아니었다. 여운형은 군국주의와 자본주의로 약소민족을 압박하고 대중을 착취하는 일은 전인류의 불행이요 화란(禍亂)이라고 보고, 이중의 속박을 당하고 있는 약소민족의 해방을 위해 싸우는 혁명가로는 누구든지 러시아혁명이 외치는 소리에 귀기울이지 않을 수 없다고 토로하였다.[99] 민족해방과 반자본주의의 상호관계에 대해서는 6·10만세운동 때 공산주의자들이 준비한 대한독립당 명의의 격고문(檄告文)에 잘 나타나있다.

> 식민지에서는 민족해방이 곧 계급해방이고 정치해방이 곧 경제해방이라는 것을 알지 않으면 안된다. 식민지 민족은 뭐라고 해도 무산자이고 제국주의는 곧 자본주의이기 때문이다. 그런 까닭에 금일 우리는 오로지 당면의 적인 정복국의 지배계급에 대해 정치적 경제적 모든 권리를 탈환하지 아니하면 사선을 벗어날 수 없다.[100]

이와 같은 인식이 광범하였기 때문에 민족주의단체도 사회주의 성향의 강령이나 정책을 제시하였다. 만주에서 1928년 9월 정의부 주류파와 신민부 민정위원회측, 참의부 협의회측의 일부는 민족유일당조직동맹을 결성하였던바, 이 단체는 사회주의자들의 영향을 받은 것이지만 1929년 1월 강령규약에서 "우리는 일본제국주의를 박멸하고 정치적 경제적 일체 생활이 평등한 신국가를 건설할 민족유일당을 조직할 것을 동맹함"이라고 천명하였다. 이 단체와 연결되어있는 국민부에서는 "노동자 농민의 소비에트를 건설하자! 공장·철도·광산 등의 대생산기관을 몰수하여 국유로 하자! 대지주의 토지를 몰수하여 농민에게 무상 대부하자!" 등을 슬로건으로 내놓

---

98) 『조선일보』 1928. 4. 1. 사설.

99) 李萬珪, 『여운형투쟁사』, 叢書閣, 1946, 96~97쪽.

100) 조선총독부 고등법원검사국 사상부, 『조선사상운동조사자료』 1, 52~53쪽.

았다. 이와 같은 급진성은 조선혁명당의 당의(黨義)·당강(黨綱)·정책 등에도 드러나있다.[101]

또한 1935년에 중국 관내(關內)에서 의열단, 한국독립당, 조선혁명당(만주에서 왔음) 등이 민족대당(大黨)으로 만든 민족혁명당은 당의는 조소앙의 삼균주의를 따랐고, 당강은 거의 의열단 강령을 따랐던바, 당강에는 소수인이 다수인을 박삭(剝削)하는 경제제도를 소멸하여 우리 민족 각개의 생활상 평등한 경제제도를 건립할 것 및 토지의 국유, 대규모 생산계획의 국유, 통제계획경제 실시 등이 포함되어있다.[102] 한독당 등 중국 관내에서 우익의 정치이념은 1930년 이후에는 대개가 삼균주의를 따랐던바, 그것은 경제면에서 토지와 대생산기관의 국유화를 내세웠다.[103]

1953년 미얀마(버마)의 양곤(랑군)에서 열린 아시아사회당회의에서는 식민지나 이른바 후진제국의 민족주의는 자유와 정의에 열정을 기울이는 점에서 사회주의와 같다고 표명하였는데,[104] 한국의 민족해방운동이나 사회운동에는 사회주의 지향성이 강하였고, 일반 한국인들도 그러한 성향을 보여주는 것은 사회주의자들의 활동도 간과해서는 안되지만, 민족해방운동이나 반일감정에 회포(懷包)되어있는 동포의식, 민족의식을 떠나서는 생각하기가 어렵다. 차별받고 억압받는 동포의 해방, 곧 사유를 위한 활동에는 강렬한 평등의식이 깃들어있게 마련이고, 그것과 연결되어 정의와 인도의 유토피아 사회를 건설하려는 의지가 작동하게 마련이다. 그리고 그것은 동포의 참상에 의해서 더욱 강렬한 성격을 지니게 된다.

이것과 상호작용을 하는 것이지만, 일제의 통치와 자본주의의 성격이 그러한 면을 강화시켰다. 한 연구자는 좌우익을 막론하고 독립운동세력이 토지 및 기업의 국유화를 주장한 것은 독립운동전선에 참가한 사람들이 독립운동 초기와 달리 지주의 지위를 상실하는 등 국내외에서의 경제적 조

---

101) 張世胤, 『在滿 조선혁명당의 민족해방운동연구』 성균관대 사학과 박사논문, 1997, 60, 110, 114, 124~125쪽 참조.

102) 서중석, 『한국현대민족운동연구』, 역사비평사, 1991, 164~165쪽.

103) 盧景彩, 『한국독립당연구』 고려대 사학과 박사논문, 1992 참조. 조소앙과 한독당 토지국유화의 애매함에 대해서는 서중석, 위의 책, 186~191쪽 참조.

104) 김철, 「한국혁신운동의 입장」.

건이 달라진 것을 한 가지 원인으로 지적하였는데,[105] 이러한 지적은 확대 해석되어야 할 것이다. 주지하는 바와 같이 일제시기 농민들은 식민지 지주제 아래에서 소작권을 상실한 채 수확의 6할 이상을 수탈당하기 일쑤였고, 춘궁기에 그들의 참상은 목불인견이었다.[106] 견디다 못해 만주로 이민 간 농민들의 상황도 비슷하였던바, 민족해방투쟁은 이들을 기반으로 하여 전개되었다.[107] 주요한 생산기관은 일본인이 거의 다 소유한 상황이었다. 또한 생산이 증가되어도 그것은 부분적으로밖에 한국인을 위해서 활용되지 못하였다. 이와 같이 한국에서 자본주의는 일제에 의한 이식자본주의의 성격이 강하였고, 한국인은 일제 말의 징용, 공출을 포함하여 그러한 자본주의에 참혹히 수탈당하는 존재로 비쳐졌다. 그러한 상황이었기 때문에 조선인의 대다수가 무산자와 다름없었다.[108] 이와 함께 자본주의는 한국인 사회에 충분히 침투하지 못하였고, 전근대적인 경제행위가 상당부분 존속하였다는 점도 고려하여야 할 것이다. 이러한 조건들도 민족해방운동세력이나 인민들로 하여금 사회주의 지향성을 갖게 하였다.

2) 해방 후 평등주의·사회주의의 지향

1945년 8월 해방은 민족혁명을 의미하였다. 그것은 일제강점기 민족해방운동과 인민들의 지향을 자산으로 이어받았다. 해방 직후 좌익이 압도적으로 우세였고, 전평·전농 등의 변혁지향적 단체가 광범위하게 노동자 농민 등을 포섭할 수 있었던 것도 그러한 상황과 관련이 있었다. 따라서 좌우대립이 극심하였는데도 불구하고 우익도 좌익 비슷한 주장을 하지 않을 수 없었다. 중도우파의 안재홍은 해방되자 바로 좌익에 대항하여 신민족주의와 신민주주의를 제창하였다. 그는 한국에서 자본주의적 계급독재는 성립할 수 없으며, 어느 한 계급을 정치적 경제적으로 억압 착취하던 것에서

<hr>

105) 姜萬吉, 「독립운동과정의 민족국가건설론」, 『한국민족주의론』, 창작과비평사, 1982, 131쪽.
106) 서중석, 앞의 책, 47~54쪽 참조
107) 장세윤, 앞의 글, 제2장 참조.
108) 『조선일보』 1924. 11. 18, 사설 「조선인의 직업문제 ─ 실업이냐 無業이냐」 참조.

벗어나, 중소지주 및 중소기업가와 노동자 농민이 병진협진(竝進協進)하여 계급대립을 지양한 만민공생의 민족통합국가를 건설할 것을 제안하였다.109)

이러한 점과 관련하여 해방 후의 상황을 극적으로 보여준 것이 한민당이었다. 지주·부르주아지 세력을 대변한 한민당은 1945년 11월 선전부장 함상훈이 밝힌 주의정책(主義政策)에서 "정치적으로 여하히 자유·평등이 있더라도 경제적 불평등이 있다면 국민 각자의 평등과 행복은 있을 수 없다"고 표명하였다. 12월 한민당의 영수 송진우(宋鎭禹)는 정견발표 방송에서 "경제적 민주주의는 독점의 자본을 제압하는 데 있는 것이니, 진정한 의미의 경제적 민주주의는 그 정책에 있어서 사회주의의 계획경제와 일치한 점을 발견치 못하리라고도 생각할 수 없습니다"라고 말하고, 대자본을 필요로 하고 독점성을 띤 사업은 국유·공영으로 하고, 토지소유도 극도로 제한하여야 할 것이라고 피력하였다.110)

종종 인용되는 자료이지만, 일반대중의 사회주의적 지향은 미군정에서 실시한 여론조사에서도 확인된다. 이 여론조사에 의하면 자본주의체제를 원한다는 응답자가 전체의 14%인 1,189명이었고, 공산주의체제를 선호한 사람들은 7%인 574명이었는데, 사회주의체제를 바란다고 대답한 사람들은 6,237명으로 전체의 3분의 2가 넘는 70%를 차지하였다.111)

1950년대 초까지 각계각층에서 대체로 사회주의 지향의 주장을 한 것은 동포주의·민족의식에 내재한 평등의식, 사회주의자들의 활동, 일제침략하에서의 민중의 참상, 자본주의의 성격 등이 여전히 주된 이유였겠지만, 해방 후의 상황도 상당히 작용하였다. 우선 지주·부르주아지 세력의 입지가 민족혁명적 분위기에서 친일문제 등과 관련하여 취약하였을 뿐만 아니라, 대부분의 중요 기업과 철도 등이 귀속재산이어서 소유권을 강하게 주장하지 못하거나, 하지 않았다는 점을 들 수 있다.112) 또한 해방 후 자산가들은

---

109) 안재홍, 「신민족주의와 신민주주의」, 『民世안재홍선집』 2, 지식산업사, 1983, 56~59쪽.

110) 沈之淵, 『한민당연구』(자료), 풀빛, 1982, 152~156쪽.

111) 『동아일보』 1946. 8. 13.

청년단체를 포함한 극우정치세력의 물적 기반이었고, 박흥식(朴興植) 등 상당수는 모리배로 지탄을 받았다. 미군정이나 이승만 정권이 자산층과 야합하여 부패한 데다가 경제난이 몹시 심하였다는 점, 귀속재산 처리에 부정이 많았고, 그것의 관리인이 무능하였다는 점도 반자본주의의 정서를 지속시키는 데 기여하였다. 농업사회의 면이 강하였고, 소수를 제외하고는 대개가 빈곤하였던 점도 수탈이 없는 평등사회를 지향하는 데 작용하였다.

해방 후의 상황이 이러하였으므로, 미국에서 40년간 살아온 극우반공주의자 이승만도 제헌의회에서 헌법을 심의할 때, "자본가가 자본을 쓸 적에 저의 사사이익을 위해서 쓰는 것을 국법으로 반대한다"라고 언명하지 않을 수 없었다.113) 제헌헌법의 경제조항은 이러한 배경을 알지 못하면 이해가 잘 안되게 되어있다. 제헌헌법은 전문에서 "정치 경제 사회 문화의 모든 영역에 있어서 각인의 기회를 균등히 하고", 국민생활의 균등한 향상을 기한다고 명시하였다. 그리고 지켜진 바는 없었지만, 제18조 2항에 "영리를 목적으로 하는 사기업에 있어서는 근로자는 법률의 정하는 바에 의하여 이익의 분배에 균점할 권리가 있다"고 규정하였다. 경제적 지향은 경제조항의 총괄에 해당하는 제84조에 "대한민국의 경제질서는 모든 국민에게 생활의 기본적 수요를 충족할 수 있게 하는 사회정의의 실현과 균형있는 국민경제의 발전을 기함을 기본으로 삼는다. 각인의 경제상 자유는 이 한계 내에서 보장된다"고 천명한 것에 잘 드러나있다. 그리고 제85조에 광물 기타 중요한 지하자원, 수산자원, 수력 등을 국유로, 제87조에 "중요한 운수, 통신, 금융, 보험, 전기, 수리, 수도, 가스 및 공공성을 가진 기업은 국영 또는 공영으로" 하고, 제88조에 법률에 의하여 사영기업을 국유 또는 공유로 할 수 있다고 명기하고, 제86조에는 농지는 농민에게 분배한다고 규정하였다.

이 헌법은 진보적 성격을 지녔다는 독일 바이마르헌법의 '경제조항' 규

---

112) 지주의 권한이 일제 말 군국주의정책과 공출, 해방 후 변혁적 분위기와 '공출' 등에 의해서 약해진 것에 대해서는 서중석, 『한국현대민족운동연구』 2, 역사비평사, 1996, 144~149쪽 참조.

113) 『국회속기록』 제1회 25호, 1948. 7. 5.

정을 경제적 민주주의의 입장에서 잘 살리고 있다는 지적도 있다.114) 민족주의민주사회당은 헌법의 경제조항이 사회주의를 받아들여 이루어진 것으로 주장하였지만,115) 이러한 해석은 일찍부터 있었다. 이 헌법의 바탕을 마련하였고, 전문위원으로 제헌의회의 헌법심의에 참여한 유진오(兪鎭午)는 이 헌법의 경제조항이 국가사회주의 국가를 보는 것 같고, 개인주의적 자본주의 국가의 체제를 폐기하고 사회주의적 균등의 원리를 채택한 것으로, 정치적 민주주의와 경제적 사회적 민주주의라는 일견 대립되는 두 주의가 한 헌법 안에 융합되어있다고 기술하였다.116)

그러나 전쟁이 종결될 무렵부터 상황이 변하였다. 전후 복구 속에 경제개발이 현안으로 들이닥쳤는데, 이승만 정부는 미국의 강력한 권유를 받으며, 사회주의적 경제이념을 완화 또는 수정하여 자본가 활동의 입지를 넓히는 작업에 들어갔다. 1954년 1월 23일 정부는 헌법 경제조항에 대한 개헌안을 국회에 제출하였다. 제안 이유는 경제의 후진성에 기반을 둔 통제경제를 수정하여 고도로 발달된 자본주의의 자유와 창의의 귀중함을 체험시켜서 생산력의 고도증강으로 국가경제의 발전을 기하기 위해서였다. 그러나 이것에 대한 반대도 만만치 않았다. 제헌헌법의 그것은 선진국가의 경제조항에 손색이 없는 이상적인 규정으로, 일시적 방편으로 '후되'(따옴표는 필자)하면 자본주의의 폐단을 초래하며, 외국자본 투자의 길이 열려 경제적 노예가 될 수 있다는 것이었다.117) 당시 자유당 소속 의원이 전체 의석의 57%인 102명이었고, 민국당(소속 의원 22명)도 1953년 11월의 전당대회에서 자유경제로 당론을 바꾸었으나, 통과될 전망이 불확실하자 정부는 경제조항 개헌안을 철회하였다.

경제조항 개헌안은 1954년 5·20총선을 전후하여 제기된 대통령의 중임제한을 철폐하는 헌법개정안에 삽입되었다. 그러나 이 개헌안은 이해 10월에 뉴델리 밀회사건이 터지기 전까지는 통과될 가능성이 약하여 그때까지

---

114) 安霖, 『동란 후의 한국경제』, 白映社, 1954, 38쪽.
115) 한태수, 앞의 책, 223~224쪽.
116) 유진오, 『憲法解義』, 明世堂, 1949, 176~177쪽.
117) 대한민국건국10년지 간행회, 『대한민국건국10년지』, 1956, 227쪽.

국회에 상정되지 않았다. 대통령 중임제한 철폐에 대한 반발이 컸기 때문이었지만, 경제조항에 대한 반발도 만만치 않았다.[118] 한 신문의 여론조사에 의하면, 초대 대통령의 연임제에 대하여 반대가 78.8%(찬성은 16.9%)였고, 자유경제조항에 대하여는 찬성 45.9%, 반대 46.3%로 막상막하하였다.[119] 1954년 11월 27일에 부결된 이 개헌안은 이틀 뒤 야당이 총퇴장한 속에서 사사오입이란 방식으로 '통과'되었다. 개정된 중요 경제조항은 제85조에서 광물 기타 중요한 지하자원, 수산자원, 수력 등이 법률에 의해 일정한 기간 개발 또는 이용을 특허할 수 있게 하였고, 제88조에서 국방상 또는 긴절한 필요에 의해 법률로 특히 규정한 경우를 제외하고는, 사영기업을 국유 또는 공유로 이전하거나 그 경영을 통제 또는 관리할 수 없게 하였다.[120]

사사오입개헌 이후에도 혁신세력이 아닌 경우에도 평등지향의식은 정치권에 영향을 미쳤다. 사사오입개헌으로 위기의식을 느낀 반이승만세력은 호헌동지회를 만들어 범야 단일정당의 결성을 기도하였다. 그래서 나타난 신당 발기추진위원회는 발기취지서에서 "사회정의에 입각한 수탈 없는 국민경제체제를 발전"시킬 것을 다짐하였다.[121] 그 뒤 신당 운동자들은 조봉암의 참여문제와 함께 '수탈 없는 경제체제'냐 '자유주의 경제체제'냐 하는 문제로 논란을 벌여, 결국 세칭 민주대동파가 탈퇴하고 이른바 자유민주파 중심으로 신당 발기준비위원회를 구성하였다. 그렇지만 민국당이 주류였던 이들도 사회정의에 입각한 수탈 없는 국민경제체제를 발전시킬 것을 다시 확약하였다.[122]

1955년 9월 19일에 결성된 민주당은 앞의 원칙을 완화하여, 정강의 세번째로 "자유경제원칙하에 생산을 증강하고 사회정의에 입각한 공정한 분배로서 국민경제를 발전"시키겠다고 천명하였다. 자유경제와 공정한 분배는 양립되기 어려운 모순된 조항이었다. 한 신문에서는 수탈과 피수탈이 없는

---

118) 이러한 여론에 대해서는 『한국일보』 1954. 9. 11. 참조.
119) 『한국일보』 1954. 10. 11.
120) 金哲洙, 『한국헌법사』, 대학출판사, 1988, 554쪽.
121) 『한국일보』 1954. 12. 26.
122) 『한국일보』 1955. 7. 18.

'균등한 사회'의 건설은 우리 국가의 이상이며, '국민평등의 원칙'은 민주주의의 기본권리라고 역설하였는데,123) 민주당에서 모순된 정강을 내세울 만큼 한국에서 평등주의는 뿌리가 깊었다. 그것은 조병옥이 민주대동파를 극소수 사회주의분자로 몰아 신랄히 비난하였음에도 불구하고, 그 자신도 자유경제를 원칙으로 하여 사회주의에 입각한 수탈 없는 경제체제를 확립하자고 주장한 데서124) 다시금 확인된다.

조봉암이 말한 바처럼 공산당 이외에는 극우파의 정강정책과 중간적인 당의 정강정책, 그리고 상당히 진보적인 당의 정강정책이 거의 같다는 사실을 부인하기 어렵다.125) 그러나 세 정치세력이 경제정책만 가지고 보더라도 꼭 같은 것은 아니었다. 중도파 또는 중간파와 진보세력의 차이는 뒤에서 보겠지만, 극우파의 경우 파시즘이나 군국주의와 연결되는 측면이 중시되어야 하며, 설령 반자본주의적 색채를 띠고 있었다고 하더라도 그것을 실제로 현실화하려고 하였느냐 하면, 그렇다고 대답하기가 어렵게 되어있다. 뿐만 아니라 자유당정부와 민국당-민주당에서는 1953, 54년을 경계로 부분적으로 표방은 계속하였지만, 실제로는 그것을 폐기하고 있었다.

1953년경부터 1957, 58년경까지 소련도 중국도 북한도 변화하고 있었지만, 남한도 변화하고 있었다. 그것은 단적으로 이승만 정권의 성격변화와 태생은 같은데도 한민당-민국당과는 전혀 다르게 도시민의 지지를 받는 민주당의 탄생, 그리고 진보당의 출현에서 볼 수 있지만, 정치이념에서도 그러하였다. 1950년대 초까지 강세를 떨쳤던 소박한 평등주의에 기반을 둔 사회주의 이념은 이제는 극우보수세력에 의해 거부되었고, 진보당은 그것의 상속자이면서도 그것과는 분명히 성격을 달리하는 사회민주주의 또는 진보주의나 혁신정치를 새롭게 제시하였다. 극우반공체제와 그것을 떠받쳐주는 냉전체제의 강화로 정치지형은 더욱 협소해졌는데, 변화하는 사회에서 새로운 대결, 새로운 경쟁이 시작된 것이다.

---

123)『조선일보』1955. 3. 29.

124) 조병옥,「민주당의 지향하는 길」,『민주주의와 나』, 永信文化社, 1959, 209~210쪽, 이와 함께 이 책에 수록된「신민주주의를 제창함」을 참조.

125) 조봉암,「우리는 왜 개헌을 반대했나」(1949. 3), 정태영, 앞의 책, 424쪽.

제2절 조봉암 - 진보당과 사회민주주의

1. 조봉암의 사회민주주의 관련 자료

조봉암의 사회민주주의 이념을 분석하기 위해서는 먼저 그것과 관련된 자료에 대한 비판을할 필요가 있다.

조봉암 - 진보당의 정치이념을 읽을 수 있는 자료로는 1955년 12월 22일에 나온 진보당 발기취지문(강령초안 포함), 1956년 11월 10일 진보당 결당대회의 조봉암 개회사, 이 대회에서 채택한 선언문과 강령, 정책이 가장 중요하다. 진보당추진위원회가 발족할 즈음에 새 당의 입장과 관련해서 쓴 윤길중의 「진보당이 나가는 길」(『신세계』 1956. 3), 「진보당조직의 의의와 그 조직」(『새벽』 1956. 3) 등과 진보당과 관계가 깊은 『중앙정치』(1957. 12)에 실린 윤길중의 「계획성 있는 경제체제」나 김안국의 「수탈 없고 계획적인 번영책」도 중요하다. 진보당 사건 초기에 북의 비밀 지령문이라고 어마어마하게 조작되어 보도된 「강평서」는 진보당의 세계관으로 변증법적 유물론을 제시하였고, 인류역사는 계급투쟁의 역사이며 국가는 피착취 계급을 억압하기 위한 수단이고, 진보당은 국민적 당이라고 하나 그 정책을 볼 때 노농당, 즉 계급당이라고 기술하여,[126] 일본 사회당 좌파에서 볼 수 있는 급진성을 보여주고 있는데, 그것은 그것의 작성자 정태영이 밝힌 바와 같이 진보당과 직접 관계가 없는 개인 문서이다.

진보당의 선언문과 강령, 정책은 1955년 12월 22일 12명의 발기인 명의로 취지문과 강령초안이 발표된 후 전국 진보당창당추진위원대표자회의가 소집된 1956년 3월 31일 사이에 초안(1955년 12월 22일에 발표된 강령초안과 이동화가 작성한 강령초안은 다른 것임)이 작성되었을 것으로 추측된다.[127]

---

126) 「강평서」 전문은 권대복 편, 앞의 책, 149~157쪽 참조.

127) 3월 31일 회의에서는 정강·경제정책·당기구(안) 등을 심의하여 채택하였다고 보도되었는데(『한국일보』, 1956. 4. 1 ; 정태영, 앞의 책, 231쪽), 정강은 정치강령,

이 시기에 진보당은 정부통령선거를 앞두고 창당 준비를 서두르고 있었고, 따라서 이념정당답게 강령과 정책 등을 작성하는 데 노력을 기울였을 것이다. 만일에 선언문이나 정책 등의 작성이 늦어져 3월 31일까지 완료되지 않았다면, 그것은 늦어도 서상일 등이 진보당과 결별을 선언하고 민주혁신당을 추진하겠다고 발표한 10월 8일 이전, 아마도 정책은 5·15정부통령선거 실시 이전에 초안이 만들어졌을 것이다.[128]

선언문과 강령, 정책은 맨 먼저 강령이 작성되고, 다음에 정책순으로 작성되었으며, 강령과 정책은 작성자들이 서로 다르거나 강령 작성자가 정책 작성에도 부분적으로 참여하였을 것으로 분석된다. 선언문은 강령, 정책 작성자와는 다른 인물이 만들었거나, 모두 다 함께 또는 정책 작성자와 다른 사람들이 함께 작성하였을 것이다. 강령이 맨 먼저 작성되었을 것이라고 보는 것은 그것을 작성하고 정책 등을 작성하는 것이 일반적인 순서이고, 내용도 양자가 약간 다르기 때문이다. 강령에서는 '반동적 보수세력'이 '무능성과 부패성'을 지녔다고 지적하였는데(33쪽),[129] 정책에서는 '무력한 민족자본'이 '무능성, 부패성, 정치적 무견식성, 사대주의적 아부성'을(40쪽), '우익적 보수적 정치세력'이 '무능성과 부패성과 무견식성'(41쪽)을 지닌 것으로 파악하였다. 정책에는 '무견식성' 등이 추가되어있는 것이다.

강령과 정책은 여러 면에서 차이가 난다. 우선 통일정책을 보면, 이동화는 자신이 진보당 강령초안을 작성하면서는 민주적 통일이란 문구를 썼는데, 나중에 인쇄돼 나온 것에는 평화적 통일이란 용어로 바뀌어 있었다고 진보당 사건 때 법정에서 진술하였다. 따라서 이동화는 신중을 기하여 '평화적'이란 말을 피하고, 1955년 12월 22일에 발표된 강령초안의 3항과 거

곧 강령을 가리킨다(정태영, 같은 책, 231쪽).

128) 5·15선거시의 강령과 정책초안이 진보당 발당 예정일이었던 1956년 8월 30일(실제는 11월 10일) 발당대회에 부의되기 전에, 8월 10일에 열릴 예정인 진보당추진위원회 상무위원회에서 검토되어 심의를 완료하기로 하였다는 보도(8월 9일자 또는 8월 10일자 신문)를 보면, 강령과 정책초안은 8월 19일 이전, 빠르면 5·15 정부통령선거 투표일 이전에 만들어진 것으로 보인다. 그러나 8월 10일에는 당내 분규로 강령과 정책의 심의가 제대로 되지 못하였다.

129) 이하 쪽수는 권대복이 편집한 책에 수록된 것을 따랐음.

의 같은 내용의 통일방안을 강령 4항으로 넣었던 것인데, 조봉암 또는 다른 사람들이 정부통령선거전을 앞두었기 때문에 괜찮을 것으로 보고 '평화적 방식에 의한'이란 말을 첨가한 것이었다. 이동화는 장문의 강령 전문에서도 통일문제에 대해 거의 언급하지 않았다. 그러나 정책에서는 첫 항목이 '통일문제'일 뿐만 아니라, 대담하게 무력통일론이 이미 불가능하고 또 불필요하다고 지적하고는 강렬한 어투로 피흘리지 않는 평화통일을 옹호하였다(37쪽). 또 강령에서는 '낡은 자유자본주의세력'이라고 표현하였는데(36쪽), 정책에서는 '낡은 자유민주주의=자유자본주의'로 표현하고(44쪽), '낡은 자유민주주의'를 강하게 비판하였다(43쪽). 정책은 부분적으로 강령(전문 포함)에서 사용한 용어를 이어받으면서 그것과 다른 용어를 여러 번 사용하고 있다. 선언문은 강령이나 정책과는 강조점이 약간 다르다. 이 글에서는 '새로운 민주국가' '새로운 민주주의적 정치세력'의 집결 등 민주주의를 강조하고 있고, 그것을 진보적 혁신적 민주주의적 정당과 등치시키고 있다(14쪽).

진보당의 선언문이 결당대회가 열린 11월 10일경에 작성된 것이 아니라, 늦어도 서상일이 진보당과 결별한 10월 8일 이전에 작성되었다고 본 것은 그것이 민주혁신당의 선언과 유사하기 때문이다. 아무리 급하게 창당하였더라도 진보당보다 거의 1년 늦게 결당대회를 가진 민혁당이 선언과 같은 중요한 문서를 자신들과 아무 관련이 없는 것을 차용하였을 리 만무하기 때문이다. 민혁당의 선언은 진보당의 그것을 부분적으로 삭제하고 군데군데 덧붙여놓았으며, 부분적으로 어휘 등을 바꿔놓은 것에 지나지 않는다. 그러나 차이는 있다. 진보당의 그것이 앞머리에서 "통일된 자주독립 대신에 국토의 분단과 사상적 대립이 격화되었다"(13쪽)는 등으로 서술되었는데, 민혁당의 그것에서는 빠져있는 반면, 민혁당의 그것은 내정에 대한 비판에 비중이 두어져 있다. 진보당의 그것이 뒷부분에서 "민주적 국토통일을 평화적으로 실현"하겠다고 표현한 것도(15쪽), 민혁당의 그것에서는 "국토통일의 민주적 달성"으로 되어있다(338쪽).[130] 민혁당의 선언에 진보당의

---

130) 민혁당의 선언과 강령은 한태수, 앞의 책에 따랐으며, 쪽수는 그 책의 것이다.

선언문에는 나오지 않는 '사회적 민주주의 대중정당'이란 말이 들어가 있는 것도(338쪽) 눈에 띈다.

진보당의 강령, 정책과 민혁당의 강령은 대체로 비슷하지만, 다른 점도 있다. 구성에서는 진보당 강령 전문의 제1절에서 제7절까지가 민혁당의 강령과 거의 비슷하게 들어가 있으나, 소제목의 편제나 명칭은 꽤 다르게 되어있다. 진보당 강령 전문은 7절에 이어 8절에 당의 성격과 임무가 붙어 있고, 다음에 5개항의 강령이 기재되어있다. 그런데 민혁당의 그것은 진보당 강령 전문 7절과 비슷한 글이 들어간 뒤에 진보당 정책의 다섯번째 항목인 경제정책과 대체로 비슷한 내용의 글이 「경제건설의 기본목표」란 제목으로 들어가 있고, 그 다음에 진보당 정책의 첫번째 항인 통일문제가, 그것에 이어 진보당 정책의 두번째 항인 외교·국방정책이 「방위와 외교문제」란 제목으로 들어가 있다. 그리고 진보당의 강령 전문 8절에 해당하는 내용이 「제5절 민주혁신당의 성격과 임무」라는 제목으로 들어간 뒤 진보당 강령 다섯 가지에 해당하는 것이 들어가 있다. 진보당의 정책에 들어가 있는 3항, 4항 그리고 5항 경제정책의 「소위 귀속재산과 국영기업의 문제」 등은 민혁당의 경우 정책대강이라는 별도의 부분에 들어가 있는데, 이 부분은 서로 차이가 꽤 많이 난다.

진보당의 강령 전문과 민혁당의 그것은 표현에서 여러 군데 차이가 있다. 예컨대 당의 성격에서 진보당은 노동자 농민을 중심으로 진보적 근로인텔리 등의 집결체라고 명시하였는데(34쪽), 민혁당에서는 노동자 대신 근로자라는 말을 넣었고, 그리고 근로인텔리 앞에 붙어있는 진보적이라는 말을 생략하고, 애국적 기업가를 추가하였다(359쪽). 가장 큰 차이가 있는 부분은 역시 통일문제이다. 진보당 정책에서 무력통일론을 강하게 비판한 것을(27쪽) 크게 완화하여 놓았고(358쪽), 평화적 통일의 강조도 후자가 약하다. 뿐만 아니라, 민혁당 정책대강의 제3장 「통일방안」은 진보당 정책에서 표현하고 있는 것보다 훨씬 더 약화되어있고, 북에 대한 요구사항이 많아졌다. 민혁당의 5개 강령도 진보당의 그것과 차이가 있다. 진보당 강령의 첫번째인 원자력혁명과 관련된 부분이 빠져있고, 민혁당의 1, 2, 3항은 진보당의 2, 3, 4항과 비슷하나 통일 부분은 완화되어있다. 진보당의 강령 제

5항은 민혁당의 그것에서 4, 5항으로 분리, 상술되어있다.

진보당 발기취지문, 강령 및 정책의 작성자는 누구인가. 이 부분은 정화암의 회고록이 그래도 상세하다. 1955년 9월 1일 광릉회합 후 진보정당 결성 초기에만 관여한 정화암은 준비위원회를 구성할 때, 자신은 윤길중, 장건상, 신도성 등과 함께 의안부에 들어가 있었으며, 창당취지문 기초위원회가 구성되어 신도성과 윤길중에게 문안 작성을 위임하였다고 기술하였다.[131] 정화암이 말한 창당취지문은 발기취지문을 가리킨 것일 것이다. 따라서 발기취지문은 신도성과 윤길중이 초안을 작성하여 심의를 거쳐 발표되었을 것이다.

강령 작성자는 이동화가 『명인옥중기』(희망출판사, 1966)에서 쓴 "진보당을 결성하면서 내가 기초하였던 강령초안을 진보당의 강령으로 정식 채택" "강령 때문에 진보당 사건에 말려들어가"(216쪽) "강령을 기초할 당시 나 자신은 이 점에 대하여 신중한 고려를 거듭한 끝에 '평화적 통일'이라는 문구 대신에 무난하리라 생각되는 '민주적 통일'이라는 문구를"(218쪽) 등의 문구를 보거나, 여러 증언을 참고할 때 3월 31일 이전에[132] 이동화가 기초한 것이었다. 그러나 이동화의 원고와 진보당 강령에서 채택된 문서 사이에는 어느 정도 차이가 있었다.[133] 문제는 정책 작성자이다. 「진보당 사건 논고」에서 검찰은 진보당 정책의 작성자를 신도성으로 명시하였다.[134] 판결문에는 가칭 진보당추진준비위원회 의안부 책임자 신도성에 의하여 진보당의 정책, 통일문제가 초안되었던바, 그것이 진보당 결당시 당의 정책으로 채택되었다고 쓰여있다.[135] 그러나 이것과 차이가 나는 기술

---

131) 정화암, 앞의 책, 308, 310쪽.

132) 김학준은 대통령후보문제로 논란이 있을 무렵 이동화가 강령의 기초를 위임받았다고 기술하였다(김학준, 앞의 책, 203쪽). 진보당의 대통령후보는 3월 31일의 전국추진위원대표자회의에서 결정되었다. 조봉암과 진보당에서는 선거전에 들어가면서 평화통일론을 부각시켰으므로 논리적으로도 강령초안은 3월 31일 이전에 작성된 것으로 봐야 할 것이다.

133) 위의 책, 210쪽

134) 尹基禎『한국공산주의운동비판』, 통일춘추사, 1959, 347쪽

135) 위의 책, 420쪽.

도 있다.

한 기록에는 진보당의 강령·정강정책 등의 기초가 신도성, 이동화, 윤길중 등에게 맡겨졌다고 되어있다.[136] 이것은 뭉뚱그려 표현한 것이므로 신도성이 정책초안의 작성자가 아니라는 반론이 되지는 못한다. 그런데 배심판사로 진보당 사건에 관여한 이병용은 이동화가 진보당 정강정책, 선언문 등을 위촉받아 기초하였다고 기술하였다.[137] 또한 김학준은 민혁당의 선언문과 강령 및 정책은 대체로 이동화가 작성하였다고 주장하였다.[138] 그렇지만 이동화의 회고에도 김학준의 책에도 진보당 정책초안에 이동화가 관여하였다는 기록은 보이지 않는다. 아마 이병용이 이동화가 민혁당의 문건 작성에 관계된 것을 진보당으로 착각하였을 수도 있다. 여러 정황을 볼 때 진보당의 정책은 신도성이 기초한 것을 윤길중, 이동화 등 여러 사람이 심의하였을 가능성이 크다. 그러나 그것의 기초에 신도성과 함께 이동화, 윤길중 등이 참여하였을 가능성도 배제할 수 없다.

진보당 결당대회에서 채택한 선언문은 짧은 것으로 대개가 동의할 수 있는 내용이기 때문에, 조봉암의 의사와 차이가 있을 것이라고 볼 필요는 없을 것이다. 문제는 진보당의 강령과 정책은 이 글에서 조봉암의 사회민주주의를 분석하는 데 핵심자료로 활용되고 있는데, 그것이 조봉암의 이념이나 정책과 다른 부분이 있을 것인가 하는 점이다. 서상일 같은 지도자와 달라서 수십 년간 공산주의자로 활동하였고, 이념문제에 확고한 자기 주견 또는 일가견이 있으며, 정치이념을 중시하였던 조봉암이 자신이 중심이 된 당을 만드는 데 자신의 이념이나 견해와 다른 정강이나 정책을 채택하지는 않았을 것이다. 더구나 강령과 정책 등을 정식 채택한 1956년 11월 10일의 대회에서 결당된 진보당은 이동화, 신도성 등은 이미 떠났고, 조봉암이 절대적인 위치에 있었기 때문에 조봉암과 이념 또는 견해를 달리하는

---

136) 『중앙일보』 1982. 11. 12, 「진보당사건」 (38) ; 이영석, 『죽산 조봉암』, 圓音출판사, 1983, 210쪽.

137) 이병용, 「세칭 '진보당 사건' 심판 해부—역사에 남을 사건은 과연 어떻게 심판되고 있는가?」.

138) 김학준, 앞의 책, 212쪽.

문건은 채택될 수 없었다. 실제 그날 있은 조봉암의 개회사와 그 이전에 그가 쓴 것들과 진보당의 강령, 정책에서는 차이나는 점을 발견하기 어렵다. 조봉암은 1952년 8·5정부통령선거에서 이미 공산당의 독재와 자본가와 부패분자의 독재를 반대한다고 언명하였고, 그 뒤 그것은 1955년에 쓴 「내가 본 내외정국」에서 강조되는데, 이 부분이 강령의 뼈대를 이루고 있다. 그 점은 반공과 친미에서도 비슷하다.

조봉암이 결당대회 개회사에서 원자력의 중요성을 피력한 것은 이미 강령에서 상세히 언급한 바였다. 또 개회사에서 자본주의 세계와 사회주의 세계가 모두 사회민주주의 방향으로 가고 있다는 수렴론은[139] 강령 전문에서 자본주의 역사를 서술할 때 설파한 것이었다.[140] 진보당 정책의 골자는 5·15정부통령선거에서 공약으로 제시된 것과 비슷하다. 그러나 진보당의 강령과 정책이 조봉암의 견해와 강조점이 다른 것들은 꽤 있을 수 있다. 강령에서는 호인적인 중간파 제세력이 공산주의자들에게 이용당하였다고 지적했는데, 조봉암이라면 그렇게 쓰지 않았을 것이다. 통일문제도 강령은 조봉암의 생각보다 미약하다. 특히 조봉암은 개회사에서 진보당을 '피해대중의 당' '피해대중의 전위대'로 규정하였는데, 강령에도 정책에도 이런 표현은 나오지 않는다.

2. 진보적 민족주의자와 사회민주주의자의 관계

조봉암 - 진보당과 사회민주주의의 관계를 분석하려면 먼저 조봉암이 한국의 정당을 극우적인 당, 중간적인 당과 상당히 진보적인 당으로 구별한 바를 음미할 필요가 있다. 극우적인 당은 쉽게 그 윤곽을 떠올릴 수 있지만, 중간적인 당과 진보적인 당은 어떻게 구별할 수 있을까. 진보당의 부통령후보이자 부위원장이었던 박기출은 한 저서에서 "조봉암 등 민족자주적 사회주의자", "박기출 등 영남지방의 진보적 민족자주세력 등"이라고 기술

---

139) 정태영, 앞의 책, 357쪽.
140) 권대복 편, 앞의 책, 21쪽.

하기도 하고, "남조선의 진보적 민족주의자, 사회주의자"란 표현을 쓰기도 하였다.[141] 전자의 사회주의자와 후자의 사회주의자는 다른 것으로 해석할 수 있지만, 앞의 기술만 가지고 볼 때 조봉암과 자신이 차이가 있다는 점을 분명히 하고 있다. 그것은 진보당 내에도 노선이나 성격을 달리하는 세력이 공존하였다는 것을 시사한다.

이 점과 관련해서 당시 한 기자의 진보당 취재기사는 시사하는 바가 있다. 이 기자는 진보당은 거의 죽산의 독무대와 같다고 하지만, 죽산을 중심으로 하는 세칭 약수동파와 김달호, 이명하를 중심으로 한 비약수동파가 있다고 기술하였다. 그리하여 조봉암, 윤길중, 김기철, 조규희, 조규택, 안경득 등의 주력부대에 비하여 소수인 김달호, 이명하, 이규석, 박명환, 박기출 등 비약수동파에서는 죽산의 평화통일론과 피해대중단결론에 대하여 이의를 제기하고 있는 것으로 파악하였다.[142] 이 서술이 얼마나 정확한가는 불확실하지만, 대체로 '약수동파'는 민족주의적 사회주의자에 가깝고, 김달호 등은 일단 진보적 민족주의세력에 넣을 수 있을 것으로 보인다. 그러나 두 계열을 확연히 가를 수 있는 것은 아니다. 박기출이 대표적인 중간파 정치단체로 꼽고 있는 민족자주연맹에 김기철과 이명하가 모두 속하였던 점만 봐도 그리하다.[143]

---

141) 박기출,『한국정치사』, 日本 : 東京 민족통일문제연구원, 1976, 72, 137~138쪽. 이 저서에서 박기출은 1956년경에 김구를 추종한 봉건적 민족주의세력은 거의 다 이승만 - 한민당세력에 타협하여 독자정치세력을 못 꾸렸다고 기술하면서, 진보세력에 대하여 '김규식계의 진보적 민족주의세력', '일부는 민주사회주의적 입장'이란 표현을 썼다(169쪽). 박기출은 또 사회대중당의 좌표를 정하는 데 민주적 민족주의 노선이 제기되기도 하였으나, 유럽적 민주사회주의 주장이 대세였다고 회고하였다(201쪽).

142) 또 다른 비주류로는 나중에 진보당에 가담한 혁신세력대동파로 趙文台(전 대중당 간부), 卞鍾喆(전 노농당 조직부장), 金雲喆(전 노농당 조직부차장), 吳重煥(전 민혁당 상무위원), 尹邦佑(전 민혁당 총무차장) 등이 있었다[「당을 움직이는 인물들」(진보당 편),『인물계』1958. 2, 50~52쪽].

143) 진보당 내에도 정치이념이 불투명한 사람들이 꽤 있었다. 박기출은 진보당 주변에는 통일된 사상·정치이념, 인간적 혹은 동지적 유대없이 모였는데, 이들은 현실의 정치에 대한 격렬한 불만과 혁신에의 의욕이 공통점이었다고 주장하였다(박기출, 앞의 책, 170쪽).

조봉암이 강조하였듯이, 혁신세력은 다양한 전력과 성향을 지니고 있어 하나로 묶을 수 없게 되어있었다. 이상두가 혁신세력 안에는 처음부터 민주사회주의적 입장에서 참가한 인사보다 진보적 민주주의자, 청렴한 양심적인 인사, 독립운동가, 애국적 노지사, 사명감을 지닌 지식인들이 더 많이 포함되어있다고 주장한 것은[144] 설득력이 있다. 아마도 이렇게 다양한 성향을 포괄할 수 있는 개념으로는 진보적 또는 민주적 민족주의밖에 없을 것이다. 사회대중당 분파가 제의하였다는 자유당·민주당 친미매판세력[145] 또는 반동친일파, 부패한 사대분자[146]의 반민족성에 대한 안티테제로서의 지향, 곧 민족자주성, 주체성, 통일—이것은 김구도 종종 사용한 '통일독립'이라는 말로 압축될 수 있을 것이다—을 주요한 책무로 삼았던 경향은 진보세력 안에 완강하게 자리잡고 있었다. 4월혁명운동기에 영향력이 컸던 이종률이 7·29총선을 앞두고 "선거에서 성격 구분은 국토통일의 문제로서 구분된다"고 표명한 것은[147] 그러한 경향을 잘 보여주고 있다. 이들은 대체로 광의의 사회주의를 수용하고 있었지만, 일부는 사회주의에 비판적이었다.

박기출은 "중간정당 내지 혁신세력이 독점자본주의와 공산주의를 반대하고, 민족정치사적 과정에 충실하고자 하는 집단이라면, 그들은 민주주의적 민족자주 통일독립을 지향하는 민족주의세력이라야 하겠다"고 피력하였는데,[148] 이종률은 4월혁명운동기에 민족혁명의 단계로 서민성 자본민주주의민족혁명을 제시하였다. 한국의 역사적 단계가 아직도 봉건적 성격을 띠고 있기 때문에 자본주의 단계를 거쳐야 하고, 사회주의 혁명은 관념에 불과한 것으로 배격하여야 하며, 그렇기 때문에 인민성과 과학성을 지닌 기계공업적이며 서민적이며 사유재산제적인 인민민족자본제 사회 또는 서민성 자본민주주의 사회를 민주애족적인 민족역량을 강화하여 건설해야

---

144) 이상두, 앞의 글, 111~113쪽.

145) 박기출, 앞의 책, 201쪽.

146) 林彰洙, 『혁신정치관』, 東華文化社, 1960, 174쪽.

147) 이일구, 앞의 책, 93쪽.

148) 박기출, 『내일을 찾는 마음』, 110쪽.

한다는 것이었다.149)

해방 후 진보적 민족주의정치세력으로 중도파 또는 제3세력을 들 수 있다. 필자는 세칭 중간파를 대체로 중도파로 부르는 것이 타당하다고 주장하였는데,150) 해방정국에서 대표적인 중도파 정치세력으로는 여운형을 지도자로 한 인민당-근로인민당, 안재홍의 국민당, 김규식을 영수로 한 민족자주연맹, 좌우합작 7원칙 제시 이후의 좌우합작위원회 등을 들 수 있다. 중도파 또는 중간파들은 좌우합작 7원칙 제시 이후 다양한 양태를 보이긴 하지만 극좌와 극우를 배격하면서 일정한 정치세력을 형성하여갔다. 1947년 2월 15일 발기인회를 조직한 민주주의독립전선은 이극로(李克魯), 이동산(李東山), 조봉암을 의장단으로 하여 좌우편향을 버리고 먼저 민족의 자주독립을 쟁취하려는 모든 혁명적 정당단체와 애국자들의 총집결을 호소하였다.151) 임시정부 구성의 임무를 맡은 제2차 미소공동위원회가 열리자, 1947년 5월 28일 민주주의독립전선 주도로 '미소공위 대책 각 정당사회단체협의회'(공협)가 조직되었고(주석 김규식, 부주석 이극로·李容稷), 7월 3일에는 김규식, 여운형을 임시주석으로 하여 홍명희, 안재홍, 원세훈, 이극로, 오하영(吳夏英) 등이 참여한 시국대책협의회(시협)가 조직되어 미소공위 활동의 성사를 위해 노력하였다.

미소공위가 공전되고 한국문제가 미국에 의해 유엔으로 넘어가 분단정부 수립절차를 밟고 있을 때, 위기의식을 느낀 중도파 정치세력은 홍명희의 민주통일당, 김호(金乎), 김원용(金元容) 등의 신진당, 안재홍계의 신한국

---

149) 이일구, 앞의 책, 11, 23쪽. 이러한 이종률의 정치이념은 정부수립기 申皓의 영향을 받았다(같은 책, 23쪽 참조). 신호는 1949년에 쓴 저서에서 인민적 부르주아민주주의 民族體勢의 건설을 제시하였던바, 그는 ① 봉건전제세력의 배제, ② 독점자본세력에의 대항, ③ 인민적 자유기업體勢의 조장, ④ 과학적 사회주의 사회의 이해, ⑤ 관념론적 공산주의 소아병 환자의 배격, ⑥ 외압에 抗한 철저한 완전자주독립을 주장하고, 이 사업을 완수할 세력은 봉건전제자 및 반동독점자본가를 제외한 인민적 전민족조직으로 설정하였다(서중석, 「한국전쟁 후 통일사상의 전개와 민족공동체의 모색」, 『분단 50년과 통일시대의 과제』, 역사비평사, 1995, 332쪽).

150) 서중석, 앞의 책, 570~572쪽.

151) 정태영, 앞의 책, 123~126쪽.

민당, 김병로계의 민중동맹, 이극로계의 건민회(健民會) 등이 통합하여 홍명희를 위원장으로 하는 민주독립당을 이해 10월 19~20일에 결성하였다.[152] 그리고 12월 20일 민주독립당이 주된 세력이 되어 민족자주연맹을 결성(주석 김규식)하여 남북 지도자회의의 소집을 요청하였다. 중도파 정치세력은 1948년 1월 국제연합조선임시위원단이 들어와 활동함으로써 분단이 가시화되자 다수가 4월에 평양에서 열린 남북 지도자회의에 참석하였다. 이 회의에 참석한 자들은 이후 협상파로도 불리게 되었다.

제3세력은 처음에는 중도파 또는 중간파와 비슷한 의미로 사용되었다. 예컨대 안재홍이 1949년 하반기에 여당적 기능을 발휘하고 있는 것이 제1세력이고, 좌방(左方) 파괴적인 방면이 제2세력이며, 이 두 세력과는 다른 세력이 제3세력이라고 규정한 것은 그러한 예일 것이다.[153] 또 5·30선거 후 중간파가 제3세력을 구성하는 것보다 민국당이나 국민당과의 제휴를 모색한다는 기사는[154] 중간파의 독자적 결집을 제3세력으로 이해하고 있는바, 그것도 안재홍의 규정에서 차이가 있는 것은 아니다. 그러나 전쟁 발발 후 언제부터인지 제3세력은 주로 조봉암 쪽을 많이 가리켰다.

1955년에 서울특별시경찰국 사찰과에서 작성한 『사찰요람』에서는 중간파는 합작파(좌우합작운동세력을 가리킴-필자), 협상파, 제3세력을 통칭하는 새로운 술어로 대한민국을 보이코트하고 있는 반면, 협상공존론을 주장하여 민족단결을 분열시킨다고 비난하고,[155] 제3세력에 대해서는 자주노선이라고 별칭하며, 거개가 광의적인 사회주의적 한 분야[一分野]에서 자유주의, 민족주의, 민주주의 등을 지향이념으로, '봉건' '파쇼' '자본' '맑스'주의를 배격하고 있는 각 파를 지칭한다고 기술하고, 조봉암의 지도하에 있는 것으로 파악하였다.[156] 그러나 조봉암은 1950년대에 분명히 진보적 민족주의 성향을 띠고 있으면서도 혁신정치가였고, 진보주의자로서 진

---

152) 都珍淳, 『한국민족주의와 남북관계』, 서울대학교 출판부, 1997, 177~179쪽.

153) 안재홍, 「통일의 요청과 현실」(1949. 11. 26), 『민세 안재홍선집』 2, 506쪽.

154) 『경향신문』 1950. 6. 7.

155) 서울특별시경찰국 사찰과, 『사찰요람』, 1955, 1쪽.

156) 위의 책, 2쪽.

보당 발당 때는 사회민주주의 노선을 제시하였다. 따라서 제3세력의 의미도 미묘하지만 시기에 따라 변화하고 있었다.

1950년대 후반기 이후 혁신세력 안에는 진보적 또는 민주적 민족주의보다 사회민주주의 또는 민주사회주의를 표방하는 분위기가 커져갔지만, 이종률의 예에서도 볼 수 있는 바대로 민족주의 성향은 여전히 강하였다. 4월혁명 후 사회민주주의의 대표적 이론가였던 이동화가 자신을 민족사회주의자로 규정한 것도 그러한 상황을 반영한 것이었다. 조봉암이 1956년 5·15정부통령선거 때나 진보당을 결성할 때, 두 개의 주요 구호로 평화통일론과 피해대중단결론을 제시하였던바, 전자가 주로 그러하지만, 그것은 민족주의에 더 닿아있는 것이었다. 조봉암과 사회민주주의의 관계를 분석할 때는 이 점이 언제나 유의되어야 할 것이다.

3. 조봉암과 사회민주주의의 관계

조선공산당 창립 멤버의 한 사람으로 공산주의자였던 조봉암이 언제부터 사회민주주의에 관심을 갖고, 사회민주주의 정당을 만들려고 하였는지는 논란의 여지가 있다. 정화암은 1955년 9월 광릉회합과 그 이후 정치이념문제로 논의가 있었을 때, 조봉암이 농림부장관으로 있을 때 사회주의 정치노선에 입각하여 일을 해보려 하였다고 말한 것으로 회고하였다.[157]

조봉암은 입각 전에 쓴 것으로 보이는 한 글에서 "우리가 '능력대로 일하고 생산한 것을 동등히 분배해 먹는다'는 것을 하나의 신조로 생각하게 된 것은, 첫째로 인간은 정치적으로나 계급적으로 동등할 뿐만 아니라, 모든 것을 동등하게 향수할 권리를 가졌다는 것" 때문이라고 피력하였다. 이러한 주장과 연결되는 것이지만, 그는 이 글에서 노동자가 자본가에게 대항할 만한 역량을 준비해야 하며, 노동계급의 완전한 이익옹호는 노동자 자신이 자본계급을 영도할 수 있을 정도로 강대해질 때 가능하다고 주장하였다.[158] 혁명적 분위기가 남아있어 그것이 작용하였는지는 알 수 없지

---

157) 정화암, 앞의 책, 310쪽.

만, 이 시기 조봉암은 제헌국회 벽두에 미국과 소련을 동등히 대하는 속에서 통일을 모색하여야 한다고 주장한 것으로 봐도 그 이후보다 더 급진성을 띠었던 것으로 보인다. 그러나 그는 공산주의와 결별하였기 때문에 이 시기에도 사회주의 이념을 견지하는 수준에 머물렀을 것으로 보인다. 또한 이 시기에는 정당을 결성할 만한 준비나 여건이 되어있지 않았다.

조봉암이 정당조직을 위한 구체적인 활동에 들어간 것은 제1장에서 기술한 대로 1951년이었다. 이와 관련해서는 두 가지 자료가 나온다. 농림부 장관 때 조봉암의 비서였던 이영근은 1951년 6월에 자신을 책임자로 해서 신당 준비사무국이 설치되었고, 10월에는 벌써 기간조직의 하나로서 전국 농민대표자회의가 부산에서 열려 농민회의라는 상설조직까지 발족되었으며, 당명은 자유당(가칭)이었는데, 당국의 대남간첩단사건 조작으로 자신과 여러 사람이 구속되어 신당조직 활동은 중단되었다고 기술하였다. 이 시기 조봉암의 신당조직 활동에 간여한 강진국은 이 당은 미 루즈벨트 대통령의 4대 자유의 정신을 이어받으려 하였다고 증언하였다.

또 하나의 자료는 서울시경에서 작성한 『사찰요람』이다. 이 자료에서는 조봉암의 지도하에 일본 사회당 좌파와도 연형관계를 맺고 있는 자유사회당의 결성 기도가 있었다고 주장하고, 자유사회당의 중앙부서 관계자 및 비밀서클 멤버로 대한노총과 대한농총 등의 간부가 포함된 각계 인사들의 명단을 열기(列記)하였다. 이 자료는 가장 중요한 결성관계에서 앞의 서술과 뒤의 것이 다르며,[159] 근거도 없이 일본 사회당과의 연계 등을 서술하였기 때문에 신빙성에 문제가 있으나, 내정된 당명은 이 자료가 맞을 것으로 생각된다. 조봉암은 사회주의 성향을 지니고 있었고, 그 때문에 그가 조직하려는 신당에 농민·노동운동 관계자를 상당수 끌어들였고, 진보당 결성에서도 '사회(민주주의)'와 '자유'를 똑같이 중시하였다. 이 당의 조직 준

---

158) 조봉암, 「노동문제의 이념과 정책」, 『大湖』 1948. 8, 63~64쪽.

159) 앞의 서술에서는 冒頭에서 1951년 11월(일자는 공란)에 결성하였다고 기술하고는 본문에서 7월 14일 주비위원회를 결성한 채 공당으로 발족치는 않았다고 서술하고(103쪽), 뒤에서는 7월 14일에 가칭 자유사회당이라는 지하 정당을 조직했다고 기술하였다(112쪽). 또 주비위원이란 말은 나오지 않고 준비위원으로 쓰여있다.

비시기가 1951년 6월 30일에서 7월 3일 사이에 프랑크푸르트에서 열린 사회주의인터내셔널대회와 비슷하다는 점도 생각해볼 수 있다. 그러나 조봉암이 만들려고 하였던 당이 사회주의인터내셔널에서 영향을 받았을 수도 있고, 그 당이 사회주의 또는 혁신적 성향은 있었겠지만, 사회민주주의를 표방하려 하였는지는 자료부족으로 속단할 수 없다.

1952년 8·5정부통령선거는 전쟁이 한창인 상황에서 이승만이 발췌개헌으로 재집권하기 위하여 치러진 것이었기 때문에 선거운동에 제한이 있었다. 그러나 조봉암의 정치적 신조는 이 선거에서도 상당히 엿보인다. 그는 구호로 "우리는 이대로 더 4년을 살아갈 수 없다!!"와 함께 "대통령으로 혁신정치가 조봉암 선생을 선출하자"를 내걸었다. 정강으로도 공산당 독재와 자본가와 부패분자의 독재를 강고히 반대한다는 것을 제시하였던바, 그러한 노선은 제3의 노선, 곧 사회민주주의 노선밖에 없을 것이다. 이러한 성향은 대중의 균등한 생활향상을 위하여 계획성 있는 경제정책을 실시하고자 한다는 정강에서도 확인된다.160) 그렇지만 이 선거에서는 '혁신정치가'라는 말 정도를 사용하는 데 머물렀다.

사회민주당이란 말은 약간 의외의 느낌을 주지만 김성주(金聖柱) 사건에서 나온다. 김성주가 헌병총사령부에 끌려가 고문 살해되기 전 김성주에 대한 검찰의 기소장을 보면, 김성주는 정부통령선거 직후인 8월 중순경 서울 고정훈의 집에서 조봉암, 고정훈 등과 신당조직에 관한 집회를 갖고, 1952년 8월 22일경 부산 조봉암의 집에서 회합하여 사회민주당추진위원회를 결성하였던바, 이 당은 정치제도로는 구미식을 채택하나 경제적으로는 자유경제제도를 버리고 계획경제를 수립해야 한다는 뜻으로 정강을 결정함으로써 국가변란을 목적으로 하는 집단을 구성하였고, 그해 8월 15일 대통령 취임식장에서 대통령을 암살하려 하였다는 것이다. 조봉암까지는 얽어넣지 못한 사건이었는데, 적어도 이 시기에 사회민주주의나 사회민주당이란 말이 조봉암측에서 사용되었음을 시사한다고 볼 수 있는 대목이다.

1954년 3월 제네바 정치회담을 앞두고 발표한 조봉암의 장문의 정치테

---

160) 『조선일보』 1952. 8. 4.

제 「우리의 당면과업」에서는 주로 통일문제를 중심으로, 그것도 극우반공세력 또는 북진통일세력의 반발을 사지 않도록 배려하는 선에서 정치활동에 관하여 폭넓게 진술하고, 정치이념에 대해서는 거의 언급하고 있지 않다. 다만 "역사는 어느 때나 보수세력에 대항하는 진보세력의 대두에 의하여 발전하여 왔다"는 표현이나,[161] 공산당이 아닌 사람은 모두가 민주주의 혹은 민족주의 진영이라고 규정하고, 이것을 배제하는 행동을 반동적 망거(妄擧)로 비난한 데서,[162] 그리고 김구·김규식을 영수로 한 중간파 또는 협상파를 사갈시하는 것을 비판하고 그들도 의견을 개진할 수 있게 하여야 하며, 좌익 성향을 지녔다고 하여 억압하고 있는 보도연맹 관계자들을 더이상 괴롭히지 말라고 요구한 데서 그의 정치적 지향을 읽을 수 있다.

1955년 중반기 조봉암이 「내가 본 내외정국」을 쓸 때는 이데올로기면에서 압박받고 있었다. 그 전해에 정치테러에 의해 국회의원후보로 등록조차 할 수 없었고, 이후 칩거상태에 있다가 그해 가을에는 민국당 구세력이 터뜨린 '뉴델리 밀회사건'을 이승만 영구집권 개헌을 위하여 공안정국으로 몰고가는 데 이용하려는 자유당 등에 의하여 제3세력으로 부각되었다. 그 뒤 사사오입개헌 후 호헌동지회의 출범으로 조봉암은 다시 정계에 등장할 수 있었으나, 조병옥 등 극우보수세력에 의해 신당 참여가 저지되고 말았다. 그때 조봉암은 우리나라에는 사회주의자가 없다고 주장하였는데, 그와 함께 공산주의와 사회주의를 사촌시한다는 것은 상식 외의 말로서, 소련의 공산당과 영국의 노동당이 4촌이라고 단정하는 것과 같다고 항변함으로써 영국 노동당의 입장은 인정할 수 있음을 시사하였다.[163] 그러므로 조봉암이 「내가 본 내외정국」에서 민족주의자, 사회주의자, 무정부주의자, 자유보수주의자, 사회민주주의자, 자유협동주의자 등은 총집결하여 민주진영의 단일전선을 만들어야 한다고 주장하거나, 전진한의 노농당을 이념정당이라고 찬사를 보내는 수준 이상의 논리를 전개하지 못한 것은 이해할 수 있다.

---

161) 정태영, 앞의 책, 487쪽.

162) 위의 책, 491~492쪽.

163) 『한국일보』 1955. 3. 2.

1950년대 농촌풍경.
지금은 사라진 지게가 인상적이다

▲ 군수품 암시장. 전쟁으로 시작된 1950년대
초반에는 흔히 볼 수 있는 풍경이었다

▶ 이때는 아이들의 옷도 미군 담요로
만들어 입었다

▲ 1958년 10월 30일에 열린 대한노총 제11차
전국대의원 대회장

◀ 도민증. 한국전쟁 직후 반국가적 행위자를
색출하기 위해 각 도의 규칙에 따라 발급되었던
신분증으로, 1962년까지 사용되었다

1950년 8월 22일 한국은행법의 제정과 함께 발행된 1,000원권 지폐.
이 1,000원권 발행은 엄청난 인플레를 불러왔다

조봉암의 정치이념은 1955년 12월 22일에 진보당의 발기취지문과 강령(초안)이 발표되면서 구체화되고 풍부해졌다. 1956년 5·15정부통령선거에서 그는 평화통일론과 피해대중을 위한 정치를 슬로건으로 제시하고, 수탈 없는 경제체제 등 기층 민중에 중심을 둔 정책을 공약으로 내놓았다. 한 신문에서는 이 선거 초반전에 사회민주주의 정책과 함께 평화통일 슬로건이 일부 층의 주목을 끌고 있다고 보도하였다.164)

제1장에서도 부분적으로 살펴보았지만, 진보당에서 말하고 있는 진보 또는 진보주의와 사회민주주의는 어떠한 관계가 있는가. 먼저 이영근이 1951년의 단계에서는 조봉암이 '자유'를 기초로 민주세력을 대동단결시켜 이승만 독재에 대항하고, '자유' 확보를 목표로 정국을 수습하지 않으면 안된다는 데서 당명을 자유당으로 하였으나, 1955년의 단계에서는 보수계 민주당과는 달리 "진정한 민주주의체제를 확립하고 책임있는 혁신정치의 실현을 기한다"는 진보적 정당을 만들지 않으면 안된다는 데서 당명도 진보당으로 하였다는 부분을165) 검토할 필요가 있다. 이영근이 조봉암이 민주당과의 차별성을 뚜렷이 하기 위해 당명을 진보당으로 하였다고 한 것은 설득력이 있다. 그러나 진보당 결성시기에도 루즈벨트의 4대 자유를 포함하여 자유가 결핍되어있었고,166) 따라서 이 시기에도 조봉암은 여전히 자유의 중요성을 역설하고 있었다. 또한 진정한 민주주의체제의 확립이나 책임있는 혁신정치의 실현은 표현은 약간 다르지만 1952년 8·5정부통령선거 때 이미 공약으로 조후보가 내세운 바 있었다.

진보주의와 사회민주주의의 관계에 대해서는 윤길중이 비교적 상술하였다. 그는 진보당 조직에 박차를 가하고 있던 1956년 초에 진보당 노선과 관련하여 몇 편의 글을 썼다. 한 글에서는 세계는 진정한 반공을 위해 모

---

164) 『한국일보』 1956. 4. 5.

165) 이영근, 「진보당 조직에 이르기까지」(日本 『통일조선신문』 제426~428호, 1969. 7. 26~28), 정태영, 앞의 책, 637쪽.

166) 서병조는 진보당이 "궁핍으로부터의 해방, 공포로부터의 해방"이란 슬로건 아래 발당준비를 서둘러 진보당이란 가칭의 당명으로 1955년 9월 2일 발당주비위원회가 구성되었다고 기술하였다(서병조, 『정치사의 현장―제1공화국』, 中和출판사, 1981, 443쪽). 발당주비위원회란 명칭은 다른 자료에는 나오지 않는다.

든 계급의 진보세력이 횡으로 연합하여 통일전선을 이루어나가고 있다고 지적하고, 진보세력의 연결로서 소수 특권층과 자본가를 위한 민주주의에서 전체 민주주의로 혁신되어야 한다고 주장하면서, 그것을 혁신된 민주주의라고 불렀다. 그것은 또한 생산과 분배의 통제로 민족자본을 육성하는 것을 의미하였다.[167] 이 글에서는 진보라는 말이 혁신과 비슷하게 막연하게 사용되었으며, 사회민주주의와의 상관성을 찾기가 어렵다.

같은 시기에 쓴 다른 글에서 그는 진보와 사회민주주의의 관계를 그 나름대로 정리하였다. 그는 이 글의 앞부분에서 현대사조와 시대진운의 일치된 견해는 "민족주의적 주체성에 입각한 민주정치, 사회주의적 경제시책, 진보적 사회제도"가 한국이 지향할 유일한 길임을 입증해주고 있다고 피력하였다. 정치는 민족주의에, 경제는 사회주의에, 사회는 진보주의에 입각하여야 한다고 지적하여 민족주의, 사회주의, 진보주의가 각각 별개의 역할을 하는 것으로 사고하였다. 그러나 뒷부분에서는 이것과 패러다임을 달리하여, 한국에서는 민주사회 단계는 아직도 미래에 속해있기 때문에 그 선행과정으로 진보당이 결성되는 것이며, 한국의 진보주의는 후진성의 초극과 건전한 양심자본의 육성을 구상하는 하나의 한국적 프래그머티즘이라고 설명하였다. 또 농민·노동단체가 자주적인 정치이념을 보유하게 될 때까지 한국정치는 진보주의로서 시대성과 역사성에 호응할 수밖에 없다고 천명하였다. 그러면서 그는 한국의 진보주의는 한국문제가 국제문제의 일환임을 인정하는 민주사회주의적 노선에 서 있고, 민주사회주의가 표방하는 국제성이 한국 현실에 플러스되는 시기까지, 그리고 반동세력이 한국문제 해결에 올바른 영향을 주게 될 때까지 한국의 민주사회주의 노선은 진보주의를 걸을 수밖에 없을 것으로 이해하였다.[168]

이 글의 앞부분에서 언급한 사회주의와 뒤에서 말하고 있는 민주사회주의가 어떻게 다른지는 명확하지 않으나, 대체로 비슷한 의미를 약간 다르게 사용한 것으로 보인다. '한국문제가 국제문제의 일환' '민주사회주의가

---

167) 윤길중, 「진보당이 나가는 길」, 『죽산 조봉암 전집』 4, 143, 145쪽.
168) 윤길중, 「진보당 조직의 의의와 그 주장」, 『죽산 조봉암 전집』 4, 159쪽.

표방하는 국제성'이란 말은 더욱 애매모호한데, 이 글에서 민주사회주의를 영국 노동당과 연결시키고 있고, 세계 대세가 유물사상을 거쳐 민주사회주의로 가고 있으며, 자본주의가 대담하게 수정되고 있다는 등의 문맥을 통해서 볼 때, 조봉암이나 이동화가 이 시기에 피력하였던 공산주의와 자본주의의 사회민주주의로의 수렴론과 비슷한 논리 위에 서 있는 주장으로 보이며, 국제성이란 그러한 세계적 경향을 가리킨 것으로 보인다. 윤길중 자신이 그러한 사람이라고 볼 수 있으며, 이 글은 '프래그머틱'하게 쓰여져 정확성에 문제가 있다. 그렇지만 진보주의는 광의의 민주사회주의 곧 사회민주주의의 범위에 들어가는데, 한국적 조건 때문에 그것의 선행과정이기도 한 진보주의를 먼저 실행하여야 한다는 주장으로 파악된다.

진보당 발당대회에서 조봉암이 말한 개회사는 당연하지만 정치적 고려가 많이 들어가 있어 사회민주주의와 진보주의의 관계가 명확하지 않다. 그렇지만 세계가 날로 자본주의 세계도 공산주의 세계도 사회민주주의적으로 가고 있다고 역설하면서 한국이 안고 있는 모든 정치적 과제―거기에는 계획적인 경제체제로 민족자본을 육성하는 것이 포함되어있다―를 인류의 새 이상에 맞추어 실천하자는 것을 한국의 진보주의로 설명하고 있는 데서169) 윤길중의 논리와 비슷하면서도 더 사회민주주의와 진보주의를 같은 테두리의 정치이념으로 사용하고 있음을 알 수 있다.

이동화가 기초한 진보당의 강령(전문 포함)은 사회민주주의에 입각해 있다. 정태영은 그의 저서에서 일반적으로 극좌 볼셰비키세력을 제외한 사회민주주의 및 민주사회주의세력, 그리고 1951년 7월의 프랑크푸르트선언 노선에 충실한 민주사회주의세력을 진보세력이라 부르는 것이 타당할 것으로 이해하였다.170) 따라서 조봉암의 진보주의는 대체로는 사회민주주의를 벗어나는 것이 아니나, 한국사회의 후진성과 한국정치의 현실로 볼 때 사회민주주의보다 혁신이란 말처럼 모호한 점이 많은 진보주의라는 말을 사용하는 것이171) 더 좋고 곧 더 프래그머틱하고, 또 더 적합하기도 하다고

---

169) 정태영, 앞의 책, 257~258쪽.

170) 위의 책, 19~20쪽.

171) 전후 일본에 있었던 진보당은 우익정당이었다. 1945년 11월 6일에 결성된 일

판단한 것으로 보인다.

4. 조봉암 · 진보당 사회민주주의의 기본 틀

1) 공산주의와 자본주의의 부정

평화통일론, 피해대중의 단결 등도 다른 국가의 사회민주주의자들에게는 생소한 말이지만, 중도파 또는 중간파나 제3세력으로 지칭되던 것이 시사하듯, 조봉암과 진보당은 공산주의와 자본주의를 동시에 병렬적으로 거부하였다는 점에서도 유럽이나 다른 나라의 사회민주주의자들과 차이가 있다. 공산주의와 자본주의에 대한 강렬한 거부감은 다음과 같이 거의 모든 중요 문건에 나온다.

공산당 독재도 자본가와 부패분자의 독재도 이를 강고히 반대하고……
(1952. 8·5정부통령 선거시 조봉암 후보 정강의 첫번째)[172]

반세기에 걸쳐 자본주의의 해독과 공산주의의 해독을…… (조봉암, 「내가 본 내외정국」)[173]

1. 공산독재는 물론 자본가와 부패분자의 독재도 이를 배격하고…… (진보당 발기시 강령초안)[174]

자본주의와 공산주의를 다같이 거부하고 청산하는 동시에…… (진보당

본 진보당은 翼贊會 추천의원들이 모인 일본정치회(1945. 3. 결성)가 9월 14일 해산하고 '국체옹호, 민주주의 철저' 등을 내세우며 출범시켰다. 초기에 이 당의 간사장 鶴見祐輔는 1930년대에 조선총독을 역임하였던 宇垣一成 육군대장을 총재로 옹립하려 하였다. 진보당이 중심이 되어 1947년 3월 31일에 민주당이 결성되었던바, 이때 민주당은 중의원에서 제1당이었다(升味準之輔, 『일본정치사 4─점령개혁, 자민당지배』, 日本 : 東京大學出版會, 1988). 1955년 11월 15일 일본 민주당과 자유당이 통합하여 자유민주당을 결성하였을 때 자민당이 표방한 것의 하나가 "우리 당은 진보적 정당이다"였다(역사과학협의회 中村尚美, 君島和彦, 平田哲男 편, 『사료 일본 근현대사』 3, 三省堂, 1985, 132쪽).

172) 『조선일보』 1952. 8. 4.

173) 『한국일보』 1955. 6. 16.

174) 권대복 편, 앞의 책, 12쪽.

발당대회 개회사)[175]

모든 동포로 하여금…… 절망과 비애 속에 허덕이게 한 것은…… 저 공산역도들의 침략 때문임은…… 그러나 특권관료적 매판자본적 정치세력의 과오에 기인하였다는 것도…… (진보당선언문)[176]

무능부패한 낡은 자본주의적 민주주의와 이에 대한 안티테제로서의 볼셰비즘을 다같이 지양할 수 있고 또 지양하게 될 사회적 민주주의……(진보당 강령 전문)[177]

2. 우리는 공산독재는 물론 자본가와 부패분자의 독재도 이를 배격……(진보당 강령)[178]

무능부패한 우익적 정치세력과 크레믈린의 괴뢰인 민족반역적 공산세력을 다같이 배제…… (진보당 정책)[179]

조봉암은 온통 이 두 체제에 대한 고민에 몰두한 속에서 새로운 세계를 모색하였다. 그는 이렇게 토로하였다.

약 반세기에 걸쳐서 자본주의의 해독과 공산주의의 해독을 눈으로 보고 몸으로 체험한 우리 민족은 전세계의 다른 어떠한 민족보다도 우리 민족은 어떻게 살아가야 할 것이냐는 것을 더욱 깊이 생각하는 동시에 모든 인류는 장차 어떻게 살아갈 것이냐 하는 문제를 심각히 생각하는 민족이 되어진 것이다. …… 독점자본주의와 공산주의의 해독이 어떻게 시정되는가 또 어떻게 그것을 극복함으로써 전인류가 이 두 가지 해악에서 해방되어 완전한 자유와 행복을 누릴 수 있는 것일까. 개성과 개인의 자유가 보장되는 사회, 사람을 사람이 착취함이 없이 각자의 노력에 의해서 평화롭고 여유있게 살 수 있는 사회, 전쟁이 없는 사회, 전인류가 모두 평등하게

---

175) 정태영, 앞의 책, 257쪽.
176) 권대복 편, 앞의 책, 13~14쪽.
177) 위의 책, 31쪽.
178) 위의 책, 36쪽.
179) 위의 책, 41쪽.

서로 사랑할 수 있는 사회는 있을 수 없는 것일까.[180]

사회주의자들은 자본주의를 지양한 사회를 건설하려 하고 사회주의인터내셔널에 가담한 사회주의자들은 대체로 반공 반소 성향이 강하다. 그러나 한국과 비슷한 점이 많은 아시아·아프리카에서의 사회주의운동을 제외한다면,[181] 공산주의와 자본주의를 병렬로 놓고 강렬한 어투로 부정하고 있는 경우는 많지 않고, 일부에서는 공산주의에 대한 비판을 신중히 하거나, 그와 대조적으로 독점자본주의에 대해서 부정일변도로 나아가지 않는 것도 종종 볼 수 있다. 사회주의인터내셔널은 프랑크푸르트선언에서 공산주의를 아주 강도높게 비판하였다. 그렇지만 이 선언에서 독점자본주의나 미국자본주의에 대한 비판은 미약하며, 주로 인간에 대한 소외, 파멸적 위기와 대량실업 등 자본주의에 내재한 여러 문제점이나 제국주의적 팽창과 식민지 수탈, 강력한 자본가적 집단이 과거의 야만성을 '파시즘'이나 '나치즘'의 모습으로 바꾸어 다시 등장한 것 등에 대하여 비판하는 수준이었다.[182]

일본 사회당의 경우 1955년 통합 이전인 1952년 각각의 당 대회에서 확인한 원칙에 의하면, 우파 사회당은 7원칙의 하나로 "6. 공산주의세력 및 우익전체주의와 명백히 대결하고 또한 사상적으로, 행동으로 이들과 동조하는 것을 배격한다"라고 천명하였고, 좌파 사회당은 5원칙에서 "5. 공산주의와 파시즘과의 철저한 투쟁"을 들었다.[183] 그리고 좌파와 우파가 통합되어 1955년 10월 13일 출범하면서 채택한 「일본 사회당 강령」에서는 공산주의를 극복하고 자본주의 제국주의와 싸울 것을 천명하였다.[184]

---

180) 조봉암, 「내가 본 내외정국」 (1), 『한국일보』 1955. 6. 16.

181) '사회주의의 원칙과 목적'을 명시한 아시아사회당 결의(1953년)에서는 공산주의에 반대할 것을 선언하고, 민주적 사회주의에 의하여 자본주의와 봉건주의를 극복할 투쟁을 계속한다고 선언하였다(김철, 「한국혁신운동의 입장」).

182) 「프랑크푸르트선언—민주사회주의의 목적과 임무」, 양호민 편, 『사회민주주의』, 종로서적, 1985, 284~291쪽.

183) 裵成東, 「일본사회당」, 85쪽.

184) 역사과학협의회 中村尚美 등 편, 앞의 책, 138쪽.

조봉암, 이동화, 신도성 등이 공산주의를 신랄히 비판한 것은 쉽게 이해할 수 있지만, 자본주의에 대하여 부정적인 것은 무엇에 연유하는 것일까. 조봉암은 원래 공산주의자였고, 이동화는 해방 직후 월북하였다가 한국전쟁 때 월남하였다는 개인경력도 고려해야 하겠지만, 그들에게는 항일민족 해방투쟁 이래의 강렬한 평등주의·반자본주의 정서가 기본으로 깔려있다. 그와 함께 그러한 반자본주의 정서를 강화하는 데 역할한 강점기 일본 자본주의와 해방 후 한국 자본주의에 대한 인식을 고려하여야 할 것이다. 곧 한국인이 경험하였던 자본주의는 용납하기 어려운 것으로 인지되었던 것이다. 조봉암은 한국인은 강도 일본의 침략을 받아서 40년 동안 신음하면서 일본 독점자본주의의 잔인성과 무도와 비인간성을 보았고 또 그 해독을 받아왔으며, 그 독점자본주의가 우리 농민이나 노동자의 노력을 착취하여 우리 민족 전체가 고혈을 빨렸다는 것을 몸소 체험하였다고 지적하였다.185) 한국인 자본가는 어떠한 부류인가. 이에 대하여 진보당은 정책에서 포악한 일제의 권력에 항거하기도 어려웠고, 그의 자본력에 대항할 수 없었던 한국인 자본가는 폭만(暴慢)한 일제세력에 아부 추종함으로써 그의 생존을 유지하려고 하는 한편, 일제의 미미한 계부(繼父)적 비호 밑에서 약간의 발전을 꾀하여 보려 하였기 때문에 무능과 무력, 사대주의적 아부성 등을 제2의 천성으로 갖지 않을 수 없었다고 비판하였다.186)

해방 후 한국 자본가의 성격에 대해서는 뒤에서 고찰하겠지만, 조봉암과 진보당 관계 문건에서는 그것을 특권관료와 결합된 매판자본적인 것으로 파악하고 있었고, 그러한 계급을 대변한 한민당 등의 정치세력을 특권관료적 매판자본적 정치세력으로 보았다. 따라서 한국인이 경험한 자본주의는 많은 부분이 프랑크푸르트선언이나 일본 사회당에서 지적한바, 제국주의적 팽창과 식민지 수탈을 위한 자본이자 파시즘을 지탱해준 자본이었고(일본인 자본), 종속적 파시즘의 자본(한국인 자본)이었다. 그렇기 때문에 종속적 파시즘에 기반을 둔 한국정치의 추기(樞機)를 장악한 정치세력은 민주

---

185) 조봉암, 「내가 본 내외정국」 (1), 『한국일보』 1955. 6. 16.
186) 권대복 편, 앞의 책, 40쪽.

주의의 이름 밑에 반(半)전제적 정치를 수행하여온 비민주세력이었다(진보당 선언문, 강령). 이 세력은 또한 조봉암이 5·15정부통령선거 때 공약 10장의 첫번째 장에서 "남북한에 걸쳐 조국의 통일을 저지하고 동족상잔의 유혈극의 재발을 꾀하는 극좌극우의 불순세력"으로 지적한 바 있는 반통일세력이었다.[187] 한국 자본주의세력은 특권관료적 매판자본적 세력이었고, 비민주적 세력이었으며, 반통일세력으로 인식되었던 것이다.

조봉암-진보당의 사회민주주의는 공산주의와 자본주의에 대하여 수렴론적으로 당대 세계를 파악하고 있었던바, 이것 또한 서유럽 등 다른 나라의 사회민주주의자들과는 차이가 나는 견해였다. 윤길중은 그의 「계획성 있는 경제체제」에서 자유방임의 자본주의 경제는 자체의 모순성과 무정부성을 인식하고 이를 수정하기 위하여 계획적 내용을 도입하고, 전체주의 경제(소련)는 경제상의 모순성으로 자본주의 경제의 유효한 방식을 도입하지 않을 수 없게 되었다고 파악하고, 그리하여 양 체제가 서로 자체의 경제적 모순성을 자각하고 한편은 자유에로, 한편은 계획에로 상호 전화하여 서로 접근하고 있다고 주장하였다.

한편 조봉암은 진보당 발당대회 개회사에서 "자본주의 세계도 날로 수정되어서 어느 나라에 있어서도 거의 똑같이 그들이 몹시 미워하던 사회민주주의적인 전법을 아니 쓰는 나라는 한 곳도 없습니다. …… 그 공산주의 세계도 날로 수정되고 탈취(脫臭)돼서 그들이 원수같이 생각하던 사회민주주의적인 방향으로 움직여가고 있는 것도 역시 우리가 눈으로 보고 있는 바입니다"라고 말하였다.[188] 이동화도 진보당 강령 등 여러 글에서 자본주의의 변화를 강조하고, 아울러 아시아에서는 사회적 민주주의 노선을 걷고 있고(진보당 강령),[189] 동유럽 공산국가는 민주적 사회민주주의로 접근하고 있다고[190] 주장하였다.

---

187) 서중석, 「진보당연구」, 『국사관논총』 66, 275~276쪽.
188) 정태영, 앞의 책, 257쪽.
189) 권대복 편, 앞의 책, 24쪽.
190) 李斗山(두산은 이동화의 호), 「인민민주주의를 비판한다」 (속), 『사상계』 1957. 8, 88쪽.

조봉암 등의 양 체제의 사회민주주의로의 수렴론은 뒤에서 살펴볼 서유럽과 미국의 변화, 이 시기 동유럽과 소련의 변화, 아시아·아프리카에서의 변화에 영향을 많이 받았고, 원자력을 중심으로 한 새로운 산업혁명이 가져올 변혁에 대한 낙관적 작용 외에 정치적 이유도 작용하였다. 사회민주주의라는 말을 꺼내는 것 자체가 불온시되는 상황에서 사회민주주의가 당대 미국과 영국의 수정자본주의나 민주사회주의와 같거나 비슷하다는 주장은 극우반공세력한테 보호막 역할을 할 수 있으리라는 기대가 깔려있다. 그보다는 비중이 적겠지만, 소련이나 동구권이 사회민주주의 쪽으로 변화한다는 주장은 공산주의 사상을 포지하고 있는 사람들에 대한 유도책이 될 수 있을 것이다. 또 결국 두 체제가 사회민주주의로 수렴되고 있다는 주장은 그 자체가 사회민주주의에 대한 홍보 역할을 하게끔 되어있다.

2) 반공·반소 친미 노선

조봉암과 진보당은 공산주의와 자본주의를 함께 비판하였지만, 미국과 소련에 관해서도 그와 같은 입장을 견지한 것은 아니었다. 그 점에서는 미·소 양 진영의 냉전에서 어느 쪽에도 가담하지 않겠다고 천명한 아시아사회당 대회의 노선과 명백히 구분되고,[191] 사회주의인터내셔널의 프랑크푸르트선언과 입장을 같이하였다. 프랑크푸르트선언은 전문(前文) 13항목 중에서 4항목이나 공산주의 비판에 두었다. 그리하여 사회주의자들은 그들의 신념을 맑스주의적 기초 위에 둘 수도 있지만, 공산주의는 국제노동운동을 분열시켰으며, 맑스주의의 비판정신과 양립할 수 없는 경직된 신학을 확립하였고, 일당독재체제를 실현시키려 하고 있으며, 국제공산주의는 새로운 제국주의의 도구라고 맹렬히 비판하면서 사회주의와 공산주의의 경계를 명확히 하였다.

뿐만 아니라, 미국에 대해서는 독점자본주의와 관련해서도, 중남미와 아시아·아프리카에 대한 제국주의적 간섭이나 침략과 관련해서도 언급하지

---

191) 1953년 1월에 열린 아시아사회당 대회는 미얀마 양곤에서 열렸던바, 인도, 미얀마(버마), 인도네시아, 파키스탄, 말레이시아, 이스라엘, 이집트, 레바논, 일본 등이 참가하였다(영남일보사, 『한국연감 1954』, 7쪽).

않았다. 1953년 7월 15일에 스웨덴 스톡홀름에서 열린 사회주의인터내셔널 대회는 결의문에서 국제정세 긴박의 최대 원인은 소련의 확장주의라고 밝히고, 서구측의 방위노력을 완화시키는 일이 없어야 한다고 표명하였는데,192) 프랑크푸르트선언은 명백히 서방진영의 일원으로 쓰여진 것이었다. 제2차 세계대전 후 서독 사회민주당의 지도자였던 슈마하에르는 사회민주당원들이 소련의 정책에 대한 공격을 삼가려 할 때 "공산주의자들은 우리의 적이다"라고 선언하였지만,193) 일반적으로 전후 사회민주주의자들은 미국과 협력하여 공산주의에 대항하는 길을 택하였다.194) 영국 노동당은 사회주의는 절대로 미국에 의해서 위협당하는 것이 아니고, 반대로 미국은 유럽의 사회민주주의에 대하여 강력한 원조와 격려를 보내는 것으로 생각하였다.195)

조봉암과 진보당 관련자료에서는 한결같이 소련을 비난하고 미국을 옹호하였다. 특히 조봉암이 1954년에 쓴 「우리의 당면과업」에서나 1955년에 쓴 「내가 본 내외정국」에서 더욱 그러한 현상이 두드러졌던바, 그것은 그 이후의 것과 약간 대비를 이룬다. 그리고 그러한 반소 친미의 입장은 진보당 강령에서도 확연하였다. 「우리의 당면과업」과 「내가 본 내외정국」은 후자가 더욱 심하지만 냉전적 사고가 적잖이 들어있다. 전자에서 조봉암은 "미국의 존재는 20세기 자유주의자들의 희망의 원천이 되고 있으나, 크레믈린의 세계침략의 야망은 날이 갈수록 도를 가할 것이며, 그 자들의 평화의 '탈'은 내부정리와 전쟁준비를 위한 시간 쟁취에 불과한 것"으로 일축하였고,196) 나아가 후자에서는 미국을 "세계 자유진영의 모범적인 기사로서…… 공산침략을 격파하고 공산당 모략을 분쇄하고 공산권 내의 인민들을 해방시킬 세계 자유진영의 선봉대"로 위치지었다.197) 그리고 미 국무장

---

192) 영남일보사, 위의 연감, 8쪽.
193) 아이힐러, 앞의 책, 133쪽
194) 맥켄지, 『사회주의』, 양호민 역, 탐구당, 1965, 229쪽.
195) 위의 책, 250쪽.
196) 조봉암, 「우리의 당면과업」, 정태영, 앞의 책, 464쪽.
197) 조봉암, 「내가 본 내외정국」 (1), 『한국일보』 1955. 6. 16.

관 덜레스의 신념은 소련에 대하여는 공존도 유화도 있을 수 없고, 오직 그 힘을 줄이고 좁혀서 끝내는 그 사상의 뿌리를 뽑고 그 제도를 인류사회로부터 영원히 말살해버리자는 데 있는 것으로 보이는데, 그것은 우리나라 사람에게는 무조건 공명해지는 생각임은 물론이라고 피력하였다.[198] 조봉암의 반소 언술은 1956년 이후에는 어느 정도 완화되었다.

조봉암이나 이동화 등이 강한 반공·반소 친미 노선을 내세운 가장 큰 이유는 한국전쟁에 있다. 그것은 당시의 분위기와도 무관하지 않을 것이다. 조봉암이 1954, 55년에 쓴 위의 글에서 여러 차례 반복하여 소련과 북한 공산당의 침략행위를 고발하였는데, 진보당 강령에서는 전문에 특별히 '6·25사변의 교훈'이라는 꽤 긴 절을 두어 그것을 상세히 논술하였다.

조봉암의 여러 글에서도 비슷한 논조를 볼 수 있지만, 이 강령에서는 스탈린과 그의 일당이 북한괴뢰로 하여금 불의의 침략전쟁을 도발시켰고, 그리하여 크레믈린의 충복인 북한 공산도당은 죄악적인 동족상잔의 전쟁을 야기하여 그들의 괴뢰성과 민족반역성을 완전히 폭로하였다고 북의 공산주의자들을 단죄하였다. 그리고 이러한 역사적 경험이 진보세력으로 하여금 사회민주주의 노선을 걷게 하였고, 미국과의 긴밀한 유대를 필요로 한다고 지적하였다. 곧 우리 민족은 해방 후 공산치하에서 쓰라린 생활경험과 처참한 전쟁의 심각한 체험과 무능 부패한 사이비 민주정치하에서의 곤궁한 생활경험을 통하여 진정한 민주주의 곧 사회적 민주주의에 입각하여야 한다는 하나의 새로운 정치적 사상적 결론 내지 확신에 도달하였고, 이 강토에다 민주적 평화적으로 사회적 복지국가를 건설하기 위해서는 유엔 및 반공 서방세계의 영도자인 우리의 위대한 맹방 미국과 긴밀히 제휴 협력하여 국제공산주의의 무력적 위협을 배제하여야 한다는 논리를 폈다.[199]

---

198) 조봉암, 「내가 본 내외정국」, 521쪽.
199) 권대복 편, 앞의 책, 29~31쪽.

3) 자유와 민주주의에 대하여

전후 사회민주주의자들의 반소 친미 노선은 자유, 민주주의에 대한 평가와 긴밀히 연관되어 있다. 널리 인용되고 있고, 여러 나라의 사회민주주의 정당 문서에서도 비슷한 언술로 강조하고 있지만, 프랑크푸르트선언에서는 사회주의는 민주주의의 최고형태로서, 자유 없는 사회주의란 있을 수 없으며, 사회주의는 민주주의를 통해서만 달성될 수 있고, 민주주의는 사회주의를 통해서만 충분히 실현된다고 지적하였다. 바꾸어 말하면 민주주의 없는 사회주의는 존재할 수 없는 것이다.[200]

한국의 진보세력이 민주주의와 자유의 챔피언이 된 것은 한국 근현대사의 성격에 연유하였다. 조봉암은 우리 민족의 유구한 역사를 살펴볼 때 우리는 너무나 많이 외세의 침략에 부대꼈고 전제군주의 억압하에 시달려 철천지 소원은 자유와 독립 그것이며, 개성을 마음껏 발휘하여 무엇이든지 힘껏 마음껏 해보고 싶은 그것뿐이었다고 토로하였는데,[201] 일제강점하에서 민족해방운동의 전위들은 자유를 쟁취하기 위하여 자신의 생명을 걸었다. 그들이 자유를 열망한 데는 비백인 국가로 천황제 전제국가인 일제의 강점하에 놓인 한국인이 세계에서 특히 심하게 자유의 억압을 받았고, 그것은 독립을 전취하려는 혁명가에게 더욱 실감있게 느껴졌기 때문이었다. 님 웨일즈의 『아리랑』에 나오는 김산(본명 張志樂)은 이렇게 말한다.

1905년 이래 해마다 이야기 내용에 변함이 없다. 어디선가 투옥되거나 사형된 자 수백 명. 조선에서는 물론이요 짜르 치하의 시베리아에서, 만주에서, 중국에서, 일본에서. 혁명가에게 있어서 나라를 넷이나 가진 인간은 나라를 하나도 갖지 못한 인간보다도 훨씬 비참하다. 각국에서 받는 것이라고는 오직 천국행 차표 하나뿐이다. 우리 조선인들은 일본인, 중국인, 상해의 영국인과 프랑스인, 조선경찰 등에 의해서 '합법적으로' 체포된다. 아무데서도 우리는 보호를 받지 못한다. …… 이렇게도 많은 사람을 잃어

---

200) 마이어, 『민주사회주의』, 이병희 역, 인간사랑, 1988, 86쪽.
201) 조봉암, 「우리의 당면과업」, 482쪽.

버리고, 이렇게도 많은 억압과 고통을 감내하기에는 조선은 너무나 작은
나라이다.202)

해방은 해방으로서 오지 않았다. 자유와 독립을 획득하여 개성을 마음껏
발휘하여 해보고 싶은 것을 마음껏 해보는 그러한 세상은 오지 않았다. 조
봉암은 제헌국회에서 헌법을 심의할 때 특히 양심의 자유란 표현 대신 사
상의 자유를 보장한다는 조목이 들어가야 한다고 역설하였다.203) 그 뒤에
도 조봉암은 개성과 개인의 자유가 보장되는 사회를 갈구하였고, 우리가
공산당을 반대하는 억만 가지 이유 중 가장 중요한 것은 자유와 개성의 존
엄성 때문이라고 지적하였다.204) 그는 자유는 오직 자기 힘으로 쟁취하는
것이며 오직 자기 힘으로 지켜가는 것이라고 역설하였고, 이 민족의 의기
(意氣)를 기르고 이 민족의 자유를 위한 투쟁정신을 고취하고 힘을 주어 이
민족에게 굳건한 신념을 갖게 하는 것이 민족 백년의 대계라고 주장하였
지만,205) 단정운동을 펴온 극우반공세력한테 그것은 먹혀들 수 있는 것이
아니었다. 비판하면 반정부적이라고 해서 박해가 왔고, 모든 민중운동이나
개인의 합법적 활동에 대하여 걸핏하면 반국가적 행동으로 몰아붙였다. 피
해대중이란 다름아닌 수탈과 억압, 질곡하에서 신음하는 대다수 민중을 가
리키는 말이었지만, 지식인은 공포 속에 위축되어 좌고우면할 뿐이었고,
민주주의세력, 진보세력은 야당인 민주당한테도 배격을 받았으며,206) 그
뒤에는 미국이 있어 발붙일 땅이 없었다. 일제강점기의 민족해방운동세력
과 마찬가지로 사회민주주의세력은 민주주의, 언론의 자유, 활동의 자유,
반대당 존재의 자유를 서유럽의 그들보다 훨씬 뼈저리게 느끼고 있었다.
1959년 바드 고데스베르크대회에서 채택한 독일 사회민주당의 기본강령은
자유와 정의는 서로가 서로를 필요로 한다고 지적하였지만,207) 한국은 자

---

202) 님 웨일즈, 『아리랑』, 조우화 역, 동녘, 1991, 48～49쪽.

203) 『국회속기록』 제1회 21호, 1948. 6. 30.

204) 조봉암, 「선거의 자유분위기는 보장되어야 한다」, 『나는 차기 정부통령선거를
    이렇게 본다』, 92쪽

205) 위의 글, 93～94쪽.

206) 조봉암, 「우리의 당면과업」, 482～487쪽 참조.

유도 정의도 몹시 결핍된 나라였다.

그런데 한국의 진보세력이 민주주의를 중시하였다고 해서 민주주의 방식에 익숙하였을 것이라고 보는 것은 무리가 아닐까 생각된다. 유럽에서도 사회주의운동에 종사한 일부에서는 오랫동안 정치적 민주주의가 사회주의의 즉각적인 관심사가 아니라고 믿었지만,[208] 한국의 경우 민주주의보다 사회주의에 더 악센트를 주는 면이 적지 않았고, 심한 경우에는 민주주의를 액세서리로 생각한 사회주의자도 없지 않았다. 진보당 강령에는 미군정기 대한민국 수립 이후에 '낡은 미국식 자유민주주의의 형식적 모방'이 이 나라 민주정치의 건전한 전진을 가로막았다고 쓰여있는바,[209] 이 언술에서 말한 '자유민주주의'가 자유주의 또는 자유자본주의와 같은 취지로 보이지만, 거기에는 어느 정도 부르주아민주주의에 대한 부정도 은연중 함축되어 있음을 간취할 수 있다. 한국의 진보세력은 자유와 민주주의를 위하여 싸웠지만 그것이 몸에 밴 것은 아니었고, 그것을 소중히 하지 않는 경우도 있었다. 서유럽에서 사회주의경제정책은 산업의 여러 수준의 의사결정에 노동자의 민주적 참여를 요구하는 산업민주주의의 요구와 분리될 수 없는데,[210] 한국의 경우 진보당에서는 산업민주주의를 요구하기는 하였지만,[211] 그것의 강도가 낮은 것은 객관적 현실의 반영이었으나 부분적으로는 주체적 상태의 반영인 측면도 있었다.

4) 국민대중의 정당

지금까지 조봉암 - 진보당의 사회민주주의 노선을 유럽과 일본의 사회주의, 그 중에서도 사회주의인터내셔널의 프랑크푸르트선언과 비교하면서 공

---

207) 아이힐러, 앞의 책, 143쪽.

208) 마이어, 앞의 책, 85쪽.

209) 권대복 편, 앞의 책, 28쪽.

210) 마이어, 앞의 책, 94쪽.

211) 진보당의 정책에서는 "우리는 또한 노동자의 경영참가와 이익균점의 원칙을 실현하려고 한다"고 주장하였다(권대복 편, 앞의 책, 53쪽). 김안국도 노동자의 경영참가를 요구하였다[김안국, 「수탈 없고 계획적인 번영책」, 『중앙정치』 1957. 12 (권대복 편, 앞의 책에 재수록), 141쪽].

산주의와 자본주의에 대한 태도, 소련과 미국 또는 자유진영에 대한 태도, 민주주의와 자유에 대한 태도를 중심으로 살펴보았다. 사회민주주의에서 이런 점 못지않게 중요한 것은 공산주의·사회주의에 대한 대안으로서 제시된 경제체제, 경제정책과 관련된 부분이다. 프랑크푸르트선언에서는 '경제적 민주주의'에서 사회주의는 자본주의 대신 공공이익이 사적 이윤에 우선하는 제도를 대치시키려 노력하고, 이러한 목적을 달성하기 위하여 생산은 노동대중의 이익을 위해 계획되지 않으면 안된다고 지적하였다. 이러한 주장과 맥을 같이하는 것으로 조봉암은 일찍이 1952년 8·5정부통령선거 때 정강의 하나로 "나는 조국의 부흥번영과 대중의 생활안정 및 그 균등한 향상을 위하여 계획성 있는 경제정책을 실시하고자 한다"를 제시하였다.[212)]

진보당 정책에서는 사회적 민주주의는 평등적 민주주의이며 동시에 계획적 민주주의로 규정하고, 사회적 민주주의 곧 계획적 민주주의에 의하여 국민경제를 건설할 것임을 밝혔다.[213)] 조봉암과 진보당에서 주장한, 모든 국민이 다같이 생존권을 확보받고 균등하게 번영할 수 있는 수탈 없는 경제체제도[214)] 윤길중에 의하면 다름아닌 계획과 통제에 의한 경제체제였다.[215)] 그런데 계획경제가 프랑크푸르트선언에서는 노동대중의 이익을 위한 것으로 위상이 설정된 것과 대조적으로, 조봉암-진보당에서는 국민경제 차원에서 주로 논의되고 있다. 서유럽 사회주의자들과 진보당이 더 큰 차이를 갖는 것은 진보당에서는 계획경제를 국유화를 중심으로 논의하고 있다는 점이다. 이 부분은 중요하기 때문에 별도로 뒤에서 자세히 살펴보기로 한다.

진보당의 계급적 성격은 일견 복합적, 이중적으로 되어있다. 조봉암은 진보당 개회사에서 진보당은 광범한 근로대중을 사회기반으로 하는 피해

---

212) 『조선일보』 1952. 8. 4.
213) 권대복 편, 앞의 책, 42, 49쪽. 이와 함께 이두산, 「정권·혁명」(完), 『사상계』 1956. 10, 92쪽 참조.
214) 『조선일보』 1956. 4. 14.
215) 『조선일보』 1956. 4. 11.

대중의 당으로, 진보당원은 근로대중의 벗이 되고 피해대중의 전위대가 되는 것이라고 천명하였다. 근로대중과 피해대중의 당이지만, 더 직접적으로는 피해대중의 당으로 되어있다. 피해대중은 일반적으로 다른 나라의 사회민주주의 정당에서는 나오지 않는 용어일 뿐만 아니라, 한국에서도 조봉암과 그의 적극적인 지지자들이 주로 사용하였을 뿐이었다. 피해대중은 특권층과 대칭되는 말로 사실상 광범한 근로대중을 가리킨다고 볼 수 있으나,[216] '권력'에 의해서 '당하는 자', '억눌린 자'란 뜻으로 반드시 서유럽 사회민주주의에서 말하는 근로대중과 의미 또는 해석이 일치하는 것은 아니다.

진보당의 각종 문건은 다른 나라의 사회민주주의 정당에서도 볼 수 있는 계급적 기반을 설정하고 있다. 1955년 12월 22일에 발표된 진보당 발기취지문에서는 그저 국민대중의 토대 위에 선 신당을 발기하겠다고 표명하였는데, 그것이 진보당추진위원대표자회의에서는 "농민, 노동자, 모든 문화인, 봉급생활자 및 중소기업자 등 국민대중의 토대 위에 선 신당"으로 구체화되었다.[217] 진보당 강령에서는 전문과 강령에 근소한 차이가 있다. 전문 중 '당의 성격과 임무'에서 "우리 당은 노동자 농민을 중심으로 진보적 근로인텔리, 중소상공업자, 일상적 종교인들의 광범한 근로대중의 정치적 집결체이며 국민대중의 이익실현을 위해서 투쟁한다"라고 천명하여,[218] 노동자와 농민의 순서가 바뀌는 등 추진위원대표자회의에서의 그것과 강조에서 약간 차이가 있다. 그런데 강령에서는 농민, 노동자, 모든 문화인 및 봉급생활자의 생활권을 확보하겠다는 것으로 바뀌었다. 조봉암은 1957년 초에 쓴 글에서 보수당들은 순전히 자본가 본위의 정당인 데 반하여 진보당은 농민 노동자와 모든 근로대중의 정당이라는 것이 근본적으로 다른 점이라고 지적하여[219] 보수정당과의 차이를 명백히 하였다.

조봉암은 농민 노동자를 중시하였으나,[220] 진보당은 조직될 때 농민 노

---

216) 정태영, 앞의 책, 258쪽.

217) 『조선일보』 1956. 4. 21.

218) 권대복 편, 앞의 책, 34쪽.

219) 조봉암, 「내가 걸어온 길」, 정태영, 앞의 책, 375쪽.

동자 조직과 연결되지 못하였다. 이러한 상황을 반영하여 진보당의 강령과
정책에서는 농민, 노동자 조직과의 관계가 거의 다루어지지 못하였다. 이
것은 일본 사회당이 "노동자계급을 중핵으로 한 광범한 근로자계층의 결
합체" "노동자계급을 중핵으로 하여 광범히 근로국민을 대표"하는 당으로
서 위치짓고, "일본 사회당은 민주적 평화적으로 사회주의 혁명을 수행하
는 입장으로부터 필연으로 계급적 대중정당이다"라고 표명한 것이[221] 말
해주듯, 계급적 입장을 중시한 것과 대조된다. 왜 진보당이 상대적으로 노
동자를 경시하였는가, 진보당과 농민 노동자의 관계는 어떠하였는가, 노동
조합과 농민은 어떠한 형태로 존재하였는가는 절을 바꿔서 논의하기로 한
다.

　서유럽의 사회주의 정당이건 계급성을 중시한 일본 사회당이건, 대개가
국민정당을 표방하였다. 그것은 노동자의 삶을 개선하고자 하는 노력이 전
체 국민의 공동선에 기여하기 때문이라는 논리로도 포장되어있지만,[222] 의
회주의를 인정하고 선거를 통하여 다수당이나 집권당이 되려고 하는 한
국민정당의 성격을 띠지 않을 수 없기 때문이다.[223] 국민정당을 표방한 점
은 진보당도 마찬가지이다. 이 경우 변혁적 성격이 논의될 수 있다. 진보당
의 경우 강령 전문에서 "자본주의의 지양과 민주적 복지사회의 건설은 자
본주의의 자기 수정과 노력에 의해서가 아니라, 근로대중을 대표하는 변혁
적 주체적 세력의 적극적 실천에 의하여 달성되어야 할 것"이라고 밝혀,
일정하게 변혁적 세력의 적극적 실천 노력을 인정하였다. 그러나 국민정당
을 표방하고, 친미 반공 노선에 서 있으며, 자유진영의 일원으로 활동하는

---

220) 진보당추진위원대표자회의에서 농민, 노동자 등의 집결체라고 표현하고 진보
　　당 강령에 농민, 노동자 등의 생활권을 확보하겠다고 쓰여 농민이 노동자의 앞에
　　있는 것은 뒤에서 다시 논의하겠지만, 조봉암의 의견이 반영된 것이었다. 반면 진
　　보당 강령 전문에 노동자, 농민 등을 위하여 투쟁한다고 천명하여 노동자가 앞에
　　위치한 것은 서유럽 사회민주주의 노선에 충실한 이동화의 사고에 의거한 것이었
　　다. 전자는 현실을, 후자는 이념 또는 '원칙'을 중시한 것이라고 볼 수 있다.

221) 배성동, 앞의 글, 139~140쪽.

222) 타튼, 『일본의 사회민주주의운동 1870~1945』, 鄭光河·李行 역, 한울, 1997,
　　428쪽.

223) 쉐브르스키, 『자본주의와 사회민주주의』, 최형익 역, 백산서당, 1995, 37~45쪽.

데는 어쩔 수 없이 전후의 다른 대다수 사회민주주의 정당과 비슷하게 개량주의의 길을 걷지 않을 수 없게 되어있었고, 조봉암과 진보당 관계자들은 이것을 인정하고 있었다. 그런데 조봉암과 진보당의 변혁적 성격은 사회민주주의 노선에서가 아니라, 평화통일론과 피해대중단결론에 있었다. 그것은 단정운동세력의 극우반공체제를 해체할 것을, 곧 변혁할 것을 요구하는 것이었고, 실제로 그 기능을 수행하고 있었다.

5. 조봉암 - 진보당의 사회민주주의 노선에 미친 영향

1) 서유럽 · 미국의 영향

조봉암과 진보당 관계 인사들의 사회민주주의 사상은 세계의 사회주의 조류로부터 많은 영향을 받았다. 그 점에서 한국의 사회민주주의는 국제사회주의운동의 일환으로 전개되었다고 볼 수 있다. 한국의 사회민주주의자들은 진보당 관련 문건 분석에서도 드러난 바와 같이 사회주의인터내셔널, 그 중에서도 1951년 프랑크푸르트대회에서의 선언에 적지 않은 영향을 받았다. 프랑크푸르트선언의 영향은 우선 진보당 강령에서 쉽게 발견할 수 있다. 프랑크푸르트선언과 진보당 강령은 모두 전문이 있는데, 전자의 전문 제1항이 후자의 전문에서는 "1. 자본주의의 공죄, 2. 자본주의의 위기"로 나뉘어 훨씬 상세히 기술되었다. 또 전자의 제2항은 후자의 "3. 자본주의의 수정과 변혁"과 맥을 같이하는 것이고, 전자의 제7, 8, 9, 10항에서 공산주의 비판은 후자의 "6. 6 · 25사변의 교훈"과 견주어볼 수 있다. 후자의 전문 "4. 후진국가의 방향"은 전자의 본문 "4. 국제적 민주주의"와 맥이 닿아있고, 후자의 "5. 제2의 산업혁명과 20세기적 사회혁명"은 전자의 전문 제12항과 취지를 같이한다. 따라서 진보당 강령과 프랑크푸르트선언은 자신이 처해있는 상황에서 강조점을 달리한 것이라고 볼 수 있는데, 그 점은 조봉암이 진보당 발당 개회사에서 건설하려고 한 세계와 프랑크푸르트선언의 마지막 구절의 대비에서도 보인다.

사람이 사람을 착취하는 일을 없애고 또 인간의 존엄성을 무시하는 일을 없애고 모든 사람의 자유가 완전히 보장되고 모든 사람이 착취당하는 것 없이 응분의 노력과 사회적 보장에 의해서 다같이 평화롭게 행복스럽게 잘살 수 있는 세상, 말하자면 우리들의 이상인 복지사회를 건설하자는 것입니다(진보당 발당대회 개회사).

사회주의자는 평화와 자유에 가득찬 세계를 실현하기 위하여, 또한 인간에 의한 인간의, 민족에 의한 민족의 수탈과 노예화가 없는 세계의 실현을 위하여, 그리고 개인의 인격적 발전이 인류의 보람찬 발전을 위한 기초가 될 수 있는 세계의 실현을 위하여 일한다. 사회주의자는 이 위대한 목적을 위한 투쟁에 있어서 모든 노동자의 연대에 호소한다(프랑크푸르트선언).

프랑크푸르트선언이나 서독 사민당의 노선은 1960년 4월혁명 이후 활동한 혁신계에도 영향을 미쳤다.224)

조봉암이 개회사에서 자본주의 세계의 거의 모든 나라가 사회민주주의적인 전법을 쓰고 있다고 말한 것은 상당부분 영국과 미국 자본주의의 변화를 염두에 둔 것이었다. 영국과 미국 자본주의의 변화는 진보당 강령에서 꽤 자세히 언급되고 있다. 이 문건에서는 자본주의의 조국인 영국에서 20세기에 넘어오면서 자본주의가 자유방임으로부터 국가간섭으로 전환되었다고 파악하고, 제2차 세계대전 종전 직전에 정권을 장악한 노동당정부는 대규모적으로 사회주의 정책을 실시하여, 자본주의의 발원지인 영국에서 사회적 민주주의에 의한 자유자본주의의 지양과 자유자본주의적 야경국가의 사회주의적 복지국가로의 민주주의적 평화적 전화가 거의 결정적으로 수행됨에 이르렀다고 평가하였다. 또 대공황기에 미국 대통령이 된

---

224) 통일사회당은 1961년에 사회주의인터내셔널 가입이 실현단계에 있었다고 한다(이상두, 앞의 글, 115~116쪽). 고정훈은 통일사회당 선전국장으로 있을 때 빌리 브란트 노선을 모방한 우파 혁신운동을 전개하였다고 기술하였다『명인옥중기』(고정훈 편), 19쪽]. 5·16쿠데타 이후 존재하였던 혁신정치세력 중 유일하게 원내 의석이 있었던 민사당을 만들기 직전 徐珉濠는 프랑크푸르트선언과 1962년 오슬로선언은 민주사회주의의 퍽 좋은 본보기라고 기술하였다『명인옥중기』(서민호 편), 118~119쪽].

프랭클린 루즈벨트에 의한 뉴딜 정책은 미국의 전통적 개인주의와 '약한 정부' 사상을 배척하고 국가가 적극적으로 국민의 경제생활에 관여할 것을 주장하면서 실시된 수정자본주의 정책으로, 그것은 제2차 세계대전 후 트루만 대통령에 의하여 페어딜 정책으로 부활되고, 아이젠하워 정부의 복지국가 건설로 이어진다고 주장하였다. 이동화는 다른 글에서도 미국은 뉴딜 정책 이후 복지국가 건설이 국가의 주요 목표가 되었다고 기술하였다.[225] 진보당 강령에서는 영국과 미국에서의 변화를 자세히 살펴본 후 스웨덴, 노르웨이, 덴마크, 핀란드 등 북구 제국에서 전후 사회민주당이 단독 또는 연립으로 정권을 장악하고 대체로 동일한 사회주의적 복지국가의 건설을 향하여 매진하고 있다고 지적하였다.[226]

영국과 미국 자본주의의 변화에 대해서는 윤길중도 중시하였다. 윤길중은 공산주의가 선전하는 자본주의의 자멸과정이 착오임은 벌써부터 민주사회주의자들에 의하여 입증되었지만, 그것이 결정적으로 오류임은 제2차 세계대전 후 영국 사회주의의 발전에 의하여 명백하게 확증되었다고 단정하였다. 자본주의가 민주주의에 입각하여 대담하게 수정될 수 있고, 민주사회주의가 제도화되어 발전할 수 있는 제요소를 공산주의가 간파하는 데 완전히 실패하였다는 것이다.[227] 같은 시기에 윤길중은 이것을 자유제 계획경제 개념으로 설명하였다. 영국 노동당이 창건하여 발전시킨 독특한 사회주의는 이론적으로나 실천적으로나 전국민의 이익에 부합하도록 개인적 자유와 경제계획을 조화시킬 수 있다고 언제나 주장하여왔는데,[228] 윤길중은 영국인의 생활양식이 자유에 깊이 뿌리를 박고 자유에 대한 여하한 강압이나 제약에도 반대하였지만, 노동당이 국유화정책을 실시하고 더욱이 보수당이 그 정책을 그대로 계승하여, 자유와 계획이 현명하게 결합하였다고 이해하였다. 미국 또한 이동화의 설명과 비슷하게 루즈벨트 대통령의 뉴딜 정책으로 국민경제를 안정시켰고, 그것을 트루만 정부가 그대로 계승

---

225) 이두산, 「철학적 빈곤의 극복을 위하여」 (속), 『사상계』 1957. 12, 133쪽.
226) 위의 글, 133쪽 참조.
227) 윤길중, 「진보당 조직의 의의와 그 주장」, 158쪽.
228) 맥켄지, 앞의 책, 245쪽.

하였던바, 이와 같이 미국 연방정부가 많은 권한을 가지고 경제부문에 관여하였으나, 미국인이 사회적 자유가 억압당하고 사기업의 자유가 제한되지 않은 것은, 국가가 국가로서 경제분야에서 해야 할 일을 하였고, 사기업은 사기업 분야에서 경제행위를 한 결과라고 윤길중은 설명하였다. 윤길중은 자유제 계획경제는 계획하는 입장에서 자본주의의 자유방임주의에 대립하고, 자유라는 입장에서 전체주의의 관권경제에 대립한다고 역설하였다.229)

한국의 진보세력이 영국과 미국 자본주의의 변화에 적지아니 고무받았을 것은 충분히 추찰할 수 있다. 그러나 진보당 관련 문건이 유독 이 두 나라만 자세히 기술하여 강조하고 있는 데는 다른 요인도 있을 것이다. 김학준은 이동화가 추구한 목표는 의회를 통한 점진적 개혁을 도모한 영국 노동당식의 민주적 사회주의라고 기술하였다. 또 이동화의 은사로 도쿄(東京)제대 정치학과를 다닐 때 가장 존경한 가와아이 에이지로(河合榮治郎) 교수는 영국 민주사회주의의 전통을 그대로 이어받은 대표적 자유주의자로서 『토마스 힐 그린의 사상체계』를 저술하였음을 지적하였다.230)

김학준의 지적은 유의하여야 하겠지만, 이동화의 미국과 영국에 대한 평가는 적절하다고 보기 어려운 부분이 있다는 것에 주목할 필요가 있다. 영국에서 노동당정부에 의하여 대규모적인 사회주의정책이 실시되었다거나 사회적 민주주의에 의한 자유자본주의의 지양이 거의 결정적으로 수행되었다는 것은 과장된 것으로, 어떠한 의도가 있었기 때문에 그렇게 표현하였을 것이다. 더구나 미국 공화당의 아이젠하워 정부가 복지국가 건설에 매진하여 뉴딜 정책을 재현하였다는 지적은 수긍하기 어렵다.

이동화는 진보당 강령에서 명백히 민주사회주의가 아니라 사회적 민주주의란 용어를 쓰고 있고 프랑크푸르트선언을 중시하였는데, 독일 사회민주당을 거론하지 않았다는 것도 이상하다. 조봉암과 진보당이 친미 친유엔을 역설한 것도 그러한 점이 있었겠지만, 한국에서 위험한 사상으로 몰리

---

229) 윤길중, 「계획성 있는 경제체제」, 권대복 편, 앞의 책, 118, 124~125쪽.
230) 김학준, 앞의 책, 182~183쪽.

지 않고 사회민주주의가 건전한 정치사상임을 강조하기 위해서는 미국과, 미국과 가장 가깝고 맑스주의와는 거리가 먼 영국 노동당의 예를 과장해서라도 강조하지 않을 수 없었을 것이다. 그 반면 독일 사회민주당은 전전까지 맑스주의 전통이 강하였기 때문에 자칫하면 '오해'를 살 수 있어 아예 거론하지 않은 것으로 생각된다. 윤길중이 사기업의 천국인 미국에서 정부의 경제부문 관여를 강조한 것도, 이동화조차 영국에서 보수당 정부의 재등장으로 복지국가 건설이 약간 후퇴하였다고 지적하였는데,[231] 노동당의 국유화정책을 그대로 계승하는 등 노동당 정책의 윤곽을 보수당이 대국적으로 보면 그대로 계승한 것이나 다름없다고 주장한 것도 같은 이유 때문일 것이다.

2) 1955, 56년의 세계사적 변화

민주당이 창당되고 진보당이 태동한 1955년은 일본정치에서 새로운 출발점이었다. 이해에 민주당과 자유당이 통합하여 전후 일본정치를 지배하였던 자민당이 창당되었고, 같은 해에 사회당 좌파와 우파가 합당하여 야당의 대표주자인 사회당이 탄생하였다. 이른바 일본형 보혁(保革)구도가 만들어진 것이다. 일본은 가장 가까운 나라이고 언어에서도 장애가 적었기 때문에, 조봉암이나 진보당 관계자들은 일본 사회당의 영향을 어떤 형태로든 받았을 것이다. 그러나 이 시기는 이승만의 반일공세가 강렬하여 일본의 보수당 정권도 공산주의 내통자로 비난받고 있었으며, 일본 사회당은 좌파가 더욱 그러하였지만, 맑시스트들이 적지 않았고 계급정당의 색채가 있었기 때문에, 진보당 관련 문건에서 일본 사회당은 언급되지 않았다.

다음해인 1956년에 한국인은 정부통령선거를 맞아 변화를 갈구하였는데, 그 1956년에 소련과 동유럽에서는 전환기를 맞이하였다. 조봉암은 1955년에 「내가 본 내외정국」에서 상당히 강하게 냉전이데올로기를 드러내보였고, 진보당 강령 등에서는 반소 반공 노선이 명확히 설정되어있지만, 평화통일론에서도 지적한 바와 같이, 그리고 진보당 발당대회 개회사에서 조봉

---

231) 권대복 편, 앞의 책, 22쪽.

암이 공산주의세계가 날로 수정되고 탈취되어 사회민주주의적인 방향으로 움직여가고 있는 것도 우리가 눈으로 보고 있는 바라고 말한 부분이 시사하듯, 조봉암과 진보당은 개인간에 편차는 있었겠지만, 1956년 2월에 있었던 소련 공산당 제20차 대회와 그것을 전후하여 계속 주장한 소련공산당의 평화론에 영향을 받았다. 『사상계』 등 국내 언론매체에도 소련 공산당의 변모가 보도되었다. 『사상계』는 1956년 4월호에서 다룬 「움직이는 세계」란에서, 1955년 10월 하순에 소련 공산당 기관지에 실린 "공산주의는 다른 어떤 사회질서와도 마찬가지로 무력으로 인민에게 강제할 수는 없다. 그러므로 금후 세계사회의 발전문제는 전쟁 수단이 아니라 경제적 경쟁에 의해 결정된다는 것을 공산당은 확신한다"라는 기사 등을 소개하였다. 『사상계』에서는 1956년과 1957년에 몇 차례에 걸쳐 『소비에트 어패어즈 *Soviet Affairs*』에 실린 제20차 소련공산당대회 총평을 번역하여 게재하였던바, 이 글에서는 스탈린 비판과 함께 대회 대변인들이 평화공존이야말로 '핵무기 전쟁에 대한 유일한 대안'이라고 말한 것이라든가, "공산주의 사상은 전쟁 없이 승리를 거둘 것이다"라고 말한 것 등이 다루어졌다.[232] 뿐만 아니라 이 글에서는 공업과 농업정책의 변화도 꽤 많은 지면을 할애하여 소개하였다.

　1956년 헝가리와 폴란드를 비롯한 동유럽사태는 한국 언론에 대대적으로 보도되었는데, 그것은 진보세력한테도 영향을 주었다. 이동화는 1951년 티토 노선을 걷는다고 하여 소련에 의해 투옥된 폴란드의 고물카가 1956년 4월에 석방되어 10월에 다시 집권한 것을 중시하였다. 그는 고물카 노선을 소련 반대 노선으로 파악하고, 동유럽의 인민민주주의는 진보적인 대중적 민족주의를 매개로 하여 점차적인 민주화·자유화 과정을 거쳐 드디어는 민주적 사회주의에 접근, 도달할 것을 예상하고 희망하였다. 그는 공산주의 위성국의 티토화, 곧 민족공산주의화 ― 이들 나라의 중립화 ― 소련의 약화로 동유럽의 도정을 파악하고, 이렇게 될 경우 중립지역은 크게 확대되고, 이들 여러 지역에서 민족적 사회주의가 전진하고 발전하여 인류

---

232) 「제20차 쏘련공산당대회 총평」 (상), 『사상계』 1956. 11, 310, 313쪽

복지, 세계평화, 인간자유에 이바지할 것으로 생각하였다.[233] 냉전체제와 강대국의 세력균형 논리를 간과한 나이브한 판단이었으나, 사회민주주의에 대한 집착이 이러한 판단을 갖게 하지 않았을까 생각된다.

1955년은 제3세계에도 새로운 출발점이 되었다. 조봉암과 진보당 관계자들은 약소민족의 자유와 독립에 적극 성원을 보냈지만,[234] 인도 등 비동맹국가의 행보에 관심을 표명하였다. 친미 친서방을 표방하였으면서도, 인도의 네루나 이집트의 나세르에 진정으로 공명하는 바가 많았기 때문일 것이다. 1950년 한국전쟁의 발발과 그 확대에서 오는 위기에 처하여 세계평화, 반식민주의, 군사블록에의 불참가를 기조로 한 '네루 외교'가 등장하였던바, 조봉암이 깊은 관심을 보였던 1954년 제네바회의 휴회기간에 중국의 주은래(周恩來)는 네루를 방문하여 영토주권의 상호존중, 상호불가침, 내정불간섭, 평등·호혜, 평화공존의 평화 5원칙에 합의하였다. 그리고 1955년 4월 인도네시아에서는 아시아·아프리카 29개국이 모여 비동맹회의의 효시가 되는 역사적인 반둥회의가 열렸던바, 평화 5원칙과 비슷한 내용의 반둥 10원칙을 채택하였다. 진보당이 창당을 서두른 1956년 7월에는 유고슬라비아에서 나세르, 네루, 티토가 회동하여 반둥정신 및 비동맹주의의 견지, 군사동맹 반대 등의 코뮤니케를 발표하였다.[235] 진보당 발당대회에서의 「국제정세 보고」에서 조규하는 아시아·아프리카의 민족주의는 약소국가의 연대성이라는 휴머니즘적 원칙에 입각하고 있으며 자유방임적인 자본주의방식을 거부하면서 사회적 계획적 민주주의의 원칙에 입각하여 사회적 민주주의적 복지국가 건설에 주력하고 있다고 평가하였다. 또한 나세르가 약소국의 합법적인 권리와 이익을 주장하는 입장에서 수에즈 운하 국유화를 선언하고 영국, 프랑스 등과 대결한 것은 제국주의적 지배와 착취에서 벗어나기를 갈망하였던 모든 사람들의 가슴에 어필하였다.[236]

조봉암 등에게 영향을 준 것은 다른 이유도 있었다. 1953년 1월 미얀마

---

233) 이두산, 「인민민주주의를 비판한다」(속), 『사상계』 1957. 8, 88쪽.
234) 예컨대 조봉암, 「광복절 기념사」(1953. 8. 15), 『죽산 조봉암 전집』 1, 159쪽.
235) 河璟根, 『제3세계정치론』, 한길사, 1980, 39~41쪽.
236) 「진보당 발당대회 국제정세 보고」, 『죽산 조봉암 전집』 4, 44~45쪽.

양곤에서의 아시아사회당 대회의에서는 경제적 불균형에 주목하고 생활의
향상을 꾀할 것을 다짐하였지만,[237] 아시아사회주의운동은 생산수단의 결
핍과 싸우는 것이 당면과제였다.[238] 조봉암은 1956년 정초에 아시아·아프
리카 국가들이 생산건설을 위주로 한 경제계획을 수립하여 착착 진행하고
있다고 말하였는데,[239] 진보당 강령에서도 언급한 바와 같이,[240] 인도의 5
개년계획은 성공적인 것으로 전해졌다. 1951~56년의 농업에 치중한 제1차
5개년계획이 대체로 목표를 달성하였고, 이어서 공업에 중점을 둔 제2차 5
개년계획이 발표되었다.[241] 나세르는 농업생산을 약 5할 늘릴 계획과 전력
제공과 연계된 아스완댐 건설계획, 규모가 큰 비료공장을 건설할 계획을
발표하였는데,[242] 이 모두가 다 한국인에게도 숙원사업이었다. 진보당 강
령은 해방된 일련의 국가, 곧 인도, 미얀마, 인도네시아 등은 대외적으로는
소위 '평화지역'의 확대를 의도하고, 대내적으로는 산업혁명의 촉진, 완수
와 민주적 복지사회의 실현을 위한 새로운 국가건설이 민주적 평화적 방
식으로 수행되고 있는바,[243] 이는 서방 국가들의 경우와 함께 인류역사의
20세기적 대전환이 폭력적 독재적이 아닌 민주적 평화적 방식에 의하여
수행될 수 있으며, 수행되고 있음을 의미하는 것으로 해석하였다. 앞에서
조봉암의 수렴론을 언급하였지만, 이동화는 후에 다음과 같은 웅장한 수렴
론을 전개하였다.

　　우리의 민주적 사회주의는 마치 큰 대하와도 같다고 할 수 있다. 우편
　에는 점차로 수정변완(修正變完)되고 있는 자본주의의 흐름이, 좌편에서는
　점차로 수정변용되고 있는 공산주의가, 그리고 이들의 중간에서는 나셀이

---

237) 영남일보사, 앞의 연감, 7쪽.

238) 마이어, 앞의 책, 161쪽.

239) 『한국일보』 1956. 1. 4.

240) 권대복 편, 앞의 책, 24쪽.

241) 「인도의 제2차 5개년계획」, 『사상계』 1956. 12, 254~255쪽.

242) 나세르, 「에집트혁명론」, 『사상계』 1956. 1, 119~121쪽.

243) 1960년 4월혁명 후 이동화는 스카르노의 가이드데모크라시는 민주주의가 아니
　　라고 지적하였다(「좌담 : 보수냐 혁신이냐」, 『새벽』 1960. 7, 92~93쪽).

즘 등의 몇 갈래 흐름이 흐르고 흘러서 마침내는 이 큰 대하에 합류하게
될 것이다.[244]

그러나 극우반공세력은 티토는 말할 것도 없고 네루를 눈안의 티처럼
미워하고 있었다. 진보당 발당대회에서는 「애굽에 대한 영불침략 반대 결
의안」을 「헝가리 민중의 자유투쟁 지지 결의안」과 함께 통과시켰지만, 정
부측의 한 기고가는 나세르의 수에즈 운하 국유화조치를 악의에 찬 행동
으로 기술하였고,[245] 조정환 외무부장관은 국회에서 레바논과 이라크의 내
란 혹은 반란은 나세르의 배후조종에 의한 것이고, 나세르 배후에는 소련
이 있어서 그를 좌우하는 것은 명확한 사실로, 미국의 군대파견은 도의적
으로나 법리적으로나 의당한 조치라고 설명하였다.[246] 이 때문에 진보세력
은 이집트 등에 대해서 언급할 때 자신들과의 차별성을 지적하는 등 세심
한 배려를 하지 않을 수 없었다.[247]

　1956년은 북한과 중국에서도 큰 변화가 있는 것처럼 비쳐졌다. 중국에서
는 급속한 사회주의혁명 과정에서 생겨난 지식분자의 불만과 비판을 토로
케 한 백화제방(百花齊放) 백가쟁명(百家爭鳴)운동의 전개가 지식인의 관심
을 끌었다. 또한 이해 9월에는 공산당이 집권한 후 첫번째로 가진 중국공
산당 제8차 전국대표대회가 열렸다. 중국에서 1956년은 생산수단의 사적
소유에 대한 사회주의적 개조가 결정적 승리를 거둔 해로 주장되었다. 개
개의 농민, 수공업자, 근로대중 소유로서의 사적 소유가 기본적으로 근로
대중의 집단적 소유로서의 공동소유로 바뀌었고, 자본가 소유로서의 사적
소유가 기본적으로 국가소유 곧 전인민적 소유로서의 공동소유로 바뀌었
다. 이와 같이 농업과 수공업, 공업, 상업에 대한 사회주의적 개조를 기본
적으로 완성하였다는 이해에 제1차 5개년계획의 주요 지표들이 대부분 앞

---

244) 『명인옥중기』(이동화 편), 225쪽.

245) 金光涉, 「수에즈 운하 분쟁의 역사적 고찰」, 『세계의 초점―동구의거와 중동분
　　쟁』, 공보실, 1956, 91쪽.

246) 『국회속기록』 제29회 23호, 1958. 7. 21. 이와 함께 成仁基, 「중동의 분규와 소
　　련의 음모」, 『세계의 초점―동구의거와 중동분쟁』 참조.

247) 예컨대 윤길중, 「진보당 조직의 의의와 그 주장」, 154쪽.

당겨 완수되고, 대대적으로 경제건설이 이루어졌다고 주장되었다.[248]

1956년 8월 종파투쟁으로 알려진 연안계의 숙청은 노선문제와 관련이 있었다. 연안계의 최창익 등은 1956년 6, 7월 김일성이 소련과 동유럽을 순방할 때 당의 지도를 집단적 지도체제로 전환할 것을 계획하고, 8월에 열린 조선로동당의 중요 회의에서 김일성의 중공업 우선정책 등을 비판하였다. 1956년에는 종전 이후 급격히 추진된 농업의 협동조합화가 대규모로 진행되어, 연말에는 전체 농가호수의 80.9%가 협동조합에 속하였다.

3) 원자력 혁명

진보당 정책은 "원수폭의 발전으로 인한 세계대세는 전쟁을 반대하고 평화를 희구하는 방향으로 도도히 흘러가고 있다"라는 말로 시작되고 있거니와, 조봉암과 진보당의 평화통일론은 원수폭에 의하여 미·소 양 대국이 힘의 균형을 이루고 있다는 것이 기본 논거의 하나였다. 그런데 원자력 및 오토메이션화는 조봉암과 이동화 등이 사회민주주의 노선을 과감히 제시하고 복지사회 건설을 다짐하는 데 중요한 근거로 내세워졌다.

조봉암은 진보당 발당 개회사에서 전쟁 목적을 위해서 생겨난 원자력이 도리어 전인류로 하여금 새로운 각성과 희망을 가지게 한 것은 인류역사상 가장 커다란 변화요 발전이라고까지 극찬하였다. 그는 나아가 이 원자력학의 계속적인 발전과 그것의 사회적 평화적 이용의 발달은 필연적으로 생산력의 혁명적 앙양과 생산관계의 비약적 변화를 가져올 뿐만 아니라, 동시에 인류가 그때까지 지녀왔던 모든 사회적 관계, 모든 사람의 관련 형태와 사고방식에 일대 변화를 가져올 것이라고 주장하였다. 이와 같이 새로운 사회적 혁명의 물적 토대가 마련되어 생산관계가 비약적으로 변화할 것으로 전망하였기 때문에, 그는 자본주의와 사회주의는 사회민주주의의 방향으로 수렴된다고 예견하고, 지식인들은 자본주의와 공산주의를 다같이 거부하고 청산하는 동시에 인류의 새 이상, 곧 원자력시대에 적응할 인

---

248) 중공중앙당사연구실, 『중국공산당의 70년』, 민조실 역, 중국 : 민족출판사, 1992, 504~513쪽.

류의 새 이상을 올바르게 파악하고 실현해내야 한다고 외칠 수 있었다.

진보당 강령 전문 제5절 「제2의 산업혁명과 20세기적 사회혁명」에는 원자력 및 오토메이션화에 의한 세계의 변화가 지극히 낙관적으로 묘사되어 있다. 이 절에서는 해방된 원자에네르기의 동력화와 산업의 오토메이션화를 기초로 하여 당시 불리었던 대로 제2의 산업혁명이 진행되고 있는바, 이 새로운 산업혁명에 의하여 인류사회의 위대한 20세기적 변혁이 크게 촉진될 것으로 내다봤다. 첫째로, 그것은 사회생산력을 공전적(空前的)으로 크게 제고하여 민중의 물질적 생활조건의 근본적 개선과 복지사회 건설을 위한 기본적 전제조건이 달성될 것이고, 원자에네르기의 동력화는 후진 제국의 산업혁명을 조속히 완수하는 데 큰 도움이 될 것으로 판단하였다. 둘째, 원자력관계 산업은 국유화·사회화될 수밖에 없고, 오토메이션화는 대규모적인 사회보장제도를 요구하여, 두 가지 다 사회민주주의화를 촉진시킬 것으로 파악하였다. 후진 제국의 조속한 산업혁명과 국유화문제는 한국 진보세력의 중요한 현안이었다. 셋째, 새로운 산업혁명은 정신생활을 한층 활발하고 풍성하게 할 것으로 인식하였고, 넷째로, 평화통일론의 논거와 같은 논리로 새로운 산업혁명은 항구적인 인류평화를 가져올 것이라고 예견하였다. 그리하여 다섯째로 새로운 산업혁명은 자본주의의 변혁=지양과 그것의 안티테제로 소비에트 공산주의의 변혁=지양을 촉진할 것이고, 이러한 20세기적 인류사회 변혁에서 민중들은 해방되어 거대한 창조적 에네르기를 발휘할 것으로 기대하였다. 이 절이 "20세기는 실로 변혁의 세기이다. 인류사회는 바야흐로 큰 전환기에 처하여 있다. 우리가 위에서 보아온 바와 같이……"로 끝나고 강령의 첫번째로

"우리는 원자력 혁명이 재래할 새로운 시대의 출현에 대응하여 사상과 제도의 선구적 창도로서 세계평화와 인류복지의 달성을 기한다"라고 피력한 것이나, 민주혁신당 발당에 즈음해서 이동화가 20세기에 인류가 겪은 숱한 존망적 위기를 타개, 극복하고, "위대한 20세기 사회변혁을 민주적 평화적으로 촉진 완수함에 의하여 인류사회의 비약적 전진을 초래한다는 것은 오늘날 진보적 인류에게 부과된 역사적 대과업이 아니면 아니된다"라고 말할 수 있었던 것은[249] 원자력이 가지고 있는 것으로 생각한 방대한

잠재력과 파괴력이 바탕에 깔려있었다.

20세기의 종언을 코앞에 둔 우리로서는 지금으로부터 40여 년 전 20세기 중엽 조봉암이나 이동화의 목소리는 너무나 현실에서 떨어져 있었다고 느끼지 않을까 싶다. 더욱이 우리는 생산력이 발전하더라도 그것이 인류의 큰 이상에 부합되게 사용되지 않는다는 것을 눈앞에서 목도하였다. 분명히 조봉암 등 진보당 관계자들이 원자력과 기술혁신에 대하여 가졌던 기대는 오류였다. 그러나 그 시기에 적지 않은 사람들이 그들과 비슷한 생각을 가졌다면 그것은 그것대로 이해할 필요가 있다. 인류는 비관적으로 생각할 때가 있고 낙관적으로 생각할 때도 있다. 제2차 세계대전의 참화와 원자탄의 파괴력을 보고 인류는 두려움에 떨지 않을 수 없었는데, 그것에 대응하여 아인슈타인이나 러셀 등은 반핵평화운동을 전개하였다. 또한 미 · 소의 원자탄 · 수소탄 개발경쟁은 상대적으로 힘의, 공포의 균형상태를 가져와 소련공산당도 '핵무기 전쟁에 대한 유일한 대안'으로 동과 서의 평화공존을 제시하였다. 그와 함께 원자력 에너지의 평화적 이용에 대하여 과학자, 지식인, 정치인 등은 무한한 꿈을 갖게 되었다.

진보당이 발당되기 얼마 전에 『사상계』에 실린 두 편의 글도 그러한 내용을 덤고 있다. 1946년에 노벨 물리학상을 받은 브리지민(Bridgman)은 현대세계가 지나간 모든 시대와 다른 점은 기술이 극히 발전하는 데 있다고 전제하고, 원자력을 활용하는 세계는 풍부한 동력을 약속할 뿐만 아니라, 아득한 장래에는 자연원소의 변성(變成)을 자유로이 하고 유용금속의 탕진도 막을 수 있다는 것을 약속한다고 말하였다. 그는 사회적 변화를 주로 가리킨 것이지만, 가장 중요한 과학의 충격은 우리 일상생활의 외적 조건을 변경시키는 데 있는 것이 아니라, 더 의미심장한 데, 이를테면 세계의 전모를 변경시키는 데 있다는 사실이라고 주장하였다.250) 레바논 출신 철학자로 1948년에 유엔 경제사회이사회 위원장, 1951~52년에 유엔인권위원회 위원장을 맡은 말리크(Malik)의 다음과 같은 말은 더 충격적이다. 좀

---

249) 이두산, 「철학적 빈곤의 극복을 위하여」(속), 136쪽.

250) 『사상계』 1956. 10, 292~293쪽.

길지만 인용하기로 하자.

　　원자력을 동력으로 이용함으로써 전개될 미래의 전망은 굉장한 바가 있다. 이 발견으로 해서 이미 공업, 농업, 의약에는 변동이 일어나 이들 과학 및 기술은 혁명과정에 있다. 원자에서 방출하는 방대한 동력이 인간의 목적에 봉사하게 된다면, 특히 이것이 바다에서 식량과 의류를 생산하는 데 이용된다면(이것은 아마 현세기 후반에는 실현될 것이다), 원자가 장차 세계의 인간 과잉지역에 미칠 엄청난 혁명은 가위 짐작이 될 것이다. 다른 데는 제쳐놓고 이것이 중동의 불모지대에 미칠 영향을 생각해보라. 오늘날같이 발전하는 과학기술은 인류가 당면하고 있는 모든 물질적 문제를 해결하리라는 충분한 근거가 있는 것이다.251)

　　미국의 아이젠하워 대통령이 발표한 1957년도 예산교서에서 원자력부문은 전체 원고의 10분의 1이 넘었는데, 그는 이 발표에서 핵무기는 계속 개발하겠지만, 원자력의 평화적 사용을 위한 투자에도 한층 박차를 가하겠다고 피력하였다.252)

　　사회민주주의자들도 원자력과 기술의 발달에 주목하였다. 프랑크푸르트 선언은 전문에서 "과학과 기술의 진보는 인류로 하여금 스스로의 운명을 개선하게 하거나 그렇지 않으면 자기자신을 멸망케 할 힘을 한층 증대시켰다"고 지적한 것은 원자력의 문제를 함축한 것으로 보인다. 통합된 일본 사회당은 1955년 11월 15일에 발표한 「당의 사명」에서 원자과학의 급속한 진보는 일면에서 전쟁 회피 노력에 박차를 가하였다고 피력하였다.253) 진보당과 가장 가까운 주장은 진보당의 발당대회보다 석 달 먼저인 1956년 7월 10일부터 14일까지 열린 독일 사회민주당 뮌헨 당 대회에서였다. 그것을 보면 이때가 원자력과 기술의 진보에 관심이 많았던 '낙관적' 시기임을 알 수 있다. 뮌헨 당 대회에서는 '2차 산업혁명'(따옴표는 원문대로임) 기간

---

251) 『사상계』 1956. 10, 299쪽.
252) 아이젠하워, 「자유세계의 승리를 위하여」, 『사상계』 1956. 8, 36~38쪽.
253) 배성동, 앞의 글, 133쪽.

동안에 해결할 분야를 위한 사회민주당의 주요 목표의 한 부분으로 다음과 같이 천명하였다.

그러나 우리는 이미 2차 산업혁명의 문턱에 서 있다. 세 가지 요소가 그것을 특징짓고 있다. 그들을 열거하면 먼저 오늘날의 새로운 에너지원은 아직도 설명될 수 없는 정도의 것, 즉 핵에너지이다. 다음으로 생산방법의 발전은 인간을 기계생산과정으로부터 배제하기 시작했으며, 대량생산의 향상은 새로이 자동화를 낳았다. 셋째는 경제의 광범위한 영역을 과학적 방법으로 해명하고 점점 새로운 자연과학적 기술적 진보를 가능하게 한 학문의 새로운 보조수단은 전자, 기계 등을 낳았다. 이러한 새로운 질서의 결정적인 특징은 자유로운 상태 속에서의 계획과 인간의 자유를 위한 계획이다.[254]

다른 나라의 사회민주주의자들이 같은 시기에 원자력 및 기술의 발전을 중시하였다고 하더라도, 조봉암 등 진보당 관계자들은 그보다도 더 큰 비중을 두고 있었다. 왜 그랬을까. 조봉암이나 이동화 등은 세계적 차원에서 사회민주주의를 전망하고 있었지만, 한국 현실은 그렇게 간단한 것이 아니었다. 무엇보다도 극우반공이데올로기가 강력히 작동하였고, 그런 속에서 정치활동의 자유가 크게 협애하여 사회주의 또는 사회민주주의와 관련하여 제시할 수 있는 것이 몹시 제한되어있었다. 여전히 농촌사회의 요소가 강하고 공업이 미약하여 사회민주주의 정책, 곧 복지사회 건설을 가능케 할 수 있는 정책을 제시할 수 있는 물적 토대도 아주 허약하였다. 사회민주주의의 기반이 되어야 할 농민과 노동자는 극우반공권력에 묶여있었다. 이러한 상황에서 제3의 길 또는 사회민주주의 노선이나 복지사회 건설을 제시하는 데 진보당 창당 추진시 전세계적으로 급작스레 부상한 총아로서 탈이데올로기성이 강한 원자력의 동력화와 기술의 진보는 진보당 관계자들을 매료시키기에 충분하였다.

---

254) 아이힐러, 앞의 책, 138쪽에서 재인용.

제3절 사회민주주의 경제정책

1. 경제의 계획화가 필요한 까닭

1) 경제 계획화의 중시

프랑크푸르트선언에서 지적한 바와 같이, 제2차 세계대전 후 많은 나라에서는 자유방임의 자본주의 대신 국가간섭 및 공공소유로서 사적 자본가를 제한하는 경제가 들어섰고, 계획의 필요성이 더욱더 인정되었다. 그것은 사회주의자들이 사적 이윤에 움직이는 자본주의를 대신하여 공공이익이 우선하는 제도의 수립에 노력해온 것과 맥을 같이하였다. 서유럽 사회주의정책의 직접적인 경제적 목적은 완전고용, 더 높은 생산, 생활수준의 향상, 사회보장 및 소득과 재산의 공평한 분배에 두어졌다. 그리고 이러한 목적을 달성하기 위하여 생산은 노동대중의 이익을 위하여 계획되지 않으면 안된다는 원칙이 세워졌다. 이와 같은 계획화는 소수의 수중에 경제력이 집중되는 사태와 양립할 수 없는 것으로서, 생산의 공공관리와 생산물의 공평한 분배와 거리가 있는 자본주의적 계획이나 전체주의적 계획과 날카롭게 대립되는 것으로 프랑크푸르트선언에서 주장되었다.[255]

제2차 세계대전 이후 탄생한 신생국들은 상당수가 경제의 계획화에 강한 관심을 보였다.[256] 한국의 경우 정부수립 직후에는 대개가 통제경제와 자유경제가 병진해가야 한다고 주장하였지만, 통제경제에 더 무게를 두고 있었고, 조봉암의 경우 더욱 그러하였다.[257] 이 시기 신생국뿐만 아니라 서유럽에서도 경제부문에 국가가 관여하는 것이 자유방임체제보다 국민경제를 더욱 발전시킬 수 있다는 사고가 폭넓은 공감대를 형성하고 있었다.[258]

---

255) 양호민, 앞의 책, 285~288쪽.

256) 박기출, 『내일을 찾는 마음』, 14쪽.

257) 『국회속기록』 제1회 70호, 1948. 9. 24, 농림부장관(조봉암) 발언 참조.

258) 윤길중, 「계획성있는 경제체제」, 권대복 편, 앞의 책, 125쪽 참조.

더구나 한국은 전쟁으로 산업시설이 다수 파괴되어있었으며, 이승만 정부와 자유당, 자본가는 부패와 무능의 표본으로 지탄을 받고 있었고, 경제는 혼란과 비효율이 심하였기 때문에 진보세력은 경제의 계획화만이 한국경제를 살려낼 것으로 믿고 있었다.[259]

다른 신생독립국들도 일반적으로 그러하였지만, 한국에서 경제의 계획화에 지대한 관심을 기울인 배경이나 이유는 서유럽과 여러 면에서 차이점을 보이고 있다. 조봉암은 1952년 정부통령선거 때 공약의 하나로 "나는 조국의 부흥번영과 대중의 생활안정 및 그 균등한 생활향상을 위하여 계획성 있는 경제정책을 실시하고자 한다"는 것을 내세웠다. 프랑크푸르트선언에서 언명한 더 높은 생산, 생활수준의 향상, 소득과 재산의 공평한 분배와 조봉암이 내건 조국의 부흥번영, 대중의 생활안정, 대중의 균등한 생활향상은 기본 취지를 같이하면서도 뉘앙스가 상당히 다르다.

1955년 12월 12일에 발표된 진보당 강령초안 3개항에는 생산분배의 합리적 통제로 민족자본을 육성하겠다는 항목이 포함되어있다. 진보당 발당대회 개회사에서도 조봉암은 계획적인 경제체제를 수립해서 민족자본을 육성, 동원시키고 산업을 부흥시켜 국가의 번영을 촉구하자고 피력하였다. 진보당 강령도 세번째로, 생산분배의 합리적 계획으로 민족자본의 육성과 농민, 노동자, 모든 문화인 및 봉급생활자의 생활권을 확보하여 조국의 부흥번영을 기한다고 다짐하였다. 민족자본의 육성과 관련해서는 진보당 정책에서 더욱 상세히 논의되었는데, 이처럼 계획적인 경제체제의 주목적의 하나로 민족자본의 육성을 제시한 것은 서유럽 사회주의에서는 찾아보기 어려운 일이다. 서유럽 사회주의에서 오히려 비판의 대상이 될 수도 있는 민족자본 육성문제를 한국 부르주아지들이 외면하거나 거리를 두는 반면, 사회주의자들이 그 문제를 중시한 것은 부르주아지들이 처해있던 상황 때문이었다. 그것은 일제시기, 해방 후, 파쇼독재 시기에 부르주아민주주의를 요구하고 나선 것이 부르주아지가 아니라 사회주의세력이나 진보세력이었던 점과 비슷한 맥락 위에 서 있다.

---

259) 『한국일보』 1957. 1. 3, 조봉암 발언.

2) 평등주의의 강조

한국이나 제3세계에서 사회민주주의 경제정책은 서유럽의 그것과 구체적인 데서는 상당히 차이가 나거나 강조점이 다른 것을 볼 수 있다. 이러한 점을 염두에 두고 조봉암과 진보당이 1956년 정부통령선거에서 공약으로 제시하고, 진보당 정책으로 확정한 "산업·분배·소비에 걸친 종합적인 연차 경제계획을 수립해서 법령화하고, 전경제요소를 집중적으로 동원하여 이를 강력히 실시한다" "종합적인 경제계획 수립을 하고 그를 집행하며 운영상황을 감독하기 위하여 관민합동의 경제계획위원회를 설치한다"는 것이[260] 구체적으로 어떠한 활동을 하겠다는 것인지 그 목적하는 바를 살펴보기로 하자.

조봉암 - 진보당의 경제의 계획화는 평등사회를 실현시키기 위한 것이었다. 그 점에 대하여 진보당 정책에서는 "사회적 민주주의는 평등적 민주주의이며 계획적 민주주의이다. 자유민주주의는 소수인의 자유를 의미할 뿐이었지만, 20세기의 사회적 민주주의는 모든 사람 다수인의 자유를 의미하며, 따라서 그것은 모든 사람의 자유와 평등의 실천적 구현을 위한 평등적 민주주의이다"라고 표현하고 있다. 프랑크푸르트선언에서 "사회주의는 생산수단의 소유자이거나 관리자인 소수자에게 의존하고 있는 상태에서 사람들을 해방하여 경제력을 국민 전체의 손에 넘겨줌으로써 자유로운 사람들이 평등한 인간으로 함께 일하는 사회를 만들어내는 것을 목적으로 한다"고 표명한 바와 취지를 같이하는 것이지만, 전자에서 평등이 더 강조되고 있음을 알 수 있다.

일제강점기나 해방 직후 사회주의자, 민족주의자는 평등주의자였거니와, 조봉암은 강렬한 평등의식의 소유자였다. 그는 정부수립에 즈음해서도 노동문제는 인간에 대한 순수감정, 평등의식에서 출발하여야 하는바, 그것은 인간을 자본의 노예로 만들거나 인간이 자본의 제왕이 되는 것을 거부하는 것으로, 노동문제를 사회문제를 넘어서서 정치적 사상적인 문제로 바라

---

260) 『한국일보』 1956. 4. 29, 5. 14 ; 권대복 편, 앞의 책, 51쪽.

보는 것도 이러한 인간에 대한 인생관에서 우러나오는 것으로 이해하였
다.261)

조봉암 - 진보당의 평등주의는 근로대중의 최저생활 보장에 대한 관심에
서도 읽을 수 있지만,262) 표어적으로 자주 사용한 수탈 없는 경제란 표현
속에 잘 나타나 있다. 이 말은 선동성이 강한 것으로 보수세력한테 비난을
받았다. 그러나 그것은 조봉암이나 진보당뿐만 아니라, 1955년 전반기 신
당 운동 때도 부각된 바 있다. 당시 이 말이 얼마나 호소력 있었는가는 한
신문의 사설에서 "수탈과 피수탈이 없는 '균등한 사회'를 건설해야 한다는
것은 우리의 헌법이 명시한 국가이상일 뿐만 아니라, 설령 헌법이 그러한
이상을 걸지 아니하였다 할지라도 '국민평등의 원칙'은 민주주의의 기본권
리이므로 평등해야 함은 새삼스레 논쟁할 필요가 없는 자명의 리(理)"라고
주장한 데서 잘 드러난다.263) 수탈에 대한 저항은 서유럽 사회민주주의 역
사의 한 부분을 이루고 있다. 프랑크푸르트선언에서 밝힌 대로, 사회주의
는 자본주의에 고통을 당하였던 임금취득자의 운동으로 발전한 것으로, 사
회주의자들은 인간에 의한 인간의 수탈이 폐지되어야 한다는 믿음을 가지
고 있다. 진보당에서는 1956년 정부통령선거에서 연차 경제계획을 세우는
목적의 첫머리에 대중적 수탈정책의 폐지를 들고 나왔다.264) 그리고 이때
야당 연합전선 구성의 토대로 3개 원칙을 들고 나왔는데, 그것의 두번째
원칙은 다음과 같다.

소수의 특권관료계급은 물론 어떠한 매판자본가나 간상모리배만이 대
다수 국민을 수탈함으로써 부유하게 살 수 있는 경제체제를 일소하여, 모
든 국민이 다같이 생존권을 확보받고 균등하게 번영할 수 있는 수탈 없는
경제체제를 실현하려는 것이요.265)

---

261) 조봉암, 「노동문제의 이념과 정책」, 63~64쪽.
262) 윤길중, 「진보당이 나가는 길」 및 『한국일보』 1957. 1. 3, 조봉암 발언 참조.
263) 『조선일보』 1955. 3. 29, 사설 「신당운동과 봉사정신」.
264) 『한국일보』 1956. 5. 14.
265) 『조선일보』 1956. 4. 14.

조봉암과 진보당이 독점자본을 몹시 경계한 것은 다른 이유도 있지만, 그것이 조봉암이 역설한바, 정치적·경제적 민주주의를 위협하기 때문이었다.266)

3) 후진국 초극의 논리, 민족자본의 육성

경제의 계획화는 또 하나의 중요한 목적이 있었다. 경제적으로 후진 국가들은 선진 국가들이 밟고 나간 과정을 똑같은 코스로 똑같은 시간을 소요해서 미행하는 것이 아니라는 것이다.267) 후진 아시아 국가인 한국은 서유럽 여러 나라나 미국과는 아주 판이한 역사적 사회적 제조건을 갖고 있는데, 역사의 현단계는 사상 최대의 변혁기이며, 후진 제국은 선진 제국이 과거 수세기에 걸쳐 걸어온 노정을 극히 압축된 단기간 내에 급진적으로 주파하지 않으면 안된다는 것이다(진보당 정책). 곧 서방에서는 자본주의의 수정 내지 변혁과 사회주의적 복지국가의 건설이, 아시아 여러 나라에서는 윤길중이 말한바 '후진성의 초극'268)을 위하여 산업혁명을 촉진 완수하고(진보당 강령), 사회생산력을 전반적으로 급속히 제고하는 것이(진보당 강령) 현단계의 역사 임무라는 것이었다.

이와 같이 후진성의 초극을 위하여 산업혁명을 시급히 수행하고 사회생산력을 전반적으로 급속히 제고시키는 데, 낡은 '자유자본세력주의'(따옴표는 원문대로임)적 방식은 무력하고 효력이 없을 뿐만 아니라 도리어 유해하기 때문에(진보당 강령), 대중적이고 과학적인 사회적 민주주의 곧 계획적 민주주의의 방식과 원칙에 의거하지 아니하면 안된다는 것이(진보당 정책) 조봉암과 진보당원들의 생각이었다.

이미 1930년대에 스탈린의 경제계획정책에 의해서 소련이 대단한 산업화를 이룩한 것으로 알려졌지만, 제2차 세계대전 후 공산국가가 된 지역과 아시아 몇 지역에서 경제계획정책에 의한 개발이 급속한 성과를 거두거나 성공적인 것으로 보였기 때문에, 한국의 현상과 대비되어 경제의 계획화는

---

266) 조봉암(민의원 부의장), 「광복절기념사」(1953. 8. 15), 160쪽 참조.
267) 윤길중, 「진보당이 나가는 길」, 145쪽.
268) 윤길중, 「진보당 조직의 의의와 그 주장」, 159쪽.

대단히 효과적인 것으로 인식되는 경향이 있었다.[269] 그것에는 산업혁명을 시급히 수행하기 위해서는 먼저 국가가 소유한 자본력과 지도력을 가지고 경제부문에 등장하여야 하기 때문이라는 논리도 한몫 하였다. 우리나라 경제건설을 빈약한 개인자본을 통하여 실현하려 한다면 그것은 백년하청 격이라는 주장이었다.

조봉암과 진보당의 후진성 초극의 논리는 그 이후에 전개되는 논리와 연관되어 두 가지를 생각하게 한다. 하나는 경제건설 논리가 박정희 정부에 앞서서 경제제일주의를 표방한 장면 정부한테서 대두된다는 점과[270] 관련된 문제이다. 이승만 정부 초기부터 경제계획의 필요에 대한 논의가 있었고, 자유당이나 민주당 모두 경제건설을 얘기하지 않은 바 아니지만, 경제의 계획화란 무기를 가지고 가장 강렬하게 그 문제를 제기한 것은 지금까지 보아온 바와 같이 조봉암과 진보당이었다.

또 다른 하나는 경제건설과 통일문제의 관계에서 진보당이 주장한 부분이다. 조봉암과 진보당은 한국경제의 부흥과 건설을 대대적으로 촉진 달성하면서 후진적인 한국을 선진적인 사회민주국으로 전환시키는 일은 민족적 대과업인 국토통일을 위해서도 불가결하다고 판단하였다. 국토통일이 없이는 경제건설 추진이 상당히 곤란할 것은 사실이지만, 대한민국의 경제건설이 신속히 촉진 달성되고, 이와 병행하여 정치, 문화, 군사 등 제부문의 건설이 빨리 추진되어 한국의 종합적 역량이 크게 배양 강화됨이 없이는 국토의 민주적 통일이 좀처럼 실현되기 어려울 것 또한 사실이기 때문이었다(진보당 정책).

이와 같은 진보당의 경제적 건설의 대대적 추진, 달성이 국토의 민주적 통일을 위한 기본 요건이라는 논리는 민주당이나 장면 정부, 박정희 정부의 선경제 후통일 논리와 일맥상통하는 것으로 볼 수 있으나, 양자는 전혀

---

269) 「좌담 : 4정당의 선거 연두대결」, 218~219쪽의 고정훈 발언 등 참조. 윤길중은 인도, 이집트 등의 제3노선, 곧 반둥노선은 민족적 주체성의 제기임과 동시에 국가가 민족의 양식과 이성을 대변해서 경제적 후진성을 가능한 한 급속히 초극하려는 亞阿민족국가 의사의 특수한 표시로 이해하였다(윤길중, 「진보당 조직의 의의와 그 주장」, 154쪽).

270) 李用熙, 「정치명분으로서 근대화」, 『신동아』 1965. 8, 84쪽 참조.

성격이 다른 것임에 유의하여야 할 것이다. 후자는 실제 사실이 말해주듯, 통일을 기피하고 통일운동과 통일논의를 억압하고 분단고착, 남북의 대립과 이질화를 강화하여 분단의 체제화를 지향하면서 주장된 것임에 비하여, 전자는 통일에의 접근을 위한 노력과 밀접히 연결시켜 경제건설을 주장한 것이다.

'후진국'에서 산업혁명을 시급히 수행하고 사회생산력을 전반적으로 제고시키는 과업 못지않게 중요한 것은 진보당이 발기할 때부터 주장한 민족자본의 육성 및 그것을 통한 경제의 자립이다. 그것을 위해서는 외세자본의 침투에 적절히 대응하고 수출입을 국가에서 관리하고 밀무역을 금지하는 것도 중요하지만,[271] 더 중요한 것은 민족경제에서 중요한 위치를 차지하는데도 불구하고, 여러가지 이유로 취약한 중소기업이나 농어업 등의 산업을 국가가 보호 육성하여야 한다는 것이다. 그래서 조봉암은 1956년 정부통령선거시 국가자금의 방출은 기간산업 건설을 위한 재정투자와 농촌경제의 안정·부흥 및 협동으로 조직된 중소기업의 보호육성에 국한한다고 언명하였다.[272] 진보당에서는 독점기업에 눌리어 피해를 받고 있는 중소기업의 권익을 보호 육성하기 위한 방안의 일환으로 중소기업가, 기술자, 기능자들의 협동에 의한 생산조합의 조직을 장려하고 그 운영을 국가자금으로 원조할 것을 계획하였다.[273] 광공업부문에서 자재의 알선, 생산시설의 지원, 생산가격의 저하, 국내외 시장의 확보방안을 마련하겠다는 것도[274] 같은 취지였다. 중소기업의 보호 육성은 생필품 확보와도 긴밀한 관계가 있었다.

1950년대는 농민이 다수였고, 농업경제의 비중이 높았기 때문에 어느 당이나 이 부분에 관심을 기울였다. 진보당에서는 어업분야도 마찬가지이지만, 마을단위로 농촌협동조합을 조직케 하고, 이것을 통하여 토지개량, 경지정리, 하천정리, 수리사업, 농업기술 도입을 계획적으로 실시하며, 비료,

---

271) 『한국일보』 1956. 4. 29.
272) 『한국일보』 1956. 4. 29.
273) 진보당 정책 및 윤길중, 「계획성있는 경제체제」, 122쪽.
274) 김안국, 앞의 글, 136~137쪽

농기구, 생활필수품을 적시에 공급할 것을 약속하였다(진보당 정책). 농업
협동조합의 조직과 그것을 통한 농촌경제의 자립은 조봉암이 농림부장관
재직 때부터 시도해온 바였다. 농촌에서는 생활필수품 부족도 문제이지만,
특히 비료행정은 1950년대 한국농업의 최대 두통거리였다. 진보당에서는
비료행정을 근본적으로 쇄신하여 적정 단일가격으로 농촌협동조합을 통한
직접배급제를 실시하고 모리상인은 엄금한다고 약속하였으나, 난제의 하
나는 비료를 충분히 확보하는 데 있었다. 진보당의 이론가로 기획위원장을
맡았던 김안국은 전농민의 44%가 5반보(反步) 이하의 영세농인 데다가 그
들은 반유휴상태에 있으며 절량(絶糧)의 위협을 받고 있으므로, 이들의 소
득을 2배 이상 증가시키기 위하여, 미간지 개간, 구릉지 과원화(果園化), 종
합세균사료의 국가공업화와 우량가축의 조속한 보급, 단위면적 생산량 증
대를 위한 기술보급, 소작제 금지, 서류(薯類)의 증작(增作)과 우량종자 보
급 및 작법 개량, 부업 장려를 지도하고 융자해줄 것을 제안하였다.[275] 김
안국의 이러한 농촌소득 증대방안은 1960~80년대에 가서야 현실화되었
다.

진보당의 농가 살리기 방안 중 시급한 것이 비료문제와 함께 수득세의
현물납과 곡가변동문제, 부채문제였다. 토지수득세 등을 현물로 내지 않고
금납으로 하여야 하며, 수십 종의 잡부금 징수를 금해야 한다는 것은 민주
당과 자유당에서도 주장하였다. 일제시기 곡가변동률이 15% 내외였는데,
해방 후 10년 동안 30~40%를 넘고 있어 농민이 막대한 손실을 입는 현상
에 대하여[276] 협동조합의 적절한 운용 등의 방안을 제외하고는 국가가 전
면적으로 개입하는 방책 등의 방안을 아직 진보당에서는 마련하지 못하였
다. 1956년 10월 말 현재 농업은행 조사에 따르면 농민이 지고 있는 부채
는 약 900억 환이었다. 그 중 약 18%만이 농업은행 등 금융기관으로부터
차입한 것이었고, 나머지 82%는 이른바 장리라고 불리는 사채였던바, 이
고리채도 단기채가 대부분이었으므로,[277] 농가부채문제는 심각하지 않을

---

275) 위의 글, 140~141쪽.

276) 위의 글, 140쪽.

277) 위의 글, 139~140쪽.

수 없었다. 진보당에서는 농업정책의 첫째로 일체의 농촌고리채에 대한 이자를 법정이자 한도 내에서 계산하며, 그 원리금상환은 농민경제가 수지균형을 맞출 수 있게 될 때까지 일정기간 지불유예할 것임을, 곧 모라토리움 조치를 할 것임을 다짐하였다(진보당 정책). 이 부분은 종종 민주당과 자유당의 공격을 받았는데, 외형적으로는 뒤에 5·16군부쿠데타 정권에 의하여 실시되었다. 진보당은 원양어업에 대하여도 관심을 보였는데, 특히 산림보호 육성과 동시에 임야를 당해 부락협동조합의 공유로 하겠다거나, 특정 어로구역을 어민협동조합에 이관 관리케 하겠다는 정책은 진보당의 특성을 보여주는 것이었다.

4) 실업문제의 해결, 사회보장제도의 실현

사회민주주의는 사회보장제도, 완전고용, 산업민주주의에 깊은 관심을 갖는다. 한국의 경우 대부분이 궁핍에 시달렸고, 취업은 최소한 절대적 궁핍으로부터의 해방을 의미하는 것이었으나, 해방 이후 실업문제는 워낙 심각하였기 때문에 빠른 시일 안에 해결책을 찾기는 쉽지 않았다. 따라서 조봉암 - 진보당의 완전고용정책도 비전의 차원에 머무는 면이 있었다. 진보당에서도 자본주의의 치명적 통폐가 대량실업이기 때문에 실업문제의 효율성 있는 해결방안은 새로운 계획성 있는 경제체제 이외에는 없다고 주장하였다. 조봉암과 진보당이 경제의 계획화만이 완전고용으로 갈 수 있다고 강조한 데는 국가산업의 신속한 건설이 그것을 가능하게 할 수 있고, 국가산업의 신속한 발전은 경제의 계획화에 의하여 이루어질 수 있다는 논리와 함께 경제의 계획화를 중심으로 한 국가의 경제관여만이 고용문제를 해결해낼 수 있다는 믿음이 자리잡고 있었다. 경제의 계획화는 거대한 국가재정을 통한 대규모의 투자로서 산업부문의 대량 실업자를 흡수할 수 있다는 점, 국영기업이나 공공기업은 상품과 노동의 수요감퇴로 인한 일반실업을 방지하고, 이익과 생산비에 관계없이 고용된다는 점, 직장과 지역별의 충분한 노동량 확보와 물가와 임금이 비교적 안정을 이룰 수 있는 점 등에 의해 실업문제를 해결할 수 있다는 것이다.[278]

1919년 바이마르헌법은 경제의 국가통제권과 함께 노동조합에 완전한 임금협상권이 주어졌으며, 독일에서 1920년에 통과된 노동헌장법은 공장 내에 노사 공동결정을 부여하였고, 사회주의 경제정책은 산업의 모든 수준의 의사결정에 노동자의 민주적 참여, 곧 산업민주주의를 요구하였다.[279] 한국에서도 헌법 제정 당시부터 노동자의 경영참가문제가 제기되어 격론을 벌였으나, 근로자의 이익균점을 보장한다는 선에서 일단락되었다. 물론 그 조항도 전혀 유명무실하였다. 진보당은 노동자의 경영참가와 이익균점 원칙의 실현을 1956년 정부통령선거 때와 그 이후 계속 내세웠고, 노동자의 단결권과 단체교섭권은 진실로 노동자 자신의 복리를 실현시키기 위한 방책으로 강조되었다. 진보당은 최저임금제의 실현도 주장하였다.[280] 사회주의자들은 노동조합 및 소비자·생산자 조직이 중앙집권적 관료의 도구나 폐쇄적 배타적인 단체로 떨어지는 것을 경계하였고,[281] 윤길중도 경제의 계획화 정책이 권력에 의한 노동권 침해를 초래하기 쉬운 점을 지적하였지만,[282] 한국은 그것의 이전 단계에 있었다. 조봉암과 진보당, 그밖의 혁신세력은 노동운동이 부패한 관료와 자본가의 앞잡이들에 의해 농단되고, 노동조합이 그들의 어용단체화한 현상에 직면하였다(진보당 정책). 노동운동세력은 극우반공이데올로기와 조금만 다른 목소리를 내면 주목받았고, 진보세력은 노동자한테 집근하는 것이 철저히 봉쇄되어있었다.

진보당에서는 1956년 정부통령선거 때부터 국민의료제도와 국민연금제도를 확립하고 상이군경, 민족선열 및 전몰군경의 유가족, 입대 사병가족의 생활을 국가적으로 보장하고 제대군인의 직업보도를 철저히 할 것을 다짐하였다. 국민의료제도와 국민연금제도의 확립도 자유당이나 민주당에서 제기한 바 없지만, 민족선열 유가족의 생활을 국가에서 보장한다는 조항도 보수정당의 공약에는 없었다. 1956년 정부통령선거시 자유당과 민주당에서는 상이군경 및 전몰유가족의 구호정책 확립을 약속하였을 뿐이었

---

278) 윤길중, 「계획성있는 경제체제」, 120쪽. 이와 함께 『한국일보』 1956. 5. 14. 등 참조.

279) 마이어, 앞의 책, 78, 94쪽.

280) 김안국, 앞의 글, 141쪽.

281) 양호민, 앞의 책, 288쪽.

282) 윤길중, 앞의 글, 128쪽.

다.283) 독립운동자 및 순국선열 유가족이 거의 다 비참한 생활을 하고 있었던 것을 상기하면 보수정당의 체질을 짐작할 수 있다.

조봉암 - 진보당은 1956년 선거 때부터 극도로 상업화한 교육제도를 근본적으로 혁신하여 초등교육으로부터 최고학부에 이르기까지 점진적으로 국가보장제를 실시한다고 공약하였다(진보당 정책). 국민학교라는 말을 쓰지 않고, 1990년대 중반에 와서야 사용된 초등교육이란 말을 쓴 것은 일제잔재에 대한 청산과도 연결되겠지만, '국민교육'이란 말이 군국주의 파시즘과 직결되어있었다는 사실에 대한 반성과도 결부되었을 것이다. 그것은 국민의 건강한 오락을 장려하고 문화인과 문화재를 보호하며 전통 있는 고유문화를 진흥하고 선진국가의 신사상과 신예술을 섭취함으로써 민족적인 새 문화를 창조한다는 진보당의 약속(진보당 정책)과 취지를 같이한다.

진보당이 민족적인 새 문화를 창조한다는 약속에 이어 과학적인 진보적 이론체계에 입각하여 사상적, 이론적 국가교육을 실시하며, 부화(浮華) 사치에 전락한 폐풍을 일소하고 실질강건의 기풍과 근로건국의 정신을 함양함으로써 새로운 민주적 건설적인 국민적 도의의식을 조출(造出), 확립하려 한다는 사항도 의미있게 새겨들을 만하다. 이러한 민족문화관, 근로정신은 인민당의 여운형,284) 민족자주연맹의 김규식285) 등 중도파 민족주의자의

---

283) 『한국일보』 1956. 5. 14.

284) 인민당의 세 가지 강령은 "1. 조선민족의 총역량을 집결하여 진정한 민주주의 국가의 건설을 기함, 2. 계획경제제도를 확립하여 전민족의 완전 해방을 기함, 3. 진보적 민족문화를 건설하여 인류문화 향상에 공헌함을 기함"이었다. 진보당 강령 및 정책의 기본 취지와 흡사함을 볼 수 있다. 여운형은 인민당 결성시 민주주의시대에 걸맞는 새로운 '五倫'을 제시하였는데, 그 첫번째가 누구나 다같이 일해야 하는 국민皆勞였다. 인민당이 내세운 교육·문화부문 5개항은 "1. 국가부담에 의한 의무교육 及 수재교육의 실시, 4. 우리 고유문화를 계발하여 민족적 긍지 앙양, 5. 건실한 대중오락기관의 설립 확충" 등이었다(심지연, 『인민당연구』, 경남대학교 극동문제연구소, 1991, 31~39쪽).

285) 민족자주연맹에서는 "금일 조선에는 독점자본주의 사회도 무계급 사회도 건립될 수 없고, 오즉 조선의 현실이 지시하는 조선적인 민주주의 사회의 건립만이 가능하다"라고 주장하고(선언), "우리는 일체 사대적 의타성을 청소하고 민족적 자부심과 국가적 자주의식을 고취하여 자력건설에 노력함"(강령), '우리는 신문화의 대중적 향상 발전을 圖하며 고유문화의 우수성을 더욱 발휘하여 새로운 민족문화의 발전을 기함"(정책)을 표명하였다(도진순, 앞의 책, 193~194쪽).

사상을 이은 것으로 평가할 수 있다.

조봉암은 진보당 발당 개회사에서 계획적인 경제체제를 수립해서 민족 자본을 육성, 동원시키고 산업을 부흥시켜 국가의 번영을 촉구할 것을 다짐하였지만, 그것은 이 구절에 이어 피력한 사회보장제도를 떠나서는 생각할 수 없는 것이었다. 그는 진실로 대중의 복지가 될 수 있는 국민경제의 육성·발전에 주안을 둘 것임을 역설하였다.[286] 박정희 등의 부국강병정책이 남북대결 등에 초점이 맞추어진 것에 대비되며, 프랑크푸르트선언에서 민주사회주의는 자본주의적 계획이나 모든 형태의 전체주의적인 계획과 날카롭게 대립한다고 표명한 것과 일맥상통하는 주장이었다.

2. 국유화의 필요성과 범위

1) 경제의 계획화와 국유화

한국의 혁신세력은 경제 계획화의 상당부분을 국유화와 연관시켜 설명하였다. 경제 계획화의 이점에 대한 설명도 많은 부분이 국유화의 이점과 동일시되고 있다. 그것은 자본주의의 폐단으로 지적되는 생산수단의 사적 소유에 대한 대응으로 끝상 이해되는 년이 많았다. 윤길중은 자유제 경제계획하에서는 일반대중의 복리와 중소기업 발전의 활로를 타개하기 위하여 기간산업과 소수 자본가가 장악하고 있는 독점산업을 국유·국영화할 것을 제안하였다.[287] 김안국은 복지경제정책의 첫째로 중요 산업의 종합적 계획과 올바른 국유화를 들고, 그렇게 함으로써만이 자본 악을 시정할 수 있으며, 자립경제를 달성할 수 있다고 인식하였다.[288] 이동화는 1960년 3, 4월항쟁 직후에 가진 토론에서 계획경제를 제대로 운영하자면 중요한 부분의 국유화가 필요하다고 주장하였다.[289] 사회대중당 선전위원장 유병묵은 주요 산업의 국유화를 중심으로 민주적 사회주의경제체제, 자립경제

---

286) 『한국일보』 1956. 4. 29.

287) 윤길중, 「계획성있는 경제체제」, 120쪽

288) 김안국, 앞의 글, 135쪽.

289) 「좌담 : 보수냐 혁신이냐」, 『새벽』 1960. 7, 82쪽.

등을 설명하였다.290)

서유럽 사회주의자들도 제2차 세계대전 전과 달리291) 전후에는 국유화에 상당한 관심을 가졌다. 사회민주주의자들이 '사회혁명'(따옴표는 원문대로임)을 추구한 것은 자본주의가 비합리적이고 부당한 것이기 때문이고, 그러한 비효율성과 불공정성의 근본적 원인은 생산수단의 사적 소유에 있다고 판단하였기 때문이었다.292) 특히 전후 유럽이 공업과 농업을 부흥시키는 데는 광범한 국가통제와 국유제만이 활로를 열 것으로 기대하였고, 그것이 어려운 시기에 무역정책을 감독하는 데 필요한 자원과 중심적 방향을 제시할 수 있다는 것이 명백하였던 것이다.293) 프랑크푸르트선언에서도 많은 나라에서 자유방임의 자본주의 대신 국가간섭 및 공공소유로서 사적 자본가를 제한하는 경제가 들어서고 있다고 지적하고, 공적 소유의 구체적 예로 사기업의 국유화, 새로운 공공사업, 지방공영사업, 소비자 또는 생산자협동조합의 창설 등의 형태를 들었다. 영국 노동당정부는 국유화 조치를 적극 추진하였다.

유럽에서도 국유화의 강조는 각 나라 사회주의자마다 차이가 있지만, 한국에서 혁신세력이 국유화를 중시한 것은 맑스가 말한 바 생산력의 사회화와 사적 소유의 모순 및 사적 소유의 비효율성 문제 외에도 한국 현실과 관련된다. 앞에서 기술한 바와 같이 한국은 반일민족해방투쟁기 때부터 국유화를 주장해왔다. 일제강점기 우익세력인 한독당에서도 삼균주의의 일환으로 토지의 국유화와 대생산기관의 국유화를 주장하였다. 1945년 8월 28일에 열린 한국독립당 제5차 임시대표대회에서는 당책(黨策 : 행동강령)

---

290) 유병묵, 「사회대중당의 산업국유화정책」, 『사상계』 1960. 10. 참조

291) 1919년 독일 바이마르헌법은 진보적 성격을 띠고 있었고, 사회민주주의자들이 정권을 잡았지만, 그들이 항상 요구사항으로 제안하였던 생산수단의 사회화를 실행할 어떠한 시도도 행하여지지 않았다. 이와 같은 것은 경제상황의 어려움에서 기인한 것만이 아니고 특별한 사회화 개념의 결여에서 기인하였다(마이어, 앞의 책, 78쪽). 양차 세계대전 사이에 1936년 프랑스 군수산업의 경우를 제외하면 서유럽에서 사회민주당 정부에 의한 국유화조치는 단 한 건도 없었다(쉐브르스키, 앞의 책, 50쪽).

292) 쉐브르스키, 위의 책, 48쪽.

293) 맥켄지, 앞의 책, 230쪽.

의 아홉번째로 "교통·광산·산림·운수·전기·어업·농업 등 전국성의 대규모 생산기관은 국가경영으로 할 것"임을 명시하였다.294) 해방 후 부르주아세력을 대변하였던 한민당-민국당조차 대생산기관의 국유화를 인정한 것도, 제헌국회에서 제정한 헌법 제85조에서 광물 등 지하자원과 수산자원, 수력과 자연력을 국유로 규정하고, 제87조에서 중요한 운수·통신·금융·보험·전기·수리·수도·가스 및 공공성을 가진 기업을 국영 또는 공영으로 할 것을 규정한 것도 제1절에서 논의한 바 있는 일제강점기, 해방 후의 평등주의적 사회주의적 지향과 관계가 있다.

2) 국유화 주장의 배경

해방 후 부르주아세력까지 대생산기관의 국유·국영을 반대하지 않고, 자당의 정책으로 내놓은 데는 다른 중요한 요인도 있었다. 철도 등 주요 운수·통신기관이 귀속재산이었을 뿐 아니라, 주요 광공업체의 대부분이 귀속재산이었던 것이다. 1940년 8월 현재 자본금이 1만 원(圓) 이상의 사업체는 3,613개였는데, 그 중에서 65.7%에 해당하는 2,373개가 일본인 사업체였다. 이 가운데 남한에 소재한 사업체는 2,682개였고, 그 중 일본인 사업체는 67.5%인 1,810개나 되었다. 더욱이 큰 기업체는 대개가 일본인 소유여서 1944년 8월 현재 자본금 100만 원(圓) 이상 기업체 611개 중 조선인 기업체는 26개에 불과하였다.295) 해방 후 상태를 보면, 1947년의 경우 사업체 파손과 중소규모 기업체 신설 등으로 공장수는 적산(敵産)이 1,573개로 비적산의 3,959개보다 훨씬 적지만, 노동자수는 적산이 9만 6,964명, 비적산이 7만 7,922명으로 적산 곧 귀속기업체의 노동자가 전체 노동자수의 55.4%를 차지하는 것으로 나타났다.296) 정부수립 이후 귀속기업체의 불하가 계속되었는데, 혁신세력은 대체로 이것에 반대하였다. 진보당 강령에서

---

294) 삼균학회,『素昻선생문집』상, 횃불사, 1979, 338쪽.
295) 李大根,「해방 후 귀속사업체의 실태와 그 처리과정」,『근대조선의 경제구조』, 비봉출판사, 1989, 480~481쪽(孔提郁,『1950년대 한국자본가의 형성과정』서울대 사회학과 박사논문, 1992. 2, 50쪽에서 재인용).
296) 공제욱, 위의 글, 50~51쪽.

는 "우리는 우리나라 현정권의 국유 대기업체 불하정책을 견결히 반대한
다"고 역설하였는데, 그것은 진보당 관계자들의 일반적 견해였다. 그러나
진보당 등 혁신세력이 불하정책을 반대하기 이전에 주요 귀속기업체의 상
당수가 이미 매각된 상태였다.

귀속기업체의 연도별 불하상황

연도	건수(1)	건수(2)	연도	건수(1)	건수(2)
1946	1		1954	281	233
1947	29		1955	134	165
1948(1)	106		1956	93	
		407	1957	64	61
1948(2)	52		1958	38	23
1949	65	107	1959	23	
1950	37	162	1960	6	
1951	412	391	미상	35	
1952	325	359			
1953	360	121	합계	2,061	2,029

자료 : 재무부, 『법인대장』(연도미상) ; 재무부, 『재정금융의 회고』, 1958, 167쪽.
비고 : ① 건수(1)은 『법인대장』의 건수임. ② 건수(2)는 『재정금융의 회고』의 건수
임. ③ 1948(1)은 1948년 8월 15일 이전에 불하된 것임. ④ 1948(2)는 1948년
8월 15일 이후에 불하된 것임(공제욱, 앞의 글, 95쪽에서 재인용).

위의 표를 보면 한국전쟁기에 귀속기업체의 불하가 가장 많은 것으로
나타나 있다. 미국측의 권유와 함께 급속히 경제를 부흥시키기 위해서였을
것이다.[297) 그밖에 전시에 적자재정을 보충하기 위해서나 이승만-자유당
정권의 물적 기반을 강화하기 위한 점도 작용하였을 것이다. 그러나 규모
가 큰 기업체는 주로 1955년을 전후한 시기에 불하되었다.[298) 따라서 진보

---

297) 자유당 선전위원장 金意俊은 1·4후퇴 이후 부산에서 극도의 경제적 궁핍을
벗어나고 집중적으로 부흥시키기 위하여 소수의 자본가에게 특혜를 주었음을 시
인하였다「좌담 : 4정당의 선거 연두대결」, 221쪽].
298) 각 사업체의 연도별 평균 분할가격은 다음과 같다.
1960년 도매물가 수준으로 환산한 1건당 불하가격의 연도별 평균

당이 정권을 잡는다면 불하한 기업체 중 은행이나 대기업체는 국가에 다시 적정한 방법으로 귀속하게 되어있었다.

국유화가 논의될 수 있는 풍토는 국가가 이미 일반인의 경제활동에 중요하게 작용하여왔던 현실과도 연결되어있다. 국가는 귀속업체를 장악하고 있었을 뿐만 아니라, 1950년대 중후반기 이래 약화되었지만, 일제말 전시체제 이래 도시민에 대한 식량배급권이나 농촌에 대한 비료공급권과 생필품 공급 등으로 도시민, 농어민들을 장악하고 있었다. 또 각종 형태의 인허가 등의 수단과 융자, 원조물자 및 달러 배정 등의 수단을 통하여 국가가 경제행위에 일일이 간섭하여 강력한 권한을 행사하고 있었다.

진보당 관계자들이 국유화에 비중을 두고 논의를 전개한 데는 경제의

(단위 : 환, 괄호안은 사업체수)

연도	전체사업체	중앙관할 사업체	중앙관할 제외 지역관할 사업체
1947	49,999,400 (1)	-	49,999,400 (1)
1948	18,954,183 (113)	-	18,954,183 (113)
1949	9,911,101 (50)	-	9,911,101 (50)
1950	36,751,452 (37)		36,751,452 (37)
1951	16,652,010 (412)	60,869,006 (58)	9,407,417 (354)
1952	13,272,389 (325)	67,062,984 (26)	8,594,946 (299)
1953	33,925,149 (360)	415,100,775 (19)	12,686,625 (341)
1954	15,145,115 (281)	76,552,150 (10)	12,879,173 (271)
1955	103,788,904 (134)	1,077,553,590 (12)	8,008,772 (122)
1956	43,708,336 (93)	248,824,240 (15)	4,262,970 (78)
1957	74,300,262 (64)	172,334,806 (27)	2,761,540 (37)
1958	39,311,236 (38)	245,361,757 (2)	27,863.985 (36)
1959	50,375,943 (23)	107,399,794 (9)	13,717,752 (14)
1960	19,464,167 (6)	23,675,500 (2)	17,358,500 (4)
전체평균	29,523,609 (1,937)	204,151,085 (180)	11,633,486 (1,757)

자료 : 재무부 관재국 『법인대장』에서 환산하여 작성.

비고 : ① 환산할 때 불하가격에서 1,000환 미만의 수치는 무시하였음. ② 전체 사례는 2,061건인데, 불하가격과 불하연도를 동시에 알 수 있는 것은 1,937사례였음(공제욱, 앞의 글, 101쪽에서 재인용).

계획화와 관련지어 거론할 수 있는 자원에 제한이 있기 때문에 자연히 그 부분에 더욱 비중을 두게 된 점도 간과해서는 안될 것이다.

3) 국유화의 논리와 범위

국유화의 필요성이나 중요성에 대해서는 진보당추진위원회 선전부장, 진보당 간사장 등을 맡았던 윤길중과 진보당 기획위원회 위원장 김안국, 진보당과 관계가 없지만 사회대중당 선전위원장 유병묵이 비교적 상세히 논술하였다. 유병묵의 주장은 진보당의 논리가 3, 4년 지나면서, 그것도 4월혁명기의 분위기에서 어떻게 바뀌는가를 잘 보여주기 때문에, 이 글에서 함께 고찰하는 것은 당시 국유화에 대한 진보세력의 관점을 이해하는 데 불가결하다고 생각한다.[299]

김안국은 고전적인 발전경로를 걸어온 자본주의 국가와 달리 일본, 독일, 러시아, 이탈리아 등은 국가가 경제에 대하여 간여하였고 중요 산업을 국영화까지 했다고 지적하였다. 일본의 경우 철도 국유화라든지 야하다제철소의 국유화, 육해군의 공창 또는 중요 산업의 반(半)국유화 등을 통하여 국내의 취약한 산업으로 단기간 내에 능히 선진 자본주의 국가와 비견할 수 있는 발전을 이룩하였다는 것이다. 그런데 이러한 후발 자본주의 국가의 국유화정책은 일부 계층의 독점이익을 옹호하고, 국내산업의 발전과 아울러 군사목적을 충족하기 위한 것이었다. 그렇지만 제2차 세계대전 이후에는 어느 나라를 막론하고 국민 전체의 이익을 존중하고 대중의 생활수준을 높이지 않으면 안되었고, 여기에 복지국가형 국유화정책이 등장하게 되었다고 그는 설명하였다. 그것은 만인의 균등한 복리를 보장하기 위하여 국민 전체의 이익과 일반산업의 발전과 그것 안에 존재한 불합리성의 척결에 주된 목적을 두었다는 점에서 그 이전의 국유화정책과는 성격을 달

---

299) 유병묵은 1947년 근로인민당에서 활동하였고, 1961년에는 사회당 리더 중의 한 사람이었다. 그는 4월혁명기에 민자통(민족자주통일중앙협의회)에서 활약한 통민청(통일민주청년동맹)의 관계자 등 청년들에게 영향력이 있었다. 이동화가 4월혁명기에 혁신계 온건 노선의 대표적 이론가였다면, 유병묵은 민민청(민주민족청년동맹)에 영향력이 있었던 이종률과 함께 상대적으로 혁신계 급진 노선의 대표적 이론가였다. 5·16쿠데타가 일어났을 때 피신하여 체포되지 않았다.

리하는 것이었다.

그런데 김안국 등의 논리에는 경제의 계획화와 비슷하게 국유화가 시급히 산업혁명을 달성하는 데 유리하다는 관점이 자리잡고 있었다. 김안국은 한 나라의 경제에서 차지하는 운수교통이나 전력개발, 농업에서 차지하는 비료공업, 그리고 제철·제강 등 기간산업은 대단히 중요한데도 막대한 고정자금이 소요되어 한국의 민간자본으로는 어찌할 수 없고, 공익성을 띠고 있기 때문에도 민간에 맡길 수 없다고 보았다. 국가자금에 의하여 운수교통이 원활해지고 정확한 운행과 싼 운임, 전원의 개발에 따르는 풍부하고 저렴한 전력의 공급, 현대적 비료공장 건설에 의한 싸고도 좋은 비료의 분배 등 한국 전체 산업의 흥쇠가 걸린 산업은 국가자본의 투자에 의해서만 해결될 수 있다는 주장이었다. 그는 이와 함께 생산비용을 낮추고 단시일내에 기술향상과 촉진을 도모하는 것도 국가의 개입에 의하여 가능한 것으로 파악하였다.[300]

윤길중은 국유화는 조업규모의 확대, 경제조직의 개선 및 협력의 긴밀화, 노동관계의 개선 등을 가능케 함으로써 생산능률을 높일 것으로 기대하였다. 또한 윤길중과 김안국은 독점자본에 의한 착취를 방지하기 위해서도 국유화가 필요하다고 보았다. 윤길중에 의하면 독점기입들은 자신의 유리한 경제조건과 독점가격으로 중소기업의 발전을 저해하며 일반대중의 생활을 위협하는데, 국유화는 사적 독점을 방지하는바, ① 독점사업은 국유화될 가능성이 있기 때문에 피할 것이고, ② 국유기업과 사적 독점체를 경쟁관계에 놓이게 하며, ③ 독점기업은 국유화될 우려 때문에 자체를 규제하며 공공이익을 위하여 활동하게 유도할 수 있다는 것이다.[301]

윤길중과 김안국은 국유화는 완전고용을 위하여 국가자원을 계획화할 수 있다고 설명하였다. 국유화에 의하여 완전고용이 가능한 이유로 윤길중은 ① 정부의 대규모적인 공공투자, ② 노동자는 생산비에 관계없이 고용되며 상품과 용역에 대한 총수요 감퇴로 나타날 일반실업이 비교적 적다

---

300) 김안국, 앞의 글, 137~138쪽.
301) 윤길중, 「계획성있는 경제체제」, 120~121쪽.

는 점, ③물가와 임금이 합리적으로 안정을 유지할 수 있다는 점, ④직업별 및 지역별의 충분한 노동량 확보 등을 들었다. 윤길중은 이밖에도 국유화의 이점으로, 국유화는 경쟁관계에 있는 사기업 및 관련기업의 능률을 촉진하는 점, 국유화는 고리채에 대체될 저금리로 운영되므로 사기업보다 생산비가 싸게 먹히고 가격인하 할 수 있는 점, 국유화는 노동자를 경영에 참가시킴으로써 기업능률의 향상과 더 나은 평등한 경제상의 기회를 주는 점, 국유화는 산업 내부의 민주화와 노동권익 보장을 통하여 노동자의 능률을 높일 수 있는 점,[302] 국유화는 지금까지 등한시되어있던 원벽(遠僻)한 지역에 있는 공장의 입지를 원조함으로써 지방의 실업을 방지하고 기업의 도시 집중을 예방한다는 점 등을 들었다.[303]

이상의 논의를 볼 때, 윤길중이나 김안국의 국유화라는 개념 속에는 국가의 재정투융자가 포함되어있음을 알 수 있다.

유병묵은 국유화의 논의를 한 단계 진전시켜 경제자립과 연관시켰다. 그의 논점은 경제자립을 갖기 위해서는 반드시 주체성이 있어야 한다는 점에서 박정희 정권 등의 보수세력과 차별성을 갖는다. 유병묵은 오늘날 한국경제의 기본구조가 식민지적 구각을 벗어나지 못한 채 있고, 4월혁명을 거쳤는 데도 부정축재의 정체(正體)인 관료=매판자본에 의하여 정치 및 경제가 지배되고 있는바, 경제구조의 파행성을 하루바삐 시정하고 경제자립을 이룩하는 데는 관료=매판자본을 타도하는 민족적 혁명계기의 도입 없이는 절대로 불가능하다고 역설하였다. 요컨대 민주적 복지사회의 건설은 경제자립에서 이루어지는 것이고, 경제자립은 민족적 주체의식 없이는 절대로 실현될 수 없다는 것이다.[304] 여기서 '민족적 혁명의 계기'란 민족주체성 또는 자주성의 확립을 의미함을 알 수 있다. 그에 의하면 한국의 복지국가 건설을 위한 산업국유화에는 두 가지 전제가 있으니, 그 하나는 국

---

302) 김안국은 노동자와 국유화의 관련에 대하여 국유화는 자본주의 사회에서 결여된 노동자의 산업관여와 고용자·피고용자 및 소비자의 공동이익을 보장하는 협력정신을 제고한다고 지적하였다(김안국, 앞의 글, 138쪽).
303) 윤길중, 「계획성있는 경제체제」, 120~121쪽.
304) 유병묵, 앞의 글, 180쪽.

가가 먼저 경제의 자주성을 획득하는 것이 선결 문제요, 그러기 위해서는 위정자가 확고부동한 민족주체성을 확립하여야 하고, 둘째는 관료=매판자본의 뿌리를 철저하게 뽑아 그의 재생을 완전히 봉쇄해야 한다는 것이었다.[305]

유병묵도 현단계 한국산업이 자본의 열악으로 자본주의의 유년기에 처해있기 때문에 국유화가 필요하다는 주장에 공감하였다. 그러나 그는 산업국유화는 유년기의 자본주의를 고도의 자본주의로 끌어올리기 위함이 아니고, 약체화된 자본주의의 위기를 보강, 탈복(脫服)하기 위함도 아니라고 강조하였다. 그는 산업국유화는 한국산업이 처해있는 자본의 열악성(劣弱性)을 탈복하고, 관료=매판자본을 타도하는 민족적 혁명계기의 도입에 의하여 오늘날 한국경제의 기본구조인 식민지적 경제구조를 벗어나고, 산업발전의 균형을 도모하여 경제적으로 자립함으로써 국민대중을 빈곤으로부터 해방하는데, 곧 자본주의 경제원칙에 입각하면서 사회주의 정책의 도입에 의한 사회형적 사회를 건설하려 하는데, 다시 말해서 민주사회주의 사회를 건설하는 데 그 특수성이 있다고 주장하였다. 곧 자본주의 원칙에 입각하여 자본주의 유년기의 산업국유화의 이론적 근거인 자본의 열약성을 탈복하면서, 경제발전을 경제자립의 방향으로 인도하고, 민주사회주의 원칙을 고수하여 관료자본 특권층의 발호는 물론 무산자 독재를 배격하면서 균등경제의 실현으로 대중을 빈곤으로부터 해방하여야 한다는 것이었다.[306] 이러한 유병묵의 언술에서 경제자립은 반드시 산업발전의 균형에서 이루어져야 한다는 논리가 자리잡고 있음을 볼 수 있다. 경제자립은 민족적 자주성을 전제하되, 그것은 산업발전의 균형에서 구체성이 획득되는 것이었다.

유병묵은 경제자립의 기준으로 ① 산업구조 및 공업구조의 균형, ② 고용 및 소득수준의 적정, ③ 국제수지의 균형 등 세 가지를 들었다. 그는 이러한 경제자립을 이루어내기 위해서는 계획원리의 도입에 의한 국가적 시책,

---

305) 앞의 글, 185~186쪽.
306) 위의 글, 181~182쪽.

곧 국가에 의한 계획, 지도, 육성, 유도 등의 시책이 반드시 요구되고, 그러기 위해서는 주요 산업을 국유·국영으로 하고 경제의 주도권을 국가가 장악해야 한다고 판단하였다. 그리고 산업국유화의 구체적인 목적으로, ① 위축된 2차산업의 진흥, ② 식료품 및 섬유공업이 부가가치에서 6할 가까이 차지하는가 하면 금속 및 기계공업, 화학공업까지 합해서 2할에 미달하는 파행적인 공업구조의 시정, ③ 금속 및 기계공업이라 할지라도 그 대부분이 소비재이거나 빈약한 부속품공업에 불과한 가냘픈 공업을 생산재 생산공업으로 전환하여 건전한 국민경제를 구축, ④ 그리하여 실업자와 빈곤문제를 해결하고 균등경제를 실현, ⑤ 국제수지를 개선하여 원조 없이 자활함으로써 경제적 종속성에서 벗어나 완전한 자주독립국가를 실현, ⑥ 공산주의에 대한 제도적 우위성 확보 등을 제시하였다. 유병묵의 산업국유화 정책은 경제자립을 달성하기 위한 것이고, 그것은 산업간의 균형 및 우선산업의 보호 육성에 중점이 두어져 있다는 점에서 윤길중이나 김안국보다 체계성을 띠고 있다.

유병묵의 산업국유화 정책은 산업간의 균형과 우선산업의 보호 육성에 의하여 주체성 있는 경제자립을 달성하는 데 목표가 두어져 있는데, 그것은 중공업 우선정책으로 구체화되었다. 그는 경제적 독립을 이룩하기 위해서는 급속한 경제개발로 국민경제의 후진성을 극복하여야 하고, 그러려면 기술자 양성과 더불어 건실한 공업화가 주어져야 하는데, 건실한 공업화는 중공업화에 의하여 이루어질 수 있는 것으로 파악하였다. 그는 매판적 성격을 띤 식료품, 섬유공업만이 이상적 팽창을 한 것은 국민경제의 자립은 커녕 종속성을 더욱 심화시켰다고 진단하였고, 후진국이 경공업에서부터 시작하여 거기서 나오는 축적에 의하여 중공업으로 옮아간다고 하는 것은 오늘날과 같은 세계경제의 일환 속에서는 절대 불가능하다고 단언하였다. 그렇기 때문에 비록 희생이 크다고 하더라도 공업화의 속도를 빨리하기 위해서는, 공업화는 중공업 건설을 제1의로 삼아야 하고, 채광(採鑛), 야금 및 제련기계, 에너지, 화학, 건축자재의 생산, 특히 철강, 채탄, 전력, 기계공업의 건설에 집중되어야 한다고 구체적 방안을 제시하였다. 그는 한국에서 중공업 건설이 제대로 안되고 있는 것은 매판=관료집단에 책임이 있다고 주장하였다. 경공업 우선이냐 중공업 우선이냐에서, 누구나 공업화를 부르짖는 자는 기간산업 내지는 중공업 건설을 부르짖지 않는 자 없는데, 그럼에도 불구하고 관료=매판자본의 집단 이승만 정권은 국민여론을 무시하여왔고, 관료=매판자본은 인위적으로 조작한 내외자본 사정으로 가동 중지, 조업단축을 초래하여 중공업 건설 의욕에 찬물을 끼얹었다는 것이다.[307]

진보당 관계자들은 사기업과 국유 또는 공영의 병존을 강조하고, 국유 또는 국영이 제한적으로 이루어져야 한다고 말하였다. 조봉암과 진보당에서 말한 국유·국영의 범위는 다음과 같다.

현재 국유로 되어있는 대규모 산업시설을 계속 국유화하며, 민간자금만으로 운영되는 시중은행을 제하고, 모든 금융기관은 국가관리하에 두며……(1956년 5·15정부통령선거 공약)[308]

우리는 교통, 체신, 운수, 은행 등의 주요한 제산업 부문과 거대한 제기업체의 국유화를 주장한다. 그리고 우리는 국가자본과 외원에 의하여 필요한 제산업 부문을 신설하고 이를 국유 국영으로 할 것을 주장한다.(진보당 정책)

지금까지 소수자에 독점되어있던 기간산업(석탄·시멘트·철도·전신·전화·일련의 전매산업)에 한하여 국유화한다.[309]

기간산업과 중앙은행을 국유화(국가관리 포함)해야 한다. 기간산업은 철도, 선박 등의 교통운수업, 우편·전신·전화 등의 통신망, 전력·석탄·가스·원자력 등의 원동산업, 국민저축과 자금공급의 총본원인 중앙은행, 제철·제강, 기타 비료공업, 시멘트공업 등……[310]

유병묵의 국유·국영화 범위는 약간 이채롭다. 그는 이승만 정권의 관료

---

307) 위의 글, 182~184쪽.
308) 『한국일보』 1956. 4. 29.
309) 윤길중, 「계획성 있는 경제체제」, 120쪽.
310) 김안국, 앞의 글, 136, 138쪽.

=매판자본과 관련된 모든 재산을 일단 몰수하여 국유로 하고, ① 대규모적 독점적 기간산업, ② 공공유지상 필요 부득이한 기업, ③ 경제자립 추구에서 필요불가결한 산업이면서도 채산관계로 민간이 투자하지 못하는 기업, 곧 민간산업의 능력범위를 넘는 기업 및 ④ 중요 금융기관을 국영으로 할 것을 제안하였다.[311]

3. 경제의 계획화와 국유화를 둘러싼 논쟁

1) 자유주의 경제에 대하여

경제의 계획화와 국유화 문제 등을 둘러싼 논의는 별반 없었다. 흑백논리로 진보당이나 혁신세력의 사회민주주의 정책을 몰아붙이는 것을 제외하면, 1954년 경제조항의 개헌에 대한 찬반 논의가 있었고, 사사오입개헌 이후 신당 구성문제와 관련하여 자유민주파와 민주대동파 사이에 '수탈 없는 경제'를 둘러싸고 약간의 공방이 있었으며, 진보당 등 혁신세력과 보수정당 사이에, 1960년 3, 4월항쟁 이후에는 보수세력과 혁신세력 사이에 약간의 논쟁이 있었다. 그런데 경제의 계획화와 국유화 문제에는 미국의 입장이 중요한 역할을 하게 되어있었으므로 먼저 그것을 일별할 필요가 있다.

미국은 미군정기에 귀속기업체의 민간인 불하 방침을 이미 세우고 있었지만, 정부수립 후 얼마 지나지 않은 무렵부터 경제에서 민간인의 역할을 강조하였다. 1950년 1월 한·미간에 합의한 경제안정 15원칙에서도 '귀속 재산 및 정부관리물자의 불하 촉진'(제4항)을 요구하였다. 정부의 귀속기업체 불하에는 미국의 이러한 의향이 큰 영향을 미쳤을 것이다.[312] 1952년 5월 24일 마이어협정이 조인될 때도 1953년 12월 14일 합동경제위원회 협약이 조인될 때도 미국은 비슷한 의사표명을 하였을 것이다.[313] 1956년 3월 한 모임에서 주한 미경제조정관 우드는 개인자본 형성에 적절한 경제적

---

311) 유병묵, 앞의 글, 183쪽
312) 공제욱, 앞의 글, 49쪽.
313) 위의 글, 94쪽 참조.

환경을 마련할 것과 개인기업체에 대한 개인의 투자실현을 열렬히 호소하
였다. 그는 기업민영화를 강조하고, 한국은 공업화를 위해 필요한 자금 중
일부를 외국의 투자에 의존해야 한다고 피력하였다. "주권 있는 한국은 물
론 자의로서 태도를 결정할 것이지만" 미국의 경험을 참조하건대, 외국 민
간자본의 도입을 시의적(猜疑的) 태도보다 오히려 환영적 태도로서 맞이할
것을 권유하였다.314) 이러한 미국의 태도는 자유당이나 민주당에 적지 않
은 영향을 미쳤음에 틀림없다.

　1954년에 정부가 경제조항의 개헌 이유로 제시한 것은 국유·국영의 원
칙으로부터 사유·사영의 원칙으로 옮김으로써 생산력을 고도로 증강하고
국가경제를 비약적으로 도모할 수 있다는 점이었다. 이것에 대한 반론도
만만치 않았는데, 한 언론의 기자들은 당시 헌법으로도 국유·국영을 민간
인에게 대행시킬 수 있다고 지적하고, 자유경제체제로 해야 부흥재건이 된
다는 논리에 의문을 제기하였다. 그리고 외환관리 배정에 정부의 감독권·
관리권이 바로 세워져야 한다고 주장하였다.315)

　민주당은 창당되면서 정강의 세번째로 "자유경제원칙하에 생산을 증강
하고 사회정의에 입각한 공정한 분배로서 건전한 국민경제의 발전을 기한
다"라고 천명하여 앞뒤가 모순되는 공약을 하였는데, 김영선(金永善)이
든316) 조재천이든317) 대체로 자유경제를 지지하였다. 정일형은 독점자본
에 대한 비난과 관련하여 "비록 소수 개인의 수중에 국민경제 전체가 장악
되었다 하더라도 동(同) 소수 개인이 기업의 발전에 있어서 국가의 간섭을
받지 않아도 좋게 된다면 생산은 증진되고 기업인은 정치적으로 독립하게
되어 국민의 한 사람으로서 양심이 명하는바, 정치활동에 적극적으로 참가
할 수 있게 될 것"이라고 피력하였다.318) 자유경제 주창자들은 대개가 개
인의 창의성이야말로 기업의 발전을 최대화할 수 있다는 점에 의견이 집

---

314) 『한국일보』 1956. 3. 22.

315) 『한국일보』 1954. 9. 13.

316) 신도성, 「계획경제에 대한 자유·민주 양당의 평을 駁함」(『신세계』 1956. 9),
　　 『죽산 조봉암 전집』 4, 253쪽 참조.

317) 「좌담 : 4정당의 선거 연두대결」, 207쪽.

318) 신도성, 「여당이냐 야당이냐」 (3), 『한국일보』 1956. 1. 25.에서 재인용.

중되어있었고,319) 부분적으로 시장의 자유조절기능을 중시하는 의견도 있었다. 일부는 시장의 자유조절기능에 이의를 달았는데,320) 대개는 자유경제를 중심으로 하여 논쟁이 진행되었다.

진보당 관계자들이나 기타 혁신계 인사들은 민주당의 자유경제론에 대하여 민주당의 본질을 가지고 비판하는 한편, 경제활동의 자유가 평등하게 주어지지 않았음을 역설하였다. 윤길중은 자본주의 사회의 자유경쟁은 기업의 자유와 계약의 자유가 전제되어있는데, 현존 자본주의 사회에 이러한 자유가 보장되어있는지 극히 의심스러우며, 기업주에 의한 노동자의 '자유로운' 해고실태를 볼 때, 자본주의 사회에서의 자유경쟁이란 소수층을 위한 형식적 자유이지 대중을 위한 실질적 자유가 아님이 명약관화하다고 말하였다.321) 신도성은 쪼들린 가장한테 계약의 자유란 노예의 자유에 불과하다는 버나드 쇼의 말을 인용하면서, 계약의 자유나 자유로운 경제는 가진 자에게 유리한 것일 뿐 일반 평민들에게 그러한 자유는 의미가 없다고 주장하였다.322) 신도성은 또한 정일형의 논리는 소수 자본가가 국가를 지배하는 것을 잊은 것이라고 공박하고, 민주당은 자유경제의 실현방법에 대하여 기껏해야 귀속재산이나 정부관리기업체를 민간에 불하하라는 것 정도인데, 그것도 소금전매제 폐지문제처럼 막상 정부가 불하하려 하면 반대한다고 민주당의 두 얼굴을 비난하였다.323)

2) 귀속재산 불하를 둘러싼 논쟁

신도성의 지적이 시사하는 바와 같이, 실제로 자유경제나 계획경제나 또는 국유화냐의 문제는 대개가 귀속재산 불하와 관련해서 논의가 전개되었

---

319) 李東旭은 창의 노력에 의해서 우승열패가 결정되는 질서를 세워야 한다고 주장하였다(「좌담 : 보수냐 혁신이냐」, 7, 89쪽).
320) 김달호는 시장의 자동조절기능에 대하여 당시 구매력을 훨씬 초과하였던 방직공장의 시설문제를 가지고 이의를 제기하였다(「좌담 : 4정당의 선거 연두대결」, 200~201쪽).
321) 윤길중, 「계획성 있는 경제체제」, 126쪽.
322) 신도성, 「계획경제에 대한 자유·민주 양당의 평을 駁함」, 253~254쪽.
323) 신도성, 「여당이냐 야당이냐」 (3) (4), 『한국일보』 1956. 1. 25, 1. 26.

다. 민주당 선전부장 조재천은 민주당은 계획경제를 배격하고 자유경제를 원칙으로 하고 있음을 밝히고, 자유당 정부가 쓰고 있는 경제정책은 귀속재산을 관리하고 재정과 기타 방법으로 한 손에 경제를 장악하고 있어 일종의 계획경제에 속하는 것으로 볼 수 있는데, 그러한 정책이 10년간 계속된 결과는 국민의 대다수가 헐벗고 굶주리는 상태이고, 소수 특권계급만 부익부해가게 되었다고 자유당 정부의 실정을 비판하였다.324) 자유당의 경제정책과 국유화에 대해서는 동아일보의 이동욱이 예리하게 그 문제점을 지적하였다.

이동욱은 1960년 3, 4월항쟁 후에 가진 한 좌담에서 이승만 정부는 자유경제정책을 억압하였기 때문에 반동이라고 주장하고, 혁신정당이나 보수정당의 공통적인 과제는 관권을 부수는 것인데, 관권은 계획과 통제에 길들어서 발호한 것으로 국영기업에 기반을 두고 있는 것이므로 국영기업을 부수지 않고서는 관권경제를 부술 수 없고 민주경제를 건설할 수 없다고 단언하였다. 그는 한국의 모든 국유화 기업은 '남의 것'이라는 생각을 가지고 있기 때문에 적자투성이라고 지적하고, 더 좋은 물건, 더 값싼 물건, 더 많은 물건을 만들어 복지사회를 건설하려면 국영주의를 부수는 길밖에 없나고 강조하였다.325)

이승만 정부의 관권경제 또는 관료경제에 대해서는 대개가 비판적이었다. 그 점은 진보당도 비슷하였다. 신도성은 당시와 같은 이승만 정권에 의한 국영기업체 운영보다는 어떠한 악질 모리배이건 간에 개인이 운영하는 것이 더 나을 것이라고 극단적으로 단정하였다.326) 진보당은 정책에서 다음과 같이 말하였다.

일본인으로부터 미군정의 손을 거쳐 우리 정부에 넘겨진 재산, 즉 귀속재산 특히 귀속산업시설은 당연히 우리의 국유재산으로서 전민족의 이익을 위하여 옳게 운영되고 이용되어야 할 것이었다. 그럼에도 불구하고 이

---

324) 「좌담 : 4정당의 선거 연두대결」, 207쪽.
325) 「좌담 : 보수냐 혁신이냐」, 82~83, 85~86쪽.
326) 신도성, 「계획경제에 대한 자유·민주 양당의 평을 駁함」, 254쪽.

귀중한 국가재산은 민중의 이익을 위하여 옳게 이용되지 못하였을 뿐 아니라, 그 대부분은 무능부패한 관료배와 결탁한 소수의 모리정상배에 의하여 농단되고 이용되고 잠취(潛取)되었다. 국영으로 남아있는 일부 기업체는 관료배의 무능성과 부패성으로 말미암아 그 작업능률과 그 생산액이 점차로 저하하고 그 수지상의 적자만이 더욱더욱 증대하였다.

조봉암은 귀속기업체에 대한 모리배의 농단을 목격한 바 있었다. 공업지대인 인천의 많은 공장들이 하나도 예외없이 전부 노동자들이 자치조직으로서 공장을 지켰고, 인천 사람들은 부당한 수단으로 공장을 차지한 바 없었는데, 미군정이 되자마자 미군정 최고기관으로부터 굉장한 명령서, 지시서를 손에 쥔 많은 모리배들이 달려들어 인천에 있는 공장들을 접수하더니만, 이 공장들을 속속들이 팔아먹고 빈 껍질만 남겨놓았다는 것이다. 빈 껍질만 남은 공장들은 전쟁으로 인해 거의 전부가 파괴되고 말았다.327) 한 경제학자는 자유당 정부의 경제관여에는 뚜렷한 한계가 없었던바, 따라서 무원칙한 간섭이 한국경제의 혼란을 초래시킨 주요 요인의 하나라고 지적하였다.328) 윤길중은 일부에서 관료경제와 계획경제를 혼동하거나 고의적으로 정치적 모략을 하고 있지만, 이 두 가지가 다르다는 것은 일종의 경제상식에 속한다고 말하고, 자유당 정부의 경제정책은 계획경제가 아닌 관료경제이며, 이러한 관료경제의 폐해를 시정하기 위하여 자신들은 경제기능의 민주적 방식을 존중하는 자유제 계획경제를 추구하고 있다고 주장하였다.329)

귀속재산 관리도 큰 문제를 야기하였지만, 그것의 불하도 그에 못지않게 많은 문제가 있음이 지적되었다. 곧 자유당 정부의 국영·국유도 문제가 많았지만, 그것의 민간인에 대한 불하도 커다란 문제를 야기하였다. 신도성은 불하받을 때 정부의 사정가격이 턱없이 낮고, 그것도 제 돈은 조금만

---

327) 조봉암, 「내가 걸어온 길 내가 걸어갈 길」, 『나의 정치백서』, 신태양사, 1957, 170쪽.

328) 洪性囿, 『한국경제의 자본축적과정』, 고려대학교 출판부, 1965, 76쪽.

329) 윤길중, 「계획성 있는 경제체제」, 132쪽.

내고 융자 등을 받아 치르기 때문에 교제비와 보증금 등 약간의 자금만 있으면 기업체를 인수할 수 있었다고 지적하였다.[330] 귀속기업체 불하에서 정부의 사정가격과 불하가격이 얼마나 차이가 있는가는 연구자들 사이에 이견이 있다.[331] 그러나 사정가격이 실제가격보다 낮았다는 것에는 일반성이 얼마나 있는지 불분명하지만,[332] 다음의 국회 조사보고서에서도 드러나 있다.

1956년 1월 20일 국회 재정경제위원회에서 국회의장에게 제출된 보고서에는 주요 귀속기업체 불하에 위법이 있었고 정실이 허다하였던 것으로 나타났다. 이 보고서에서는, 재무부와 상공부는 귀속재산 매각에서 일반공매를 피하고 우선권 부여의 연고자 대상임을 가장(假裝)하는 부당한 처사를 하였던바, 이를 위해서 3~6개월 전에 비합리적인 '임대차 계약'을 체결케 하고 이로써 우선권을 만들었는데, 이 우선권으로 매각된 12개 기업체의 매각가격 12건 87억 6,150만 환을 일반공매로 매각한 20개 업체의 낙찰가격 기준으로 추산해보면, 12개 업체를 일반공매하였으면 적어도 2.65배 되는 232억 1,797만 환이 되었을 것이라고 주장하였다.[333] 12개의 큰 기업체가 실제가격보다 낮게, 그것도 연고자로 조작해서 불하한 것이다.

이철승(李哲承) 의원은 이 12건 중 삼호방직은 시가 20~30억 환인데 7억 환으로 낙찰되었고, 삼척시멘트는 20억 환 가량 되는 것을 7억 환에 매각하였는데, 그것도 15년 연부제인 데다 지가증권으로 하였으며, 삼척시멘트는 제1회 분도 낼 수 없는 사람한테 불하되었다고 정부를 공박하였다.[334]

---

330) 신도성, 「계획경제에 대한 자유·민주 양당의 평을 駁함」, 258쪽.

331) 일찍 귀속기업체 불하문제를 연구한 金成斗는 불하가격이 정부의 사정가격보다 훨씬 낮았다고 주장하였는데, 공제욱은 예외적으로 차이나는 경우가 있지만, 김성두가 불하가격으로 제시한 수치는 원매자의 입찰가격이며 대부분 불하는 정부의 사정가격대로 이루어졌음이 밝혀지고 있다고 기술하였다(공제욱, 앞의 글, 104~105쪽).

332) 당시 관재총국장은 時價를 6개월마다 재평가한다고 하였지만, 실제에는 3년 전에 한 시가평가에 의해 정부의 사정가격이 정해지고 그것에 의해 불하가 행해졌다는 고발이 무성하였다고 한다(공제욱, 위의 글, 106쪽).

333) 『조선일보』 1956. 1. 21.

334) 『국회속기록』 제22회 3호, 1956. 2. 27.

주로 대기업체가 그러하였지만, 불입횟수가 길수록 제1회 납입금은 많지 않았고, 이것으로 매수자는 대기업체의 실소유주가 될 수 있었다.[335] 인플레가 심하였기 때문에 이것 하나만으로도 막대한 특혜였다. 그런데 매각대금을 지가증권으로 치르거나,[336] 특별한 관계가 아니면 받기 어려운 은행융자를 받아 치르는 경우가 많아 특혜는 이중 삼중으로 이루어지고 있었다. 농지개혁으로 땅을 넘겨준 과거의 지주들은 정부로부터 지가증권을 받았지만 인플레이션 때문에 가치가 줄어들었고, 그나마 생계유지를 위하여 액면가치의 30~70% 수준으로 투매하는 일이 많았다.[337] 농지개혁은 중소지주를 몰락시킨 반면 대지주=대자산가나 신흥자산가에게 새로운 터전을 갖게 해주었다.[338]

3) 상층부르주아지·보수세력의 성격

동아일보의 이동욱은 특권경제니 관권경제니 아부경제니 해서 아부 잘하는 사람이 부자가 되고, 제아무리 창의 노력에 으뜸일지라도 아부를 못하면 별 수 없기 때문에 귀속기업체를 불하해야 한다고 피력하였다.[339] 그 반면 진보당 관계자들은 이승만 정권의 귀속기업체 운영에 대해서 민주당과 비슷하게 비판하였지만, 불하에 반대한 것은 국유화의 이점이나 불하과정의 문제 때문만이 아니라, 귀속기업체가 일제강점기 한국인의 피땀이 밴 국민의 재산인데 그것을 불하받는 대자산가가 신뢰할 수 없다는 점도 중

---

335) 1955년에 15년 연부로 불하를 받았다면 상환기간은 1970년까지가 되는 것이다.

336) 한 연구자는 1948~58년에 불하된 귀속재산 중 매각대금의 40%가 현금으로 수납되고, 나머지는 대부분이 지가보상증권으로 수납되었다고 밝혔다(鄭允炯, 「경제성장과 독점자본」, 『한국경제의 전개과정』, 돌베개, 1981, 137쪽).

337) 공제욱, 앞의 글, 110쪽.

338) 『동아일보』 등에서는 대기업을 분할하여 민영화할 것을 주장하였다. 불하받을 만한 재력이 있는 사람이 드무니까 정실이 개재되지 않은 불하를 하기 위해서는 그 방법밖에 없다는 것이었다(「좌담 : 보수냐 혁신이냐」, 이동화·이동욱 발언, 85~86쪽. 이와 함께 진보당 정책, 45쪽 참조). 이에 대하여 이동화는 그것은 근대산업의 발전경향, 곧 규모의 경제화현상에 역행되는 방향이라고 일축하였다(같은 글, 85쪽).

339) 「좌담 : 보수냐 혁신이냐」, 89쪽.

요시하였다. 진보당 관계자들은 불하과정 자체보다도 그것이 내포된 것이지만, 상층부르주아지의 성격에 대하여 훨씬 더 문제를 삼고 있었다.

진보당 정책에서는 완미한 자유자본주의자들은 파렴치하게도 미군정·이승만 정권의 귀속기업체 운영실태를 볼 때 우리나라에서는 '사회주의'(따옴표는 원문대로임)가 완전히 실패하고 말았다고 소리높이 주장, 선전하지만, 미군정이나 이승만 정부에서는 결코 '사회주의'가 실험된 적이 없으며, 해방 이후에 초래된 경제혼란, 산업위축, 국영기업 실패 등은 모두 다 한국 우익보수세력의 무능성과 부패성, 무견식성에 기인한 것이라고 역설하였다.340) 그렇기 때문에 자유자본적 방향에서는 '취약한 민족자본'의 배양 육성을 통한 경제발전이 이루어질 수 없으며, 고리대금적 매판자본적 성격의 한국자본은 건전한 산업자본으로 전화하기조차도 극히 곤란하다고 주장하였다(진보당 정책).

신도성이 한국 자본가들은 절대로 명예혁명시대 영국의 퓨리탄이나 대혁명기 프랑스의 부르주아 같은 강인한 투지와 능력을 가진 자들이 아니기 때문에 자유방임적 자본주의 경제의 옹호는 실패할 수밖에 없다고 말한 것도341) 같은 취지에서 나온 것이었다. 신도성은 자본가의 자본비율과 연관지어 한국 자본가의 성격을 지적하였다. 미국 자본가는 자기자본이 90% 이상인데, 한국 자본가의 경우 자기자본이 10%도 안되는, 그리하여 타인 자본, 곧 국가의 자본＝국민 전체의 자본을 가지고 사업하는바,342) 한국 자본가들은 해방 후 갑자기 일확천금을 얻었거나 정부와 '교섭'하여 각종 특혜로 대자본가가 되었기 때문에 공공심이 있을 리 없고, 애국심이나 사회적 도의심도 있을 리 없으므로, 이들에게 귀속기업체를 불하하거나 경

---

340) 진보당 강령과 선언문에서는 해방 후 추악불미하고 부정불의한 정치적 사회적 상태가 나타나게 된 원인의 큰 부분은 미군정에 협력하였던 한국의 보수적 정치세력과 정부수립 이후 한국정치를 장악한 특권관료적＝매판자본적 정치세력에 있다고 밝힌 것은 앞에서 언급한 바 있다.

341) 신도성, 「여당이냐 야당이냐」 (4) , 『한국일보』 1956. 1. 27.

342) 한국 기업에서 자본가의 자기자본 비율이 10%도 안된다는 것은 수사적 표현일 것이다. 한 연구자에 따르면 1956~60년 평균으로 보아 전산업의 자기자본 구성비는 불과 33.0%, 제조업의 그것은 27.3%, 광업은 28.1%(홍성유, 앞의 책, 67쪽)로, 자기자본 비율이 대단히 낮기는 하였다.

제발전의 주역을 맡기는 정책을 써서는 안된다고 주장하였다.[343] 박기출은
자본가를 포함한 한국 보수세력에 대하여 다음과 같이 혹독히 비난하였다.

한국의 보수적 제요소를 한마디로 표현한다면 그것은 사대적 봉건잔사
(封建殘渣)라는 것이다. 그것은 이씨 왕조의 봉건세력과 친일파가 일본 식
민지의 노예적 특권층으로서 세력화되었고, 그것이 친미파와 타협하여서
이 시간의 보수세력을 형성하게 된 음성적 민족사의 바탕을 이루고 있는
것이다. 우리들의 보수세력은 봉건적 잠재세력, 사대주의자, 관료 및 매판
적 내지 관료자본가로서 구성되어있는 것이다. 민주당도 그것이 야당적
입장에 있다고 하나, 이 역사적 테두리를 벗어날 수 없는 것이다. 고로 그
들의 생리는 외세에 영합하는 방향으로 자처함으로써 권력과 금력을 장악
하는 데 있고, 필요하다면 민족의 운명을 제물삼을 수도 있는 것이다.[344]

이 글에서 박기출은 민주당의 성격을 자유당과 동일시하고 있다. 그런데
이 점은 조봉암 등 진보당 관계자들한테서 일반적으로 보이는 현상이었다.
그들이 민주당의 '자유경제'를 반대한 것은 단순히 자유경제 자체만을 겨
냥한 것이 아니고 복합적인 성격을 띠고 있었다. 신도성은 민주당 최고간
부들이 과거 요직에 있을 때 귀속재산을 부하나 친척에게 분배하여 먹고
살게 하였다고 꼬집고, 귀속기업체를 불하하면 그것에 참여할 수 있기 때
문에 불하를 주장한다면, 그것은 한낱 쟁탈전에 불과하다고 말하였다.[345]
그리고 민주당이 정권을 획득하는 날이면 그들은 자신들이 독재적이라고
비난하는 자유당 정권보다 더 포악한 독재를 감행할 충분한 소질이 있다
고 보았다. 그는 그들이 말하는 '자유민주주의'에서 '자유'란 '수탈'하는 자
유요, 부패한 특수계급만의 자유요, 순수하고 양심적인 애국자를 때려잡는
자유라고 힐난하였다.[346] 윤길중은 자유경제와 관료경제는 불가분의 표리

---

343) 신도성, 「계획경제에 대한 자유·민주 양당의 평을 駁함」, 257~258쪽.

344) 박기출, 「민주당 내분을 보고 야당 연합운동을 상기한다」, 『인물계』 1959. 12,
    19~20쪽.

345) 신도성, 「계획경제에 대한 자유·민주 양당의 평을 駁함」, 254~255쪽.

346) 신도성은 민주당 간부들을 자신이 '보수파' '완고분자'라고 부른 것도 칭찬이

요 음양이라는, 민주당·동아일보와 정반대되는 관점에서, 민주당 정권하에서 정상(政商)모리군이 없고 '자유경제'(따옴표는 원문대로임)가 수립될 듯이 말하는 것은 공상에 가까운 주장이라고 비판하였다.347) 민주당 구파의 전신인 한민당-민국당에 대해서는 아이러니컬하지만 자유당(원외자유당) 발당대회(1951. 12. 23)에서의 선언에서도 신랄히 비판되었다.348)

앞에서도 언급하였지만, 한 신문은 민국당이 1953년 11월 혁신강화전국대회에서 특히 국영·공익기업 경제체제를 지양하고 자유기업 경제체제의 실시를 결의한 것은 국영기업체가 관료자본의 아성으로 기업체 자금이 자유당 정치자금으로 유입되어 여당이 활성화된 반면, 야당의 경제적 기반인 민간자본이 봉쇄당하고 영락하게 되므로, 야당 정치활동의 활로를 개척할 의도하에 시급히 관료독점 타파를 부르짖는 것이라고 분석한 바 있었다.349)

윤길중은 생산부문의 투자를 피하는 매판적 상업자본가들을 손떼게 하고 자본을 생산부문에 동원하려면 국가가 선도적 역할을 해야 한다고 강조하였다. 귀속재산을 국민경제의 발전에 사용하지 않고 모리간상배만 키우는 불하정책을 썼고, 외국원조도 사복을 채우게 만들었는바, 그러하기 때문에 첫째로 정부가 혁신적이며 민주적이어야 하고, 둘째로는 계획적 내용을 가진 경제체제와 경제정책이 필요하다고 개진하였다. 진보당에서 모든 귀속기업체의 국유화를 주장한 것은 아니었다. 윤길중은 귀속재산을 모리간상배에게 불하하지 말고 건실한 개인이나 유능한 경영자에게 맡기고, 기간산업, 대기업만을 국유·국영하여 계획경제를 바탕으로 민주적 운영

라고 말하였다. 신념에서 우러나온 고집이라면 존경할 수 있고, 건전한 보수주의는 유용하고 필요하기 때문이라는 것이었다(신도성, 「신당운동은 왜 실패했나」(完), 『한국일보』 1955. 4. 11)].

347) 윤길중, 「진보당이 나가는 길」, 144쪽.

348) 자유당 선언은 이렇게 쓰여있다. "자유경제하의 미명하에 악질적인 모리간상배들을 조성하며, 拜物사상을 토대로 한 이기주의적 자본만능의 사회를 획책하고 민족 전체의 이익보다도 사리사당의 권익을 위하여 정실인사와 협잡과 직권남용으로 경제를 파탄시키며……"(민의원 사무처 법제조사국, 앞의 책, 26쪽).

349) 『조선일보』 1954. 2. 8.

방식을 통하여 국민경제에 기여하도록 하였어야 했다고 피력하였다.350) 요컨대 조봉암과 진보당은 특혜와 부정에 의하여 소수 개인에게 국민 전체의 재산을 독점시키는 국유재산 불하정책을 단호히 반대하였다.351) 그리고 비민주적이고 부패무능하고 매판적인 보수세력한테 한국 경제를 맡길 수 없으며, 민주주의적이고 혁신적인 진보세력만이 경제의 계획화로 민족자본을 육성하고 복지정책을 실현시킬 수 있다고 믿고 있었다.

　조봉암-진보당의 상층자본가 또는 독점자본가에 대한 부정적 인식은 연구자들의 연구에서도 일정하게 확인된다. 일찍이 홍성유는 그의 뛰어난 연구『한국경제의 자본축적과정』에서 전후 한국의 자본축적은 단기간 내에 너무도 급속히 부가 극소수의 손아귀에 집중되었던바, 정치권력의 부패에 의하여 소수 특정재벌이 관료매판적으로 조성되었다고 지적하였다. 그는 집중화의 주요 요인을 인플레, 저환율, 저금리 및 조세포탈로 파악하였고, 그 중에서도 악성 인플레의 누적이 가장 기본적 요인을 이루었다고 설명하였다. 격심한 인플레로 말미암은 통화가치의 급저락은 은행금리의 실질적인 마이너스화와 공정환율과 실세환율 간의 격차를 확대시킴으로써 부정과 특혜의 소지를 형성하게 되었으며, 이것이 경제 전반에 걸쳐 거의 절대적인 지배권을 장악하고 있는 재정운영상의 부패와 상호 결합되어 소수 특정재벌에 대한 제자원의 특혜배분을 이루게 하였다는 것이다. 그는 그 결과 1960년대 전반기에 제조업 총생산의 3분의 1이 전제조업체의 불과 1%도 안되는 소수의 대기업(종업원 200명 이상)에 의하여 생산되고, 1962년의 경우 대기업이 기업 전체의 부가가치 기여액의 약 50%나 차지하였다고 기술하였다.352)

　다른 연구자들도 대자본가의 자본축적이 특수하게 이루어졌음을 밝히고 있다. 김영모(金泳謨)는「해방 후 대자본가의 사회이동에 관한 연구」에서, 해방 후 자유당, 민주당 집권시 경제계에서 지배적 위치에 있던 대자본가 18명의 사회이동 관계를 분석하였다. 그 분석에 의하면, 이들은 일제시기

---

350) 윤길중,「계획성 있는 경제체제」, 130~132쪽.
351) 조봉암,「내가 대통령에 당선되면」,『한국일보』1956. 4. 29.
352) 홍성유, 앞의 책, 80~81쪽.

에 대부분 자산층에 속하였고 8·15를 계기로 상공업자본가(61.0%)와 관리인(44.4%)이었다가 한국전쟁을 계기로 상공업자본가가 되면서 대자본가가 된 것으로 나타났다. 그 중 22.2%는 동시에 정치가였는데, 이들 18명은 권력과의 관계가 대자본가가 되는 데 중요한 역할을 한 것으로 김영모는 파악하였다.[353] 정윤형(鄭允炯)은 정상적 자본축적을 통하여 산업자본주의가 확립되기도 전에 방대한 규모의 귀속재산, 원조, 정부지원이라는 특권적 요소와 결합하여 짧은 시일 내에 독점자본이 형성되었던바, 이 시기의 독점자본은 금융·기술·원료의 비자립성 내지 대외예속성이라는 결정적인 약점을 가지고 있었다고 지적하였다.[354]

공제욱은 1950년대의 23대 자본가를 중심으로 자본가의 출신배경과 직업이동, 주요 성장요인을 상세히 분석하였다. 우선 이 연구에서는 경제적 상류층으로서 부친의 지위를 계승한 사례는 부친의 지위가 확인가능한 18명 중 7명으로, 이 가운데서 이 7명을 제외하고는 지주 출신에서 자본가로 전화한 경우는 발견되지 않는다고 지적하였다. 1950년대의 자본가는 지주자금을 배경으로 전화된 형태라기보다 대부분 1950년대 사회경제적 조건에서 새롭게 형성되었다는 것이다. 이 점에서 공제욱의 연구는 김영모의 그것과 차이가 많은데, 그것은 조사한 모집단의 차이도 작용하였겠지만 조사방법과 직업지위의 분류방법에 주로 기인하는 것으로 공제욱은 이해하였다.[355]

---

353) 김영모의 분석에 따르면 대자본가 18명은 일제 초기에 대부분이 지주층에 속하였고(61.1%), 일제 말기에는 상업인(38.9%), 공업인(11.1%) 관료(44.4%)의 지위에 있었다고 한다(김영모, 「해방 후 대자본가의 사회이동에 관한 연구」, 『1950년대의 인식』, 한길사, 1981, 267~268쪽). 장하진은 해방 이후 1960년까지 몇 개 기업을 소유하고 있던 대자본가 34명의 전력을 조사한바, 일제시기에 일제 통치기관에 있었던 사람이 2명(5.8%), 경제적 지배계급의 위치에 있었던 사람이 27명(79.4%)으로, 이 두 부류가 85.2%나 차지한 것으로 나타났다. 나머지 5명은 중간층으로 분류되었다(장하진, 『1950년대 한국사회구조에 관한 계급론적 연구』 이화여대 사회학과 박사논문, 1985. 8, 125~128쪽).

354) 정윤형, 앞의 글, 147~148쪽.

355) 공제욱의 조사결과는 차남희의 「한국 경제엘리뜨의 자본형성에 관한 분석 ― 1953~1960을 중심으로」(『현상과 인식』 제5권 1집, 1981)의 연구와 비슷하다(공제욱, 앞의 글, 201~203쪽). 공제욱의 조사에 따르면, 1950년대의 대자본가 18명 부

공제욱은 23대 자본가가 1950년대 중반을 전후하여 제조업을 주력업체로 하는 대자본가로 대부분 전화하고 있는데, 이들의 성장에서 국가정책의 영향력이 매우 큰 것으로 분석하였다. 귀속기업체를 불하받았거나 불하된 것을 인수한 사례가 10명으로 높은 비율이고, 원조자금의 배정이나 은행융자가 성장에 주요 계기가 된 경우도 많으며, 위의 요소들이 중첩적으로 작용하여 대자본가로 성장한 경우도 많아, 1950년대 대자본가들은 스스로의 자본축적에 기초한 자생적인 자본가라기보다는 국가권력의 특혜를 통하여 성장한 관료적 자본가로서의 성격을 갖는다는 것이다. 또 이들 자본가들은 각종 특혜와 이권을 배타적으로 독점하기 위한 주요 수단으로 기능한 각종 협회와 이익단체의 결성과 참여를 통하여 국가권력에 접근하는 통로를 마련하고 있었다.356)

4) 한국경제의 두 갈래 길

진보당 관계자들은 극우적 보수세력 및 그들과 유착관계에 있는 대자본가들에 대하여 몹시 부정적인 시각을 가졌지만, 그것에 대한 대응책 가운데는 애매한 것들이 적지 않다. 민족자본 육성을 역설하지만, 민족자본이 무엇을 가리키는지 모호한 점이 있고, 그것의 육성책도 막연한 점이 있다. 곤란한 문제의 하나는 자본동원방법이었다. 귀속기업체 불하를 반대한 것도 이 문제와 연계되어있다. 진보당 관계자들이 외자도입을 환영한 것도 자본동원의 어려움을 해결하기 위해서였다. 조봉암은 1956년 정부통령선거 때 공약의 하나로 외국자금도입을 환영하되 반드시 국가를 통해 종합계획하에 이를 활용할 것을 제시하였다.357) 외자문제에 대하여 진보당 정책에서도 "우리는 외자의 유입을 환영한다. 우리는 외자도입을 촉진하기 위하여 ― 국제적 관례에 따라 ― 필요한 제조치를 강구할 것"이라고 천명하였다. 그러나 1960년대와는 다르게, 진보당 정책에서 "그러나 우리는 현

친의 직업 및 지위는 지주 5명, 대상인 2명, 부농·중농 3명, 몰락한 지주 및 부농 3명, 빈농(영세상인 포함) 4명, 상업 1명으로 되어있다(공제욱, 같은 글, 201쪽).

356) 공제욱, 위의 글, 257~259쪽 및 제6장 요약 및 결론 참조.

357) 『한국일보』 1956. 4. 29.

재와 같은 국내적 및 국제적 제조건하에서 외국의 사자본이 용이하게 또 풍부히 흘러들 수 있을 것으로 속단, 기대하여서는 아니된다"라고 진술한 대로, 1960년대와는 달리 1950년대에는 외자도입이 쉽지 않았다. 이 때문에 진보당은 자유당 정부나 민주당과 비슷하게 미국을 비롯한 우방의 원조에 일층 더 큰 기대를 가졌다(진보당 정책). 이처럼 조봉암과 진보당에서는 귀속기업체 처리나 외자유입, 외원, 그리고 국방비와 치안유지비,[358] 행정비의 과감한 삭감을 통하여 새로운 산업건설에 소요되는 자본을 마련하고 동원하고자 하였다. 그러나 그것에는 난관이 있다는 것을 인지하고 있었기 때문에 진보당 정책에서는 다음과 같은 제안도 하지 않을 수 없었다.

우리는 결국 이 문제를 주로 우리 국민대중의 창발성과 애국적 정열과 창조적 근로력의 적극적 대량적 발휘에 의하여 모든 우리 국민의 절검과 근면과 노력에 의하여 해결하는 수밖에 없을 것이다.

그런데 해방 후 1950년대에 산업자본의 폭이 커가고 중소기업이 활발한 움직임을 보였다는 것은 진보당의 경제정책과 관련지어 의미있게 평가하여야 할 것이다. 한 연구자는 미군정기와 1950년대를 비교해보면, 1950년대에 와서 전체 자본가 중 상업·금융업·기타 자본가의 비중이 41%에서 16%로 대폭 축소되고, 광공업자본가의 비중이 59%에서 84%로 증가하는바, 이 사실은 일제시기에서 미군정기, 1950년대로 가면서 한국인 산업자본이 계속 약진하고 있음을 보여주는 것이고, 그것은 미군정기와 한국전쟁 이후 중소공업이 대거 등장한 것이 원인이라고 설명하였다.[359]

1960년대에 박정희 정권에 참여하였던 박희범(朴喜範)은 식민지적 유대

---

358) 1950년대 초반기와 중반기 경찰비는 점차 축소되기는 하였지만 만만한 것이 아니었다. 경찰관 정원은 1950년 4만 8,010명, 1951년 6만 3,427명, 1953년 5만 731명, 1955년 4만 7,250명, 1957년 3만 9,031명이었고, 국가일반회계에서 경찰비의 비중은 1950년 28.7%, 1951년 17.0%, 1953년 18.2%, 1955년 11.2%, 1957년 7.9%였다(한국경찰사편찬위원회, 『한국경찰사』 2, 내무부치안국, 1973, 670, 789쪽).

359) 김기원, 『미군정기의 경제구조』, 푸른산, 1990, 239~242쪽. 1955년 광공업체의 규모별 비중은 다음과 같다.

광공업체의 규모별 비중(1955)

가 단절됨으로써 미군정 기간을 통하여 약간 명맥을 유지하고 있던 생산재공업이 대폭 마비되고, 면화나 소맥, 우지, 우유 등 미국 잉여농산물 및 그밖의 원조를 기반으로 한 소비재공업 중심으로 체질이 바뀌었으나, 중소기업은 활기를 띤 바가 있었다고 지적하였다. 그는 ECA 원조가 본격화한 1948년에서 전쟁회복기인 1955년경까지는 미 잉여농산물을 원료로 하는 약 5,000에 달하는 노동집약적인 중소기업 형태의 각종 직물업이 도처에 번성하여 1960년대 중반에 비하여 고용상태는 그래도 양호한 편이었는데, 이들 각종 직물업은 전쟁의 회복기에 접어들면서부터 현대식 대기업에 밀려 완전히 도태되었다고 기술하였다.360) 박현채 등 내포적 산업화를 중시하는 경제학자들도 1950년대의 중소기업을 중시하였다. 박현채는 그의 저서 『민족경제론』에서 다음과 같이 서술하였다.

이 시기의 자본축적은 원조물자의 도입과 관련하여 정치권력의 시녀로서의 관료와 결탁, 재정·금융·외환·원조에의 특혜기식에서 이루어졌다. 이것은 개별자본의 입장에서는 경제외적인 과정에서 무에서 유를 창조하는 과정이었으며…… 따라서 이 과정은 일본과의 종속적인 경제적 단

종업원수	제조업 사업체수	광업 사업체수
4인 이하	182 (2.1)	20 (7.1)
5～9인	3,773 (42.8)	29 (10.2)
10～19인	2,502 (28.4)	37 (13.1)
20～29인	938 (10.6)	34 (12.0)
30～49인	721 (8.2)	57 (20.1)
50～99인	450 (5.1)	50 (17.7)
100～199인	173 (2.0)	27 (9.5)
200～499인	53 (0.6)	20 (7.1)
500～999인	11 (0.1)	4 (1.4)
1,000인 이상	7 (0.1)	5 (1.8)
합계	8,810(100%)	283(100%)

자료 : 조선은행 조사부, 「4288년 광업 및 제조업사업체 조사결과 속보」 제1호, 『조사월보』 1956. 3, 조 - 15쪽(김기원, 같은 책, 242쪽에서 재인용).

360) 박희범, 『한국경제성장론』, 고려대학교 출판부, 1968, 19, 48쪽.

절로 말미암아 새로이 성장하기 시작한 국내적 분업 관련을 갖는 토착적 민족기업의 소멸과정이었다.…… 값싼 원자재를 외국에 의존하는 소비재공업은 국내 토착자본 및 중소기업을 몰락시키는 데 결정적 역할을 했으며……361)

이 시기에서 1960년대에 이르는 동안은 한국경제를 어떠한 형태로 방향지을 것인가의 갈림길에 있었고, 그것의 하나가 대자본가 중심으로 편성할 것인가 대기업도 육성하면서 중소기업 중심으로 할 것인가의 문제였다.

1950년대 후반에서 1960년대에 이르는 시기에 대자본가 또는 재벌 중심의 경제운영은 눈에 띄게 두드러졌다. 그것의 중요한 기제가 정경유착이었다. 이미 제1차 중석불사건은 1952년의 부산정치파동, 8·5정부통령선거자금과 연계되어 발생한 것이었는데, 1956년의 정부통령선거에도, 1958년의 총선에도, 1960년의 정부통령선거에도 원면(原綿)사건, 연계(連繫)자금사건 등의 명칭으로 알려진 정치자금이 들어갔다.362) 이 시기에 대자본가 또는 재벌은 부정축재자이자 특권세력으로 인지되었다. 따라서 1960년 4월혁명 후 부정축재자 처벌은 주요 혁명과업의 하나로 꼽혔다. 한 역사학자는 4월혁명을 혁명이라고 부르는 첫째 이유는 그것이 독재정권을 타도하였기 때문이고, 둘째 이유는 이와 결합되어있던 특권적 재벌이나 기업가층의 몰락의 바탕을 마련하였기 때문이라고 규정하였던바,363) 부정축재자 처벌은 폭넓은 공감대를 형성하고 있었다.

1960년 '승리의 화요일'인 4·26정변 후 특별법 제정이 요구될 때마다 부정축재자처벌법 제정은 선거원흉처단법 제정과 함께 반드시 들어갔고, 오히려 부정축재 처벌을 더 중요시하는 여론도 있었다. 진보당에 관계하였던 김병휘(金炳輝)는 "부정축재자 처단은 실질적으로는 선거원흉의 처단보다 중대한 문제이다. 선거원흉의 처단은 파괴된 정치권력체계의 결산에 지

---

361) 朴玄埰,「중소기업문제의 인식」,『민족경제론』, 한길사, 1978, 147쪽.

362) 중앙선거관리위원회,『한국정당의 기본문제에 관한 연구』, 1967, 36~43쪽 참조.

363) 閔錫泓,「현대사와 자유민주주의」,『사상계』1960. 6, 98쪽. 이와 함께 민석홍,「4월혁명의 사관」,『세계』1960. 6, 63쪽 참조.

나지 않는다. 그러나 부정축재자들의 처단은 그러한 정치권력을 산출시킨 사회경제기반을 파괴하는 것"이라고 지적하였는데,364) 장면 정부의 여론조사에서도 부정축재자 처벌 요구가 강도 높게 나타났다. 이 여론조사에 따르면, 3·15부정선거범을 엄벌하라는 요구는 33.1%였는데, 부정축재자를 엄벌하라는 요구는 37.3%였다.365)

그러나 허정(許政) 과도정부뿐만 아니라 민주당정부도 부정축재자 처벌에 소극적이었다. 1960년 10월 8일의 판결과 10월 11일 4월혁명 부상자들의 국회 본회의장 난입 이후 급속히 개헌이 이루어지고, 4개의 혁명입법이 국회에 상정되었을 때도 부정축재처리법안은 유난히 질질 끌었다. 이 법은 다른 3개의 혁명입법보다 3개월 보름 이상이나 늦은 1961년 4월 14일에 공포되었다. 그러나 참의원과 민의원을 왔다갔다하는 사이에 부정축재자에 대한 규정을 대폭 축소하여, "3·15부정선거를 위하여 자진 3천만 환 이상을 제공하거나 조달한 자 또는 공무원, 정당인으로서 부정선거에 관련한 사실이 현저한 자로서 부정한 방법으로 재산상의 이득을 취한 행위를 한 자"로 국한하였다. 그런데 부정축재자를 '자진 제공한 자'에 한정한 것은 거의 모든 축재자가 자진이 아니었다고 주장할 수 있었기 때문에 실제로는 유명무실한 법이었다. 이러한 법조차도 시행령이 5월 10일에나 공포되어, 다른 혁명입법과도 달리 아예 시행조차 되지 못하였다.366)

재벌 중심의 개발정책은 5·16군부쿠데타 정권에 의하여 확고히 자리잡았다. 처음 쿠데타가 일어났을 때, 여느 파시스트들이 권력을 잡은 직후처럼 정치군인들은 민주당 정부의 부정축재처리를 신랄히 비난하고 자신들은 이 문제를 처리하여 국민의 여망에 보답하고 혼란된 경제계에 청신한 일대 수술을 단행하겠다고 다짐하였다. 6월 11일에는 부정축재처리 기본요강이 발표되었다. 이 기본요강 해설에서는 다수의 대규모 기업체가 부정

---

364) 김병휘, 「장면 내각은 부정축재자를 처단할 수 있을까」, 『인물계』 1960. 9, 35쪽.

365) 국무원 사무처, 『제1회 국민여론조사 결과보고서』(1960. 11. 실시), 96~97, 111~112쪽.

366) 서중석, 「민주당·민주당정부의 정치이념」, 『한국정치의 지배이데올로기와 대항이데올로기』, 역사비평사, 1994, 139~141쪽.

축재로 이룩한 재벌들의 수중에 독점 장악되어있고, 심지어는 4개 은행 중 3개 은행이 한 사람의 수중에서 거의 좌우당하는 실정이어서 경제적 부패의 폐단이 정치, 사회, 문화 전반에 걸쳐 부패를 수반하였다고 지적하였다. 정치군인들은 국가 자주경제의 재건은 경제적 부패와 악의 원천인 한국 경제구조를 재정비하는 일로부터 시작하여야 하고, 그것은 부정축재자 처벌로부터 출발해야 한다고 설명하였다.[367]

한 신문은 「부정축재처리의 경제정책적 의의」란 제하의 사설에서 부정축재처리의 경제정책의 의의로, 첫째 대기업체 운영의 불건전성이 급속히 지양되어야 한다는 점을 들고, 둘째로 그 기업체의 종류가 이 나라 자주경제 재건의 토대를 마련하는 데는 오히려 전적으로 또는 부분적으로 불요불급한 것이거나, 그들에게 일임하기에는 너무나 중대한 공공기관이라는 데 있다고 주장하였다. 대기업의 국유화와 도태를 경제자립 차원에서 주장한 것이었다.[368] 이 사설에서는 대기업들은 국가로부터 재정금융상의 혜택을 받아 반민주 정권에 정치자금을 제공하였고, 개인재산의 해외도피 등이 명백하기 때문에, 그러한 기업체의 위축을 두려워하여 과거의 행태를 계속하게끔 할 아무런 이유가 없다고 강조하였다.

구데타 권력의 부정축재처리위원회 조사난은 1961년 6월 조에 1959년 10월부터 1961년 3월까지 11명의 부정액을 126억여 환으로 발표하였고, 그 뒤 계속해서 부정축재액을 증가하여 발표하였다. 부정축재의 내용은 귀속재산 불하 부정이득, 정부보유불 대하(貸下) 부정이득, 정치자금 제공, 부정입찰 부정이득, 외자외환 부정이득, 조세포탈, 재산해외도피, 방직협회 등의 정치자금 제공 등이었다. 6월 하순에 이병철(李秉喆) 등 거물급 기업인은 재산을 국가에 헌납하겠다고 발표하였다.[369] 재산헌납은 군부의 의도와

---

367) 崔昌圭, 『해방30년사 4 — 제3공화국』, 成文閣, 1976, 75~76쪽.

368) 이 사설에서는 대기업이 세계에서 최우수한 근대적 시설을 도입, 설치하여놓고, 최염가의 원료를 제공받아 그 운영에 재정상 탈세의 특전이 있으며, 금융상 특혜융자의 혜택을 보장받으면서도, 또 최저임금을 지불하고서 가격은 엄청나게 비싸고 제품 질은 열등한 상태이므로, 그 기업체의 불건전성은 국가보호의 대상이 될 수 없다고 단언하였다[『조선일보』 1961. 6. 4.(석)].

369) 재벌의 재산헌납에 대한 반론은 『조선일보』 1961. 6. 27, 사설 「부정축재자의

연관되어있었다. 6월 30일 부정축재처리위원회에서는 구속중에 있는 부정축재자 중 전재산을 국가에 헌납하겠다는 각서를 제출한 자에 대해서는 구속을 해제하고, 헌납한 재산은 그 기업인에게 관리운영을 위탁하겠다고 발표하였다. 1961년 8월 2일에는 총 831억여 환의 부정축재액 1차 통고가 있었다.370) 쿠데타정권의 부정축재처리는 초기부터 문제가 있었는데, 8월 경부터는 크게 흔들리는 모습을 보여주었다. 8월 9일에는 부정축재처리방침이 완화되었고, 그것에 따라 부정축재액도 절반이 준 477억여 환으로 수정 통고되었다.

10월 7일에는 부정축재처리위원회 제1조사단 전원이 9월 25일 긴급구속되었다고 발표하였다. 이 사건은 부정축재자처리를 둘러싸고 최고회의 내의 영남재벌을 대변하였던 김종필(金鍾泌) 중앙정보부장과 유원식(柳原植) 최고위원 대 함경도 재벌을 비호한 이주일(李周一) 부정축재처리위원회 위원장의 싸움의 결과로 나타난 것이었다. 그것은 군부권력의 부패를 단적으로 말해주는 것이었고, 영남재벌 중심으로 재벌의 판도가 바뀔 것이라는 예고이기도 하였다. 함경도 재벌인 설경동과 이양구의 부정축재액은 증가하였고, 영남재벌인 이병철과 정재호의 그것은 줄어들었다.371)

1961년 10월 26일 군부정권은 '부정축재처리법 중 개정법률'을 공포하여, 특수부정이득자로서 공장을 건설하여 그 주식을 정부에 납부하면 이로써 부정축재 통고액에 대신할 수 있게끔 조치하였다. 그것은 부정축재자로 지목되어 지탄의 대상이었던 자본가의 승리였다. 부정축재의 주식환수조치는 공장건설을 위한 자본가들의 외자도입 교섭과 더불어 울산공업센터 건설로 귀착되었다. 허정 과도정권, 민주당 정부, 군부정권 등을 겪으면서 정경유착 등을 통하여 단련될 대로 단련된 재벌들은 그 이후 계속 한국경제의 주역을 맡게 될 가능성이 커졌다. 부정축재자들은 군정 2년 반 동안

　　재산은 회사 헌납의 대상이 될 수 없다」 참조.

370) 중요 인물에 대한 통고액은 다음과 같다(억 환 미만은 생략). 이병철 240억 환, 鄭載護 100억 환, 李庭林 55억 환, 薛卿東 33억 환, 白南一 38억 환, 南宮鍊 25억 환, 李洋球 17억 환, 金成坤 24억 환, 李漢垣 40억 환, 咸昌熙 28억 환 등

371) 金鎭炫, 「부정축재처리 전말서」, 『신동아』 1964. 12, 171쪽 참조.

에 환수금 납부를 완료하고도 실질적인 자산이 급속도로 증가하여 그들의 위치를 재확인하였을 뿐더러 이들의 '정치적 성숙'을 자극하였다. 이들은 군부정권의 입장과 맞아떨어져 차관경제하에서 독점력을 더욱 강화하였다. 일부를 제외하고는 1960년대 이후의 경제개발과정에서 전과는 비교가 안되게 몸통이 커져 문자 그대로 재벌로 성장하였다.[372]

4. 경제의 계획화, 국유화정책에 대한 제약

1) 역대정권의 경제통제력 강화와 진보당과의 차별성

계획경제나 국유화정책은 강력한 중앙집권화를 불가피하게 요구하거나 국가기구의 대규모 팽창을 야기할 것으로 생각하기 쉽다. 그러나 제2차 세계대전 후 서유럽의 사회민주주의가 공산주의를 경계한 이유의 하나가 국유화되고 중앙집권적으로 통제된 경제에서는 자유, 평등, 경제적 효율이 극히 위험한 상태에 놓일 수밖에 없다는 판단과 관련되어있고, 따라서 사회민주주의자들은 산업의 모든 수준의 의사결정에 노동자의 민주적 참여를 요구하는 산업민주주의를 중시한다는 점을 상기한다면,[373] 사회민주주의와 국가권력의 집중은 상관성이 있는 것이 아님을 알 수 있다.

윤길중은 소련의 전체주의적 경제지배를 비판하고, 자유제 계획경제에서는 계획경제나 국유·국영기업의 지도와 운용을 담당할 기구의 존치는 인정하지만, 사기업 부문의 기업활동에는 국가가 간섭하지 않고, 또 국유·국영이라 하더라도 각 기업의 독자적 운영과 독립채산제를 엄격히 실시할 것임을 천명하였다.[374]

조봉암은 1956년 정부통령선거에서 책임있는 혁신정치를 단행하고, 관기를 확립하고, 경찰관의 횡포와 억압에서 국민이 벗어나도록 하기 위하여

---

372) 김진현, 위의 글, 159, 175~176쪽 ; 공제욱, 앞의 글, 253~256쪽. 1960년대 이후 일부는 1960년대 말의 부실기업정리과정에서 몰락하고, 일부는 1970년대 말의 경제위기에서 몰락하지만, 대부분은 1980년대에도 대자본가의 위치에 있는 것으로 파악되었다(공제욱, 같은 글, 256쪽).

373) 마이어, 앞의 책, 94쪽.

374) 윤길중, 「계획성 있는 경제체제」, 127~128쪽.

정부의 권한을 줄이고 행정기구를 정비하여 업무를 간소화함과 동시에 공무원, 특히 경찰관 수를 대폭 줄이고, 각 부문의 행정은 각 부처에 권한과 책임을 주되, 관료습성을 일소하겠다고 다짐한 바 있었다.[375] 진보당 관계자들은 행정기구의 대폭 간소화를 약속하였고, 그러기 위해서 행정관청이 민간인에 대해 가지고 있는 여러 간섭제도, 예컨대 별의별 인허가, 유숙계, 통행금지 등과 관련된 권한을 없애야 한다고 주장하였다.[376] 이러한 진보당의 주장은 다음과 같이 진보당 정책에 집약되어있다.

현정부의 무능 부패하고 무질서, 혼란하기 짝이 없는 행정기구는 무엇보다도 신속히 청산되어야만 한다. 우리는 현재 행정관청이 시민생활에 대해서 가지고 있는 유해무익한 간섭(도민증, 시민증, 유숙제, 야간통행 금지 등), 허가제도를 일소하고, 감독권의 발동은 사회안전과 복지상 필요한 범위 내에 국한할 뿐 아니라, 경찰제도를 쇄신하여 엄정중립의 실(實)을 기할 것이며, 집행권한의 대부분을 지방자치단체에 이양함으로써 중앙행정기구를 대폭적으로 축소, 간소화하고, 거기에 따라 공무원수를 감소할 것을 주장하는 바이다.

얼핏 보면 진보당의 경제계획화 주장과 국유화정책은 실상에서 이승만 정권, 민주당 정권, 박정희 정권과 큰 차이가 있는 것은 아니라고 생각할 수도 있다. 국가의 강대화는 한국에서 오랜 역사를 가지고 있다. 중세기에 조선은 전세계에서 유례를 찾기 힘들 만큼 시기가 내려올수록 중앙집권적 관료국가를 발전시켰다. 왕조가 장기에 걸쳐 존속할 수 있는 관료제 중심의 안정된 시스템을 지니고 있었던 것이다. 일제는 민중을 억압하고 수탈을 강화하기 위하여 자치제도를 말살시키는 대신 행정기구와 헌병경찰이 면단위까지 완전 장악할 수 있는 통치망을 구축하였고, 일제 말에는 조선 후기의 오가작통제 같은 것을 연상시키지만, 10호 또는 30인 등을 표준으로 애국반을 조직하여 마을의 하부단위까지 통제하였다. 미군정은 현상유

---

375) 조봉암, 「내가 대통령에 당선되면」, 『한국일보』 1956. 4. 29.
376) 신도성, 「계획경제에 대한 자유·민주 양당의 평을 駁함」, 263쪽.

지정책, 친일파 중심의 미군정 운영 등의 정책으로 인민들로부터 경원시되
어있는 취약한 권력이었기 때문에 일제보다도 경찰의 중앙집권화 등을 더
욱 강화하여 오로지 미군정이 힘을 발휘할 수 있는 통치 강화에 주력하였
다.

　이승만 정권은 일제와 미군정의 통치기구를 이어받아 경찰 중심으로 인
민에 대한 통제력을 강화하였던바, 그것은 전쟁 등을 통하여 더욱 심화되
었다. 장면 정권 또한 통치기구를 축소하는 일에는 별 관심이 없었다. 박정
희 군부정권에 이르러 권력의 집중은 절정에 다다랐다. 행정독재국가란 말
이 의미하듯, 국회는 거수기 또는 통법부(通法府)라 불리었고 사법부도 독
립성이 약하였다. 언론도 어용화해갔으며, 자유당 정권 때 어중간하게 존
립하였던 지방자치제를 말살하였다. 중앙정보부 등 강력한 통제조직과 공
화당조직, 새마을조직은 행정조직과 함께 주민의 활동을 감시 통제하였다.
공익단체, 사회단체, 이익단체도 일제강점기 이래의 전통을 더욱 철저히
강화하였던바, 농협이건 수리조합이건 노동단체건 교육단체건 모두 다 권
력의 장악하에 있었고, 심지어 요식업체나 이발소, 미장원 같은 것들의 협
회까지 권력의 통제하에 놓여있었다. 따라서 민주주의를 발전시키고 시민
사회를 형성하기 위해서 진보당으로서는 오히려 그러한 국가를 축소시키
고 약화시키는 데 초점을 두지 않을 수 없었다.

　경제의 계획화만 하여도 방향과 정도가 달랐을 뿐, 진보당의 전유물이라
고 보기는 어렵다. 이승만 정부는 출범할 때부터 계획성 있는 경제정책 수
립의 필요성을 언급하였고, 이승만은 1956년 8월 15일에 있었던 정부통령
취임식에서 경제의 장기계획의 필요를 지적하였다.377) 1950년대 중후반에
는 장기 경제개발계획의 필요성이 높아져갔고, 그러한 계획을 세울 수 있
는 인적 자원도 조금씩 쌓여갔다.378) 1958년 4월에는 부흥부 내에 장기 경
제개발계획의 작성을 맡은 산업개발위원회가 설치되었다. 이 위원회에서
는 1960년을 제1차년도로 하는 3개년 경제개발계획의 시안을 작성하여

---

377) 『한국일보』 1956. 8. 16.
378) 李漢彬, 『사회변동과 행정』, 박영사, 1968, 134~136쪽 참조.

1959년 봄에 국무회의에 제출하였으나, 말기 자유당 정권은 심하게 경직되어 있었고 권력유지에만 신경을 쏟는 바람에 1년이 지나도록 계획안에 대한 심의가 지체되다가 1960년 4월 15일에야 그것을 채택하였다.[379] 민주당 정부에서는 널리 알려진 대로 1960년 10월부터 경제개발 5개년계획안을 짜기 시작하여 1961년 4월쯤 성안하고 5월 12일에는 그 윤곽이 알려져 곧 보도되었다.[380] 장면 정부는 미국과 협의하여 재원문제가 확정되면 바로 그것을 시행하고자 하였다.[381] 5·16군부정권이 1961년 7월 3일에 발표한 1962~67년간의 5개년 종합경제계획안은 이를 도용한 것이었다.

국유화정책도 실제로는 진보당의 전유물이 아니었다. 이승만 정권은 초기에 일제 말 미군정기의 통제정책을 이어받았고, 도시민에게는 양곡배급을, 농민에게는 양곡매입과 함께 비료, 광목 등 생필품을 공급하였다. 1950년대에는 농민들로부터 토지수득세를 현물로 받아들였고 비료를 공급하였으며, 공무원에게 양곡을 배급하는 등의 권한을 이용하여 농민이나 도시민들을 통제하였다. 그리고 진보당에서 국유화의 대상으로 지목한 것 중에서 미국의 권유 등도 작용하여 일부 은행 등은 민간인에게 넘겼지만 상당부분은 여전히 국가소유였고, 또 산업은행의 융자나 정부보유불 매각, 원조자금과 물자배분 등을 통하여 기업을 통제하였다. 홍성유는 앞의 것과 연결되지만, 무엇보다도 정부의 확장일로의 재정규모와 상대적인 민간신용 억제정책이 전후 한국의 자본축적방식을 재정독주형으로 만든 점을 중시하였다. 1953~57년 전체를 통하여 재정투융자액은 총고정자본 형성의 과반이나 차지하였다.[382]

민주당은 야당시절뿐만 아니라 집권정당시기에도 '자유경제'를 내세우

---

379) 위의 책, 138~139쪽.

380) 『동아일보』 1961. 5. 13.

381) 鄭憲柱, 「민주당정부는 과연 무능했는가」, 『신동아』 1985. 4, 275쪽.

382) 전후의 재정투융자정책은 두 가지 경로를 통하여 실시되었다. 하나는 정부에 의한 직접투자로 대충자금을 재원으로 한 경제부흥특별회계가 그 주축을 이루었으며, 다른 하나는 정부가 조달한 자금을 금융기관을 통하여 公私기업에 대부하는 융자활동으로, 대충자금과 산업부흥국채 및 산업금융債가 주요 재원이었다(홍성유, 앞의 책, 31~32쪽).

기는 하였으나, 그것에 걸맞는 정책을 시행한 것은 아니었다. 민주당에서는 7·29총선 때 대규모 기간산업과 공익상 필요한 기업체 및 금융기관을 국영으로 한다고 공약하였는데, 인허가에 대한 관권의 축소조차 이루어지지 않았다.[383] 박정희 정권은 총체적인 투자의 양과 질에 큰 영향력을 발휘할 수 있는 방대한 제도적 기구, 곧 국영기업체 또는 정부관리기업체를 장악하였다. 박정권의 장악하에 있던 국영기업체 또는 정부관리기업체는 진보당이 제시한 수준보다 낮은 것이라고 보기 어려웠다.[384] 또 각종 수출장려금과 차관도입 인가, 융자, 기업체 설립 인허가, 물가통제정책 등으로 기업을 통제하였다.[385] 자유당 정권에서 박정희 정권에 이르는 역대 정권들한테는 국가의 방임이 문제였던 것이 아니라, 정경유착도 가세하여 권력의 경제관여에 뚜렷한 한계가 없는 무원칙한 간섭이 문제였다. 그것이 그 동안 한국경제를 혼란에 빠뜨린 주요 요인의 하나였다.[386]

겉으로 내세우는 구호와는 상관없이 또 외관상으로 볼 때 경제계획화나 국유화문제에서 진보당과 극우적 보수정당 사이에 큰 차이가 있는 것만은 아니었다. 그러나 부패, 부정, 정경유착 문제에서 양자는 구호 이상의 차별성을 가질 수 있었다. 그보다 중요한 것은 양자가 지향한 길이 다르다는 데 있었다. 매판자본 또는 관료자본 척결에서 양사는 대립적이었으며, 내 자본가 중심이냐 중소기업에 더 치중하느냐, 자본 지향이냐 농민·노동자·중소상공인 등 민중 지향이냐에 대해서 양자는 서로 다른 길을 상정하고 있었다. 그것과 연결되어있지만, 민족자본 육성, 농업과 공업의 상호 유기적 발전, 내포적 경제발전, 균등·균형경제의 실현, 복지정책, 경제부문의 공개념에 대해서도 견해가 달랐다. 그런데 이러한 차이는 진보당의 경우 이승만 정부, 민주당 정부, 박정희 정부하고는 비교가 안되게 정책실현

---

383) 서중석, 「민주당·민주당정부의 정치이념」, 138~139쪽.
384) 1964년 6월 말 현재 박정권은 주요 국책 금융기관을 비롯하여 전기, 석탄, 비료, 정유, 조선 등 기초산업체를 거의 망라하여 장악하였는데, 정부 장악하의 주요 기업체수는 1964년 현재 26개였다(홍성유, 앞의 책, 75쪽).
385) 이한빈은 1960년대 박정희 정권 경제체제의 기본이념을 敎導된 자본주의라고 불렀다(이한빈, 앞의 책, 220~221쪽).
386) 홍성유, 앞의 책, 76쪽 참조.

에서 제약요인을 갖게 하였다. 이제 그것을 포함하여 진보당의 사회민주주의 경제정책에 대한 제약요인을 살펴보자.

2) 진보당의 경제정책과 미국의 대한정책

근현대시기 한국은 경제의 해외의존도가 세계에서 드물게 높았다. 다른 나라의 식민지와는 다르게, 일의대수(一衣帶水)의 이웃나라인데다 유일한 비백인 제국주의 국가이자 후발자본주의 국가인 일본의 강점하에 놓였기 때문에 산업구조면에서나 자본의 비율면에서나 무역면에서 아시아의 다른 식민지 국가보다 식민모국에 대한 종속도가 훨씬 심하였다. 해방은 분단으로 이어짐으로써 식민지형의 파행적 경제에 또 다른 종속성을 부가하였다.

조봉암은 통일하지 않으면 안되는 세 가지 이유 중 두번째로 국토양단으로 절름발이 경제가 되어 민족생활의 정상적인 발달을 기대할 수 없다는 점을 들었지만, 해방 후부터 통일민족국가 건설을 바란 사람들은 대개가 이 점에 주목하였다. 부존자원의 배치, 산업의 특성 및 공업의 배치, 전력상황 등을 고려하건대,[387] 남과 북이 분단될 경우 식민경제의 파행성에 복합되어 해외종속성이 더욱 심화될 수밖에 없었다. 세번째 단계는 한국전쟁이었다. 전쟁을 계기로 한국은 또 다른 형태로 예속적 경제구조 형성을 강요당하지 않을 수 없었다. 전쟁은 새로운 종속화의 출발점이 되었다.[388] 자본, 시장, 기술에서 과도하게 해외의존적이었던 박정희 정권의 경제정책 또한 새로운 차원에서 종속성을 강화하였다.

해방 후 한국경제의 의존성에 가장 심대한 영향을 미친 나라는 미국이었다. 한 경제평론가는 한국경제의 모든 부분과 분야는 미국원조 없이는 일보도 전진할 수 없는 상태에 있다고 진술하였지만,[389] 전쟁 후 한국재정은 미국원조를 지주로 하여 출발하였다.[390] 1957~61년 기간 미국원조의 비중은 GNP의 13~14%였고, 재정규모에 대한 비중은 50%를 넘나들었

---

387) 서중석, 앞의 책 2, 43쪽 참조.

388) 이대근, 『한국전쟁과 1950년대의 자본축적』, 까치, 1987, 272~273쪽.

389) 李甲燮, 「美 대한정책의 공과」, 『사상계』 1965. 9, 98~99쪽.

390) 홍성유, 앞의 책, 24쪽.

다.391) 그것을 조세와 비교해보면 다음과 같다.

일반재정 부문 세입구성에서 차지한 조세와 외국원조의 비중

	1957	1958	1959	1960
조 세	27.3(%)	30.1	47.4	51.5
외국원조	52.9(%)	51.5	41.5	34.6

참고 : 일반재정 부문 세입구성에서 조세와 외국원조를 제외한 나머지 부분
　　　은 전매익금, 국채, 산업부흥국채, 차입금, 기타 등임.
자료 : 홍성유, 앞의 책, 42쪽에서 재인용.

투자재원에서 외원이 차지하는 비중은 다음의 표와 같다.

GNP 성장률과 투자재원

	GNP성장률	총투자율	국내총저축률	외원의존분
1955	4.0(%)	11.7(%)	3.5(%)	8.3(%)
1956	0.3	4.8	−8.7	13.5
1957	8.7	17.4	5.6	11.8
1958	7.0	14.2	4.5	9.7
1959	5.2	16.5	8.6	7.9
1960	2.1	12.4	3.4	9.0
1961	3.5	15.5	5.9	9.6
1962	2.2	15.5	2.0	13.5

자료 : 박희범, 앞의 책, 27쪽에서 재인용.

이와 같이 한국정부의 재정과 경제는 미국원조에 의하여 움직여졌는데,
전쟁 후에는 군사원조적 성격이 뚜렷하였다. 1950년대 미국은 상호안전보
장법(Mutural Security Act, MSA. 1951년 제정, 1954년 개정)에 의하여 세계정책
을 펼쳤다. 이 법은 국제공산주의의 세계 위협과 미국의 안전보장에 대한
위협이 존속하는 한 그 위협을 받는 국가와 국민을 군사적 및 경제적으로

---

391) 위의 책, 324쪽.

원조함으로써 공산주의의 위협을 저지하는 데 그 목적이 있었다. 곧 MSA원조의 기본 목적이 미국 안전보장을 위한 수원국의 군사력 증강에 있으며, 경제원조는 이러한 군사적 목적을 달성하기 위한 최소한의 경비로 인식되었다. 6·25전쟁 직전의 ECA 대충자금은 한국경제의 통화안정과 산업부흥을 위한 투자지출에만 사용할 수 있었는데, MSA법에 의한 ICA 대충자금은 팽창한 군사비 지출로 말미암은 한국정부 재정의 파탄을 막아주자는 데 1차적인 목적이 있었다. 따라서 ECA원조기에는 한국의 재정이 미국원조에 직접적으로 의존하지는 않았으나, ICA원조기에는 정부재정이 미국원조에 직접 의존하지 않을 수 없었다.[392]

문제는 여기서 끝나지 않았다. 미국은 한국정부의 경제정책에 깊숙이 개입하였다. 1952년 4월 한국과 유엔군 간에는 마이어협정으로 더 잘 알려진 '경제조정에 관한 협정'이 맺어졌던바, 이 협정에 의하여 합동경제위원회가 설치되었다. 이 위원회는 미국의 대한원조업무를 통할하는 역할을 맡았고, 실질적으로 한국경제 운영 전반의 최고 의사결정기관처럼 되었다. 한국정부는 합동경제위원회가 건의하는 바에 따라 원조관련 시책뿐만 아니라 경제정책까지도 집행하는 입장이 되었다. 더 나아가 유엔군 최고사령관은 작전상 필요하다고 인정되면 합동경제위원회에서 한·미간에 합의된 원조물자나 용역이라 하더라도 다시 회수하거나 재분배할 권한이 있었다. 유엔군사령관은 합동경제위원회에서도 최고사령관이었다.[393]

정치적 군사적 문제가 아닌 경제면에서도 진보당과 미국은 갈등을 일으킬 소지를 안고 있었다. 조봉암이나 진보당 관계자들은 미국이 자국의 이익에 따라 한국경제에 작용하고 있음을 잘 알고 있었다. 뿐만 아니라, 미국은 경제면에서도 원조를 주요 수단으로 하여 극우반공세력을 지원하고 있었다. 조봉암은 미국의 경제원조가 다소 유효하게 쓰인 것도 있기는 하나 대부분은 잘못된 것이라고 지적하여, 명백히 그것에 비판적임을 보여주었다. 그는 원조가 대중의 이익을 위해서가 아니라, 일부 인사들에게 향하여

---

392) 위의 책, 24~27쪽.

393) 이대근, 앞의 책, 123쪽. 이와 함께 朴贊一, 「미국의 경제원조의 성격과 그 경제적 귀결」, 『한국경제의 전개과정』, 돌베개, 1981, 82쪽 참조.

주어지고 있다는 완곡한 표현으로 미국을 비판하였다.394) 진보당 강령에서
는 해방 후 추악불미하고 부정불의한 정치적 사회적 상태가 나타난 원인
이 부분적으로는 한국에 지도와 원조를 주는 지위에 있던 미국인들에게
있다고 주장하였다. 강령에서는 매판자본계급과 특권적 관료를 기반으로
한 현정권은 '자유기업'을 주장하는 미국의 비위를 맞추기 위해서도 귀속
기업체를 불하하고 있다고 지적하고, 미국 지도자들은 '후진 한국의 참다
운 민주화를 원조 촉진하여야 할 그들의 역사적 임무를 망각하고서'(따옴
표는 원문대로임) 한국의 부패한 보수세력을 원조하고 또 이들과 결탁해 있
다고 주장하였다.

　조봉암과 진보당은 인민 지향의 경제발전과 민족경제 육성을 위하여 진
보당 정책에서 표명한 대로 미국의 원조를 절실히 필요로 하였지만, 그러
나 미국은 진보당의 정책이 변경되지 않는 한 원조를 충분히 주려고 하였
을지는 불확실하다. 진보당 정책에서 국제적 국내적 제조건 때문에 외원
(外援)이나 외자도입이 용이하지 않았을 것이라고 인식한 것은 그러한 미
국의 정책을 염두에 두었을 수도 있다. 박찬일은 미국원조의 경제적 귀결
은 '관료독점자본의 형성·발전' '민족자본의 쇠퇴' '대기업과 중소기업,
공업과 농업 산의 파행적 구조와 내외의존성'으로 집약된다고 결론내렸
고,395) 그것에 더하여 미국의 원조는 미국원료 의존에 의한 소비재 중심의
공업화와 상업·용역업의 과대화를 불러왔는데,396) 조봉암·진보당의 평
화통일론, 의회민주주의 중시와 함께 계획경제·국유화정책은 미국의 대
한정책과 상충되는 면이 있었다. 사회민주주의에 대해서도 그러하였지만,
미국은 서유럽과 한국을 전혀 다르게 보고 있었다. 1950년대에 이란에서
모사데크 정부가 석유국유화를 단행하였을 때 미국은 정부전복으로 대응
하였고, 이집트의 나세르가 수에즈 운하를 국유화하였을 때도 영국, 프랑
스와 함께 강경히 대처하였다. 이란과 이집트는 한국과 상황이 다르고, 조
봉암-진보당의 평화통일론이나 사회민주주의도 모사데크나 나세르의 국

---

394) 박태진, 「조봉암」, 『한국 현대정치가 91인집』, 신조사, 1957, 42~43쪽.
395) 박찬일, 앞의 글, 92쪽.
396) 박희범, 앞의 책, 19, 48쪽.

유화정책과는 차이가 있지만, 영향력만 가지고 말한다면 한국에 대한 미국의 영향력은 이란, 이집트와는 크게 차이가 있었다.

분단이 미친 또 하나의 큰 경제적 영향은 분단비용이라고 불리는 국방비였다. 자체의 재정부담능력을 넘어 전후 한국정부의 재정이 직면한 최대 난제였던[397] 국방비는 그 자체로 해외종속성을 초래하였고, 남과 북에 엄청난 부담을 주어 경제를 빈사상태에 몰아넣거나 어렵게 하였다. 대충자금을 통한 경제원조는 군사원조기능을 수행한 것에 불과하다고 평가할 만큼,[398] MSA법에 의한 원조는 거의 전부가 군사원조와 방위지원원조였다.[399] 곧 대충자금은 주로 군사용으로 사용되었다.[400] 전쟁 전 국군이 10만 명에 약간 미달하는 숫자였는데, 전쟁 후 최고 72만 명 수준으로까지 병력이 증가함에 따라,[401] 정부예산에서 국방비의 비중은 30%를 상회하게 되었다.[402] 이 때문에 민주당에서도 1956년 정부통령선거에서 병력감축과

---

397) 홍성유, 앞의 책, 24쪽.

398) 박찬일, 앞의 글, 82쪽.

399) 홍성유, 앞의 책, 324쪽.

400) 宋仁相, 『외화와 생활』, 동아출판사, 1959, 161쪽.

401) 군대의 숫자는 자료에 따라 차이가 있다. 한 연구자는 1950년 6월 24일에 육군 9만 4,974명을 포함하여 전체 병력이 10만 5,772명이었고, 육군병력이 1950년 12월에 10만 명, 1951년 6월에 27만 3,266명, 1952년 6월에 37만 6,418명, 1952년 11월에 46만 3천 명이었던 것이 휴전협정이 체결된 1953년에는 59만 911명으로 늘어나 공군과 해군·해병대를 합치면 65만 6,928명이 된 것으로 파악하였다(류상영, 「휴전협정의 성립과정과 성격」, 『한국전쟁의 이해』, 역사비평사, 1990, 336쪽). 1954년 11월에 체결된 한미의사록에 의하여 한국의 총병력은 육군 65만 5천 명을 포함하여 72만 명이 되었다(洪錫律, 『1953~60년 통일논의의 전개와 성격』 서울대 국사학과 박사논문, 1997. 2, 27쪽). 신도성은 군요원까지 합치면 약 100만 명이라고 주장하였다(신도성, 「계획경제에 대한 자유·민주 양당의 평을 駁함」, 263쪽).

402) 신도성은 군대, 경찰 등 비생산적인 데 소요되는 총비용이 약 7할이라고 기술하였다(신도성, 위의 글, 263쪽). 김달호는 한 좌담에서 1958년 예산의 83%가 비생산적 소모라고 말하였다(「좌담 : 4정당의 선거 연두대결」, 193쪽). 1954년 8월 기획처장 元容奭은 3개월간 예산을 진행하는 데 세출예정이 161억 환인바, 이 중 국방·경찰예산 등 전란수습예산이 131억 환으로 80%를 차지하고, 나머지 20%인 30억 환으로 일반행정에 지출할 예정이라고 말하였다(『국회속기록』 제19회 28호, 1954. 8. 9). 이것은 예외적 현상일 것이다. 국방예산이 전체예산에서 차지한 비중은 1957년 21.5%, 1958년 31.0%, 1959년 34.8%, 1960년 35.0%였다(홍성유, 앞의 책, 43쪽).

정병주의를 내세웠지만,[403] 조봉암은 이 선거에서 한 걸음 더 나아가 국방, 치안 등 비생산적인 재정지출을 총예산의 3할 정도에 머물도록 대폭 삭감할 것임을 공약하고, 1971년 대통령선거에서도 야당 후보에 의하여 제시된 바 있는 집단안전보장의 확립을 그 대안으로 내놓았다.[404]

조봉암과 진보당한테 국방비의 감축은 경제건설 재원을 마련하는 데 사활이 걸렸다고 할 만한 문제였다. 진보당 관계자들은 그 문제를 평화통일론과 직결시켰다. 제3차 세계대전은 일어나지도 않고 일어나서도 안되며, 북진통일은 한·미상호방위조약 때문에도 불가능할 뿐 아니라 유엔결의에도 어긋나므로, 한국정부의 재정으로는 유지 불가능한 병력을 감축하여 민생문제 해결과 경제건설에 쏟아야 한다는 것이었다.[405] 그런데 병력감축은 장면 정부가 직면하였던 바와 같이 미국의 승인 또는 양해를 필요로 하였다.[406]

3) 실업과 빈궁

1956년 말까지 생산이 1949~50년의 수준을 약간 상회하고, 1인당 소비도 전쟁 전의 수준을 회복하였다.[407] 또 심각하였던 전시인플레도 1957년에 마이너스로 반전되어 이후부터는 일단 진정되었다.[408] 그래서 정부는

---

403) 『한국일보』 1956. 4. 29.

404) 『한국일보』 1956. 4. 29, 5. 14.

405) 1956년 5월 정부통령선거에서는 국방, 치안 등 비생산적인 재정지출을 국가총예산의 3할 정도에 머물게 하겠다고 공약한 것을 진보당 정책에서는 3할 이내에 머물게 하겠다고 주장하였다.

406) 민주당정부는 7·29총선에서 국민재정부담의 50%를 넘는 국방비예산을 일반세입의 20% 이내로 한다는 현실성이 약한 정책을 제시하고, 그 방안으로 현역을 40만 명까지로 점차 감축한다는 20만 명 국군감축안을 공약하였다. 세입충당자원이 너무나 빠듯하였기 때문이었다. 그러나 미국에서 부정적으로 나왔기 때문에, 군조직 편성을 축소조정하여 우선 5만 명을 감군할 계획을 세웠다(서중석, 「민주당·민주당정부의 정치이념」, 136쪽).

407) 부흥부, 『부흥백서 1957』, 1958, 9쪽.

408) 정부수립 후 서울 도매물가지수는 다음과 같다(단위 : %).

1948	1949	1950	1951	1952	1953	1954	1955	1956	1957
30.3	56.7	186.7	212.7	102.2	26.2	55.2	42.8	46.2	−6.9

이때 비로소 경제가 안정과 발전단계에 들어서게 되었고, 이제 경제발전을 위한 터전까지도 마련할 수 있게 되었다고 평가하였다.[409]

그러나 1958년경에 다시 경제는 불황에 들어갔고, 실업자문제는 도시화와 그에 연결된 기대상승문제까지 결부되어 1950년대 후반기 내내 심각한 사회문제가 되었다. 진보당에서는 일찍이 1956년 정부통령선거에서 실업일소를 공약으로 제시하였고, 경제의 계획화와 국유화가 실업자문제를 해결할 수 있는 방책이라고 주장하였지만, 과다한 실업군의 존재는 진보당의 사회민주주의 정책을 구현하는 데 발목을 잡을 수 있었다.

1950년대 후반 1960년대 초의 실업자 통계는 자료에 따라 차이가 많다. 이 시기 각종 자료에 나오는 실업자수는 다음과 같다.

내무부 인구조사(1956년 말) 실업자　　36만 명
　　　　　　　　　　　　　무업자　　212만 명
　　　　　　　　　　　　　비노동력자　　총인구의 1/2[410]
* 무업자란 노동능력을 가지고 있는 자 중에서 직업을 구하지 않는 자를 일컬음.

보건사회부노동국 실업자수(1957년 3월 말 현재) 50만 2,308명[411]
『부흥백서 1957』(1958) 실업자수　　　49만 4,000명[412]
EDC『3개년계획』(1958) 실업자수　　143만 3,000명(실업률 15.4%)[413]
장면 총리(1960. 10. 2) 완전실업자수　　　　130만 명
* 이밖에 수백만 명의 잠재실업자와 60만 명의 군복무자가 있음.[414]

이승만 정부 추계에 의하면 약 100만 명의 실업자가 있고, 농촌에 산재

출전 : 부흥부, 위의 백서, 1958, 125쪽.
409) 위의 백서, 7쪽.
410) 李昌烈, 「실업문제」, 『사상계』 1958. 9, 45쪽.
411) 위의 글, 41쪽.
412) 이 숫자는 1957년 7월 현재보다 28만 5천 명이 많은 숫자라는 기술로 보아 『부흥백서 1957』에는 실업자수가 20만 명 정도로 조금만 잡혀있음을 알 수 있다(黃炳晙, 「집단적 사회현상으로서의 실업군」, 『사상계』 1961. 2, 32쪽).
413) 황병준, 위의 글, 32쪽.
414) 장면 총리가 미국 국무차관에게 보낸 문서(황병준, 앞의 글, 32쪽).

해 있는 잠재실업자는 약 200만 명으로 추산[415]

    OEC 추산 실업자수   113만 명[416]

    UNKRA단장 보고 실업자수   175만 명[417]

    『조선일보』(1956. 1. 8) 실업자 보도   약 100만 명

    이창렬의 실업자 추산 약 150만 명(노동인구 총수의 1/5)[418]

이 시기에는 실업자수를 정확히 통계낼 수 있는 능력이 결여되어있었지만, 실업자 구분에도 문제가 있었다. 서울의 웬만한 집마다 있었던 수많은 '식모'도 실업자가 아닌 것으로 분류되었겠지만, '공치는' 날이 허다하여 먹는 날보다 굶는 날이 더 많았던 지게꾼, 달구지꾼은 자유노동자로 분류되어 실업자가 아니었고, 신문팔이, 소년구두닦이도 직업소년으로 분류되었다.[419] 또 완전실업자수보다 불완전실업자, 잠재실업자수가 훨씬 더 중요한 근본문제였다. 제대군인장병 70여만 명 중 취직자는 0.83%인 5,800여 명이어서 나머지 70만 명은 실업자인 셈이었다.[420] 농업에서도 무수한 잠재실업자가 있었지만, 3차산업에서는 어디까지가 실업자인지 알기 힘들었는데, 한 연구자는 3차산업 인구의 35%를 위장실업자군으로 보았다.[421] 인텔리 실업자도 사회문제였다. 1958년 대학졸업생 1만 5,899명 중 취직자는 3,936명으로 집계되었다. 여자나 군입대자를 제외하여도 약 반수가 실업상태였다.[422] 실업자들의 생활은 비참하였다. 한 잡지의 칼럼에는 다음과 같이 쓰여있다.

    동대문 전차고(電車庫)가 있는 데를 지나노라면 우중충한 표정에 얼굴이

---

415) 宋仁相, 앞의 책, 82쪽.

416) 이창렬, 앞의 글, 41쪽.

417) 위의 글, 41쪽.

418) 이창렬, 「한국 실업의 특수원인」, 『사상계』 1961. 2, 36쪽.

419) 『조선일보』 1956. 1. 8.

420) 이창렬, 「실업 문제」, 41~42쪽.

421) 이창렬, 「한국 실업의 특수원인」, 44쪽.

422) 李萬甲, 「사회불안의 전위 인텔리 실업자」, 『사상계』 1961. 2.

누렇게 뜬 사람들이 무슨 고역(苦役)에 녹으라진 듯이 앉아서 하품 절반에 낮잠 절반으로 긴 하루해를 보내는 무리들을 볼 수 있다. 그들의 화제는 걸핏 먹는 타령뿐이다. …… 몇 끼니씩 굶은 티가 확연하다. 그들은 진종일 여기에 아무 일 없이 앉아서 무엇인가를 목이 빠지게 기다리는 것이다. …… 하루에 어쩌다 한 번쯤은 교통사고가 날는지도 모른다. 그들은 이 기적을 바라고 지침없이 여기에 있는 것이다. 사고가 나면 파면되는 전차종업원이 있겠고, …… 그 후보자들이 바로 우중충한 표정에 뜬 얼굴들을 한……423)

조봉암은 한 기자가 국가시책에 대한 고견을 묻자, "내가 전문적으로 연구하고 생각하는 것은 어떻게 하면 이 국민 대다수가 굶어죽지 않고 우선 살아나갈 수 있을까 하는 것입니다. 우선 살아놓고 보아야 그 다음에 잘살 것을 생각할 수가 있는 까닭입니다"라고 답변하였다.424) 조봉암의 말 속에는 이승만 정권의 실정과 부패에 대한 비판이 담겨있지만, 이 시기의 최대 난제는 궁핍이었다. 새해나 봄만 되면 언론에서 절량농가의 상태를 보도하였지만, 그 숫자는 짐작하기도 어려웠다.425) 결식아동도 아주 많았다.426) 1950년대 중반에도 대부분의 국민학교는 교사(校舍)가 엉망이어서 제대로 공부할 수가 없었다.427) 불황과 불안과 빈궁은 아침안개와도 같이 서민대

---

423) 「民聲·실업군」, 『신태양』 1956. 10, 127쪽.

424) 박태진, 앞의 글, 43쪽.

425) 1953년 1월 정부는 절량농가는 1월 말 60만 호에서 5월 말에는 110만 호로 늘 것으로 추정하였다. 5월 말에 110만 호라면 전체 농가의 약 50%가 절량농가가 되는 셈이었다(이대근, 앞의 책, 211쪽). 아마 전쟁기가 가장 어려웠을 것이다. 1956년에는 절량농가가 농가의 1할에 해당하는 22만 7,174호로 보고되었다(『국회속기록』 제22회 11호, 1956. 3. 30, 曺泳珪 의원 발언).

426) 1956년 4월 한 신문은 결식아동이 70만 명을 돌파할 것으로 보도하였다. 강원도 국민학교 아동 21만 8,861명 중 28.7%인 6만 3,138명이 하루에 한 끼 내지 두 끼를 굶는 것으로 나타났다(『조선일보』 1957. 4. 30). 1957년 5월에는 배고픔을 견디다 못한 아이들이 교정에 있는 등나무를 칡뿌리로 잘못 알고 벗겨먹다가 27명이 중독된 사태가 경기도 안성군 白城국민학교에서 발생하였다(『한국일보』 1957. 5. 16). 이틀 뒤 같은 신문에는 안성군 竹山국민학교 교장이 결식아동을 위해 배급된 분유를 자기집 돼지사료로 먹인 일이 보도되었다. 이 학교 992명 중 210명이 하루에 한 끼를, 135명이 하루에 두 끼를 굶고 있었다.

중들을 감돌고 있었다. 숙명적 운명처럼 느껴지게 된 불안정과 빈궁을 극복하고 이들을 경제적으로 자립케 하는 것이 조봉암·진보당한테 부여된 시급한 과제였다.

4) 국가능력의 취약-통계를 중심으로

조봉암-진보당이 말하는 것과 같은 경제의 계획화를 수행하기 위한 것은 아니더라도, 근대국가라면 물가는 어느 정도, 화폐는 어느 정도, 국민소득과 생산 및 고용수준은 어느 정도로 정립시켜야 하겠다는 구체적 계수(計數)의 유기적 파악에 입각한 종합적 구상을 갖지 않으면 안될 것이다.

그러나 한국정부에서는 실업자 파악도 주먹구구식이었지만, 1955년 중반까지 아직 생산지수를 내지 못하고 있었다.[428] 그래서 한 신문은 정부 주동으로 상당규모의 통계기구를 확대, 강화함이 자립경제 추진의 소지를 닦는 데 긴요한 과제라고 지적하였다.[429] 1955년 11월 16일부터 30일까지 한국은행이 모든 은행 및 금융조합으로 조사망을 구성하여 광업 및 제조업체를 조사한다는 언급이 있었던 것으로 보아 그간 이 부분에 대한 조사도 제대로 이루어지지 않았던 것 같다.[430] 1957년 국회 재정경제위원회는 국정감사보고서에서, 정부에서는 1953년에 국무총리, 기획저 및 한국은행 간에 합의를 보아 1952, 1953, 1954년의 국민소득을 공동추계하여 발표하였는데, 그 후에는 협동하여 연구, 추진하지 않고 각자 신뢰할 수 없는 모

---

427) 1955년에 서울시내 국민학교 85개교 2,637학급 중에서 교실이 정상적인 것은 1,429학급에 머물렀고, 그외에는 판자로 지어 유리창도 못 끼우고 있는 가교실이 253학급, 유리창도 문짝도 없는 임시천막교실이 975학급이었다(『조선일보』 1955. 12. 3). 지방의 경우 이보다 더 심하였을 것이다. 이 때문에 이승만 정부는 교육비에 대한 예산을 꽤 많이 책정하였다.

428) 그런데 UNKRA의 월보에는 영문으로 생산지수가 조사 보고되어있었다. 이 통계의 정확성은 알 수 없지만, 이 통계를 내는 데는 말단에서 한국인들이 제반 계수를 작성, 수집한 것이었다. 그 점은 1954년에 발표된 네이션 보고에 수록된 주요 경제지표도 마찬가지일 것으로 추측되었다(『한국일보』 1955. 4. 25, 사설 「권위있는 통계조사기구를 곧 설치하자」).

429) 『한국일보』 위의 사설.

430) 『한국일보』 1955. 11. 18, 사설 「통계기구의 긴요성과 사업체조사의 의의」 참조.

호한 추계만을 발표하고 있다고 지적하면서, 속히 사계 전문가들로 팀을 구성하여 우선 1956년도의 국민소득 확정통계부터 작성하고, 이를 기초로 하여 1957년도 추계를 다시 하는 등 좀더 신뢰할 수 있는 추계작성을 완성할 것을 요청하였다.[431]

1950년대 말에 한 경제전문가는 한국은 경제정책을 세우기에는 산업통계가 너무 불비하다고 지적하였다. 예컨대 산업별 취업인구 산출을 보면, OEC의 1956년 노동력 추계에 따를 경우 광·공·건설업 취업인구가 64만 5천 명으로 잡혀있는데, 1950년대 말경 내무부 통계국 표본조사에는 40만 3천 명, 보사부 노동국 5인 이상 기업체 종업원수는 1958년 3월 현재 16만 2천 명으로 되어있다. 인구증가율도 논자에 따라 1.6%, 2% 혹은 2.7%로 되어있다고 설명하였다.[432] 1950년대에는 말썽 많은 인정과세를 폐지해야 한다는 주장이 강하였음에도 그것을 실행하지 못한 이유로는 정책추진의지를 들어야겠지만, 조사통계의 불비도 포함될 수 있을 것이다.[433] 이처럼 1950년대는 1960년대와는 달라서 경제의 계획화에 여러 제약요인이 있었다.

5. 극우반공주의자들의 사회민주주의에 대한 시각

조봉암-진보당의 사회민주주의에 대한 결정적 제약은 미국의 냉전정책과 그 일환으로 전개된 대한정책과 긴밀히 연관되어있던 이승만을 정점으로 한 극우반공체제였다.

앞의 제1장과 제2장에서 조봉암과 진보당 앞에는 끊임없이 위험이 따라

---

431) 이 당시 추계 참고표에 의하여 한국의 1인당 국민소득을 1957년도에 72달러로 추정하면(500 : 1로 환산한 것임. 이것을 실질적인 시장평균환율을 800 : 1로 하여 환산하면 43달러가 된다), 주요 자유국 46개국 중 인도, 대만, 미얀마를 제외하면 최저인 것으로 알려졌다. 당시 1인당 국민소득은 미국 1,845달러(이하 단위는 달러임), 영국 867, 프랑스 767, 서독 540, 말레이시아 307, 쿠바 295, 브라질 204, 일본 194, 필리핀 173, 태국 108, 인도 60, 대만 53, 미얀마 42달러였다(『국회속기록』 제23회 19호, 1957. 2. 4).

432) 황병준, 「경제계획과 산업통계」, 『동아일보』 1959. 5. 14. (석).

433) 「국내의 움직임-추가경정예산안」, 『사상계』 1958. 9, 160쪽.

다니는 것을 보았다. 그 점은 사회민주주의에 대해서도 비슷하였다. 극우적 반공교육에 익숙해진 사람들은 혁신세력이나 사회민주주의가 무슨 위험한 부류나 사상이 아닌가 하는 생각을 갖기 쉬웠다.[434] 진보당 결당에서 4·19시기에 걸쳐 혁신계나 사회민주주의에 대해서 어떠한 의구심이나 경계가 있었고, 그것에 대해서 혁신계 인사가 어떠한 대답을 하였는가는 당시의 상황이나 의식수준을 이해하는 데 도움을 줄 것이다. 반공이데올로기에 익숙해진 지식인 가운데는 혁신세력이 합법적 활동을 한다는 것을 보여주기 위하여 자유를 부르짖다가, 자유롭게 말해도 될 때는 곧 남북통일 문제가 구체화되어 자유선거를 한다면, 결국 북쪽 사람과 같은 주장을 하거나 용공을 할 것이 아니냐 하는 두려움을 품고 있는 사람들이 있었다.[435]

고정훈은 민주혁신당 발당 이전에 쓴 글에서 혁신세력 서클로 취급될 수 있을 여러 분파들은 북한 괴뢰집단에 의하여 대남공작 거점으로 이용되기 쉬운 취약성을 내포하고 있는 까닭에 이들을 가담시킬 수 없다고 잘라 말하였다.[436] 또 진보세력 중에는 공산주의 운동에 애착을 끊지 못한 사람도 있었는데,[437] 이동화는 정치활동의 자유가 보장되는 시기가 오면 민주주의를 부르짖고 있다가 본색을 드러내서 공공연하게 프롤레타리아 독재를 주장할 것이 아닌가 하는 의구심도 가질 수 있을 것이라고 피력하였다.[438] 김철은 온건한 민주사회주의 노선을 취한다 하더라도 정권을 잡기 위해서나 잡은 정권을 유지하기 위해서 공산주의자들과 야합하거나 그들한테 접근하지 않겠느냐는 우려가 있다고 지적하였다.[439] 김철은 이러한 우려에 대하여 세계 각국의 사회주의 정당들이 "자유 없이는 사회주의는 있을 수 없다. 사회주의는 민주주의를 통해서만 실현되고 민주주의는 사회

---

434) 「토론 : 민주사회주의를 말한다」, 134쪽, 사회자(申澈) 발언.
435) 「좌담 : 보수냐 혁신이냐」, 98쪽, 李東旭 발언.
436) 고정훈, 앞의 글, 313쪽.
437) 박기출, 『한국정치사』, 169쪽.
438) 「좌담 : 보수냐 혁신이냐」, 99쪽.
439) 김철, 「한국혁신운동의 입장」, 『신태양』 1958. 9.

주의를 통해서만 완전히 실현된다"는 신념을 표명하고 있으니, 공산주의를 용납할 여지가 없지 않은가라고 반문하였다.[440]

그러나 위와 같은 답변에 만족해할 극우반공주의자는 많지 않을 것이다. 이동화는 공산주의운동을 끊지 못한 사람들이 대세를 좌우할 만한 힘을 갖고 있지 못하며, 올바르게 민주주의에 충실하면서 온힘을 기울여 정치, 경제, 문화가 제대로 되고, 사람답게 살아가면서 자유를 누릴 수 있게 된다면, 공산세력의 위협은 감소될 것으로 인식하였다.[441] 전쟁 후 남로당이 미미하였던 것을 보면, 이동화 발언의 앞부분은 설득력이 있고 뒷부분은 원론적으로는 맞는 말이지만, 극우반공세력의 존재 때문에도 그러한 사회를 만들기가 쉽지 않다는 데 어려움이 있을 것이다. 고정훈은 혁신세력이 중간적 정치세력이라는 것을 일신시키기 위해 양심적이고 애국적인 동시에 대한민국 창건 및 육성에 열성을 다해온 정치인들을 되도록 많이 내세워야 할 것이라고 말하였다. 이 부분은 고정훈이 말한 그러한 정치인을 얼마나 내세울 수 있느냐는 점도 중요할 것이다. 그러나 그러한 인물들로 구성된 혁신정당을 극우반공세력이 용납할 것인가는 여전히 의문일 수밖에 없는 것이 현실이었다.

이승만과 그 추종자들은 진보세력뿐만 아니라 극우보수세력도 공산당으로 모는 것을 두려워하지 않았다. 김성수, 김준연, 조병옥 등 민국당 간부들을 군과 경찰에 잠입하였다는 조작된 남파간첩과 연결지으려던 1950년 4월에 있은 대한정치공작대사건 — 이 사건은 민국당의 내각책임제 개헌안 부결 직후에 발생하였다 — 은[442] 너무나 치졸한 작품이었다. 치졸성은 1952년 5, 6월에 발표된, 아이러니컬하게도 대한정치공작대사건의 하수인들을 검사로서 취조하였고, 장면 국무총리의 비서실장이었던 선우종원(鮮于宗源) 등을 대한민국정부혁신 전국지도위원회라는 국제공산당사건 등으로 본 것이나,[443] 같은 시기 그와 유사한 사건에서도[444] 비슷하게 나타났

---

440) 위의 글.

441) 「좌담 : 보수냐 혁신이냐」, 99~100쪽.

442) 서중석, 앞의 책 2, 91~94쪽.

443) 『명인옥중기』(선우종원 편), 307~309쪽.

다. 민국당 간부 못지않게 극우반공주의자로서 이승만 일민주의의 이데올로그였던 안호상(安浩相)도 자유당 내에서의 족청계 숙청의 여파로 1954년 6월 부산 민병대훈련 강조기간 기념대회 축사에서 대한민국이 부패하였다는 등의 연설을 한 것이 빌미가 되어 국가보안법 피의자가 되어 재판을 받았다.445)

이재학(李在鶴) 국회부의장은 조병옥이 이 나라에는 민주주의가 없다고 말하자, "공산혁명을 꿈꾸는 자가 아니면 이 나라에 민주주의가 없다고 못할 것"이라고 반박하였다.446) 유명한 대구매일 테러사건이 발생하였을 때 경찰간부는 "백주의 테러는 테러가 아니다"라고 말하였고, 이 테러사건 국회조사단장인 자유당의 최창섭(崔昌燮) 의원은 "테러범에게 훈장을 주고 싶다"고 표명하여 화제가 된 바 있지만,447) 실제로 이익흥(李益興) 내무부장관은 1956년 7월 28일 지방자치선거의 관권개입에 대한 항의시위에 앞장선 김선태(金善泰) 의원을 구속하고 그의 용공통비(通匪) 사실이 판명되었다고 발표하였다.448)

1958년 5월 민의원 총선을 앞두고 민주당에서 "남북총선거로 통일을 이룩하자"고 주장하자 자유당에서는 "용허할 수 없는 반국가적 견해"라고 공격하였다.449) 이승만은 1956년 9월 17일 국내외 기자난회견에서 "만약 반정부하던 사람들이 집권하면 공산당 세상이 되어 다 죽고 망한다"라고 피력하였다.450) 진보당 사건에서 1심판결이 내려지자 그는 국무회의석상

---

444) 1952년 6월 4일에 동아일보의 高在旭 주필, 민국당의 선전부차장 李相敦 등도 체포되었고, 조병옥, 김준연, 羅容均, 서상일 등은 가택수색을 당하였는데, 피신하였다(李鎬賑·姜寅燮, 「헌정사 최초의 진통, 5·26부산정치파동」, 『이것이 국회다!』, 삼성이데아, 1988, 132~133쪽).

445) 대한민국건국10년지 간행회, 앞의 책, 732쪽 참조.

446) 白光河 편, 『단상단하』 5(1957. 2. 24), 文宣閣, 1962, 118쪽.

447) 서중석, 「이승만과 북진통일」, 『역사비평』 1995 여름, 135쪽. 이 사건의 원인이 된 "학도를 도구로 이용하지 말라!"는 사설을 쓴 최석채는 국가보안법 위반혐의로 구속되었으나 무죄선고를 받았다.

448) 『한국일보』 1956. 7. 30. 김선태 의원은 국회결의로 며칠 후에 석방되었다.

449) 『동아일보』 1958. 4. 22.

450) 민주당, 『투쟁의 족적』, 1957, 90쪽.

에서 "이러한 판사들을 처리하는 방법은 없는가"라고 '하문'(따옴표는 원문대로임)하였는데,[451] 24파동 후 국무회의에서 "내가 글을 만들어서 내면 민주당을 공산당으로 만들지도 모른다. 전진한은 공산당 출신이다"라고 말하였다.[452] 그는 또 그 얼마 전의 국무회의에서 친일 친공을 경계해야 할 차제에 민주당이 정권을 잡으면 무슨 짓을 할지 모르기 때문에 우리가 하여온 일을 그들 손에 넘길 수 없다고 언명한 바 있었다.[453] 이러한 상태였으므로 사회민주주의나 진보주의를 표방한 세력이 어떻게 되리라는 것은 쉽게 예상할 수 있는 일이었다.

이상두는 진보당이 국민대중 정당이며 온건한 민주적 사회주의 정당이라고 평하였고,[454] 신상초는 그보다 더 온건하게 보아 진보당의 정강정책은 민주사회 정당의 그것으로서는 매우 온건한 것이요, 일본 사회당 분파 강령의 범위를 넘지 못한다고 지적하였다.[455] 그러나 이미 검찰은 김성주 사건 기소장에서 사회민주당추진위원회를 구성하고 계획경제를 수립해야 한다는 취지의 정책을 세운 것은 국가변란을 목적으로 하는 결사를 구성한 것이라고 단죄한 바 있다. 진보당은 발당대회를 마치고 각도 지부 결성식을 가졌을 때 서울, 전북, 전남, 경남, 경북 등지에서 심각한 테러난동과 방해공작에 직면하였고, 서울의 진보당 사무실은 간판달기도 힘들었다.

1957년 하반기부터 여러 간첩사건이 터지고 그것과 조봉암의 연루설이 끊임없이 보도되었다. 그리고 1958년 정초에 진보당 사건이 터졌는데, 진보당 사건 관여 검사 조인구(趙寅九)는 공소사실에서 첫째로, "진보당의 정강이 자유 및 자본주의에 입각한 현 대한민국의 헌법을 파괴하고 계획적 및 사회주의에 입각한 소위 사회민주주의 헌법을 주장함으로써 현 대한민국의 변란을 기도"하였다고 주장하였다.[456] 이러한 어처구니없는 주장은

---

451) 『국무회의』(상), 제98회(1958. 10. 28).

452) 위의 책 (하), 제4회(1959. 1. 3).

453) 위의 책 (상), 제76회(1958. 8. 26).

454) 이상두, 『남북간의 이데올로기와 정치』, 巨木, 1986, 349쪽.

455) 신상초, 「사회주의운동 15년」 (상), 58~59쪽.

456) 조인구, 「진보당 사건 판결이 주는 영향」, 『한국평론』 1958. 9.

실제는 국가보안법이 제정된 이후부터 운용되어온 그 법의 요체였다. 1955
년 서울시 경찰국 사찰과에서 『사찰요람』을 저술하였을 때, 그것의 서문에
서울시경찰국장 변종현(邊宗鉉)은 사찰 운영의 기본 자료인 소위 중간파
또는 제3세력 등에 대한 일체의 반민족적 요소인 구성체와 그 인물 유래
등을 수집하여 소책자를 발간하였다고 당당히 기술하였다. 김구·김규식
의 민족주의 노선이 친일경찰의 요새인 서울시경 사찰과에 의하여 반민족
적인 것으로 낙인찍혀 중도파 민족주의자들이 사찰을 받고 있는 것이 현
실이었다.

외국 서적, 그 중에서도 인문사회과학 서적은 달러부족도 한 원인이 되
어 들어오기조차 힘들었지만,[457] 사회민주주의에 대한 서적은 더욱 보기가
힘들었다. 1957년 7월 하순 불온서적 압수선풍이 불고 불온서적 판매업자
가 구속될 때 보도된 책제목만 가지고 보면 대부분이 일본 서적으로 사회
민주주의 성향의 책이 많았다.[458] 언론에서는 단순히 공산주의나 유물사관
의 학문적 연구까지도 불온서적의 범주에 넣는다면 학문연구의 자유까지
도 위협할 우려가 있다고 하였으나,[459] 실제는 우려 이상의 상태였다.

중도파 민족주의자들이나 혁신세력을 위험시한 것은 이승만 정권만이
아니었다. 앞의 제1장에서 살펴본 대로 한민당은 관제 빨갱이를 무수히 만
들어냈다는 비판을 받았다. 한민당의 후신인 민국당의 조병옥, 김준연 등
은 1952년 8·5정부통령선거, 1955년의 범야 신당운동 때 조봉암을 공산당

---

457) 『한국일보』 1955. 6. 23, 사설 「외서 수입의 길을 트자」 참조. 이 사설에 의하면
　　 이 시기에는 민간 서적업자들이 고율(환율을 말함)의 종교弗 등으로 서적을 수입
　　 하였고, 정부弗로는 수입할 수 없었으며, 그것도 기술서적에 국한되었다고 한다.
458) 『동아일보』 1957년 7월 22일자로 보도된 불온서적은 金三奎의 『금일의 조선』
　　 및 『사회주의발전사』 등인데, 전자는 동아일보 주간이었다가 망명하여 중립화통
　　 일론을 주장한 우파 인물이 쓴 것이다. 같은 신문 7월 24, 25일자에는 『조선詩選』,
　　 『자유주의의 몰락』, 『맑스주의』, 『맑스주의와 실존철학』, 『아세아사회와 아세아민
　　 족』, 『맑스가치론의 연구』, 『소비에트의 힘』, 『사회주의에의 길』, 『사회과학인식
　　 론』, 『사회사상사10강』, 『자본주의와 사회주의』, 『현대일본』, 『경제학입문사전』,
　　 『니힐리즘과 유물사관』, 『사회사상개론』, 『사회사상과 현대일본』, 『사회정책』,
　　 『조선의 경제』, 『헤겔철학의 이론』, 『사회주의정치학』 등이 불온서적으로 명기되
　　 어있다.
459) 『한국일보』 1957. 2. 22, 사설 「먼저 불온서적의 한계를 밝히라」.

과 연관시켜 공격하였다. 뿐만 아니라 민국당 선전부장이었던 신도성도 조
봉암의 신당 참여문제로 견해차이가 생기자 민국당의 자유민주파들로부터
'사회주의자' '제3세력' '공산당' 등으로 몰렸다.[460] 민주당은 1958년 1월
진보당 사건이 발생한 것에 이어, 2월에 공보실장의 진보당 등록취소 공표
가 있었을 때, 그리고 조봉암이 2심에서 사형선고를 받아 결국 처형되었을
때 내심으로는 환영하면서 침묵을 지켜 방관하였다.

가장 극적인 빨갱이 논쟁은 조병옥과 김준연 사이에 전개되었다. 김준연
이 지위쟁탈전에 밀려 민주당을 탈당하고 새로 정당을 만들자, 조병옥은
1957년 10월 18일 민주당 제3차 전당대회 개회사에서 "소위 신당이라는 것
은 준여당이 될 것이고, 이런 짓이야말로 사회주의자나 공산주의자를 강화
시키는 결과밖에 아무것도 아니"라고 천명하였다.[461] 그 뒤 국가보안법 통
과를 위한 선제공격으로 자유당에서 민주당의 통일방안을 용공적인 것으
로 몰아갈 때, 김준연은 제3차 전당대회에서 통과된 민주당의 통일안은 반
역적인 것이라고 맹공을 퍼부었다.

이승만-자유당 정권이나 민국당-민주당에서는 진보당에서 자신들을 무
능 부패한 사이비 민주주의자로 공격하는 것에 대하여 느껴지는 바가 적
지 않았을 것이다. 조봉암이 말한 대로 권력이 제한없이 남용되고, 국민들
이 들볶이고, 모든 산업이 부진하고, 국민 대다수가 실업상태에 있는데 특
권세력만이 잘사는 사회에서,[462] 중도파나 혁신세력을 '방치'해두면 그들
한테 국민의 지지가 갈 것이라는 두려움을 적지 않은 극우반공주의자들이
갖지 않을 수 없었을 것이다. 한 줌의 특권계급 이외에는 모두가 피해대중
이라고 주장될 때,[463] 그리고 그 피해를 입힌 쪽이 곧 자신들이라는 생각
이 들면 피해대중의 당을 위험시하는 것은 어쩔 수 없을 것이다.

인민당이건 근로인민당이건, 민족자주연맹이건 민주주의독립전선이건
두 '정부' 수립 이전에 활동하였던 중도파 정치세력은 무엇보다도 민족국

---

460) 신도성, 「신당운동은 왜 실패했나」(完), 『한국일보』 1955. 4. 11.
461) 『동아일보』 1957. 10. 19.
462) 『조선일보』 1958. 1. 1.
463) 「진보당의 역사적 의의」, 『통일일보』 1969. 7. 26.

가의 수립을 최우선시하였다. 그것을 이어받아 조봉암과 진보당은 통일을 중시하였지만, 다른 면에서 보면 진보당은 인민당이나 근로인민당과도 차이가 있는 최초의 본격적인 사회민주주의 정당이었다. 따라서 정책에서 미흡하고 모순되고 미숙한 점들이 많았다. 그러한 것들은 정치훈련을 겪고 활발한 이론활동을 전개하는 과정에서 폭과 깊이를 갖게 되고 현실성도 강화될 수 있게끔 되어있었다. 그러나 진보당은 지방당부 대회를 가지며 1958년의 총선에 임하려는 그 순간에 꺾이고 말았다. 한국 사회민주주의의 운명을 적나라하게 말해주는 사태였다.

제4절 결핍성 국가에 대한 대안 - 근대적 국가의 형성을 위하여

1. 봉건성 · 전근대성

조봉암과 그의 동지들은 아직은 서구에서와 같은 수준의 사회민주주의를 실현할 수 있는 상황이 아니었기 때문에 사회민주주의와 함께 진보주의를 내세우고 진보당을 만들었지만, 한국은 여러 면에서 사회민주주의를 논의하기 이전 단계에 있었다. 한국은 봉건적 전근대적 경향이 강인하게 존재하였으며, 국가나 사회는 기초적이고 기본적인 틀을 갖추지 못하고 있었고, 여러 면에서 불구적이고 파행적인 모습, 비정상적인 모습을 보여주고 있었다. 한국의 진보세력은 사회민주주의의 실현을 위한 노력 못지않게, 또 그러한 노력을 하기 이전에 해야 할 과업이 산적해 있었다. 국가나 사회가 기본적으로 갖추어야 할 것을 갖추도록 하는 것이 그것이다. 1950년대에 현실정치가 조봉암만큼 냉정하게 이 문제를 직시한 정치인은 없었다.

언론인 최석채는 1956년 정부통령선거 얼마 전에 쓴 칼럼에서, 야당 지도자들은 정부수립 이후 8년간 한국인들은 보수정책과 진보정책의 차이에서 신음한 것도 아니고, 세계관의 상치에서 도탄에 빠진 것도 아니라는 점을 상기해줄 것을 요청하면서, 무법 불법의 세상이 바로잡혀 '자유와 질서'가 먼저 확립되고 책임정치가 이루어진 연후에야 보수정책을 택할 것인가 진보정책을 택할 것인가가 결정되어야 한다는 점을 깨달아야 한다고 피력하였다.464) 해방 후 최석채는 근대적인 국가나 사회라면 최소한 마땅히 갖추어야 할 기본적인 것이 있는데, 한국에서는 이승만 정권의 성격 때문에 그렇게 되지 못하였던바, 그것이 갖추어져 있지 않은 상태에서는 보수 진보를 따지지 말고, 우선 기초적이고 기본적인 것은 갖출 수 있도록 하는데,

---

464) 최석채, 『서민의 抗爭』, 凡潮社, 1956, 73쪽.

좌와 우 또는 보수와 진보세력 모두가 합심하여야 하고, 진보와 보수의 문제는 그 뒤에 따질 일이기 때문에, 민주당과 진보당추진위원회에서는 무법불법의 사회를 바로잡아 자유와 질서, 책임정치가 있는 사회를 이룩할 수 있도록 정부통령후보를 단일화하라고 촉구한 것이다.

20세기는 전지구적으로 인민이 역사의 주체로 등장하여 근대적 사회, 근대적 (민족)국가를 이룩해나갔던 시기였다. 그러나 한국은 일제강점하에 있었던 20세기 전반기뿐만 아니라, 그 이후에도 근대사회, 근대(민족)국가를 형성하지 못하였다. 근대적 인간의식, 시민의식과 그것의 기초 위에 그것과 표리를 이루며 지니게 되는 민족(국민)의식을 제대로 갖지 못하였고, 기본적 인권과 민주주의도, 법에 의한 정치도, 사상과 양심의 자유도 이루어지지 못하였다. 조봉암이 농림부장관이었을 때 그의 비서였고 그 뒤에도 잠시 측근에 있었던 이영근이 주재한 『통일일보』에서는 진보당이 목표로 한 것은 전체적으로 한국에 부르주아민주주의를 세우는 것이었다고 지적하였다.465) 우리는 적절한 것은 아니지만, 위에서 기술한 근대적인 것이 형성된 상태를 부르주아민주주의로 부를 수 있다면, 한국은 20세기 내내 부르주아민주주의의 확립이 민족적인 과제가 될 수밖에 없었다.

한국에서 부르주아민주주의는 (상층)부르주아에 의하여 주도되기가 어려웠다. 물질적으로나 정신적 또는 사상적으로 자립성이 지극히 취약하였던 이들은 봉건적 성격의 권력에 유착되어있었거나, 침략자에 저항하지 못하고 제국주의 권력이나 외세에 순응하여 기득권을 유지하고 정치적 경제적 발전을 꾀하고자 하였다. 이들은 봉건적 특권의식을 지니고 있었고, 혈연성을 뛰어넘는 근대적 민족의식이 박약하였으며, 근대적 시민의식도, 자유에 대한 갈망도, 일제 때건 해방 후건 민족국가를 실현하려는 의지도 미약하였다. 이들한테는 조봉암이 강조한 바 20세기가 요청하는 혁신성, 진취성이466) 결여되어있었다. 따라서 부르주아민주주의의 확립을 위한 적극적 활동은 노동자·농민의 전위를 자임한 급진 좌익이나 평민, 중간층이나 중

---

465) 『통일일보』 1969. 8. 2.
466) 『국회속기록』 제1회 21호, 1948. 6. 30, 조봉암 의원의 헌법에 대한 미발표 원고.

하층 부르주아를 대변한 진보적 민족주의자 또는 진보세력한테 맡겨졌다. 이들은 일제강점하에서건 해방 후건 민족국가 건설을 민족적 과업으로 삼았다. 일제강점기 현상타파의 선봉이었던 급진좌파는 1920년대의 경우 부르주아민주주의를 위한 투쟁에 헌신적이었으나, 그 이후에는 계급투쟁이나 당파성, 국가사회주의에 의한 부국강병의 논리가 기본적 민주주의의 확립보다 우선시되었다.[467]

견해나 노선을 달리하는 세력들이 사회나 국가가 필요로 하는 시대적 과제에 대하여 힘을 합치거나 타협하여 함께 일을 한다는 것이 한국인들에게는 결핍되어있지만, 해방 후 남과 북을 통일한 민족국가의 수립은 자본주의나 사회민주주의, 공산주의 건설에 우선되는 과제라는 것이 좌익과 우익, 중도파에 의하여 공유되어야 하고, 다른 나라에서와 같이 그러한 민족국가 아래서 자본주의, 사회민주주의, 공산주의는 자신의 사회체제를 위하여 경쟁해야 한다는 것이 상정될 수 있었다. 다른 나라와 달리 전근대성, 식민지적 파행성, 외세의 삼투성이 강한 한국에 근대적 민족국가가 세워지지 않고 분단이 된다면, 그것이 민족의식이나 자주성, 정치, 내포적 경제문제와 국방비문제를 포함한 경제, 민족문화나 전통문화 등에 어떠한 영향을 미칠 것인지는 당시는 대부분의 각계 지도자들에 의해 충분히 성찰되지 않았지만, 일정하게 짐작하고는 있었다. 민족국가 수립이 부르주아민주주의 확립의 충분조건은 될 수 없지만, 필요조건으로는 중요하였다. 결국 민족국가 건설이 좌절되고 분단된 채 정부가 수립되었지만, 부르주아민주주의의 확립은 여전히 과제로 남았다. 그리하여 분단으로 인하여 제한적일 수밖에 없기는 하지만 근대적 국가를 형성하고 실현하는 것은 최석채의 말을 빌린다면 보수정책이냐 진보정책이냐에 앞선 문제로서, 분단상태에서라도 정상적인 사회생활을 영위해야 한다고 생각하는 사람들에게는 이데올로기나 당파성을 넘어서서 중대한 과제가 아닐 수 없었다.

조봉암은 제헌국회에서도 또 그 이후에도 봉건적 사상과 봉건적 인습이

---

467) 이 부분과 관련하여 일제강점기의 양상에 대해서는 서중석, 「일제시기 사회주의자들의 민족관과 계급관」, 『한국근현대의 민족문제연구』, 지식산업사, 1989 참조.

뿌리깊게 남아있다는 것을 여러 차례에 걸쳐 강조하였는데, 1950년대 중반에 그것은 진보당 관계자들이나 보수세력에 의해서도 언급되었다. 한 신문에서는 우리나라 사회의 형편은 자본주의 이전의 단계에 처하여 있고, 봉건주의 이후의 단계에 처하여 있어, 반(半)봉건주의적이고 반(半)자본주의적이라고 부르고, 그 때문에 정당정치가 발전하지 못하고 있다고 논평하였다.468) 신상초가 한국은 경제사적으로 보아 봉건적 제약을 갓 벗어나 자본주의로 이행하는 과정에 있고, 정치사적으로 보아 근대국가 이전, 곧 근대국가의 제1단계로서 부르주아민주주의 이전에 놓여있으며, 정치권력은 일당 일파의 앞잡이라고 주장한 것은469) 현실에 대한 비판적 의미가 있을 뿐만 아니라, 혁신정당이 등장하기에는 시기상조라는 보수주의자로서의 관념이 깔려있다. 신도성은 우리나라는 총체적으로 보아 선진 국가와 비교해 보면 아직도 전근대적 전자본주의적 단계에 놓여있기 때문에 진보 보수를 따지지 말고 민주대동의 길로 일치 결속해서 정치·경제·문화의 모든 면에 걸쳐 신속히 근대화를 추구해야 한다고 피력하였다.470)

실제로 1950년대에 한국은 아직 농민이 다수였고, 농업이 가장 중요한 산업이었으며, 여러 모로 후진성, 전근대성을 지니고 있었다. 그것은 1960년에 장면 정부에 의한 여론조사에서도 나타난다. 이 조사에서는 1,493명의 면 거주자 중 도시 왕래가 거의 없었던 사람이 74.4%인 1,110명이나 되었고, 인근 읍의 내왕도 거의 없었던 사람이 565명(37.8%)으로, 자주 간다의 389명(26.1%)보다 훨씬 많았다. 또 2,393명의 조사대상자 중 신문을 매일 보는 사람은 377명(15.8%)이었는데, 안 본다는 사람은 1,676명(70.0%)이었고, 라디오를 집에서 듣는다는 사람은 334명(14.0%)이었는데, 듣지 않는다는 사람은 68.2%인 1,632명이었다.471)

1950년대와 관련하여 자본주의와 봉건주의를 병렬로 놓고 비판하는 것을 간혹 볼 수 있다.

---

468) 『조선일보』 1954. 2. 8.

469) 신상초, 「혁신정당론」, 『사상계』 1957. 1, 72, 74쪽.

470) 신도성, 「신당운동은 왜 실패했나」 (2), 『한국일보』 1955. 4. 5.

471) 국무원사무처, 『제1회 국민여론조사 결과보고서』, 28~31쪽.

아시아사회주의 정당은 공산주의에 반대할 것을 선언하고, 또 민주적 사회주의에 의하여 자본주의와 봉건주의를 극복할 투쟁을 계속할 결의를 표명한다.[472]

이 시기[1950년대—필자]는 정치권력의 자의적인 통제에 의해 경제활동이 허가되는 여건 속에서 원시적 축적이 되풀이되는 자본주의와 봉건주의의 나쁜 면만이 공존하는 조야한 통제의 시기에 불과하였다.[473]

전자의 문구에 나오는 봉건주의는 문자 그대로 봉건사회의 속성을 가리킬 수도 있다. 그렇지만 후자의 봉건주의란 말 속에는 '전근대성' '왜곡·굴곡되고 파행적인 것'이라는 의미가 더 강하다. 그것은 조봉암의 다음과 같은 지적에서도 확인할 수 있다.

봉건적 습속에서 자라난 인간의 인습으로 민주주의를 배우고 외국의 민주주의 실천을 듣고 본다 하더라도, 민주주의로 대체된다 해도, 봉건적 관념과 습속이 즉시 사라지는 것은 아니다. 지금 사회의 각 부문에는 보수적이며 특권적인 봉건세력을 유지하기 위하여 잠재적 활동이 아직도 맹렬한 바가 있으니 …… 지도층은 늘 독단과 군림의 의욕을 벗어나지 못하고 당원은 사대적인 아부와 맹종의 습성을 버리지 못한다. 여론의 위력에 의한 공공연한 투쟁은 생각조차 미치지 못하고 늘 사감으로 움직이는 편당의 암투에 빠지기 쉬운 것이니, 이는 모두 반민주적인 봉건성의 잔재임에 틀림없다.[474]

조봉암의 글에서 앞의 '봉건적'이란 말은 아시아사회당대회 결의에 나오는 '봉건주의'와 같은 의미일 수 있는데, 뒤의 '봉건세력' '봉건성'이란 말은 '전근대적인 것' '비정상적인 것' '비민주적인 것'이란 의미를 갖고 있어 파행적인 것을 정상상태로 가게 해야 한다는 것으로 이어지는 언술이

---

472) 김철, 「한국혁신운동의 입장」에서 재인용.

473) 金大煥, 「1950년대 한국경제의 연구」, 『1950년대의 인식』, 한길사, 1981, 236~237쪽.

474) 조봉암, 「우리의 당면과업」, 466~467쪽.

다. 그리고 그것은 근대적인 것 또는 위에서 사용한 말을 이용한다면 부르주아민주주의를 갖추거나 확립해야 한다는 것으로 이어지게끔 되어있는 언술이다. 조봉암이 1952년 8·5정부통령선거에서 공약으로 제시한 "나는 지금도 성행하고 있는 일체의 봉건잔재를 숙청하고 민주주의 원칙에 의한 내정의 혁신을 단행하며 정직하고 책임있는 공개정치를 하겠다"에 나오는 '봉건잔재'도 같은 의미로 해석된다.

해방 후 봉건성이 온존한 것은 식민잔재 또는 파행성으로 불리는 것과 마찬가지로 일제 식민통치와 긴밀히 연결되어있다. 일제는 한국인의 민족의식·자주독립의식, 그것과 표리관계에 있는 근대적 인간의식, 시민의식을 갖지 못하게 하거나 말살하기 위하여 동화정책·황국신민화정책을 군국주의 파시즘 주입과 병행하여 강행하였다. 그와 함께 향교나 명륜회, 그 밖에 봉건적 유지층의 보호 육성책 등을 통하여 충효사상, 숭조사상, 경로사상 등 봉건적 덕목을 장려하였고, 식민통치와 대립되지 않는 한 봉건적 인습이나 인간관계를 개혁하려 하지 않았다. 수신 교과서는 물론 역사 등의 각종 교과서도 시기에 따라 정도의 차이가 있지만 봉건 덕목과 군국주의 덕목을 주입시키는 데 비중을 두었다.

영국은 인도와 말레이시아 등에서, 미국은 필리핀에서 일성 수준의 법에 의한 지배를 확립하였다. 그러나 법에 의한 통치, 곧 법치가 일본인한테는 상당한 수준에 이르는 상태였다고 볼 수 있지만, 한국인한테는 통용되기가 어려웠다. 민족해방운동과 밀접히 연관되어있는 민족운동 또는 사회운동, 여러 형태의 반일 움직임을 철저히 탄압하기 위하여 각종 악법을 제작, 동원하였고, 관헌 등을 통한 사찰, 단속, 억압, 인신구속과 고문이 끊이지 않았다. 일제의 통치는 법치가 아니라 전체주의적 수법에 의한 폭압이었다.475) 한국인은 인도 등 아시아의 백인 지배하의 다른 식민지와 달리 중앙의회가 전시기에 걸쳐 전혀 존재하지 않았고, 정치활동을 할 수 있는 어떠한 결사도 가질 수 없었으며, 언론·출판 등 기본권도 크게 제한되었다.

일제강점하에서 경찰이나 관료의 경우 상급자는 극히 제한되었고, 뿐만

---

475) 지수걸, 「조선 정치사상범 탄압을 문제삼아야 할 이유」, 『역사비평』 1998 겨울 참조.

아니라 상당부분 친일 주구의 역할을 맡겼으며, 일본 천황에 절대적인 충성을 요구하는 군국주의 파시즘 통치에 익숙하게 만들었다. 전쟁 말기를 제외하면, 군의 경우 소수밖에 일본군이나 관동군에 들어가지 못하였는데, 천황을 현인신(現人神)으로 떠받들면서 국체명징(國體明徵)의 구호 아래 '효율'과 '정화(淨化)'를 내세우며 파쇼통치를 획책하고 동아시아 침략전쟁을 수행한 황군의 일원이었다. 친일관료·경찰이 해방 후 관료와 경찰의 기간이 되고 군이 군간부를 구성하였다면, 이들이 재교육되지 못한 상태에서 이들한테 민족국가의 수립은 물론이고 근대적 국가, 근대 사회의 형성에 역할할 것을 기대한다는 것은 현실적으로 어려운 일이었다. 이들이 가진 '인간의식' '시민의식' '민족의식'의 성격도, 따라서 반공민족주의라는 것도 미루어 짐작할 수 있다. 조국에 대한 사랑과 헌신, 곧 애국심이 친일파 사회에서 키워질 수 있었을까, 조국에 대한 자부심이나 긍지를 가질 수 있었을까라는 문제도 근대적 국가의 형성과 관련지어 생각해볼 수 있다.

일제의 식민통치가 한국을 근대적으로 발전시킬 인적 요소를 쇠잔시켰다는 점도 중요시하지 않을 수 없다. 한국인은 일제강점하에서 초등교육을 받은 사람조차 적었고, 중등교육을 받은 숫자는 한국에 와 있는 일본인들의 중등교육 이수자 숫자와 비슷하였다. 경성제국대학을 비롯하여 한국에 있었던 몇 안되는 공립전문학교에 한국인은 20~30%밖에 입학할 수 없었다.476) 한국인은 행정면에서건 전문기술자로서건 간부직 지휘자급에 있었던 자들이 소수였고, 친일파들은 근대적 시민의식, 인간의식이 결여되어있어서, 해방 후 한국을 근대 사회로 변화시키는 데 제약이 되거나 역작용을 하였다. 그 반면 뛰어난 품성과 지성을 갖춘 사람들의 다수는 사회운동 또는 민족해방운동에 뛰어들었던바, 인적 자원이라는 면과 연결지어 생각할 때, 그들은 감옥 등에서 너무 희생되어 그만큼 소모되는 점이 있었고, 또 근대 사회로 변화시키는 데 필요한 전문자질을 갖추는 데 어려운 면이 없지 않았다. 일제의 식민통치는 그만큼 인적 자원을 고갈시켰고 낭비시켰으며, 친일파에서 볼 수 있듯이 부패 무능한 자, 군국주의 파시즘에 염습(染

---

476) 서중석, 앞의 책, 78~79쪽.

蟄)된 자들을 다량 산출하였다. 그리고는 해방 후 미·소 양군의 점령하에서 극렬한 좌우대립이 있었고, 곧 참혹한 전쟁이 일어났기 때문에 근대사회를 이끌어갈 인적 자원이 크게 제한되어있었다.

앞에서 부분적으로 언급하였지만, 이제 조봉암과 진보당 관계자들이 1950년대에 근대적 국가를 형성하는 데 직면하였던 파행성과 봉건성 또는 전근대성이 어떠한 상태의 것인지를 기존의 연구를 검토하여 일별하도록 하자.

2. 경제의 파행성

진보당 정책에 기술되어있는 바와 같이, 한국경제는 일제 식민통치로 파행적 불균형적으로 발전하였고, 그러한 성격은 국토의 양단으로 말미암아 더욱 격화되었다. 한국전쟁으로 한국경제는 1956, 57년에 이르러서야 전쟁 전의 수준에 이를 정도로 큰 타격을 받았고,[477] 뿐만 아니라 파행성, 불균형성이 또 다른 형태로 심화를 보였다. 전쟁과 그 이후 과정에 따른 자립경제 기반의 파괴는 중소기업의 약화와 3백(白)공업 또는 3분(粉)공업 중심의 재벌경제 형성으로 나아갔고, 그와 함께 상업 및 민간 서비스, 정부기업 및 정부 서비스 비중 증가에 의한 3차산업의 기형적 팽창을 가져왔다. 한 자료에 의하면,[478] 농·임·수산업의 비중은 1948년 46.3%에서 1955년에는 36.8%, 1960년에는 32.9%로 점차 감소하지만 여전히 높은 비중을 차지하였다. 또 2차산업으로 분류된 광·제조·건설·전기와사(瓦斯)업은 같은 해에 각각 8.6%, 15.0%, 19.4%로 급격히 상승하기는 하였으나 아직도 낮은

---

477) 부흥부, 앞의 백서에는 전쟁으로 일반공업설비 11.7%, 주택 16.9% 등의 파괴로 총 30억 달러의 손실을 입은 것으로 기술되어있다(8~9쪽). 이대근, 앞의 책에서는 『한국산업경제10년사』(1955), 161쪽에 1951년 8월 말까지 전쟁피해액이 30억 3,200만 달러로 되어있는 것을 소개하고, 민간 산업부문 20.2% 파괴 등으로 4,123억 환의 손실을 보았는데, 이 금액은 1953년 국민총수입 2,450억 환의 1.7배에 달한다고 평가하였다(111~112쪽).

478) 앞절에서도 시사하였지만, 1950년대에는 자료에 따라 통계가 다른 경우가 많기 때문에 신뢰성에 문제가 있다.

비중이었다. 그런데 상업 및 기타로 분류된 3차산업은 1948년 45.1%에서 1952년에는 53.8%까지 높아졌다가, 1955년에는 48.2%, 1960년에는 47.7%로 가장 높은 비율을 보였다.[479] 한 자료에는 상업이 국민총생산액에서 차지하는 비중이 1952년에 16.6%, 1955년에 20.4%를 보여, 3차산업 가운데서도 유독 도소매업 등 상업의 비중이 높음을 알 수 있다.[480] 이러한 중간유통-분배과정의 팽창은 특권층에 의한 외제 고급상품 소비성향을 높였으며, 그것은 저축성향을 낮추어 투자재원의 조성을 어렵게 하였고, 저축재원도 비생산적인 소비재 부분으로 흐르게 하여 투자배분의 방향을 왜곡시켰다.[481]

전쟁 후 중소기업의 발흥과 약화, 밀가루·설탕·면방직 등 식품공업과 섬유공업의 팽창,[482] 3백 또는 3분공업을 중심으로 한 재벌의 형성, 상업 등 서비스업의 과잉팽창 등은 모두 미국의 대한원조정책과 밀접한 관련을 가지고 있다. 한 연구자는 이 시기 경제의 파행성에 대하여 다음과 같이 말하였다.

산업부문 간의 불균형 성장, 화폐부문·재화부문·노동력부문, 해외부

---

479) 한국은행조사부, 『한국의 국민소득(1953~63)』, 1965, 10쪽.

480) 이대근, 앞의 책, 166쪽. 이대근의 다른 논문에는 한국은행조사부, 『경제통계연보』 1966년판에 의거하여 도소매업이 국민총생산에서 차지하는 비중을 1953년 12.8%, 1958년 12.0%로 기술하였다(이대근, 「6·25의 사회경제사적 의미」, 『한국 자본주의론』, 까치, 1984, 127쪽). 농림·수산업과 다른 산업의 비중도 자료에 따라 상당히 큰 차이를 보인다. 예컨대 이대근, 같은 책, 166쪽에는 1955년에 국민총생산에서 차지하는 농림·수산업의 비중이 35.0%(그 중 농업 29.7%)로 되어있다.

481) 이대근, 위의 책, 167쪽. 이대근은 휴전 후 원조물자 배정을 둘러싼 일부 소비재공업의 기형적인 과잉발달 속에서 초기 공업화의 축적조건을 왜곡시키는 제1단계 과정을 찾을 수 있다면, 비생산적인 3차산업의 이상비대화 현상 속에서 축적조건 왜곡화의 제2단계 과정을 발견할 수 있다고 기술하였다.

482) 전쟁 후 섬유공업과 식품공업의 비중은 금속·기계·화학공업보다 월등 높지만(예컨대 1955년의 경우 공업에서 차지하는 비중이 섬유공업은 24.6%, 식품공업은 37.6%인데, 금속공업은 2.3%, 기계공업은 7.8%, 화학공업은 11.1%이다(이대근, 위의 책, 255쪽)), 그러나 1953~57년간의 업종별 시설투자는 화학공업-섬유공업-기계공업 순으로 되어있고, 1959년과 1960년에는 상대적으로 생산재공업의 비중이 높아지고 있음은 주목할 필요가 있다(이대근, 같은 책, 253쪽 ; 金根夏, 「한국의 공업구조와 성장」, 『사상계』 1962. 10, 83쪽).

문 등 괴리…… 도농(都農) 간의 지역적 격차, 계층간의 단계적 격차……
소비·저축·투자는 균형된 순환도식에서 벗어난 지 이미 오래이며, 통화
와 재화와 물가의 변동추세는 서로 다르고, 생산·소득·고용관계에서는
선형(線型) 함수관계를 찾아볼 수가 없다. 그러므로 총체량으로 파악한 경
제 제량 간의 불균형은 일시적인 경기변동에 따르는 현상이 아니라, 경제
적인 기본구조에 그 기원을 갖는 만성적인 불균형……[483]

1950년대 경제구조의 파행성은 미국 원조를 중심으로 전개되었다. 미국
의 대한원조는 대부분이 군사원조와 방위지원원조였을 뿐만 아니라, 순경
제적 요청에 대응한 원조가 아닌 원자재 중심의 원조였다. 1953~61년 8년
간의 대한원조 총액 17억 4,300여만 달러 가운데 원자재 중심의 비계획부
문 원조는 12억 6천여만 달러로 대부분을 차지하였다. 4억여 달러의 계획
부문 원조의 절반도 거의 시설재가 아니어서 자본재라고 할 것은 원조 총
액의 1할 내외였는데,[484] 그 자본재도 대부분이 교통, 통신, 전력 등 사회
자본의 부분적 대체와 보수를 위한 것이었고, 산업시설 확대를 위한 직접
생산재는 적었다.[485] 그런데 미국이 공장건설, 그것도 한국이 절실히 필요
로 하는 비료공장을 건설한다고 하여 기대를 받았던 충주비료공장의 건설
은 미국 자체에서 원조 남비(濫費)의 사례가 되었다.[486]

원자재 또는 소비재 중심의 원조는 제조업을 섬유공업과 식품공업이 대
종을 이루는 소비재 중심으로 편성하였고,[487] 그것은 앞 절에서 살펴본 바

---

483) 홍성유, 앞의 책, 327쪽.

484) 위의 책, 324쪽. 박희범은 1953년에서 1963년까지 미국에서 받은 원조는 소비
재가 84%, 투자재가 16%인 것으로 파악하였다(박희범, 앞의 책, 50쪽).

485) 홍성유, 앞의 책, 324쪽.

486) 충주비료공장은 FOA자금 2천 3백만 달러 등으로 연간 요소(尿素) 8만 5천 톤
규모의 공장을 짓게 되었는데, 이 공장 건설에 참여한 미국회사와의 계약에 OEC
(유엔사령부경제조정관실, UNCIOEC의 약칭)가 적극 추천하는 등 미국측 압력이
크게 작용하였고, 이 회사가 폭리를 취하도록 방임하였으며, 그나마도 5년여의 기
나긴 세월을 허송하여 비로소 공장 건설에 이르게 되었다(林喆圭, 「유솜(USOM＝
주한미국경제협조처)」, 『신동아』 1965. 5, 161쪽).

487) 한 연구에 따르면, 1953년의 경우 제조업에서 소비재부문이 74.4%, 생산재부문
이 18.3%를 차지하였고, 산업별 부가가치 구성에서 담배, 식료, 음료, 섬유업의 비

와 같이 중소기업을 약화시켰던바, 박찬일은 민족기업의 맹아는 원조물자의 국내시장 범람으로 재기할 수 있는 국민경제의 시장기반을 상실하였다고 평가하였다.[488] 그는 경제구조의 파행성과 원료자본의 대외의존성은 동일한 사실의 상이한 측면에 불과하다고 단정하고, 축적메커니즘을 그것과 연결하여 파악하였다. 예컨대 1950년대 면방직공업의 성장은, 시설은 귀속재산, 원료는 미국, 금융은 원조물자 판매대금으로 마련된 정부의 대충자금 계정으로부터의 특혜융자에 의한 것이었다. 이러한 메커니즘은 관권과 결탁된 소수기업에 면방직공업을 집중시켜 자연히 기업의 집중화, 산업의 과점화 현상으로 귀결되었다는 것이다.[489] 또한 원조를 배경으로 한 소비재 공업체제는 낭비와 사치의 습성을 키웠고,[490] 상업·서비스업의 번성을 가져왔다.

박희범은 상업·서비스업의 번성은 미군정기에 마련된 것으로 파악하였다. 미군정에서는 소비재를 수입하는 데 치중하였던바, 소맥, 사탕, 면화 등 소비재 또는 원자재의 수입은 경제부흥이나 안정과는 거리가 멀었고, 또 체화(滯貨)상품의 수입과 판매는 브로커 투기의 온상이 되어 매판적 상업 및 고리대 자본주의를 체질로 하는 기초가 미군정기에 확립되었다는 것이다. 그는 이와 같이 미국 원조물자를 주요 기반으로 한 상업·서비스업의 발달은 도시가 신흥공업을 갖지 않으면서도 인구가 증가하여 매판적 상업도시가 발달하였다고 지적하였다.[491] 산업화 없는 '근대화' 현상이 나타난 것이다. 이러한 그의 지적과 함께 미 잉여농산물 유입이 농가수지에 영향을 미쳐 이농을 격증케 하여 도시인구의 팽창을 조장하는 결과를 가져왔다는 지적을[492] 연관시켜보면, 이 시기 도시와 농촌에서는 미 원조물

중이 1953년 44.9%에서 1961년에는 52.8%로 높아졌다고 한다(박찬일, 앞의 글, 86~87쪽).

488) 위의 글, 76~77쪽.

489) 위의 글, 89~90쪽.

490) 이갑섭은 한국의 평균소비성향은 약 96%(1965년 이전 상황임—필자)에 달하는바, 이같은 소비성향은 국내저축률을 고정자본 소모율조차 충당하지 못하는 수준으로 묶어놓았다고 비판하였다(이갑섭, 앞의 글, 100쪽).

491) 박희범, 앞의 책, 19~20쪽.

자를 매개로 하여 부분적으로 (매판적) 지배자와 피지배자의 관계가 나타나게 되었고, 그와 함께 도시에는 방대한 빈민지대가 형성되고 있었음을 알 수 있다.

박희범은 전쟁 후의 부흥과정은 한국 공업구조를 미 잉여농산물과 일본 등의 중화학공업을 위한 하청적 가공업으로 재편했다고 주장하였는데,[493] 많은 연구자들이 미 잉여농산물이 국민경제에 미친 영향을 주목하였다. 곧 미국의 원조는 기존의 어떤 국내산업과의 연관관계를 고려한다든가, 아니면 그러한 연관산업의 유발을 기대한 계획적 육성이라기보다 선진 자본을 위한 단순한 하청공업이었고, 어느 나라에서도 볼 수 없는 완전히 공업과 절연된 기형적 농업으로 만들어버렸다는 것이다.[494] 예컨대 면방직공업은 미국 과잉원면의 소화와 연결되어 공업과 농업의 가장 중요한 분업 관련이 완전 파괴되었고,[495] 제분업의 소맥, 고무공업의 생고무, 모방직의 원모, 제지의 펄프, 제당의 원당, 그리고 합성수지, 우지, 가성소다 등을 100% 해외에 의존하게 되었다.[496]

농업의 피폐, 농촌의 황폐화는 정부의 저곡가정책에 의해서도 지지되었다. 1955년 8월의 단일공정환율(500 : 1) 설정 당시 한·미간에는 이해 9월의 서울 도매물가를 기준으로 하여 연간 물가등귀율이 25%선을 넘을 때는 환율을 조정한다는 것에 합의하였던바, 이에 따라 물가안정은 환율유지의 절대적 조건이 되었고, 그래서 물가지수를 산출하는 데 39.0%라는 높은 가중치를 차지하고 있는 곡물(이 중 미곡 32.41%)가격을 저수준으로 억제하는

---

492) 위의 책, 48쪽.

493) 박희범, 「경제개발계획과 한국의 민족주의」, 『신동아』 1966. 12, 121쪽.

494) 위의 글, 121쪽 ; 김대환, 앞의 글, 213~218쪽 ; 박찬일, 앞의 글, 76~77쪽.

495) 박찬일, 위의 글, 76~77쪽. 원면은 해방 전에는 국내자급이 어느 정도 이루어졌고 1946년까지도 그러하였는데, 1947년부터 국산 원면생산량이 1946년의 6분의 1 정도로 떨어졌고, 대신 외국 원면이 88.1%의 비중을 차지하였다. 외국 원면의 비중은 1950년의 87.5%를 제외하면, 1948년 이후 90%에서 99.9%에 이르렀고, 1960년 이후에는 99.9%나 그 이상이 되었다. 자세한 것은 김대환, 위의 글, 216~217쪽 참조.

496) 김대환, 위의 글, 213~218쪽. 각 공업의 업종별 원료수입 의존도는 같은 글, 216쪽 참조.

농촌과 도시의 생활수준 격차

	1955	1958	1962
B/A(%)	62.1	58.8	50.3
B/C(%)	70.0	70.2	73.7

비고 : A는 도시평균, B는 농촌, C는 노동자임.
자료 : 홍성유, 앞의 책, 50쪽에서 재인용.

것이 필수조건이 되었다.[497] 이러한 저곡가정책의 요구는 지수 편제상의 가중치 이상의 의미가 있었다. 저곡가 유지가 저임금 - 고이윤율 유지, 저공산품가격 유지로 이어져 저물가정책에 또다시 기여할 수 있었고, 이에 따라 농·공산물 간의 쉐레 차(差)의 확대, 농촌·도시간 불균형의 확대에 의해 농민의 수탈, 농촌의 궁핍화와 도시의 비대화를 급속히 초래하였다.[498] 여기에서도 도시·농촌 간에 일종의 식민 - 피식민 관계를 읽을 수 있다.

그런데 이 시기 저곡가정책의 실질적인 지주는 미 잉여농산물이었다. 다른 요인도 감안해야 하지만, 잉여농산물 도입은 농업생산성을 1930년대에 머물게 하는 심각한 농업의 정체를 가져왔고, 농업국이었던 한국을 만성적인 식량 및 원자재 수입국으로 전락시켰다.[499] 1960년대 후반 1970년대에 보여준 것처럼, 홍성유는 한국은 경제규모가 작기 때문에 외발적(外發的)인 혁신 가능성이 그만큼 컸던 것이라고 지적하면서, 3년간의 원조비료 도입액으로 자급할 만한 비료공장을 능히 시설할 수 있었을 것이고, 잉여농산물 도입액으로 농업생산성 증대를 위한 기술원조와 농업기기의 도입을 하였던들 한국농업의 소득증진은 뚜렷하였을 것이라고 개탄한 바 있다.[500]

1958, 59년에는 이태에 걸쳐 국내수요를 넘는 방대한 잉여농산물이 초과도입되어 농산물가격을 폭락시키는 등 문제를 야기하였지만,[501] 미국원조

---

497) 홍성유, 앞의 책, 47쪽.
498) 이대근, 앞의 책, 242쪽 ; 홍성유, 위의 책, 50쪽.
499) 박찬일, 앞의 글, 85쪽.
500) 홍성유, 앞의 책, 325쪽.
501) 위의 책, 5쪽 ; 송인상, 앞의 책, 162~163쪽. 양곡의 초과도입량에 대한 수치는

는 다른 면에서도 불합리한 것이 있었다. 예컨대 미국의 대한원조법에서 반드시 미국의 연탄만 수입해 들이도록 규정하였다. 그런데 미국산은 부산항 도착으로 톤당 35달러가 먹혔으나, 일본산 연탄을 들여오면 10달러면 족하였다.[502] 또한 잉여농산물 도입에서 한국측이 원하지 않는 돼지고기 통조림, 식용유지, 낙농물이 함께 들어왔다.[503] 진보당 강령은 대중을 비참한 곤경에 빠뜨린 데는 원조를 주는 미국에도 책임이 있다고 밝혔지만, 구호물자의 도움을 받았을 서민들도 미 잉여농산물 도입을 그다지 달가워하지 않았다. 장면 정부의 여론조사에 따르면, 2,393명의 대상자 중 잉여농산물 도입에 찬성한 사람은 16.2%인 387명밖에 안되었고, 반대자는 21.7%인 519명이었다(나머지는 대개가 '모르겠다'고 응답하였음). 그 중 1,493명의 농민 가운데 찬성자는 15.1%인 226명으로 전체의 찬성비율보다 더 낮았으며, 반대는 332명으로 22.2%였다.[504]

　미국은 1950년대 후반에 개발원조를 증여 대신에 차관으로 전환하는 쪽으로 나아가[505] 한국에도 ICA원조가 격감하고, MSA법 개정과 더불어 개발차관기금(DLF)을 사용하는 것이 권장되었다.[506] 이제 ICA원조의 삭감은 미 잉여농산물의 증가로 메워지고, 그와 함께 1959년부터 DLF차관이 들어오게 되었다.[507] 이승만 정부는 암시장 환율의 2분의 1 내지 3분의 1 가격으로 공정환율을 낮추는 평가절상정책을 강행하여 수입업자들은 막대한 초과이윤을 획득함으로써 정부의 수입허가권은 큰 이권이 되었는데,[508] 1958

鄭一溶, 「원조경제의 전개」, 『한국자본주의론』, 155쪽 참조.

502) 워든, 「묵과할 수 없는 한국사태」, 『신태양』 1958. 2, 76쪽. 양곡수출 달러에 의존하는 외곡도입도 마찬가지였다. 수출면직물을 위한 원면도입은 전액 미국으로부터 도입하였는데, 도입비용은 한국이 부담하였다. 그리하여 실질적으로 국제가격보다 고가인 외곡을 도입하게 되었다고 한다(朴文玉, 「행정과 경제」, 『한국행정의 역사적 분석 1948~1967』, 한국행정문제연구소, 1969, 39쪽).

503) 임철규, 앞의 글, 161쪽. 원조수입 총괄 및 GARIOA, CRIK, ICA원조의 도입물자 구성과 돈육 등이 포함된 PL480호 제1차 잉여농산물 도입실적은 鄭一溶, 앞의 글, 139~145쪽 참조

504) 국무원사무처, 앞의 책, 57쪽.

505) 『한국일보』 1957. 7. 1. 홀리스터 ICA 장관 발언 참조.

506) 임철규, 앞의 글, 160쪽.

507) 위의 글, 162쪽.

년에 송인상 재무부장관이 언명한 대로, 이전과는 상반되게 파행성은 그대로 놔둔 채 이제 수출 위주의 정책을 펴지 않을 수 없게 되었다.[509]

3. 정치와 행정의 파행성

1) 관존민비

경제의 파행성 못지않게 근대적 국가를 갖추는 데 심각한 어려움은 정치와 행정에도 있었다. 조봉암과 진보당은 기회 있을 때마다 관기확립과 행정빈곤의 해결을 주장하였는데, 그 이후도 비슷하였지만 1950년대에 한국의 행정은 한 사람을 정점에 두고 관기가 흐트러진 채 부패, 무능, 직권남용, 아부, 정실이 상호 사슬을 이룬 사인(私人) 대 사인의 관계로 처리되는[510] 거대한 사적 권력체계였다. 한국의 관료는 전문직 관리계층으로 조직화되기 이전의 상태에서 집권세력의 수족에 불과하였다.[511] 그리고 그와 표리관계에 있는 것이 봉건적 관습의 잔존이라고도 볼 수 있는 관존민비였다. 조봉암이 말한 대로, 관존민비 사상은 실제 면에서 강력히 작동되고 있어[512] 대민봉사를 슬로건으로 내세웠지만 관료들은 지배계급으로 군림하며 어느 곳에서나 오만하고 존대한 태도를 보였고, 일반서민들은 관료를 두려워하였다.[513] 공과 사를 구별하지 못하고 조직에 대한 충성을 아무리 강조하여도 실제는 조직책임자에 대한 사적 충성으로 나타나는 것도[514] 관존민비 현상과 무관하지 않을 것이다.

관존민비 풍토는 해방 이후 지서주임도 영감으로 불릴 정도로 '영감' 홍수 사태를 불러일으켰다.[515] 뿐만 아니라 고관이 행차할 때는 북 두드리고

---

508) 朴鍾喆, 「1공화국의 국가구조와 수입대체산업의 정치구조」, 『한국정치학회보』 제22집 1호, 1988, 112쪽.

509) 송인상, 앞의 책, 163쪽.

510) 白完基, 「한국행정과정」, 『한국정치론』, 박영사, 1989, 577쪽.

511) 홍성유, 앞의 책, 327쪽.

512) 조봉암, 「우리의 당면과업」, 466쪽.

513) 朱碩均, 「방향론」, 『사상계』 1953. 12, 240쪽.

514) 백완기, 앞의 글, 577쪽

나팔 불고, 수업중의 학생들이 나올 때도 있었지만, 수백 수천의 사람들이 도로변에 주욱 도열하여 신임 고관의 초도순찰을 기다렸다. 최석채가 익살맞게 표현하였듯이, 신식 자동차가 가솔린 냄새를 풍기며 들이닥치는 게 조금 어색하지만, 가마나 쌍두마차를 타고 도착하였더라면 영판 수백 년 전 중국이나 조선의 사또 부임행차와 다름없었다.[516] 1955년 9월 극우청년 단원들이 경찰의 비호를 받으며 습격하였고, 경찰간부가 "백주의 테러는 테러가 아니다"라는 명언을 남기는 등 '화제'가 많았던 대구매일신문 테러사건의 원인이 된 최석채 집필의 「학도를 도구로 이용하지 말라」는 사설도 중고등학생들이 수업시간에 3, 4시간씩 다반사처럼 도열하는 가두행사 등이 (북진통일운동 또는 반공 방일운동에서부터 ─ 필자) 현관(顯官) 출영(出迎)에까지 이용되고 있다고 비판한 것이었다. 그는 이때 국가보안법 피의자가 되었다.[517]

2) 부정부패, 직권남용, '빽'

최석채는 '행정의 5대 방침'으로 조령모개, 용두사미, 사사오입,[518] 적기상납, 지당낙루(至當落淚)를 꼽고, 이 방침을 잘 실천하면 시대의 승리자가 되어 자꾸 벼슬이 높아지고, 반대로 이행하지 못하면 만년 하료(下僚)로 시대의 낙오자가 된다고 비평하였다.[519] 관료들은 앞에서 언급한 대로 관존민비 습성 외에도 서민들에게 행패를 부리는 등 직권남용이 많았고, 아부와 부패를 습성으로 하였으며, 무능하고 정실주의, 연고주의에 물들어있었다. 정치학자이자 언론인인 이종극은 공무원의 생태를 결정적으로 변질, 타락, 부패시킨 것으로 ① 정치파동, ② 통화인플레에 의한 물가의 고등, ③ 자유당의 팽창 등을 들었다.[520] 자유당의 팽창은 뒤에서 보기로 하고, 정치

---

515) 최석채, 앞의 책, 183쪽.

516) 위의 책, 185쪽.

517) 위의 책, 264~323쪽 참조.

518) 사사오입은 "야 너 그 일은 적당히 4사5입 해두란 말야. 괜히 덤비면 뼈다귀도 못 찾아"라는 용례에서 그 의미를 읽을 수 있다(위의 책, 229쪽).

519) 위의 책, 229쪽.

520) 이종극, 「공무원의 사명과 본질」, 『신세계』 1956. 2(창간호), 173쪽.

파동을 지적한 것은 대통령이 영구집권을 위해 헌법과 법률을 유린하고, 공권력을 개인의 야욕을 위해 사용하여 국가행정을 사인 대 사인의 관계로 만든 것이 공무원 사회에 미친 영향을 말함일 것이다. 그는 물가가 고등하여 공무원의 월평균 수입이 생활비도 안될 정도로 낮았고, 또 중앙은 높고 지방은 낮은 상후하박 현상을 보였던바, 그리하여 '공무원에 의한 민중압박과 수탈' '상급 공무원의 부하 공무원 수탈' '공무원의 영리행위' 등이 매관매직, 빽, 직권남용, 노페이 노워크(내게 직접 들어오는 것이 없으면 일을 보아주지 않겠다)식의 직무태만, 증수뢰, 횡령, 사기, 공갈, 잡부금과 커미션의 공공연한 징수, 예산유용 또는 부정지출 등의 형태로 나타나게 되었다고 설명하였다.[521] 한마디로 먹이지 않고는 되는 일이 없었다. 관료들의 정신상태는 1951년 1·4후퇴 직후 제주도에 4만여 명의 피난민이 있었는데, 이들 중 상당수가 고위관리 가족이었고, 피난수도 부산에서는 요정이 불야성을 이루어 각종 부정이 거래되었다는 데서 잘 드러난다.[522] 부정부패는 경제관계 일 처리에서 규모도 컸고 심할 수밖에 없었다. 1950, 60년대에 정치인, 관료, 경찰간부들 세계에 축첩이 심하였던 것은 부분적으로는 전근대적 인간관계가 작용한 것이었지만,[523] 역시 이들의 부패한 정신상태에서 나온 것이었다.[524]

권력남용과 '빽'의 위력은 1950년대 중반 세칭 일류학교 교장들의 인사에서 단적으로 드러났다. 1955년 1월 7일 국무회의에서는 중학교와 고교

---

521) 위의 글, 174쪽.

522) 자세한 것은 부산일보사, 『임시수도 천일』 下, 1984, 240~262쪽 참조. 장택상은 1952년 총리시절에 공무원들이 열한 시쯤 되어 점심을 한다고 나가서는 두세 시까지 지체하고, 그것도 모자라 다방에서 한두 시간 지내다가 서너 시에 돌아왔고, 또 밤이 되면 고급요정에 드나들면서 협잡을 일삼았다고 회고하였다[『사실의 전부를 기술한다』(장택상 편), 희망출판사, 1966, 126쪽].

523) 1950년대에 국회에서는 몇 차례 국회의원 등 공무원의 축첩행위를 방지하는 법을 만들려는 노력이 실패로 돌아갔다. 1957년 민법안을 심의할 때 일부 의원들은 서자를 입적시키는 데 부인의 동의를 받는 것을 풍습과 관습에 어긋난다고 반대하였다[『국회속기록』 제26회 50호, 1957. 11. 30, 丁奎祥 의원 등 발언).

524) 한 신문은 여성문제상의소의 4할이 축첩문제라고 보도하였다[『한국일보』 1954. 11. 29). 또 12명의 경찰총경이 파면되었는데, 이 중 8명은 첩을 둔 것으로 보도되었다[『한국일보』 1956. 11. 3).

교장을 분리 발령하기로 의결하였고, 그래서 경기여중에는 최국경(崔國卿)이 교장으로 발령받았으나 부임할 수가 없었다. 고교교장이 유력 인사를 배경으로 착임을 거부하였기 때문일 것이다.[525] 경기중학, 서울중학도 비슷한 상황이었다. 결국 문교부는 몇 교장 앞에 굴복하였다. 경기중학, 서울중학은 부임한 지 몇 달 안되는 교장을 변두리 신설 학교로 좌천시키고, 전처럼 고등학교장이 중학교장을 겸임케 하였다. 경기여중과 수도여중 교장은 취임도 해보지 못하고 문교부와 서울시 장학관 자리에 배치되었다.[526] 1957년에는 서울시교육위원회에서 국민학교장을 인사이동시키자 고관부인, 유한마담들이 중심이 되어 일류 국민학교로 알려진 덕수국민학교장을 유임시키라고 소동을 벌였다. 이 경우는 성공하지 못하였다.[527] 서울시교육위원회에서는 2류, 3류교에는 지원학생이 없어 쩔쩔매는데 용산고, 경기고, 서울고, 경동고, 경복고 등에는 학급을 증설해주었다. 특권층에 영합한 것으로 동일계 중학교 졸업생을 전원 입학시키기 위해서였다.[528] 특권층에서는 청탁 등의 수단으로 자기자식들을 세칭 일류학교에 보낼 수 있었다.

국가연합고사도 일류학교의 반발로 무산되었다. 1956년 말에 문교부에서는 6개월의 준비 끝에 중고등 졸업반 학생들을 대상으로 전국에 걸쳐 연합고사를 치르고자 하였다. 지역별 학교별 수준을 측정하여 장학지도의 참고자료로 삼고 자유경쟁제 입시지옥의 폐단을 막기 위해서였다. 그런데 입학기에 박두하자 권력층이 이에 반대하고 일류 중고교장이 여기에 합세하였다. 반면 전국의 학부형과 교육관계자, 중고교장들은 국가연합고사 지지 진정서를 제출하였다. 백두진 국무총리 등이 자기자식들이 일류학교에 못

---

525) 최교장은 문교부가 무능력, 무책임하기 때문에 그러한 일이 일어났다고 말하였다(『한국일보』 1955. 1. 28). 경기여고의 배경에는 김태선 서울시장 등이 있었다. 그는 공공연하게 경기여중고의 교장 분리발령을 반대하였다(『한국일보』 1955. 1. 29).

526) 朴載淳, 「교육질서 유린하는 특권계급」, 『신태양』, 1957. 5, 194쪽.

527) 『동아일보』 1957. 2. 1. 그런데 이 기사에서는 "쌍방이 모두 일리있는 주장"을 하고 있다고 평하는 기관(奇觀)을 보여주었다.

528) 박재순, 앞의 글, 195쪽.

같까봐 반대한 것이었다. 자유경쟁에 맡기라는 이승만 대통령의 유시로 꽤 많은 비용을 들였던 국가연합고사제는 결국 백지로 돌아갔다.[529]

3) 행정 파행성의 배경

공무원 사회에 관존민비, 부정부패, 직권남용, 아부, 무능, 정실이 만연한 데는 여러 이유가 있었다. 그 중의 하나는 이종극이 지적한바 인플레에 의한 물가고등과 박봉에 있었다. 특히 경찰직과 같이 민원에 직결된 하급직 책은 봉급이 아주 낮아 부정한 짓을 하라고 조장하는 것이나 다름없었다. 진보당은 이 문제와 관련하여 공무원, 특히 경찰관수를 대폭 줄이고 예산 낭비를 줄여 공무원의 생활을 보장하겠다고 약속하였고, 자유당과 민주당 에서도 그와 비슷한 약속을 하였다. 인허가에서 원조물자, 원조달러의 배분, 융자, 귀속재산 불하 등에 관리의 자의가 개재하기 쉽다는 것도 이와 같은 풍토를 만드는 데 기여하였다. 이것 또한 진보당과 민주당에서는 계속 문제점으로 지적하였고, 자신들이 정권을 잡으면 유해무익한 간섭·허가제도를 일소하겠다고 다짐하였다. 인허가제 등과 밀접히 관련되어있는 것이지만, 과대한 중앙집권화와 관료조직의 비대화도 그와 같은 풍토를 조성하였다.

정부수립 후 행정의 지방분권화 필요성이 자주 제기되었지만, 서울특별 시장이나 도지사가 관내의 군수, 경찰서장의 이동조차 전연 마음대로 행할 수 없었고, 다방이나 목욕탕, 이발관의 허가 등 시나 군 정도에서 인허가를 행할 경미한 사항을 중앙에서, 심지어 장관급이 행하는 일이 있는 것과 같이, 매사가 중앙 중심으로 처리되었다. 그리하여 기획이나 감독사무를 주로 행해야 할 중앙 관청이 일선 관청과 다름없게 되었고, 이 때문에도 기획성있는 행정은 저해되었다.[530] 조봉암-진보당은 집행권한의 대부분을 지방자치단체에 이양하고 중앙행정기구를 대폭 축소하는 것으로 이 문제 를 해결하려 하였다.

---

529) 위의 글, 195~197쪽.
530) 黃東駿, 『민주정치와 그 운용』, 韓一문화사, 1962, 200쪽. 이와 함께 신도성, 「계획경제에 대한 자유·민주 양당의 평을 駁함」, 263쪽 참조.

관료와 경찰, 군의 중상층 간부 다수가 친일파인 것도 부패부정, 아부, 직권남용, 정실, 무능의 온상이 되었다. 정부수립 직후 반민법 파동, 김구 암살사건 등에 관여한 친일경찰 등 친일파들은 고문에 능하였을 뿐만 아니라 비리, 독직, 부정에 관련되어있었다. 반민족행위를 한 친일파들은 반민특위 제1조사부장 이병홍(李炳洪)이 말하였듯이, 사악한 습성·기술·사고를 가지고 있었고, 인민을 초개처럼 알고 있었으며, 허언·아첨·회뢰·폭행·테러에 능숙하였다.531) 1954년경부터 장차관과 자유당 간부에 친일파가 많아지거니와, 애당초부터 윤리관이나 사회의식이 잘못되어있었거나 전도되어있었던 이들은 3·15부정선거와 같은 행위에도 거리낌이 없었다. 그런데 일반 공무원들은 일제에 '봉직'한 경력이 인정된 반면, 독립운동자나 그 가족은 말단관리직 하나 차지하기 어려웠고, 호봉도 낮았으며, 친일파에 둘러싸여 승진도 어려웠다. 1950년대에 관계나 교육계에서는 근속 '20년'이니 '30년'이니 하는 따위의 표창이나 현창(顯彰)이 아무런 의아심 없이 예사로 행해졌다.532) 친일파가 여전히 간부직의 다수를 차지하고 있는533) 경찰들은 특히 부정부패, 권력남용, 정실의 표본이었다. 경찰의 생태는 가짜 이강석(李康石. 이기붕의 큰아들로 이승만의 양자가 됨) 사건에 잘 나타났다. 가짜 이상석인 강성병(姜聖柄, 22세)이 경주에 출현하였을 때 경주경찰서장 이인갑(李仁甲)은 그를 극진히 대접하였고, 그 뒤 영천경찰서장 김정렬(金正烈)의 환영을 받았으며, 경북경찰국 사찰과장 김상기는 칠곡까지 마중을 나갔다.534)

행정의 관료화, 독선화, 그와 연결된 부패, 권력남용 행태의 중요한 원인

---

531) 이병홍, 「반민자의 심정」, 『신천지』 1949. 4, 114~115쪽.

532) 최석채, 앞의 책, 186~187쪽.

533) 한 신문의 보도에 의하면, 3만 3천 명의 경찰관 중 일제 후예가 정복의 약 1할, 사복의 약 2할, 4천여 명의 경위 중 약 15%, 5백여 명의 경감 중 약 3할, 160여 명의 총경 중 4할, 20여 명의 경무관 이사관 중 약 7할이었다(『동아일보』 1960. 5. 7.(석)]. 친일경찰 간부 등 경찰관들은 장면 정부하에서 대대적으로 숙정되었다(한승주, 『제2공화국과 한국의 민주주의』, 종로서적, 1983, 152~153쪽 ; 서중석, 「일제시기 사회주의자들의 민족관과 계급관」, 110쪽).

534) 『조선일보』 1957. 9. 22.

은 3대 국회 이후 더욱 심해졌지만, 국회와 정당의 무력화, 시녀화에 주된 원인이 있었고, 거슬러올라가면 미군정에 기본적인 책임이 있었다. 관료, 경찰, 군의 부패와 권력남용, 무능, 정실주의는 미군정시기에 이미 확고히 자리잡혔다. 미군은 현상유지정책에 따라 친일파 중심으로 행정조직 등을 편성하였으며, 수구적 기득권세력인 한민당을 육성하여 부패, 권력남용 등을 일상화시켰다. 이때부터 박정희 정권 때까지 다반사로 계속된 요정정치가 출현하였다.

조봉암-진보당은 공무원 임용과 승진에 엄정한 시험제도를 택할 것을 누차에 걸쳐 역설하였으나, 1950년대에는 공무원 공채라는 것이 없는 것이나 다름없었다. '근속' 10년, 20년, 30년된 친일파들이 대체로 간부직을 독점한 상태에서 '오야봉-꼬봉' 관계로 똘똘 뭉쳤고, 새 공무원은 연고나 청탁 등의 인간관계 또는 정실로 들어오는 것이 태반이었다. 미국에서 훈련받은 테크노크라트도 1950년대 후반에야 어느 정도 형성되어 1958년에 장기 경제개발계획의 작성을 맡은 산업개발위원회가 부흥부 내에 설치되었다. 국립 공무원훈련원도 1959년 초에야 처음으로 고급공무원 재직훈련과정이 설치되었다.[535]

공무원 임용은 장면 정부에서 중요한 변화를 보였다. 장면 정부에서는 몇 차례에 걸쳐 자유당 정권에서 원성의 표적이었던 사찰계 경찰간부 등 경찰에 대하여 대대적으로 숙정을 감행하였을 뿐만 아니라, 이승만 정권에서 임명된 약 5천 명의 상급 관리를 해직시키는 등 자유당 정권하의 관리들에 대해서도 일대 숙정을 감행하였다.[536] 1960년 12월에 개정된 국가공무원법은 인사 관장기관의 독립성과 공무원의 신분보장을 강조하였고, 1961년 4월 15일자로 공포된 공무원임용령, 공무원고시령, 공무원임용전형령 등은 이전의 것들과 크게 다른 참신한 것이었다. 이 시기에 국토건설대원을 뽑았던 공채제도도 의의가 있다.[537]

조봉암은 1952년 정부통령선거에서도 행정부패의 획기적 쇄신과 함께

---

535) 이한빈, 앞의 책, 135~139쪽.
536) 한승주, 앞의 책, 154쪽.
537) 서중석, 「일제시기 사회주의자들의 민족관과 계급관」, 137쪽.

행정빈곤을 해결하기 위하여 광정책(匡正策)을 강구하겠다고 공약하였고,[538] 1956년의 정부통령선거를 앞두고는 차기 대통령은 행정을 연구하고 또 정성껏 알려고 노력할 분이 되어야 한다고 주장하며, 혁명가, 독립운동자, 애국자는 있지만, 행정에 능력있고 경험있는 이른바 행정가라고 할 만한 사람은 거의 없다고 지적하였다.[539] 그만큼 1950년대에는 행정력을 갖춘 사람들이 많지 않았다. 이 시기에도 행정력을 갖춘 사람은 많지 않았지만, 없었던 것은 아니었다. 그런데 이승만은 사적 권력에 아부하고 맹종하는 친일파류의 사람들을 주로 관리로 썼기 때문에 더욱 드문 것처럼 보였던 것이다. 1956년 5·15정부통령선거에서 참패한 뒤 자유당에서 선거실패 원인의 하나로 행정기구가 복잡하여 민원이 심하였다는 점 등과 함께 행정능력이 거세된 국무위원과 비서정치라고 지칭되는 무질서·무책임 행정이 민심을 이반시킨 것을 제시한 것도[540] 이승만의 인물등용 행태를 시사해준다.

관료나 경찰의 타락과 직권남용이 심하다보니까 일반대중은 야당이 말하는 '민권 대 관권의 투쟁'이라는 슬로건을 액면 그대로 받아들였고, 과거의 행장이나 이력은 고려할 겨를이 없이 선거에서 민권측에서 싸워보겠다는 후보자들을 무조건 지지하는 분위기에 휩쓸려 있었다.[541] 이 때문에 자신이 없었던 자유당과 정부 관계자들은 더 무리수를 두게 되었다.

4) 자유당의 팽창

이종극은 공무원을 타락 부패시킨 세번째 요인으로 '자유당의 팽창'을 들었지만, 친일파로 자유당 선전위원장인 김의준(金意俊)도 자유당에 공로만 있으면 비위가 있어도 승진한다고 인정하였듯이,[542] 대다수 공무원은 지위를 유지하기 위해서는 자유당 간부와 인연을 맺지 않으면 안되었다.

---

538) 『조선일보』 1952. 7. 31.
539) 김석영 편, 앞의 책, 90쪽.
540) 마한, 앞의 책, 254쪽.
541) 고정훈, 앞의 글.
542) 「좌담 : 4정당의 선거 연두대결」, 236~237쪽.

그래서 이종극은 자유당은 정당정치를 하지 않고 세도정치를 하는 것이라고 혹평하였다.[543]

이승만 자유당 총재는 "정치에는 재력이 필요하니 경제계에 진출하고 이를 장악하라"고 자유당원들에게 유시를 내렸는바,[544] 국가경제는 자유당의 이익을 위하여 운용되었고, 경제인은 좋든 싫든, 직접적이든 간접적이든 자유당과 결합되지 않으면 안되었다. 자유당과 연관을 가져야 귀속재산을 차지할 수 있었고, 영달도 치부도 할 수 있었다.[545] 인허가도 자유당과 연줄을 대어야만 가능하였다. 예컨대 댄스홀 영업허가는 희한하게도 경찰한테서 받았는데, 이 경우도 정부의 누구, 자유당의 누구라고 연줄을 댈 수가 있어야 가능하였다. 자유당뿐만 아니라 자유당의 기간단체나 보조단체 또는 자매단체로 되어있는 국민회 등의 간부들도 서민을 위협하고 협잡하였다. 심지어 자유당 감찰부장이자 깡패인 이정재(李丁載)나 자유당과 연줄을 대고 있던 깡패들도 자신의 '권역' 안에서 제왕 노릇을 하면서 서민들을 갈취하고 위협하였다.[546]

정치의 파행성은 제1장에서도 보았지만, 이승만과 자유당한테 집중적으로 표현되어있다. 조봉암은 기자의 질문에 다음과 같이 답변하였다.

우리나라에서의 정당정치의 구현은 단적으로 말하자면 이승만 대통령의 재임중에는 실현성이 희박하다. 지금 자유당을 가리켜 여당이라고 하지만, 자유당은 정권을 잡은 여당이 아니다. 정권을 잡은 대통령의 어용기관이라고 보아야 옳을 것이다. 이대통령은 자유당의 총재로서의 대통령이 아니다. 자유당이 이대통령의 자유당일 뿐이다. 그러므로 자유당의 당의(黨議)나 당책에 의해서 정부가 운영되는 것이 아니고, 정부의 수반인 이

---

543) 이종극, 앞의 글, 176쪽. 한 신문은 사설에서 자유당 간부는 지방에 가면 한 도의 지사나 국장보다도, 또한 군에 가면 군수나 서장을 젖혀놓고 뗄 것 떼고 살릴 것 살리는 등 위세가 등등하였다고 비판하였다(『조선일보』 1956. 5. 24, 사설「자유당의 '자가비판'에 대한 비판」).

544) 최석채, 앞의 책, 222쪽.

545) 조봉암, 「내가 본 내외정국」(11), 『한국일보』 1955. 6. 26. ; 李克燦, 「한국근대정치의식의 발전」, 『사상계』 1964. 1, 249쪽

546) 『국회속기록』 제24회 22호, 1957. 4. 18, 金善太 의원 발언.

대통령의 명에 의해서 자유당이 움직이는 것이다.[547]

자유당의 김수선 의원도 1956년 정부통령선거가 끝난 직후 자유당은 당강·당책에 의거한 일관성있는 시책이 전혀 없고, 권력에 맹종하고 아첨을 유일의 공기로 삼아 불법행위와 불합리성을 합리화시키는 거수기 역할을 자담하였다고 스스로를 비판하였다.[548] 자유당 당원은 경찰관이나 통반장이 '모집'하였고,[549] 본인도 잘 몰랐고 본인 의사와는 관계없이 강제입당하기도 하였지만, 자유당의 조직이나 운영은 행정조직 및 행정과 분리되어 있지 않았다. 자유당은 국민회, 청년단, 노총, 농총, 부인회 등을 기간단체 또는 어용단체로 끌어안아 국민을 이중 삼중으로 가입시키는 기괴한 형태를 보여주었고,[550] 1957년에 작성한 '전국 각급당부 조직부장회의 지시사항'에 따르면 수리조합·산업단체조합의 간부, 공공단체·국영기업체·개인기업체의 간부를 공공연히 열성단원으로 가입시키게 되어있었다.[551] 국민회에서도 1956년 정부통령선거에 만전을 기하기 위하여 통장과 반장을 특별회원으로 등록케 해달라고 서울시본부(회장 이기붕) 명의로 각 구청장에 문서를 발송하였다.[552]

4. 무법, 불법, 유시법(諭示法)이 지배하는 사회

경제의 파행성, 정치와 행정의 파행성은 그 사회에 가치관, 규범이 서 있지 못하다는 것을 의미한다. 근대 국가의 기본원리인 법에 의한 정치가 이루어지고 있지 않은 것이다. 조봉암과 진보당처럼 법에 의한 정치, 국민의 기본권이 지켜지는 사회를 바라는 정치세력도 많지 않았겠지만, 그래서 민주세력이면 누구나 단체도 만들고 정당활동을 할 수 있어야 하며,[553] 법이

---

547) 『동아일보』 1958. 1. 1.
548) 『조선일보』 1956. 5. 25. (조).
549) 조병옥, 『민주주의와 나』, 77쪽.
550) 위의 책, 77쪽.
551) 『한국일보』 1957. 8. 7.
552) 『조선일보』 1956. 4. 15.

준수되고 집권자가 국민 앞에 책임지는 정치체제를 확립할 것을 공약하였으나,554) 정치가 사인(私人)과 사인의 전근대적 주종관계로 되어 있고,555) 무법, 불법, 유시법(諭示法)이 지배하는556) 사회에서는 그런 주장이 통하기 어려웠다.

헌법과 법은 주지하는 대로 대통령 자신에 의하여 무시되었다. 그는 자신의 권력을 위해서는 테러나 공작정치를 피하지 않았고, 자신과 같이 극우단정세력이었던 민주당 간부나 자유당 간부를 가리지 않고 빨갱이로 몰거나 구속하였다. 사사오입개헌도 그러하지만, 발췌개헌에 이르는 부산정치파동은 헌법과 법을 극단적인 형태로 유린한 공포와 테러의 정치였다. 김구 암살 등 의문의 죽음과 그것의 뒤처리도 의혹투성이었다. 그는 국무총리를 장기간 서리상태로 놔두었고, 1956년 7월에는 무예산상태도 초래되었다.557) 이승만은 진보당사건 1심재판 선고 후 국무회의에서 "조봉암사건 일심 판결은 말도 안된다. 책임판사를 처단하려 하였으나 여러가지 점을 생각하여서 중지하였다"라고 밝혔다. 이 판결 후 반공청년단에 의한 초유의 법원테러사건이 발생하였다. 이승만은 1958년 12월에 20명 중 8명을 법관 재임용에서 탈락시켰다. 그들 중에는 대구 선거관리위원장을 지낸 고등법원장 등 선거문제에 관련된 법관이 여러 명 있었다.558)

경관이 무법·불법과 폭력 테러에 익숙해있다는 사실 또한 익히 알려진 사건이었다. 정부통령선거나 국회의원선거, 지방의회나 단체장선거는 대체로 경찰들이 좌지우지하였으며, 투개표장에서의 폭력 테러, 불법행위도 열거하기 어려울 만큼 많았다. 이승만은 거창양민학살사건에 관련되어 구속되었다가 특사로 풀려나온 김종원을 서남지구 전투사령관과 각도 경찰서장에 앉혔던바, 1956년 정부통령선거에서의 공로로 전남도경찰국장에서

---

553) 조봉암, 「우리의 당면과업」, 484쪽.
554) 『조선일보』 1956. 5. 10.(조).
555) 宋建鎬, 「애국심의 한국적 과제」 (1), 『조선일보』 1957. 8. 21.(석).
556) 金洪植 의원은 자유당에는 무법, 불법, 유시법밖에 없기 때문에 자유당이 정권을 잡고 있는 한 법이론을 따지지 말자고 말하였다(『한국일보』 1956. 7. 9).
557) 1956년 7월 초순의 신문 참조.
558) 『주한미국대사관 주간보고서』 7, 1958. 12. 21, 540쪽.

치안국장으로 발탁하였다. 그는 몇 개월 후 장면 부통령 저격사건의 배후로 밝혀져 법정에 서게 되었다. 김종원이 특히 그러하였지만, 경찰의 테러, 무법·불법행위는 대민관계에서, 특히 1949년 하반기 및 전쟁 직전,[559] 전쟁중, 전쟁 직후에 심하였다. 그 부분은 뒷장에서 자세히 살펴볼 것이다. 경찰과 검찰은 인신구속을 남발하였다.

5. 제대로 된 국가의 형성을 위하여

한국은 가치관과 규범이 부재하였다고도 말할 수 있지만, 그것이 전도된 상태에 있었다고 말하는 것이 더 적절하지 않을까. 그러한 세상을 최석채는 3·1기념일을 맞아 이렇게 독백하였다.

온 천하가 비굴한 아부근성과 무기력한 허무만 가득 차서 대항할 줄 모르고 대결함을 잊어버린 듯 권력과 금력에 추종하는 무리만이 제 세상을 구가하고 있으며…… 오늘의 사회는 만고강상(萬古綱常)이 뒤집혀졌음인지 자유를 부르짖고 정의를 외치는 자, 구국제민(濟民)의 대도를 지키는 자는 완전한 낙오자가 되고 맙니다.[560]

함석헌(咸錫憲)은 그의 유명한 글 「생각하는 백성이라야 산다」에서 다음과 같이 말하였다.

길거리에 넘치는 것은 오늘만을 알고 나만을 생각하는 먹자 노자의 기분뿐이지 어느 모퉁이에도 허리띠를 졸라매고 먼 앞을 두고 계획을 세워 살자는 비상한 각오한 얼굴을 볼 수 없으니 이것이 전쟁 치른 백성인가? 전쟁중에 있는 국민인가! 이것이 제 동포의 시체 깎아먹고 살아난 사람들인가. 그리고 선거를 한다면 노골적으로 내놓고 사고 팔고 억지로 하고, 내세우는 것은 북진통일의 구호뿐이요, 나 비위에 거슬리면 빨갱이니, 통

---

559) 이 부분에 대해서는 서중석, 앞의 책 2, 제3장 초기 극우반공체제의 형성과 5·30선거 참조.

560) 최석채, 앞의 책, 24~25쪽.

일하는 것은 칼밖에 모르나?561)

서민들은 사회 사악(邪惡)이 계속되고 혼란의 도가 심할 때마다 미신적인 데로 기울어지고 정감록파의 목소리는 커졌다.562) 가치관의 착란과 전도는 3·1기념식, 8·15기념식 때 잘 나타났다. 중앙에서는 일제 때 친일행적으로 논란이 있고 이승만의 추종자로 부산정치파동 때 반대파 의원들에게 위압을 가하였던 이갑성(李甲成)이 3·1운동을 대표하였고, 지방에서는 독립운동가를 잡아들이려 혈안이 되어 충견 노릇을 하던 고등계 형사, 헌병보조원의 전력을 가진 자들이 기념사를 늘어놓는 실정이었다. 초중등학교에서 명문대에 이르기까지 기념사를 읽는 각급학교의 장들도 대개가 비슷한 부류였다.563) 어디에서 전도되지 아니한 민족의식, 형제애, 인간의식을 찾아낼 수 있을까.564) 함석헌은 당대의 정신상태에 대하여 이와 같이 비판하였다.

한글날을 양력으로 환산해서 했으면 개천절도 그렇게 해야 옳지 않은가. 할아버지 생신날, 나라세운 날이 어느 날인지 따져볼 생각도 없이, 되는 대로 아무 날로나 하는 그 사람들 나는 믿을 수 없다. …… 오늘도 뜻 모를 태극기가 집집마다 꽂혔겠지. 인제 신문 보니 문교부에서 국기 뜻 설명하기 위해 위원을 정했더니 모여서 의론을 하다가 알 수 없어 그만두었다고 했더라. …… 뜻도 모르는 기를 문간에 내세우라면 우리는 뜻모를 나라에 살아야 하란 말이냐.565)

어디 그것뿐이겠는가. 기념식이나 조례시간마다 언제 누가 무슨 이유로 작사하였는지도 모르는 애국가를 내용도 모른 채 축 늘어지게 부르는 학생이나 시민들 중에 왜 나라이름이 고려나 조선이 아니고 한(韓)이 되었는

---

561) 함석헌, 「생각하는 백성이라야 산다」, 『사상계』 1958. 8, 34쪽.
562) 조봉암, 「우리의 당면과업」, 504쪽.
563) 최석채, 앞의 책, 180~182쪽 참조.
564) 金成植, 「한국적 민족주의」, 『사상계』 1958. 9. 참조.
565) 함석헌, 「38선 넘나들어」, 『사상계』 1959. 11, 233쪽.

지를 알고 있는 사람은 과연 몇 명이나 될까

1950년대건 1960년대건 말썽거리였던 병무행정은 시대상에 대한 하나의 증언이 될 것이다. 1955년 서울지구 대학졸업자 제1차 소집에서 영장교부 수는 1,209건이었는데, 응소자는 163명이었고, 그 중 입대 인계자는 112명이었다. 입대율이 10%였다.566) 경찰의 통계에 따르면, 1957년 12월 31일 현재 그 달에 발생한 징소집 불응자는 3만 6,032명, 징병검사 불응자는 1만 5,773명으로 모두 5만 1,805명이 징병에 불응하였다. 또 기피자 누계를 보면 징소집 불응자가 21만 7,318명, 징병검사 불응자가 10만 9,894명으로 32만 6,212명이었다.567) 기피자가 이렇게 많은 것은 '국가'관념이 제대로 자리잡기 어려웠고 부정과 '빽'이 횡일하던 총체적 상황에 기본 이유가 있었지만, 군대생활의 비인간적인 면과 고달픔도 한 원인이었다.568) 1951년에서 1956년 말까지 유학간 3,769명(그 중 미국유학이 91%인 3,424명) 중 입대한 자는 1957년 2월 말까지 한 명도 파악되지 않았다. 국방부 모 고관실에는 표제가 붙지 않은 인사청탁처리부가 놓여있었는데, 거의 다 제대, 전속, 진급, 보직관련 청탁이었고, 청탁자는 거의 전부가 저명인사로 국회의원이 과반 이상이었다.569) 빈농이나 서민들 자식만이 군대에 가서 굶주림과 '빠따'에 시달려야 하였던 것이다.

조봉암과 진보당 관계자들은 민주주의를 교육받고 훈련받을 수 있는 기회를 갖지 못한 사람들이 민족주의적 주체성이 확립되지 못한 상태에서 지니게 되는 왜곡된 민족의식, 민족감정은 파시즘적 ─ 그 파시즘은 종속

---

566) 『한국일보』 1955. 3. 31.

567) 한국경찰사 편찬위원회, 앞의 책 2, 88~89쪽.

568) 한 신문에서는 기피자 단속에 걸려든 사람 중에는 병에 시달리다 이불 속에서도 붙잡혀 왔고, 이웃에 놀러갔다가 호적 착오로 들어오기도 하였다고 보도하면서, 경기도 부평에 설치된 경기도 제1국군 지원자합숙소(기피자들을 붙잡아둔 곳임)에는 식사가 하루에 4홉이 나와야 하는데 1홉 2작만 깡보리밥에 새우젓 몇 점이 나오고, 40평 콘크리트 바닥에 280명이 수용되었던바, 4~5일 동안에 약 40명의 중환자가 발생하였으니, 기피자가 속출할 수밖에 없다고 개탄하였다. 이들의 행방을 가족들에게 통지도 하지 않아 아들형제 찾느라고 도처에서 아우성이라고 하면서 이들을 제2의 국민병으로 묘사하였다(『한국일보』 1955. 7. 28).

569) 尹宗鉉, 「법무행정 짓밟는 특권계급」, 『신태양』 1957. 5, 184~188쪽.

적 파시즘이 될 수밖에 없는 것인데—편향을 강하게 띠게 된다는 점을 우려하였다. 이들은 극우반공세력에 의해 이용되고 있는 왜곡된 민족의식, 민족감정 대신에 민족에 대하여 강한 자신과 높은 긍지를 지닌 민족주의적 주체성과 사회정의에 입각하여 근대적 민주주의 국가를 형성하고, 나아가 민족국가를 이룩해야 할 임무를 떠맡고 있었다.570)

---

570) 윤길중, 「진보당 조직의 의의와 그 주장」 및 진보당 강령, 진보당 정책, 진보당 발당 개회사 참조.

제5절 사회민주주의의 계급적 기반의 제약

1. 조봉암 - 진보당의 지지세력

사회민주주의 정당이 노동자조직 또는 노동자, 농민조직과 연계되어있지 않다는 것은 정상적인 것이 아닐 터이고, 사회민주주의 정당이라고 말하기도 곤란할 것이다. 전쟁 전의 일본과 같이 사회민주주의 정당의 존재가 미약하였던 곳에서도 사회민주주의정당은 노동자나 농민조직의 지지를 받고 있었다. 전쟁 전 일본의 무산 정당들은 노동조합들이 자리잡은 지 얼마 되지 않아 등장하였기 때문에, 영국이나 독일 노동조합들이 영국 노동당, 독일 사회민주당에 제공한 것과 같은 큰 규모의 충실한 회원, 재정적 지원 및 지도자들을 제공할 수는 없었다.[571] 그러나 전쟁 전 일본에서도 대중적 노동조직, 농민조직의 지도자들과 자금 및 시설 등이 무산 정당의 존립에 결정적 영향을 미쳤다. 일본 사회민주주의자들은 광의의 의미에서 부산계급에 지지를 호소하였고, 그들은 계급성에서 어디에 주안점을 둘 것인가의 문제로 갈등을 겪었고 또 분열되었다.[572] 사회민주주의 운동에 농민조직은 노동자조직만큼 중요하지는 않았으나, 농민들 표를 얻지 않고서는 의회 진출이 어려웠기 때문에 농민의 지지는 꼭 필요하였다. 소작농과 자영빈농들은 무산계급의 일부로 간주되었고, 농민조합은 무산 정당들의 창당에 활발히 참여하였다.[573]

한국의 혁신정당은 1950년대건 4월혁명 운동기건 대개가 노동자, 농민조직과 인연이 멀었다. 노동운동, 농민운동을 한 '혁신 정객'들은 소수였다. 이들은 노동자, 농민들을 끌어들이려는 노력도 거의 하지 않았다는 점에

---

571) 타튼, 앞의 책, 434쪽.
572) 위의 책, 425~427쪽.
573) 위의 책, 434쪽.

서, 아무리 한국의 특수성을 강조한다고 하더라도 사회민주주의자들이라고 보기 어려웠다. 대표적인 혁신정치가의 한 사람인 이동화는 1950년대와도 다른 4월혁명 운동기인데도, 한 좌담에서 '광범한 근로대중'을 사회적 기반으로 '생각'하고 있으므로 노동자계급이 발전되어있지 않다고 해서 사회대중당의 기반이 불충분하다고 생각하지는 않는다고 피력하였다.574) 이 진술은 사회대중당이 노동자조직과 관계없는 현실을 은폐하기 위하여 노동자계급이 발전되어있지 않다고 말하였다는 점에서 기만성이 있다. 노동자, 농민조직이 없는데도 불구하고 광범한 근로대중을 기반으로 '생각'하고 있다고 진술한 부분도 정확한 표현은 아니다. 같은 시기에 이동화는 다른 한 좌담에서 농민들의 역할을 낮게 평가하면서 농민 당을 만들어 정치운동에 성공을 바란다는 것은 불가능하다고 말하였다. 혁신계의 논객 김철이 "이 농민들을 혁신정치의 담당자로서는 어떻게 평가되어야 하느냐 하면 이들은 근대화되지 않았고, 대개가 반봉건적인 예속하에 있습니다. 그들이 혁신운동의 담당자로서 큰 비중으로 평가될 수는 없어요"라고 지적한 것도,575) 자신들의 정치활동과 농민들이 무관한 데서 나온 주장으로 볼 수밖에 없고, 농민에 대한 접근을 포기한 듯한 인상을 준다는 점에서 사회민주주의자로서 무책임성이 느껴진다.

조봉암 - 진보당은 어떠하였나. 앞에서 조봉암은 노동자, 농민조직에 대해 진지하게 접근하고 있었음을 언급하였다. 또한 조봉암은 지식인, 청년·학생층에 대해서도 관심이 많았다. 먼저 지식인, 청년·학생층과의 관련에 대해서 살펴보자.

한 기자는 조봉암의 평화통일정책에 대하여 군인들이나 청년, 납북가족 중에서 열렬히 지지하는 사람들이 많고, 새롭고 이론적인 것을 동경하는 지식인, 특히 학생층에서 진보당 지지자가 의외로 많았으며, 조봉암은 대중 특히 청년들에 대해 매력적인 포섭력을 보여주고 있다고 기술하였다.576) 한 혁신계 인사는 해방 후 한민당이나 자유당한테 박해받은 대중들

---

574) 「좌담 : 보수냐 혁신이냐」, 98쪽.
575) 「토론 : 민주사회주의를 말한다」, 138~139쪽.
576) 「당을 움직이는 인물들」(진보당 편), 50쪽.

과 다소나마 애국정신을 가진 지식인은 전부가 진보당을 지지하고 있으며, 겉으로 말이 없어도 양심적인 변호사, 교수, 의사, 근로자, 군인, 학생, 지식층은 혁신적 사상을 가지고 있다고 주장하였다.[577] 대체로 진보적이고 현실비판적인 지식인, 청년·학생 중 상당수가 조봉암과 진보당을 지지하고 있었고, 그것은 두 차례의 정부통령선거에서도 어느 정도 드러났다.[578]

조봉암은 지식인, 청년·학생층의 각성과 분발을 호소하였다. 그는 지식인에 대해서 이렇게 절규하였다.

내가 모든 지식인들에게 호소하고 싶은 것은 정치적 혼란에서 생겨난 소극적인 경향이나 세기적 수난자로서의 절망감을 극복하고 '다 한번 새로 한다'는 감격으로 민중운동의 선두에 나서서 모든 민중을 적극적으로 지도하고 조직하는 데 헌신하기를 바라는 것이다. 인류의 역사는 언제나 지식인이 창조한 바이었음을 보라. 하물며 우리나라와 같은 후진국가에 있어서의 지식인의 지위에 있어서랴.[579]

지식인은 의식분자일수록 월북하거나 납북된 사람들이 적지 않았고, 보도연맹원이 대표적인 경우이지만 전쟁의 와중에서 희생되었다. 또 조봉암이 지적한 대로 해방 후 여러 단체에 가입하였다가 생각지 아니한 피해를 입었거나, 그러한 피해를 입는 것을 목도하였다.[580] 그리하여 마음속에 불평불만이 가득차 있고 번연히 사리를 파악하고 있는 경우에도 시와 비를 주장할 만한 용기가 없었고, 늘 소극적이고 미온적이었다.[581] 그리고 다수의 지식인은 안일을 위하여 부정한 현실과 타협하고 그 현실에 맹종함으로써 자신들의 역사적 사명을 망각하였다.[582] 따라서 조봉암을 추종하거나

---

577) 朴進穆, 『民草』, 원음출판사, 1983, 278쪽.
578) 1952년 8·5정부통령선거 때 청년층의 조봉암 지지에 대해서는 한철영, 앞의 책, 69쪽 참조.
579) 조봉암, 「우리의 당면과업」, 507쪽.
580) 위의 글, 506쪽.
581) 위의 글, 504쪽.
582) 韓泰淵, 「한국의 지식계급」, 『사상계』 1959. 5, 41쪽.

진보당에 가입한 지식인은 해방 후부터 민족자주연맹 등에서 활동하였던 사람들이 적지 않았고, 새로 가담한 사람은 그다지 많지는 않은 듯하다.

주요 대학에서는 공개적이건 비공개적이건 의식있는 학생들이 서클 등 조직을 만들어서 활동하였다.[583] 자본주의에 비판적인 학생들도 있었다. 『동아일보』에서는 사설을 통하여 학생들뿐만 아니라 교수들 중에도 자본주의를 미워하기 전에 자본주의를 알려는 경향이 적은 것 같다고 지적하고, 한국의 만악(萬惡)이 자본주의에서 나왔다고 잘못 생각하는 것을 경계하였다.[584] 신상초도 개조의 정열이 강한 대학생을 상대하는 정치학 교수는 자본주의의 배격과 사회주의의 예찬을 강요당할지도 모른다고 우려하였다.[585] 장경근 내무부장관이 적색분자들이 학생들한테 잠입하여 준동하는 경향이 있다고 말한 것은[586] 정치적 의도가 있는 발언이지만, 저간의 사정을 어느 정도 말해주는 것이 될 것이다. 체제비판적인 학생들이 많은 것도 아닐 것이고, 그 학생들이 다 진보당에 온 것은 아니지만, 진보당은 학생·청년 조직에 분망하였다.[587] 비밀당원이나 여명회, 9인회 등의 조직은 그러한 노력의 결실이었다. 그러나 대학생들은 당국에 의해 사상동향을 감시받고 있었고,[588] 청년·학생들의 활동이나 집회는 제한받고 있어[589] 진보당에서 이들을 포섭하는 데는 한계가 있었다.

한국에서 체제비판적인 사람들은 대개가 민중지향적 성격이 보이는데, 조봉암의 경우도 그러한 성향이 강하였다. 그는 「우리의 당면과업」 결론에서 다음과 같이 말하였다.

우리들이 굳게 믿고 의심치 않는 것은 민중은 현명하다는 것이다. 그런

---

583) 정계정, 「'4월혁명기' 학생운동의 배경과 전개」 성균관대 사학과 석사논문, 1996, 25~30쪽.

584) 『동아일보』 1957. 12. 24, 기사 「'문리대 사건'이 시사하는 것」.

585) 신상초, 「진보·민혁당론」, 『신세계』 1957. 1, 125쪽.

586) 『국회속기록』 제24회 22호, 1957. 4. 18.

587) 『조선일보』 1956. 12. 26.(석).

588) 『국회속기록』 제24회 22호, 1957. 4. 18, 현석호 의원 발언.

589) 조봉암, 「우리의 당면과업」, 502쪽.

데 우리나라의 지도층은 민중은 어리석어서 아무것도 모르려니 하고 그저 억눌러서 입을 막아놓기만 바쁜 것이다. 거듭 말하노니 민중은 모든 것을 잘 알고 있다.[590]

조봉암이 말하는 민중은 누구일까. 포괄적으로도 사용하였겠지만, 대개의 경우 주로 노동자, 농민을 가리킨다. 「우리의 당면과업」에서 "우리는 민중의 조직, 특히 그의 정치적 조건을 발전시켜야 하겠다"라고 피력한 것이나,[591] 1955년 초 호헌동지회가 중심이 되어 신당을 만들 때 신당조직 호응 성명에서 "대중의 건전한 조직은 민주정치의 기반일 뿐더러 대중의 자발적이며 의식적인 조직화는 대공산 투쟁에 있어 승리를 보장할 수 있는 기본 조건이기 때문"이라고 천명하였는데,[592] 이러한 조직은 주로 노동자 조직, 그리고 농민조직을 가리킨 것으로 봐야 할 것이다. 진보당은 강령에서 "자본주의의 지양과 민주적 복지사회의 건설은 자본주의의 자기수정과 노력에 의해서가 아니라 근로대중을 대표하는 변혁적 주체적 세력의 적극적 실천에 의하여 달성되어야 할 것"이라고 주장하였던바, 여기서 근로대중도 대체로 노동자·농민계급을 가리킨 것으로 봐야 할 것이다. 조봉암은 여러 곳에서 민중 또는 대중이 노동자, 농민임을 적시하였다. 이미 1952년에 그는 신당 구상을 피력하면서 그 신당은 순수한 농민, 노동자를 기반으로 삼겠다고 말하였으나, 그리고 나서 현실적으로는 곤란할 것이라고 토를 달았다.[593] 그는 1957년에도 "우리나라의 보수정당들은 순전히 자본가 본위의 정당이고 우리 진보당은 농민, 노동자와 모든 근로대중의 정당이라는 것이 근본적으로 다른 점"이라고 말하였다.[594]

조봉암은 어려운 여건이었지만, 노동자, 농민세력을 자신의 신당조직에 끌어들이려고 노력하였다. 1951년 6월 농림부장관 시절 비서실장이었던 이

---

590) 위의 글, 512~513쪽.
591) 위의 글, 505쪽.
592) 『동아일보』 1955. 2. 24.
593) 한철영, 앞의 책, 68쪽.
594) 『내가 걸어온 길 내가 걸어갈 길』(조봉암 편), 177쪽.

영근을 책임자로 하여 신당준비사무국을 설치하고 신당조직작업을 벌였을 때 꽤 많은 노동조합, 농민조직 관계자들과 접촉하였다. 서울시경 사찰과에서 작성한『극비사찰요람』에 의하면, 조봉암의 신당을 가리키는 자유사회당의 비밀서클 명단이 나오는데, 그 중 장해동(張海東 : 대한노총), 이규섭(李圭燮 : 전 인천노총 조직부장), 이덕명(李德明 : 농총 부산지회장), 김재순(金在順 : 노총 영등포부위원장), 서상빈(徐相彬 : 노련 감찰부장), 강홍(姜洪 : 농총 계몽대장), 안필수(安弼洙 : 노총부두노조 부위원장), 정용태(鄭龍泰 : 노총 간부), 김갑룡(金甲龍 : 노총 간부), 김흥철(金興澈 : 전 부두노조 위원장), 이일춘(李一春 : 자유노련赤崎 위원장), 계효천(桂孝天 : 농총 재정부장) 등이 노동조합이나 농민단체 간부들로 기록되어있다.595) 그러나 이해 12월 육군특무대에 의하여 대남간첩단사건이 발표되고, 이영근 등 50여 명이 연행됨으로써 신당조직은 좌절되었다.

조봉암은 진보당을 조직할 때 노동운동 관계자들을 끌어들이려 하였을 것이다. 그러나 진보당 간부 중 노동운동 관계자는 노동부 간사(노동부장) 및 총무위원회 위원을 맡은 임기봉(林基奉) 정도가 눈에 띈다. 그는 1949년에 대한노총 철도연맹위원장을 맡았고, 1950년에 목포에서 국회의원에 당선되었으며, 1952년 대한노총정화위원회에 대항하여 전진한, 김말룡(金末龍) 등과 함께 조방쟁의대책위원회를 이끌었다. 그는 이 시기 조경규(趙瓊奎)와 함께 전진한계 대한노총 부위원장을 맡았으며(위원장 전진한), 1952년 3월에는 국회에 근로기준법안을 독자적으로 제출하기도 하였다(통과는 金用雨안).596)

진보당에 노동운동 관계자들이 그다지 눈에 띄지 않는 것은 뛰어난 조직자였던 조봉암이 1952년에 말한 바대로 '현실적'인 이유 때문이었다. 후

---

595) 서울시경 사찰과, 앞의 책, 106~108쪽. 이들의 직함이 정확한지는 불분명한 점이 있다.

596) 진보당 농민부 간사(농민부장)인 林甲守는 1945년 인천노동조합 원호회의 재정부장을 맡은 이래 노동운동을 하였다(박태균,『조봉암 연구』, 창작과비평사, 1995, 296쪽). 진보당 노동부 부간사인 이창호의 경력은 알 수가 없다. 진보당 기획위원회 노동분과 위원인 河泰煥이 포항부두노조 위원장을 한 河泰煥과 동일인물인가는 불확실하지만, 아닌 것 같다.

술하는 바와 같이, 대한노총은 대체로 극우 성향이 강한 데다가 정부수립 후에는 이승만의 영향하에 놓였고, 1952년 조선방직쟁의 이후에는 더욱 어용화되었으며, 자유당의 '기간조직'이자 외곽조직에 지나지 않았다. 조봉암의 진보당에는 민련 등 중도우파가 꽤 많이 들어왔지만, 대한노총 내 중도우파 또는 혁신파 간부들이 전쟁 때 의문의 죽음을 하거나 실종된 것도 진보당에 노동운동 관계자의 참여가 적은 한 요인이 되었을 것이다. 진보당이 진보당 정책 중 '노동문제'에서 노동운동이 부패한 관료와 자본가들에 의해 농단되고 있고, 노동조합이 그들의 어용단체화하고 있는 현상을 시급히 개선하여야 한다고 주장하고, 노동문제에 대하여 원론적인 주장을 한 것에 머문 것은 기본적으로 진보당이 노동운동이나 노동조직에 관여할 수 있는 통로가 원천적으로 봉쇄되어있기 때문이었다.

2. 조봉암·이승만과 농민조직

현실정치가로서 조봉암이 신당이나 진보당과 관련하여 1952년경에도, 1957년에도 노동자 농민이 아니라, 농민 노동자라고 표현한 것은 주목할 만하다. 그것은 한국 민중의 대다수가 농민으로 구성되어있다는 것을 반영한 것일 뿐만 아니라, 자신의 정당이 대변하는 데서나 정치기반으로 삼는 데 노동자보다 농민에 더 비중이 두어져 있음을 시사한다. 실제로 1952년의 정부통령선거에서건 1956년의 정부통령선거에서건, 조봉암은 농민의 지지를 많이 받았던 것으로 알려진다. 조봉암이 농민한테 비중을 둔 데는 다른 이유도 있었다. 그는 농림부장관 재임 때 농민조직에 많은 관심을 기울였는데, 이영근을 앞세워 1951년 신당을 조직할 때 농민조직과 그것을 연결시키고자 하였다. 1951년 10월 3, 4일에 '농민회의준비위원회'가 열렸고, 10월 22일 부산에서 열린 결성대회에서는 108개 군대표 340명이 참석한 가운데 국회부의장 조봉암을 회장, 윤태중(尹泰重), 최병협(崔秉協), 육홍균(陸洪均)을 부회장, 1948년 5·10선거에서 선거사무장이었던 김경태(金景泰)와 신현대(申鉉大), 김병순(金炳淳) 등을 집행위원으로 선출하였다.597) 농민회의는 관변 쪽을 제압하고 조봉암 중심으로 조직된 것이다.598) 결과적

으로 농민회의는 조봉암의 신당작업과 관련있는 농민조직이 되었다.[599] 그
러나 그해 12월에 조부의장의 비서 이영근의 체포가 말해주듯, 이승만 정
권에서 농민회의를 좌시할 리 없었다. 농민회의의 활동이 보이지 않는 것
도 그 때문이다.[600]

특히 이 시기 이승만은 자신의 농민조직을 강화하기 위하여 노력하였다.
대한농민총연맹(대한농총)이 미약하였기 때문에 그 대신에 농민회를 조직
하게 하였다. 1952년 11월 13일 이승만은 각 도·군·면의 일반농민은 하
나도 빠짐없이 농민회나 농민조합에 가입하라는 담화를 발표하였다.[601] 법
률에 의거하지 않고 군주전제국가에서나 있을 법한 초법적 형태로 지시한
것이었다. 그런데 이 담화에서 이승만은 농민협동조합을 조직하려는 사람
들이 있는데, 농협은 부적당하니 농민조합을 만들라는 이상한 지시를 내렸
다. 이것은 농민회의 관계자들을 견제하기 위하여 나온 것으로 보인다. 조

597) 『동아일보』 1951. 10. 24.
598) 한 자료에서는 이 점과 관련하여 "과거 농회에 직을 두었던 구간부 및 직원은
    4284(1951)년 10월 농민회의 구성의 쓰라린 고배의 뒤인지라"라고 표현하였다(대
    한민국건국10년지 간행회, 앞의 책, 320쪽). 농회는 일제강점기 일본인 중심으로
    운영되었는데, 해방 후 무력해졌다가 미군정의 육성책으로 한때 활기를 띠었다.
    그러나 정부수립 이후 거의 활동하지 못하다가 1951년 5월 대통령의 명에 의하여
    해산되었던바(농업협동조합중앙회, 『한국농협 5년사』, 1966, 23쪽), 이때부터 농민
    단체 사이에 농회재산을 둘러싸고 심한 파쟁이 있게 되었다. 『대한민국건국10년
    지』(319쪽)에는 농업협동조합운동이 활발해지면서 재산이 농협에 이양되지 않을
    까 우려하여 농회측에서 구농회 郡직원 4명씩을 부산에 초집하여 농민대회를 연
    것으로 쓰여있다. 그런데 이영근은 신당준비사무국을 설치하고 10월에는 기간조
    직의 하나로서 각 지방 대표 340여 명이 참석하여 전국농민대표자회의를 부산에
    서 열어 농민회의라는 상설조직을 발족하였다고 기술하였다(이영근, 앞의 글, 631
    쪽). 두 글을 검토해볼 때 조봉암 쪽에서 농회가 주동이 되어 연 농민대회에 파고
    들어 그것을 장악한 것으로 보인다. 조봉암 쪽에서는 신당조직으로 활용하기 위
    하여 농회가 농민대회를 열도록 사주하였을 가능성도 있다.
599) 농민회의에 대해서는 이영근, 위의 글, 631쪽 ; 박태균, 앞의 책, 175쪽 참조. 한
    신문은 조봉암의 정치적 기반으로 농민회의, 중간파 진영의 인텔리 및 근로층을
    꼽았다(『국제신보』 1954. 7. 28).
600) 농민회의는 사무소에 간판을 걸지 못하고 유야무야되었다고 한다(대한민국건
    국10년지 간행회, 앞의 책, 319쪽).
601) 공보처 편, 『대통령이승만박사담화집』, 1953, 108~109쪽.

봉암은 농림부장관 재임시 농민과 관계있는 단체들을 협동조합으로 통합하고, 협동조합이 토지개혁사업을 추진하는 등 농업·농촌문제를 처리하는 데 중심역할을 하기를 바랐다. 농민의 자율성이 존중되고 농민 위주로 처리되어야 한다고 생각한 때문이었다. 그리하여 농업협동조합법을 기초하여 제출하였으나 묵살되었고, 그 자신은 곧 사임하지 않을 수 없었다.[602] 1951년 7월에 대한농총에서는 각계 인사를 망라하여 농업협동조합조직추진위원회를 구성하였고,[603] 1951년 10월에 출범한 농민회의에서도 농협협동조합 조직을 추진하려 하였을 터인데, 농민회의와 농업협동조합 조직 추진에 대한 대응이 이승만의 11월 13일 담화로 나온 것이다.

1952년 12월 15일 대한농총은 대의원대회를 열어 명칭을 대한농민회로 개칭하고 총재에 이승만, 회장에 채규항을 뽑았으나 곧 심각한 내분에 휩쓸렸다. 1953년 3월 21~22일에 열린 농민회대회는 그해 1월부터 농림부의 독려 속에 리(里)단위부터 시작하여 농민회 대표를 뽑아[604] 열린 것이었으나, 족청계로 알려진 농림부장관 신중목(愼重穆) 중심의 구(舊)농회파와 금융조합연합회 부회장으로 이승만이 미는 채규항 중심의 대한농총파가 심한 싸움을 벌였다.[605] 이승만이 이 농민회대회에 얼마나 관심이 컸는가는 대회 첫날 담화를 발표하고, 대회가 끝난 다음날 특별유시를 발표한 것으로도 짐작할 수 있다.

그러나 농민회대회는 이승만의 의도대로 되지 않았고, 심지어 '특별유시문'의 쟁탈전까지 벌어지는 형편이었다.[606] 그리하여 이승만의 지시로 5월 7일 통합대회를 열었으나, 이승만이 앞장 세운 채규항은 고문으로 밀리고 최고위원에 농민회의 부회장이었던 윤태중과 박준희(朴俊熙), 박제환(朴濟煥), 원용석(元容奭) 등이 선출되었다. 그리고 김경태가 총무국장, 김병순이

---

602) 서중석, 앞의 책 2, 149~150쪽.

603) 이 위원회는 고문에 禹長春, 신익희, 장면, 장택상, 조봉암 등이 임명되는 등 각계 인사로 구성되었다. 상무위원장은 蔡奎恒이었지만, 감찰위원회 위원장은 조봉암과 가까운 김수선이었다(대한민국건국10년지 간행회, 앞의 책, 318쪽).

604) 『조선일보』 1953. 1. 8.

605) 『조선일보』 1953. 3. 24.

606) 『동아일보』 1953. 3. 25.

산업부장에 앉는 등 여전히 농민회의 쪽이 강력한 발언권을 가졌다.[607] 대한농민회에서는 이승만이 달가워하지 않았던 농업협동조합 조직운동을 벌이고 1953년 10월 15일 농업협동조합법 추진위원회를 구성하여 농업협동조합법을 국회에 제출하였다.[608] 이렇게 되자 이승만 정부는 농민회와 농업협동조합 문제를 분리시켜 농협을 조직하는 데 대한농민회의 영향력을 배제하였다.[609] 그리고 이승만의 강력한 유시에 의하여 1953년 10월 족청계인 박제환, 박준희 등이 밀려났고, 대한농민회는 점차 자유당에 예속되었다. 그리하여 1955년 6월의 전국대회에서 대한농민회는 최고위원에 김창수, 정문흠(鄭文欽) 등을 선임하였던바,[610] 농민회의계 인물로는 김병순이 축산부장이 된 것 정도였다.[611] 그러나 이 농민회는 있으나마나한 존재였다.

한편 농업협동조합은 해방 후 줄곧 추진되어오다가 1953년 3월 실행협동조합이 만들어졌다. 그러나 법적 근거가 결여되었던 관계로 신중목 농림부장관의 경질과 더불어 위축되고 곧 소멸되었다.[612] 그 뒤 1956년에는 구금융조합연합회의 간판을 바꾸어 주식회사 농업은행을 발족시켰고, 신용과 경제사업을 분리한다고 하여 1957년 2월 한국농업은행법과 농업협동조합법이 국회에서 통과되었다. 그러나 그것도 이승만의 반대로 우여곡절을 겪다가 법을 개정하여 1958년 3월 7일에 공포하였다.[613] 농업자금 등 신용업무는 완전히 배제되어 농업은행으로 넘어갔고, 재정면에서 정부의

---

607) 농민회대회가 잇달아 이승만의 의중대로 편성되지 않은 것은 자유당(원외자유당)의 주도권을 쥐기 위한 한 방법의 하나로 자유당 '기간단체'의 하나인 농민회를 족청계가 장악하기 위해 舊농회계, 조봉암계 등과 연합하여 적극적으로 나섰기 때문이었을 것이다. 反농총계열은 舊농회, 족청, 조봉암계가 연합한 모습을 보여주었다(이임하, 「이승만 정권의 농촌단체 재편성」, 『식민지 경제구조와 사회주의 운동』, 풀빛, 1998, 236~239쪽 참조).

608) 대한민국건국10년지 간행회, 앞의 책, 320쪽.

609) 박태균, 앞의 책, 177쪽.

610) 『조선일보』 1955. 7. 1.

611) 대한민국건국10년지 간행회, 앞의 책, 319~321쪽 ; 박태균, 앞의 책, 177쪽.

612) 농업협동조합중앙회, 앞의 책, 22쪽.

613) 이임하, 앞의 글, 240~244쪽.

지원을 받지 못하였다. 비료배급권도 없었으며, 구(舊)농회나 축산·원예조합의 사업을 계승하였을 뿐이어서 처음부터 귀추를 알 수 있었다.614) 또 협동조합법에 따르면 읍·면단위로 출발했어야 하는데, 리·동단위로 단위조합을 만들고 그것의 출자로 시·군조합을 조직하게 되어있었다. 그런데 리·동조합의 조합원수가 겨우 100명 내외로 조합당 출자총액이 2만 5천 환 정도여서 유급 상임직원을 두고 운영할 수 없었고, 따라서 시·군조합에 종속되어있었다. 시·군조합의 관료화는 분명하였다.615) 농업협동조합은 문을 열면서 개점휴업상태였고, 거의 활동할 수 없었다.

진보당이 조직될 때 농민조직과 관련된 자료를 찾기는 어렵지만, 기성의 농민조직과는 관계가 미약하였을 것이다. 다만 진보당 정책에서 '농업의 문제' '협동조합조직화의 문제' '농업정책'을 비중있게 다루는 정도였는데, 농업협동조합의 조직을 강조하고 그것을 통하여 토지개량, 경지정리, 하천정리, 기술도입을 계획적으로 실시하겠다는 주장이 눈에 띈다.

이승만 정권과 같이 노동조합과 농민조직을 국가권력에 예속시키는 유사 파시즘체제에서 진보적 세력이 노동운동이나 농민운동을 한다는 것은 거의 불가능하였다. 이승만의 독재권력이 공고해진 1954년 이후에는 더욱 그러하였다. 윤길중이 진보당 창당을 추진할 때 간사장으로 "진보당의 원칙적인 조직대상들인 농민조직과 노동단체가 민주적으로 발전되어 자주적인 정치이념을 보유하게 될 때까지 한국정치는 진보주의로서 시대성과 역사성에 호응할 수밖에 없다"라고 밝힌 것도616) 그러한 상황을 말해주는 것이었다.

3. 대한노총과 정치권력

1) 이승만과 대한노총의 관계－한국형 파시즘의 한 단면

이승만의 자유당 정권이 대한노총 및 노동운동을 어떻게 장악하였고, 대

---

614) 朴應七·尹汝寯, 「농업협동조합」, 『신동아』 1967. 10, 119~120쪽.
615) 林苗民, 『벌거벗긴 한국경제의 생태』, 育英社, 1959, 40~41쪽.
616) 윤길중, 「진보당 조직의 의의와 그 주장」, 159~160쪽.

한노총이나 노동조합 간부들이 어떠한 성격을 가졌는가를 구명하는 것은 조봉암과 진보당이 노동조직에 뿌리내리지 못한 중요한 근거를 밝히는 것이 된다.

이승만은 신당, 곧 자유당 창당의 방향을 설명하는 담화에서 신당은 대부분 근로자와 농민들과 기타 근로대중으로 구성하라고 지시하였다. 이승만이 노동자, 농민 등의 권익을 옹호하고 그들의 지위를 향상시키겠다는 주장은 정부수립 직후 일민주의를 창도할 때도 제시되었기 때문에 새로운 것이 아니었다. 뿐만 아니라, 자유당의 모체인 원외 신당측에서는 신당의 명칭을 진보당보다도 훨씬 어감이 강한 노농당 또는 통일노농당으로 붙이려 하였으나, 공산당 냄새가 풍긴다고 하여 원내 신당에서 당명으로 정한 자유당으로 당명을 정함으로써 두 개의 자유당이 나오게 된 것이다. 왜 이승만과 그의 추종자들은 노동자·농민의 정당을 표방하였을까.

첫째, 그것은 앞 절에서 살펴본 바 민족해방운동기와 해방 직후에 팽배하였던 사회주의적 분위기를 반영한 것임과 동시에 북과 남의 사회주의에 대항하기 위해서였다. 원외자유당 발당대회에서 채택된 '선언'에 쓰여있는 대로, 적색 망국도당이 "노동자, 농민을 위한다는 미명하에 감언이설과 기만술책으로 조국을 분열하고 민족상쟁을 일삼는" 것에[617] 대항하기 위해서 자신들도 노동자, 농민을 위한다고 들고나온 것이었다. 그것은 또한 한국 부르주아세력이 아직 미약하다는 것을 단적으로 말해줌과 동시에 창당시에는 아직 자본가세력과의 결탁이 그다지 강하지 않았음을 시사해주는 것이기도 하다. 창당시 자유당 문건에는 극우파시즘적 성격이 작용한 것이기도 하지만 오히려 자산가층에 대한 반감이 표출되어있음을 볼 수 있다.

둘째, 한민당-민국당에 대결하기 위해서였다. 앞의 자유당선언에는 '적색 망국도당'을 비난하고, 이어서 독선적 관료주의 군상과 가두 정상배들이 군정시대로부터 대한민국정부 수립 후까지도 관권을 농단하며, 자유경제의 미명하에 악질적인 모리간상배들을 조성하고, 배물(拜物)사상을 토대로 한 이기주의적 자본만능의 사회를 획책하며, 민족 전체의 이익보다는

---

617) 민의원 사무처 법제조사국, 앞의 책, 26쪽.

사리사당의 권익을 위하여 정실 인사와 협잡과 직권남용으로 국정을 독속 (瀆贖)하고 경제를 파탄시킨다고 주장하였던바,[618] 여기서 말하는 독선적 관료주의 군상과 가두 정상배는 민국당원을 가리켰다. 민국당은 1950년 초 내각책임제 개헌을 둘러싸고 이승만과 정면대결하였거니와, 전쟁기에도 거창양민학살사건, 국민방위군사건, 이시영 부통령 사임과 김성수의 부통령 당선으로 이승만과 대립하였고, 이제 내각책임제 개헌과 대통령직선제 개헌을 둘러싸고 격돌하게 되어있었다. 서민들이나 여론주도층에서 한민당민국당에 대해 반감이 많고 자산가층에 대해서도 강한 거부감을 지니고 있는 점을 자유당의 이데올로그들은 충분히 활용하고자 하여, 자신들은 민국당의 특권세력 옹호에 반대하여 노동자, 농민 등 근로대중을 위한 세력임을 표방한 것이었다.

셋째, 노동자 농민 등은 국민의 대다수를 차지하고 있었는데, 이승만 자신이 국민 대다수의 지지를 받는다는 인상을 주기 위한 점도 고려해야 할 것이다. 그것은 또한 이승만 우민(愚民)정책의 단적인 소산이었다.

이 시기 일민주의와 자유당의 대표적 이데올로그였던 양우정은 특권계급의 독점이익을 위하여 성립된 한민당민국당을 견제할 필요성에서 자유당 출현의 필연성을 설명하고, 그들로부터 천대받던 노동자, 농민들이 단시일에 자유당의 기치 밑에 집결하였다고 주장하였다.[619] 자유당이 노동자, 농민을 위한다고 주장한 것을 대한노총과 대한농총이 자유당 조직과 연관되어있는 점과 연결시켜 생각해볼 수 있으나, (원외)자유당 창당에서 이들 단체의 역할은 미미하였다.

이승만이 대한노총이나 대한농총을 무시한 것만은 아니다. 이 점에서 한국노총을 정치로부터 소외시키고 노동단체를 주로 통제의 대상으로만 삼았던 박정희 정권과는 차이가 있다. 파쇼권력은 노동조합을 해산시키고 노동조합 활동을 불법시하여 탄압하기도 하지만,[620] 노동단체의 존립을 허용

---

618) 위의 책, 26쪽.

619) 양우정, 「자유당 자기비판」, 『신천지』 1953. 5, 16~17쪽.

620) 일본에서 近衛 내각에 의하여 新体制운동이 일어난 직후인 1940년 7월 자발적 혹은 경찰의 압력에 의하여 이미 산업보국운동을 폈던 노동계에서는 총동맹 등

하기도 한다. 또 이탈리아의 경우처럼 파시즘은 노동자계급을 탄압한 후
그에 대한 공세를 늦추고 계급간 화해를 내세우며 노동대중을 억누르기
위한 도구로 코포라티즘 조합을 조직하기도 한다.[621] 이와 같이 노동조합
의 존재를 허용하는 방법은 여러가지가 있는데, 노동자가 많은 것이 아닌
데도 불구하고 이승만 정권처럼 최고영도자가 직접 노동단체의 총재가 되
고, 노동단체가 명목상으로는 중요시되어 집권당의 '기간단체'로 '대우'받
는 경우는 쉽게 볼 수 있는 현상이 아니다. 그것은 해방 직후에 있었던 혁
명적 상황과 연결되어 있다.

대한노총은 해방정국에서 해낸 역할, 우익정치세력과의 관계 때문에 이
승만 정권이 들어선 이후에도 초기에는 미약하게나마 발언권이 있었고, 권
력의 일부분으로 편제되었다. 그와 함께 대한노총은 탄생과정부터 노동운
동단체라기보다 정치세력의 하수인 성격을 띠고 있었는데, 이승만 정권이
들어선 이후 그러한 성격이 더욱 두드러져 권력으로부터 이용가치를 인정
받았다. 대한노총은 어떠한 단체보다도 앞장서서 이승만한테 충성을 바쳤
으며, 노동조합은 조합원의 의사와 상관없이 자유당 조직의 일부로 복무하
였고, 말기로 갈수록 더욱 심하였지만 노동조합원은 자동적으로 자유당 말
단당원으로서 부정선거의 도구로 취급받았다. 1980년대에 이르기까지 시
기에 따라 성격을 달리하는 노동조직과 파쇼권력의 관계는 한국형 파시즘
의 한 단면을 잘 보여준다.

대한노총(정부수립 이전은 정식 명칭이 대한독립촉성노동총연맹이고 그 이
후는 대한노동총연맹이며, 1954년 4월 8일 이후에는 대한노동조합총연합회이
지만 모두 다 대한노총으로 약칭된다)은 해방 직후의 혁명적 상황에서 우익
정치세력이 광범한 노동자를 결집시킨 전국노동조합평의회(전평)에 대항하
기 위하여 노동단체를 조직할 필요성을 절감하고,[622] 권력과 자본의 엄호

중요 노동조합이 해산하였다. 10월에 近衛 수상을 총재로 한 大政翼贊會가 발족
하였고, 11월 大日本산업보국회가 결성되었다(遠山茂樹・今井淸一・藤原彰, 『昭
和史』, 日本 : 岩波書店, 1959, 186쪽).

621) 톨리아티, 「코포라티즘과 파시즘」, 『자본주의 위기와 파시즘』, 김세균 편역, 동
녘, 1987, 364~378쪽.

622) 임송자, 「미군정기 대한독립촉성노동총연맹에 관한 연구」 성균관대 사학과 석

하에 임금노동자가 아닌 정치인들이 위로부터 하향적 지령을 통하여 조직한 단체였다. 대한노총은 제1차적 목표가 노동조건의 개선이 아니라 반공투쟁이었고, 일상적이며 항상적인 단체로서 의도되었다기보다 특정한 목적의 달성을 위하여 단기간에 급조되었다. 요약하면, 대한노총은 일반 노동단체와 달리 우익정치세력, 자본가, 미군정의 지원을 받으며, 반공투쟁을 통하여 기존의 노동운동을 분쇄하는 정치적 기능을 행사하는 노동단체적 형식을 취한 반공단체였다.[623) 대한노총은 정치 및 정치세력과의 밀접한 관계 속에서 태어나고 활동하였다. 그것은 우익정치조직의 하나였다.

2) 대한노총 초기 분파간의 노선대립

흔히 대한노총은 이승만 정권의 어용단체나 도구로 간주되지만, 상당기간 대한농총이나 농민회에는 조봉암 지지세력이 만만치 않았고, 또 이승만 추종세력이나 어용세력이라고 하더라도 분열과 파쟁이 심하였던 것과 비슷하게, 대한노총의 어용성도 시기에 따라서 약간 다르고, 어용의 성격에도 차이가 있다. 정부수립 직후 대한노총은 이승만의 의중대로 움직인 것만은 아니었다. 대한노총이 미군정기의 유산을 이어받았기 때문인데, 미군정기에 이승만-한민당은 대한노총에 강력한 영향력을 가지고 있었지만, 다른 우익정치세력도 영향력이 있었고, 따라서 노선에도 분파간에 미묘한 차이를 보였다.

대한노총 결성에는 일제시기 이래 좌익의 동향, 특히 좌익의 계급적 지향과 노동운동에 예리한 관심을 보였던 중도우파 안재홍계가 중요하게 작용하였다. 대한노총 초대 위원장 홍윤옥(洪允玉)은 국민당 청년부차장이었고, 초기 대한노총의 주요 활동가 중 한 사람인 유기태(劉起兌)는 국민당 조직부차장이었다. 안재홍은 대한노총에 거액을 후원하였고,[624) 대한노총 결성 당시의 강령은 안재홍의 신민주주의와 신민족주의 이념을 기본으로 하였다.[625) 대한노총 결성 주역 중의 한 사람인 초대 부위원장 김구(金龜)

사논문, 1994, 112쪽.

623) 한국노동조합총연맹, 『한국노동조합운동사』, 1979, 281쪽.

624) 임송자, 앞의 글, 27~28쪽.

는 김구(金九)의 한독당계로 알려졌는데, 안재홍의 국민당계와 김구가 제휴하여 이승만계인 전진한과 맞섰다. 초기 대한노총에서는 홍윤옥, 김구가 헤게모니를 장악하고 있었으나,[626] 1946년 10월 전진한 체제가 등장하면서 김구는 추방당하였다.

이러한 사태와 관련이 되겠지만, 1946년 11월에는 김규식, 안재홍, 조소앙, 원세훈 등 합작파 또는 중도파를 고문으로 하고, 부위원장에 유기태, 채규연(蔡奎淵)을 선임한(위원장은 미정) 전국노농조합총연맹이 조직되었다. 그 다음해 1947년 3월 대한노총 제1차 전국대의원대회에서는 전진한계와 유기태계가 다시 합쳐져 위원장에는 전진한, 부위원장에는 채규항, 유기태, 김종률(金鍾律)이 선출되었다.[627] 1948년 1월 대한노총 제2차 전국대의원대회 직전에 전진한계는 김구 등에 체포영장을 내게 하여 김구 등이 민 유기태는 위원장 경쟁에서 패배하였다. 그러나 이 대회에서 도피중인 김구가 부위원장이 된 것은 유기태·김구의 세력이 만만치 않았음을 보여준다. 초기 대한노총의 고문이 이승만, 김구, 김규식, 안재홍, 조소앙이었고, 1947년 3월 대회 이후에도 총재가 이승만, 부총재가 김구였다는 것은 대한노총이 여러 우익정치세력과 연결되어있었음을 말해준다. 홍윤옥, 김구 등이 노동정책에서 전진한계와 의견을 달리하였다는 것은 그들이 1946년 6월에 내한한 미국의 조선소위원회 노동고문과 만난 자리에서 제기한 대한노총 정책 비판에서도 읽을 수 있다.[628]

정부수립 직후인 1948년 8월 26~27일에 열린 대한노총 임시전국대의원대회에서는 사회부장관으로 입각한 전진한의 위원장 유임을 놓고 격론을 벌였으나, 전진한이 다시 위원장에, 유기태 등이 부위원장에 선출되었다. 전진한 위원장은 곧 김구 등 반대파를 제명하였으나, 이들 반대파는 전국혁신위원회를 조직하였고, 10월에 혁신선언을 발표하였다. 김구 등은 이

---

625) 金三洙, 『한국자본주의 국가의 성립과 그 특질―1945~53년』日本 : 동경대 경제학연구과 박사논문, 1991, 115~118쪽.
626) 임송자, 앞의 글, 32쪽.
627) 위의 글, 57~61쪽.
628) 자세한 것은, 위의 글, 51~54쪽 참조.

선언에서 노동조합이 자율성·자주성을 잃은 채 기개 간부의 조합이 되었고, 단결권·단체교섭권을 행사하지 못한 점, 지도적 간부가 정부의 요직을 겸임하고 있는 점을 비판하면서, 지역별 조직을 산별 조직으로 개편할 것, 관제조합을 청산할 것, 조합운영을 민주적으로 할 것, 노동조합이 일당 일파의 도구화됨을 배격할 것 등을 요구하였다.[629]

1949년 3월 제3차 정기 대의원대회에서는 노총 위원장에 조소앙, 김약수 등 중도계 외부인사를 옹립하자는 주장까지 나왔고,[630] 전진한파를 누르고 유기태가 위원장이, 주종필, 김구, 안병성(安秉星) 등이 부위원장이 되었다. 혁신파의 승리였다. 그러자 전진한파는 이 대회를 부인하고 4월대회를 열어 전진한을 위원장으로 선출하여 분쟁이 심하였다. 그리하여 총재인 이승만은 1948년 12월에 장관직을 돌연히 사임한—그것은 이승만 정부 최초의 일이었다—전진한에 대한 불만도 작용하여 이해 7월 양파에서 각각 최고위원 5명씩을 선출하도록 하여 일단락지었다.

중도우파·한독당과 연결되었던 대한노총 내 혁신세력이 제거된 것은 정치계에서 김규식, 조소앙, 안재홍, 윤기섭, 원세훈 등 중도파 민족주의자들이 제거된 것과 비슷하게 전쟁을 통해서였다. 유기태는 전쟁 발발 직후 실해되었고, 김구, 안병성, 홍양명(洪陽明), 황인수(黃仁秀), 김광준(金光俊), 김종원(金鍾元) 등 간부들은 피살, 납치 또는 행방불명되었다. 또 반전진한파 간부인 송원도(宋元道)의 조직원들은 4할이 노조활동 때문에 체포되었다고 한다.[631] 이로써 대한노총은 이승만 충성파에 의하여 장악되었지만, 그렇다고 내분이 사라진 것은 아니었다.

해방 후의 진보 성향은 노동관계 헌법 조항에도 영향을 미쳤다. 이 헌법은 전문(前文)의 경제부분과 경제조항에 각인의 기회를 균등히 하고 사회정의를 실현시킨다는 취지 아래 중요 자원·산업·기업의 국유·국영화

---

629) 한국노동조합총연맹, 앞의 책, 368~370쪽.

630) 金永泰, 「노동운동 20년 小史」 3, 『노동공론』 1971. 2, 172쪽.

631) 김삼수, 앞의 글, 190, 247, 249쪽. 얼(Earl)은 한국전쟁 발발 후 미국에 돌아가 ECA미션의 한국 노동문제에 관한 입장을 극렬히 비판하고, "북한군의 서울 진주 이전에 한국정부가 5명의 노동계 리더를 처형하였지만, 그때 미대사관은 그들을 위한 중재를 거부하였다"라고 말하였다(김삼수, 같은 글, 202쪽).

규정 등 사회주의적 요소가 있었는데, 헌법 제18조 2항에는 "영리를 목적으로 하는 사기업에 있어서는 근로자는 법률의 정하는 바에 의하여 이익의 분배에 균점할 권리가 있다"라고 규정하여 노동자의 이익균점권을 인정하였다. 대한노총에서는 산하 각급 노조와 제휴하여 1948년 6월 14일 전진한 노총위원장 외 9명의 의원 이름으로 노동자는 기업의 이윤 중에서 30% 이상 50% 이내의 이익배당을 받을 권리가 있다는 조항 등 노동관계 조항을 헌법에 삽입할 것을 요구하였다.[632]

그러나 헌법에 이익균점권이 포함된 것은 대한노총의 노력 때문이 아니었다. 대한노총에서 움직일 수 있는 국회의원수는 제한되어있었고, 대한노총의 우군이라고 볼 수 있는 한민당은 오히려 진보적인 노동조항을 헌법에 넣는 것에 반대하였다.[633] 전진한은 이익균점조항이 세계 어느 나라 헌법에서도 발견할 수 없는 일대 창견일 뿐 아니라 인류평화의 암이요 세계적 난제인 노자대립을 근본적으로 해결할 수 있는 한 개 관건이라고 큰소리쳤지만,[634] 그것을 실현시키기 위하여 별다른 노력을 하지 않았다. 진보적인 경제·노동조항이 헌법에 들어간 것은 일부 극우세력의 반대에도 불구하고 무소속구락부 등 진보적 의원들이 동조하였기 때문이었다.[635] 또한 그것은 그 시기 대한노총에서 임금노예로의 전락을 거부하고 자본주의체제를 비판하면서 노동도 자본으로 간주하여야 하며(노동과 자본의 공동출자), 귀속재산 임차시나 불하시에 그 권익의 50%를 노무자에게 돌아가게 하여야 한다고 주장할 수 있었던 상황[636] ─ 사회주의적 분위기, 사회주의자들의 도전, 자본계급의 미약 등 ─ 에 기인한 것이었다.

이승만 대통령은 전쟁 발발 전에는 대한노총에 일정한 양보도 하였다. 미군정 운수부의 적극적인 협조를 받으며 전평에서 가장 강력한 조직이었

---

632) 김영태, 앞의 글 3, 167쪽.

633) 위의 글, 167쪽.

634) 전진한, 『건국이념』, 敬天愛人社, 1948(『이렇게 싸웠다』, 무역연구원, 1996 수록), 140쪽.

635) 김삼수는 중간파의 '민족공동체' 구상이 헌법에서 이익균점조항을 제안, 성립시킨 가장 근본적인 기반으로 생각하였다(김삼수, 앞의 글, 157쪽).

636) 김영태, 앞의 글 3, 167~172쪽 참조.

던 전평 철도노조를 타도하는 데 앞장서온 대한노총 운수부연맹은 국가공무원법 제정시 공무원은 정치운동에 참여하지 못하며 공무 이외의 일을 위한 집단적 행동을 해서는 아니된다는 규정을 수정하기 위하여 투쟁하였다. 그러나 1949년 8월 이승만 대통령에 의하여 원안대로 통과된 법이 공포되자 교통부에서는 대한노총 철도연맹(1949년 3월에 운수부연맹을 철도연맹으로 개칭, 위원장 朱鍾駜)을 제거하기 위하여 현업원조합을 조직하였다. 그러나 철도연맹의 저항에 이승만은 교통부에 명하여 현업원조합 간판을 제거케 하여 철도연맹은 노동조합으로 계속 활동할 수 있게 되었고,[637] 대한노총의 강력한 파워집단의 하나로 존재하였다.

규모가 큰 귀속기업체인 조선전업(電業)은 정부수립 후 노동조합을 결성하였다는 점에서(위원장 崔龍洙) 전평 타도에 공이 큰 철도연맹과 구별된다. 조선전업사장 서민호는 노동조합 파괴작업에 나섰고, 1949년 4월 중앙노동조정위원회에서 조선전업노동조합을 인정한다고 판결내린 것에도 불복하였다. 이에 대항하여 조선전업노동조합은 단전(斷電)파업을 결의하여 파문이 커지자, 이승만은 양측과 사회부장관, 대한노총 3월파 위원장 유기태와 김구를[638] 불러 조선전업노동조합을 인정하도록 하였다. 이승만이 대한노총에서 강한 발언권을 갖게 되는 두 노동조합을 인정한 것은 일보 후퇴하여 타협한 것이었다.[639] 정부수립 초기여서 복잡한 일이 많았고, 아직 권력이 강력히 집중되어있지 않은 데다가 대한노총이 전평을 타도하는 데 기여하였기 때문에, 그리고 어용조직으로서 자신의 권력에 봉사하게 하기 위해서도, 일정부분 노동조합의 존재를 인정하지 않을 수 없었다. 그러나 1950년대에 이승만은 조선방직쟁의사건, 대한방직쟁의사건이 말해주듯 결코 노동조합에 양보하지 않았다. 그것은 자신의 권력의 도구였을 뿐이었다.

---

637) 金洛中, 『한국노동운동사 — 해방 후편』, 청사, 1982, 123~126쪽.

638) 철도연맹도 3월대회파에 속하였지만(김낙중, 앞의 책, 125쪽), 미대사관 보고서는 한국전업노조는 유기태파에 속해있고, 이 분파는 정치적 목적보다는 노동의 이익을 강조하는 경향이 있다고 분석하였다(김삼수, 앞의 글, 202쪽).

639) 김낙중, 앞의 책, 132쪽.

3) 조선방직쟁의의 역사적 의의

1951년 9월 이승만과 개인적 관계가 돈독하고, 귀속재산인 동화백화점
(신세계백화점 건물에 있었음)의 관리인이었던 강일매(姜一邁)가[640] 노동자
6천 명으로 최대 규모의 귀속기업체 방직공장이었던 부산 조선방직 사장
으로 취임하여 자기세력을 부식하고 노동자를 해고함으로써 발생한 조방
쟁의는 부산정치파동과 맞물리면서 여러가지 면에서 노동운동사에 영향을
미쳤다. 강일매는 자기세력을 부식하고 노동자들을 해고한 뒤 조선방직노
동조합을 어용화하기 위하여 1951년 12월에 노동조합 간부를 해고하였고,
노동자들은 이에 대항하여 강일매의 사임을 요구하였다. 대한노총은 조방
쟁의대책위원회를 구성하여 1952년 1월 강일매 사장의 파면 등을 주장하
였는데, 대한노총 내의 주종필 등은 강일매가 이승만의 지지를 받는 것을
알고 조방쟁의에 개입하는 것을 반대하며 대한노총정화위원회를 구성하였
다.[641]

대한노총의 분열은 부산정치파동과 연결되었다. 대한노총정화위원회는
이승만과 직결된 원외자유당의 추종세력이었다. 원외자유당은 조선방직회
사 내에 민의동원본부를 두어 땃벌떼, 백골단, 민중자결단 등의 이름으로
이승만 정부가 내놓은 대통령직선제 개헌안을 부결시킨 국회의원소환운동
을 벌이며(1952. 2. 18) 테러를 자행하고 국회의원들을 협박하였으며, 5월
25일에는 경향신문사를 습격하였다. 조방쟁의대책위원회는 이갑성 의원을
배경으로 하여 송원도, 우갑린(禹甲麟), 박중정(朴重政) 등이 관여하였고, 전
진한, 임기봉, 김말룡 등도 관계하였다.[642] 국회에서는 2월 29일 강일매 사

---

640) 몇몇 글과 저서에서는 강일매에 대해 이승만이 서대문감옥에서 복역할 때 은
　　혜를 많이 입은 형리의 아들이라고 기록하고 있는데(김영태, 앞의 글 4, 『노동공
　　론』 1971. 3, 178쪽 ; 한국노동조합총연맹, 앞의 책, 360쪽 ; 김낙중, 앞의 책, 145
　　쪽), 서대문감옥소는 이승만이 감옥에서 나온 후에 생겼기 때문에 위의 기술은 부
　　정확하다.

641) 김낙중, 위의 책, 144~150쪽.

642) 金潤煥·김낙중, 『한국노동운동사』, 일조각, 1970, 156쪽 ; 김영태, 앞의 글 6,
　　『노동공론』 1971. 5, 154쪽. 그런데 한국노동조합총연맹, 앞의 책에서 조방쟁의대

장의 퇴진을 결의하는 등 조방쟁의대책위원회와 비슷한 입장을 보였다.[643]

조방쟁의는 1952년 3월 중순에 접어들면서 강경대결의 모습을 보여주었다. 3월 10일 송원도의 동의로 쟁의대책위원회에서는 파업을 결의하였고, 다음날 전진한 대한노총위원장은 3월 12일에 파업에 돌입할 것과 국제자유노련, 국제노동기구 등에 호소할 것을 선언하였다. 이승만은 3월 11일 즉각 담화를 발표하여 공업과 정당운동을 갈라놓겠다고 역설하였다. 조선방직 노동자들은 12일 파업에 들어갔으나 정부의 강경한 대응책에 전진한은 13일 파업을 중지하고 생산보국에 충성을 다하라는 지시를 내리고 국제기관에 호소하는 것도 보류하겠다고 말하였다. 600여 노동자가 직장을 잃는 등 노동자가 큰 피해를 당하는 상황에서 무조건 투항한 것이었다.[644]

이승만이 3월 11일 담화에서 공업과 정당운동을 갈라놓겠다고 말한 것은 무엇을 의미할까. 그것은 자신의 직접적인 추종세력이 아닌 다른 정치세력이 대한노총이나 노동조합에 근거를 갖는 것을 용납하지 않겠다는 의미로 받아들일 수 있다. 그보다 더 중요한 것은, 이승만이 이 담화에서 얼마나 의도하였는지는 불확실하지만 조방쟁의를 통하여 경영주 또는 자본가와 노동자 간의 세력관계가 눈에 띄게 달라졌다는 점이다. 양자는 표면상의 수평적 관계에서 명백히 노동조합 또는 노동자가 경영주 - 자본가에 예속되는 수직적 관계로 바뀌게 되었다.[645] 해방 후의 상황으로 대한노총은 관리인(귀속기업체)이나 자본가와 협력관계를 갖기도 하는 등 비교적 대등한 관계를 가질 수 있었고, 비록 대단한 것은 아니었으나 일정하게 정치적 힘을 가졌다. 그런데 조방쟁의 이후 그것은 이승만 정권 - 자유당의 하

책위원회와 대한노총정화위원회가 원내자유당과 원외자유당에 정확하게 대응한다고 서술한 것은(353쪽) 부정확한 표현이다. 이갑성은 원내자유당에 속하기는 하였지만, 이승만에 비판적이고 내각책임제 개헌을 추진한 원내자유당의 주류와 대립하여 양우정과 함께 삼우장파를 이끌었고, 이 삼우장파는 부산정치파동이 고비에 이를 때 원내자유당 주류와 정면으로 대결하며 대통령직선제 개헌안 - 발췌개헌안 통과에 앞장섰으며, 원외자유당과 함께 이승만에 대하여 충성경쟁을 벌였다.

643) 국회사무처, 『국회사』, 1971, 708~711쪽.

644) 한국노동조합총연맹, 앞의 책, 365~366쪽.

645) 김삼수, 앞의 글, 281쪽 참조.

부단체 또는 필요시 동원되는 외곽단체에 지나지 않았고, 노동조합은 노자협조의 깃발 아래에서 자본에 봉사하는 어용조직이 되었다.

조방쟁의는 노동입법을 촉성시키는 계기로도 작용하였지만,[646] 이승만권력에 대한노총을 더 직접적으로 예속케 하는 계기가 되었다. 대한노총 내 두 세력은 제6차 전국대회가 다가오자 각각 따로 대회를 소집하였다. 조방쟁의대책위원회에서는 전진한 위원장 명의로 5월 27일 대회를 소집한다고 공고하였고, 정화위원회에서는 5월 30일에 대회를 소집한다고 공고하였다. 대회소집권은 규약상 위원장에게 있었지만, 이승만의 지지를 받고 있었으므로 그것은 문제될 수 없었다. 양파가 독자적으로 대회를 소집하자 이승만은 5월 31일에 합동대회를 개최하도록 지시하였으나, 사회부에서는 시일 관계 등으로 불가능하다고 판단하여 이승만의 재가를 얻어 6월 9일 합동대회를 개최한다고 공고, 시달하였다. 그러나 정화위원회에서는 5월 31일 대회를 열어 주종필 등 5명을 최고위원으로 선임하였고, 전진한파는 사회부 지시대로 6월 9일 대회를 열어 위원장에 전진한, 부위원장에 임기봉, 조경규를 선출하였다. 그 뒤 전진한의 반발을 무릅쓰고 또 위원장이 대회소집을 한 것이 아닌데도, 이승만의 '권고' 아래 1952년 11월 8~9일에 통합대회가 열렸다. 이 대회는 난투극이 벌어지는 등 수라장 끝에 송원도, 조경규, 이진수 등 3인을 최고위원으로 선출하였다. 이승만은 11월 8일 메시지를 보내어 이 대회에서 대표를 뽑아 천거하면 자유당 중앙위원으로 임명하겠다고 밝혔다.[647]

11월 8~9일의 대회에서 전진한이 제거되고, 이후 전진한이 대한노총에 발을 못 붙였다는 것은 대한노총에서 독자적인 정치세력을 갖는 중간보스가 사라졌다는 것을 의미함과 동시에, 대한노총의 정치적 발언권이 약화되고, 내부에는 민주적 노동운동에 관심을 가진 간부들도 없지는 않았지만, 전체적으로는 단지 권력의 추종세력으로 존재하게 되었다는 것을 의미하였다. 전진한은 철저한 이승만 노선의 추종자였으나, 나름대로 정치적 야

---

646) 김낙중, 앞의 책, 155쪽.
647) 한국노동조합총연맹, 앞의 책, 353~355쪽.

심이 있어 이승만한테 맹종하지만은 않았고, 자유당 곧 원외자유당의 간부도 아니었다. 대한노총이 자유당의 하부단체로서 철저히 봉사하기 위해서는 대한노총 간부는 이승만한테 복종할 뿐만 아니라, 자유당 당원으로서 자유당한테도 복종하여야 했다. 자유당에서 이범석 등 족청계가 제거되어 정치적 야심을 가진 중간보스가 사라지기 전에 먼저 대한노총에서 전진한이 거세되었다는 점에서 대한노총의 재편은 의미가 있다. 또한 새로 간부가 된 조경규는 한때 자유당에서 상당한 세력을 이루었지만 그것은 대한노총을 기반으로 한 것이 아니었다는 점에 유의하여야 한다.

대한노총에서 중간보스가 사라졌다고 하여 파벌이 종식된 것은 절대 아니었다. 대한노총 간부가 되는 것은 자유당을 통하여 출세하는 길이었기 때문에 내분은 1960년 3, 4월항쟁이 전개될 때까지 쉼없이 계속되었다. 1952년에 채택된 최고위원제가 1958년에 폐지되고 위원장제가 부활된 것은 전진한이 위원장하던 때와는 달리, 자유당과 대한노총의 관계를 한층 강화하려는 목적에서 나온 것임과 동시에, 다수의 간부가 서로 자유당 내 각파와 야합하여 자유당의 파쟁과 연결된 자리쟁탈전이 노총에서 벌어지는 것을 방지하자는 것이었다.648)

4) 자유당과 대한노총의 관계

이승만이 11월 8일의 메시지에서 대한노총이 대표를 선출해주면 자유당 중앙위원에 임명하겠다는 것에 대하여 거의 모든 저서와 연구논문에서는 대한노총을 자유당의 기간단체로 삼겠다는 뜻으로 받아들이고, 대한노총을 자유당의 기간단체로 기술하였다. 분명히 대한노총에서도 자유당에서도 그와 같이 말하였다. 그러나 정당의 기간단체란 말이 정당운영이나 정책작성에서 일정한 발언권을 갖는다는 것을 의미한다면 대한노총은 한 번도 기간단체인 적이 없었다. 구태여 말한다면 대한노총은 권력에 복무하여 노동을 통제하고 권력의 필요에 의하여 동원되는 자유당의 하부조직에 지나지 않았다.649)

---

648) 卓熙俊, 「건전한 노동조합운동」, 『사상계』 1960. 6, 188쪽.

대한노총이 노동단체라기보다는 정치조직이라는 것은[650] 우익정치세력의 한 부분으로 전평 타도에 앞장섰다는 것을 의미하는 것만이 아니다. 대한노총은 자유당이 만들어지기 전에도 정치활동을 하였고, 자유당 출현 이후에는 자유당의 하부조직 또는 외곽조직이었다. 5・10선거에 대한노총은 후보를 12명,[651] 대한농총은 10명을 내세웠는데, 대한노총에서는 전진한이, 대한농총에서는 황두연(黃斗淵), 이석주(李錫柱)가 당선되었다.[652] 5・30선거의 경우 대한노총 관계자들이 무려 48명이나 입후보하고,[653] 각 선거구마다 선거추진위원회를 구성하였으며 선거강령까지 발표하는 등 적극적으로 나섰는데,[654] 조광섭(趙光燮), 김인선(金仁善), 조경규, 임기봉 등 4명이 당선되었다.

자유당 곧 원외자유당의 조직과 대한노총이 어떠한 관계에 있었는지를 밝혀줄 수 있는 자료는 미약하다. 이승만은 1952년 11월 8일 대한노총대의원대회에 메시지를 보낸 것에 이어 11월 11일 비슷한 내용으로 대한청년단전국대회에도 메시지를 보냈던바, 뒤의 메시지에서 "기왕에 자유당 간부를 각 단체 대표들로 만들었던 것"이라고 지적하였다.[655] 초대 자유당 임원을 보면 대한청년단 간부 유화청(柳和靑)이 총무부장을, 대한농총 간부인 최상석(崔尙錫)이 농민부장을, 조선전업노동조합 위원장인 최용수가 노동부장을 맡았다. 그러나 농민부장, 노동부장의 지휘자인 사회국장은 국민회 간부인 이활(李活)이 맡았다. 한 자료에는 이승만을 총재로 추대한 국민회, 대한부인회, 대한청년단, 대한노총, 대한농총 등을 기간으로 하여 그 단체 파견 대표를 중심으로 신당을 만들기로 하여 신당 발기협의회가 구성되었

---

649) 위의 글, 185쪽 참조.

650) 위의 글, 185쪽.

651) 12명은 중앙선거관리위원회, 『대한민국선거사』 1, 1973, 613쪽에 의한 것이다. 김영태는 대한노총의 공인 후보가 6명이라고 기록하였다(김영태, 앞의 글 3, 166쪽).

652) 임송자, 앞의 글, 68~69쪽.

653) 입후보자 명단은 한국노동조합총연맹, 앞의 책, 376~377쪽 참조.

654) 선거강령은 김영태, 앞의 글 4, 174~175쪽 참조.

655) 공보처 편, 『대통령이승만박사담화집』, 1953, 106쪽.

다고 쓰여있다.656)

그러나 앞의 5개 단체에서 신당을 만들기 위하여 대표를 파견하였다는 기록은 나오지 않고 있다. 또 초대 원외자유당 간부들이 대한청년단, 대한노총, 대한농총 등의 대표라고 볼 수도 없다. 원외자유당은 5개 단체로 구성되고 5개 단체에서 대표를 파견한 것이 아니라, 5개 단체 간부 중 일부가 신당에 참여하였을 뿐이었다. 그런데 이들 단체의 총재인 이승만의 내밀한 지시에 의하여 원외자유당이 만들어졌고, 그 때문에 5개 단체가 어떠한 형태든 관련을 맺었다는 점에 특징이 있었다. 또 한 가지 유념해야 할 것은, 원외자유당은 5개 단체가 어떠한 형태로 참여하였든지 실질적으로 조직을 장악한 것은 그 시기 가장 조직이 잘된 것으로 알려진 이범석의 족청계였다는 점이다.

1952년 11월 8일 '통합대회'란 것을 연 것은 전진한을 축출하기 위한 것도 한 이유였지만, 더 직접적이고 중요하였던 것은 자유당을 장악하고 있는 족청계를 견제하기 위해서였다. 이승만은 1952년 9월 26일에 열린 자유당 전당대회에서 당수·부당수제를 폐지하고 총재제로 할 것, 중앙상무집행위원회 등을 폐지하고 단순한 소수 부서와 중앙위원회를 둘 것 등을 지시하였다. 이로써 이승만은 총재가 되었으나, 부당수인 이범석은 평당원으로 격하되었다. 그리고 족청계에서 올린 중앙위원 등에 대하여 재가하지 않고, 11월 8일 대한노총대회에, 11월 11일 대한청년단대회에, 11월 13일 대한농총의 농민회로의 재편대회에 메시지를 보냈다. 1953년 1월 18일 이승만은 자유당 중앙위원부의 대표위원 곧 중앙위원으로 채규항, 최상석, 박일래(朴一來 : 이상 대한농총), 송원도, 이진수, 조경규(이상 대한노총), 박현숙(朴賢淑), 황애덕(黃愛德), 유각경(兪珏卿 : 이상 대한부인회), 윤재욱(尹在旭), 유화청, 진승국(秦承國 : 이상 대한청년단) 등 12명을 지명하였다.657)

이것을 두고 일부 연구자들은 대한노총 등이 자유당의 기간단체가 되었다고 설명하였다. 그런데 이들 12명은 자유당의 실권자들이 아니었다. 당

---

656) 대한민국건국10년지 간행회, 앞의 책, 199쪽.
657) 마한, 앞의 책, 145쪽.

의 실권은 여전히 족청계에서 쥐고 있었다. 그리하여 이승만은 1953년 하반기에 대대적으로 족청계를 숙청하는 작업을 벌였고, 10월경 마비상태의 당 재건업무를 맡을 자유당 중앙당부 임시임원으로 이기붕(李起鵬 : 총무부장) 등을 임명하였다.[658] 그러니까 앞의 4개 단체 대표 12명의 중앙위원은 이기붕 체제가 출발하기 전에는 직함만 가지고 있었다. 이기붕 체제가 성립한 뒤에도 대한노총 등은 계속 자유당의 기간단체로 불리었지만, 자유당 내에서 아무런 힘이 없었다. 흥미있는 것은 자유당의 기간단체를 벗어나야 한다는 의견은 대한노총 등에서 후에 나오지만, 대한노총 등 어떤 단체에서도 자유당의 기간단체로 들어가자고 결의한 적이 없었다는 점이다. 순전히 절대적 영도자 이승만을 매개로 해서 그렇게 불린 것이었다. 가부장적 한국형 파시즘의 희극이라면 희극이었다.

1956년 정부통령선거를 앞두고 발생한 대구 대한방직쟁의는 이승만·자유당에서 대한노총이 어떠한 위치에 있었는가를 잘 보여준다. 대한방직쟁의는 원래 조선방직의 대구공장이었던 것을 자유당 재정부장 설경동이 1955년에 불하받으면서 발생하였다. 설경동은 이 공장을 불하받자 1955년 5월에 2,600여 명의 노동자를 전원 해고하고(후에 200명 채용됨), 나아가 기존의 노동조합 대신 어용노동조합을 만들려고 하였다. 1956년 1월 대한방직노동조합에서 쟁의 돌입을 결의하였고, 분규는 4월까지 계속되었다. 대한방직쟁의는 자유당의 요직을 맡고 있는 기업체의 장과 자유당 기간단체의 산하 노동조합의 싸움이어서 주목을 받았다.[659] 그렇지만 설경동은 국회와 보건사회부, 중앙노동위원회의 결의와 권고를 무시하였으며, 결국 노동자의 참패로 이 싸움은 끝났다.[660] 이 쟁의의 와중에서 대한노총은 이승만의 대통령 삼선을 위하여 '우의마의 소동' 팬잔까지 들으며 여러 차례 노동조합원들을 동원하였는데도,[661] 이승만은 국회나 보건사회부 등과는

---

658) 자유당 중앙당부 임시임원의 임명시기는 자료에 따라 약간 다르다. 마한의 앞의 책(155~158쪽)에는 10월 16일로, 朴容萬, 『경무대비화』(三國문화사, 1965, 199쪽)에는 11월 19일로 되어있다.

659) 『한국일보』 1956. 6. 11.

660) 김윤환·김낙중, 앞의 책, 177~180쪽 ; 한국노동조합총연맹, 앞의 책, 402~403쪽.

달리 설경동의 불법행위와 횡포, 노동조합원들의 곤경에 대하여 침묵으로
일관하였다.

자유당은 1958년의 총선 대비책으로 대한노총 등 기간단체를 독려하였
다. 1957년 8월 자유당 중앙당부조직위원회가 마련한 총선대책 지침에는
기간단체(국민회, 농민회, 어민회, 대한부인회, 대한노총)도 공공단체, 국영기
업체처럼 책임자에서 일반 간부에 이르기까지 당원이어야 하고, 기간단체
는 당과 상시 유대를 가져 일심동체 체제를 구현하고, 기간단체의 파벌세
력 분포가 해당적 영향이 있는 경우 이것을 광정(匡正)할 것 등이 포함되어
있었다. 이 지침은 기간단체 중 특별히 노총 단위조직책에 대하여 훈련을
실시할 것과 함께 노총의 '수술이 긴요하다'고 지적한 대목이 눈에 띈다.
대한노총은 단위노동조합은 물론 각 연합체 상호간에 주도권 장악을 위한
파쟁이 심하여 노동자들이 지도부를 불신임하고 조합운동 자체에까지도
무관심한 반면, 지도층 일부는 자유당 기간단체이므로 노동운동을 벌이기
가 어렵다고 그 책임을 정부나 당에 전가하고 있기 때문이라는 것이다.662)
1960년 정부통령선거를 앞두고 자유당 중앙당부조직위원회는 1959년 7월
20일에 ① 노동조합 간부들은 전조합원에게 자유당의 강령을 주입하도록
하고 소식공작을 선개할 섯, ② 노동조합이 있는 지역의 각급 지방당 사회
부장은 대한노총 지방조직에서 선임할 것, ③ 각 단위노동조합 대표자는
당원획득 공작을 철저히 하고 세포조직 강화에 치중할 것 등 대한노총의
조직강화에 대한 지침을 작성하였다.663)

대한노총이 자유당 기간단체의 허울 — 노동자에게는 굴레라는 말이 더
적합할 것이다 — 에서 벗어난 것은 1960년 4월 19일 '피의 화요일' 이후였
다. 학생들의 유혈항쟁으로 이승만이 자유당에서 손뗄 것이 명확해지자 4
월 23일 대한노총은 긴급 간부회의를 개최하여 자유당 기간단체의 위치에
서 스스로 물러나 노동운동을 중립화할 것을 결의하였다.664) 이승만은 대

---

661) 1956년 4월의 대규모 관제시위는 이승만의 불출마선언을 번복하라는 것이었다.
662) 『한국일보』 1957. 8. 7.
663) 한국노동조합총연맹, 앞의 책, 449쪽.
664) 탁희준, 앞의 글, 184쪽. 전국철도노동조합도 4월 23일 자유당과의 결별을 선언

한노총과 비슷하게 자유당도 자신의 권력을 위한 도구 정도로 생각하고 있었다. 자유당이 거추장스럽고 방해물이 된다고 생각되자 그것을 버린 것인데, 대한노총도 민첩하게 이승만의 뒤를 따른 것이었다.

4. 대한노총과 극우반공주의

1) 이승만의 대한노총관

대한노총은 내부에 민주노동조합을 생각하는 간부들도 있었지만, 전체적으로는 이승만에게 예속된 존재였다. 그 때문에 대한노총의 성격이나 활동은 이승만이 대한노총이나 노동문제를 보는 관점에 얽매이지 않을 수 없었다. 이승만이 대한노총을 어떻게 다루었는가는 앞에서 살펴보았으므로, 대한노총의 성격과 활동을 살펴보기에 앞서 이승만의 노동관을 일별하기로 하자.

대한노총의 탄생이유나 활동의 주요 목표가 그러하였지만, 이승만은 노동단체는 반공을 위하여 존재해야 하는 것으로 인식하였다. 그 점은 1950년대 후반에도 변함이 없었다. 1957년 10월 대한노총 전국대의원대회에 보낸 메시지에서도 공산도배의 암약을 방지하고 치안을 확보하도록 힘쓸 것을 당부하였다.665) 대한노총한테 치안확보에 힘쓰도록 당부한 것이 이상한데, 잘못 사용한 말일 수도 있지만, 반공을 잘하라는 뜻으로 해석할 수도 있을 것이다. 1958년 2월 국무회의에서 체신부장관 이응준(李應俊)이 국제체신노동조합 대표가 3월에 오기 때문에 '형식적일망정'(따옴표는 필자) 체신노동조합을 조직시킬 수밖에 없다고 말하자, 이승만은 그것을 허락하고 노동조합을 잘 지도하는 것은 반공의 견지에서도 극히 중요하다고 피력하였다.666) 이승만의 사대주의가 드러나는 대목이기도 하다. 이승만은 1959

___

한 것으로 보아(전국철도노동조합 鐵勞20년사 편찬위원회, 『철로 20년사』, 1967, 129쪽) 주요 노동조합은 '신속하게' 자유당의 몰락에 대처한 것 같다. 그렇다고 노동조합 간부들의 지위가 안전해진 것은 아니었다.
665) 『한국일보』 1957. 10. 26.
666) 『국무회의』 상, 제16회 1958. 2. 18, 150쪽.

년의 국무회의에서도 대한노총 분규를 언급하면서 공산주의자들이 노동조직에 들어와 버려놓지 못하게 해야 한다고 강조하였다.

그런데 이 자리에서 이승만이 전에 국제회의에 참석한 전진한이 공산당 같은 소리를 하였다고 말한 것이[667] 주목된다. 전진한은 앞에서도 본 바와 같이 이승만 못지않은 극우반공투사로 조봉암-진보당의 평화통일론을 이적행위로 몰아친 사람이었다. 그러한 전진한이 한 말을 공산당 같은 소리로 몰고 있는 것이다. 이승만의 반공주의를 보여주는 한 예에 지나지 않는 것이지만, 그러한 반공주의 아래에서는 모든 노동운동이 이적행위로 간주될 수 있기 때문에 원천적으로 노동운동이 존재하기 어려울 수밖에 없었다. UNCACK 보고서는 전쟁기에 경남노동조합 부산지부위원장으로 대한노총에서 비판적이었던 송원도 조직의 리더들이 상당수 노조활동으로 체포된 것에 대하여, 다만 그들이 조합원의 이익을 대변하였다는 점 때문에 생산저하=이적행위=공산주의자라는 도식의 죄가 씌워졌다고 평가하였다.[668] 이러한 도식은 그 뒤의 극우반공정권에도 전승되었다. 그런데 이승만이 1952년 11월 8일 대한노총대회에 보낸 메시지의 앞부분에서 다음과 같이 말한 것은 어떻게 해석하여야 할까.

내가 우리나라의 대다수 노동자, 농민을 위주하여 자유당을 조직한 것도 기왕에 천대받는 이 노농대중이 정치상으로 민족 대다수를 모아 한 덩어리를 만들어서 큰 세력을 이루어 가지고 외적을 방어하자는 것이오.[669]

이 문장의 앞부분은 일민주의와 자유당 강령 등에 나오는 주장과 비슷하다. 그런데 뒤의 결론에서 큰 세력을 이루어 외적을 방어하자는 것은 무엇일까. 우선 외적이 무엇을 가리키느냐가 문제인데, 여기서 외적은 공산당이 아니라 일본일 가능성이 크다. 공산당의 침략을 외적의 침략으로 표

---

667) 『국무회의』 하, 제97회, 1959. 10. 6, 706~707쪽.

668) 김삼수, 앞의 글, 247쪽.

669) 이승만, 「대한노총대회에 보내는 메시지」(1952. 11. 8), 『대통령이승만박사담화집』, 104쪽.

현하였을 것 같지 않고, 1951년 10월 샌프란시스코 강화조약이 조인된 직후에 열린 제1차 한일회담이 1952년 3월에 일본측에서 대한청구권을 요청함으로써 결렬되었는데, 이 담화 발표의 시점이 한국정부가 1952년 9월에 일본 어선의 평화선 침범을 엄중 경고하고 해군에게 일본 어선 나포를 지시하였던 시점과[670] 비슷하기 때문이다. 앞에서 이승만이 치안확보에 힘쓰라고 지시한 것과 일맥상통한 표현으로, 이것은 전근대적 사고를 포함하여 여러가지로 해석될 수 있지만, 이승만은 노동문제의 독자성을 전혀 인정하지 않고, 그 자신이 그 시기에 관심을 갖고 있는 문제나 정책에 사역시키는 도구로 생각하고 있었음을 말해준다. 해방정국 이래 청년단이나 국민회에 대하여 보여준 이승만의 태도가 대한노총에서도 그대로 나타난 것이다. 곧 대한노총은 이승만한테 '돌격대'로서의 의미가 컸다.

극단적이고 당파적인 반공주의와 노동문제의 독자성을 인정하지 않는 태도에는 이승만이 노동운동을 어떻게 보고 있는지가 충분히 시사되어있다. 1950년대에 이승만이 노동자들한테 가장 강력히 요구한 것은 파업하지 말라는 것이었다. 1954년 12월에 발표한 담화에서 이승만은 자본가와 노동자가 균등히 이익을 보자는 것이 자유당의 정강이라고 설명하면서, 그것과 모순되게 자본가는 노동자를 노예처럼 부려온 폐단이 없었고, 또 설령 있다고 하더라도 노동자는 이것에 대항하기 위하여 스트라이크나 사보타지 등은 절대 없기로 맹약하였다고 주장했다. 그는 담화에서 파업이 없는 것은 세계에 자랑할 만한 일이라고 말하였다.[671] 이승만의 출마를 요구하는 시위가 대규모로 벌어질 때, 이승만은 대한노총 전국대표자 60명을 '인견' (따옴표는 필자)한 자리에서 파업은 절대불가하다고 천명하였고,[672] 대한노총 전국대의원대회에 보낸 메시지에서도 동맹파업이나 사보타지 같은 것을 하지 말고, '단결해서'(따옴표는 필자) 애국정신을 발휘하라고 훈시하였다.[673] 그는 국무회의에서 노총분규를 논의할 때도 "전에 내가 말한 것은

---

670) 崔昌圭, 『해방30년사』 4, 성문각, 1976, 212~216쪽.

671) 이승만, 「민국의 정강은 대중의 복리, 노자협조로 경제발전 이루자」(1954. 12.
    16), 『대통령이승만박사담화집』 2, 156쪽.

672) 『조선일보』 1956. 3. 14.

첫째, 파업을 못한다. 둘째, 분규를 일으켜서는 안된다"는 것이었다고 지적하였다.[674] 이러한 이승만의 입장은 반공주의와 함께 박정희 정권에 그대로 계승되었다.

이승만의 반공주의는 자신에 대한 비판세력은 그 세력이 민국당이나 민주당 간부의 경우처럼 자신 못지않게 극우반공적이어도 용납하지 않고 공산당세력으로 몰아붙이는 데서도 알 수 있듯이 지극히 당파적인 것으로, 자신의 권력을 강화하기 위한 최대 무기였다. 그 점은 뒤에서 다시 보는 바와 같이 대한노총을 자신의 권력에만 봉사하도록 요구하는 데서 확인된다. 이승만은 1953년 조방쟁의가 최고조에 이르렀을 때, 다른 정치세력이 개입하는 것을 절대로 용납하지 않겠다는 내용의 담화를 발표하였지만, 1957년 10월 대한노총 제10차 전국대의원대회에 보낸 메시지에서도 정권을 도모하는 사람들의 음모를 분쇄하고 더욱 국권을 공고히 하도록 하자고 말했는데, 이승만이 자주 사용하는 '정권을 도모하는 사람들'이란 선거를 통하여 자신과 경쟁하여 정권을 잡겠다는 민국당 - 민주당원이나 조봉암 등을 가리켰다.

2) 이승만에 대한 충성

대한노총은 이승만의 기대에 부응해서 활동하였다. 1950년 1월 28일 민국당에서 이승만에 대항하여 내각책임제 개헌을 제출하여 국회에서 격론을 벌일 때, 후에 자유당의 '기간단체'가 되는 대한노총 등으로 구성된 애국자연합회에서는 2월 19일 개헌반대궐기대회를 열었는데, 여기에는 공장노동자 3천 명이 동원되었다.[675] 이승만이 다시 대통령이 되기 위해 헌법과 실정법을 파괴하면서 일으킨 부산정치파동에서 대한노총, 대한농총은 관제 민의시위, 곧 국회의원 소환시위 등을 벌여 국회를 위협하고 국회의 해산을 요구하였다. 대한노총은 야당·재야 연합으로 6월에 열린 국제구락부대회를 분쇄하는 테러에서 주동역할을 하였다(국제구락부사건).[676] 대

---

673) 『한국일보』 1957. 10. 26.

674) 『국무회의』 하, 제97회, 1959. 10. 6, 706~707쪽.

675) 한국노동조합총연맹, 앞의 책, 351쪽.

한농총에서는 1952년 발췌개헌에 의하여 정부통령선거가 치러질 때, 선전문 10여만 매를 살포하는 등 이승만 후보를 위하여 맹렬히 선거운동을 벌였다.677) 또한 이승만의 영구집권을 위하여 뒤에 사사오입개헌으로 알려진 개헌문제가 논란이 될 때, 대한노총과 대한농총은 관제 민의데모를 벌였다.678)

정대천(丁大天)이 최고위원이었던 대한노총이 1956년 정부통령선거에서 벌인 관제 시위는 한국노동운동사에서 지울 수 없는 치욕으로 남을 것이다. 대한노총에서는 1955년 12월 긴급회의를 소집하고 이승만이 재출마하지 않을 때는 이승만이 극력배격한 파업을 감행하기로 결의하였다.679) 1956년 3월 6일 2천여 노총원들은 "남북통일은 이승만 박사의 3선으로부터" "국부 이승만 박사의 당선은 민족의 염원이다" 등의 플래카드를 내걸고 궐기대회를 열었다. 3월 5일 이승만이 대통령후보로 출마하지 않겠다는 메시지를 발표한 후 첫번째 일어난 시위였다.680) 3월 12일에는 빈궁에 시달리는 노동자가 대부분인 우마차조합에서 우마차 800대를 출동시켜 유명한 우의마의 시위를 벌였다. 동물인 소나 말까지 각하의 출마를 원한다는 기상천외의 충성이었다. 다음날 대한노총 전국대표자 60명은 이승만을 만났고, 정대천은 "백만 근로자는 이대통령께서 재출마를 하지 않으시면 직장을 포기하고 죽음을 택하지 않을 수 없다"는 '재출마 탄원서'를 올렸다.681) 이 자리에서 이승만은 파업은 절대불가라고 말하였는데, 이날 정대천의 발판인 경전노동조합에서는 민의를 수락하지 않으면 일을 하지 않겠다고 결의하여 휴업에 들어가 시민의 발을 묶었던바,682) 국회에서는 경전노동조합의 불법파업을 경찰이 방치한 것을 따졌다.683) 조봉암은 다음과

---

676) 대한민국건국10년지 간행회, 앞의 책, 319쪽 ; 김말룡, 「노동조합운동의 전망」, 『새벽』 1960. 7, 149쪽.

677) 대한민국건국10년지 간행회, 위의 책, 319쪽.

678) 『한국일보』 1954. 9. 30 ; 김말룡, 앞의 글, 149쪽.

679) 한국노동조합총연맹, 앞의 책, 396쪽.

680) 『조선일보』 1956. 3. 7.

681) 『조선일보』 1956. 3. 14.

682) 白光河 편, 『단상단하』 3(1956. 3. 13), 白文社, 1958, 467쪽.

같은 글을 남겼다.

> 오늘도 거리에 민의대가 행렬을 한다. 배움에 굶주린 학생들이 단벌옷을 적셔가며 비내리는 아침에 행진을 하고 삶에 굶주린 품팔이꾼과 교통기관에 목매여 사는 종업원들이 백주에 민의대로 동원된다. 메마른 농촌에서 살벌한 도시에서 지금 민의는 고함을 치고 있으나, 동원되는 민의나 시위를 당하고 있는 대중이나 위압을 받고 있다.[684]

1956년 5월 1일 메이데이 행사는 자유당 정부통령선거운동 행사였다. 대한노총은 "백만 노동자의 소원 성취는 이승만 박사의 3선과 이기붕 선생의 당선에 있음을 재확인하고 5·15선거의 필승을 위하여 총궐기한다"는 결의문을 채택하였다.[685] 이승만 재출마 민의동원에서 메이데이 행사에 이르기까지 정대천이 보인 공로는 이승만에 의하여 인정받았다. 1956년 10월에 열린 전국대의원대회에서 어느 누구도 정대천 일파의 지배체제에 도전하지 못하였다. 그렇지만 1958년의 민의원 총선을 앞두고 1957년 10월에 열린 대한노총 제10차 전국대의원대회에서는 김주홍(金周洪) 등이 최고위원에 선출되고 정대천은 상임고문으로 밀려났다. 그러자 정대천파는 별도로 대한노동조합협의회를 구성하고, 대한노총이 노동브로커의 소굴이며 어용노조에 불과하다고 비난하였다. 보사부에서는 노동조합의 전국적 중앙조직이 둘로 분열되자 다시 전국대의원대회를 열도록 종용하였다. 12월에 열린 이 대회에서는 정대천, 이주기(李周基), 김기옥(金琪玉), 김용학, 하

---

683) 『국회속기록』 제22회 10호 1956. 3. 29. 尹亭南 의원 외 25명의 내무부장관 金亨根 불신임결의안 제안이유 설명.

684) 조봉암, 「민의와 민주주의」(『신세계』 1956. 4), 『죽산 조봉암 전집』 1, 299쪽. 이 시기 시위에 대하여 한 신문에서는 「남녀 중고등생들의 비 맞은 시가행진」이란 사설을 썼다(『한국일보』 1956. 3. 17). 또 철도노조 노동자들은 3~4개월이나 양곡을 받지 못하여 대표 수십 명이 3월 21일 노총본부에서 시위하였다[백광하 편, 앞의 책 3(1956. 3. 21), 477쪽].

685) 『한국일보』 1956. 5. 2. 이날 대한노총 최고위원 정대천은 "우리가 이와 같이 자유로운 환경 속에서 발전된 경제토대 위에서 자신의 명절을 즐길 수 있다는 것은 오직 우리 민족의 태양이시고 우리의 현명한 지도자이신 이대통령 각하의 은혜"라는 내용의 기념사를 읽었다(『노동』 제4권 3호, 1956, 9쪽).

광춘(河光春) 등이 최고위원에 선임되었는데, 하광춘을 제외하고 모두 정대
천파였다.[686] 자유당 말기의 민주노동운동으로 평가되는 전국노동조합협
의회(全勞協)는 1959년 8월 정대천이 위원장인 경전노동조합 회의실에서
설립준비위원회를 구성하였던바,[687] 전노협이 대한노동조합협의회로부터
출발한 것은 정당과 사회단체에서 종종 일어나는 '한국적 현실'을 반영한
것으로, 그만큼 민주주의의 파행성, 제약성을 말해주는 것이었다.

대한노총이나 단위노동조합은 이승만 한 사람한테 얽매인 존재처럼 보
였다. 이승만이 임명한 사장 때문에 파업이 일어났고, 그 사장은 이승만을
믿고 노동자를 해고하고 노동조합을 탄압하고 있는데도 불구하고, 1952년
3월 조선방직노동조합은 '파업선언'에서 대한노총은 이박사 독립정신하에
조직되었다는 상투적인 인사말로 시작하여, "우리는 대통령 각하께 직소할
기회만 얻는다면 이 투쟁은 확실히 우리 승리로 돌아갈 것을 확신하는 바"
이라고 표명하였다.[688] 1955년 8월 대한노총 전국자유노동조합연합연맹
조선운수 투쟁위원회에서는 자신들은 노동법에 의한 노동자의 기본권리
행사인 파업을 단행하려 결의하였지만, 7월 15일자로 이대통령의 동맹파
업을 하지 말라는 유시가 발표되어 눈물을 머금고 중단하지 않으면 안되
었다고 밝혔다.[689] 대한노총은 정부의 지시에 의하여 노동절을 3월 10일로
바꾸고 1959년 3월 10일 제1회 기념대회를 가졌을 때, 다음과 같은 '이대통
령 각하에게 드리는 메시지'를 채택하였다.

지난해 각하께서 5월 1일의 노동절 행사가 국제공산주의자들에 의해서
공산주의의 선전과 군국주의의 과시수단으로서 왜곡되고 있음을 지적하
시고 그 일자 개정을 '분부'(따옴표는 필자)하신 뜻을 받들어 대한노총은

---

686) 한국노동조합총연맹, 앞의 책, 395~397쪽.
687) 전노협설립준비위원회의 탄생은 1958년 10월 대한노총 제11차 전국대의원대회
    에서 정대천이 패배하고, 그 전에 정대천과 연합세력을 형성하였던 金琪玉이 승
    리하여 대표위원제를 위원장제로 바꾸어 1인지배체제를 수립하려 한 것이 계기가
    되었다(김낙중, 앞의 책, 247~249쪽).
688) 한국노동조합총연맹, 앞의 책, 379~381쪽.
689) 위의 책, 426쪽.

지난해 제11차 전국대의원대회 결의에 의하여 대한노총의 창설일인 3월 10일을 한국의 노동절로 제정하였습니다.[690]

대한노총은 마지막 전국대의원대회가 되는 1959년 10월 제12차 연차 전국대의원대회에서 "더욱 정연한 조직질서하에서 우리 주위의 모든 반동적 요소에 대항하여 우리 노동자의 복리증진을 위하여 사력을" 다하고, "노동자 농민의 정당인 자유당에서 추대한 정부통령후보자의 당선을 위해 총역량을 주입"하겠다고 다짐하는 '이대통령 각하에게 보내는 메시지'를 채택하였다.[691]

3) 대한노총의 반공투쟁

자유당의 하부조직으로 이승만 권력의 하수인이었던 대한노총은 이승만의 반공정책에 적극 협력하였다. 이승만 정부 출범에서 전쟁이 나기까지 대한노총이 벌인 주요 행사는 민국당의 내각책임제 개헌을 반대하는 궐기대회와 함께 국토방위노동자 총궐기대회, 미국의 대한경제원조촉진노동자 총궐기대회를 꼽을 수 있다. 대한노총은 1949년 7월 1일 대한농총과 함께 노농자·농민 궐기대회를 열어 1950년대에 국회결의에서 자주 보는 북진통일론의 쌍생아인 대한민국 헌법에 의한 북한만의 선거를 주장하였다. 그리고 이승만이 북진통일을 외치던 1949년 10월에는 일제 말을 연상시키는 대한노총애국기(愛國機)헌납위원회가 구성되었다.[692]

대한노총은 1953년 휴전협정을 앞두고 4개월 동안이나 계속된 북진통일운동 - 휴전반대투쟁과 그 이후 1950년대 내내 전개된 북진통일운동에 어느 단체보다도 적극적으로 노동자들을 동원하여 앞장섰다. 1954년 하반기 이승만의 영구집권을 위한 개헌이 순조롭게 되지 않자 '공안정국'을 형성하며 북진통일운동을 벌였는데, 대한노총 산하 20만 노동자는 9월 28일 서울 등 전국 21개 도시에서 미군철군반대 총궐기대회를 연 것으로 보도되었

---

690) 위의 책, 476쪽.

691) 위의 책, 480쪽.

692) 김영태, 앞의 글 4, 169~170쪽.

다.693)

대한노총은 노동단체라기보다는 반공투쟁단체답게 활동사항에 노동문제보다 반공 등 '정치문제'를 앞세울 때가 많았다. 정대천, 김주홍, 김두한(金斗漢) 등이 최고위원으로 선임된 1954년 4월 — 이때 제네바회의가 열렸다 — 제7차 전국대의원대회의 결의는 첫번째가 "대한민국 주최 밑에 남북통일 없는 여하한 국제회의도 결의도 반대한다"였고, 두번째가 "이대통령 각하의 외교정책을 절대 지지한다"였다. 노동문제는 세번째 가서야 나왔다.694) 1955년 5월 1일 노동절 기념식의 경우 결의문은 더욱 구체적이었다. 그것의 ①은 "우리는 공산침략자와 타협할 수 없으며, 무력에 의한 북진통일을 강조한다", ②는 "우리는 세계 민주우방이 자유중국을 계속 지지하며 금문도(金門島), 마조도(馬祖島)를 방위할 것을 지지한다", ③은 "FOA와 운크라의 원조사업이 급속도로 실현하며 공장의 건설이 달성되기를 바라며 소비물자의 도입을 반대한다"였고, 네번째에 가서 노동자의 최저임금제, 사회보험제가 포함된 노동법을 제정하라는 것이었다.695)

또한 경전노조는 1955년 6월 8일 아침 8시부터 오후 1시까지 모든 전차의 운행을 중지하고 일본의 용공정책을 분쇄하라는 데모를 전개하여 출근에 지장을 주었다.696) 헝가리사태에 항의하여 국제자유노련 지령으로 대한노총 산하 노동조합은 1956년 11월 9일 일제히 5분간 파업을 벌였고,697) 나세르의 수에즈 운하 국유화조치에 대한 영·불·미의 간섭과 관련하여 1958년 7월에는 중동지역 공산침략규탄 궐기대회를 열었다.698) 1959년 2월부터 8월에 이르기까지 대한노총 산하 노동조합에서는 수십 차례 재일동포북송반대 궐기대회를 가졌다.699)

1950년대의 상황을 반영하여 여론선도층에서는 대한노총의 제1목표가

---

693) 『한국일보』 1954. 9. 30.

694) 김영태, 앞의 글 6, 『노동공론』 1971. 5, 158쪽.

695) 『한국일보』 1955. 5. 2.

696) 『한국일보』 1955. 6. 9.

697) 전국철도노동조합 철로20년사 편찬위원회, 앞의 책, 89쪽.

698) 한국노동조합총연맹, 앞의 책, 441쪽.

699) 전국철도노동조합 철로20년사 편찬위원회, 앞의 책, 117~118쪽 참조.

반공에 있다는 것을 당연시하였다. 『조선일보』에서는 전국노동조합협의회가 1959년 10월 26일에 결성되자 사설을 통하여 "무엇보다도 반공사업에 앞서야 할 처지에 노동조합이 두 갈래로 갈라져 파쟁을" 일으키는 것을 염려하였다.[700] 노동전문가 김대중(金大仲)[701]은 다음과 같이 썼다.

> 해방 이래 우리나라의 애국적 노동자들이 좌익 전평을 앞잡이로 하는 공산당의 노동운동 내에의 침투와 발악을 막아내는 데 얼마나 가혹한 투쟁을 겪어왔으며, 지금에 있어서 대한노총의 깃발 밑에 집결한 그들이 공산도배의 침투를 막기 위해서 추호의 간극도 이를 허용치 않고 있는 것도 사실이며, 반공투쟁사상에 있어서 우리 대한노총의 공훈이 높이 평가되어 마땅할 것이다. …… 필자가 반공투쟁의 전위로서의 사명을 우리 노동운동의 제1차적 진로로 지적한 연유……[702]

지금까지 살펴본 대한노총의 반공투쟁은 다른 여러 관제 대중동원단체와 똑같이 이승만에 아부하여 노총 간부들이 출세하기 위한 방편으로 이루어진 것이 많았다. 대한노총 간부들은 이승만이 자신의 권력강화 수단으로 극단적인 형태로 전개한 반공투쟁을 무조건 추종하였다. 이승만 또는 자유당의 어용단체이자 하부단체, 외곽단체로서의 반공투쟁이었을 뿐이었다. 풍자적으로 말한다면 이승만이 다른 투쟁을 벌이라 한나번 대한노총은 물불 가리지 않고 그것에 뛰어들었을 것이다. 또한 대한노총은 후술하는 바와 같이 노동운동에 우선해서 반공투쟁을 벌인 것이 아니라, 노동자의 권익을 짓밟으며 반공투쟁을 벌였다는 것에 지대한 의의가 있다. 마지막으로 대한노총의 반공투쟁에 대하여 지적할 것은, 대한노총 간부들은 충성심

---

700) 『조선일보』 1959. 10 27.(석), 사설 「전노협의 출현과 노동단체의 분열상」.

701) 『한국노동조합운동사』에 의하면, 1954년(연도를 명기하지 않았지만 1954년으로 추정됨) 5·20총선에 노총 관계자 가운데 金大中(中은 仲의 오식으로 보임, 후에 仲을 中으로 바꾸었음)이 목포부두노조 공인 민의원후보로 출마하였다(414쪽). 그는 1958년에는 인제구로 출마하여 낙선하였으나, 5·16쿠데타 직전에 치러진 보궐선거에서 민주당 후보로 인제구에서 출마하여 당선되었다.

702) 김대중, 「한국 노동운동의 진로」, 『사상계』 1955. 10, 39쪽.

경쟁이자 출세의 방편으로 이승만이나 자유당에서 지시하기에 앞서 재빨리 앞장선 경우가 많았다는 점이다.

극단적인 반공주의는 미군에게 한국인이 사살되어도 제대로 항의하지 못하는 특이한 친미주의를 갖게 하였다. 노동운동의 경우 그것은 1950, 60년대에 상당히 중요한 역할을 하는 미군노동조합과 관련하여 나타났다. 예컨대 1954년 8월 사회부에서는 부산 미군종업원노동조합의 쟁의를 위법행위라고 규정하고 파업중지를 지시하였다. 그러나 그 이유는 정치적이었다. 노동쟁의의 범위에 반한다는 것도 그러하고, 군작전에 막대한 지장을 초래하였다—이것도 과대한 해석이었다—는 것도 그러하였다. 사회부에서는 쟁의가 일어난 지 반년이 되도록 아무런 조치를 취하지 않다가 사건이 악화되자 일방적인 파업중지 지시를 내렸던 것이다.[703] 이러한 '정치성'은 언론에서도 비슷하였다. 한 신문은 사설을 통하여 미군당국은 이윤을 목표하는 기업주가 아니라고 강변하고, 노동조합측이 한국근로기준법의 적용을 요구하지만 솔직히 보아 미군은 근로기준법에 규정된 사업주가 아니고 우리나라를 원조하기 위하여 와 있는 우방의 군대이므로, 어느 정도 불평불만을 감내하고 인내와 성의로써 '국가적 노무'에 복무하라고 권유하였다.[704] 이러한 사설이나 사회부의 판단은 같은 멘탈리티에서 나왔음에 틀림없다.

사회부나 언론에서는 그 이전에 미군 작업장의 노동자들이 어떠한 활동을 하였는가를 상기하였어야 했다. 전쟁기 부산에서는 많은 양의 미군물자를 부두노동자가 하역하였다. 1952년 6월 대한노총자유연맹(전국부두노동조합의 연맹체)에서 계산한 부양가족 4명의 노동자 1세대당 소요 생계비는 91만 3천 원(당시 부산 쌀값은 20리터들이 한 말이 11만 5천 원이었음)이었다. 그렇지만 부두노동자들의 월수입은 일용노동자 12만 원, 청부노동자 24만 원 수준이었다. 1952년 6월 자유연맹에서는 미군한테 280%의 임금인상을 요구하였다. 국회에서도 '부두노동자 노임 인상에 관한 대정부 건의안'을

---

703) 『한국일보』 1954. 8. 15.
704) 『한국일보』 1954. 8. 12, 사설 「미군노조 파업과 사회부의 직책」.

통과시켰다. 노동자들은 7월 29일 파업을 단행하였고, 다음날 미군당국은 25% 인상안을 발표하였다. 노동자들은 파업을 계속하였고, 정부당국에서도 대책을 논의하였다. 그리하여 7월 31일 일용노동자 임금 200%, 청부노동자 임금 100% 인상 등의 타결안이 나왔다. 미군당국에 대한 노동조합의 발언권 강화는 미군이 하역작업 일부를 일본 회사에 주고 있는 것에 대하여서도 나타났다. 부산 부두노동조합에서는 일본인의 부산부두 취업에 반대하는 운동을 폈고, 미군당국은 이해 10월 일본 선박과 일본인에 대신하여 한국 선박과 한국인에게 전적으로 하역을 맡기겠다는 회신을 보내왔다.705)

4) 대한노총 간부들의 성격

대한노총은 앞에서 살펴본 대로 노자협조주의를 내세우고 있었다. 대한노총 사무총장은 대한노총의 노자협조주의를 다음과 같이 간결하게 설명하였다.

> 노동자라면 무턱대고 자본가와 싸우는 것이라고 인식한다면 이것은 큰 오산이다. 어떻게 하면 양심적이고 덕망있는 기업주에 협조하여 노사의 단결로써 우리나라의 낙후된 경제체제를 향상시키고…… 이럼으로써 노동자 역시 그 수입과 고용이 증대되어 객관적 권익보장의 길을 타개 ……706)

노자협조주의는 노동조합이 자본가에게 예속되는 것에 다름아니었다. 반공주의의 깃발 아래 낮은 차원의 경제투쟁으로 후퇴하여 노자협조주의를 주장하였지만, 대한노총은 산업별로 조직된 조직이 아니었고, 노동조합은 기업단위로 활동할 수밖에 없었던바, 그러한 주장은 기업에의 종속을 의미할 뿐이었다. 그것은 노동통제조직으로서의 성격과 표리관계에 있는바, 단체협약이 거의 없고, 있다 하더라도 실질적인 내용이 없다는 점에서

---

705) 김낙중, 앞의 책, 156~161쪽.
706) 李相鎭, 「노총의 과업과 노동운동의 진로」, 『노동』 제5권 1호, 1957. 1, 14쪽.

도 노동조합이 기업에 예속되어있음을 단적으로 말해준다.[707]

대한노총 노자협조주의의 본령은 간부들의 면면에서 잘 드러난다. 전국노동조합협의회 김말룡 의장은 4월혁명 후 대한노총은 이승만 독재정권의 축소판으로, 간부들을 착취·부패·아부·무식 등을 속성으로 한 노동쟁의의 파괴자이자 깡패 비슷한 노동브로커, 십장의 두목, 권력과 자유당의 배경을 가진 자들로 요약하였다.[708] 김말룡이 대한노총 간부들을 깡패 비슷한 노동브로커라고 지적한 바가 시사하듯, 1980년대까지 거대조직의 하나인 노동조합 중앙조직을 점거한 간부들의 상당수는 청년단체 출신이 많았다. 대한독립촉성총연맹의 지도자인 홍윤옥, 김구, 전진한 등도 청년단체 출신이지만, 이 단체는 대한노총을 조직할 때 우익청년단체를 활용하지 않고는 노동단체를 만들 수 없어서 각 청년단체에서 징발하였다. 이들 우익청년단체는 해방 직후 우익의 상황을 반영하여 테러단체이기도 하였다.[709] 1946년 3월 10일 대한노총결성대회에 참석한 대표들은 노동자라기보다는 청년운동을 하던 사람들이 대부분이었다. 뿐만 아니라 대한노총 산하 노동조합 조합원은 대한노총과 우익청년단체와의 동맹과 원조관계 속에서 청년단원이 대한노총에 가입한 자, 기업가와 결탁한 우익청년단체의 소개를 받아 취업한 자들이 많았다.[710] 정부수립 직후 청년단체의 입김은 정부의 노동관련 부서에도 영향을 미쳤다.[711]

1950년대에도 계속 '깡패 같은 노동브로커'가 유입되었다. 전국노동조합

---

707) 朴玄埰, 「해방 후 한국노동쟁의의 원인과 대책」, 『한국 노동문제의 구조』, 光民社, 1978, 226~228쪽 참조.

708) 김말룡, 앞의 글, 149쪽.

709) 임송자, 앞의 글, 38~41쪽.

710) 이밖에 공장주측의 회유, 협박에 넘어간 노동자들, 전평세력에 반감을 가졌던 공장 내의 중간층들이 조합원이었다(위의 글, 46, 84~85쪽).

711) 1949년 10월 사회부 노동국장의 담화에 따르면, 각 직장에는 노동조합 외에 청년단, 부인회 등이 있어 노동조합의 정상적인 발전을 막았다. 그런데 1949년 10월 현재 사회부 노동국 소속 공무원 27인(미군정시 60인) 중 노동과장만 미군정기에 노동행정을 담당한 경험이 있었을 뿐, 국장과 그밖의 과장은 문외한이었고, 실업문제 등 고용정책을 담당하였던 직업과는 대한청년단에 의하여 '점령'당한 상태였다(김삼수, 앞의 글, 175, 207쪽).

협의회 건립준비위원회 취지문에는 한국노동운동의 두 부류 중 하나로서 기업주의 앞잡이들을 지적하고, 이들을 노임을 횡령 착취하는 부두십장들과, 대한분적(粉積)노동조합에서와 같이 쟁의를 기화로 해서 이를 파괴하여 노조를 불법점거한 무리들이 중심이 된 노동반역자들의 세력으로 규정하였는데,712) 대한분적노동조합의 경우 과거와는 다른 형태의 새로운 '깡패 같은 노동브로커'들에 해당할 것이다.

대한노총 간부들 중에는 저질 노동귀족들이 많았다. 다음의 두 신문보도를 보자. 앞 기사는 1955년 4월 1일에 열린 제3차 대한노총 전국대의원대회 정경으로 "진풍경 속출한 노총대의원 대회"란 부제가 붙어있다.

경찰당국과 여당인 자유당에서 날카로운 눈초리로 주목하는 이 모임은 경찰에서는 폭력사고와 좌익 불순분자들의 침투를 방지한다는 표면상 의무가 있기 때문이며, 자유당은 동당 중앙집행부의 역원이 될 노총 최고위원들이 진정한 '민의'에 의하여 선출되기 때문으로, 대의원 중 거물급 인사들은 묵직한 감투 두 가지를 한꺼번에 얻게 되는 결정장인 듯도 하다. 5백여 명의 대의원들이 모인 그 자리에서 먼저 눈에 띄는 것은 그들의 대부분이 일류 마카오 신사 차림을 한 점이다. …… 어깨가 으쓱으쓱한 모양이다. …… 대회장은 5, 60명의 사복경찰관과 2, 3층 방청석에 번쩍이는 방청객 사이에 긴 '어깨들'(따옴표는 필자)로써 둘러싸였다. …… 대뜸 이날 대회의 초점인 임원선거에 들어가자 1년 동안 얽히고 뜯기고 쑤시던 각 파벌 사이의 싸움이 폭발……713)

우리나라 근로자들의 처참한 생활상과는 달리 마카오 양복 입고 다방에 드나들고 고급요정에서 태평세월을 노래하는 신사양반들이 노동자와 무슨 관련이 있다고 노동자 이름을 팔아다니며 노동운동을 합네하고 돌아다닐까. 노총은 창립 이래 분규만 거듭하여 노동자의 권익향상은커녕 오히려 노동자를 더 괴롭힌 감이 있으나, 이런 노총이라면 없애는 편이 낫다는 극단론도 대두하고 있는데……714)

---

712) 한국노동조합총연맹, 앞의 책, 488∼489쪽.
713) 『한국일보』 1955. 4. 2.
714) 『동아일보』 1955. 9. 7.

『동아일보』 횡설수설란에 실린 후자의 글은 필화를 불러일으켰다. 대한노총에서 동아일보사에 대한 송전과 신문 수송을 거부하고 불매동맹을 일으키겠다고 위협한 것이다. 9월 7일 『동아일보』는 노총원들의 방해로 지방발송을 할 수 없었다. 이날 낮 12시에 단절되었던 송전은 오후 3시에 경찰에 의하여 연결되었다. 양측은 오후에 타결을 보았다.[715] 『동아일보』 사태는 노동귀족들의 횡포였다. 대한노총 대의원들은 조합비를 내야 자격이 있음에도 거의가 제대로 내지 않았다. 그리고는 주도권 싸움 때문에 실제 조합원수에 비하여 대의원이 훨씬 늘어나 자파가 불리하면 불법대회라고 규정하였다.[716] 대한노총 간부들의 모습이 이러하였기 때문에 자유당에서조차 노동자들이 노조나 노총지도부를 불신한다고 지적하는 실정이었다.

대한노총 간부들은 주체적으로 문제를 해결하려는 노력이나 자체의 단결은 거의 생각하지 않고, 그저 모든 것을 권력이나 정치적 배경으로 해결하려 하였다. 노동조합 간부로서의 위치를 계속 유지하기 위한 유일무이한 수단도 권력이었다. 권력이나 정치적 배경을 등에 업고 조합원들에게 압력을 가하여 그 위에 군림하였다.[717] 대한노총은 내부담합에 의하여 노동조합을 희생시키는 짓도 서슴지 않았다. 조선운수주식회사 직원노동조합은 결성신고증까지 받았는데, 회사에서 노동조합 간부들을 해고하고 노동조합을 무력화하는 한편, 회사 산하 각 업체의 부두노동조합 간부들로 하여금 새 노동조합을 만들도록 하였다. 대한노총은 부두노동조합 간부 김모와 결탁하여 후자를 지지하고 먼저 만든 노동조합을 인정하지 않았다. 이 때문에 대한노총은 중앙노동조직이 노동조합 결성을 반대하는 것은 세계 어디에도 없는 일이라는 비난을 받았다.[718] 또한 노동조합 간부들은 정도의 차는 있겠지만, 조합원을 착취하는 경우가 많았다. 한 신문에서는 철도노동조합의 중간착취기관으로서의 성격을 보도하였지만,[719] 중간착취는 특

---

715) 『한국일보』 1955. 9. 8.

716) 「좌담 : 대한노총 결성 전후」 8, 『노동공론』 1972. 7, 당시 대한노총 총무부장 이상진 발언.

717) 『한국일보』 1956. 6. 12.

718) 『조선일보』 1956. 7. 10.(조).

719) 『한국일보』 1955. 9. 8.

히 부두노동조합에서 아주 심하였다.[720]

정치계에 진출한 대한노총 간부들이 노동자를 위하여 얼마나 일하였는가도 논란이 되었다. 미대사관의 전문에서 노동조합을 노동조건을 개선하려는 것보다 정치적으로 이용하려는 것에 더 관심을 가진 인물로 묘사된 전진한은,[721] 부산에서 노동자들의 적극적인 활동 덕에 국회의원 보궐선거에 당선되었으나,[722] 조선방직 파업 하루 만에 무조건 백기를 들어 노동자들만 희생시켰다. 정대천은 대한노총을 배경으로 1954, 58년의 총선에서 두 번 당선되었다. 그는 대한노총 최고위원이기도 하였는데, 임기중 노동자의 권익옹호를 위한 활동은 거의 하지 않았고, 일반 자유당 의원처럼 한낱 '농촌 의원' 출신에 지나지 않는다는 평가를 받았다.[723]

박정희 정권과 그 이후에도 노동문제는 노동관계 기구나 행정관청보다도 중앙정보부를 정점으로 한 기관이나 경찰에서 주로 다루었고, 한국노총의 활동은 그들의 감시를 받았지만, 이승만 정권하에서는 경찰이 중요한 역할을 하였다. 1949년 10월 ECA 한국미션의 노동고문 얼은 경찰이 노동위원회 위원의 거의 반수를 차지한다고 기술하였는데,[724] UNCACK 보고서에 의하면 전쟁기에 경찰의 허가 없이는 새 노동조합을 설립할 수 없었고, 기존 노동조합의 경우 집회를 열 수도 없으며, 중요한 노동조합의 집회

---

720) 6,400명의 조합원을 갖고 있는 인천 부두노동조합의 경우 조합비를 2% 이상 걷지 못하게 되어있는데, 종전대로 8.5%를 걷는 것으로 보도되었다(『조선일보』 1953. 7. 25, 8. 3). 1958년에 노총위원장 김기옥을 배출한 부산 부두노동조합은 분규가 아주 심하였으나, 2만여 노동자들은 조합주도권 쟁탈전에 관심이 없었다. 그들은 2%의 조합비 외에 도반장, 배치반장, 부반장 등에게 그들의 노임 10% 가량을 착취당하면서도 보복이 두려워 폭로하지 못하였다(한국노동조합총연맹, 앞의 책, 442쪽). 서울대학교 법과대 학생들이 1958년 9월에 조사한 바에 따르면, 인천 부두에서 노동자는 하루에 883환을 받는데 십장은 3,900환이었으며, 인천 항만자유노조 산하 32개 분회 230명의 반장은 일반노동자가 월 3만 원(당시의 화폐단위는 환이었으므로 환의 오기일 것이다) 미만인데 월 9만 원 이상을 수취하였다(같은 책, 443~444쪽).
721) 김삼수, 앞의 글, 261쪽.
722) 김낙중, 앞의 책, 151쪽.
723) 「선량의 正秤」, 『인물계』 1959. 4, 31쪽.
724) 김삼수, 앞의 글, 175쪽.

에는 경관이 공공연히 임석하였고, 출판물도 경찰의 사전허가 없이는 발행할 수 없었다.725) 이것은 전쟁기에만 있었던 일은 아니었다. 김말룡은 노동조직은 경찰의 간섭과 역할이 절대적이었다고 지적하였다. 노동운동은 경찰에서 하였다고 해도 과언이 아닐 정도로 모든 문제가 경찰의 지시와 지령에 의해 처리되었다는 것이다.726)

5) 노동 3권의 실상

노동자의 노동 3권은 어떠한 상태에 있었는가를 살펴보기 전에 노동자의 조직상황을 알아보자. 앞에서 지적한 대로 1950년대는 모든 부문에서 통계가 불비하였다. 정부가 별 관심이 없었던 노동문제의 경우 더욱 그러하였을 것이다. 노동자의 작업과 생활실태를 알 수 있는 자료가 드물고, 노동자 생계비 계산 정도가 쉽게 눈에 띄는 정도이다.727) 정확한 조합원수를 알기 어려운 것은 대한노총 전국대회 대의원수가 고무줄처럼 늘어난다는 말이 시사하듯, 조합에서 과연 얼마나 정확하게 조합원수를 보고하였는가 하는 점 때문이다. 1959년 전국노동조합협의회에서는 행정당국이 대한노총의 유령조합원 12만 명을 정리할 것을 요구하였다고 주장했는데,728) 이는 전체 조합원의 절반에 가까운 수효이다. 실제 5인 이상 사업체수를 감안한다면 대한노총의 조합원수는 신빙성이 약하다. 5인 이상 종사하는 사업체 노동자는 1949년에 26만 6천 명(10인 이상), 1955년에 25만 5천 명(10인 이상), 1958년에 23만 6천 명, 1960년에 23만 5천 명으로 나와있다.729) 그

---

725) 위의 글, 247, 297쪽.

726) 김말룡, 앞의 글, 149쪽.

727) 한국은행조사부 조사에 따르면, 1952년에서 1958년의 가구주(노동자)의 본수입 (임금)은 총수입, 곧 총지출의 46%에서 52% 수준이었다(한국노동조합총연맹, 앞의 책, 432쪽). 1957년의 경우 노동자들의 월평균 수입은 2만 153환, 월평균 생계비는 4만 509환으로 나와있다(같은 책, 433쪽).

728). 위의 책, 448쪽.

729) 경제기획원,『한국통계연감』1961 및 1965(위의 책, 431쪽에서 재인용).『조선일보』1955년 1월 1일자에는 5인 이상 사업장 노동자가 25만 4,820명으로 되어 있어 경제기획원, 앞의 책에 나와 있는 1955년 10명 이상 사업장 노동자 수와 비슷하다.

런데 한 글에는 1949년에 단위노동조합 683개 조합원 12만 8,018명으로 기술되어있어 상당히 높은 조직률을 보여주었다.[730] 보건사회부 자료에 의하면 1955년 연말 현재 조합수 562개 조합원수 20만 5,511명, 1958년 조합수 634개 조합원수 24만 8,507명, 1960년 조합수 914개 조합원수 32만 1,097명으로 되어있어,[731] 조직률이 대단히 높게 나와있다.

사회부 노동국에서는 1949년 10월 헌법 규정에 따라 근로기준법, 노동조합법, 노동쟁의조정법 초안을 만들어 법제처에 회부하였으나, 중도에 전쟁을 만나 흐지부지되었다.[732] 조봉암은 1952년 8·5정부통령선거에서 노동자의 정당한 권익을 보장하기 위하여 노동법을 급속히 제정할 것을 공약하였는데, 조방쟁의 이후 노동관계법 제정이 추진되어 1953년 1월 27일에는 노동조합법이, 1월 30일에는 노동쟁의조정법이, 4월 15일에는 근로기준법이 국회를 통과하였다.

노동관계법이 만들어졌다고는 하지만 최저임금제나 노동보험제는 1950년대 이후에도 실현되지 않았고, 근로기준법은 세칙이 없어 1년이 지난 후에도 낮잠을 자고 있다고 보도되었다.[733] 그 뒤 근로감독관 규정 등이 마련되었으나, 연례행사처럼 근로감독관의 배치를 적극 추진하겠다거나,[734] 근로감독관의 배치를 요구해야 한다는 주장만 있었을 뿐이다.[735] 노동조합

---

730) 박현채, 앞의 글, 226쪽.

731) 보건사회부, 『보건사회통계연보』, 1962(김낙중, 앞의 책, 187쪽에서 재인용). 그 런데 이 자료에 1956년의 경우 연말 현재 조합수 578개 조합원수 23만 3,904명으로 나와있는데, 한 신문은 조합수 479개 조합원 21만 1,183명(남 17만 4,674명, 여 3만 6,509명)으로 되어있어(『한국일보』 1956. 5. 2) 차이가 있다. 『대한민국건국 10년지』에는 1953년 1월 말 현재 노동조합수 393개, 조합원수 19만 2,436명인데, 1954년 4월 8일에 대한노동조합총연맹이 대한노동조합총연합회로 명칭을 바꾼 지 얼마 안된 1954년 9월 20일 현재 연합체노동조합 8, 단위노동조합 194, 조합원수 11만 2,731명, 1955년 3월 20일 현재 노동조합수 450개(그 중 연합체 45) 조합원수 21만 9,463명으로 집계되어있어 기복이 심하다(323쪽).

732) 김낙중, 앞의 책, 169~170쪽 ; 김삼수, 앞의 글, 209~211쪽. 10월에 법제처에 돌린 법안이 다음해 6월까지 잠자고 있었다면 정부의 태만이 컸던 것 같다.

733) 『조선일보』 1954. 3. 15.

734) 『조선일보』 1956. 1. 1.

735) 이상진, 앞의 글, 14쪽. 1957년에 보건사회부에서는 근로감독관의 직제 공포를

법 자체에도 문제가 있었다. 노동조합 운영을 행정관청이 지도하게 되어있었던바, 행정관청은 조합운영을 검사할 수 있는 권리(제30조), 노동조합의 결의를 취소 변경케 하는 권리(제19조), 노동조합 임원을 개선시키거나 노동조합을 해산시킬 수 있는 권리(제32조) 등을 보유하고 있었다. 또 노동조합법 제35조에 단체협약 체결 단위를 공장, 사업장, 기타 직장으로 규정하여 노동자의 집단적 위력 형성의 규모를 축소시켰다. 전형적인 유니온샵제로 노동자의 의사와 상관없이 특정 노동조합에 가입해야만 하게 되어있는 것도 단결의 자유가 없는 여건에서는 노동조합 간부나 정부에 의하여 악용될 수 있었다.[736]

노동관계법에서도 대한노총의 자주성 상실은 많은 문제를 야기하였다. 국영기업체 등에서 임금지불이 장기간 지연되어도 그것의 고발은 보건사회부가 대행하게 되었고, 의료·실업보험이나 최저임금제 및 직업안정법 등의 부수적 입법사업도 대한노총이 거의 방관하고 관계 관청이 추진하는 식이 되었다.[737] 물론 대한노총 등이 전혀 아무 일도 하지 않은 것은 아니다. 1958년에 대한노총은 서울 자동차업자들을 집단고발하였고, 1959년에는 대구의 181개 직물공장을 노동조합법 및 근로기준법 위반으로 집단고발하였다. 노동자들이 일요일을 공휴일로 정할 것, 임금지불일을 정할 것, 8시간 노동제로 할 것, 단체협약을 체결할 것을 요구하자 이에 사업주는 해고로 맞서다가 행정당국의 조정으로 일단 화해하였으나, 그 뒤 사업주가 합의사항을 지키지 않고 노동조합원을 박해하였기 때문이었다.[738]

대구 직물공장의 노동실태가 말해주듯이, 노동자들은 노동 3법의 보호를 제대로 받지 못하는 대단히 비참한 여건에 있었다. 취업규칙 적용실태를

위한 대안을 작성하여 국무회의에 제출하였으나 그것이 공포되지 않자, 감독관의 공백상태를 메우기 위하여 각 시, 도, 군에 55명의 근로감독관 사무촉탁을 두어 감독관에 준하는 노무관리를 맡아보게 하였다. 그러나 그것은 근로조건 개선에 거의 도움을 주지 않았다고 한다(한국노동조합총연맹, 앞의 책, 434쪽).

736) 金振雄, 「노동운동과 노동법」, 『사상계』 1960. 9, 94, 97쪽.

737) 탁희준, 「노동조합과 정치·정당」, 『사상계』 1960. 9, 73쪽.

738) 『조선일보』 1959. 11. 9.(석), 사설 「노동법규의 경시로 고발당한 중소기업체의 예」.

보면, 1959년의 경우 근로기준법에 규정된 취업규칙을 준용하지 않고 구두계약으로 고용된 노동자수가 20만 명이나 되는 것으로 나타났다. 이해에 근로기준법을 적용받는 4,015개 사업장에서 기업주가 취업규칙을 작성하여 신고해온 건수는 1,408건이었고, 규정에 의한 취업절차를 밟은 업체는 1,800개소에 불과하였다. 근로기준법 위반건수는, 실제보다 훨씬 적은 숫자이겠지만, 854건(그 중 34%가 임금관계)으로 집계되었다. 근로기준법 제42조에는 휴식시간을 제외하고 하루 8시간, 1주 48시간 노동을 규정하였으며, 노사 간에 합의가 있을 경우 평균임금의 50%를 가산하여 1주 12시간을 한도로 추가노동을 할 수 있게 규정되어있었다. 그러나 이러한 규정조차 지켜지지 않았다. 대부분의 기업체에서는 1일 평균 10시간 이상 일하도록 하였다. 섬유공업과 제약공장 노동자들은 대부분이 나이어린 소녀들이었는데, 1일 평균 12시간 이상의 교대제 근무를 하였고, 자동차운수사업 노동자들은 하루 18시간의 노동을 강요당하기도 하였다.[739]

경찰과 행정당국이 윽박지르고 대한노총이 노동통제의 기능을 갖고 있었던 데다가 노동자와 노동조합 간부가 유리된 상태에 있었기 때문에 쟁의는 일어나기 어려웠고, 그것이 있어도 보고가 되지 않은 채 적당히 넘어간 경우가 많았다. 보건사회부의 자료에 따르면, 1953년 쟁의 발생건수가 9건, 참가인원이 2,271명, 쟁의원인은 총수 9건 중 임금이 9건으로 되어있다. 1954년에는 그것이 각각 26건 2만 6,896명에 총수 27건 중 18건, 1957년에는 45건 9,394명에 총수 77건 중 38건, 1958년에는 41건 1만 31명에 총수 41건 중 21건, 1959년에는 95건 4만 9,813명에 총수 113건 중 76건, 1960년에는 227건 6만 4,335명에 총수 256건 중 임금이 127건으로 되어있다.[740] 후반에 올수록 쟁의가 급증한 데는 노동자의 의식상승이나 불황 등의 요인이 작용하였을 것이다. 쟁의원인은 대부분이 임금문제였고, 해고반대가

---

739) 한국노동조합총연맹, 앞의 책, 433~434쪽.

740) 보건사회부, 『보건사회통계연보』 1962(김낙중, 앞의 책, 189쪽에서 재인용). 『한국일보』 1956년 5월 2일자에는 쟁의가 1953년 21건, 1954년 28건, 1955년 24건으로 나와있어 위 자료와 차이가 있다. 당국의 한 자료에 따르면 1955년에는 쟁의 건수 29건에 2만 6,800여 명이 참가하였고, 동맹파업이 10건이었다고 한다(『조선일보』 1956. 1. 1).

그 다음으로 많았다.

대한노총은 자유당의 '기간단체'로 되어있으나 단체협약을 제대로 맺은 경우는 아주 드물었다. 1949년에는 683개 노동조합 중 단체협약을 체결한 조합은 단 2개였고,[741] 1953년에는 202개 노동조합 11만 2,731명의 조합원 중 33개 조합이, 1954년도에는 396개 조합 14만 2,175명의 조합원 중 39개 조합이 단체협약을 체결하였다.[742] 그런데 1955년에는 오히려 13개 조합만이 단체협약을 맺은 것으로 되어있다.[743] 1957년에는 49건,[744] 1958년에는 68개 조합에 불과하였다.[745]

대개의 경우 단체협약의 내용을 알 수가 없으나, 한 연구자는 어떤 단체협약이나 임금, 노동시간 등 가장 중요한 내용은 거의 다 원칙 제시에 머물러있고, 기타 비경제사항만이 상세하고 광범위하다고 기술하였다. 경전 노동조합 협약에는 임금조항이 단 7개이고, 다른 곳도 수당 등 임금체계의 명시조차 없는 훈시적인 원칙이 게재되었다고 한다.[746] 『한국노동조합운동사』에는 1950년대의 협정서 하나가 수록되어있는데, 그 문건은 상공부장관 입회하에 대한석탄공사 총재대리와 대한노총 석탄광(石炭鑛)노조연합회 및 각 탄광노조 위원장 사이에 맺어진 협정서이다. 이 협정서는 겨우 4항목으로 되어있을 뿐 아니라, 그것도 제1항에 정부에서 탄가(炭價) 재배정 후 1개월 이내에 소정 요구액을 인상 실시토록 '노력'(따옴표는 필자)한다는 것, 제2항에 단체협약 체결은 총재 대 연합위원장 및 각 단위노동조합장 간에 체결할 것을 원칙으로 한다는 것, 제3항은 근로일에는 보상미(補償米)를 배급한다는 것, 제4항은 체불임금의 일시지급은 1956년 6월 30일까지 실시키로 한다는 것이었다.[747] 이 협정서로도 단체협약의 내용을 충분히 미루어 짐작할 수 있을 것이다.

---

741) 박현채, 앞의 글, 226쪽.

742) 『한국일보』 1956. 5. 2.

743) 『조선일보』 1956. 1. 1.

744) 탁희준, 「건전한 노동조합운동」, 188~189쪽.

745) 한국노동조합총연맹, 앞의 책, 433쪽.

746) 탁희준, 앞의 글, 188쪽.

747) 한국노동조합총연맹, 앞의 책, 424~425쪽.

▨ 저자 : 서중석 (徐仲錫)

1948. 8. 충남 논산군 연무읍 출생
1967. 3~1984. 8 서울대 문리대 사학과에 입학하여 인문대 국사학과 졸업
1984. 9~1987. 8 연세대 사학과 대학원(석사)
1988. 3~1990. 8 서울대 국사학과 대학원(박사)
1979. 2~1988. 9 동아일보사 신동아부 기자, 역사문제연구소 부소장 및
　　　　　　　『역사비평』 편집주간(1987~)
현재 성균관대 사학과 교수(1991. 3~)
저서 :『80년대 민중의 삶과 투쟁』(1988),『한국근현대 민족문제연구』(1989),
　　　『한국현대민족운동연구 — 해방후 민족국가건설운동과 통일전선』(1991),
　　　『한국현대민족운동연구 2 — 1948~1950 민주주의 · 민족주의 그리고
　　　반공주의』(1996),『시민을 위한 한국역사』(공저, 1997) 등

조봉암과 1950년대 (상)

▨
펴낸날(1쇄)　1999년 12월 15일
　　　　(2쇄)　2000년 3월 15일
▨
지은이　서중석
펴낸이　장두환
펴낸곳　역사비평사
▨
등록번호 제1 - 669호 (1988. 2. 22)
서울시 종로구 계동 140 - 44
전화　02) 741 - 6123, 6124(영업) / 741 - 6125(편집)
팩시밀리　02) 741 - 6126
E-mail　yukbi@nownuri.net
▨
값 19,000원

* 잘못된 책은 구입하신 서점에서 바꾸어 드립니다.

ISBN 89 - 7696 - 116 - 1
ISBN 89 - 7696 - 115 - 3 (전 2권)